Cultes, mythes et religions

Salomon Reinach

CULTES, MYTHES

ET

RELIGIONS

OUVRAGES DU MÊME AUTEUR

Manuel de Philologie classique, 2 vol., 1883-1884.

Traité d'épigraphie grecque, 1885.

Grammaire latine, 1886.

La colonne Trajane, 1886.

Conseils aux voyageurs archéologues, 1886.

Catalogue sommaire du Musée de Saint-Germain, 1887.

E. POTTIER et S. REINACH, *La Nécropole de Myrina*, 2 vol., 1887.

Atlas de la province romaine d'Afrique, 1888.

Voyage archéologique de Ph. Le Bas en Grèce et en Asie Mineure, 1888.

Esquisses archéologiques, 1888.

Époque des alluvions et des cavernes, 1889.

Minerva, 1889 (trad. en espagnol et en serbe).

Les Gaulois dans l'art antique, 1889.

L'histoire du travail en Gaule, 1890.

Peintures de vases antiques, 1891.

KONDAKOF, TOLSTOI, S. REINACH, *Antiquités de la Russie méridionale*, 1891.

Chroniques d'Orient, 2 vol., 1891-1896.

Antiquités du Bosphore cimmérien, 1892.

L'origine des Aryens, 1892.

A. BERTRAND et S. REINACH, *Les Celtes*, 1894.

Bronzes figurés de la Gaule romaine, 1894.

O. MONTELIUS et S. REINACH, *Les Temps préhistoriques en Suède*, 1895.

Épona, la déesse gauloise des chevaux, 1895.

Pierres gravées, 1895.

La sculpture en Europe avant les influences gréco-romaines, 1896.

Répertoire de la statuaire grecque et romaine, 4 vol., 1897-1910.

Répertoire des vases grecs et étrusques, 2 vol., 1899-1900.

Guide illustré du musée de Saint-Germain, 1899 (nouv. éd., 1908).

H. C. LEA, *Histoire de l'Inquisition*, trad. par S. REINACH, 3 vol., 1900-1902.

La représentation du galop, 1901.

L'album de Pierre Jacques, 1902.

Recueil de têtes antiques, 1903.

Le Musée chrétien de Saint-Germain, 1903.

Un manuscrit de la Bibliothèque de Philippe le Bon à Saint-Pétersbourg, 1904.

Apollo, histoire générale des arts, 1904 (trad. en anglais, allemand, espagnol, italien et hongrois).

Répertoire de peintures antérieures à la fin de la Renaissance, t. I-III, 1905-7.

Tableaux inédits ou peu connus, 1906.

Album des moulages en vente à Saint-Germain, 1908.

After Waterloo, reminiscences of European travel, 1815-1819, by major W. E. FRYE, edited with a preface and notes, 1908.

Orpheus, histoire générale des religions, 1909 (trad. en anglais, allemand, espagnol, italien et russe).

Eulalie, ou le grec sans larmes, 1912.

Cornélie, ou le latin sans pleurs, 1912.

Sidonie, ou le français sans peine, 1912.

Répertoire de reliefs grecs et romains, t. I-III, 1909-1912.

SALOMON REINACH
MEMBRE DE L'INSTITUT

ULTES, MYTHES

ET

RELIGIONS

TOME QUATRIÈME

OUVRAGE ILLUSTRÉ DE 39 GRAVURES DANS LE TEXTE

PARIS
ERNEST LEROUX, ÉDITEUR
28, RUE BONAPARTE, 28

1912

1922
t.4

CORRIGENDA

Page 102, ligne 13. Lire *Ganneau.*

Page 296, ligne 16. Lire *Aragon* et non *Anjou.*

Pages 441, ligne 1 et 507, ligne 6. Lire *Christus* et non *Jesus.*

INTRODUCTION

———

Je pensais que ce quatrième volume paraîtrait sans préface, parce que le premier essai qu'on y peut lire forme lui-même comme une introduction, un bref exposé de l'histoire ancienne et récente des études auxquelles ressortit — en partie du moins — cette nouvelle collection de mémoires. Mais, au moment où je l'imprimais, paraissait un livre qui démentait fort heureusement les conclusions un peu pessimistes du début (p. 27). Je voyais déjà la nouvelle exégèse — qu'on l'appelle *anthropologique* ou *sociologique*, peu importe, puisque l'homme ne se conçoit pas sans la société — perdre du terrain et menacer ruine sous la double pression de l'exégèse orthodoxe, redevenue agressive, et des dissensions intestines où se complaît, par sa nature même, l'exégèse sans *credo*. Le chef de l'école sociologique en France a dissipé cette crainte : *emicuit Stiliconis apex*. Nous devons à M. Durkheim un ouvrage dogmatique de premier ordre qui consolide bien des idées flottantes et en remet au point beaucoup d'autres. Après avoir lu ce livre sans sauter une ligne, j'en ai rendu compte deux fois, d'abord très brièvement, puis avec un peu plus de détail. Ces comptes-rendus ont, à mes yeux, la qualité d'être les échos immédiats d'une lecture sérieuse ; c'est pourquoi je me permets de les réimprimer, quitte à y ajouter quelques réflexions.

.•.

Revue archéologique, 1912, II, p. 180 :

Émile Durkheim. *Les formes élémentaires de la vie religieuse. Le système totémique en Australie*. Paris, Alcan, 1912. In-8, 647 p., avec une carte. — L'idée maîtresse de cet admirable livre — où ce ne sont pas les idées qui manquent — est que le premier rudiment d'État a été une Église, dont les fidèles étaient groupés, disciplinés, fortifiés, exaltés au besoin par le culte totémique, le totem étant non seulement l'emblème commun, le signe de ralliement, mais, par les vertus qui lui sont attribuées, quelque chose comme la projection dans le monde sensible du principe actif de l'Église-État. Dans le domaine du *sacré*, opposé à celui du *profane* qui le pénètre, tout ce qui est individuel est tardif, surajouté ; intellectuellement, moralement, bien entendu aussi religieusement, l'homme est membre d'une Église, pense et agit par elle, avant de songer à agir et à penser par lui-même. Loin d'être l'origine de la religion, la magie en dérive, car il n'y a pas d'Église magique : c'est la révolte de l'individu dans le domaine religieux. Tout cela, et mille autres choses encore, est fort bien appuyé par l'étude des sociétés australiennes les plus primitives ; M. Durkheim ne s'intéresse pas à la question du totémisme européen et de ses survivances possibles ; il l'étudie là où il existe encore, comme l'a fait M. Frazer. Mais alors que M. Frazer finit par un « Que sais-je ? » M. Durkheim n'est pas loin d'aboutir à un « Je sais tout ». Je le félicite et le remercie d'avoir dogmatisé ; nous commencions à en éprouver le besoin.

Revue critique des livres nouveaux, 1912, p. 153-155 :

Très bien écrit, quoique parfois difficile à lire, ce beau livre vient à son heure, au lendemain des quatre volumes de M. Frazer sur le totémisme, dont le dernier mot est un *non liquet*. C'est une œuvre dogmatique et constructive, fondée sur l'étude des sociétés australiennes les plus primitives que nous connaissions. A l'existence même de ces sociétés comme organismes se rattachent, par un *processus* logique, tous les éléments de leur vie religieuse déjà complexe : le totémisme, les tabous, les rites négatifs, positifs et piaculaires. Partout la même explication revient sous des formes différentes : la religion et même la pensée sont choses sociales ; la société est l'objet même de la religion. Pour parler avec M. Durkheim : « La vie religieuse est la forme éminente et comme une expression raccourcie de la vie collective tout entière. Si la religion a engendré tout ce qu'il y a d'essentiel dans la Société, c'est que l'idée de la Société est l'âme de la religion » (p. 598-9).

Ainsi M. Durkheim échappe au paradoxe vulgaire qui consiste à faire reposer les religions sur l'erreur et le mensonge ; elles sont « fondées dans la nature des choses », puisqu'elles le sont sur le fait même de la vie sociale, qui est primitif et permanent. Leur efficacité — l'efficacité de l'expérience religieuse — n'a rien à voir avec leurs affirmations d'ordre spéculatif ; ces dernières sont toutes fragiles, la science en a depuis longtemps fait justice ; mais le réconfort que les groupes humains trouvent dans l'exaltation collective qui caractérise les actes religieux est un bienfait si grand, si indispensable, qu'on ne peut guère se figurer l'humanité future comme devant ou pouvant renoncer à ce stimulant. Pour citer encore M. Durkheim : « La religion est une chose éminemment sociale. Les représentations religieuses sont des représentations collectives qui expriment des réalités collectives ; les rites sont des manières d'agir qui ne prennent naissance qu'au sein des groupes assemblés et qui sont destinés à susciter, à entretenir ou à refaire certains états moraux de ces groupes » (p. 13). Prenons comme exemples, toujours chez les Australiens, les rites tristes, piaculaires ; indépendamment de toute conception de l'âme du mort ou de la divinité, une tribu est diminuée, appauvrie, effrayée par un deuil ; les membres de cette tribu se réu-

nissent pour se rapprocher, se fortifier, la tristesse des proches du défunt
se communique au groupe et s'y exalte, les rites parfois violents et sanguinaire que le groupe célèbre ont pour objet et pour effet d'affirmer, de dechaî-
ner même son energie Les mêmes rites sont usités lorsqu'il s'agit non d'un
décès, mais d'une calamité, disette ou sécheresse, cela prouve que l'idee
d'apaiser une âme ou un dieu est postérieure, adventice, entre le rite et les
effets qu'il est cense produire, aucun être spirituel ne vient inserer son action
(p. 581)

Tel est précisément le grand intérêt qu'offrent ces religions primitives des
Australiens, ou l'anthropomorphisme, qui nous est devenu si familier, ne
joue aucun rôle le fait religieux y porte encore visible l'empreinte de ses
origines sociales (p 10) Dire, comme on le fait dans une certaine école,
que ces religions ne sont pas primitives, mais degradees, c'est temoigner
d'une profonde ignorance, M Durkheim n'a même pas pris la peine de
refuter cette thèse et je crois, en effet, qu'il pouvait mieux employer son
temps.

Le totémisme n'est pas, pour M. Durkheim, un des caracteres de la religion
des Australiens c'est cette religion elle-même, car c'est le symbole visible
du groupe social. Andrew Lang, dont nous déplorons la mort récente, écrivait
en 1902 « Sans le totemisme, on ne peut comprendre comment la societe
humaine aurait jamais pu s'organiser ». Telle est aussi la pensée de M. Durkheim ; mais il a serré la question de plus près et l'a surtout vue de plus
haut. Les rapports de l'homme avec les animaux ou les plantes dont il porte
le nom ne sont pas ceux du fidèle vis-a-vis de son dieu, mais « sont sensiblement au même niveau et d egale valeur » Les liens qui existent entre
les hommes et leur totem « ressemblent a ceux qui unissent les membres
d'une même famille, animaux et hommes sont faits de la même chair. . En
raison de cette parenté, l'homme voit dans les animaux de l'espèce totemique
de bienfaisants associés sur l'assistance desquels il peut compter » (p 197-
8) . « Tous les êtres rangés dans un même clan, hommes, animaux, plantes,
objets inanimes, sont de simples modalités de l'être totemique » (p 213).
« Le totem n'est que la forme materielle sous laquelle est representee aux
imaginations cette energie diffuse qui est, seule, l'objet véritable du culte. .
Le totem est la source de la vie morale du clan » (p 270, 271) Cette
« vague puissance dispersee à travers les choses » (p. 284), à laquelle
s'adresse le culte totemique, c'est « le clan lui-même, mais hypostasie et
representé aux imaginations sous les especes sensibles du totem » (p 295),
c'est « le clan pense sous une forme matérielle que l'emblème figure »
(p. 316), c'est « l'unite sociale » (p. 329) Il y a longtemps que j'ai proposé
de definir le totemisme une « hypertrophie de l'instinct social ». Ce que
M. Durkheim ajoute d'essentiel à cette definition, qu'il ignore d'ailleurs,
c'est ceci · l'instinct social, en s'objectivant dans le totémisme, s'hypertrophie ainsi pour mieux s'affirmer.

Je ne suis pas moins d'accord, du moins sur le fond, avec M. Durkheim dans l'idée que je me fais de la religion, considérée non dans son développement, mais dans son essence irréductible. Pour lui, ce qui caractérise le phénomène religieux, c'est la division bipartite de l'univers en choses sacrées, protégées par des interdits, et en choses profanes, auxquelles les interdits s'appliquent (p. 56). Donc, la manifestation primordiale de ce phénomène, c'est l'action inhibitive du sacré, c'est-à-dire le tabou (p. 428) ; or, cela revient tout à fait à la définition, si violemment attaquée, que j'ai donnée de la religion élémentaire : « Un système de tabous ». En exprimant ma satisfaction d'être d'accord, sur des questions aussi graves, avec un penseur aussi profond que M. Durkheim, je suppose que s'il n'a pas marqué lui-même ces concordances, c'est qu'il a cru tous ses lecteurs en état de les constater comme moi[1]...

*
* *

On trouvera peut-être que je montre quelque sans-gêne à tirer ainsi M. Durkheim du côté d'*Orpheus*. Ainsi, entre ma définition *minima* de la religion et celle qu'il a proposée, il y a cette différence que la religion semble plutôt à ses yeux un *système d'interdits*, quand j'y veux voir un *système de scrupules*. Mais la différence est plus apparente que réelle. Transféré du dehors au dedans, de la société qui commande à l'individu qui obéit, l'*interdit* est un *scrupule*; c'est par le scrupule de faire telle ou telle chose que se manifeste l'interdit. Il est tout naturel que M. Durkheim et moi envisagions le même phénomène sous deux aspects différents, puisque sa doctrine part de la périphérie, de l'environnement social, tandis que la mienne, sans faire abstraction de cet environnement, l'homme étant *impensable* sans la société, tend plutôt à partir de la psychologie individuelle. Mais nous sommes l'un et l'autre, et je m'en réjouis, bien éloignés d'admettre, comme fonds primitif des religions, je ne sais quelles idées vagues sur l'amour, la confiance, l'espoir en Dieu, qu'on y introduit parfois à la dérobée, au grand plaisir d'une orthodoxie toujours prête à nous ramener au jardin d'Eden.

Mais M. Durkheim ne dit nulle part *totidem verbis* que la religion soit un système d'*interdits*. L'interdit n'est pour lui que le signe extérieur auquel se reconnaît, dans la pratique, la chose sacrée. Voici sa définition textuelle (p. 56) : « Quand un certain nombre de choses sacrées soutiennent les unes avec les autres des rapports de coordination et de subordination, de manière à former un système d'une certaine unité, mais qui ne rentre lui-même dans aucun autre système du même genre, l'ensemble des croyances et des rites correspondants constitue une reli-

---

1. Suivent quelques critiques sans importance sur l'exécution matérielle du livre, qui pourrait être plus digne du contenu.

gion. On voit par cette définition qu'une religion ne tient pas nécessairement dans une seule et même idée, ne se ramène pas à un principe unique qui, tout en se diversifiant suivant les circonstances auxquelles il s'applique, serait, dans son fond, partout identique a lui-même : c'est un tout formé de parties distinctes et relativement individualisées »

J'admire respectueusement cette manière d'écrire, car je ne me sens pas capable de l'imiter Au risque de passer pour un *primaire* — on m'a déja qualifié de cette epithète, que je juge très honorable — j'ai cru et je crois encore que des idees nettes peuvent toujours s'exprimer dans la laugue de Voltaire et de mon veneré maître Gaston Boissier Aussi, quand je lis des phrases onduleuses, des phrases oscillantes, de celles dont le cardinal Perraud, parlant des premiers ecrits de M. Loisy, disait qu'elles donnent le mal de mer, je cherche toujours a penetrer jusqu'au cœur du bateau, jusqu'au centre de gravité ou de suspension. Or, si l'on elimine, de ce qui precede, ce qui n'est pas ou ne parait pas essentiel, il reste ceci . que lorsqu'il existe un système de choses sacrees, il se trouve en face, pour en tenir compte, un système qui s'appelle une religion La chose sacree ne se reconnaît qu'à l'emploi d'un reactif, qui est l'esprit humain le signe de la reaction s'appelle *interdit*, quand on considere la prohibition edictee, et *scrupule*, quand on considere la prohibition subie Voilà pourquoi j'ecris bonnement qu'un système de choses sacrees est comme un gant de crin : les crins sont les *interdits* , retournez le gant, vous avez un système de *scrupules* , mais c'est toujours le même gant.

Maintenant, comme les choses humaines sont tres complexes, je reconnais volontiers que pour donner une idée adequate de leur complexite, il est naturel, il est légitime d'user de formes littéraires moins transparentes , je crois pourtant que cet enseignement un peu ésoterique, tres à propos dans une chaire d'Universite, doit être simplifié, comme on simplifie l'enseignement de la geographie et de l'histoire, lorsqu'on s'adresse au public lettré tout court. C'est pour ce public que je travaille et que je m'efforce souvent de reduire des images tres chargees à l'état de simples silhouettes, des théories a l'état de formules Ce goût de la gravure au trait est ancien chez moi, il s'est manifesté, dans mes études d'archeologie et d'ait, par la vaste serie de mes *Répertoires* , même en ignorant l'identité de l'auteur, on pourrait discerner comme un lien psychologique entre ces livres, qui ont rendu de bons services, mais ne tiennent pas lieu de collections de photographies, et ceux que parallèlement je consacre aux cultes, aux mythes et aux religions.

S. R.

Saint-Germain en Laye, 15 novembre 1912

Esquisse d'une histoire de l'exégèse mythologique [1].

———

Mon but est d'offrir ici un tableau d'ensemble et très rapide des vicissitudes de la critique historique appliquée aux faits de la mythologie et de la religion Je m'occuperai de doctrines plutôt que de personnes. Beaucoup de noms, qui auraient droit à figurer dans une histoire même sommaire de l'exégèse mythologique, seront forcément passés sous silence. J'essayerai de trouver mon chemin à travers la forêt sans compter les arbres ; le lecteur m'excusera s'il n'apprend pas de moi à connaître tous les écrits et tous les hommes qui ont contribué à fonder la science des religions et l'ont élevée au rang qu'elle occupe de nos jours, celui d'une province distincte et reconnue de l'érudition.

I

L'exégèse mythologique fut une nécessité, non pas scientifique, mais éthique, du jour où les penseurs grecs commencèrent à souffrir d'un conflit entre quelques-uns de leurs mythes traditionnels — les mythes absurdes ou impurs — et l'idée morale plus haute qu'ils s'étaient faite de la divinité A cette époque, vers l'an 600 avant notre ère, les mythes étaient déjà vieux et avaient été célébrés par de nombreux poètes, épiques et lyriques. Quelques-uns des philosophes grecs étaient ce que nous

1. Conférence faite a Cambridge, le 3 août 1911, et publiée en anglais dans la *Quarterly Review*, octobre 1911, p. 423-441 J'en donne ici une traduction augmentée. Le lecteur voudra bien excuser le style un peu embarrassé de cette traduction, on a beau se traduire soi-même, ce n'est jamais comme si l'on écrivait du premier jet dans sa propre langue

appellerions des radicaux ; ils blâmaient Homère et Hésiode
d'avoir inventé ou débité des mensonges et écartaient simplement les mythes comme des inepties. Mais un pareil
système ne pouvait trouver beaucoup d'adhérents ; il était
trop contraire à l'autorité des poètes et à la commémoration
perpétuelle des mythes dans le rituel. Aussi les successeurs
de Xénophane et de Pythagore — je veux dire les philosophes
païens pendant dix siècles et davantage — eurent-ils recours
à deux systèmes de conciliation, dont l'un traitait les mythes
comme des allégories, tandis que l'autre cherchait pour eux
un fondement historique [1].

L'allégorie, comme le mot l'indique, n'est autre chose
qu'une manière détournée et indirecte d'exprimer une vérité
morale ou physique. User de l'allégorie pour expliquer un
mythe signifie transformer ce mythe en un apologue —
ὁ μῦθος δήλοι ὅτι, κ. τ. λ. — qui est toujours supposé prouver
quelque chose. En revanche, la méthode historique ou prag-
matique part de l'hypothèse qu'un mythe est une histoire
vraie, ornée d'enjolivements adventices. On la qualifie généralement d'*evhémérisme* du nom d'Evhémère, auteur d'un
roman semi-historique et semi-fantaisiste dans la première
partie du IIIe siècle avant notre ère. Mais cette désignation
n'est pas moins injuste que le nom donné à l'Amérique,
qui devrait s'appeler *Colombie*. Bien des penseurs avant
Evhémère, entre autres Euripide et Platon, ont cherché à
expliquer des mythes par le même moyen.

Ces deux méthodes sont radicalement erronées, puisqu'elles ignorent complètement les conditions dans lesquelles
les mythes naissent et se développent, et parce que la pire

---

1. « Quand les Grecs commencèrent à raisonner sur l'héritage religieux
de leurs ancêtres, ils furent comme un homme à qui l'on remettrait sous
les yeux les idées et les images qui ont traversé son esprit aux jours de son
enfance... La vieille mythologie, profondément enracinée dans l'imagination
populaire, dans les mœurs, dans les institutions politiques, continua de fleurir et de multiplier ses rejetons. Les philosophes, voyant à sa résistance victorieuse qu'elle n'était pas une ennemie méprisable, n'osèrent pas la regarder
comme un vain délire et, ne pouvant pas la détruire, ils furent amenés à
l'interpréter. » (Léo Joubert, *Essais de critique*, p. 107.)

manière d'expliquer un mythe est d'en éliminer le caractère mythique. Pour être mieux compris, je prends un exemple Suivant une ancienne légende grecque, le roi d'Argos Acrisios avait été averti par un oracle que son petit-fils le tuerait Comme il n'avait qu'une fille, Danaé, il l'enferma dans une tour, percée seulement d'une petite ouverture à la partie supérieure, et il décida qu'elle ne se marierait point Mais Zeus s'éprit de cette fille, entra dans la tour sous la forme d'une pluie d'or et engendra le célèbre héros Persée, qui tua Acrisios

Un Grec du ${IV}^e$ siècle, reconnaissant que la conduite de Zeus était peu digne d'un dieu respectable, pouvait recourir à deux expédients pour sortir d'embarras, pour sauver à la fois l'idée qu'il avait de la majesté divine et celle qu'il se faisait de la morale. D'abord, faisant appel au système allégorique, il pouvait dire que la pluie d'or symbolisait les rayons du soleil et partir de là pour célébrer la puissance fécondante du dieu radieux du jour Il pouvait aussi expliquer ce mythe comme une allégorie de la puissance de l'or, à laquelle ne résistent ni les murs de pierre ni les cœurs des hommes.

Tirer d'un mythe une leçon et expliquer ce mythe, sont deux choses tout à fait différentes ; mais les anciens, comme beaucoup de modernes, ne paraissent pas s'en être aperçus.

La seconde méthode, historique ou evhémériste, était encore plus facile à appliquer. Ce que les poètes racontaient sur Zeus et Danaé était réellement arrivé ; mais le héros de l'aventure avait été un mortel, non un dieu, et il n'avait pas pris la forme d'une pluie d'or. C'était simplement l'histoire de quelque chevalier des vieux âges qui avait pénétré, à force de libéralités, dans la demeure de la princesse Danaé ; usant sans réserve d'une bourse bien garnie, il avait corrompu le portier, la femme de charge et les servantes En recourant à une pareille méthode, non seulement on détruit la poésie, mais on la remplace par une misérable platitude ; on supprime le mythe sans y substituer de l'histoire[1]. Assurément, les légendes se développent, même aujourd'hui, autour de personnages historiques ; Napoléon et Garibaldi ont les leurs[2]. Mais de telles légendes, ajoutées ou substituées à l'histoire, sont toujours des imitations de légendes plus anciennes, et l'on ne peut espérer d'élucider celles-là en isolant et en supprimant les éléments supposés mythiques de leur contenu.

« Mais alors, direz vous, quelle sera votre explication de cette légende »? Eh bien, je peux vous la donner, l'ayant déjà publiée ailleurs[3]. Dans beaucoup de pays balkaniques et aussi dans certaines régions de l'Allemagne, lorsque les paysans sont affligés d'une longue sécheresse, ils prennent une jeune fille, la mettent nue et répandent de l'eau sur sa tête ; c'est une cérémonie de magie sympathique, grâce à laquelle ils espèrent obtenir une bonne pluie, en donnant un exemple qui contraigne le ciel à l'imiter. *Danaé*, un grec, signifie « sèche » ; je crois donc que la jeune fille était traitée comme *la* Danaé, la terre desséchée, et que l'eau répandue sur elle était appelée la pluie d'or, à cause des pouvoirs fécondants qu'on lui attribuait. Avec le temps, le rite donna naissance à un mythe, *processus* très ordinaire, mais dont personne n'eut une idée claire avant le milieu du siècle dernier.

« Mais pourquoi une tour »? demanderez-vous. Parce qu'un mythe littéraire comme celui de Persée est la synthèse

1. « L'evhémérisme, poussé à ses dernières conséquences, était la négation radicale du surnaturel dans le polythéisme ; mais, appliqué avec une certaine réserve, il permettait de fabriquer de l'histoire avec les anciennes légendes et de transformer les traditions religieuses en historiettes amusantes sans choquer trop ouvertement les dogmes reçus. L'allégorie changeait la mythologie en idées abstraites, l'evhémérisme en contes prosaïques ; l'une lui ôtait le corps, l'autre l'esprit. » (Léo Joubert, *Essais de critique*, p. 110.) Personne ne lit plus Joubert, et c'est à tort. Il est vrai que la dernière phrase du passage qui précède a été citée en 1888 par Gruppe ; mais Gruppe l'avait prise (sans indiquer sa source ni connaître le contexte) dans mon vieux *Manuel de Philologie*.

2. Légende de Garibaldi, *Mélusine*, t. I, p. 568 ; légende (russe) de Napoléon, *L'Anthropologie*, 1903, p. 118.

3. S. Reinach, *Orpheus*, p. 128.

de plusieurs thèmes mythiques différents, réunis et fondus
ensemble par quelque poète oublié, et non par le peuple,
dont on exagère souvent l'activité intellectuelle et l'initiative[1]. Il y a un vieux conte très répandu concernant « la
belle dans la tour »; il y a aussi beaucoup d'histoires, étudiées par M. Sidney Hartland[2], touchant des naissances
surnaturelles, d'autres encore sur des rois qui interdisent à
leurs filles de se marier, etc... Bien des éléments de ce véné-
rable *folklore*, qui est antérieur même aux plus anciennes
littératures, ont contribué à la naissance d'un mythe comme
celui de Persée. Vous voyez que mon explication n'est nullement simple, mais, exacte ou non, elle explique du moins
quelque chose et respecte le caractère mythique de la
légende. Personne aujourd'hui ne consentirait même à discuter les explications allégoriques ou pseudo-historiques du
mythe de Persée; les savants préféreraient dire qu'ils ne
peuvent en trouver une interprétation acceptable, autre
manière de prouver que l'exégèse mythologique est définiti-
vement sortie de l'enfance et qu'elle ne veut pas y retomber.

Quand les Chrétiens commencèrent à reprocher aux
Paiens le caractère immoral de leurs mythes, le système
pseudo-historique était en pleine vogue. Les Pères de l'Église
disaient aux paiens : « Vos dieux sont des coquins et vos
déesses. . pis encore. » Là-dessus, beaucoup de paiens aban-
donnèrent l'Evhémérisme et se réfugièrent dans l'allégorie;
mais c'était un refuge peu sûr, car les écrivains chrétiens
objectaient avec raison que l'allégorie est un moyen
trop commode de se tirer d'une difficulté quelconque[3].

---

1. « Une chose populaire est une chose qui a perdu son état civil, de même
qu'un roturier est un homme qui ne connaît pas ses ancêtres. Il n'y a pas de
création spontanée. » (*Melusine*, t. V, p. 79.)

2 Sidney Hartland, *The legend of Perseus*, 3 vol., Londres, 1894, voir aussi
P. Saintyves, *Les vierges mères et les naissances miraculeuses*, Paris, 1908

3. Eusèbe (*Praep. Evang*, II, 5), en répondant aux allégoristes, écrivit des
choses fort sensées sur lesquelles M A Lang a appelé l'attention. Entre
autres ceci : que les mythes appartiennent à une période de sauvagerie où
les hommes n'avaient pas encore d'idées morales et vivaient comme des
brutes. Plus tard, comme on ne voulait pas abandonner ces mythes des

Pendant tout le moyen âge, l'evhémérisme prévalut, en même temps qu'un autre système déjà proposé par les Juifs d'Alexandrie, à savoir que les païens avaient emprunté leurs légendes à l'Écriture Sainte, mais en défigurant leurs emprunts sous l'influence malicieuse des démons. Ainsi l'on admettait volontiers que la légende d'Héraklès n'était qu'un plagiat maladroit de l'histoire de Samson. Les humanistes de la Renaissance adoptèrent avec enthousiasme la méthode allégorique, qui était celle des philosophes néo-platoniciens au cours des derniers siècles du paganisme. L'allégorie a continué jusqu'à nos jours à trouver faveur sous différents noms, comme celui de symbolisme, non pas précisément à l'état de système, mais en qualité de tendance et d'expédient.

II

Qui fut le premier à enseigner le bon sens ? Il est difficile de répondre. Presque toutes les idées saines ont été émises un grand nombre de fois avant de trouver un public; on peut en dire autant des idées pratiques, c'est-à-dire des inventions qui ont contribué à améliorer la condition des hommes. Mais les idées bienfaisantes ne produisent de bons effets que lorsqu'elles ont été reprises et développées systématiquement par un homme de science, de patience et de talent. Ainsi nous savons que la notion du totémisme, qui a joué un rôle si important dans l'exégèse mythologique moderne, était familière à Garcilasso della Vega à la fin du XVIe siècle, et aussi au missionnaire français Lafitau dans les premières années du XVIIIe. Il est même très intéressant de trouver chez Lafitau l'idée que le totémisme pouvait expliquer quelques faits de la mythologie grecque. Mais qui donc, avant Mac-Lennan, a soupçonné la portée du totémisme ? Découvrir une paillette d'or est une chose, exploiter une mine d'or en

ancêtres, on s'ingénia à les interpréter. — Je doute qu'Eusèbe ait trouvé cela tout seul.

est une autre. Bien des voyageurs ont découvert des paillettes avant de penser à mettre une mine en exploitation

Je crois qu'un des premiers à creuser des puits et des tranchées dans les couches épaisses des mythes et des religions fut un Français quelque peu capricieux dans ses goûts, Fontenelle, le neveu du grand Corneille, qui écrivit des tragédies, des poésies, d'excellentes biographies de savants, et, parmi d'autres courts mémoires, un essai de la plus grande valeur sur l'origine des mythes[1]. Les passages les plus importants de cet essai ont été reproduits par M. Andrew Lang dans un appendice à son ouvrage très connu *Myth, Ritual and Religion*. Pourquoi, demande Fontenelle, tant de mythes grecs sont-ils absurdes ? Parce que les Grecs les ont reçus en héritage de peuples dans le même état de sauvagerie que les Cafres et les Iroquois, chez lesquels on trouve des mythes semblables Cette réponse, véritable éclair de génie, est le point de départ de toute l'école anthropologique de mythologie Non seulement Fontenelle reconnut que les mythes sont les survivances d'un état de choses plus ancien et plus barbare, mais il devina la vraie méthode comparative, qui consiste à chercher des informations et des parallèles chez les sauvages quand on veut expliquer une chose qui paraît sauvage dans les sociétés civilisées ou dans leur littérature. Bien que ses connaissances ethnographiques fussent nécessairement très bornées, il reconnut la similitude des mythes d'un bout à l'autre du monde et l'expliqua par la similitude des êtres humains à certains étages de leur développement intellectuel Fontenelle alla jusqu'à comparer les mythes de l'Amérique à ceux de la Grèce, concluant que les Indiens du Nouveau Monde auraient pu devenir aussi raisonnables que les Grecs si on leur en avait laissé le temps Il mentionne aussi les emprunts de mythes, leur passage d'un peuple à l'autre ; bref, il justifie amplement ce qu'a écrit M Lang . « Les adeptes de E B Tylor, de Mannhardt, de Gaidoz et des

---

1. Voir des pages instructives de G Hervé dans la *Revue de l'Ecole d'anthropologie*, 1909, p 388 et suiv (*Les débuts de l'ethnographie au XVIIIᵉ siècle*)

autres ne semblent pas se douter qu'ils répètent seulement les idées que s'était faites à ce sujet le neveu de Corneille[1] ».

Trois ans après la mort de Fontenelle, un autre essai, d'importance à peine moindre, fut publié anonymement par un magistrat français, De Brosses, qui était membre de l'Académie des Inscriptions et Belles-Lettres. Il lut d'abord sa dissertation à cette Académie (1757), mais elle y fut très froidement reçue et ne fut pas admise dans les *Mémoires* de la Compagnie. Craignant qu'elle fût considérée comme peu orthodoxe, De Brosses la retira en 1759 et la fit imprimer à Genève en 1760, taisant son nom, celui de l'imprimeur et celui du lieu[2]. Le sujet traité était celui des dieux fétiches. Ce mot avait été tiré d'un mot portugais, dérivé lui-même du latin *factitius*, par lequel les marchands portugais désignaient les amulettes et objets de pacotille qu'ils vendaient aux indigènes de l'ouest africain. L'essence du fétichisme. qui est un caractère remarquable de la religion africaine, bien qu'il ne constitue nullement toute la religion des fétichistes, peut être brièvement défini ainsi : le respect témoigné à des choses inanimées que l'on suppose pourvues de vie. En étudiant les relations des voyageurs au sujet du fétichisme africain, De Brosses n'a pas seulement dégagé la notion de l'animisme, telle qu'elle devait être généralisée un siècle plus tard par M. Tylor, mais il a clairement reconnu que le fétichisme était le principe de l'idolâtrie et il a essayé d'expliquer les idoles égyptiennes comme une survivance et un développement du fétichisme[3]. L'ou-

---

1. Un point important à établir est la date de l'Essai de Fontenelle. M. Lang l'a cité d'après l'édition des *Œuvres complètes* publiée en 1758 ; Fontenelle, né en 1657, mourut en 1757, à l'âge de 99 ans. On a lieu de croire qu'il a écrit l'Essai sur l'origine des fables entre 1691 et 1699 (Moréri, V, p. 234), à l'époque même où Bossuet célébrait, dans son langage tout inspiré de la Bible, les vertus du prince de Condé. L'Essai n'a été publié que plus tard (1724) ; il n'en est pas moins intéressant de constater qu'il appartient non au XVIIIe siècle, comme on le croit d'ordinaire, mais au XVIIe. Cela rehausse encore le mérite de l'auteur et l'importance historique de son travail.

2. Cf *Mélusine*, t X, p. 262.

3. De Brosses se rencontre avec Fontenelle en écrivant (p. 14) : « Il n'y a pas de meilleure méthode de percer les voiles des points de l'antiquité peu connus que d'observer s'il n'arrive pas encore quelque part sous nos yeux quelque chose d'à peu près pareil ».

vrage de De Brosses est très court et ne touche qu'à un petit nombre de questions ; il avait naturellement une tendance à exagérer l'importance du fétiche, mais c'est à tort qu'on lui a reproché d'avoir ignoré le fait que le fétiche, comme tel, n'était pas l'objet de l'adoration des nègres De Brosses comprit que le sauvage logeait un esprit dans le fétiche et que son culte, bien que matérialiste en apparence, était essentiellement spiritualiste, analogue à ceux des peuples les plus civilisés de son temps. Mais sur ce point, pour des motifs de prudence, il se garda d'insister, tout comme Fontenelle s'était abstenu d'étendre ses comparaisons aux croyances des Israélites ou des Chrétiens. Nous avons vu que, malgré ces précautions, De Brosses avait éveillé quelques soupçons à l'Académie, où le clergé catholique et les Jansénistes intolérants formaient, à cette époque, la majorité.

David Hume, lui aussi, conçut l'idée de l'universalité de l'animisme[1], et Voltaire, en particulier à l'article *Religions* de son *Dictionnaire philosophique*, paraît avoir devancé Adalbert Kuhn en attribuant plus d'importance aux craintes éveillées par les orages et la foudre qu'à l'impression causée par les phénomènes réguliers et quotidiens[2]. Il admet trois

---

1. Grimm (avril 1760) se montre tout à fait injuste en voulant rendre à Hume « ce qu'il y a de judicieux » dans le livre de De Brosses. Cf. Hervé, *Revue de l'École d anthropologie*, 1909, p 394.

2. « Quel est cet être qu'on aura d'abord invoqué ? Sera-ce le soleil ? sera-ce la lune ? Je ne le crois pas Examinons ce qui se passe dans les enfants ils sont à peu près ce que sont les hommes ignorants ils ne sont frappés ni de la beauté, ni de l'utilité de l'astre qui anime la nature, ni des secours que la lune nous prête, ni des variations régulières de son cours , ils n'y pensent pas , ils y sont trop accoutumés On n'adore, on n'invoque, on ne veut apaiser que ce qu'on craint, tous les enfants voient le ciel avec indifférence, mais que le tonnerre gronde, ils tremblent, ils vont se cacher. Les premiers hommes en ont sans doute agi de même. Il ne peut y avoir que des espèces de philosophes qui aient remarqué le cours des astres et les aient fait adorer » Plus loin, Voltaire exprime des idées très semblables a celles qui devaient être systématisées plus tard par Creuzer. Suivant lui, les « philosophes » n'étaient pas dupes du polythéisme , babyloniens, persans, égyptiens, scythes, grecs et romains, ils admettent un dieu suprême, « mais ils ne le disent pas d'abord aux peuples » — « Que fit-on ? Orphée et d'autres établissent des mystères que les initiés jurent de ne point révéler, et le principal de ces mystères est l'adoration d'un seul Dieu Cette grande vérité pénètre

phases : 1° celle de la divinité tutélaire d'un petit groupe
d'hommes, d'un dieu de village ; 2° celle du polythéisme, fruit
de l' « imagination échauffée » des hommes ; 3° celle du monothéisme philosophique. Cette vue était nettement contraire à
celle qui prévalait au xviii° siècle et qui trouve encore créance
dans le monde religieux, la thèse de la révélation primitive faite
par Dieu aux hommes. Mais Voltaire n'avait pas de système
à lui et il se méfiait de tous les systèmes : « Les systèmes,
dit-il, sont comme les rats ; ils passent par beaucoup de trous,
mais ils en trouvent toujours quelques-uns qui ne peuvent
les admettre ». En outre, il avait trop à faire, occupé de
détruire la religion de son temps, pour donner beaucoup
d'attention à l'analyse des religions plus anciennes. Les
grandes vérités découvertes par Fontenelle et par De Brosses
ne semblent pas s'être imposées à lui, non plus d'ailleurs
qu'à aucun écrivain de son école. Fontenelle fut bientôt
tout à fait oublié ; quant à De Brosses, bien que trouvant des
lecteurs — en particulier Benjamin Constant et Aug. Comte,
qui s'inspirèrent de lui [1] — il n'a été apprécié à sa valeur que
bien plus tard.

La fin du xviii° siècle vit l'apparition du romantisme, qui dut
beaucoup au succès de l'*Ossian* de Macpherson et à un renouveau de certaines spéculations astronomiques qui avaient
trouvé faveur dans les derniers temps de l'antiquité [2]. Commençons par ces dernières. Le prophète du système astrono-
mique fut Charles-François Dupuis, professeur de littérature,
qui était lié avec le grand astronome Lalande. Bien versé dans
la mythologie classique, il arriva dès 1777 à la conclusion
que les dieux païens n'étaient autre chose que des constel-
lations ; les noms mêmes des dieux étaient ceux des astres et
leur système était l'expression allégorique des divers phéno-

dans la moitié de la terre ; le nombre des initiés devient immense, etc. » Cf.
Essai sur les mœurs, I, p. 166 (éd. de Kehl), sur les mystères de l'antiquité
grecque et romaine.

1. Ce que Comte appelle le *fétichisme* est très voisin de l'*animisme* de
Tylor : cf. Tylor, *Civilis. primitive*, trad. franç., t. I, p. 555.

2. Voir Boissier, *Religion romaine*, t. II, p. 371 et Cumont, *Les religions
orientales dans le paganisme romain*, Paris, 1907.

mènes de l'astronomie. En 1795, il publia son grand ouvrage
sur l'origine de tous les cultes, qui eut un succès extraordinaire La plupart des savants le considèrent aujourd'hui
comme absurde, bien que des assyriologues allemands aient
tenté de le ressusciter sous nos yeux ; mais c'était vraiment
un système, le premier qui fût exposé au monde avec
d'amples détails ; l'ouvrage de Dupuis a contribué plus que
tout autre à éveiller la curiosité du public *qui lit* sur les faits
mythologiques, considérés non plus comme des ingrédients,
des épices de la littérature et de l'art, mais comme l'objet
propre d'investigations scientifiques

III

Un des résultats du romantisme, né sous l'auréole de la
fraude de Macpherson, fut de détourner un peu l'attention
des littératures classiques, du sol de l'Italie et de la Grèce,
vers les régions celtiques, en particulier le pays de Galles,
l'Écosse et la Bretagne Le comte de Caylus et d'autres, au
cours du XVIIIᵉ siècle, avaient préparé ce mouvement ; une
école de *Celtomanes* avait pris naissance, chercheurs naïfs qui
étudiaient avec conviction les monuments mégalithiques
et les restes de la littérature des Celtes[1]. Comme la grande
masse de la littérature irlandaise était encore inconnue et
que les autres sources d'information étaient peu abondantes
et tardives, la curiosité se tourna vers le *folklore* celtique,
le mot n'existait pas encore, mais l'étude que nous dési-
gnons ainsi commença. Une société savante de Paris, l'*Académie celtique*, fondée au début du Premier Empire, fut le
centre de ces recherches, conduites d'après des principes
nouveaux. L'*Académie celtique*, qui est devenue la *Société
des Antiquaires de France*, est aujourd'hui peu connue,
parce que les volumes contenant ses travaux sont rares et
d'ailleurs remplis d'extravagances. Mais Grimm et Mannhardt

1. Voir mon *Esquisse d'une histoire de l'archéologie gauloise,* dans la *Revue
celtique,* 1898, p. 101-107, 292-307.

les connaissaient fort bien et c'est là que la science du folklore a pris naissance vers 1804. Fontenelle avait insisté sur l'intérêt des croyances des sauvages comme fournissant des éléments de comparaison; mais il y a des sauvages, ou du moins des hommes de civilisation inférieure, ailleurs que dans des contrées lointaines au-delà des mers. Les légendes, les croyances, les rites de ces concitoyens à demi civilisés des savants peuvent aussi être utilement comparés par eux avec les rituels et les mythologies anciennes des autres peuples. En cherchant à se renseigner sur les Celtes primitifs et les Druides, les celtomanes de l'*Académie celtique* rencontrèrent les légendes et les coutumes populaires de l'Armorique; ainsi s'ouvrit aux recherches un champ nouveau.

Entre temps, deux grands événements s'étaient produits : la découverte de la littérature sanscrite par Jones et Colebrooke, et la réaction du mysticisme contre la philosophie aride des déistes et des athées. Le produit naturel du mysticisme fut le symbolisme, enseigné par Creuzer à Heidelberg, renouveau du vieux système grec de l'allégorie, avec plus d'érudition, mais non plus de bon sens. A une époque très reculée, suivant Creuzer, les prêtres pélasgiques de Grèce et d'Asie avaient été en possession de vérités supérieures, métaphysiques, morales et physiques; ils les avaient enseignées sous une forme allégorique, parce que l'humanité de ces âges lointains n'était pas capable de recevoir la vérité sans déguisement. Mais l'enseignement sublime de ces prêtres fut mal compris; on supposa que leurs allégories renfermaient des faits historiques; ainsi naquit une mythologie puérile, tandis que la vraie doctrine, pure de tout mélange, avait continué à être transmise aux initiés dans les mystères de la Grèce. Outre la vieille exégèse allégorique, nous pouvons reconnaître dans le système de Creuzer l'influence d'une idée très familière au xviiie siècle, celle de la puissance et de la fonrberie du clergé. Bien que réagissant contre le voltairianisme, Creuzer était plus près de Voltaire qu'il ne le croyait, non seulement par sa thèse d'un monothéisme ésotérique, enseigné dans les mystères, mais

parce qu'il transférait simplement dans l'Orient préhistorique un état de choses existant encore dans son propre
pays, où des théologiens subtils enseignaient la morale
aux masses ignorantes sous le déguisement de la religion.

L'étude de la littérature de l'Inde commença par le mauvais bout : les écrits modernes furent lus et traduits avant
les ouvrages les plus anciens. Mais quand la connaissance
des hymnes védiques se répandit parmi les savants, une
opinion se forma, presque unanime, pour y saluer les repré-
sentants par excellence de la religion et de la mythologie à
leurs débuts De cette erreur naquit une mode extravagante
qui a duré plus d'un demi-siècle et joui d'un crédit sans
précédent dans le monde scientifique. La découverte des littératures iranienne et indienne fit concevoir la théorie des
langues aryennes, qui est un fait, et celle des races aryennes,
qui est une hypothèse indémontrée. Après avoir comparé
les langues des Perses, des Indiens, des Grecs, des Italiens,
des Germains et des Celtes, les savants se mirent à comparer
leurs idées, en particulier leurs idées religieuses, et abou
tirent à la conception trompeuse d'une religion aryenne,
d'une mythologie aryenne, communes à toutes les tribus
avant leur dispersion et encore reconnaissables dans la littérature de leurs descendants En fait, les littératures que l'on
étudiait étaient surtout celles de l'Inde, de la Perse et de la
Grèce, les autres monuments de la poésie primitive n'étant
pas parvenus jusqu'à nous; mais la nouvelle école, bien
qu'empruntant parfois des parallèles à des sources germa-
niques, se bornait essentiellement à comparer les Védas, le
Zendavesta et Homère. Le nom « d'école comparative »
qu'elle se donna est presque une ironie, parce que ces savants
comparaient très peu et n'admettaient pas volontiers que l'on
poursuivît des recherches sur un domaine moins étroitement
limité. Alors que Fontenelle et De Brosses avaient allégué
des faits américains et africains, eux se renfermaient dans
le cercle de la littérature aryenne, avec l'idée, plus ou moins
ouvertement exprimée, que l'Aryen védique n'était pas loin
d'être identique à l'homme primitif. Nous savons mainte-

nant que les littératures védique et zoroastrienne sont les produits d'un sacerdoce très raffiné, que des milliers d'années de religion et de mythologie s'étendent derrière ces livres et qu'ils n'ont aucun titre à être considérés comme *primitifs* ou *populaires*, dans quelque sens qu'on emploie ces mots[1]. Nous pouvons ainsi mesurer la gravité de l'erreur qui a pesé comme un cauchemar sur la science pendant une notable partie du dernier siècle.

L'école védisante — ne disons pas l'école comparative — se divisa en deux camps ; le chef du premier fut Adalbert Kuhn, celui du second Max Müller. Ces deux partis avaient plusieurs principes en commun : que les hymnes védiques ont été l'expression de la pensée humaine primitive, en présence des grandes manifestations des forces naturelles ; que cette expression, prise littéralement — notez ici un écho du symbolisme de Creuzer[2] — a donné naissance à la mythologie, qui devait être considérée, en fait, comme une maladie du langage ; enfin, que la polyonymie et l'homonymie, les confusions de mots et les calembours avaient agi comme des facteurs puissants dans la formation des mythes. Mais alors que Kuhn et son beau-frère Schwartz insistaient plutôt sur les phénomènes exceptionnels et effrayants de la nature, tels que les orages, le tonnerre et les éclairs, Max Müller et ses nombreux disciples revenaient au système *solaire* de Macrobe et attribuaient une influence prépondé-

---

1. Barth écrivait dès 1882 : « Les Védas sont une littérature avant tout sacerdotale, nullement populaire. Ils émanent de cercles restreints de prêtres. En dehors d'eux, je vois place non seulement pour des superstitions, mais pour de véritables religions populaires plus ou moins différentes de celles qu'on expose. L'Inde a toujours eu, à côté du Véda, l'équivalent de ces grandes religions de Çiva et de Vishnu que nous y voyons régner plus tard. »

2. « Ce n'était en somme que le vieux système du symbolisme rajeuni par la linguistique : on continuait de mettre, à l'origine, des sages et des voyants auxquels le monde extérieur n'inspirait aucune erreur et n'offrait aucune illusion, mais qui, étant hommes d'esprit et d'imagination, parlaient par métaphores. C'était encore un âge d'or authentique, un hôtel Rambouillet préhistorique... Ce raisonnement est juste l'inverse de la réalité. Ce qui, pour les descendants, a été une métaphore, a été dans bien des cas, pour les ancêtres, une véritable croyance. » (Gaidoz, *Mélusine*, t. IV, p. 228).

rante aux phénomènes qui accompagnent la course diurne
du soleil, en particulier à l'aurore et au crépuscule[1]. Dupuis
avait fondé la mythologie sur l'astronomie ; Max Muller la
fondait sur la météorologie[2]. Il fut un des plus grands sanscri-
tistes de tous les temps, un linguiste de premier ordre et un
charmant écrivain Toutes ces qualités manquaient à Dupuis,
que Max Muller ne se fit pas faute de railler. Aujourd'hui
cependant que leurs systèmes gisent côte à côte dans la vaste
tombe des erreurs spéculatives, ils peuvent se témoigner
mutuellement quelque indulgence ·

> *Pariterque jacentes*
> *Ignovere diis. .*

comme dit le poète. Mais il faut parler avec respect de
Max Müller Plus encore que Dupuis, il eut le mérite
d'éveiller l'intérêt du grand public et même de la haute
société anglaise pour les études qu'il représentait avec éclat ;
d'autre part, les services admirables qu'il a rendus à la
philologie de l'Inde seront rappelés avec reconnaissance
tant qu'il y aura des savants pour prendre en main
les livres sanscrits.

IV

M'occupant, comme je le fais, de l'histoire des systèmes,
je ne puis m'astreindre à un ordre chronologique rigoureux.

1. « Plus on pénètre dans la nature intime des mythes primitifs, plus on se
persuade qu'ils se rapportent pour la plus grande part au soleil   On
s'étonne de voir tant de soleil dans la mythologie, c'est-à-dire dans la conversation journalière des Aryens, comment pouvait-il en être autrement? .
Nous ne pourrons jamais nous faire une idée exacte de tout ce que le soleil
dut être pour les premiers habitants de la terre... Mieux connu que rien
autre, il restait toujours en lui quelque chose d'inconnu » (Max Muller) Voltaire avait répondu d'avance a ces illusions (voir p 9, note 2).

2 « Le système de Dupuis était mort et personne n'y pensait plus quand
Max Müller a remis le soleil a la mode en donnant a son système une base
nouvelle et qui semblait solide, celle de la grammaire comparée et de la
mythologie védique » (Gaidoz, *Mélusine*, t II, p. 73.) — « Le symbolisme
solaire n'est pas mort avec le système de Dupuis, M Max Müller lui a rendu
une vie nouvelle en le plongeant dans la fontaine de Jouvence de la grammaire comparée » (*ibid.*, t. IV, p. 157)

Il faut maintenant que je revienne en arrière pour dire un mot de la grande école de philologie classique en Allemagne, qui réagit contre Creuzer par la plume du savant sceptique Lobeck et entra dans une voie nouvelle grâce au génie de l'illustre Ottfried Müller. Dans ses *Prolégomènes à une mythologie scientifique*, publiés en 1825, Müller insista sur le caractère réaliste des mythes, considérés comme des actes inconscients par lesquels l'esprit humain, encore incapable d'abstractions, exprime des idées sous une forme concrète et poétique. Il recommanda d'étudier les mythes non seulement dans leur origine et dans leur développement, mais dans leurs variétés locales; il conseilla aussi de les comparer avec soin aux mythes des autres peuples, sans oublier ceux que nous qualifions de sauvages[1]. Plusieurs indications dans ce sens, que l'on pourrait relever dans son ouvrage, sont fort en avance sur les idées de son temps, bien que le xviie et le xviiie siècle, comme nous l'avons vu, eussent entrevu non seulement la mythologie comparée, mais la méthode anthropologique qu'il convenait d'appliquer à cette étude. Tout cela (et bien autre chose encore) avait été oublié dans la réaction aveugle contre les idées du xviiie siècle qui marqua les premières années du siècle suivant.

La grande impulsion vint maintenant de Jacob Grimm, le fondateur de la philologie germanique moderne (né en 1785), qui travailla en collaboration avec son frère cadet Wilhelm. En recueillant et en comparant les contes populaires allemands, ils furent les premiers apôtres scientifiques du *folklore*, qu'ils considérèrent comme la source et la forme primitive de l'épopée littéraire. Avec une patience héroïque, ils explorèrent le domaine immense de la pensée populaire en Allemagne, recueillant les superstitions, les rites, les usages, à une époque où la construction des chemins de fer et le développement de l'industrie n'avaient pas encore obscurci ou contaminé les survivances d'un passé lointain.

1. Voir l'introduction de Hildebrand à la traduction de la *Littérature grecque* d'O. Müller. t. I, p. cxciv.

L'idée qui inspire leur œuvre n'est plus celle d'un sacerdoce omnipotent, mais d'un peuple actif et créateur. Les religions et la mythologie sont, à leurs yeux, les produits des classes rurales, qui en ont conservé plus ou moins fidèlement les éléments primitifs, tout en acceptant, du moins en apparence, les enseignements du christianisme La vraie mythologie germanique n'est pas celle des épopées écrites, mais celle des contes, des superstitions et des coutumes transmis par la tradition orale. L'influence des idées démocratiques, que les armées françaises avaient répandues à travers l'Allemagne, substituait ainsi, même dans le domaine des investigations religieuses, l'étude sympathique des masses laborieuses à celle de la noblesse et du clergé. Mais nous pouvons attribuer une origine plus précise encore à la révolution que fut l'œuvre des frères Grimm. Nous savons que Jacob Grimm travaillait à Paris en 1805 et qu'il y fut en relations suivies avec les membres de l'*Académie celtique* ; en 1814, ils le nommèrent membre correspondant Ses œuvres révèlent une connaissance approfondie des publications de la Société et M Gaidoz a eu parfaitement raison de réclamer pour elle le mérite d'avoir exercé une impulsion décisive sur la carrière des Grimm.

Wilhelm Mannhardt nous apprend lui-même que la lecture de la *Mythologie germanique* de Grimm fut le point de départ de ses études, qui, bien que géniales, furent peu appréciées dans son pays. Influencé aussi par Kuhn, qui avait commencé par être l'élève de Grimm, Mannhardt appartint d'abord à l'école dite comparative ; mais bientôt il trouva sa voie propre dans une direction tout à fait différente, et s'appliqua à une investigation systématique des cultes des bois et des champs (*Wald-und Feldculte*), des superstitions paysannes concernant les forêts, les cultures et les démons qui sont censés y résider[1]. Il fut le premier à recueillir les

---

1 Voir Gaidoz dans *Mélusine*, t 1, 579 « Mannhardt était persuade que la science mythologique devait, pour avoir toute sa force, toucher terre comme Antée ; qu'il fallait remonter de la tradition vivante au mythe ancien, comme on reconstruit un texte avec ses variantes ».

riches matériaux concernant les rites des moissons et les
sacrifices (réels ou simulés) d'hommes et d'animaux qui font
partie de ces survivances [1]. Mannhardt marque le passage entre
Grimm et le Dr Frazer ; avant ce dernier, il appliqua la connaissance du *folklore* européen à l'élucidation de problèmes
rituels posés par les textes littéraires grecs et romains.
D'autre part, ce qu'il savait du *folklore* français était tiré
presque entièrement des publications de l'*Académie celtique* [2] ;
de sorte qu'ici encore l'école des celtomanes français, malgré
toutes ses chimères, contribuait efficacement aux progrès
de la science. En France même, l'étude du *folklore* n'avait pas
encore conquis les sympathies du public. La semence avait
été répandue par des mains françaises, mais la moisson mû-
rissait sur la rive droite du Rhin. Il en a souvent été ainsi ;
sic vos non vobis !

V

Mannhardt, comme je l'ai dit, fut peu apprécié de ses
compatriotes et ne le fut que tardivement en dehors de
l'Allemagne, où le Max-Müllérisme, dominant de son centre
à Oxford, était devenu une sorte d'orthodoxie scientifique.
Trois choses étaient désormais nécessaires au progrès des
études : 1° élargir le cadre des recherches de Grimm et de
Mannhardt, qui étaient restées confinées aux classes rurales
de l'Europe, en recueillant les témoignages des primitifs non-
européens ; 2° élargir la conception des religions de manière
à y inclure les phénomènes sociaux, en particulier les relations familiales, qui sont intimement liés aux religions primitives ; 3° réfuter le Max-Müllérisme et convaincre le
public que le soleil, l'aurore et le crépuscule, combinés avec

---

1. « Les usages n'ayant pas de sens sont des survivances qui ont eu un
objet pratique, et tout au moins le caractère d'une cérémonie, au moment et
là où ils se sont originairement établis. » (Tylor, *Civil. primitive*, trad. franç.,
t. I, p. 110.)

2. *Mélusine*, t. I, p. 580. Mannhardt avait aussi interrogé beaucoup de soldats français pendant l'hiver de 1870-71.

la grammaire comparée, l'étymologie et les études védiques, ne fournissent pas une clef à l'étude des religions, pas même de celle des peuples dits aryens.

Ce travail de construction et de destruction, de doctrine et de critique, s'est poursuivi *crescendo* de 1865 à 1885. Il a été presque entièrement l'œuvre de savants anglais. Le travail constructif fut principalement dû à Mac Lennan, Lubbock, Tylor et Herbert Spencer ; le *leader* du travail destructif fut le plus spirituel des savants et le plus savant des hommes d'esprit, M Andrew Lang Il trouva de bonne heure un admirateur et un allié en M. Gaidoz [1], homme d'esprit, lui aussi, et très savant celtisant, fondateur de la *Revue Celtique* et de ce charmant périodique *Mélusine* qui, je regrette de le dire, mourut plus d'une fois faute d'abonnés et finit par mourir pour tout de bon après avoir vidé son carquois.

Pourquoi l'Angleterre, malgré l'autorité qu'y exerçait Max Muller, joua-t-elle un si grand rôle dans la lutte décisive qui se termina par le triomphe de l'école anthropologique? Je vois de cela plusieurs raisons. Il y a beaucoup de bon sens et de jugement sain en Angleterre. Le germanisme de Max Muller, bien que s'exprimant dans un style anglais plein de charme, ne pouvait satisfaire le besoin d'idées claires qui existe dans le public anglais. Une raison plus considérable est la politique coloniale de l'Angleterre, ce vaste et divers Empire britannique dont l'Inde anglaise n'est qu'une partie Un Allemand pouvait borner son horizon aux religions « aryennes », au folklore des paysans « aryens » ou européens ; un Anglais ne le pouvait pas Il entendait parler de trop de races différentes, de trop des sauvages non aryens, avec des idées qui s'écartaient complètement des siennes. En troisième lieu, j'attribuerais quelque influence à l'habitude de lire la Bible. La société que la Bible décrit est sémitique, non aryenne, et elle était généralement plus familière vers 1860

---

1 M Gaidoz a résumé lui-même sa doctrine en quelques mots . « La mythologie s'explique par le *folklore* et les récits mythiques sont la combinaison et le développement d'idées du *folklore* » (*Mélusine*, t II, p. 260)

— je ne sais pas s'il en est de même aujourd'hui — au clerc
d'une paroisse en Angleterre qu'à un professeur d'Université
en Allemagne ou en France.

Il faut donner ici des dates précises, qui sont importantes à retenir. Par son *Mutterrecht* (Droit matriarcal), publié
en 1861, le suisse Bachofen devança sur plusieurs points Mac-
Lennan, dont l'ouvrage sur le mariage primitif parut en
1865. La même année, M. Tylor, qui, parce qu'il passait pour
poitrinaire (il a vécu près de 90 ans), avait voyagé en Amérique avec le riche ethnographe anglais Christy, publia ses
Recherches sur l'histoire primitive de l'humanité. En 1867 et
en 1869, on peut dire que Mac-Lennan découvrit le totémisme. Ce grand fait religieux et social était connu depuis
longtemps des voyageurs, mais personne n'avait encore
songé à en tirer un système, à expliquer par là des survivances de cultes animaux dans les mythologies égyptienne
et grecque, ni à combiner la notion du totémisme avec celle
de l'exogamie (mot dû à Mac-Lennan, qui l'employa le premier en édifiant sa théorie du mariage primitif par capture).
Mac-Lennan était un avocat écossais qui attachait beaucoup
d'importance aux symboles juridiques et était doué d'une
rare pénétration pour en découvrir le sens. Bien qu'il sût
énormément de choses très diverses, il n'était pas un grand
savant et une bonne partie de son œuvre n'a pas résisté à la
critique; mais il fut vraiment un de ces penseurs de génie
qui cherchent des sentiers nouveaux et qui, tout en servant
la science par leur travail de pionniers, doivent se contenter
de l'espoir d'une gloire posthume. Quelques-unes des idées
de Mac-Lennan furent popularisées et d'autres contestées,
deux ans après, dans le célèbre ouvrage de Lord Avebury
(Lubbock), l'*Origine de la civilisation*; mais ses vrais successeurs, qui ne furent cependant pas ses disciples, ont été
Robertson Smith, Lang et Frazer.

La *Civilisation primitive* (*Primitive culture*) de M. Tylor,
publiée en 1871, fut un grand événement scientifique. Non
seulement, à l'âge de trente-neuf ans, il donnait ainsi au
monde le premier traité systématique d'anthropologie, mais

il créait, à la face du Max-Müllérisme, la méthode de la
recherche anthropologique dans les questions relatives aux
formes primitives des croyances et des religions Nous ne lui
sommes pas redevables du mot *animisme*, qui avait été inventé
par Stahl, bien qu'avec une signification toute différente,
au xviiie siècle; il n'était pas non plus le premier à remarquer que l'homme primitif tend à expliquer toutes les réac-
tions des choses par l'action d'une volonté consciente semblable à la sienne — vérité déjà reconnue par Fontenelle,
par Hume et par quelques autres Mais ce que des écrivains
antérieurs avaient observé superficiellement, il en fit une
doctrine, étayée sur une vaste érudition, et il poussa le principe posé par lui jusqu'au bout de ses conséquences logiques[1].
Une de ces conséquences fut l'explication de la croyance si
répandue aux âmes, en tant qu'esprits séparés du corps par
la mort, l'extase, la léthargie ou le rêve. Le *spiritualisme* de
Tylor[2] est le père de la « théorie des esprits » (*ghost theory*) —
suivant laquelle les esprits de chefs défunts deviennent l'objet
d'un culte, ce qui explique quelques-uns des phénomènes les
plus importants de tous les cultes Cette « théorie des esprits »
trouva beaucoup d'adhérents en Allemagne; elle avait été
développée antérieurement en France dans l'admirable livre
de Fustel de Coulanges, *La cité antique* (1865) Herbert Spencer
l'adopta dans ses *Principes de Sociologie* (1876), en même
temps qu'un nouveau système d'evhémérisme et une théorie
du totémisme qui trahit une influence attardée tant de Creuzer
que de Max Müller et qui s'était présentée indépendamment
à l'esprit de Lubbock. Suivant Spencer, un sauvage reçoit
le sobriquet de *Taureau* ou de *Soleil*; il meurt et devient
l'objet d'un culte héroïque; avec le temps, ses adorateurs

1 « Chez les peuples sauvages, comme chez les peuples civilisés, la base
réelle de toute philosophie religieuse, c'est l'animisme. » (Tylor, *Civilisation
primitive*, trad. franç , t I, p 494)

2 « La théorie de l'âme est une des parties essentielles d'un système de
philosophie religieuse qui unit par une chaîne ininterrompue de rapports
intellectuels le sauvage fétichiste au chrétien civilisé » (*Ibid* , l, p. 584) Pour
Tylor, le spiritualisme moderne est une dernière forme, epurée et d'ailleurs
inconsequente, de l'animisme des sauvages.

oublient que *Taureau* ou *Soleil* n'est qu'un sobriquet et commencent à vénérer le Soleil ou le Taureau. Je n'ai pas le
temps, et ce n'est pas ici le lieu, de discuter cette thèse ;
mais il est toujours intéressant de signaler la réapparition
de la vieille idée rationaliste d'un mal-entendu, mise en avant
pour rendre compte des éléments irrationnels des religions.

Ni Tylor ni Spencer n'avaient fait une guerre ouverte au
Max-Müllérisme ; ce haut fait fut accompli, depuis 1884, par
M. Andrew Lang. Mais il serait injuste d'oublier le travail
positif de ce polémiste redoutable pour ne s'arrêter qu'à
son activité de critique. Tylor nous avait familiarisés avec
la notion des survivances, mot qui, comme beaucoup de
mots utiles, trouvait une légitimation scientifique dans le
darwinisme. Lang attribua à des survivances sauvages irra-
tionnelles les éléments irrationnels des mythes ; il mit en
lumière l'importance du totémisme et, excellent humaniste,
se servit du *folklore* des paysans et des sauvages pour expliquer des parties obscures de la mythologie des Grecs et des
Romains[1]. Son plus célèbre ouvrage, *Myth, Ritual and
Religion*, parut en 1887. Sitôt après l'avoir lu, M. Gaidoz
écrivit dans *Mélusine* que ce livre était définitif ; que la cause
de l'anthropologie, opposée à la philologie comparée, était
gagnée et que tous les développements ultérieurs de la science
dans cette voie devraient prendre pour point de départ le
livre de Lang[2]. En effet, la chute du Max-Müllérisme, annoncée
en France, quelques années auparavant, par Barth, Ber-
gaigne et Darmesteter, fut aussi rapide que l'avait été son
succès. En 1888, le savant allemand Gruppe, passant en
revue les systèmes d'exégèse, le traitait déjà presque comme
une illusion du passé. Le champ était largement ouvert à
l'anthropologie et à la psychologie ; le règne de la philologie
védique était terminé.

1. Voir Gaidoz, *Mélusine*, t. II, p. 260 : « Cette double maîtrise (d'ethnographe et d'humaniste) lui permet d'apercevoir des rapports qui échappent
à ceux qui ne possèdent qu'une partie de ces connaissances et de jeter les
bases d'une mythologie qui étudie non pas le Grec et le sauvage isolément,
mais l'homme. »

2. Cf. *Mélusine*, t. III, p. 169.

VI

Vers 1885 commença une période brillante dont le grand initiateur fut un Ecossais, William Robertson Smith (1846-1894) Professeur d'arabe à Cambridge depuis 1883, Robertson Smith fut le premier orientaliste, au courant des travaux de l'école théologique allemande, qui ait contribué aux progrès des études anthropologiques sur les religions ; mais l'influence dominante que l'on distingue dans ses écrits est celle de son compatriote et ami personnel Mac Lennan. Suivant, avec une science beaucoup plus sûre, l'exemple de ce dernier, et aussi les voies ouvertes par le savant américain Morgan, il conduisit ses recherches au point de vue de la sociologie, non au point de vue de la psychologie individuelle. Les problèmes relatifs aux groupements humains, à la formation des familles, des clans, des tribus, l'occupèrent plus que l'explication des mythes et des dieux Sa théorie du sacrifice, énoncée dans la 9ᵉ édition de l'*Encyclopaedia Britannica*, développée dans sa *Religion des Sémites*, reste un de ses titres de gloire. Là, pour la première fois, quelque chose de fort analogue à la communion catholique était présenté comme une des formes primitives du culte et étroitement relié au totémisme Bien que cette thèse ait été très attaquée et que des savants éminents refusent de l'admettre, je crois qu'elle peut être placée au même rang que les plus brillantes découvertes de la science moderne Mais Smith, dans sa vie trop courte, donna plus encore que les magnifiques travaux auxquels son nom est attaché, plus que son enseignement si suggestif en Écosse et en Angleterre : *genuit Frazerum*.

Editeur en chef de la neuvième édition de l'*Encyclopédie Britannique*, Robertson Smith invita son jeune ami Frazer à écrire les articles *Tabou* et *Totémisme* Jamais deux articles d'Encyclopédie n'ont produit un effet aussi durable sur la science Les idées qui y sont condensées, présentées dans un style admirable qui n'est pas seulement apprécié en Angleterre, dérivent principalement de Smith, Mac Lennan, Lang et Tylor ; mais, bien que n'étant pas tout à fait nouvelles pour

les savants, elles furent une révélation pour le public instruit. En outre, dans quelques lignes ou même quelques
mots, Frazer avait émis des vues absolument originales
sur l'influence bienfaisante des tabous, sur l'origine, attri-
buable au totémisme, de la domestication des animaux. Bien
que l'article de Frazer sur le totémisme ait trouvé un traducteur en France (Van Gennep), l'Angleterre prit alors et con-
serva pendant des années une avance notable sur la France
et sur l'Allemagne. Quand je commençai, en 1900, sous
l'influence de Smith et de Frazer, à faire des conférences et à
publier des articles en France sur les tabous et le totémisme,
il me fallut expliquer ces mots, que presque personne ne
comprenait alors[1]. Un an plus tôt, ayant eu l'occasion d'en
entretenir le grand Mommsen, il m'avoua n'en avoir jamais
entendu parler. Je n'oublierai jamais une longue conversation que j'eus avec Furtwaengler sur les bords de la Seine, un
beau soir d'été. Il ne savait rien de ces « théories anglaises »,
que je lui développais tout au long dans un allemand incorrect, mais, je puis le dire, avec la clarté dont l'éducation
supérieure en France donne l'habitude. Quand je fus au bout
de mon discours : *Das lässt sich sehr gut hören* (« cela se
laisse très bien entendre »), répondit Furtwaengler; et c'était
comme si, sortant de quelque chambre obscure, il avait
soudain été inondé de lumière...

En 1890 Frazer publia la première édition de son grand
ouvrage *The Golden bough* (2e éd., 1900; 3e éd., 1907 et suiv.).
Il prit pour point de départ le rituel sanguinaire du bois sacré
de Nemi, commençant de là une course érudite à travers tout
le domaine du *folklore* paysan et sauvage, guidé par trois idées

1. Bien entendu, des savants français comme Maspero, Hamy, Gaidoz, etc.
étaient au courant des travaux de l'école anglaise; Gaidoz avait même déjà
eu l'occasion de protester contre les adversaires du totémisme : « De ce que
certains écrivains exagèrent le totémisme en faisant un totem de tout animal
qui montre son museau dans un temple ou dans une circonstance de la vie
religieuse, il né faudrait pas conclure que le totémisme fût une fantaisie
d'ethnographe : il a son fondement dans cette même conscience humaine
qui croyait à la prescience et au pronostic des animaux ». (*Mélusine*, t. IV
[1888], p. 311).

maîtresses : celle de la magie sympathique, que personne n'avait encore développée avec une telle abondance et une telle exactitude d'informations ; celle du meurtre du prêtre-roi, influencée par la théorie de R. Smith sur le sacrifice, mais dégagée de toute relation avec le totémisme ; celle de la similitude des rites agraires à travers le monde, directement empruntée à Mannhardt. Frazer, dont la première étude sur le totémisme avait donné naissance à toute une école, parut lui-même peu disposé à marcher dans la voie qu'il avait ouverte ; en fait, il se détourna bientôt de R. Smith pour suivre Mannhardt, et, tout en donnant une attention soutenue à l'étude des tabous, évita de s'expliquer à nouveau sur le totémisme. Il revint à ce difficile problème quand les publications de MM. Spencer et Gillen sur les tribus de l'Australie fournirent des lumières nouvelles et inattendues, et il a récemment mis au jour, comme chacun le sait, quatre forts volumes sur le totémisme et l'exogamie (1910). A la différence d'Andrew Lang, qui détruit les illusions des autres, Frazer excelle à détruire les siennes. Que reste-t-il maintenant de son article sur le totémisme publié en 1887? A peu près rien, répond avec raison M. Van Gennep, sauf le fait, familier depuis longtemps aux voyageurs, que la relation de l'homme avec le totem affecte non des individus, mais des groupes. Je n'ai pas l'intention de m'étendre ici à ce sujet ; je dis seulement ce que me paraît indéniable ; mais cela même me donne l'occasion de caractériser la dernière phase de la science, celle qui paraît avoir débuté vers 1898, quand l'école française de M. Durkheim entra en campagne et commença à publier l'*Année sociologique*.

VII

Le grand public est toujours en retard pour l'acceptation des idées scientifiques nouvelles. Alors que celles de Robertson Smith et de Frazer gagnaient rapidement du terrain — en Allemagne, grâce surtout à l'adhésion de feu Albert Dieterich, professeur à Heidelberg, qui s'inspira de l'école

anglaise autant que des travaux de son beau-père Usener —
une réaction contre la méthode anthropologique commença
dans les cercles savants. La sociologie, s'opposant à la psychologie, affirma ses droits [1]. L'une après l'autre, les conclusions
de l'école anglaise furent discutées et révoquées en doute.
Le totémisme primitif et quasi-universel est une illusion.
Les survivances du totémisme parmi les Juifs, les Grecs et les
Romains ne sont pas prouvées. La théorie du sacrifice de Robertson Smith n'est qu'une hypothèse fallacieuse (en dépit
de tous les faits nouveaux que j'ai fait valoir pour la confirmer). L'animisme de Tylor n'est qu'une approximation de la
vérité, car il faut distinguer *l'animisme* et *l'animatisme* et
admettre une phase pré-animiste da la pensée [2]. Les déduc-
tions logiques attribuées aux primitifs et aux sauvages sont
arbitraires et peuvent induire en erreur, car les primitifs
n'ont pas la même logique que nous et vivent dans un état
intellectuel pré-logique. La thèse de l'antériorité du polydémonisme sur le monothéisme est à rejeter, puisque, suivant Lang, qui fit beaucoup de disciples, une sorte de monothéisme et même la notion d'un dieu-père (*God All-father*) a
précédé le polydémonisme — et ainsi de suite. Pas une des
thèses capitales de l'école anthropologique n'a été réfutée, mais
elles ont toutes été ébranlées; pendant que je parle, l'ébran-
lement continue. Le grand public commence à s'en aviser.

1. A cet égard comme à tant d'autres, Guyau a été un précurseur. Il écrivait
en 1887, dans l'*Irreligion de l'avenir* : « L'homme devient vraiment religieux
lorsqu'il superpose à la société humaine où il vit une autre société plus
puissante et plus élevée, une société universelle et pour ainsi dire cosmi-
que... Une sociologie mystique conçue comme contenant le secret de toutes
choses, tel est le fond de toutes les religions. »

2. « Le procédé psychique de la personnification a précédé l'animisme.
C'est l'état religieux qu'Auguste Comte, à la suite de De Brosses, a appelé le
fétichisme, Albert Réville le naturisme, M. Clodd le naturalisme, M. Marrett
l'animatisme, d'autres auteurs, simplement, le préanimisme. » (Goblet d'Al-
viella, *Croyances, Rites, Institutions*, t. II, p. 120.) Dans l'article *Religion* de
la *Grande Encyclopédie*, publié en 1900 (p. 344, 345), Marillier a déjà indiqué
très nettement les objections que comporte la théorie si simple de Tylor,
bien qu'à mon avis elles ne soient pas suffisantes pour l'écarter. La théorie
de *l'animatisme* a été développée par M. R. Marrett, *The Threshold of Religion*,
Londres, 1909 (cf. *Rev. d'histoire religieuse*, 1911, p. 93).

Un membre de l'Institut de France — pas un spécialiste, bien entendu — me disait récemment : « Qui donc, en dehors de vous, croit aujourd'hui aux tabous et aux totems ? » Ce propos n'est qu'un *obiter dictum*, qui ne doit pas être pris trop sérieusement; mais c'est un symptôme. L'aspiration scientifique et parfaitement légitime vers une précision plus grande, le désir de contrôler les hypothèses d'hier à la lumière de faits nouveaux — parfois aussi la tendance, humaine et même trop humaine, de faire de la place à des théories nouvelles, qui peuvent n'être que d'anciennes théories sous un déguisement verbal — toutes ces causes ont contribué à créer un état d'incertitude qui peut aboutir à une période de scepticisme, avant que le travail de construction et de synthèse ne soit repris.

Pendant que cette lutte se poursuit, il y a des gens qui ont une manière suspecte de marquer les points. Il suffit qu'on réduise à peu de chose l'importance des tabous et du totémisme, qu'on nie l'existence de tabous et de totems chez les peuples d'ancienne culture comme les Juifs, qu'on écarte la théorie du sacrifice de Robertson Smith, si féconde en conséquences qu'exploitent les impies, pour que ces Messieurs deviennent prodigues d'éloges. Qui sont-ils ? Je veux être discret. Ce sont ces personnes qui prétendent encore expliquer l'origine des religions, de la morale et même de la société par la vertu d'une révélation faite à l'homme par la Divinité avant la Chute. Elles trouvent des alliés sinon pour appuyer cette thèse, du moins pour ruiner ou mettre en suspicion les thèses contraires. « Quelques pas de plus, écrivait M. Gaidoz en 1898, et M. Lang deviendra un Père de l'Église[1] ». Il y a beaucoup de Pères dans l'Église, et beaucoup d'autres en dehors. Parmi ceux qui encouragent et stimulent l'œuvre de la critique appliquée aux conquêtes récentes de la science des religions, je distingue nettement les apôtres toujours actifs de la tradition et des religions établies. Assurément, la vérité, où qu'elle puisse être, est sûre de prévaloir avec le temps ; il n'est pas moins certain que l'approba-

---

1. *Mélusine*, t. IX, p. 99.

tion d'un traditionaliste, de quelque arrière-pensée qu'elle
s'inspire, ne doit jamais détourner de sa tâche un critique
sincère. Mais comme c'était mon devoir de conduire cette
longue histoire jusqu'à sa fin — disons jusqu'en l'an 1911 —
je n'ai pu éviter de signaler quelques symptômes de *fléchis-
sement* qui ne peuvent, en conscience, être méconnus. Les
critiques *franc-pensant*, comme disait Voltaire, sont engagés
dans une œuvre de destruction mutuelle ; quand ces luttes
intestines auront produit leur plein effet, que restera-t-il sinon
la tradition, la vieille réponse antiscientifique au problème soulevé par l'origine des religions? Une telle réaction
ne pourrait pas être durable, mais il est possible que nous
vivions assez longtemps pour en être témoins et qu'il faille de
nouveau beaucoup de temps et d'efforts pour regagner le terrain perdu. Un des meilleurs moyens, pour la raison, de garder ses conquêtes, est d'en faire consciencieusement l'inventaire, de mesurer le chemin parcouru, de décrire les étapes du
progrès. Permettez-moi donc de conclure en exprimant le
vœu qu'un savant bien informé nous donne un jour deux
volumes sur le grand sujet que je viens d'esquisser insuffi-
samment en soixante minutes. L'histoire bien racontée de
ce chapitre de la science n'apporterait pas seulement une
satisfaction à la curiosité, mais servirait de stimulant salutaire
aux travaux futurs et de sauvegarde aux résultats durables
des efforts passés.

Marsyas.

———

I

Marsyas était un Silène, qui habitait à Kelainai en Phrygie Sa légende fut très populaire en Attique au v⁰ siècle; le théâtre et les arts graphiques s'en inspirèrent. Elle comprend surtout deux aventures, ou plutôt deux mésaventures, dont la première le mit aux prises avec Athéna, la seconde avec Apollon. Parlons d'abord de la première

Athéna, ayant inventé la double flûte, remarqua que l'usage de cet instrument déformait la pureté de son visage, en l'obligeant à gonfler d'air ses deux joues; de dépit, elle jeta les flûtes à terre[1] Marsyas les aperçut et s'apprêtait à les ramasser lorsqu'Athéna parut menaçante à ses yeux. La suite de l'histoire, mise en œuvre dans des drames satyriques que nous n'avons plus et dans le groupe statuaire de Myron, qui a pu être restitué dans ses grandes lignes[2], n'est pas connue avec certitude; il semble qu'Athéna ait frappé Marsyas de sa lance et qu'elle ait proféré, contre le Silène, des menaces que devait exécuter Apollon. Toujours est-il que Marsyas ramassa les flûtes et, sans souci de s'enlaidir encore, se mit à en jouer à son tour

Cette légende est sans intérêt mythologique, d'abord parce qu'elle est relativement récente, puis et surtout parce qu'il est trop aisé d'en démêler l'origine Il existait, sur l'invention de la double flûte, deux traditions[3]: l'une, passée de Béotie

---

1. Voir les textes dans l'art. *Marsyas* du *Lexikon* de Roscher, col 2440. Cette légende est attestée dès le v⁰ siècle.

2 S. Reinach, *Répert. de la stat*, t IV, p. 173, 2; Sieveking, *Archaol. Anzeiger*, 1912, n. I.

3. Voir Kremmer, *De catalogis heurematum* (1890), p. 12, 39

en Attique, l'attribuait à Athéna ; l'autre, phrygienne, l'attribuait à Marsyas[1]. En présence de deux traditions différentes,
les anciens essayaient volontiers de les mettre d'accord. Les
Athéniens ne pouvaient enlever à leur déesse tutélaire le
mérite de l'invention; mais ils tinrent compte de la trouvaille, εὕρημα, attribuée au Silène, en prenant dans un autre
sens le terme qui lui en faisait honneur. J'ai montré, il y a
quelques années, que dans les vieilles listes de découvertes,
εὑρήματα, où se complurent plusieurs historiens du ve siècle,
entre autre Hellanicus[2], le verbe trouver, εὑρίσκειν, fut tantôt entendu d'une invention, tantôt d'une découverte fortuite. Ainsi il existait deux traditions sur le Phrygien Midas :
suivant l'une, il aurait inventé l'ancre des navires; suivant
l'autre, il aurait découvert une ancre de navire sur une montagne, où sa présence témoignait d'un ancien déluge. L'*invention* de la flûte, assignée à Marsyas par les Phrygiens, se
réduisit, pour les Athéniens, à la *découverte* par Marsyas de
la double flûte jetée à terre par Athéna. Dans le groupe de
Myron, sculpté vers 450, Marsyas est au moment de ramasser les flûtes lorsqu'il est effrayé par l'apparition d'Athéna.
Cette légende sauvegardait à la fois le respect dû à des textes
déjà vieux et ce que nous appellerions aujourd'hui la *prio-
rité* de la déesse attique dans l'histoire d'une ingénieuse
invention.

Le second épisode de la vie de Marsyas a été sans cesse
enjolivé de détails nouveaux; réduit à ses données essentielles, il peut se résumer ainsi. Marsyas, très fier de ses
talents d'aulète, défie Apollon, qui joue de la cithare; un
concours a lieu, le dieu l'emporte et, dans un mouvement de
colère, il saisit Marsyas, l'attache à un pin et l'écorche tout
vif. Plus tard, on imagina que le concours avait été jugé
par les Muses, par Athéna, par le roi Midas, par les habitants
du pays[2]; on raconta aussi les procédés subtils et peu loyaux

1. Voir surtout Pline, VII, 57; Athénée, IV, 184 *a*.
2. S. Reinach, *Cultes*, t. III, p. 327, 350.
3. Voir l'art. *Marsyas* dans Roscher, p. 2442.

dont Apollon avait usé pour s'assurer la victoire[1] Mais tout
cela est négligeable, comme l'idée même d'un défi et d'un
concours où le gagnant devait traiter le perdant comme il
l'entendrait[2]. Un seul trait, qui se retrouve partout, est très
ancien et très significatif. : Apollon écorche vif le Silène
Marsyas. Si, dans les œuvres d'art, le dieu ne procède pas
lui-même à l'opération, c'est là une atténuation voulue du
caractère sauvage de l'histoire; et si l'opérateur est un
esclave scythe, c'est sans doute sous l'influence du théâtre
athénien, où les Scythes, archers ou esclaves, faisaient office
de gendarmes et de bourreaux[3].

II

Quand ils rencontrent, dans la mythologie antique, une
histoire sauvage, impliquant des mœurs qui ne furent jamais
celles des Grecs, les exégètes éprouvent un embarras dont
ils essaient de sortir Ils s'y efforçaient déjà dans l'antiquité.
Je laisse de côté l'altération tendancieuse du récit lui-même
et le recours à l'allégorie, procédés des anciens eux-mêmes
dont le caractère artificiel est évident. Pour les mythologues
de notre temps, il reste deux partis à prendre Ou bien l'on
dit, avec Andrew Lang, que les grossièretés, les brutalités,
les cruautés des fables sont les survivances de mœurs réelles,
mais dont l'histoire n'a pas conservé d'autre souvenir; ou
bien l'on a recours à la méthode que je pratique depuis longtemps, et qui, fondée sur la tendance de la mythologie
grecque à l'anthropomorphisme, cherche, en remontant le
cours des siècles, à réduire la part des dieux dans les mythes
au profit d'une conception plus ancienne, celle de la zoolâtrie.
En l'espèce, on pourrait alléguer que les monuments assy-
riens nous offrent des exemples de vaincus empalés, écor-

1 Lucien, *Dial deor* , XVI, 2, Hygin, *Fab* 165

2. Apollodore, I, 4, 2.

3. Bottiger (*Kleine Schriften*, t. I, p 21) a le premier émis cette ingenieuse
hypothese et en a conclu que les poetes attiques, dont Hygin se fait l'echo, ont
arrange a leur manière le mythe de Marsyas.

chés, soumis aux plus effroyables tortures ; mais ce sont des
prisonniers de guerre que l'on traite ainsi et il n'est pas
question d'une *guerre* entre Apollon et Marsyas. D'ailleurs,
l'application de cette méthode conduit dans une voie qui
ressemble dangereusement à celle de l'evhémérisme ; on
projette, pour ainsi dire, un épisode légendaire dans le
passé le plus lointain, en ayant soin pourtant d'en conserver
les éléments tels que la tradition littéraire les fournit. Or, si
les idées ont évolué, la tradition a dû évoluer avec elles. Au
cas où l'on prouverait qu'au trentième siècle avant notre ère
les ancêtres des Phrygiens écorchaient vifs leurs rivaux, il
faudrait bien admettre qu'à cette époque préhistorique il ne
pouvait être question ni de flûte, ni de cithare, ni d'un concours musical. D'une manière ou d'une autre, c'est la légende
elle-même dont il faut modifier les éléments afin d'en découvrir la donnée vraiment primitive et originale, dont les versions modernisées nous sont seules connues.

Laissons donc la cithare et la flûte, puisqu'aussi bien nous
savons qu'au ve siècle il y eut comme une crise d'antago-
nisme entre ces instruments, le premier étant opposé au
second comme la sagesse à la passion, l'Europe à l'Asie, la
religion d'Apollon à celle de Dionysos. S'il est faux de dire,
comme on l'a fait encore tout récemment, que le mythe
d'Apollon et de Marsyas ne fasse que symboliser la rivalité
de la lyre et de la flûte[1] — car qui donc, pour symboliser
un fait d'ordre musical, aurait attribué à un dieu une vengeance aussi barbare ? — il est certain que la légende primitive fut entendue dans ce sens au ve siècle et dut à cette
interprétation la vogue singulière dont elle a joui. Si donc
on élimine les instruments, l'idée de concours disparaît
comme adventice et il reste seulement Marsyas écorché par
Apollon.

De ce résidu de la légende, les modernes ont tenté des
explications qui me semblent toutes également extravagantes.

---

1. « Toute la légende symbolise la victoire de la cithare sur la flûte phrygienne ». (Nicole, *ap.* Saglio, art. *Silenus*). Cf. Th. Reinach, *ibid.*, art.
Musica, p. 2084.

Apollon vainqueur de Marsyas, c'est, a-t-on dit, le triomphe
du soleil sur la lune; c'est le triomphe de la chaleur solaire
sur les neiges d'hiver; c'est la disparition de la rivière
Marsyas sous les rochers; Marsyas pendu à l'arbre, prétend
un autre, ce sont les lourdes nuées d'orage qui, avant la victoire du soleil ou après, semblent suspendues du ciel sur la
terre[1] Je cite textuellement ces lignes de MM. Charles
Lenormant et J. de Witte[2]: « Cette victoire d'un culte nouveau
sur une religion ancienne, outre son caractère moral, esthé-
tique et historique, a aussi trait, dans la pensée des anciens,
à la succession des phénomènes de l'année : c'est ainsi que le
jeune soleil triomphe des neiges du vieil hiver » Evidemment;
et ce sont sans doute les zébrures de la neige fondante qui
ont donné l'idée du supplice de Marsyas On voudra bien
me dispenser de toute discussion.

Le dernier auteur qui ait traité de la légende de Marsyas,
M. Jessen, ne croit pas aux explications qui précèdent, mais
il juge à tort que toute explication est inutile. « L'analyse
historique du mythe, écrit-il[3], montre la vanité des tentative d'exégèse; la légende du concours d'Apollon et de
Marsyas est une addition postérieure, expression de traditions
nationales en conflit; Marsyas n'était, à l'origine, qu'un
génie de source (Quelldamon) qui, en tant que Silène et
représentant le jeu de la flûte, appartenait au cercle de
Cybèle. » Que Marsyas ait des rapports étroits avec Cybèle et
qu'il n'en ait aucun, à l'origine, avec Dionysos, c'est ce que
savaient les anciens; Diodore fait de Marsyas non seulement
le compagnon de la déesse, mais son consolateur après la
mort d'Attis[4] J'accorde également que Marsyas a été un
génie de source[5], puisqu'on connaît, en Asie Mineure et en

---

1 Ces « explications » sont énumérées par Jessen, ap Roscher, *loc. laud.*,
col 2445
2 *Elite ceramographique*, t. II, p 183
3. Art. *Marsyas* ap. Roscher, col. 2445.
4. Diodore, III, 58.
5 *Der phrygische Flussgott* (Kuhnert, *ap.* Roscher, s. v. *Satyros*, col. 478,
480)

Syrie, au moins cinq rivières qui portent son nom[1] ; mais je n'accorde pas qu'il ait été cela dès le début, ni qu'il l'ait jamais été à titre exclusif. Si je rencontre, en Grèce, plusieurs rivières qui portent le nom d'*Ophis* ou de *Dracon*, je serai mal fondé à conclure que le serpent soit un génie de rivière. Au contraire, il paraît évident, à la réflexion, que la nature divine attribuée au serpent a conduit à localiser cette force mystérieuse dans une source, à qualifier de serpent, et non pas seulement à comparer au serpent, l'eau qui coule et *serpente* dans les vallées. D'autres rivières ou sources, à cause de leur rapidité, de leurs soubresauts ou d'autres causes, sont qualifiées de bouc (κάπρος), de taureau, de loup, de mule, de cheval (*fons caballinus*[2], Hippocrène), et l'art grec, jusqu'à la fin, attribue à certaines rivières personnifiées, comme l'Achéloüs, un type tauromorphe[3] ; on ne dira pas pour cela que le taureau qui enlève Europe, celui qu'aime Pasiphaé, celui que dompte Héraklès ne soient autre chose que des génies de sources. Aujourd'hui même, en Bourgogne et ailleurs, l'imagination populaire place une sorte de gros serpent ou *vivre* à la tête des sources et des ruisseaux ; mais cette idée ne serait venue à personne sans le caractère sacré attribué à ce reptile, caractère dont les monuments gallo-romains portent témoignage[4]. Enfin, M. Jessen a passé sous silence la principale difficulté du mythe : s'il met aux prises, pour des raisons « nationales », le Grec Apollon et le Phrygien Marsyas, pourquoi le dieu

---

1. Strab., p. 753 ; Polybe, V, 45, 8. Du fait que *Marsyas* est un nom de cours d'eau en Asie Mineure et en Syrie, Ramsay a conclu avec raison qu'il remonte à une époque très ancienne ; mais rien n'autorise à qualifier cette époque de « hittite. » (*American Journal of archaeology*, 1912, p. 45).

2. Perse, *Sat.*, I, 1.

3. Voir l'art. *Flussgötter* dans le *Lexikon* de Roscher. Le Scamandre à figure humaine de l'*Iliade* (ἀνέρα εἰσάμενος, XXI, 213) mugit comme un taureau (μεμυκὼς ἠΰτε ταῦρος, v. 237) et ne peut, dans sa colère, être arrêté que par les flammes d'Héphaestos — preuve nouvelle qu'il est assimilé à un taureau (*ibid.*, v. 356). On sacrifie des taureaux au Scamandre (*ibid.*, XXI, 131) comme à l'Alphée (*ibid.*, XI, 727).

4. Voir le mot *Serpent* à l'index du *Recueil des bas-reliefs de la Gaule* d'Espérandieu (t. III et IV).

vainqueur tire-t-il une vengeance de Peau Rouge d'un rival vaincu? C'est pourtant là une donnée qu'on n'invente pas.

La preuve que ce détail de l'écorchement est primitif, c'est qu'on en montra pendant des siècles, à Celaenae, la preuve matérielle : la dépouille de Marsyas était suspendue dans une grotte, source de la rivière de ce nom, et l'on disait qu'elle frémissait aux sons de la double flûte[1]. Ceci semble bien indiquer l'existence d'un oracle, d'un mode de divination par les mouvements imprimés à une peau. Cette peau dut sans doute être renouvelée souvent, mais la centième devait ressembler à la première. Or, Marsyas était un Silène, tout le monde était d'accord là-dessus ; il fallait donc que la peau de Marsyas fût reconnaissable à certains caractères extérieurs. Elle devait, pour le moins, être pourvue d'une queue et de poils. Ceux donc qui montraient la grotte aux visiteurs leur faisaient voir la peau d'un équidé, dont je ne veux pas encore chercher à préciser l'espèce ; voilà un premier résultat qui, ce me semble, ne peut être contesté.

Cette outre formée de la peau de Marsyas n'était pas seulement une curiosité que l'on faisait voir aux touristes : c'était un dieu local, tutélaire et bienfaisant : « Les Phrygiens de Celaenae, dit Pausanias, prétendent que le fleuve qui traverse leur ville était autrefois le célèbre joueur de flûte Marsyas, et c'est à lui qu'ils attribuent l'invention des airs consacrés à la mère des dieux; ils ajoutent qu'ils ont jadis repoussé une incursion des Galates, grâce au secours de Marsyas, qui a écarté les barbares et par les flots de ses eaux et par le son de ses flûtes. » On a remarqué que les roseaux, dont on faisait les flûtes, étaient abondants sur les bords du Méandre et de ses affluents[2]; mais cette circonstance, jointe à une crue opportune de la rivière, n'aurait pas suffi à motiver la légende dont Pausanias s'est fait l'écho. Il

1. Elien, *Var. Hist.*, XIII, 21 et les textes cités par Jessen, art. *Marsyas*, col. 2443.

2. Strabon, XII, 578 ; *Fragm. hist. graec.*, IV, 388, 12. Il est même question d'une plante dite αὐλός qui, sous la caresse du vent, émettait des son mélodieux.

s'agit là d'une véritable théophanie de Marsyas, considéré comme un héros ou un dieu local. Marsyas avait subi un supplice injuste à Celaenae ; mais il y conservait des fidèles, il veillait sur eux et les protégeait pour prix du culte qu'ils lui rendaient.

III

Ainsi Marsyas prend rang parmi les nombreux héros suppliciés des légendes antiques, Penthée, Actéon, Adonis, Orphée, Hippolyte et bien d'autres. Un des caractères des légendes de ces héros, c'est qu'ils ont péri d'une mort lente et douloureuse, qu'ils ont été déchirés, dépecés, écorchés ; c'est aussi qu'ils ont été pleurés, même par leurs bourreaux. Non seulement Marsyas aurait été pleuré par les nymphes et par son disciple Olympos, mais Apollon lui-même, pris de remords, aurait brisé sa cithare ; du sang de Marsyas étaient issus les Satyres ; les larmes des survivants auraient donné naissance à la rivière[1]. En même temps que la peau du Silène à Celaenae, on montrait son tombeau à Pessinonte, centre du culte de la Mère des Dieux[2] ; là aussi, des rites devaient être célébrés en son honneur. Lors donc que Marsyas, à l'époque de Pausanias, est réduit au rôle d'un génie de rivière, ou identifié à une rivière homonyme, nous entrevoyons pourtant avec certitude, dans un lointain passé, l'existence d'un dieu phrygien nommé Marsyas. Or, on a vu que dans l'opinion des gens du pays, seuls compétents sur leurs propres légendes, ce dieu n'avait pas été un homme, mais un équidé.

Peut-on dire que Marsyas ait été à l'origine un dieu-cheval, comme Poseidon, comme la Déméter de Phigalie, comme les Centaures ? A l'appui de cette opinion, on alléguerait les très nombreuses peintures de vases grecs où les Silènes

---

1. Pour ces légendes, voir l'art. cité de Jessen, col. 2442, 2443, qui cite tous les textes.

2. Steph. Byz. : Πεσσινοῦς, πόλις Γαλατιής... ἀπὸ τῆς ῥεούσης τοῦ λόφου τοῦ ἐν ᾧ ἐτάφη Μαρσύας.

paraissent sous l'aspect de génies chevalins, avec des oreilles
et une queue qui ne laissent place à aucune incertitude.
On ajouterait que nous avons au moins deux exemples,
sur les vases peints, de Silènes portant le nom de *Hippos*[1].
Mais, d'abord, sur de très anciens vases, on voit un Silène
dont les oreilles sont trop longues pour être celles d'un
cheval et un autre (sur le *vase François*) dont les jambes
chevalines sont exactement copiées sur celles du mulet qui
le précède[2]. En second lieu, je ne crois pas qu'il existe un
seul monument, ni grec ni gréco-romain, où les Silènes
soient figurés à cheval; la monture des Silènes, jusqu'à la
fin de l'antiquité, est toujours l'âne ou le mulet[2]. Un des
principes les moins contestables de l'exégèse mythologique
appliquée aux divinités qui dérivent de prototypes zoomor-
phiques, c'est que la monture d'un dieu n'est autre chose
que l'une des images primitives de ce dieu lui-même. L'art
grec connaît trois types de divinités mâles que l'on peut
grouper avec les Silènes et les Satyres : les Centaures
chevalins, les Pans ou Satyres à pieds de bouc ou montés
sur des boucs[4], les Silènes à pieds d'équidés ou montés sur
des ânes, mulets ou mules[5]. En Grèce, le type chevalin des
Centaures s'est confondu avec celui des Silènes ou l'a modi-
fié, du moins à partir du VIe siècle; car un fragment de
peinture découvert à Mycènes nous montre une procession
de génies à tête d'âne, où il est bien permis de voir les

1. Kuhnert, *ap.* Roscher, S., col. 448.
2. *Ibid.*, col. 448, 458.
3. Il est vraiment trop absurde de prétendre, comme on le fait encore, que l'âne a été *attribué* comme monture à Dionysos et à ses servants en raison de ses penchants lubriques ou de ses dons prophétiques (Pauly-Wissowa, art. *Esel*, p. 652 ; Baumeister, *Denkm.*, p. 1639) ; Gerhard (*Vasenbilder*, I, p. 151) a osé écrire : « *Als Symbol des unfruchtbar lüsternen Gottes wird es (das Maultier) von Dionysos geritten.* » Si je n'ai pas encore réussi à débarrasser l'exégèse de ces inepties, j'y ai du moins travaillé ; je continue.
4. En dorien τίτυροι, c'est-à-dire « boucs ».
5. Les Silènes montés sur des mulets ou des ânes ne paraissent qu'à l'époque alexandrine ; mais des Ménades chevauchant ces animaux se voient déjà sur des vases à figures noires.

ancêtres des Silènes[1], et des types analogues ont été signalés dans la glyptique mycénienne[2], en Étrurie et même dans la Grèce classique, en Arcadie. Mais l'art grec archaïque eut beau transformer le Silène âne en Silène cheval : l'affinité du Silène et de l'âne resta si présente à l'imagination populaire qu'elle ne put jamais prêter au Silène d'autre monture que le quadrupède le moins noble. A la célèbre pompe dionysiaque de Ptolémée II, dont la description nous a été conservée par Athénée, plusieurs centaines de Satyres et de Silènes, compagnons de Dionysos, chevauchaient des ânes[3]; on avouera que la présence d'autant de chevaux aurait pourtant relevé la cérémonie.

Dans la légende de Marsyas, le roi Midas, également phrygien, intervient à plusieurs reprises : il est juge entre Marsyas et Apollon; il protège Marsyas; il se récrie contre le jugement qui le condamne[4]; la rivière Marsyas sort d'une source que Dionysos a fait jaillir pour son favori Midas[5]. L'un et l'autre sont associés à la Grande Déesse léonine de Pessinonte; telle est peut-être l'origine des fables sur l'âne et le lion. Ch. Lenormant écrivait avec raison : « Le souvenir de Midas se lie encore plus étroitement à la religion de Cybèle que l'amitié de Marsyas »[6]. Or, la légende de Midas *aux oreilles d'âne* ne laisse aucun doute sur sa nature primitive : qu'il ait ou non existé un *roi* Midas, le *dieu* Midas était un âne divin[7].

Midas, comme le peuple même des Phrygiens, a des relations avec la Macédoine; c'est là qu'Hérodote signale des jardins de roses, voisins de la source dite Inna[8], c'est-à-dire

1. *Gazette des Beaux-Arts*, 1889, I, p. 10.
2. Voir l'art. de A. B. Cook dans le *Journal of Hellenic Studies*, t. XIV, p. 87 et suiv.
3. Athénée, V, 200-201.
4. Textes dans l'art. de Jessen, col. 2443.
5. Plut., *de Fluv.*, p. 747; Eustathe, *ad Dion.*, 321. Cf. Lenormant et de Witte, *Elite des monum. céramogr.*, t. II, p. 207.
6. *Ibid.*, p. 182.
7. Cf. Kuhnert, *ap.* Roscher, s. v. *Satyros*, col. 516; Cook, *Journ. of Hell. Stud.*, t. XIV, p. 81; S. Reinach, *Cultes*, t. II, p. 254.
8. Hérodote, VIII, 138.

« la mule. » Il ne dit pas que Midas fasse sa nourriture de
ces fleurs, mais j'ai lieu de croire qu'il le pensait. Dans
l'histoire racontée par Lucien et par Apulée, l'homme transformé en âne cherche des roses pour en manger et, quand
il y réussit, reprend figure d'homme[1]. Ceux qui ont imaginé
ce roman connaissaient les jardins de roses de Midas en
Macédoine et croyaient, comme on l'enseignait dans les
écoles, que Midas était un homme, affligé seulement d'oreilles
trop longues ; pour redevenir homme, le héros du roman
devait se mettre au régime de Midas.

IV

Ainsi, soit qu'on tire argument de la peau exposée à Celaenae, soit qu'on se fonde sur la conception primitive
des Silènes, soit qu'on insiste sur l'affinité de Marsyas
avec Midas, on aboutit à la même conclusion : Marsyas est
un âne ou un mulet divin que l'on sacrifiait en Phrygie et
dont la peau, transformée en outre, participait au caractère
du dieu et le conservait[2].

Mais que vient faire ici l'écorcheur Apollon ? Un texte de
Pindare va nous éclairer à cet égard[3]. Alors que les Grecs
ont presque entièrement ignoré le sacrifice de l'âne, Pindare nous apprend que les Hyperboréens sacrifiaient des
ânes à Apollon.

Je ne prétends pas savoir où gîtaient ces Hyperboréens ;
chez les auteurs grecs, c'est une désignation ethnique et géo-

1. Apulée, *Métam.*, III, p. 85 (Teubner) ; Lucien, *Lucius*, c. 54.
2. Le culte de l'âne est attesté en Perse (Hérod., I, 133) et dans d'autres
régions de l'Asie, notamment en Syrie, où les Grecs d'Alexandrie, suivis par
Tacite, l'ont attribué aux Juifs (S. Reinach, *Cultes*, t. I, p. 342-6), puis aux
chrétiens (crucifix du Palatin ; les chrétiens furent qualifiés d'*asinarii*, Ter-
tull., *Apol.*, c. 16). Le seul fait que l'âne sauvage a été domestiqué en Asie
prouve qu'il a dû y être l'objet d'un culte. Il n'a pénétré en Europe qu'assez
tard, par le nord de la presqu'île balkanique (Hehn).
3. Pindare, *Pythiques*, X, 33 (κλειτὰς ὄνων ἑκατόμβας ... ὧν.. μάλιστ'
Ἀπόλλων χαίρει), avec le scholiaste qui cite Callimaque ; Clem. Alex., *Pro-
trept.*, p. 25 P ; Arnobe, IV, 25 (ces deux derniers auteurs parlent des Scythes).

graphique très vague. Il ne faudrait point songer aux
Scythes, car Hérodote et Aristote disent expressément qu'il
n'y a pas d'ânes en Scythie[1], le climat étant trop froid, et
cette information est précisée par un récit d'Hérodote, qui
montre les Scythes prenant la fuite parce que leurs chevaux
entendent pour la première fois, avec terreur, le braiement
des ânes qui suivent l'armée de Darius[2]. Je dirai en passant
que le texte d'Hérodote doit être rapproché de celui de Pausanias sur la légende locale de Celaenae. Les Galates étaient
souvent assimilés aux Cimmériens et aux Scythes, et l'on
racontait, à Celaenae, qu'ils avaient été mis en fuite par le son
des flûtes de Marsyas. L'idée d'une armée qu'épouvante le
son des flûtes est absurde au dernier point, tandis que le
récit d'Hérodote est, à la rigueur, acceptable. Au fond de
celui que Pausanias a recueilli, il y a une histoire d'ânes
sacrés qui défendent une ville; les Galates historiques,
effrayés par la flûte de Marsyas, n'en sont qu'une transposi-
tion evhémériste. L'âne secourable intervient dans d'autres
légendes. Lors de la bataille des dieux contre les géants
(souvent assimilés aux Galates), ceux-ci auraient été mis en
fuite par la voix des ânes que montaient Dionysos, Héphaestos et les Satyres[3]. Le braiement d'un âne avait sauvé Vesta
endormie des entreprises de Priape; une histoire analogue,
où Lotis occupe la place de Vesta, était racontée à Lampsa-
que, pour expliquer le sacrifice d'un âne à Priape, alors que
ce dieu lui-même n'est, à l'origine, qu'un âne anthromor-
phisé. C'est toujours le braiement de l'âne qui est considéré
comme bienfaisant, tant par la terreur qu'il inspire que par
l'attention qu'il éveille. Un peuple caramanien, les Saraco-
res, employait des ânes à la guerre; ceux qui avaient la plus
forte voix étaient consacrés à Arès[4].

---

1. Hérod., IV, 28; 19; Arist., éd. Didot, III, 168, 1; 169, 32; IV, 323, 13. Le
témoignage contraire de Strabon (VII, 312) peut être vrai d'une époque postérieure ou ne l'être pas du tout.

2. Hérod., IV, 129.

3. Ps. Eratosth., *Catast.*, 11; Hygin et Schol. German. *Arat.* (Pauly-Wissowa,
art. *Esel*, p. 652).

4. Elien, *Hist. anim*, XII, 34.

La Scythie exclue, il reste la Macédoine, patrie des Briges, qui sont des Phrygiens, et l'un des foyers du culte d'Apollon avant sa diffusion dans le monde grec. On sait assez qu'Apollon est originaire de la Grèce du Nord. Avant d'être adoré sous forme humaine, il le fut en divers lieux, sous l'aspect d'un de ses animaux familiers, dont le nombre est très considérable[1]; l'âne est l'un d'eux, puisqu'on lui sacrifiait des ânes. Ainsi, à un époque très ancienne, quand on ne sacrifiait pas encore *aux* dieux, mais *les* dieux, il y eut un *Apollon-âne*, dont les braiements étaient sans doute interprétés comme des oracles et dont la dépouille avait des vertus magiques. Puis le dieu et l'animal se dédoublèrent; on sacrifia des ânes à Apollon. Pindare savait encore qu'on faisait cela au nord de la Grèce; il devait en être de même en Phrygie, la patrie asiatique des Briges. Le rite usité nous est connu par la légende de Marsyas : l'âne sacré est suspendu à un pin et écorché. Il est écorché en l'honneur d'Apollon, par le ministre d'Apollon; autant dire que le dieu l'écorche lui-même.

Pour rendre compte entièrement du mythe, il faut se demander encore pourquoi l'Apollon écorcheur est le dieu citharède et ce que vient faire la musique dans cette aventure. Assurément, comme je l'ai dit en commençant, flûte et cithare ne peuvent appartenir à la légende primitive; celle-ci n'est autre chose qu'un conte pieux, une explication du sacrifice traditionnel de l'âne d'Apollon. Si l'on sacrifie l'âne à Apollon, comme le bouc à Dionysos, c'est que l'âne a offensé Apollon, comme on disait que le bouc avait offensé Dionysos en rongeant la vigne, *vite nocens rosa*[2]. Mais comment l'âne a-t-il offensé Apollon? Une fois le dieu conçu comme citharède et patron de la bonne musique, l'explication se présentait d'elle-même. Les anciens ont jugé sévèrement la voix de l'âne; aucun animal n'était plus étranger à la musique que celui-là[3]. Les Pythagoriciens disaient qu'il était insen-

1. Voir Wernicke, art. *Apollon* dans Pauly-Wissowa, p. 109.
2. Martial, III, 24. Cf. S. Reinach, *Cultes*, t. II, p. 99.
3. Plut., *Conv. sept. sap.*, 5.

sible aux sons de la lyre[1], alors que la lyre d'Orphée avait
charmé tous les autres animaux ; il y avait un dicton ὄνος
λύρας ἀκούων, pour signifier un rustre complet, un bélître.
C'est, disait-on, comme ennemi des Muses et de la musique
que l'âne était immolé à Apollon. Plus tard, la rivalité de la
cithare et de la flûte, sans doute aussi celle de la Grèce et de
l'Asie, donna naissance à l'idée d'une lutte musicale, lorsque
l'âne Marsyas se fut humanisé en un Silène. Je ne voudrais
pas attacher d'importance au rythme binaire du braiement
de l'âne, qui pouvait être comparé, par un partisan intolé-
rant de la cithare, aux sons orgiastiques des doubles
flûtes, ni au fait, attesté par Pline, que les os d'âne
servaient à la fabrication des flûtes[2]. Une thèse logiquement déduite comme la mienne ne doit pas être compro-
mise par des hypothèses. Retenons donc ceci : l'âne
est immolé à Apollon en vertu d'un vieil usage religieux ;
on explique la colère du dieu par le caractère antimu-
sical de l'âne ; à l'âne succède le Silène qui fait partie du
cortège de la Mère des dieux[3], où l'instrument par excellence est la flûte, où l'âne intervient, jusqu'à la fin de l'antiquité, comme porteur des objets du culte[4]. Si donc le Silène
aulète est immolé à Apollon citharède, c'est que la cithare
d'Apollon l'a emporté sur la flûte de Marsyas. Les polémiques
athéniennes sur la valeur relative de la cithare et de la flûte[5]
ont exploité le mythe, mais ne l'ont certainement pas créé.

V

L'étude d'une légende doit se terminer toujours par un
essai d'étymologie. Personne ne connaît la langue phrygienne, ni celle de la contrée d'Asie où vinrent s'établir les
Bryges ; mais il est certain que bien des mots de ces langues

1. Elien, *Hist. Anim.*, X, 28.
2. Pline, XI, 245 ; XVI, 172 ; Plut., *Conv. sept. sap.*, 5.
3. Μητρῶον αὔλημα, Paus., X, 30, 9.
4. Voir Lucien, *Lucius*, c. 41.
5. Cf. Th. Reinach, *ap.* Saglio, art. *Musica*, p. 2084.

ont passé en grec. Pollux nous apprend que l'écrivain Apollodore de Carie s'était servi du mot μάρσυπος, μάρσυπιον, signifiant *sac* ; d'autres grammairiens, Moeris et Thomas, mettent en garde contre l'usage de ce vocable, les Attiques disant βαλάντιον, que nous traduisons par *bourse*[1]. Cependant μάρσυπος se lit dans Hippocrate et dans Xénophon, deux écrivains qui ont vécu en Asie. Il est donc possible que μάρσυπος — dont le dérivé *marsupiaux*, désignant les animaux pourvus d'une poche pour la gestation, fait partie du langage scientifique depuis Cuvier — soit un mot asiatique[2] introduit en grec. On pourrait songer à l'outre que le Marsyas du Forum romain portait sur le dos[3] et expliquer Marsyas comme « l'homme au sac » ou « l'animal porte-sac », désignation qui conviendrait certainement à l'âne. Mais il semble bien que μάρσυπος n'ait pas été le nom d'un sac quelconque, d'un sac de toile par exemple; c'est un sac de cuir. La racine de ce mot, commune à μάρσυπος et à *Marsyas*, peut signifier le cuir; celui de l'âne, au dire des anciens, est le plus épais de tous[4]. Beaucoup de noms d'animaux sont des épithètes; à Athènes, l'âne était appelé *le patient*, μέμνων, ailleurs κίλλης, signifiant *le gris*; le mulet s'appelait ὀρεύς, *le montagnard*. Il est donc possible que l'âne, en phrygien, ait été qualifié de *Marsyas* « peau de cuir ». Le sac de cuir, attribut du Marsyas gréco-romain, ne serait autre, à l'origine, que la peau d'âne magique conservée dans la grotte de Celaenae et considérée plus tard, dans le cortège de Dionysos, comme une outre à transporter le vin. Ce ne serait pas le premier exemple d'un attribut divin qui aurait été autrefois le dieu lui-même : que l'on songe seulement au foudre de Zeus et aux épis de Déméter.

J'ai prononcé les mots *peau d'âne*, qui rappellent le pre-

---

1. Voir les textes dans le *Thesaurus* d'Estienne-Didot, *s. v.*

2. Sayce a proposé autrefois de qualifier d'*asianiques* les langues indigènes de l'Asie, par opposition au grec et aux idiomes sémitiques ; on peut regretter que ce terme n'ait pas prévalu.

3. Voir la gravure dans le *Lex.* de Roscher, art. *Marsyas*, col. 2444.

4. Plut., *Conv. sept. sap.*, 5.

mier en date des contes de Charles Perrault (1694) et le
seul qu'il ait publié en vers[1]. Nous savons que Perrault
n'a pas inventé cette histoire, déjà célèbre et même
typique longtemps avant lui[2], mais nous n'en connaissons pas de rédaction plus ancienne. Dans le conte en
vers, l'âne divin qui transforme sa nourriture en or ressemble singulièrement à Midas, qui change en or tout ce
qu'il touche ; on peut même se demander si la donnée de
la fable grecque n'est pas un euphémisme. Perrault ne
dit pas que la dépouille de l'âne sacrifié ait des vertus
magiques, comme la dépouille de l'âne Marsyas; mais
cela paraît ressortir de son récit même et *pouvait* être indiqué
dans une rédaction antérieure. Comment admettre que la
peau d'un âne qui fait de l'or ait été considérée, par la
logique des conteurs, comme celle d'un âne ordinaire, bonne
seulement à dissimuler la beauté d'une jeune fille qui veut
conserver sa chasteté? On est donc tenté de croire que le
fond de ce conte, ou du moins celui de l'épisode principal,
est fort ancien ; mais je ne puis me figurer que Perrault,
même connaissant les textes qui m'ont servi dans le présent
mémoire, ait pu se rapprocher par quelques traits du conte
phrygien sans y faire des emprunts beaucoup plus nombreux[3].

1. Voir, sur ces contes et sur *Peau d'âne* en particulier, l'excellente brochure de Th. Pletscher, *Die Märchen Ch. Perrault's* (Berlin, 1906), p. 7, 20,
etc. *Peau d'âne* est un conte composite, qui comprend au moins trois *thèmes*;
le dernier n'est qu'une variante de *Cendrillon*.

2. *Peau d'âne* ou *Peau d'ânon* semble désigner, au xviie siècle, le genre
même auquel ce conte appartient (Pletscher, *op. laud.*, p. 7-8).

3. J'ai consulté, à ce sujet, deux autorités de premier ordre, MM. Andrew
Lang et Emmanuel Cosquin; ni l'un ni l'autre n'admet que Perrault ait été
influencé par les légendes antiques, ni que la parenté de son conte avec ces
légendes soit démontrable.

Phaéthon[1].

———

I

L'interprétation du mythe de Phaéthon paraît avoir peu occupé les exégètes modernes, peut-être parce qu'ils se sont contentés trop aisément d'une explication dont la facilité même aurait dû les mettre en défiance Pour Schwenck, Most, Wieseler, Robert et d'autres[2], Phaéthon, primitivement identique à Hélios[3], se précipite tous les soirs dans les flots à l'ouest et éclaire l'horizon comme d'une lueur d'incendie. Il a suffi, nous dit-on, de considérer cet événement périodique comme une catastrophe survenue une seule fois, puis d'*hypostasier* le dieu solaire Hélios-Phaéthon sous la forme du héros Phaéthon, fils d'Hélios — et le mythe était créé, du moins dans ses éléments essentiels. Sans doute ; mais il reste à démontrer que le retour presque quotidien d'un phénomène puisse donner naissance à un mythe comme celui de Phaéthon. C'est ce que je nie absolument. De l'observation du cours du soleil, on a pu tirer, par exemple, cette donnée mythique que le soleil, tous les soirs, baignait ses chevaux dans l'Océan[4] ; on n'a pu en tirer la légende de Phaéthon, fils du soleil, empruntant, de gré ou par ruse, le char

1. [*Revue de l'histoire des religions*, 1908, p 1-8.]
2 Cf. Robert, *Hermes*, t. XVIII, p 440 et l'art. *Phaethon* du *Lexikon* de Roscher. M de Wilamowitz (*Hermes*, t XVIII, p 432) fait de Phaéthon l'étoile du matin, Phosphoros M Gruppe (*Griech. Mythol*, p 811) tente d'expliquer la chute de Phaéthon par la disparition des planètes a l'aurore, opinion qui peut se ramener à celle de M de Wilamowitz.
3. Dans Homère, on trouve cinq fois φαέθων comme épithète d'Hélios Virgile emploie ce mot comme synonyme du Soleil (*Aen*, V, 105), c'est pourquoi les sœurs de Phaethon sont aussi appelées par lui *Phaethontiades* (*Bucol*, VI, 62). Phaethon est encore le nom d'un des chevaux du Soleil (Schol. Soph., *El.*, 825) Cf Rapp, art *Helios* du *Lexikon* de Roscher, col. 2001, 2007.
4. Voir les textes dans l'art. *Helios* du *Lexicon*, col. 2103.

de son père, le conduisant en aurige maladroit et finissant par menacer la terre d'une conflagration. Zeus évite le danger en foudroyant l'imprudent; puis les eaux de l'Éridan, jointes à celle des autres fleuves, éteignent l'embrasement que la chute du char solaire a déchaîné. Les sœurs de Phaéthon, complices de ses ambitieux desseins, sont métamorphosées en peupliers noirs et leurs larmes donnent naissance à l'ambre. Telle est à peu près la version d'Hésiode, dont nous n'avons qu'une connaissance indirecte, mais que l'on a pu restituer avec certitude d'après Hygin [1].

Remarquons d'abord que Phaéthon est un héros souffrant, victime d'une catastrophe, comme Actéon, Adonis, Hippolyte, Orphée, Penthée, Marsyas, Zagreus, etc. Comme eux, il est accusé d'une imprudence, d'une faute première qui justifierait son triste sort. Comme eux il est pleuré; les sœurs plaintives de Phaéthon sont changées en peupliers noirs [2]. Comme eux enfin, il est rendu à la vie; si la tradition qui le relègue parmi les astres paraît relativement récente, elle a dû en remplacer une autre qui lui assurait l'immortalité due au fils d'un dieu.

II

J'ai montré, dans de précédents mémoires, que les mythes relatifs à des héros souffrants sont des explications de rites sacrificiels dont la signification primitive était oubliée. Le mythe d'Adonis répond au sacrifice périodique du sanglier sacré, celui d'Actéon au sacrifice du cerf, celui d'Hippolyte au sacrifice du cheval, celui d'Orphée au sacrifice du renard,

---

1. Carl Robert, *Hermes*, t. XVIII, p. 434 et suiv.
2.   *Vos quoque felices quarum clamantia fratrem*
        Cortice velavit populus ora novo.
                          (Ovide, *Pontiques*, I, II, 33.)
Voir d'autres textes dans Gruppe, *Griech. Mythol.*, p. 789. Le peuplier noir, αἴγειρος, est une espèce voisine du peuplier blanc, λεύκη. On employait des couronnes de λεύκη dans les fêtes rhodiennes d'Hélios (Schol. Pind., *Olymp.*, VII, 141).

celui de Penthée au sacrifice du faon, celui de Zagreus au sacrifice du taureau, celui de Marsyas au sacrifice de l'âne. Si ma méthode est bonne, elle doit fournir la clef du mythe de Phaéthon. Quels en sont les éléments? Un conducteur de char, un char, un attelage; le char est en feu; il tombe dans les eaux extérieures (l'Eridan mythique, le grand fleuve de l'Ouest)[1] et y disparaît. Laissons le conducteur, puisque la forme anthropologique donnée par les Grecs à leurs légendes implique l'introduction d'un homme dans des mythes où les rôles sont tenus, en principe, par des animaux qu'on sacrifie. Restent un char et des che-

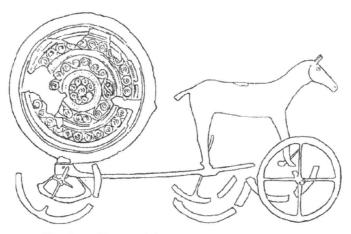

Fig. 1. — Char attelé d'un cheval, bronze de Seeland.

vaux, successivement embrasés et noyés. Le char peut être éliminé à son tour, car les mythes de héros souffrants remontent à une époque très lointaine où les animaux n'étaient pas encore domestiqués. Les chevaux sont blancs, parce qu'ils sont les chevaux du jour (« le jour aux blancs coursiers », dit Eschyle)[2]. Mais la pluralité des chevaux n'est pas un trait essentiel du mythe; elle devait

1. Cf. Wilamowitz, *Hermes*, t. XVIII, p. 427 (*den Fluss des auessersten Westens*).

2. Eschyle, *Perses*, 861 (λευκόπωλος ἡμέρα). Λεύκιππος est un nom ou un surnom d'Apollon (Gruppe, *Gr. Myth.*, p. 1244). L'armée perse en marche était précédée d'un char trainé par des chevaux blancs, que suivait un coursier d'extraordinaire grandeur, appelé le cheval du Soleil (Quinte Curce, III, 3).

nécessairement y être introduite avec l'idée d'un attelage
divin, du quadrige d'Hélios[1]. Donc, alors même que nous
ne posséderions aucun autre texte à ce sujet, nous pourrions
conclure que le mythe de Phaéthon a pour origine le sacrifice
du cheval blanc Phaéthon, du cheval-soleil, tantôt précipité
dans les eaux, tantôt dans les flammes, ou peut-être précipité
dans les flammes avant que ses cendres soient jetées à l'eau.

Or, il se trouve précisément que les sacrifices ainsi *pos-
tulés* par notre exégèse sont attestés avec précision par les
textes. En Grèce, les chevaux sacrifiés sont toujours blancs ;
ils sont immolés à Poseidon, aux fleuves, à Hélios, c'est-à-
dire aux divinités de l'eau et du feu[2]. Les Lacédémoniens,
sur le mont Taygète, sacrifient un cheval aux Vents et le
réduisent en cendres, pour que ces cendres bienfaisantes
soient portées le plus loin possible par les vents[3]. Festus,
qui nous apprend cela (*October equus*), n'a pas compris, ni
les modernes après lui, que, dans le sacrifice, l'essentiel
était l'holocauste du cheval et que, si l'on comptait sur les
vents pour disperser les cendres de la victime, ce n'est pas
aux vents, mais avec leur concours que le sacrifice était
offert[4]. Dans le même article de Festus, qui dérive d'excel-

---

1. La plus ancienne représentation connue du char solaire est un groupe
en bronze de l'île de Seeland, datant des environs de l'an 800 av. J.-C. (fig. 1).
On y voit un cheval unique attelé à un char qui porte un grand disque doré,
tout décoré de cercles et de spirales (S. Müller, *Urgeschichte Europas*, pl. à
la p. 116). A mon avis, cet objet servait à des pratiques magiques destinées à
accroître l'efficacité du soleil, comme d'autres chars de bronze, celui de
Jüdenburg en Styrie, par exemple, servaient à des rites pour solliciter la
pluie. — Le cheval-soleil, au singulier, paraît mentionné dans le *yasht* 6 de
l'Avesta (Darmesteter, t. II, p. 404, n. 1).

2. Sur les sacrifices grecs de chevaux blancs, voir Gruppe, *Griech. Mythol.*,
p. 839; Stengel, *Philologus*, 1880, p. 183. Mithridate sacrifie aussi des chevaux
blancs (Appien, *Mithrid.*, 70).

3. Les sacrifices de chevaux à Hélios sur le Taygète sont aussi mentionnés
par Pausanias, III, 20, 4.

4. Je ne suis pas du tout d'accord avec Gruppe (*Griech. Mythol.*, p. 839)
sur l'identification primitive des chevaux avec les génies du vent (*Windgeis-
ter*). Ce serait en qualité de dieu de l'orage (*Sturmgott*) que Poseidon aurait
reçu des sacrifices de chevaux! Bœckh était bien plus près de la vérité en
admettant une confusion ancienne de Poseidon avec Hélios (*Kleine Schriften*
V, p. 201.

lentes sources grecques — peut-être par l'entremise de
Varron — on lit que les Sallentins (Illyriens) ont un Jupiter
nommé Menzana auquel ils sacrifient un cheval en le jetant
tout vif dans les flammes. Voici donc deux exemples de
chevaux brûlés. Enfin, Festus ajoute que les Rhodiens
jettent annuellement à la mer des quadriges consacrés au
soleil, parce que l'on croit que le soleil est porté autour du
monde dans un char attelé de quatre chevaux (*Rhodii qui
quotannis quadrigas Soli consecratas in mare jaciunt, quod is
tali curriculo fertur circumvehi mundum*)

Ce dernier renseignement est d'une importance capitale.
Les Rhodiens consacrent au Soleil un ou plusieurs chars
attelés de quatre chevaux et les précipitent à la mer Voilà
un rite qui a bien pu donner naissance au mythe de la chute
de Phaéthon[1] Ce char des Rhodiens est **un** char brûlant,
puisque c'est celui du soleil, ils devaient donc y mettre le
feu avant de le lancer dans les flots Chez les Sallentins et
les Lacédémoniens, dans un état de civilisation moins développé, on brûle les chevaux, non le char; mais, ailleurs, il
semble qu'on ait brûlé et noyé un char sans y mettre de
chevaux. Parmi les nombreuses variantes des rites qui ont
pour objet, à différents moments de l'année, d'accroître ou
de ranimer la force languissante du soleil[2], on a signalé
celui qui consiste à enflammer des roues et à les précipiter
du sommet d'une colline vers la rivière qui coule à ses pieds[3].
En général, dans les rites de ce genre, les roues enflammées

1. Gruppe (*Griech Mythol*, p 265) dit que le rite de la précipitation d'un quadrige dans la mer était motivé en plusieurs endroits (*an manchen Stellen*) par la légende de la chute de Phaéthon, mais il ne justifie cette assertion par aucune référence et je la crois erronée M Tümpel (*Philol Jahrb., Suppl.* XVI, 1887, p. 165) a également songé à rattacher au mythe de Phaéthon le rituel rhodien

2 Voir Frazer, *Golden Bough*[2], t. III, p 238.

3 « La coutume de rouler une roue enflammée sur la pente d'une colline paraît une imitation très naturelle du cours du soleil dans le ciel .. Celle de jeter en l'air des disques enflammés, en forme de soleils, ressort aussi de la magie imitative . En contrefaisant la marche du soleil à travers le ciel, on aide le luminaire à poursuivre son voyage céleste avec ponctualité et promptitude. » (Frazer, *Golden Bough*[2], t. III, p. 301, cf. *ibid.*, p 267).

jouent un très grand rôle, parce que le soleil, aux yeux des
primitifs, est tantôt un cheval d'une blancheur éclatante[1],
tantôt un char d'or[2], tantôt un disque ou une roue en feu[3].
Mannhardt et, après lui, M. Frazer ont surabondamment
démontré que toutes les fêtes périodiques où interviennent
des bûchers et des brandons, fêtes qui survivent dans les
usages modernes de la Saint-Jean, répondent à une conception extrêmement répandue de magie sympathique[4]. De
même que l'homme en versant de l'eau, en frappant l'eau,
en jetant des objets ou des animaux dans l'eau, peut déchaîner la pluie, de même il peut attiser la flamme bienfaisante
du soleil, soit en allumant de grands feux sur les collines,
soit en jetant dans le feu ou dans l'eau ce qui peut contribuer à la bonne marche du soleil, un cheval blanc, un char,
une roue[5]. Comment un primitif a-t-il cru devoir s'y prendre
pour faire « parvenir » au soleil un cheval, un char, une
roue de rechange ou de renfort? La réponse était fournie
par ce double fait d'expérience, ou par cette double apparence, que le soleil est un grand feu[6] courant dans le ciel et
que, tous les soirs, il descend dans l'Océan de l'ouest, qu'ali-
mentent les eaux de tous les fleuves. Il n'y avait donc,

---

1. Conceptions courantes dans les hymnes védiques. On rappelle aussi,
pour assimiler le soleil à un cheval, la rapidité de leur course (Eustathe, *ad
Od.*, p. 1515, 34 ; Proclus, *ad* Hes. ἔργα , v. 793).

2. Le char du Soleil, qui n'est pas mentionné dans Homère, est une conception commune aux mythologies védique, iranienne et germanique (Roscher, art. *Helios*, col. 2005).

3. Λαμπρὸς ἡλίου κύκλος, Esch., *Perses*, 496; στρέφων κύκλος, Soph., *Fragm.*
668: *Solis rota*, Lucrèce, V, 432. C'est à la roue du soleil que Prométhée a
dérobé le feu (Servius, *ad Bucol.*, VI, 425 : *adhibita facula ad rotam Solis*).
— Sur le soleil *disque* (et non *roue*), voir l'art. *Helios* de Roscher, col. 1997 (en
haut). Hélios, chez les Péoniens, était représenté par un disque sur une perche
(Maxime de Tyr, VIII, 8).

4. Il est question de roues enflammées (en paille ou enduites de poix) que
l'on fait rouler sur les pentes des collines, dans l'Eifel (Frazer, t. III, p. 242),
en Souabe (p. 256), sur la Moselle près de Thionville (p. 269), en Basse-
Autriche (p. 273), dans le Poitou (p. 285), etc. Pour le jet du disque enflammés dans les airs, voir *ibid.*, p. 243 (Souabe, Bade), p. 270 (Wurzbourg).

5. Les Indous versent du lait dans le feu au lever du soleil, comme un
adjuvant à l'astre (Hardy, *Indische Religionsgeschichte*, p. 35).

6. Φλόξ, Esch., *Prom.*, 22, et ailleurs; πῦρ, Eurip., *Iphig. Taur.*, 1139.

auprès du soleil, que deux voies d'accès : le feu, qui s'élève
dans l'atmosphère vers le ciel, et l'eau où le feu du ciel
vient se plonger[1]. Donc, le cheval-soleil, le char-soleil, la
roue-soleil devaient être tantôt brûlés, tantôt noyés Ainsi
s'expliquent très simplement le rite de Rhodes et les rites
analogues moins complets dont nous avons connaissance.
Avec la constitution du panthéon grec, les progrès de la
civilisation et de la pensée, les rites subsistèrent, mais on
les interpréta autrement; on parla de chevaux sacrifiés, non
plus seulement à Hélios, mais à Poseidon[2], aux fleuves, aux
vents. on se figura que les chevaux blancs traînaient un
char et que ce char était conduit par un *cocher responsable*;
on se dit que la victime Phaéthon, ci-devant cheval solaire,
devait avoir commis quelque faute ou quelque imprudence
pour être ainsi brûlée ou noyée en l'honneur d'Hélios; et
quand Phaéthon de cheval devint héros, on supposa qu'il
était, non pas le soleil, mais le fils téméraire du soleil, qui
avait usurpé la place du céleste aurige et trouvé dans les
flammes la peine de son ambition et de son orgueil Ici
comme toujours, l'idée de la faute est adventice et sert à justifier la sévérité du châtiment, c'est-à-dire la barbarie du
sacrifice. Mais comme chaque année nouvelle voit brûler ou
immerger un cheval blanc, *un* Phaéthon, il faut que Phaéthon soit immortel : c'est que son père, après l'avoir châtié,
lui a donné une place dans le ciel, sous l'aspect d'une cons-
tellation ou de l'étoile du matin. Bien entendu, cette conception n'est pas primitive; tant que le Phaéthon ne fut que le
cheval sacré, l'image terrestre du cheval blanc qui éclaire le
monde, son immortalité n'avait pas besoin d'être expliquée
par une légende; elle était suffisamment garantie par le fait
qu'on ne manquait pas de chevaux blancs. *Uno avulso non
deficit alter*; c'est la formule de la persistance de l'espèce
dans les cultes zoolâtriques dont l'acte essentiel est le sacrifice de l'individu.

---

1 Les vents ont pu aussi jouer un rôle; voir plus haut, p. 48.
2. A Rhodes, Poseidon et Helios sont des dieux encore tres voisins, presque
confondus (Gruppe, *Griech Mythologie*, p 265)

III

Maintenant, il faut se demander où s'est formé le mythe
de Phaéthon. Le rite a dû être fort répandu, comme le sont
les différents procédés de magie sympathique par lesquels
l'homme, naïf logicien, croit s'asservir ou exalter dans son
intérêt les forces naturelles; mais le texte de Festus sur le
sacrifice annuel du quadrige solaire à Rhodes nous dispose
à chercher dans cette île, consacrée très anciennement à
Hélios[1], la patrie du mythe ou, du moins, une de ses principales stations. Or, précisément, les mythologues modernes
s'accordent à croire que Rhodes, peut-être après Corinthe, a
été le centre de rayonnement du mythe[2]. Déjà Hellanicos[3]
faisait de Phaéthon le fils d'Hélios et de la nymphe Rhodé
ou Rhodos. Dans une inscription de Loryma (Rhodes), provenant d'un temple du dieu solaire, ce dieu est encore
nommé Phaéthon[4]. Il y avait Rhodes un dieu solaire appelé
Ténagès, qui fut identifié (par les Doriens?) à Phaéthon[5].
Ce Ténagès, comme Phaéthon, passait pour le fils du Soleil.
Une légende que nous connaissons fort mal faisait de lui un
héros souffrant; immolé par ses frères jaloux, il était sans
doute dédommagé par le don de la vie éternelle, comme sa
sœur Elektryoné, morte vierge et devenue l'objet d'un culte.
On entrevoit sous ces récits confus et fragmentaires l'existence d'un couple sacrifié, peut-être un étalon blanc et une
cavale blanche; mais il suffit, pour l'objet qui nous occupe,
de constater que le mythe, c'est-à-dire le culte de Phaéthon,
existait très anciennement à Rhodes, là même où le texte de
Festus atteste le sacrifice annuel de chevaux blancs.

1. Diod., V, 56. *Phœbea Rhodos*, Ovide, *Mél.*, VII, 365. Les monnaies de
Rhodes suffiraient à en témoigner; cf. Rapp. *ap.* Roscher, art. *Helios*, col.
2025.
2. Voir Wilamowitz, *Hermes*, t. XVIII, p. 428 sq.
3. *Ap.* Schol. Pind., *Olymp.* VII, 135.
4. *Inscr. graec. insul.*, 928.
5. Diod., V, 56 et Roscher, *loc. laud.*

Qu'on me permette, en terminant ce petit mémoire, de dire publiquement ici ce que j'ai déjà eu l'occasion d'écrire à plus d'un savant, en particulier à cet excellent Albert Dieterich, mort si prématurément, au mois de mai 1908, à Heidelberg Les explications que je propose depuis plusieurs années des mythes des héros souffrants sont, ou bien d'effroyables inepties (*furchtbarer Unsinn*, comme on dit en Allemagne), ou des découvertes d'un certain prix; si ce sont des inepties, qu'on les réfute; si ce sont des découvertes, qu'on veuille bien les reconnaître pour telles. Il est trop commode de traiter ces hypothèses « d'ingénieuses », et je suis si fatigué d'entendre ou de lire ce mot que celui de *stupide* me plairait davantage, s'il était appuyé de raisons [1].

1 Je réimprime cette phrase, qui est encore vraie (1912) Mais peut-être mes mémoires font-ils quelquefois des conversions Ainsi, rendant compte du tome II du *Manuel d'archéologie préhistorique* de M Dechelette, dans sa *Revue d'histoire et de littérature religieuse* (1912, p. 186), M. Alfred Loisy combat l'interprétation proposée par ce savant des chariots solaires (comme celui de Seeland, mentionné ci-dessus p 47) et ajoute « Bien difficile de dire si ces petits chariots solaires servaient à honorer le soleil, à lui rendre un culte proprement religieux, ou n'étaient pas plutôt des objets servant a des rites *magiques* ayant pour but d'aider, stimuler, renforcer le soleil dans sa course, comme ces quadriges que, chaque année a Rhodes, on précipitait à la mer » Il est impossible de mieux résumer la thèse principale de l'article qu'on vient de lire, publié en 1908; il ne manque qu'une référence a cet article.

Clelia et Epona [1].

I

Les scolies vénitiennes de l'*Iliade*[2], Suidas[3] et Codinus[4] ont conservé le souvenir d'une statue équestre très archaïque. Ces textes nous apprennent qu'Énée, quand il débarqua sur la côte italienne à Laurente, sauta sur le premier cheval qu'il y aperçut; en mémoire de cette rencontre, il voua une image équestre à sa mère Aphrodite[5]. Cela signifie et cela prouve qu'il existait à Laurente une très ancienne statue représentant une femme à cheval, où les *ciceroni* reconnaissaient une Aphrodite équestre dédiée par Énée plus de quatre siècles avant la première olympiade. Bien entendu, il ne pouvait alors être question d'une Aphrodite *ephippos*; d'ailleurs, si Enée avait réellement abordé en Italie au xiie siècle, ce que pas un critique ne voudrait concéder aujourd'hui, il n'aurait pu monter à cheval, puisque l'équitation était encore inconnue aux temps homériques, tant des Troyens que des Grecs. Abstraction faite de la légende, qui n'a aucune valeur, il reste la statue qui lui a donné naissance et qui mérite de retenir notre attention.

L'image dont il s'agit devait être très grossière, sans quoi

1. [*Revue de l'hist. des religions*, 1908, p. 317-328.]
2. Schol. Ven. *Iliade*, II, 820.
3. Suidas, s. v. 'Αφροδίτη.
4. Codinus, *Orig. Constantinop.*, p. 14.
5. Voici le texte de Codinus (ap. Banduri, *Imp. Orient.*, t. I, p. 125-6) : Πλάττουσι καὶ αὐτὴν ἔφιππον, ὅτι Αἰνείας ὁ υἱὸς αὐτῆς πλεύσας μέχρι τῆς δύσεως, μετὰ τοῦτο ἵππῳ ἐπέβη, καὶ τὴν μητέρα ἐτιμήσατο τοιούτῳ ἀγάλματι. Dans le même paragraphe, Codinus parle d'une statue romaine de Vénus portant un peigne et raconte, à ce sujet, une histoire ridicule ; mais cette statue n'a rien à voir avec l'Aphrodite équestre et M. Bernoulli a fait erreur en les confondant (*Aphrodite*, p. 412). Non moins erroné est son renvoi à Servius (*ad Aen.*, I, 720), qui mentionne en passant la *Venus equestris*, mais non une statue de cette divinité.

l'on n'aurait pas songé à l'attribuer à l'époque d'Enée. Mais comment les *ciceroni* savaient-ils que cette image était féminine? Une statue aussi archaïque devait nécessairement être vêtue; les formes féminines du corps, seins et hanches, qui ne sont pas marquées avec insistance dans l'art grec avant le IVe siècle et ne le sont presque pas dans l'art primitif, ne pouvaient être indiquées suffisamment pour permettre de reconnaître le sexe. Il suit de là que la figure de Laurente trahissait son sexe par son attitude; elle devait donc être assise non à califourchon, περιβάδην, mais de côté, κατὰ πλευράν [1], c'est-à-dire à la mode des femmes, *muliebriter* [2], mode qui doit être aussi ancienne que l'équitation elle-même, par des motifs d'hygiène et de convenance.

Une autre statue du même type et non moins primitive d'aspect existait à Rome. C'était une image exposée en plein air, au point culminant de la Voie Sacrée, *in summa sacra via*, du côté du Palatin. Les uns y reconnaissaient la vierge romaine Clélie, d'autres sa compagne Valérie, fille de Publicola [3]. Deṅys d'Halicarnasse dit formellement qu'elle n'existait plus de son temps, ayant péri dans un incendie qui prit à des constructions voisines [4]; on a toutefois supposé qu'elle avait été rétablie ou remplacée au Ier siècle [5].

Suivant la légende que Tive Live et Plutarque ont popularisée [6], la vierge romaine Clélie avait été livrée en otage avec d'autres à Porsenna, chef des Etrusques (407): elle s'échappa, traversa le Tibre et revint à Rome. Les Romains, ne voulant pas manquer à la foi jurée, la rendirent à Porsenna; celui-ci, admirant le courage de la jeune fille, la traita avec grande estime et lui offrit un cheval richement harnaché. On croyait généralement qu'elle s'était échappée

---

1 Achille Tatius, I, 1 (édit. Didot, p. 28).

2. Ammien Marcellin, XXXI, 2, 6.

3 Pline, XXXIV, 29; Plutarque, *Public.*, 23.

4. Denys, V, 35.

5 En effet, Plutarque, *l. cit*, en parle comme existant encore, cf Sénèque, *ad Marciam*, 16 et la note de Miss Sellers, *Pliny's chapters*, p. 25.

6 Voir les *seize* auteurs, grecs et latins, cités à ce sujet dans Pauly-Wissowa, art. *Cloelia*, p. 110. Le passage capital est celui de Tite-Live, II, 13, 6.

du camp de Porsenna en traversant le Tibre à cheval; c'est
ainsi qu'elle a été souvent figurée par l'art moderne, entre autres — et pour la première fois, je crois — par le
peintre siennois Domenico Beccafumi [1]. Quoi qu'il en soit de
la forme primitive de la tradition, Clélie était considérée
comme une vaillante écuyère et la statue qui, disait-on,
avait été érigée en son honneur, la représentait, en effet, à
cheval.

La preuve que cette statue et son piédestal ne portaient
aucune inscription, c'est qu'on y reconnaissait tantôt Clélie,
tantôt Valérie. L'argument que j'ai fait valoir à propos de la
figure équestre de Laurente s'applique également à la statue
romaine; le sexe était accusé par l'attitude que lui avait
prêtée le sculpteur; elle était long-vêtue et assise de côté.
J'ajoute qu'elle ne devait pas porter d'armure, puisque Clélie
et Valérie n'étaient pas des guerrières, mais des jeunes filles
qui, dans une circonstance mémorable, avaient osé monter
à cheval pour se sauver.

Nous avons donc à Rome une statue du même type que
celle de Laurente, objet, comme celle-ci, d'une légende exé-
gétique et remontant aussi à une époque très ancienne, antérieure à l'introduction de l'art grec dans le Latium.

On a émis l'hypothèse que la statue romaine dite de Clélie
était celle d'une Amazone, enlevée ou acquise de quelque
ville hellénique de l'Italie [2]. Cela est inadmissible par deux
raisons. D'abord, les Amazones, guerrières scythiques, sont
court-vêtues et chevauchent *toujours* à califourchon; or nous
avons établi que Clélie était long-vêtue et assise de côté. En
second lieu, les auteurs suivis par Denys, Tite Live et Pline,
et ces écrivains eux-mêmes n'auraient jamais attribué une
statue grecque, même archaïque, à l'art primitif de Rome,
dont ils avaient beaucoup de monuments authentiques sous
les yeux.

Schwegler voulut identifier Cloelia à la Vénus Cluilia ou
Cluacina (purificatrice) et pensa que l'image de cette déesse

1. Burlington Club, *Pictures of Siena*, pl. XLI.
2. Roscher, *Berichte der Sächs. Gesellschaft*, 1891, p. 107.

était identique à celle de la *Venus equestris* d'une époque postérieure [1]. Mais Vénus est une déesse tard-venue dans le Panthéon romain, le type de Vénus équestre est bien plus tardif encore, même dans l'art grec Cluacina appartient aux litanies des *Indigitamenta* et il est impossible d'imaginer pourquoi une deesse purificatrice aurait été représentée à cheval Je croirais plutôt que Cloelia (Cluilia) est une épithète dérivée de *cluere*, signifiant quelque chose comme *inclita*, « fameuse » ; la forme *Cluilia* doit être rapprochée du nom de *Duilius*, où l'on reconnît le mot *bellum* sous sa forme archaique *duellum*.

Il me semble que l'on peut expliquer facilement l'existence de deux statues archaiques de femmes à cheval tant à Laurente qu'à Rome, et cela sans faire intervenir l'*Aphrodite ephippos* qui appartient exclusivement à la période la plus florissante de l'art grec, où les exemples de ce type sont d'ailleurs fort rares [2].

II

Pline connaissait à Rome des statues qu'il faisait remonter à l'époque de l'Arcadien Evandre [3] Avait-il tort, avait-il raison de les croire si anciennes ? C'est là une question qui ne doit pas m'arrêter ici ; le fait est que les savants grecs et romains avaient constaté des analogies remarquables entre la Rome primitive et l'Arcadie, en particulier entre la fête des Lupercales et celle des Lykeia, et qu'ils reconnaissaient des éléments arcadiens dans le rituel romain. L'existence de ces éléments arcadiens est indéniable, alors que le bon roi Evandre peut être aussi légendaire que semble l'impliquer la forme grecqne de son nom (εὐ ἀνήρ, le *bon homme*, opposé au *mechant homme*, Cacus). Ainsi nous avons le droit de parler,

1. Schwegler, *Romische Geschichte*, t II, p 186
2 Voir Mylonas, 'Εφημ. ἀρχαιολ, 1893, p 218 et Bernoulli, *Aphrodite*, p. 412.
3 Pline, XXXIX, 16, 23. Cf *Cultes, mythes et religions*, t III, p 210 sq

comme le faisaient les anciens, de l'établissement d'Evandre
dans le Latium, entendant par là une migration ou une influence arcadienne, et cela même alors qu'Evandre n'aurait
jamais existé.

Remarquons ici que Denys d'Halicarnasse, qui nous instruit de l'établissement d'Evandre sur le Palatin, de la civilisation introduite par lui dans le Latium, de l'autel qui lui fut
érigé près de la Porte Trigemina (I, 32), lui attribue, entre
autres institutions, la fondation du culte de Poseidon Hippios (*Neptunus equester*) à Rome. Poseidon cavalier doit nécessairement avoir eu une compagne ; il est assez naturel de
supposer que cette compagne était elle-même une déesse
équestre. Or, cette hypothèse peut s'appuyer de certains témoignages explicites relatifs à la mythologie arcadienne.
Nous trouvons en Arcadie, à Phénéos, Poseidon Hippios associé à Artémis Hippia ou Heurippa [1]. Une légende rapportait qu'Odysseus, retrouvant à Phénéos ses cavales égarées,
y dédia un temple à Artémis Heurippa et une statue à Poseidon Hippios. *Heurippa* peut être une corruption d'*Euhippa* ;
quoi qu'il en soit, il est évident que Poseidon et l'Artémis de
Phénéos étaient l'un et l'autre des divinités chevalines. La
Déméter arcadienne est également chevaline, par exemple à
Phigalie, où elle était figurée avec une tête de jument [2] ; à
Thelpusa en Arcadie, nous trouvons une Erinys chevaline [3],
et nous apprenons l'histoire de Déméter transformée en cavale qui accorda ses faveurs à Poseidon changé en cheval [4].
Le couple Poseidon-Hippios et Déméter n'est pas seulement
mentionné à Thelpusa, à Phigalie et à Mantinée, mais à Pal-
lantion, la patrie même d'Evandre ; cela semble résulter d'un
passage de Denys d'Halicarnasse [5].

Artémis, Déméter et Poseidon sont des noms donnés pos-
térieurement à des divinités très primitives. La vieille reli-

---

1. Pausanias, VIII, 14, 4-5.
2. *Ibid.* VIII, 42, 4.
3. *Ibid.*, VIII, 25, 4.
4. *Ibid.*, VIII, 25, 6.
5. Denys, I, 33.

gion de l'Arcadie nous montre un dieu-cheval et une déesse-cavale; celle-ci a donné naissance au cheval Arion[1]. Originairement, ces divinités sont tout simplement un étalon et une jument; c'est ce que nous constatons dans la légende de Thelpusa. Plus tard, avec les progrès de l'anthropomorphisme, nous avons la déesse de Phigalie à tête de jument; plus tard encore, chevaux et juments deviennent des dieux cavaliers, un dieu *hippios* et une déesse *hippia*.

Comment la déesse *Hippia* était-elle représentée dans l'art

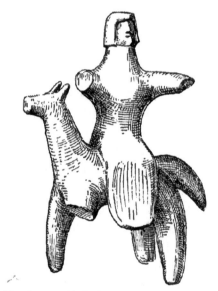

Fig. 1. — Artémis équestre de Lusoi (Arcadie).

arcadien le plus ancien? Nous savons cela aujourd'hui grâce à une statuette en terre cuite découverte par Reichel et Wilhelm dans le sanctuaire d'Artémis à Lusoi[2] (fig. 1). Elle est figurée assise à gauche, vêtue d'une longue robe. Les savants autrichiens, qui ont publié cette figurine très archaïque, ont remarqué que la forme de la queue de l'animal oblige d'y reconnaître un cheval et non un cerf. Ils ont cité le passage de Pausanias au sujet de l'Artémis *Heurippa* de

1. Pausanias, VIII, 25, 7.
2. *Oesterr. Jahreshefte*, t. IV, p. 38.

Phénéos, mais ne paraissent pas avoir compris la haute
importance de cette représentation, encore unique dans l'art
grec le plus ancien. Pausanias dit que Déméter, après son
aventure avec Poséidon à Thelpusa, se baigna dans le Ladon
et fut appelée, pour cette raison, Lusia (de λούσασθαι, se laver).
C'est là une étymologie populaire ou demi-savante ; je préfère rapporter l'épithète de Déméter au nom de la vieille ville
arcadienne de Lusoi, qui n'existait plus au temps de Pausanias. La *Lusia* de la légende est une déesse chevaline et
c'est sous la forme d'une déesse à cheval que nous la rencon-
trons dans la terre cuite de Lusoi.

Je conclus qu'en dehors des images de Poseidon Hippios,
introduites dans l'Italie centrale par les Arcadiens, il existait
des statues d'une déesse à cheval, comme la prétendue
Aphrodite équestre de Laurente et la prétendue Clélie ou
Valérie de Rome. En Arcadie, la déesse à cheval fut appelée
Artémis ou Déméter ; en Italie, le culte et le nom de *Venus
equestris* l'emportèrent, sans doute parce que la statue de
Laurente fut mise en rapport, par la légende, avec la mère
divine d'Énée. Mais, dans l'art grec et dans l'art romain, Artémis ou Diane paraît encore comme une écuyère ; elle chevauche des chevaux et des cerfs ; elle prête sa monture à Séléné et à Eos ; un petit bronze découvert dans les Ardennes,
aujourd'hui à Saint-Germain, représente Diane (ou une déesse
celtique analogue, *Arduinna*) chevauchant un sanglier[1]. Les
écuyères par excellence, les Amazones, sont les hiérodules
d'Artémis à Éphèse. Diane équestre joue encore un rôle important dans les superstitions populaires que combattit le
christianisme. On trouve mentionnée de bonne heure la
croyance que Diane chevauche la nuit, suivie d'une troupe
de femmes impies, *sceleratae mulieres* ; au XIVe siècle encore,

---

1. Séléné à cheval sur le trône de Zeus à Olympie, Pausanias, V, 2, 8 : sur
l'autel de Pergame, *Répertoire des reliefs*, I, p. 207 ; sur des vases, *Mon. dell
Instituto*, II, p. 31, 55 ; *Journ. Hell. Stud.*, 1888, p. 10 ; Mylonas, Ἐφ. ἀρχ.,
1893, p. 208 (miroir). — Eos équestre, Eurip., *Oreste*, 1004 ; Eust. *ad Il.*, p. 1430,
12 ; Tzetzes, *ad Lyk.*, 17. — Artémis équestre sur les monnaies de Phères,
Müller-Wieseler, XVI, 173 ; à califourchon sur une lampe de Carthage (inéd.).

les statuts de l'église française de Conserans parlent des femmes qui chevauchent la nuit avec Diane[1]. J'ajoute que dans le vieux culte de Nemi, *Diana Nemorensis* est associée au dieu-cheval Virbius-Hippolyte[2], preuve que l'idée d'une déesse chevaline existait aussi fort anciennement en Italie.

III

Les représentations des déesses équestres sont, en somme, assez rares dans l'art classique Mais elles sont très nombreuses dans l'art gallo-romain. J'ai résumé et décrit, dans une série d'articles, plus de cent exemples de l'Epona équestre, tant en pierre qu'en bronze et en terre cuite[3]. Toutefois, jusqu'à présent, j'ai omis d'aborder une question intéressante : où les Gaulois romanisés ont-ils trouvé le type de l'Epona écuyere, qu'ils ont très souvent représentée assise de côté sur un cheval au repos[4]? Nous ne pouvons admettre pour ce type une origine celtique, parce qu'il n'existait pas, à proprement parler, d'art plastique chez les Gaulois avant la conquête romaine Dans l'art grec, il n'y a pas de figures analogues; la *seule* image qui ressemble à celle de l'Epona gauloise — au point qu'on l'eût prise pour une Epona si elle avait été découverte en Gaule — est la terre cuite archaïque de Lusoi. De Lusoi en Arcadie jusqu'en Gaule il y a loin ; je suis cependant convaincu qu'on peut trouver un type intermédiaire, parce que la route qui conduit d'Arcadie en Gaule passe par Rome

Sur l'autel de Mavilly dans la Côte-d'Or, dont je me suis occupé à diverses reprises[5], figurent en relief les douze

1 S. Reinach, *Cultes, mythes et religions*, t I, p 276 Le canon relatif aux femmes qui chevauchent la nuit avec les demons a été attribue a tort au concile d'Ancyre ; j'ai répété cette erreur après d'autres. Cf. J Hansen, *Quellen und Untersuchungen zur Geschichte des Hexenwahns*, p 38.

2 Cf Frazer, *Golden Bough*, t I, p. 5 et 6, t. II, p 313

3 *Revue archéol*, 1895, I, p 113, 309, 1898, II, p 187, 1899, II, p 54, 1902, I, p. 227; 1903, II, p. 348

4. Les Eponas sur un cheval au pas, au trot ou au galop marquent un developpement postérieur du type.

5. En dernier lieu, *Cultes*, t. III, p 191 sq.

grands dieux romains, associés au serpent à tête de bélier,
qui est purement celtique. Je crois avoir prouvé que l'artiste
inhabile auquel nous devons cet autel n'a pas cherché des
modèles grecs ou gréco-romains, mais a reproduit les images les plus archaïques qu'il pût trouver à Rome même, celles des *Di consentes* sur le Forum [1]. Il nous a conservé ainsi
la seule image connue de Vesta protégeant ses yeux contre
la fumée, type mentionné par Ovide, qui ne le comprenait
plus [2] ; un Poseidon nu tenant un dauphin, une Vénus sévèrement vêtue, un Vulcain et un Mars de types très anciens [3].
Après Vesta, la figure la plus intéressante de cet autel est
celle de Diane, tenant des serpents dans ses mains ; j'ai essayé d'établir [4] que ce motif, inconnu de l'art classique, est
celui de la prétendue « déesse aux serpents » de Cnossos en
Crète et de l'Artémis tenant des serpents que Pausanias signale à Lycosura en Arcadie [5]. Assurément, je n'admets pas
un instant qu'un sculpteur gaulois ait emprunté directement
ce motif à l'Arcadie ; il l'a pris de quelque vieille statue romaine, d'une de celles peut-être que Pline attribue à l'époque d'Evandre, et qui, comme l'image de l'écuyère Clélie,
dérivaient, directement ou indirectement, d'un modèle arcadien.

Maintenant, si un sculpteur celtique, vers le début de notre ère, pouvait copier une Diane très archaïque et une Vesta
très archaïque à Rome, pourquoi n'y aurait-il pas copié
aussi une déesse ou une héroïne équestre ? Pourquoi un artiste, appartenant à la première école d'art gallo-romaine,
n'aurait-il pas eu recours à des modèles aussi anciens et aussi
vénérables pour représenter la déesse équestre des Gaulois ?
Je me persuade de plus en plus que les caractères archaïques
de l'art gallo-romain, par exemple le Mercure barbu [6], les

---

1. *Cultes*, t. III, p. 199.
2. Ovide, *Fastes*, III, 45.
3. *Cultes*, t. III, p. 201, 203.
4. *Ibid.*, p. 210 sq.
5. Pausanias, VIII, 37.
6. S. Reinach, *Bronzes figurés*, p. 70.

dieux et les déesses accroupis[1], ont été adoptés volontairement et consciemment par les premiers sculpteurs de la
Gaule romaine, qui préférèrent à bon escient les types les
plus archaïques, parce qu'ils leur attribuaient plus de sainteté.

IV

Quelque chose de tout à fait analogue s'est produit en
Inde, où la plastique en matières dures, à peine antérieure

Fig. 2. — Bouddha de Boroboudor (île de Java).

au Ier ou au IIe siècle de notre ère, s'est inspirée intentionnellement des modèles grecs les plus anciens. Ainsi nous
trouvons en Inde et dans tous les pays d'Extrême-Orient un
type de Bouddha, assis les jambes croisées, qui ressemble
étrangement à celui des dieux gaulois accroupis (fig. 2).
Alexandre Bertrand, qui a insisté sur cette ressemblance, sup-

1. *Ibid.*, p. 185.

posa qu'elle était le résultat d'une propagande religieuse, l'attitude en question ayant pu être prescrite dans certains mystères [1]. D'autres n'ont vu là qu'une rencontre fortuite, dans
la pensée, développée d'abord par M. Mowat, que les Gaulois,
n'ayant pas de chaises, devaient s'asseoir à terre les jambes
croisées [2]. J'avais autrefois admis l'influence du type égyp-

Fig. 3. — Une des statues de Velaux, Musée de Marseille.

tien du scribe accroupi, du dieu scribe Imouthès [3]. Aujour-
d'hui je suis persuadé que le modèle commun de la Gaule
et de l'Inde a été un vieux type ionien du vi[e] siècle, dont
il y a des exemples dans la plastique de Chypre, dans les
terres cuites d'Asie Mineure et d'Égypte et, en Gaule même,
dans les deux statues archaïques découvertes à Velaux

1. Al. Bertrand, *Rev. archéol.*, 1880, II, p. 3, note 1. On reconnaît l'influence
des idées de Creuzer.
2. Mowat, *Bulletin épigraphique de la Gaule*, t. I, p. 116.
3. S. Reinach, *Bronzes figurés*, p. 17, 191.

Fig. 4 à 7. — Saints jaïnistes. (Victoria and Albert Museum.)

(Bouches-du-Rhône, (fig. 3 [1]), qui ne sont pas gallo-romaines, mais gallo-grecques ou peut-être simplement ioniennes, comme les Cybèles découvertes à Marseille en 1863 [2]. Si j'ai raison, il faut admettre une influence de l'Ionie sur la Gaule, d'une part, sur l'Inde, de l'autre. à une époque bien antérieure à la conquête du nord de l'Inde par Alexandre et à l'établissement des Romains dans la Province.

D'autres arguments m'inclinent vers cette conclusion. Je me suis, en effet. assuré que les *seu'es* figures d'hommes nus que l'on trouve en Inde, les statues des saints jaïnistes dits *tirthankaras*, dont il y a de nombreux spécimens au Musée Britannique et au Musée de Kensington (fig 4-7), dérivent toutes d'un ou plusieurs types de l' « Apollon » grec, du *kouros* [3] (fig. 10-13), de sorte qu'il paraît certain qu'une sculpture grecque du VIe siècle devint le modèle de toute une série de statues indoues dont les copies se répètent encore de nos jours. J'ajoute que parmi les ivoires ioniens découverts récemment par l'expédition anglaise dans les ruines du vieux temple d'Ephèse, il y en a deux au moins, un lion et un prêtre, dont les caractères sont très voisins de ceux de l'art bouddhique [4] (fig. 8 et 9). Le voyage de Pythagore en Inde, au VIe siècle, est très mal attesté et peut être considéré comme légendaire [5]; mais à l'époque où la légende place ce voyage, les Ioniens devaient avoir des relations avec l'Inde, du moins par l'entremise de la Perse, puisque les Indous ont continué à donner aux Grecs le nom d'Ioniens (*Yavanas*) [6]. Le jaïnisme, un peu plus ancien que le bouddhisme, commença de fleurir vers l'an 550 [7], c'est-à-dire précisément à l'époque où nous reporte le

1. Espérandieu, *Bas-reliefs de la Gaule*, t. I, p. 108.

2. *Ibid.*, p. 48 et suiv.

3. Voir sur ce type l'intéressante monographie de W. Deonna, *Les Apollons archaïques*, Genève, 1909.

4. *Excavations in Ephesus*, pl. XXI, 2 et 3.

5. Zeller, *Die Philosophie der Griechen*, 5e éd., t. I, p. 302.

6. Sylvain Lévi, *Revue des Études grecques*, 1891, p. 25.

7. Chantepie de la Saussaye, *Manuel d'histoire des religions*, trad. fr. p. 364.

type plastique du *kouros* qui fut imité par les sculpteurs jaïnistes. Deux hypothèses sont possibles : ou bien, dès cette époque, une statue d'homme nu, d'athlète ou d'Apollon, fut transportée d'Ionie en Inde et y servit de modèle à des statues de bois avant

Fig. 8. — Ivoire archaïque découvert à Éphèse ; prêtre grec (?). (Hogarth, *Excavations in Ephesus*, pl. 21.)

Fig. 9. — Lion en ivoire, analogue aux figures de lions de l'Extrême-Orient, découvert à Éphèse. (Hogarth, *Excavations in Ephesus*, pl. 21.)

d'être copiée en pierre ; ou bien, lorsque la sculpture en pierre commença en Inde, après l'ère chrétienne, on chercha, dans ce pays comme en Gaule, à se procurer des modèles remontant aux

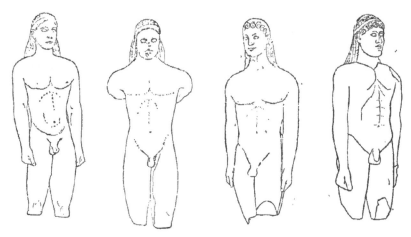

Fig. 10-13. — « Apollons » archaïques du Ptoïon, de Keratea, de Théra et d'Orchomène.

plus anciennes périodes de l'art, parce qu'on les préférait à

des modèles plus récents en raison même de leur aspect
hiératique. Dans le cas de l'art jaïniste, on pourrait supposer
que les sculpteurs des *tirthankaras* ont intentionnellement
choisi des sculptures qu'ils savaient contemporaines, ou peu
s'en faut, des débuts mêmes de leur secte [1].

Pour en revenir à Épona, je crois que ce type d'écuyère
fut imité, très peu de temps après le début de notre ère, soit
de la vieille Clélia de Rome, *in summa sacra via* — à supposer qu'elle y existât encore — soit de quelque image analogue, comme celle de Laurente, et que la Clélia, non moins
que les Éponas gauloises, se rattache étroitement à la figurine
en terre cuite du VIIe siècle exhumée à Lusoi. Toutes ces figures
reconnaissent comme ancêtre commun une idole autrefois
célèbre d'une déesse chevaline, d'une déesse équestre, conservée dans quelque vieux sanctuaire arcadien.

1. M. Arthur Evans m'apprend qu'une gemme *de style insulaire* a été découverte en Inde. Dès 1883, Milchhoefer rapprochait avec raison de la déesse à
tête de cheval honorée en Arcadie des représentations analogues sur des reliefs
indous bien postérieurs. Seulement, là où Milchhoefer reconnaissait une influence préhistorique de l'Inde sur la Grèce, il faut, au contraire, voir les traces
d'une influence de la Grèce archaïque (y compris la côte de l'Asie Mineure) sur
l'Inde. J'ai montré que la même influence s'est exercée sur la Russie méridionale et, de là, sur la Sibérie et sur la Chine (*La représentation du galop*, 1901).

La Divination à Rome et l'exil d'Ovide[1].

———

I

Dans la dixième élégie du quatrième livre des *Tristes,*
Ovide raconte l'histoire de sa vie, de ses études, de ses
longs succès, de ses malheurs « Je venais d'avoir cinquante
ans, dit-il, lorsque la colère de l'empereur offensé me
condamna au séjour de Tomes, sur la rive occidentale du
Pont-Euxin »

Citons le texte des vers suivants :

> *Causa meae, cunctis nimium quoque nota, ruinae*
> *Indicio non est testificanda meo*
> *Quid referam comitumque nefas famulosque nocentes ?*
> *Ipsâ multa tuli non leviora fugâ.*
> *Indignata malis mens est succumbere, seque*
> *Praestitit invictam viribus usa suis[2].*

Le sens littéral ne fait pas difficulté : « La cause de ma
perte, trop connue de tous, ne doit pas être indiquée par
mon témoignage. Pourquoi raconter l'indignité (*nefas*) de
mes compagnons, la malice de mes serviteurs ? J'ai passé
par bien des épreuves non moins cruelles que l'exil lui-même
Mais mon âme refusa de succomber à ces maux et, rappelant
toutes ses forces, sut se montrer invaincue. »

Les deux vers sur les compagnons et les serviteurs d'Ovide
me paraissent avoir été généralement mal compris La
question est d'autant plus importante qu'on allègue ce

---

1. [Mémoire lu à l'Académie des Inscriptions et Belles-Lettres dans la séance
du 9 septembre 1910 (*Revue de Philologie*, 1910, p 342-349)]

2. *Tristes*, IV, 10, 99-104.

distique toutes les fois qu'on essaie de pénétrer le mystère de
la faute d'Ovide, celle qui, jointe à l'*Art d'Aimer*, le condamna à mourir dans l'exil. Déjà Cuvillier-Fleury, dans un
article de la *Revue de Paris*, publié en 1829[1], pensait
qu'Ovide avait été victime de l'indiscrétion de ses amis.
Suivant l'hypothèse qu'il proposait, le poète aurait surpris
la jeune Julie avec un de ses amants ; il aurait eu le mauvais
goût d'en plaisanter ; ses amis et ses domestiques auraient
ébruité l'aventure :

> *Quid referam comitumque nefas famulosque nocentes?*

et l'empereur aurait puni de l'exil cette indiscrétion du maître
et des serviteurs, qui mettait à nu l'une des plaies de sa famille[2].

Gaston Boissier, qui ne paraît pas avoir connu la thèse
de Cuvillier-Fleury, en a soutenu une autre ; celle-ci a fait
fortune, bien qu'elle se heurte à de fatales objections et ne
puisse nullement être considérée comme la solution de ce
problème historique[3]. Boissier pensait qu'Ovide, attiré dans
le cercle mondain de la jeune Julie, avait favorisé ses amours
avec Silanus. « Il dut y avoir, écrivait notre illustre maître[4],

---

1. *Revue de Paris*, 1829, t. XIV, p. 200 ; article résumé par Charpentier en
tête de l'édition Panckoucke, t. I, p. xvi.

2. La preuve qu'Ovide ne fut pas coupable d'une indiscrétion, c'est qu'en
exil, alors qu'il se compare à Actéon, puni pour avoir *vu* (*Tristes*, II, 105), il
ne se compare jamais à Tantale, puni pour avoir *jasé* (*Tantalus garrulus*, pro-
ditor, écrivait-il autrefois, *Ars*, II, 606 ; *Amores*, III, 12, 30).

3. E. Thomas (*Revue de Philologie*, t. XIII, p. 47-50) insiste avec raison sur
le vers *Pont.*, II, 2, 75, où Ovide parle des *neptes piae* d'Auguste, ce qui
exclut toute liaison criminelle du poète avec une de ces femmes. J'ajoute
qu'Ovide n'aurait pas non plus écrit *Tristes*, II, 1, 212, s'il avait été mêlé,
comme une sorte d'entremetteur, aux galanteries de Julie. Cette thèse inadmissible a encore été soutenue par M. A. Cartault (*Les causes de la
relégation d'Ovide*, in *Mélanges Chatelain*, avril 1910, p. 42 et suiv.). P. 50
« Peut-être des amis communs vinrent-ils demander à Ovide de prêter une de
ses maisons, un pavillon de ses *horti* à un jeune galant pour y recevoir la
dame de son cœur... Au début il ne s'était pas douté qu'il s'agissait d'une
personne de la famille impériale... Tibère avait trop souffert de l'impudicité
de la première Julie, sa femme, pour s'intéresser à quelqu'un qui avait été
mêlé d'une façon quelconque aux scandales de la seconde ». L'idée d'un Ovide
entremetteur me paraît aussi inadmissible qu'elle est répugnante.

4. G. Boissier, *L'opposition sous les Césars*, p. 151. Une thèse analogue a été
soutenue par Ribbeck, *Geschichte der röm. Dichtkunst*, t. II, p. 315.

quelque orgie plus folle, plus bruyante que les autres. .Ovide,
pour son malheur, y assistait.. L'affaire fit du bruit . Quelques-uns des témoins parlèrent ; Ovide, qui se trouvait être
un des plus connus, fut aussi le plus compromis. Peut-être
les autres l'accusèrent-ils pour se justifier. « Ai-je besoin, dit-
il, de rappeler le crime de mes compagnons et de mes serviteurs ? »

C'est donc sur cet unique passage qu'est fondée l'hypothèse
d'une indiscrétion qui aurait attiré sur Ovide le courroux
impérial. Mais, dans tout le reste des *Tristes* et des *Pontiques*,
Ovide ne se plaint jamais d'une indiscrétion commise à ses
dépens ; il ne parle jamais non plus de complices qu'on
aurait épargnés, en le faisant payer pour la faute d'autrui.
Il sait que le bruit de son aventure s'était répandu très vite,
puisque son protecteur, Fabius Maximus, l'interrogea spon-
tanément à ce sujet [1] ; mais le fait qu'il n'accuse personne de
l'avoir trahi prouve assez clairement, à mon sens, qu'il n'y
eut pas trahison dans cette affaire. D'autre part, il se plaint
souvent que, dans sa disgrâce, ses nombreux amis l'aient
abandonné, aient affecté de ne l'avoir même pas connu ;
deux ou trois seulement eurent le courage de lui rester
fidèles :

> *Te sibi cum paucis meminit mansisse fidelem,*
> *Si paucos aliquis tresve duosve vocat* [2]...
> *Cumque alii nolint etiam me nosse videri,*
> *Vix duo projecto tresve tulistis opem* [3].

C'est cet abandon qui lui inspire le distique célèbre :

> *Donec eris felix, multos numerabis amicos ,*
> *Tempora si fuerint nubila, solus eris* [4].

En voilà assez pour justifier la conduite indigne dont il
accuse ses amis, *comitum nefas.* Ce dernier mot, qui est très
fort, implique un manquement à la piété, au devoir religieux

1. *Pontiques*, II, 3, 85.
2 *Tristes*, V, 4, 35
3 *Pontiques*, II, 3, 29
4. *Tristes*, I, 9, 5

5[4]

de la fidélité au malheur (*res est sacra miser*, dit Sénèque) ;
il est donc parfaitement explicable, en l'espèce, par le peu
que nous savons.

Et les serviteurs, les *famuli* qu'Ovide qualifie de *nocentes*,
c'est-à-dire de malfaisants? Sur ce point aussi, un passage
des poèmes de son exil nous éclaire. A diverses reprises,
pour atténuer sa faute, qui était, suivant lui, une imprudence, une erreur, une folie, mais non un crime[1], où ses
yeux seuls avaient péché, non son cœur[2], Ovide insiste sur
le fait que l'empereur s'est contenté de le reléguer à Tomes,
qu'il ne l'a privé ni de ses droits de citoyen, ni de son patrimoine. Citons seulement un passage :

> *Ira quidem moderata tua est, vitamque dedisti,*
> *Nec mihi jus civis, nec mihi nomen abest,*
> *Nec mea concessa est aliis fortuna, nec exsul*
> *Edicti verbis nominor ipse tui*[3].

Pourtant, dans une des *Pontiques*, on trouve ces vers[4] :

> *Recta fides comitum poterat mala nostra levare :*
> *Ditata est spoliis perfida turba meis.*

Un ancien commentateur[5] a supposé que ces *comites* qui
ont volé Ovide, qui se sont enrichis de ses dépouilles, étaient
ses compagnons de route, et la justesse de cette opinion me
semble évidente. Nous savons par Ovide lui-même qu'aucun
de ses amis, de ses compagnons proprement dits, ne l'accompagna sur la route de l'exil : mais il était riche, accoutumé au bien-être et dut emmener de nombreux serviteurs,
affranchis ou esclaves. Il les appelle ici *comites* et non *famuli*,
parce qu'il ne vise pas leur état social, mais le fait qu'ils
voyageaient avec lui. L'expression *comites fugae* se trouve

---

1. *Tristes* I, 1, 98 ; III, 1, 52 ; III, 6, 25 ; *Pontiques*, III, 3, 75.
2, Le passage capital est *Tristes*, III, 1903 (*Cur aliquid vidi? cur noxia lumina feci ? Cur imprudenti cognita culpa mihi?*). — Cf. *Tristes*, III, 5, 43 ; III, 6, 25 ; IV, 10, 90.
3. *Tristes*, V, 2, 55, Cf. I, 1, 19 ; I, 2, 61 ; II, 127,135 ; V, 11, 15 ; *Pontiques*, I, 2, 94 ; I, 7, 39.
4. *Pontiques*, II, 7, 61.
5. Ed. Lemaire, t. VII, p. 348.

ailleurs : *comites bellique fugaeque*, dit Pompée aux sénateurs qui l'avaient suivi, après Pharsale, jusque sur la côte
de Cilicie[1].

Ainsi, pour dire les choses sans périphrases poétiques,
Ovide, sur le chemin de l'exil, eut l'ennui d'être volé par
ses serviteurs. Ce point acquis, on comprend à merveille
l'enchaînement des idées dans les vers que j'ai cités plus
haut. Ovide est condamné par l'empereur à partir pour
Tomes (un distique). Il ne doit pas indiquer la cause
trop connue de sa disgrâce (un distique). Ses amis l'ont
abandonné, ses serviteurs se sont montrés malfaisants et
il a souffert des maux pires que sa fuite même (un distique).
Pourtant, son âme s'est affermie contre les malheurs et en a
triomphé (un distique). On voit qu'il ne reste rien de l'explication ordinaire qui veut compléter par le témoignage
d'Ovide sur l'indignité de ses amis et de ses serviteurs le peu
qu'il dit, en manière de prétérition, sur la cause de son
exil. J'ajoute que si l'on avait besoin d'un argument de plus
à l'appui de l'opinion que je soutiens, on le trouverait dans
l'épithète *nocentes*. Ovide est un écrivain excellent, même
en exil, et n'emploie pas d'épithètes déplacées. Un serviteur
qui dépouille son maître fugitif peut à bon droit être qualifié
de *nocens*, malfaisant; mais s'il avait simplement bavardé
hors de propos, Ovide l'aurait qualifié de *loquax*. Les mots
famulosque loquaces auraient parfaitement terminé le vers.

II

L'hypothèse de Boissier sur la cause secrète de l'exil
d'Ovide n'est pas moins inadmissible que toutes celles où
l'on met en cause soit les mœurs d'Auguste, soit les mœurs
d'une princesse de sa famille. Ovide, dont les vers écrits à
Tomes étaient lus à Rome et y parvenaient sans difficulté,
avec les cachets mêmes dont il munissait ses lettres[2], n'au-

1 *Pharsale*, VIII, 262.
2. *Tristes*, V, 4, 5 ; *Pontiques*, II, 10, 1

rait jamais parlé de pareilles choses, fût-ce par voie de discrète allusion. Or, il en parle sans cesse, s'accusant et s'excu-
sant à la fois, sans jamais vouloir énoncer clairement ce que
les Romains, de son propre aveu, savaient fort bien, même
avant son départ. C'est qu'il ne s'agit pas d'une chose honteuse pour Auguste; il s'agit seulement d'une chose dont il
était pénible et cruel de renouveler le souvenir[1]. Rappelons-
nous que l'empereur était vieux, que Livie le dominait
entièrement dans l'intérêt de son fils Tibère, que la succession au principat n'était pas assurée, et qu'un homme
comme Agrippa Postumus, petit-fils d'Auguste, alors exilé
dans l'îlot de Planasie, pouvait légitimement y prétendre.
Ovide, dans les nombreuses élégies qu'il a écrites pour flé-
chir le courroux de l'empereur, proteste qu'il l'a toujours
aimé et adoré, qu'il n'a jamais conspiré contre lui, qu'il lui
souhaite longue vie et désire ardemment que Tibère, associé
à l'empire, en porte le plus tard possible tout le fardeau[2]. Il
flatte Tibère et Livie avec toutes les hyperboles ingénieuses
que lui suggère son talent[3]. Mais le jour où il apprend la
mort d'Auguste, il comprend que sa cause est perdue[4]. Tout
lecteur non prévenu et attentif reconnaîtra, en lisant d'affi-
lée les *Tristes* et les *Pontiques*, que Livie et Tibère sont les
ennemis les plus implacables d'Ovide[5]. Or, il se trouve que
le protecteur d'Ovide, Fabius Maximus, appartenant à la plus

1. Ovide ne veut pas rouvrir la blessure d'Auguste (*Tristes*, II, 1, 207); il
ne veut pas non plus rouvrir la sienne (*Pontiques*, I, 6, 22).

2. *Tristes*, I, 2, 101; I, 5, 41, II, 1, 53 (très important); II, 164 (sur Tibère
associé à l'empire); II, 562 (*quoque favore animi teque tuosque canam*); III, 5,
43; V, 2, 49; V, 11, 23; — *Pontiques*, II, 2, 10; II, 8. Cette dernière élégie,
inspirée par des portraits d'Auguste, de Livie et de Tibère, que Cotta avait
envoyés à Ovide, m'a mis sur la voie de la solution que je propose; je prie
qu'on veuille bien la relire.

3. Par ex. *Tristes*, III, 12 45; IV, 2, 9; *Pontiques*, II, 1, 53; II, 2, 71; II, 8,
9 et 42.

4. *Pontiques*, IV, 6, 16.

5. Ovide trahit peut-être une parcelle de la vérité lorsqu'il compare son
malheur au sacrilège involontaire d'Actéon, puni pour avoir offensé une
déesse (*Tristes*, II, 105). Il dit ailleurs : *timeo qui nocuere deos* (*Tristes*, I, 1,
74). Voir aussi *Tristes*, I, 5, 75 : *Me deus oppressit... Bellatrix illi diva ferebat
opem*. La *diva bellatrix* est Livie.

haute aristocratie romaine et ami intime d'Auguste, paraît
avoir voulu du bien à l'exilé Agrippa, auprès duquel il aurait
accompagné secrètement le vieil empereur, pour mourir,
non sans soupçon de poison, à son retour[1]. Il se trouve
aussi que la troisième femme d Ovide — qu'Auguste n'avait
jamais admis dans son intimité, à la différence d'Horace et
de Virgile — était une amie intime de Livie et que, malgré
les supplications réitérées du poète, elle semble n'avoir rien
pu ou rien voulu obtenir de l'impératrice[2] Quand on tient
compte de ces faits, il en résulte avec évidence que la faute
ou l'erreur d'Ovide consista à être témoin d'une chose
funeste, *funestum malum*[3], qui se passa dans la plus haute
société, très proche de la cour impériale[4], et mit en cause,
avec la vie même d'Auguste, la succession promise au fils de
Livie Or, comme il ne peut s'agir d'une conspiration contre
les jours du prince (Ovide s'en défend dans les termes les
plus formels), il ne reste, à mon sens qu'une seule hypothèse admissible, la seule peut-être qui n'ait pas encore été
proposée Ovide, reçu chez Julie, dans une maison qui tou
chait à celle de l'empereur, mais qui n'était pas bien vue de
lui — quelque chose comme un Saint-Gratien de cette époque
— assista à une opération magique ou divinatoire dont la
conclusion était qu'Auguste allait bientôt mourir et qu'il
aurait pour successeur Agrippa. Ovide, venu là en poète
choyé, en homme du monde, ne se doutait pas du spectacle
dont le hasard allait le rendre témoin; l'erreur, la faiblesse,
la timidité dont il s'accuse[5] fut de rester là au lieu de prendre

1 Ovide fait une allusion obscure a cette histoire (*Pontiques*, IV, 6, 11).
Voir Tacite, *Annales*, I, 3-6

2 Voir *Pontiques*, III, 1, 114 sq , 147 sq Ovide recommande a sa femme de
ne pas parler de sa faute a l'imperatrice (*mala causa silenda est*), mais d'im-
plorer seulement sa pitié

3 *Tristes*, III, 6, 28 *Lumina funesti conscia facta mali* Le mot *funestus*,
chez Ovide, a toute sa force il s'agit de quelque chose qui concerne la mort
ou qui l'annonce.

4. *Tristes*, III, 4, 3 Ovide se cachait de ses hautes relations (*Tristes*, III,
6, 12)

5 *Aut timor aut error* (*Tristes*, IV, 4, 39), *nil nisi non sapiens possum timi-
dusque vocari* (*Pontiques*, II, 2, 10).

la porte. Le résultat de l'expérience ou de la consultation une fois divulgué dans Rome, sans doute par les partisans d'Agrippa, l'empereur ordonna une enquête : on apprit que le poète, déjà très suspect au pouvoir à cause des pages licencieuses de l'*Art d'Aimer*, peut-être aussi de ses relations mondaines avec les deux Julies, s'était compromis dans ce scandale[1]. Il n'y avait pas de quoi le condamner à mort ; l'empereur le relégua à Tomes, par un décret où Ovide était seulement accusé d'avoir écrit l'*Art d'Aimer* et corrompu la jeunesse. Auguste ne pouvait pas alléguer la cause véritable de sa colère sans publier lui-même qu'au dire d'un devin reçu en haut lieu ses jours étaient comptés et la succession au principat incertaine. D'autre part, Ovide exilé ne pouvait pas raconter son aventure sans réveiller de pénibles images, celles de la mort imminente d'Auguste, de sa succession disputée. Dans mon hypothèse, le silence de l'empereur et les réticences du poète paraissent s'expliquer également bien. La loi de lèse-majesté, datant, semble-t-il, de Jules César et probablement revisée par Auguste, ne prévoyait pas le crime de divination. En général, Rome n'a poursuivi les pratiques superstitieuses qu'en raison de leurs effets malfaisants ; les incantations n'étaient punies que lorsqu'elles avaient causé un dommage et la prétention d'interroger l'avenir restait licite. C'est pourquoi Ovide — simple comparse, d'ailleurs — put affirmer n'avoir rien fait qui tombât sous le coup de la loi[2].

---

1. Ovide ne croyait pas à la magie (*Ars am.*, II, 99 ; *Rem.*, 253) ; on a pourtant supposé qu'il ne s'en abstenait pas entièrement (*Jahresbericht* de Bursian, 1901, II. p. 302). S'adressant, de son lieu d'exil, à Fabius Maximus, dont il avait prédit les succès au barreau, il ajoute expressément que la raison seule, et non la divination les lui avait révélés (*Tristes*, I, 1, 5). N'est-ce pas là une allusion discrète à son malheur ?

2. Il dit cela de l'*Art d'Aimer* (*Tristes*, II, 1, 243), mais aussi de l'ensemble de sa vie passée (*Pontiques*, II, 9, 71).

III

Auguste défendit aux astrologues de pratiquer leur métier et fit brûler leurs grimoires [1]; c'était peut-être, comme on l'a pensé, pour protéger, contre la concurrence orientale, la vieille science officielle des augures romains. Agrippa fit chasser de Rome les astrologues [2]. Au dire de Dion Cassius, Mécène, compatriote des augures toscans, disait à Auguste que la divination était nécessaire, mais que seuls les haruspices et augures officiels devaient frayer avec le public, les autres pouvant devenir une cause de désordres dans l'État [3]. A la fin de son règne, après le désastre du Varus, un ou deux ans après l'affaire d'Ovide (en l'an 10 ou 11), Auguste fit défense aux devins de prédire, ni en particulier, ni en présence de témoins, *la mort de personne*; pourtant, ajoute Dion [4], l'empereur s'inquiétait si peu de ce qui le concernait personnellement qu'il alla jusqu'à publier par voie d'affiches la disposition des astres sous lesquels il était né. Tibère fut beaucoup plus sévère : il ne se contenta pas de promulguer plusieurs sénatus-consultes pour chasser d'Italie les mathématiciens, c'est-à-dire les astrologues et les mages; il fit exécuter les magiciens étrangers, exila les magiciens indigènes et confisqua leurs biens [5]; enfin, et c'est ce qui nous intéresse le plus, il interdit de consulter les haruspices eux-mêmes en secret et sans témoins [6] et poursuivit pour lèse-majesté ceux qui, comme Lepida, descendante de Sylla et de Pompée, interrogeaient les astrologues chaldéens sur le destin de la famille impériale (*quaesitum per Chaldæos in domum Caesaris*) [7]. Le fait de questionner un devin sur la vie

1. Dion, LVI, 25, LII, 36, Suétone, *Oct*, 31.
2. Dion, XLIX, 43
3 *Ibid.*, LII, 36.
4 *Ibid*, LVI, 25.
5. Voir l'art. *Magia* de H Hubert dans le *Dict des antiq.*, p. 1501.
6 Suet, *Tib*, 63, *Haruspices secreto ac sine testibus consului vetuit*. Voir Boucle-Leclercq dans le *Dict* de Saglio, art *Haruspices*.
7 Tacite, *Annales*, III, 22.

de l'empereur ou d'un membre de sa famille devint un crime de lèse-majesté, passible des plus sévères châtiments[1]. Au cas où mon hypothèse sur l'exil d'Ovide serait la bonne, on comprendrait qu'Auguste ait interdit les consultations de ce genre; on comprendrait surtout que Tibère, directement mis en cause par le scandale de l'an 8[2], ait pris des mesures rigoureuses pour en éviter le retour et pour assurer la punition de ceux qui solliciteraient du ciel, à l'avenir, des indiscrétions de nature à troubler la paix publique (16 ap. J.-C.)[3].

Les textes d'Ovide sur sa faute, allusions mêlées de réticences, sont comparables aux mailles d'un filet qui doivent arrêter au passage toutes les hypothèses contraires à la réalité des faits.

Je crois — mais d'autres l'ont cru avant moi, et c'est un avertissement dont je tiens compte — que mon explication répond suffisamment à tout ce que dit et implique Ovide, qu'elle s'accommode également de ce qu'il tait et s'accorde avec un fait historique qui s'est produit la même année, le bannissement de la seconde Julie[4]. « Quand donc finira-t-on, écrivait en 1901 M. Ehwald, le meilleur connaisseur des œuvres d'Ovide en Allemagne, de reprendre sans cesse à nouveau ces choses impossibles à éclaircir, d'augmenter le nombre des combinaisons nouvelles, non moins indémontrables que les précédentes[5]? » Alors même que ce pessimisme serait justifié, l'attrait des mystères historiques est plus fort que toute défense d'y toucher; il provoque une curiosité presque passionnée dont on peut dire avec une poé-

1. Paull., V, 21 (P. F. Girard, *Textes de droit rom.*, 3ᵉ éd., p. 422 : *Qui de salute principis vel de summá reipublicae mathematicos hariolos haruspices vaticinatores consulit, cum eo, qui responderit, capite puniatur*); cf. les art. *Maiestas* dans Pauly (t. IV, p. 1455) et dans le *Dict. des antiq.* de Saglio.

2. Date qui semble absolument certaine depuis le mémoire de Graeber (1881). Ovide partit pour l'exil au mois de décembre.

3. Cf. Pichon, *Rev. de Philol.*, 1909, p. 250.

4. Tacite, *Annales*, IV, 71 ; cf. Ehwald, dans le *Jahresbericht* de Bursian, 1894, II, p. 8.

5. Ehwald, *ibid.*, 1901, II, p. 164.

tesse du siècle dernier, parlant de la curiosité qu'éveillent les problèmes métaphysiques :

> ... obstinément le désir qu'on exile
> Revient errer autour du gouffre défendu[1].

1. L. Ackermann, *Poésies philosophiques.* Cf. Caro, *Problèmes de morale sociale,* p. 419.

Le tombeau d'Ovide[1].

———

Giovanni Gioviano Pontano, en latin *Pontanus*, qui fut secrétaire de Ferdinand II, roi de Naples, publia, en 1498, un recueil de traités sur la libéralité, la bienfaisance, la magnificence, la splendeur, l'obéissance, etc. Dans le traité *De magnificentia* (y III au verso)[2], on lit ce qui suit : « Georges de Trébizonde, homme très versé dans l'étude de l'antiquité, nous a plusieurs fois raconté, alors que nous l'écoutions dans notre jeunesse, qu'il avait lu ceci dans un bon auteur : Les citoyens de Tomes, quand le poète Ovide fut mort chez eux, réunirent de l'argent par souscription publique en l'honneur de ce noble esprit et lui élevèrent un tombeau magnifique — il se servait du mot grec *tymbos* — devant la porte de la ville, au lieu le plus fréquenté, bien qu'Ovide fût un étranger et qu'il eût été proscrit par l'empereur »[3].

Né en 1426, Pontanus a pu entendre Georges de Trébizonde vers 1450, alors que ce dernier, après avoir appris le latin à Venise, jouissait à Rome de la faveur du pape Nicolas V. Georges de Trébizonde, d'une famille originaire de cette ville, naquit à Candie en 1395 et vint à Venise en 1420[4]. Pendant

1. [*Revue de Philologie*, 1906, p. 275-285. Je demande la permission d'intercaler ici ce mémoire, qui n'a rien de *religieux*, pour compléter ce que j'ai cru avoir à dire de nouveau sur Ovide.]

2. Je me sers d'une édition en caractères italiques, sans date ni pagination, que possède la bibliothèque de l'Institut ; il en existe un autre exemplaire au Musée Condé.

3. « Georgius Trapezuntius, rerum vetustarum vir abunde studiosus, audientibus nobis, adolescentes cum essemus, non semel rettulit legisse apud bonum authorem Tomitanos cives, Ovidio poetae qui apud eos diem obiisset, collata e publico pecunia propter ingenii nobilitatem, tymbon — graeco enim verbo utebatur — magnifice struxisse ante oppidi portam in loco maxime celebri ; quamvis Ovidius et peregrinus esset et ab imperatore romano proscriptus. »

4. Vogt, *Wiederlebung des class. Alterthums*, 3e éd., t. II, p. 138.

sa longue vie, qui se termina en 1484 seulement, il fut un des plus remuants et aussi un des plus querelleurs parmi les humanistes grecs qui avaient élu domicile en Italie. Ses principaux travaux sont des traductions et des commentaires d'auteurs grecs, tant profanes que sacrés; il commenta aussi plusieurs discours de Cicéron.

Rien n'autorise à croire que Gorges de Trébizonde ait été un mystificateur. Ce qu'il raconta plusieurs fois (*non semel*) à ses élèves, pour l'avoir lu dans un bon livre (*apud bonum authorem*), doit, en effet, avoir figuré dans un manuscrit que nous n'avons plus. Ce manuscrit était-il grec ou latin? Le fait que Georges de Trébizonde se servait, en citant le texte, du mot grec *tymbos*, particularité remarquée par Pontanus, doit naturellement disposer à croire que le manuscrit du *bon auteur* était en grec; j'ajoute que l'expression *in loco maxime celebri* est la traduction littérale d'une formule qui se trouve dans les inscriptions grecques (ἐν τῷ ἐπιφανεστάτῳ τόπῳ).

Ce témoignage sur le tombeau élevé par souscription publique à Ovide, devant la porte de la ville de Tomi, n'est allégué dans aucune histoire de la littérature latine; je n'en trouve trace ni dans celle de Teuffel ni dans celle de Schanz, pour ne citer que les deux plus récentes. Il n'a cependant rien d'invraisemblable et ne mérite pas l'oubli complet où il est tombé. Ovide nous apprend lui-même qu'il avait fini par nouer des rapports d'amitié avec les Gètes. Il écrivit, dans leur langue, un poème en l'honneur d'Auguste et en donna publiquement lecture au milieu des applaudissements de ces barbares :

Et longum getico murmur in ore fuit [1].

Plus d'un demi-siècle après les leçons de Georges de Trébizonde, dont Pontanus nous a conservé le souvenir, un savant de Rovigo, Ludovico Ricchieri, en latin *Ludovicus Caelius Rhodiginus*, publiait le grand ouvrage intitulé : *Antiquarum lectionum commentarii* (Venise, 1516). C'est un recueil de notes sur les sujets les plus divers, en particulier sur les

1. Cf. OVIDE, *Pontiques*, IV, 13, 19.

mots techniques et insolites des deux langues et ce qu'on
appellerait aujourd'hui les antiquités publiques et privées.
Caelius avait énormément lu et voulait faire profiter le public
de ses lectures [1]; chaque page de son volumineux ouvrage
est remplie de citations, toujours avec le nom de l'auteur
cité, rarement avec l'indication précise du passage. Or, au
livre XIII, chap. I des *Commentarii*, on lit ce qui suit : « Dans
les fragments de Caecilius Minutianus Apuleius, il est dit
qu'Ovide mourut aux calendes de janvier après avoir passé
sept ans en exil, le jour même de la mort de Tite-Live, et
que les barbares, après l'avoir beaucoup pleuré, lui élevèrent
un tombeau devant la porte » [2]. Ce texte ajoute à celui qu'a
cité Pontanus deux renseignements qui ne se trouvent pas
ailleurs : 1° qu'Ovide mourut le 1er janvier; 2° qu'il mourut
le même jour que Tite-Live. En revanche, il ne dit pas que le
tombeau d'Ovide ait été élevé par souscription publique et il
place ce tombeau devant la *janua*, c'est-à-dire devant la porte
de sa maison, alors que Pontanus, avec bien plus de vraisemblance, parle d'un lieu très fréquenté devant la porte de
la ville. Mais le fait que l'on trouve dans les deux textes le
mot *tymbon* et le même renseignement sur le tombeau élevé à
Ovide par les barbares, ne laisse place à aucun doute sur leur
parenté et l'identité de la source d'où ils dérivent.

En 1837, Merkel, le savant éditeur d'Ovide, déclara que le
texte de Caelius n'était qu'un emprunt, masqué par quelques
variantes peu heureuses, à celui de Pontanus. Je ne sache
pas que cette assertion ait été discutée ; elle me paraît absolument inadmissible. Caelius n'avait aucune raison de ne
pas citer Pontanus ou plutôt l'autorité de ce dernier, Georges
de Trébizonde; il n'avait aucune raison de substituer le mot
janua aux mots *oppidi porta*; il en avait moins encore de

---

1. *Antiq. lect.*, VII, 29 : « Neque enim bibliotaphi sumus, sed quicquid lec-
tione varia compertum nobis est, gratissimo animo in litteras mittimus, publico
studiosorum emolumento. »

2. « In Caecilii Minutiani Apuleii fragmentis observatum annis septem in
exilio consumptis functum esse fato Ovidium calendis januariis, qua die Titus
quoque Livius decesserit ; structum item illi a barbaris per multas laccrymas
tymbon ante januam ».

prétendre, cette fois sans aucun appui de Pontanus, qu'Ovide
était mort le 1er janvier, le même jour que l'historien Tite-
Live

Il y a longtemps que tous les savants se seraient mis d'accord sur ces textes et auraient conclu que Rhodiginus et
Georges de Trébizonde ont recueilli indépendamment le
même témoignage, si le savant de Rovigo n'avait cité,
comme son autorité en la matière, les fragments de Caecilius Minutianus Apuleius, que Madvig, Merkel, Ellis et Crusius ont considérés comme une grossière falsification[1]. Merkel
et Crusius, chacun de son côté — car Crusius n'a pas connu
le travail bien antérieur de Merkel — ont attribué cette falsification à Rhodiginus lui-même, opinion qui a été contestée, mais sans grande richesse d'arguments, par M. Camillo
Cessi, dans un article resté inaperçu des philologues[2]. La question est extrêmement compliquée, aucun historien de la littérature latine n'ayant pris la peine de l'examiner, et j'avoue
que, sur divers points accessoires, ma conviction n'est pas
encore faite Mais ce qui me paraît évident, c'est la bonne
foi de Rhodiginus et l'ancienneté, au moins relative, de la
source manuscrite qu'il a alléguée.

Le passage de Rhodiginus que j'ai transcrit continue par
ces lignes, qui ont été plusieurs fois citées au XVIIIe siècle :
« Le même Minutianus nous apprend que Corvinus a été
appelé *Ibis* par Ovide à cause de la saleté de cet animal, qui
se donne des clystères avec son bec, et cela à l'imitation de
Callimaque, il dit aussi que le poète fut exilé pour avoir surpris les amours incestueux d'Auguste[3] ».

Voici encore deux renseignements qui ne se rencontrent
nulle part ailleurs : l'ennemi qu'Ovide flétrit et maudit dans

1. Madvig, *Opuscula*, t. I, p 1-28 ; Merkel, *Prolusio ad Ibin* (1837), p 388 ,
Ellis, *Ovidii Ibis* (1881), p VI , O Crusius, *Philologus*, 1889, p. 434.

2 C. Cessi, *Intorno al falsificatore del trattato di ortografia, attribuito ad
Apuleio*, in *Ateneo Veneto*, janvier-février 1900, p 52 et suiv. Cet article m'a
été signalé par M le professeur Novati, de Milan.

3. « Auctor idem Minutianus est, Corvinum ab Ovidio appellatum fuisse
Ibin ex avis foeditate, cui ventrem rostro purgare insitum sit , et hoc ex Callimachi imitatione, pulsum quoque in exilium, quod Augusti incestum vidis-
set »

l'*Ibis* se serait appelé Corvinus ; Ovide aurait été exilé pour
avoir surpris Auguste dans un inceste. On remarquera ces
mots : *et hoc ex Callimachi imitatione*, qui trahissent une
connaissance peu commune de la littérature grecque ; car ce
que nous savons de l'*Ibis* de Callimaque repose uniquement
sur une notice de Suidas (s. v. Καλλίμαχος) et les scolies
anciennes de l'*Ibis* d'Ovide.

Disons tout de suite que ces renseignements sont certai-
nement erronés. L'ennemi d'Ovide ne pouvait s'appeler
Corvinus ; on connaît les *Corvini* de son temps, dont aucun
ne répond aux conditions exigées par les allusions du poème.
Il n'est pas moins absurde de penser qu'Ovide, ayant surpris
Auguste dans un inceste, aurait souvent rappelé, dans les
Tristes et dans les *Pontiques*, un épisode aussi déshonorant
pour le vieil empereur. A l'article *Ovide* de son *Dictionnaire*,
Bayle cite le texte texte d'Apuleius Minutianus d'après Rhodiginus ; Voltaire le cite à son tour, dans le *Dictionnaire philosophique*, sans dire d'ailleurs qu'il l'emprunte à Bayle. Mais
alors que Voltaire inclinait à admettre cette explication de
l'*error* d'Ovide, Bayle, plus familier avec les textes antiques,
l'écartait tout en la citant. Je ne perdrai pas mon temps à la
discuter ; elle est ridicule. Mais je dis que ni cette légende,
ni l'identification de l'ennemi d'Ovide avec un Corvinus, ne
peuvent avoir été imaginées de toutes pièces par Rhodiginus.
En effet — et cette raison pourrait dispenser de tout autre —
si Rhodiginus avait été un mystificateur, citant un auteur
imaginaire pour faire valoir son érudition, il aurait donné
libre cours à cette manie dans son grand ouvrage ; or, en
dehors des citations d'Apuleius Minutianus, les *Commentarii*
n'allèguent aucun auteur dont les œuvres ou des fragments
authentiques ne nous soient connus aujourd'hui. J'ajouterai
que le seul texte antique relatif à un inceste d'Auguste avec
sa fille se trouve dans le *Caligula* de Suétone, où il est écrit
que Caligula se disait le petit-fils d'Auguste par l'effet de cette
union criminelle, dont sa mère Agrippine aurait été le fruit[1];

---

1. Suétone, *Caligula*, XXIII : « Praedicabat... matrem suam ex incesto quod
Augustus cum Julia filia admisisset procreatam ».

or, il me semble impossible d'admettre que ce passage
très bref, écho d'une parole extravagante de Caligula, ait pu
suggérer à Rhodiginus l'idée d'expliquer ainsi la faute
mystérieuse qui fit condammer Ovide à l'exil. Tout au moins
aurait-il, à la même occasion, rappelé le texte de Suétone
après avoir allégué celui d'Apuleius.

Angelo Mai et Osann ont relevé, dans les *Commentarii*, quatorze citations d'Apuleius Minutianus La plus importante,
pour la question d'authenticité, se lit au livre XXIV, chap.
IV. « Cette orthographe (*pulcer* pour *pulcher*) paraît être adoptée par Caecilius Minutianus dans son petit livre sur l'orthographe, bien que cet écrit soit très mutilé et incomplet, criblé
des blessures du temps et de l'incurie »[1]. Ailleurs, à plusieurs
reprises, Rhodiginus se sert de cette expression : *In Caecilii
Minutiani Apulei fragmentis comperi* (ou *observatum*). Il ne
dit pas expressément que ce manuscrit en lambeaux lui appar-
tînt, mais cela ressort d'un passage du *Dialogue sur l'histoire
des poètes* publié en 1545 par Giglio Giraldi (Lilius Gyraldus),
lequel enseigna, comme Rhodiginus, à Ferrare[2]. Avant de
rapporter le même témoignage sur la cause de l'exil d'Ovide,
if fait dire à l'un des interlocuteurs du dialogue, Pison :
« Écoute, je te prie, Lilius, ce que j'ai entendu dire ces jours-ci
à un ami commun ; il affirmait avoir chez lui quelques fragments de Caecilius Minutianus Apuleius, où on lit à peu près
ceci sur le poète Ovide...[3] ». Suit le passage en question. Sur
quoi Lilius répond : « Voilà une chose, Pison, qui n'est
attestée que par un auteur inconnu de moi et par la bonne
foi de ton ami »[4]. Il résulte de là que Gyraldus n'avait pas vu
lui-même les fragments d'Apuleius, mais qu'un de ses amis

---

1. « Quam tamen scribendi rationem (pulcer pro pulchei) consequi videtur
Caecilius Minutianus in libello de orthographia, quamquam insigniter muti-
lato decurtatoque ac prorsum vetustatis et incuriae vulneribus confosso »

2. Cf Osann, *L. Caecilii Minutiani Apuleii de orthographia fragmenta*, Darm-
stadt, 1826, p xiv

3. « Attende, quaeso, Lili, quae ex communi amico his diebus audivi · is
enim se domi habere affirmabat quaepiam Caecilii Minutiani Apulei fragmenta, in quibus de Ovidio poeta haec fere inerant perscripta »

4. » Istiusce, Piso, rei fides esto penes auctorem adhuc mihi incognitum et
amicum tuum »

les avait entendu citer par Rhodiginus qui les possédait. Le témoignage de Rhodiginus sur l'état de ces fragments est formel : c'était un ou plusieurs morceaux « tout criblés de blessures dues à la vétusté et à l'incurie » et, en outre, incomplets à la fin (*decurtatus*); mais le début devait, semble-t-il, être conservé, puisque Rhodiginus donne le nom de l'auteur et le titre *De Orthographia*.

Un manuscrit en très mauvais état n'est pas nécessairement très ancien ; mais si Rhodiginus avait inventé de toutes pièces son Apuleius, comme le veulent Merkel et Crusius, il faudrait qu'il eût pris la peine de transcrire des notes de fantaisie sur des feuillets déchirés et mutilés. Comprendrait-on qu'il n'eût pas tiré parti de ce manuscrit, soit pour le publier intégralement, soit pour le vendre, s'il l'avait fabriqué dans une intention frauduleuse ? Or, loin de là, les fragments possédés par Rhodiginus n'ont jamais vu le jour, bien que ce savant, vers la fin de sa vie, ait perdu sa place et soit tombé dans le dénûment [1]. Lorsque Gyraldus publiait son livre, Rhodiginus était mort depuis vingt ans (1525) et le manuscrit n'avait pas encore reparu.

Les citations d'Apuleius par Rhodiginus prouvent que le manuscrit intitulé *De Orthographia* contenait des remarques orthographiques et étymologiques, de courts textes d'auteurs et des gloses mythologiques. Le long passage sur Ovide autorise à croire qu'une des sources du grammairien affublé du nom d'Apuleius était un recueil de scolies sur Ovide, probablement aussi mêlées de fausse science que les scolies conservées sur l'*Ibis*, dont le rédacteur vivait probablement au vie siècle. Mais le prétendu Apuleius est plus récent. En effet, Rhodiginus (XIX, 10), après avoir cité le vers d'Ovide (*Metam.*, VII, 383) :

Ophias effugit natorum vulnera Cambe

ajoute ceci : « Planude a traduit *Iambe*, comme l'atteste *Caeci-*

---

1. Cf. Camillo Cessi, *op. laud.*, p. 51 et deux opuscules du même savant, que je dois à son obligeance : *La data della nascita di Celio Rodigino*, Rovigo, 1897 ; *La cacciata di Celio Rodigino di Rovigo*, Rovigo, 1877.

lius Minutianus Apuleius[1] » Or, Planude vint à Venise en 1296 et sa traduction grecque des *Métamorphoses* d'Ovide, publiée pour la première fois au XIXᵉ siècle par Boissonade, porte précisément 'Ιάμδη au lieu de Κάμδη. Alléguer ici une erreur de Rhodiginus est impossible : la citation d'Apuleius doit être exacte et elle prouve sa bonne foi. Ne se serait-il pas fait valoir davantage en alléguant le texte manuscrit de Planude, que personne n'avait encore publié ? Il faut donc que l'auteur du manuscrit mutilé qu'il possédait ait vécu au XIVᵉ siècle et l'on voit combien Bayle et Voltaire ont eu tort d'écrire — par suite d'une confusion avec un grammairien Apuleius cité par Suétone — qu'Apuleius Minutianus était « presque contemporain » d'Ovide. Mais quel que soit l'individu qui a compilé ces textes, il n'a pas cherché à tromper le monde, puisqu'il a cité un auteur aussi récent que Planude, et, d'autre part, il ne devait pas être un ignorant, puisqu'il pouvait lire un manuscrit grec et en tirer une conjecture sur le texte d'Ovide.

Si l'on se rappelle maintenant que Planude résida à Venise, que Georges de Trébizonde apprit le latin à Venise avec Guarino vers 1430 et que le même Georges de Trébizonde, au témoignage de Pontanus, citait, vers 1450, comme l'ayant lu dans un « bon auteur », l'histoire du *tymbos* élevé à Ovide par les Gètes, on se demandera si le « bon auteur » n'était pas Planude lui-même, le véritable précurseur des humanistes de la Renaissance, le premier Byzantin qui se soit donné la peine d'apprendre le latin et de lire les auteurs de l'ancienne Rome. Planude a traduit en prose grecque les *Métamorphoses* et les *Héroïdes* d'Ovide ; ne peut-on lui attribuer avec vraisemblance une notice biographique sur le poète qu'il semble avoir pris en affection ? Cette notice, aujourd'hui perdue, écrite vers 1300, aurait pu être connue de Georges de Trébizonde, comme du collecteur de notices orthographiques et autres dont Rhodiginus eut le manuscrit

---

1. « Quam Iambem transtulit Planudes, uti meminit Caecilius Minutianus Apuleius »

entre les mains. Ce collecteur, sans doute un Grec, a dû
également avoir connaissance de la traduction des *Métamor-*
phoses par Planude. Ainsi, les faits nouveaux allégués par
Pontanus et par Rhodiginus remonteraient, en dernière analyse, à l'officine de Planude, ce qui n'en accroîtrait pas l'autorité historique, mais empêcherait de les considérer comme
des mystifications négligeables de faux savants.

Pourquoi les notes de cet humaniste grec anonyme ont-
elles été citées par Rhodiginus sous le nom d'Apuleius Minutianus ? Je crois qu'on peut répondre à cette question ; toutefois, avant d'en arriver là, il faut entrer dans quelques
détails sur ce qu'il y a de plus obscur dans cette ténébreuse
affaire, la publication des deux Apuleius par Angelo Mai et
par Osann. Pour rester intelligible, je serai très bref.

Rhodiginus, comme nous l'avons vu, mourut en 1525. En
1566, le savant portugais Achille Statius (1524-1581) publia
un commentaire de Catulle, où il cite une fois L. Caecilius
Minutianus avec cette note : « Dans ces fragments, qui existent
en manuscrit chez un petit nombre de personnes [1] ». Donc,
à cette époque, quarante ans après la mort de Rhodiginus,
il circulait quelques copies (*apud paucos*) du prétendu Apuleius Minutianus. L'une de ces copies fut transcrite par Statius de sa propre main et léguée par lui à son ami Philippe
de Néri ; Angelo Mai la retrouva dans la bibliothèque Vallicel-
lienne à Rome et la publia en 1823 ; Osann la réédita en 1826.
Il n'est nullement dit que ce manuscrit soit la copie de celui
que possédait Rhodiginus. Le titre est ainsi conçu : *L. Cae-*
cilii Minutiani Apuleii grammatici de orthographia trium libro-
rum fragmenta. Dans le texte publié, connu par cette unique
copie de Statius, se retrouvent *cinq passages seulement* — sur
quatorze — parmi ceux que Rhodiginus a cités en invoquant
l'autorité d'Apuleius Minutianus ; *les deux passages les plus*
importants, ceux qui sont relatifs à Ovide, *y font précisément*
défaut. La copie qu'a reproduite Statius était donc certainement incomplète ; ce n'était pas l'exemplaire de Rhodiginus ;

---

1. « In iis fragmentis, quae scripta exstant apud paucos. »

ce pouvait être une copie partielle et interpolée du manuscrit aujourd'hui perdu.

D'autre part, dès 1470, Tortellius, préfet de la Bibliothèque vaticane, cite plusieurs fois, dans son livre *De Orthographia*, un grammairien du nom d'Apuleius Ce grammairien est l'auteur de deux petits traités, *De nota aspirationis* et *De diphtongis*, probablement du xe ou du xie siècle, qui ont été publiés par Osann en 1826 d'après deux manuscrits du xve siècle à Wolfenbüttel. Or, ces opuscules contiennent des phrases identiques ou presque identiques à celles du *De Orthographia* copié par Statius et l'une au moins des citations empruntées par Rhodiginus à son Apuleius se retrouve dans le *De nota aspirationis*.

Que conclure de tout cela? Je n'entrevois que la solution suivante Un humaniste a eu connaissance des deux petits traités d'Apuleius, dont il existait à Ferrare, en 1448, un manuscrit qualifié de *vetustissimus* par Nicolas Perotti [1]; il en a tiré des notes qu'il a insérées dans les fragments que Rhodiginus eut plus tard entre les mains Or, dans le texte copié par Statius, le premier alinéa, concernant la diphtongue *ae*, est précisément analogue au § 26 du *De Diphtongis*; il est donc possible que, dans l'exemplaire lacéré de Rhodiginus, ce fragment initial ait été précédé du lemme : *Apulei de orthographia*, d'où l'idée que la collection entière des fragments était due à cet auteur. Mais pourquoi *L. Caecilius Minutianus Apeleius*, alors que le manuscrit connu d'Osann porte seulement le nom d'Apuleius? On peut supposer que le texte consulté par l'humaniste anonyme du xive siècle donnait le nom plus complètement; mais c'est résoudre une difficulté par une hypothèse qui ne s'impose pas.

Nous avons déjà vu que le prétendu Apuleius Rhodiginus, publié par Mai d'après la copie de Statius, n'est certainement pas identique au manuscrit que possédait Rhodiginus en 1516, mais que le manuscrit et la copie offraient pourtant des parties communes. Le manuscrit de Statius est un maga-

---

1. Osann, *op. laud*, p. xxxiv.

sin de mystifications et d'erreurs. Non seulement le pseudo-
Apulée cite une foule d'auteurs qui n'ont jamais existé ou
qu'il n'a pu lire, par exemple *Ch. Camerini Excidium Trojae,
Terentii Varronis Bellum Punicum, Cottae Bellum Pharsa-
licum*, etc., mais, comme l'a montré Madvig, 23 des poètes
dont il invoque l'autorité sont nommés par Ovide, à côté de
4 autres, dans la sixième lettre du livre IV des *Pontiques*.
Presque toutes les citations sont annoncées, mais laissées
en blanc dans le manuscrit, comme si le mystificateur n'avait
pas été de force à pousser sa mystification jusqu'au bout. En
cela il diffère de l'auteur des scolies de l'*Ibis* qui cite, lui
aussi, nombre de poètes du siècle d'Auguste, mais leur attribue des vers ridicules, qui n'ont pu être fabriqués qu'au
vi[e] siècle. D'une manière générale — l'observation en a déjà
été faite — le pseudo-Apulée se rattache étroitement au scoliaste de l'*Ibis*; or ce dernier, par son érudition de charlatan,
appartient au groupe d'écrivains frauduleux qui compte
encore, dans la littérature latine, Fulgence Planciades[1] et
le géographe de Ravenne. Il n'est guère douteux qu'une
des sources du texte corrompu copié par Statius soit un
commentaire charlatanesque de l'*Ibis*, analogue à ceux que
nous avons conservés et pire encore. Mais comme il est difficile d'admettre que le copiste d'une partie du manuscrit de
Rhodiginus ait, de propos délibéré, introduit des copies
d'anciennes gloses perdues dans son travail; comme, d'autre
part, le manuscrit de Rhodiginus renfermait lui-même un
passage relatif à l'*Ibis* d'Ovide, force est de croire que le
manuscrit de Rhodiginus dérivait au moins de trois sources :
1[o] les petits traités d'Apulée, du xe ou du xie siècle; 2[o] des
scolies charlatanesques sur l'*Ibis* d'Ovide; 3[o] une notice en
grec sur le même auteur.

---

1. Le *De Orthogr.* (c. 64) cite Sérapion de Rhodes et Philochore; Fulgence
(*Mythol.* I, 13) cite Philochore et Sérapion d'Ascalon. Cf. aussi *De orthogr.*,
(c. 26) citation des livres de Numa) et Fulgence, *Expos. serm. antiqui*, p. 174
(même citation). — La fraude littéraire qui consiste à citer des livres non
existants a été pratiquée encore au xixe siècle. J. Holden Mac Michael signa-
lait récemment, chez Carlyle, « his habit of inventing imaginary authors,

Malheureusement, nous ne sommes pas au bout des difficultés.

Merkel, Ellis et Crusius ont essayé de prouver, par des
arguments de valeur très inégale, que certains morceaux du
pseudo-Apulée dérivent d'ouvrages *imprimés*, mal lus ou
démarqués par un ignorant. Ces ouvrages seraient les *Ada-
gia* d'Erasme (1500), l'*Hecatostys* et les *In Ibin Ovidii Sarri-
tiones* de Constantinus Fanensis (1507, 1508) et le *De Orthographia* de Tortellius (1471) L'examen des arguments
allégués serait une tâche longue et minutieuse, pour ma
part, je ne crois pas que la preuve ait été faite Merkel et Crusius font de Rhodiginus un faussaire qui aurait fabriqué son
Apuleius avec des extraits de ces ouvrages, abominablement
défigurés et interpolés de citations imaginaires; mais cette
hypothèse sera toujours inadmissible pour quiconque a lu
seulement dix pages des *Commentarii* de Rhodiginus, où
l'érudition est diffuse, mais toujours réelle et de bon aloi.
Rhodiginus, il faut le remarquer avec insistance, n'a pas
cité *un seul* des textes du pseudo-Apulée où sont mentionnés
à la file des auteurs que pas un moderne n'a connus; ce
n'est donc pas lui qui les a fabriqués Je crois que son
manuscrit contenait un certain nombre de passages dans le
goût des scolies de l'*Ibis*, mais aucun emprunt déguisé à des
livres imprimés en 1471 et 1508 Une partie de ce manuscrit
fut copiée à la hâte et probablement en cachette; celui qui
possédait cette copie voulut-il faire valoir sa trouvaille et la
grossir? On peut attribuer à ce faussaire, qui travailla entre
1525 et 1565, tout ou partie des fraudes littéraires qu'on a
injustement reprochées à Rhodiginus. Le manuscrit de
ce dernier, compilation d'un humaniste grec du XIVᵉ siècle,
était déjà, dans une certaine mesure, un faux; la copie que
nous a conservée Statius est, si l'on peut dire, *le faux d'un
faux* Que le second faussaire se soit servi de textes imprimés
sans les comprendre, cela est possible, mais ne me paraît
pas démontré.

books and periodicals to father passages upon « (*Notes and Queries*, 14 juillet
1906)

Si les hypothèses qui précèdent sont admises, faute d'explications plus vraisemblables, il en résultera que la critique moderne a tort de négliger complètement les fragments du pseudo-Apuleius. Ceux du moins qu'a cités Rhodiginus sont authentiques, bien que d'une autorité douteuse; ce ne sont pas les fantaisies d'un humaniste. Ce qui est connu seulement par la copie de Statius devra être soigneusement étudié; on éliminera, après preuve faite, si la preuve est possible, les passages provenant d'Erasme, de Tortellius ou de tel autre ; on retiendra ceux dont on ne découvrira pas l'origine en les considérant, jusqu'à nouvel ordre, comme copiés sur les fragments possédés par Rhodiginus ou peut-être sur des scolies d'Ovide que nous n'avons plus.

La bonne foi de Rhodiginus, qui me paraît absolument certaine, oblige d'attribuer de l'importance à un autre passage des *Commentarii* qui, signalé en 1826 par Osann (p. 108), a été complètement oublié depuis. Au chap. IV du livre VI, Rhodiginus écrit : *Signat autem hostorium radium sive instrumentum quo raduntur mensurae. Plautus* :

> *Diique deaeque omnes, tantam nobis laetitiam*
> *Tot gaudia sine radio cumuletis…*

Ce passage manque dans les éditions des fragments des Comiques latins et dans la dernière édition des fragments de Plaute; mais il n'était pas inconnu des anciens lexicographes, témoin ces lignes de Forcellini à l'article *Radius* de son *Lexicon* (p. 592) : *Est etiam hostorium, seu baculum, quo aequatur cumulus modii*, ἀπομάκτρα. *Quidam lexicographi afferunt haec verba Plauti, quae ego apud hunc ne in suppositus quidem invenire potui : Diique deaeque omnes tantam nobis laetitiam Tot gaudia sine radio cumulent*. La citation est textuelle, sauf que *cumulent* remplace ici le *cumuletis* de Rhodiginus. Il serait intéressant de savoir si ces deux vers n'ont pas été cités par quelque autre savant de la Renaissance; quoi qu'il en soit, on ne voit pas pourquoi ils ont été exclus des fragments de Plaute, car Rhodiginus n'avait aucune raison de les fabriquer et personne, à son époque, ne compre-

LE TOMBEAU D'OVIDE 93

nait assez les mètres de Plaute pour se permettre de les imiter même par à peu près

Dans la note où il citait ces vers en 1826, Osann ajoutait qu'il publierait quelque jour un fragment d'une comédie encore inconnue de Plaute, intitulée *Oedipus (fragmentum ex Oedipode fabula Plauti adhuc incognita producam)*. J'ai vainement cherché le moindre éclaircissement à ce sujet et crois devoir signaler cette mention singulière, perdue dans une note d'un petit volume discrédité, à l'attention de mes confrères latinistes [1].

---

1 M Léon Dorez a bien voulu me faire observer que M Plessis, dans la seconde édition de son *Calvus*, admet également l'authenticité d'un fragment de ce poete cite par le seul Rhodiginus.

De l'influence des images sur la formation des mythes[1].

I

Dans le tome XIV des *Commentationes* de la Société de Gœttingen, l'illustre Heyne écrivait (p. 117) : « Il y a des mythes qui ont pour point de départ des ex-voto antiques et des œuvres d'art. Ainsi, la légende d'Arion sauvé par un dauphin paraît n'avoir d'autre origine qu'une image où il était ainsi figuré ». Peu de temps après, dans deux programmes de Marbourg (1803), G. F. Creuzer reprenait cette question sous le titre suivant : *Mythorum ab artium operibus profectorum exemplum proponitur.* Aux yeux de Creuzer, il s'agissait d'une veille statue qui représentait un navigateur assis sur un dauphin, symbole d'un voyage heureusement accompli; en cherchant plus tard à l'expliquer, on imagina le mythe du poète Arion. Creuzer ajoute, sans insister, qu'il y a beaucoup de mythes grecs comportant une explication analogue; il cite l'épisode d'Augé dans Pausanias et quelques histoires d'Hérodote, par exemple celle d'Aristée de Proconnèse. Un peu plus haut, il dit que les mythes des peuples actuels d'Asie et d'Afrique offrent des exemples parallèles; on voudrait qu'il se fût arrêté davantage sur cette partie vraiment intéressante de son sujet.

Creuzer cite Heyne, mais ni l'un ni l'autre de ces savants ne paraissent s'être doutés que cette méthode d'exégèse avait déjà été appliquée au xviiie siècle. Elle l'a été certainement par les premiers Bollandistes et par le pape Benoit XIV, qui

1. [*Scientia,* vol. V, 1909, n° X, 2.]

ont expliqué ainsi les légendes des saints céphalophores [1]
« Ces légendes, écrit le P. de Smedt [2], se ressemblent presque
toutes d'une manière frappante. Immédiatement après le supplice, le corps du saint se dresse sur ses pieds, prend entre
ses mains sa tête tombée sous la hache et, l'élevant à la
hauteur de sa poitrine, se met en marche ». Les Bollandistes
ont montré que la première source de ces légendes, qu'on
raconte à propos d'un très grand nombre saints, est un
passage de S. Jean Chrysostôme [3] où il est question des martyrs se présentant devant le Roi du ciel avec leur tête entre
les mains, comme des soldats s'adressent avec confiance à
leur chef lorsqu'ils peuvent lui montrer les blessures reçues
à son service On eut de bonne heure des statues de martyrs
décapités, qui portaient leur tête comme emblème de leur
supplice ; la légende se forma tout naturellement quand on
essaya de les expliquer.

II

Quel fut le savant qui entra le premier dans cette voie
féconde? J'ai cru et j'ai imprimé que c'était Bernard de
Montfaucon. « Le système de Clermont-Ganneau, écrivais-je
en 1884 [4], a cela d'original qu'il montre en quel sens il faut
entendre l'influence mystique [lire : *mythique*] de l'Orient
sur la Grèce aux premiers âges de la civilisation Dès le xvIIᵉ
siècle, Montfaucon expliquait la légende de saint Denis portant sa tête par les statues où le saint était représenté sa tête
à la main (emblème du martyre subi). Voy. Creuzer, etc ».
J'ai renouvelé depuis la même assertion [5]. Mais Saintyves,
dans son excellent ouvrage sur les saints successeurs des
dieux, a fait observer en note (p 123) qu'il avait vainement

1 Saintyves, *Les saints successeurs des dieux*, 1907, p 123.
2 De Smedt, *Principes de critique historique*, p. 191 (cité par Saintyves, *op l.*)
3 *Patrologie grecque*, t XLIX-L, col 576
4 S. Reinach, *Manuel de Philologie*, t II, p 262
5 S. Reinach, *Cultes, mythes et religions*, t. II, p 166 (1906).

cherché ce passage dans Montfaucon. Je l'ai cherché à mon tour sans succès ; j'ai eu recours au manuscrit de mon *Manuel*, et je me suis assuré que je n'avais pas donné de référence. A vingt-cinq ans de distance, il m'est impossible de me souvenir où j'ai pris cette note ; mais je ne l'ai certainement pas inventée et je ne désespère pas d'en retrouver un jour l'origine. Pour le moment, je dois confesser que je l'ignore.

Le premier mythologue, à ma connaissance, qui ait longuement développé la thèse de l'influence des images sur la naissance des mythes, est Alfred Maury, dans son ouvrage intitulé : *Essai sur les légendes pieuses du moyen âge* (1843 ; réimprimé en 1899). La troisième partie de ce livre érudit, mais touffu et peu lisible, est intitulée comme il suit : « L'emploi des symboles figurés et des images emblématiques, dont la signification était oubliée par le peuple, donna naissance à une foule de légendes forgées dans le but d'expliquer ces symboles et ces images que l'on ne comprenait plus ». Maury allègue, à grand renfort de citations, un nombre considérable d'exemples (p. 95-216) ; puis il conclut ainsi : « Le peuple, jugeant par les yeux, a supposé les faits d'après les images et créé des légendes pour expliquer celles qu'il ne comprenait pas ».

Dans son grand ouvrage *Les caractéristiques des saints* (1867), le savant jésuite Cahier eut souvent recours à des explications du même genre, sans toutefois citer Maury, dont le livre avait été fort mal traité par le cardinal Pitra (1850). « On saisit facilement, dit Saintyves (*op. l.*, p. 126), les motifs qui l'ont empêché de citer un personnage aussi compromettant ». Si vraiment — je ne l'ai pas vérifié — le P. Cahier n'a jamais rappelé les titres de Maury, tout en s'inspirant directement de sa méthode, il a poussé la réserve jusqu'à un point où elle confine d'un peu trop près au plagiat.

François Lenormant écrivait, dans la *Gazette archéologique* (1877, p. 150) : « Beaucoup de fables zoologiques des anciens proviennent des œuvres d'art plutôt que de l'observation, à commencer par ce que dit Elien (*de Nat. Anim.*, VI, 33) des

diverses couleurs de l'aspic royal d'Egypte ». Voilà encore
une application sporadique de la méthode de Maury — la
plus ancienne que je connaisse où l'on ait allégué un monument d'art, étranger au pays où la tradition mythique a pris
naissance L'année suivante, dans la *Revue critique* (1878,
II, p 215,232), M Clermont-Ganneau élargissait beaucoup la
question en faisant intervenir, dans la genèse des mythes
grecs, les monuments de l'art phénicien que le commerce
introduisait en Grèce et que les Grecs essayèrent d'expliquer
en forgeant des mythes. « Non seulement les artistes grecs
ont copié les sujets de ces coupes phéniciennes et autres objets
similaires, mais la curiosité populaire s'est avidement em-
parée de ces images qui parlaient aux yeux en les charmant
et elle a demandé ce qu'elles voulaient dire .. Aux erreurs de
l'oreille sont venues s'ajouter celles de l'œil. Puis ont pris
naissance les mirages propres de l'imagination.. Mis aux
prises avec ces textes figurés , l'esprit hellénique, qui a
toujours voulu tout expliquer, qui a prétendu trouver, bon
gré mal gré, la raison de toute chose, ne pouvait manquer
d'essayer de les lire et de les traduire. Mais il les a lus et
traduits à la manière . de grands enfants pour qui toute idée
est une image, toute image un problème, toute fable une
solution . J'essaie de montrer, chez les Grecs, à côté de ce
qu'on peut appeler la *mythologie auriculaire*, qui a peut-être
trop exclusivement occupé les modernes, l'existence d'une
véritable *mythologie oculaire* ou, si l'on veut, *optique*... Il ne
s'agit plus de rechercher dans l'image la traduction du mythe,
mais dans le mythe la traduction de l'image » (p. 219-220).
M Clermont-Ganneau avait d'abord adopté l'expression : *mythologie iconographique* (*ibid.*, p. 232) En réimprimant son
travail en 1880 [1], il substitua, fort heureusement d'ailleurs,
iconologique à *iconographique* Il ajouta aussi (p XXXIII) une
note nécessaire qui manque dans la première édition (*Revue
critique*, 1878, II, p 236) ; cette note trop brève est ainsi
conçue : « Cf. particulièrement les beaux travaux de

1 Ch Clermont-Ganneau, *L'Imagerie phénicienne et la mythologie iconologique chez les Grecs* Première partie (seule parue), Paris, 1880

M. A. Maury » et se rattache à la phrase suivante : « Nos légendes du moyen âge sont remplies de cas analogues dont
plusieurs sont présents à la mémoire de tous, et les premiers temps du christianisme en fournissent maint exemple ». Assurément, les titres de Maury méritaient d'être
rappelés, d'autant plus que la *mythologie iconologique* n'était,
après tout, qu'un élargissement des principes sur lesquels
le savant polygraphe avait tant et même si lourdement
insisté.

III

M. Clermont-Ganneau est un bien meilleur écrivain que
Maury ; il est aussi plus ingénieux et, sinon plus érudit, du
moins infiniment plus précis dans son savoir. On doit vivement regretter qu'entraîné par d'autres recherches, où il
s'est d'ailleurs assuré une réputation de premier ordre, cet
orientaliste ait abandonné la *mythologie iconologique* sans
essayer de lui faire tenir toutes ses promesses. Je pourrais
montrer, par des citations nombreuses, que les idées de
M. Clermont-Ganneau ont exercé une légitime influence, notamment entre 1879 et 1883 ; MM. Heuzey (*Terres cuites du Louvre*, 1882) et Milchhœfer (*Sphinx*, 1879 ; *Anfaenge der Kunst*,
1883) fondèrent d'intéressantes hypothèses sur les mêmes
prémisses. Mais lorsque M. Gruppe, en 1887, publia la seule
histoire développée que l'on possède encore de l'exégèse des
mythes, il ne dit rien de la *mythologie iconologique*[1]. Sans
avoir la prétention de connaître toute la « littérature » mythologique des vingt dernières années, je crois pouvoir dire que
j'ai été le premier, en 1902, à reprendre la méthode *iconologique* et à tirer d'elle des résultats tout nouveaux[2]. Pourtant,
je ne dois pas omettre de rappeler que MM. Havet et Martha,
discutant, en 1888 et en 1889, sur un passage obscur du IVe

1. O. Gruppe, *Die griechischen Culten und Mythen*, Leipzig, 1887, tome I
(seul paru).
2. *Comptes rendus de l'Académie des Inscriptions*, 1902, p. 506, 748 ; *Revue
archéol.*, 1903, I, p. 154 ; *Cultes*, t. II, p. 159.

livre de l'Enéide, ont reconnu l'un et l'autre que la source
de Virgile avait été une peinture du monde infernal [1], et que
moi-même, en 1893, lors de la publication de l'*Apocalypse
de S. Pierre* découverte en Egypte, j'ai signalé l'origine graphique de certains détails de ce tableau [2]. J'expliquais ainsi
notamment le châtiment imposé aux victimes des passions
antiphysiques, obligées, suivant l'Apocalypse, de se précipiter sans cesse du haut d'un escarpement Ce mythe dérive
d'une peinture des Enfers, pareille à celle que le poète Au-
sone vit à Trèves, où la poétesse de Lesbos, dont les
Alexandrins avaient médit comme on sait, était figurée sur
le point de se précipiter du roc de Leucade dans les flots

C'est précisément le désir d'expliquer la nature des peines
infligées dans l'Enfer aux personnages de la Fable qui
m'amena à développer la mythologie iconologique Pourquoi
Sisyphe roule-t-il un rocher et doit-il le rouler indéfiniment ?
C'est qu'on lui attribuait la construction d'un château gigan-
tesque, presque au sommet de l'Acrocorinthe, une image,
célébrant son audace de constructeur, fut prise plus tard pour
celle de son châtiment. Pourquoi les Danaïdes doivent-elles
éternellement remplir des vases qui fuient ? Parce qu'on van-
tait les filles de Danaos comme d'habiles magiciennes, qui
avaient attiré une humidité bienfaisante sur les campagnes
desséchées de l'Argolide. L'image du service rendu par elles
passa pour celle de la peine qu'elles subissaient. Pourquoi
Salmonée, aux Enfers, était-il frappé de la foudre de Zeus,
tandis qu'il imitait, dans un char roulant sur du métal, le
bruit de l'orage ? C'est parce qu'il avait été, lui aussi, un
magicien, un « faiseur de pluie »; on le représenta, en conséquence, avec son attirail de sorcier, exécutant une opération
compliquée de magie sympathique, et cette image donna lieu
à la légende de Salmonée aux Enfers, dont Virgile s'est doci-
lement fait l'écho. Je m'en tiens ici à ces exemples, qu'il
serait facile de multiplier. Comme Homère connaît déjà le

1 *Revue de Philologie*, 1888, p. 145, 1889, p. 9
2 *République Française*, 15 janvier 1893 (reimprimé dans *Cultes*, t. III,
p. 283)

supplice de Sisyphe, force est d'admettre que les images dont
ces mythes sont le produit existaient avant l'époque homérique, c'est-à-dire avant le ixe siècle. M. Clermont-Ganneau,
nous l'avons vu, pensait que des monuments incompris de
l'art phénicien avaient donné naissance à des légendes hellé-
niques. Je n'ai point, pour ma part, postulé des monuments
phéniciens, d'abord parce que nous n'en connaissons pas
d'aussi anciens, puis parce que les découvertes archéologiques, postérieures aux publications de M. Clermont-Ganneau,
ont mis en lumière la dépendance de l'industrie phénicienne
à l'égard de la Grèce minoenne et mycénienne du second
millénaire avant J. C. Ce n'est pas seulement la sculpture et
la gravure, mais la peinture qui a été très développée en
pays grec à cette époque lointaine. J'ai donc postulé des
plaques peintes, des *pinakes*, remontant peut-être à 1200 avant
notre ère, sur lesquelles figuraient un Sisyphe, un Salmonée,
des Danaïdes dans l'exercice de leur activité bienfaisante, et
j'ai supposé que l'explication de ces peintures par des *ciceroni* avaient donné naissance aux mythes infernaux. Évidemment, je ne puis produire ces peintures, qui restent et reste-
ront toujours sans doute des postulats; mais les découvertes
faites dans l'ile de Crète prouvent à l'évidence que l'hypothèse de pareilles représentations, même à une date aussi
reculée, n'a rien qui doive effrayer les archéologues.

IV

Dans un tout autre ordre d'idées, je crois avoir démontré
l'origine graphique d'une légende rapportée par Ovide[1]. Le
poète romain raconte dans ses *Fastes* comment Silvia, la
vestale d'Albe la Longue, fut séduite par Mars, qui la rendit
mère, et accoucha dans le temple même de Vesta. « Silvia
devint mère; on dit que les images de Vesta cachèrent leurs
yeux de leurs mains virginales ». J'ai reconnu que ce passage
faisait allusion à un très ancien type plastique de la Vesta

1. *Revue archéol.*, 1887, II, p. 313; *Cultes*, t. III, p. 190 sq.

romaine, déesse du foyer, qui se voilait les yeux avec les mains pour ne pas être aveuglée par la fumée du foyer Or, précisément, l'autel gallo-romain de Mavilly (Côte d'Or), où les douze dieux romains sont figurés sous un aspect très archaïque, sans doute d'après les vieilles statues conservées au Forum, offre l'image, longtemps méconnue, de Vesta, se voilant les yeux avec les mains Il est vrai que, même après ma publication, il s'est trouvé quelqu'un pour affirmer que la Vesta de l'autel de Mavilly était un malade affligé de la cataracte ; il est vrai aussi qu'un savant allemand très illustre n'a pas compris ma démonstration, qui me semble d'une rigueur mathématique ; mais ce sont là les inconvénients auxquels il faut se résigner d'avance quand on sort des sentiers battus pour découvrir, par combinaison, des faits nouveaux

A la fin de son mémoire de 1878, M Clermont-Ganneau écrivait : « Il m'est impossible, en terminant, de ne pas signaler d'un mot les vastes perspectives que ce point de vue nous ouvre sur la formation de certaines mythologie relativement récentes, telle que la mythologie indienne. L'application méthodique des principes exposés ci-dessus, faite par des mains compétentes, peut, je crois, amener d'importantes solutions Bien des difficultés que l'on rencontre quand on veut expliquer certaines similitudes entre les fables et les épopées de la Grèce et de l'Inde s'évanouiraient peut-être si l'on admettait moins des emprunts directs, par la parole ou par l'écriture, que des emprunts par voie iconographique. Partout où l'influence grecque a pénétré, elle a introduit son art, les formes plastiques et les idées qui en sont le corollaire. Or, l'action de l'art grec sur la génération de l'art indien étant, si je ne m'abuse, un fait constant, nous tenons probablement le canal principal par lequel l'hellénisme a pu, en passant d'un côté par l'Égypte alexandrine, gnostique même, de l'autre par la Bactriane, se déverser dans le monde spirituel et, particulièrement, mythologique de l'Inde » Et l'auteur ajoutait cette note importante : « On peut même se demander si le commerce phénicien n'avait pas frayé le chemin aux

Grecs et si l'imagerie assyro-égyptienne qu'il colportait partout n'avait pas déjà exercé directement dans l'Inde une influence antérieure. Certains indices fournis par plusieurs sujets de nos coupes phéniciennes pourraient le donner à penser. Il y aurait alors à distinguer au moins deux couches superposées. C'est assurément à la dernière que doivent être rapportées en tous cas les analogies frappantes offertes par les représentations indiennes avec certains monuments égyptiens, tels que ces figurines de terre cuite, de très basse époque et de style singulier, que l'on trouve sur la côte syro-égyptienne ».

Tout cela, depuis bientôt trente ans, est resté à l'état d'indication. M. Clermont-Ganneau m'a dit qu'il écrivit ces lignes sur le conseil d'un indianiste de ses amis, Garrès, qui avait été frappé des résultats que *pouvait* donner la méthode iconologique pour l'exégèse des mythes indous; mais ni Garrès, mort il y a longtemps, ni personne, que je sache, ne paraît être entré dans la voie où M. Clermont-Ganneau conseillait aux savants de s'engager. C'est bien inutilement qu'on chercherait la moindre trace de de cette méthode dans le grand ouvrage de M. Foucher sur l'art gréco-bouddhique du Gandhàra, publié en 1905.

V

En revanche, l'application de la méthode iconologique à la mythologie scandinave a donné, depuis 1882, des résultats du plus grand intérêt. Divers savants, W. Slater, Calverley, W. G. Collingwood, Sophus Bugge, ont reconnu que certains mythes eddiques peuvent s'expliquer comme l'interprétation de monuments chrétiens du viiie et du ixe siècle, sculptés dans le nord-ouest de l'Angleterre, où les établissements des Vikings scandinaves ont été particulièrement nombreux. L'exemple le plus frappant est fourni par la croix de Gosforth (Cumberland), où figure Loki enchaîné, la vipère dont le venin coule dans le bassin que tient la femme de Loki, Sigyn, le loup de Fenrir, etc. Le Christ fixé à l'arbre de la croix fut interprété comme Odin sacrifié Le gibet d'Odin est l'arbre du monde, le frêne Yggdrasill, dont les branches portent un aigle, un faucon, un écureuil, dont le feuillage est brouté par quatre cerfs. Ce passage mytérieux de la *Gylfaginning* paraît bien se rapporter à des croix comme celle de Bewcastle et de Rothwell, où sont sculptés des feuillages qui donnent asile à des animaux de tout genre, entre autres des oiseaux, des cerfs et des écureuils Ces décorations ne sont pas originales; elles dérivent des manuscrits irlandais à miniatures et, en dernière analyse, de prototypes hellénistiques ou gréco-romains On peut se laisser tenter, par ces considérations, de dénier toute originalité aux mythes les plus caractéristiques de l'Edda. Ce serait assurément aller trop loin ; Sophus Bugge lui-même a mis en garde contre de pareilles conclusions Mais il n'en reste pas moins que certains éléments essentiels des mythes eddiques ont été fournis aux Skaldes norvégiens par la vue de sculptures dues aux chrétiens du nord de l'Angleterre, qu'ils ont interprétées à leur manière, en y accommodant le vieux fonds de légendes païennes dont leurs écoles se transmettaient le dépôt [1].

VI

Nous avons vu que la méthode iconologique a été appliquée, dès le xviiie siècle, à l'explication de légendes relatives aux saints du christianisme A la suite d'Alfred Maury et du P. Cahier, plusieurs savants, tant ecclésiastiques que laïcs, ont ajouté des exemples de mythes d'origine graphique à ceux qu'avaient recueillis leurs prédécesseurs. Tout ce travail a été résumé et complété, en 1907, par un libraire érudit qui signe *Saintyves*, dont l'ouvrage, *Les saints successeurs des dieux*, peut être cité comme un modèle d'exégèse critique [2].

1. Bugge, *The home of the Eddic poems*, trad Schofield, Londres, 1899, p. XXIV, XLVIII, XLIX, LIV, Calverley et Colingwood, *Early sculptured crosses of Carlisle*, Londres, 1899 ; Duvau, *Mythologie figurée de l'Edda*, in *Journal des savants*, 1901, p. 575-590.
2 Bien entendu, les critiques pieux en ont dit du mal, mais Saintyves est en bonne compagnie

Le chapitre intitulé : *L'interprétation des images* occupe les p. 122 à 150 et comporte lui-même trois divisions : 1° les épisodes légendaires dont on orna certaines vies de saints en s'appuyant sur des documents figurés (saints céphalophores, tueurs de dragons, etc.); 2° les corps saints qui ont été « inventés » par suite d'une fausse interprétation des figures d'une pierre funéraire ou d'un sarcophage (sainte Madeleine de Provence, sainte Marthe à Tarascon, etc.); 3° les saints personnages qui ont été inventés sur la foi de certaines images (sainte Liberata, sainte Couronne, saint Abachum, saint Sauveur, etc.).

Jusqu'à présent, personne, que je sache, n'a encore appliqué la même méthode à l'exégèse de légendes *tout à fait modernes*, alors cependant que l'imagerie religieuse, tant sculptée que peinte, n'a jamais été aussi répandue que de notre temps. Je voudrais, pour terminer cet essai, montrer que la méthode iconologique fournit une explication raisonnable d'un épisode prétendu miraculeux qui s'est produit il y a juste un demi-siècle, alors que les interprétations historiques ou anecdotiques, c'est-à-dire evhéméristes, qu'on en a tentées se heurtent toutes à de très sérieuses objections.

Le 11 février 1858, vers midi et demi, une enfant de Lourdes, Bernadette Soubirous, vit paraître au fond d'un rocher une « jeune et belle dame », dans un « nuage d'or », portant « une robe blanche, serrée à la ceinture par un ruban bleu ». A plusieurs reprises, la même vision lui apparut. Le 25 mars, jour de l'Annonciation, Bernadette se jeta à genoux et demanda à la dame de bien vouloir lui dire qui elle était. « A une troisième demande, a déclaré l'enfant, la dame joignit ses mains et les porta sur le haut de sa poitrine... Elle regarda le ciel...., puis, séparant lentement les mains et se penchant vers moi, elle me dit : *Je suis l'Immaculée Conception* »[1].

Peu de temps après ces événements, qui commencèrent l'extraordinaire fortune de Lourdes, un parent de l'impéra-

---

1. Abbé Bertrin, *Histoire critique des événements de Lourdes*, nouv. éd. (1908), p. 1-35.

trice Eugénie, le comte de Galve, procéda à une enquête discrète dans le pays On lui raconta une histoire qui a fait son chemin, grâce surtout au *Grand Dictionnaire* de Larousse qui l'accueillit, et que beaucoup de rationalistes, dans la région pyrénéenne, relatent encore comme l'explication très simple du miracle Une Mme Paillasson, bien connue à Lourdes, aurait été surprise, dans la grotte Massabielle, avec un jeune officier de la garnison, par la petite Bernadette; elle eut la présence d'esprit, pour éviter une indiscrétion « de jouer, auprès de la jeune fille, le rôle improvisé de l'*Immaculée Conception* ». Or, il a été établi que Mme Paillasson avait accouché le 8 février 1858; elle ne pouvait donc être dans une grotte assez difficile d'accès le 11 février, date de la première apparition, et il n'est pas vraisemblable qu'elle s'y soit rendue le 25 mars, date où furent prononcées les paroles : *Je suis l'Immaculée Conception* Une variante de l'histoire substitue à cette dame l'épouse d'un horloger de Lourdes; variante fâcheuse, car il n'y eut pas d'horloger à Lourdes avant 1860[1]. En général, si la méthode d'interprétation evhémériste a fourni des preuves répétées d'impuissance dans l'exégèse des anciens mythes, il n'y a pas de raison de la considérer comme plus efficace quand il s'agit d'expliquer des mythes récents.

VII

Avant de proposer une interprétation nouvelle et que je crois très plausible, je tiens à rappeler trois faits :

1° Le dogme de l'Immaculée Conception, objet de disputes séculaires entre Franciscains et Dominicains, Jésuites et Jansénistes, fut promulgué *motu proprio* par Pie IX en décembre 1854, moins de quatre ans avant l'apparition de la Vierge à Lourdes;

2° Six ans avant cette apparition, le célèbre tableau de Murillo, intitulé « L'Immaculée Conception », avait été

---

1 Bertrin, *op. laud*, p 423-424

acquis par le Louvre, à la vente du maréchal Soult, au prix énorme de 615.000 francs et reproduit par la gravure à des milliers d'exemplaires, avec la légende « L'Immaculée Conception. » La Vierge y paraît « dans un nuage d'or », « les mains croisées sur la poitrine », « regardant le ciel », « vêtue d'une robe blanche » avec un manteau bleu sur l'épaule gauche. Sauf le ruban bleu serrant la ceinture et les pieds nus (ceux de la Vierge de Murillo sont cachés par sa robe, à l'espagnole), c'est, à très peu de chose près, la « belle dame » que décrivit Bernadette Soubirous;

3° En Espagne, le prénom de *Concepcion* (abrégé de *Notre-Dame de la Conception*) est souvent attribué à des filles.

Cela posé, reprenons le récit de l'apparition du 25 mars, la plus importante de toutes, à en croire les auteurs catholiques, car, dit M. l'abbé Bertrin « trois ans environ après le jour où, par un acte solennel du pape Pie IX, la Sainte Vierge Marie était déclarée exempte de la tache originelle, dans une petite ville des Pyrénées françaises, elle apparaissait elle-même à une humble enfant et, interrogée sur son nom, elle répondait : *Je suis l'Immaculée Conception* ». Et l'abbé ajoute, sans s'apercevoir que sa piété tourne presque au blasphème : « C'était la définition du ciel après celle de la terre. Une doctrine venait d'être enseignée au monde par l'Église : Dieu y mettait sa signature ». Le pape d'abord, Dieu ensuite; cela est bien dans l'esprit du Romanisme.

La Sainte Vierge aurait pu répondre à Bernadette : « Je suis Marie conçue sans péché »; au lieu de cette réponse théologiquement correcte, la petite paysanne a cru entendre dire : « Je suis l'Immaculée Conception ». Se qualifier *du nom d'un dogme* n'a pas le sens commun; mais cela même établit la bonne foi de Bernadette et permet d'écarter toutes les explications evhéméristes, qu'il s'agisse d'une chocolatière ou d'une horlogère surprise dans un entretien trop intime par une enfant.

Puisque la Sainte Vierge n'a pu dire une absurdité et puisque Bernadette n'a pu l'inventer — puisque, d'autre part, si elle avait été un simple instrument aux mains de clercs, comme le garçon tailleur trompé par les Dominicains de Berne en 1507[1], elle aurait donné à la réponse de la Vierge une forme correcte — force est d'admettre que Bernadette, victime d'une hallucination de la vue et de l'ouïe, n'a fait que *voir* et *entendre* ce qu'elle avait déjà *vu* et *entendu* à l'état normal.

Elle avait vu une image de piété, de celles qu'a répandues par milliers le colportage, représentant, avec des couleurs voyantes, la Vierge de Murillo qui est au Louvre ou l'une de celles qui sont restées à Madrid. Ne sachant pas lire, elle avait demandé ce que signifiait cette image; et, tout naturellement, on lui avait répondu en déchiffrant la légende gravée au dessous : *L'Immaculée Conception.*

Le fait que Bernadette a pris ainsi le nom d'un dogme pour celui d'une déesse ne prouve point qu'elle fût hystérique ou folle, car les Athéniens du temps de S. Paul, gens très instruits et raisonnables, avaient commis exactement la même confusion. Paul prêchait à Athènes la résurrection du Christ, en grec *Anastasis*; les Athéniens crurent qu'il tentait d'introduire dans la cité une divinité étrangère de ce nom. Cela est dit en toutes lettres au chap. XVIII des *Actes des apôtres* (§ 18) : « Et quelques philosophes épicuriens et stoïciens conférèrent avec lui; et les uns disaient : Que veut dire ce discoureur? Et les autres disaient : Il semble qu'il annonce des divinités étrangères; c'était parce qu'il leur annonçait Jésus *et la Résurrection* »[2].

---

1. Voir, sur cette affaire, Lea, *Histoire de l'Inquisition*, t. III, p. 728 de ma traduction. — Saintyves (*Discernement du miracle*, ed. belge, p. 48) insiste sur l'analogie de la vision de Bernadette avec les règles posées par Mgr Malou dans son travail sur l'iconographie de l'Immaculée Conception. Les ressemblances ne me paraissent pas très frappantes, d'ailleurs, où Bernadette aurait-elle lu ou entendu lire le livre de Mgr Malou? Dans le même ouvrage de Saintyves, on trouve un témoignage très intéressant d'un instituteur des environs de Lourdes, d'où il ressort avec évidence que l'abbé Ader a *préparé* Bernadette au rôle de voyante, et cela six mois avant sa vision. Je continue à croire mon explication acceptable, mais je ne nie nullement, puisque c'est aujourd'hui l'évidence, que la fourberie du clergé local ait joué un rôle non seulement après la vision, mais avant. — [1912]

2. S. Jean Chrysostôme (*32e discours sur les Actes*) dit formellement   « Ils

L'erreur sur la nature d'*Anastasis* n'a pas seulement été commise par les Athéniens, puisque le calendrier chrétien a fait une place à *Sainte Anastasie*, personnage mythique qui n'est qu'une hypostase du nom grec de la Résurrection[1]. Dans le même ordre d'idées, le christianisme populaire connaît sainte Patenôtre et sainte Toussaint, laquelle — nom oblige! — guérit la toux.

Ainsi, la belle toile, d'ailleurs trop vantée, de Murillo, qu'un maréchal de France avait dérobée en Espagne, n'a pas seulement enrichi le Musée du Louvre d'une des œuvres les plus caractéristiques de l'école espagnole, mais a contribué indirectement, par un *processus* de mythologie optique, à transformer les cabanes de Lourdes en palais[2].

prenaient *Résurrection* pour une déesse, accoutumés qu'ils étaient à adorer des femelles ».

1. Voir les preuves dans Saintyves, *Les saints*, p. 155-158.

2. Je crois que l'on pourrait chercher dans la même voie l'explication de la légende du transfert de la *Santa Casa* de Lorette, si bien étudiée, au point de vue historique, par M. l'abbé Ulysse Chevalier (1906). Il suffit de postuler un bas-relief ou une peinture représentant des anges qui portent à travers les airs, pour le confier à quelque prince ou évêque, le modèle d'une église avec l'inscription suivante : *D. O. M. Beatae Mariae*. Les trois lettres D. O. M. (*Deo Optimo Maximo*) ont pu être lues *Dom (us)*, c'est-à-dire « maison ». Une inscription analogue figure sur le portail de la Madeleine à Paris et je me souviens parfaitement qu'étant enfant j'ai toujours interprété les trois premières lettres par *Domus*. Reste à savoir si la dédicace D. O. M. était usitée au xve siècle; je n'en ai pas noté d'exemple jusqu'à ce jour.

Le Rire rituel [1]

Plutarque, dans un ouvrage que nous n'avons plus, avait décrit la fête des *Dædala* à Platées en Béotie; cette description nous a été conservée par l'historien de l'Eglise Eusèbe [2]. Comme Plutarque était béotien lui-même, on peut l'en croire. Voici ce qu'il raconte :

Héra boudait Zeus, à cause de quelque différend survenu entre eux, et se tenait cachée dans la montagne. Alors un prince du pays suggéra une ruse au dieu pour reconquérir les bonnes grâces de son épouse Sur ses conseils, un chêne fut abattu et le tronc façonné en figure de femme , les anciens qualifiaient de *dædala* ces images de style rustique que l'on taillait ainsi dans le bois. Celle-ci fut revêtue des longs voiles d'une fiancée On prépara le bain nuptial, le banquet; l'air résonna du son des flûtes et du chant de l'hyménée. Héra, pensant que son époux allait convoler en de nouvelles noces, ne put contenir sa jalousie; elle descendit en courant du Cithéron, suivie des femmes de Platées. Bientôt, ayant découvert la ruse, elle marqua sa joie d'un éclat de rire [3] et voulut elle-même conduire la fiancée. Elle rendit des honneurs à la statue et, d'après elle, qualifia la fête de *Dædala*; mais peu après, sa jalousie s'étant réveillée, elle détruisit l'image par le feu

Pausanias dit en substance la même chose, mais ajoute quelques détails intéressants [4] La statue de bois, voilée, était posée sur un char attelé de bœufs; Héra s'approche du char,

1 [*Revue de l'Université de Bruxelles*, mai 1911, p. 585-502.]

2. Eusebe, *Præp Evang*, III, *init.*

3. Τοῦ πλάσματος φανεροῦ γενομένου, διαλλαγεῖσαν μετα χαρᾶς καὶ γέλωτος αὐτὴν νυμφαγωγεῖν· τιμὴν δὲ τῷ ξοάνῳ προσθεῖναι καὶ Δαίδαλα τὴν ἑορτὴν προσαγορεῦσαι, καταχαῦσαι δὲ ὅμως αὐτὸ, καίπερ ἄψυχον ὄν, ὑπὸ ζηλοτυπίας.

4 Pausanias, IX, 3 (edit Frazer, t V, p 19 sq.)

déchire les vêtements de la fiancée et reconnaît la fraude,
après quoi elle se réconcilie avec Zeus.

Nous avons ici évidemment, dissimulée sous une légende
explicative, la description d'un vieux rituel que l'on observait
encore en Béotie du temps de Plutarque. A un certain moment
de l'année, on plaçait sur un char attelé de bœufs une statue
de bois parée comme une fiancée ; le char s'ébranlait au milieu des chants et de la musique ; la prêtresse d'Héra, suivie
des femmes platéennes, descendait de la montagne vers le
char, écartait le voile de la statue, éclatait de rire, puis prenait elle-même la tête du cortège, probablement en montant
sur le char, et, la cérémonie terminée, brûlait ou faisait brûler
la statue.

De Zeus, dans ce rituel,, il n'est pas question ; c'est qu'il n'y
figurait pas. La mise en scène, que les anciens ne comprenaient plus, représente le retour à la vie d'une déesse
de la végétation. Elle est supposée absente, parce qu'elle
est irritée, exactement comme la Déméter d'Eleusis affligée
par l'enlèvement de sa fille[1]. A Platées, cette déesse
est nommé Héra ; dans le centre primitif du culte d'Héra, à
Argos, les épis sont appelés « fleurs d'Héra »[2], ce qui suffit à
prouver que la déesse personnifiait la fécondité du sol.
Lorsque la prêtresse, qui déchire le voile de la statue, éclate
de rire, c'est la déesse elle-même qui renaît subitement à la
vie. La combustion finale de la statue, image de la déesse endormie ou morte, est un rite dont on connaît de nombreux
exemples ; ainsi, en Sicile, dans le culte de Perséphone, on
promenait une image en bois de la déesse et on la brûlait le
quarantième jour[3].

Le mariage de la déesse et du dieu, ce que nous appelons,
d'après les Grecs, l'*hiérogamie*, était généralement le second
acte des drames sacrés qu'on célébrait pour servir d'exemple

---

1. Voir Frazer, *Golden Bough*, t. I, p. 277.

2. *Fragm. Hist. Graec.*, t. II, p. 30 ; Farnell, *Cults*, t. I, p. 179.

3. Firmicus Maternus, *De errore relig.*, 27 ; cf. Frazer, *ibid.*, t. I, p. 226, qui
cite beaucoup de cas où la promenade divine se termine par la combustion
ou l'immersion de l'image.

aux forces naturelles et en stimuler magiquement les éner-
gies. Ainsi, à Eleusis, l'hiérophante et la prêtresse accomplis-
saient, dans une retraite obscure, l'union du dieu et de la déesse
dont ils jouaient le rôle [1] A Athènes, la femme de l'archonte
roi épousait chaque année, à la fête des Anesthéries, le
prêtre de Dionysos, et Aristote désigne même l'édifice public
où se consommait leur mariage [2] Il est probable que le prêtre
de Zeus intervenait de même à Platées, au terme de la fête,
pour achever la réconciliation commencée sur la route ; mais,
dans les textes de Pausanias et de Plutarque, il n'en est pas
question. Ces auteurs se bornent à décrire le cortège nuptial
et la substitution, au cours de cette procession, d'une fiancée
pleine de vie à l'image de bois

Le trait sur lequel je veux insister est le rire de la prêtresse
qui, dans le rituel de Platées, représente Héra. Les anciens
expliquent ce rire par la joie enfantine que cause la découverte d'une plaisanterie innocente et par l'agréable émotion
d'une jalousie subitement dissipée, mais cette plaisanterie,
cette jalousie même sont autant de fictions des exégètes, non
moins que le second accès de jalousie d'Héra, s'acharnant
sur l'image et la faisant disparaître par le feu En réalité, le
rire de la déesse signifie ici le retour à la vie ; ne parlons-
nous pas, aujourd'hui encore, des premiers sourires du printemps ? Bien plus, un de nos poètes a parlé du rire, le sourire ne lui suffisant pas :

> Tandis qu'à leurs œuvres perverses
> Les hommes courent, haletants,
> Mars qui *rit*, malgré les averses,
> Prépare en secret le printemps...

dit Théophile Gautier. Le rire ne marque pas seulement la
vie, mais l'intensité, la plénitude de la vie ; c'est pourquoi
Homère parle du rire de la terre verdoyante [3] et aussi du rire

---

1. Asterius, 'Ἐγκώμιον, p 1136 ; cf Farnell, *Cults*, t. II, p 69.
2. Aristote, *Resp. Athen.*, III, 5 τῆς τοῦ βασιλέως γυναικὸς ἡ σύμμιξις
ἐνταῦθα γίνεται τῷ Διονύσῳ καὶ ὁ γάμος Cf [Dem], c *Neaer* , c 75, p. 1371.
Voir Frazer, *Golden Bough*, t I, p 229.
3 Homère, *Iliade*, XIX, 362

inextinguible des dieux, ἄσϐεστος γέλως[1]. A la différence du
pauvre rire des hommes, témoignage d'une vitalité précaire
et inférieure, le rire des dieux ne semble pas devoir finir.

On racontait que Caligula avait voulu faire transporter à
Rome le Zeus de Phidias conservé à Olympie ; déjà les écha-
faudages, les machines étaient dressés lorsque la statue éclata d'un tel rire (*tantum cachinnum repente edidit*) que les ou-
vriers épouvantés prirent la fuite[2]. Ce rire de Zeus n'était pas
motivé par la tentative sacrilège de Caligula, qui n'avait, à
la vérité, rien de comique ; c'était l'affirmation solennelle, la
manifestation bruyante de la présence du dieu, de ce dieu que
Paul Émile, entrant autrefois dans le temple d'Olympie, avait
cru voir en personne à l'aspect du chef-d'œuvre de Phidias[3].
Les Grecs d'Olympie, qui imaginèrent l'historiette recueillie
par Suétone, en racontaient sans doute beaucoup d'autres du
même genre ; il y a des exemples, dans l'antiquité, de statues qui pleurent et qui suent[4] ; il devait y en avoir autant de
statues qui rient.

Dans un papyrus alchimique conservé à Leyde et datant du
iiie siècle de notre ère, on lit un récit où la création et la naissance même du monde sont attribués au rire divin[5]. « Dieu
ayant ri, naquirent les sept dieux qui gouvernent le monde...
Lorsqu'il eut éclaté de rire, la lumière parut... Il éclata
de rire pour la seconde fois : tout était eaux. Au troisième
éclat de rire apparut Hermès..; au cinquième, le Destin ; au septième, l'âme. » Cette conception n'est pas isolée dans l'antiquité. Proclus cite des vers d'un poète qu'il
qualifie de *théologien*, c'est-à-dire de pythagoricien ou d'or-
phique, attribuant la naissance des dieux au rire de la divinité souveraine et la naissance des homme à ses larmes[6].
Comme nous savons par Hérodote, bien informé de ces ma-

1. *Iliade*, I, 599 ; *Odyssée*, VIII, 327.
2. Suétone, *Caligula*, c. 57.
3. Tite Live, XLV, 28 ; *Jovem velut praesentem intuens.*
4. *Et mœstum illacrimat templis ebur, æraque sudant* (Virg., *Georg.*, I, 480)
cf. Ovide, *Metam.*, XV, 792.
5. Berthelot, *Introduction à l'étude de la Chimie*, p. 19.
6. Abel, *Orphica*, fragm. 236 ; Lobeck, *Aglaophamus*, p. 890.

tières si obscures pour nous, que les opinions des pythagoriciens, des orphiques et des initiés aux mystères de Dionysos
étaient fort semblables à celles des Égyptiens[1], il n'est pas
étonnant de trouver la même idée en Égypte et dans l'hymne
grec au Soleil cité par Proclus. On a d'autres exemples, plus
nombreux, de la puissance des larmes divines : ainsi les
larmes d'Isis, pleurant son époux, provoquaient la crue an-
nuelle du Nil[2]; les pythagoriciens disaient que la mer était
une larme de Kronos[3]; Prométhée, en façonnant les hommes
avec de l'argile, l'aurait humectée, non avec de l'eau, mais avec
ses larmes[4]. Aujourd'hui encore, comme le faisait observer
Lobeck, un excellent vin des environs de Naples s'appelle
Lacryma Christi; il aurait pu ajouter que deux larmes du Sauveur, conservées dans les abbayes de Selincourt et de Vendôme, ont opéré, aux siècles passés, de nombreux miracles[5].
On peut constater ainsi, à travers les âges, le caractère magique et théurgique attribué au rire et aux larmes des dieux.
Il est singulier qu'on en trouve une trace jusque dans la Bible
japonaise, le *Kojiki*, où il est question d'un dieu naissant
des larmes du dieu Izenaghi, affligé de la mort de sa mère
qu'a brûlée par imprudence le dieu du feu[6].

Les dieux, ayant formé les hommes à leur image — nous
savons qu'en vérité c'est juste le contraire — leur ont donné
la précieuse faculté de rire; les anciens avaient remarqué
que, seuls de tous les animaux, les hommes rient et que le
rire est « le propre de l'homme[7] ». Mais l'enfant, suivant
Aristote, ne rit à l'état de veille que le quarantième jour
après sa naissance[8]; c'est comme une prise de possession

1. Hérodote, II, 81.
2. Pausanias, X, 32.
3. Plutarque, *De Iside*, c. 32.
4. Esope, ap. Niceph. Greg., *Hist. Byz.*, XVI, 4, p. 515 (cf. Lobeck, *ibid.*,
p. 891, qui cite d'autres exemples). Voir aussi *Mélusine*, II, p. 200.
5. Voir l'article *Larme* dans la *Topobibliographie* de l'abbé Chevalier.
6. Revon, *Anthologie de la littérature japonaise*, p. 39. Je dois cette indication à M. Marcel Hébert.
7. Aristote, éd. Didot, t. III, p. 269, 7 et 31.
8. *Ibid.*, t. III, p. 144, 4; cf. Censorinus, *De die natali*, II, 7 (d'après Varron);
Pline, *Hist. nat.*, VII, 3.

formelle de la vie. Cet intervalle de quarante jours constituait, dans l'opinion des Grecs, une période critique de la
vie humaine à ses débuts[1]. La longue épreuve subie par la
mère comprenait sept de ces périodes de quarante jours, soit
deux cent quatre-vingts jours, soit neuf mois de trente jours,
plus dix jours. Après la première, l'enfant vit; il vient au
monde après la septième; il rit après la huitième, qui marque
également, pour la mère, la fin d'un état où le contact des
choses sacrées lui est interdit. Il est vrai que la science
grecque et la législation romaine admettaient aussi des
grossesses de dix mois[2]; mais on convenait, comme d'une
vérité d'expérience, que celles de neuf mois sont les plus
ordinaires. Lors donc que Virgile écrit, dans sa quatrième
églogue :

> *Incipe, parve puer, risu cognoscere matrem ;*
> *Matri longa decem tulerunt fastidia menses...*
> Commence, jeune enfant, à sourire à ta mère ;
> Elle a souffert pour toi dix longs mois de misère...

on peut se demander pourquoi il a choisi le mot *decem*, au
lieu de *novem*, dont la quantité convenait aussi. C'est, dit
un vieux scoliaste[3], parce qu'il s'agissait d'un fils et que les
garçons naissent au dixième mois, les filles au neuvième. On
ne s'arrêtera pas à réfuter cette ineptie, imaginée pour les
besoins de la cause. Virgile invite l'enfant à saluer sa mère
d'un premier sourire (*incipe... cognoscere*); d'accord avec le
savant Varron, il place le phénomène au quarantième jour
après la naissance, c'est-à-dire au trois cent et dixième jour
après le début de l'épreuve, ce qui fait dix mois bien comptés
d'ennuis, de *fastidia*. Cette explication du chiffre *decem* me
paraît évidente ; mais je ne vois pas que les commentateurs
de Virgile s'en soient encore avisés[4].

1. Voir W. Roscher, *Die Tessarakontaden*, Leipzig 1909, p. 22.
2. Aulugelle, *Noctes atticae*, III, 16.
3. Servius, éd. Thilo, p. 53.
4. Un an après la publication de mon mémoire, qu'il ignorait, la lecture de
celui de M. Roscher sur les *Tessaracontades* a suggéré la même explication à

La loi commune de notre espèce, c'est que l'enfant vagit
et pleure en venant au monde et que le sens de la joie ne se
manifeste en lui qu'au quarantième jour[1]. Un seul homme,
disait Pline[2], copié par Solin, rit en naissant : ce fut le sage
Zoroastre. Virgile, selon Suétone, ne vagit point en naissant
et son visage de nouveau-né avait une expression très douce[3] ;
mais on n'allait pas jusqu'à prétendre qu'il eût ri.

Quelques commentateurs de Virgile, croyant que le poète
s'adressait à un enfant nouveau-né, inventèrent une histoire
dont on trouve l'écho dans une scholie de Servius[4]. L'enfant
mystérieux, annoncé dans la quatrième églogue, aurait été
Saloninus, fils d'Asinius Pollion ; il rit en naissant, ce qui
fut considéré comme un mauvais présage, et, en effet, il
mourut presque aussitôt. Si cette anecdote avait été connue
de Pline et de Solin, ils n'auraient pas dit que Zoroastre eût
été le seul à rire en naissant. Du fait qu'elle est postérieure
au premier siècle de l'Empire, on peut conclure qu'elle est
sans autorité.

Un autre exemple du rire rituel est fourni, je crois, par
l'épisode de Baubo, dont le nom, suivant Empédocle, signifiait le sein maternel[5]. Déméter, errante et désolée à la suite
de la disparition de sa fille, refusant toute boisson et toute
nourriture, est tirée soudain de sa tristesse, dont la nature
entière subit le contre-coup, par le geste impudent d'une
aubergiste d'Eleusis, la nommée Baubo. Ayant ri, elle accepte
de boire le cycéon, breuvage magique dont les anciens ont
diversement indiqué la composition, prescrite par la déesse
elle-même, et que les initiés aux mystères d'Eleusis buvaient

M. l'abbé Lejay (*Revue de Philologie*, janvier 1912, p. 5 et suiv.); averti par
moi, il a loyalement reconnu que j'avais vu la vérité avant lui (*ibid.*, p. 133).
  1. Solin, t. I, 72 (éd. Mommsen, p. 21) : *Laetitiae sensus differtur in
quadragesimum diem.*
  2. Pline, *Hist. nat.*, VII, 15, 72.
  3. Suétone, *Virg.*, 4 : *Adeo miti vultu fuisse...*
  4. Servius, *ad. Bucol.*, IV, 1.
  5. Κοιλία, Hesychius, *s. v.*; cf. Crusius, *Untersuchungen zu Herondas*,
p. 129. La preuve qu'il s'agit bien de κοιλία = *venter* est fournie par l'histoire
de la Lacédémonienne dans Plutarque (*Mor.*, p. 241 *b*) : ἀνασυραμένη καὶ
ἐπιδείξασα τὴν κοιλίαν.

à leur tour, en rompant le jeûne, comme pour en recevoir une nouvelle vie[1].

L'histoire de Déméter à Eleusis ayant été calquée sur les rites des mystères pour les expliquer, bien loin qu'elle puisse en être l'origine, on est fondé à croire, puisque les mystes buvaient le cycéon au sortir d'un jeûne, que l'absorption de ce liquide régénérateur était précédée d'un éclat de rire, motivé par quelque exhibition analogue à celle qui avait réussi à dérider la déesse. Dans l'hymne homérique à Déméter, cet épisode est atténué par l'esprit de discrétion et d'euphémisme qui caractérise toute cette littérature déjà courtoise et savante ; mais ce sont encore les bouffonneries non spécifiées d'une femme (appelée *Iambé* par Homère) qui arrachent un éclat de rire à la déesse. Les polémistes chrétiens des premiers siècles se sont fort scandalisés de cette histoire, dont ils ont fait un reproche sanglant au paganisme, oubliant qu'il en est d'aussi fâcheuses dans l'Ancien Testament et qu'une religion qui dure et se transforme ne saurait être rendue responsable de quelques survivances grossières d'un lointain passé. Ici encore, on est bien surpris de trouver quelque chose d'analogue dans le *Kojiki* ou « livre des choses anciennes », publié au Japon, d'après de vieilles traditions orales, en 712. Au milieu du désordre produit par les ravages du dieu des tempêtes, la « femme terrible du ciel » relève le cordon de son vêtement jusqu'au-dessus de sa ceinture; alors « les 800 myriades de dieux rient en même temps ». Cette curieuse analogie m'a été obligeamment signalée par M. Marcel Hébert[2].

Nous connaissons aujourd'hui, grâce à une découverte de M. le professeur Diels, le type plastique attribué par l'art grec à Baubo[3]. Ce n'est pas, comme on le répétait depuis Millingen[4], une femme nue assise sur un porc, par la raison

---

1. Voir l'article *Cycéon* de Fr. Lenormant, dans le *Dictionnaire des antiquités* de Saglio.

2. D'après Revon, *Anthologie de la littérature japonaise*, p. 34, auquel ce rapprochement a échappé.

3. Diels, *Arcana cerealia* (cf. *Rev. archéol.*, 1907, t. II, p. 166 et Per Jrizet, *Bronzes Fouquet*, p. 42).

4. Voir l'article *Baubo*, de Fr. Lenormant, dans le *Dictionnaire des antiquités.*

que les statuettes de ce genre, assez nombreuses, ne montrent jamais de vêtements retroussés. Des figures en terre cuite trouvées à Priène nous ont révélé la vraie Baubo, sous l'aspect d'une femme sans poitrine et sans tête, ainsi formée qu'à la surface du ventre découvert est modelée une tête dont la draperie retroussée forme la chevelure (fig 1) Le geste de Baubo, qui viole un des *tabous* sur lesquels repose la société humaine, doit être expliqué comme un acte magique, un exorcisme, destiné à mettre en fuite le mauvais démon dont est possédée Déméter Plutarque attribue le même geste à des femmes lyciennes, qui, menacées tout ensemble par Bellérophon et par un raz de marée, chassèrent à la fois, en se dévoilant, l'envahisseur et le fléau naturel · héros et flots reculèrent épouvantés[1]. L'antiquité nous a conservé deux histoires analogues[2] ; mais il est plus intéressant encore d'en rencontrer deux autres dans la littérature épique de l'Irlande. Les femmes de la cour du roi Conchobar se dévoilent pour

Fig 1. — Terre cuite de Priène

arrêter la fureur de Cuchulainn , le héros irlandais recule aussi devant une vieille nourrice qui se défend par le même prestige. M. d'Arbois a très justement rappelé, à ce propos, l'histoire de Bellérophon et des femmes lyciennes[3].

1. Plutarque, *De mulierum virtutibus*, p 248.

2 Dans Plutarque (*Moralia*, p. 241 *b*), il s'agit d'une Lacédémonienne, qui, voyant son fils revenir du combat, lui montre son ventre et lui demande s'il veut y chercher refuge. Justin (I, 6, 3) rapporte que les femmes perses, lorsque l'armée de Cyrus lâcha pied, coururent vers les soldats et les exhortèrent de la même façon *cunctantibus, sublatâ veste, obscœna corporis ostendunt, rogantes num in uteros matrum vel uxorum velint refugere Hac repressi castigatione, in prælium redeunt* Plutarque et Justin ont altéré pareillement les légendes dont ils se sont faits l'écho , ils les ont *laïcisées* en éliminant l'élément magique Lacédémonienne et Perses ont voulu, par un geste de détresse suprême, exorciser les démons de la peur, les beaux discours qu'on leur attribue sont incompatibles avec un acte aussi primitif. Le même geste sert à exorciser le Diable, cf l'histoire du diable de Papefiguière (Contes de La Fontaine) et une note du *Musée de Ravestein* (Bruxelles, 1882), t III, p. 404

3 *Revue celtique*, t. XVI, p. 244. D'Arbois reprochait à Zimmer d'avoir adopté une version tardive du Taïn Bo' Cuailnge, où il est question de femmes qui se retroussent, au lieu que, dans la version plus ancienne, elles se contentent de montrer leur poitrine, comme les Gauloises de Gergovie implo-

Comme nous ne croyons plus aux exorcismes, ni à la
possibilité d'expulser les démons par des gestes, fussent-ils
inconvenants, nous devons nous demander pourquoi le
même geste, dans des histoires d'une très haute antiquité,
provoque tantôt le rire et tantôt la fuite. J'explique cela par
la conception même du *tabou* intentionnellement violé. Cette
violation produit un choc — nous disons encore qu'un
pareil acte est *choquant* — et, sans vouloir trop presser la
métaphore, j'admets que ce choc peut déterminer soit un
vif mouvement de répulsion, né d'une crainte religieuse[1],
soit une protestation instantanée, un rétablissement de
l'équilibre rompu, un redressement mental de la faute
commise, qui sont parmi les causes psychologiques les mieux
avérées du rire. On rit au théâtre quand un homme cherche
son chapeau qu'il a sur la tête, quand un personnage fait
une erreur énorme de géographie ou d'histoire, ou encore
lorsqu'il compte de travers : 6 et 3 font 8, 8 et 5 font 16, etc.
Il n'y a pas une explication unique du rire, mais il est certain que le rire implique souvent et résume une censure,
qu'il est le rappel brusque au bon sens, à la vérité, à la
coutume reçue[2]. Aujourd'hui même, alors que le scrupule
religieux n'intervient plus pour appuyer la règle, il y a des
plaisanteries grivoises qui font éclater de rire les uns et
donnent aux autres l'envie de prendre la porte. Or, ce que

rant la pitié des Romains (César, *Bell. Gall.*, VII, 47, 5). Mais Zimmer avait
raison ; la version récente (celle du livre de Leinster) doit mettre en œuvre
une rédaction plus ancienne et plus authentique. L'auteur chrétien d'un remaniement n'aurait jamais imaginé ce détail.

1. Il est dangereux, *magiquement* dangereux, pour un homme, de voir la
nudité d'une femme, à moins que le péril n'ait été écarté par une cérémonie
préliminaire ; on se rappelle les mythes d'Actéon et de Tiresias (cf. S. Reinach
Cultes, t. III, p. 28).

2. Accessoirement, on peut remarquer que les *tabous* sexuels ont pour
objet de réfréner la vitalité sous sa forme la plus puissante ; cela explique que
la violation d'un de ces *tabous* déchaîne, si l'on peut dire, la vitalité, dont le
rire est une manifestation. Sarcey me demandait un jour — il s'occupait volontiers des causes du rire — pourquoi une femme faisait rire, à la fin d'un dîner,
quand elle se dévoilait d'une certaine manière (il s'exprimait en termes bien
plus réalistes) ; confus d'un pareil propos, je ne sus pas lui répondre alors,
mais je crois que je répondrais aujourd'hui.

nous appelons des plaisanteries ou des goujateries étaient
autrefois des sacrilèges, des blasphèmes, des occasions de
péril mortel On comprend aussi bien, à la réflexion, Déméter
qui rit que Bellérophon qui fuit.

Aux Thesmophories, aux Haloa et dans d'autres fêtes, les
femmes grecques se lançaient les pires injures et les accompagnaient de gestes non moins outrageants[1]. C'était, pensaient quelques auteurs, en mémoire de l'aventure de
Déméter[2]. Evidemmment non ; cette aventure reflète un
état de choses beaucoup plus ancien, qui a laissé sa marque
non seulement dans certaines fêtes, mais dans le rituel de
certains mystères. Hérodote mentionne des usages analogues
aux fêtes de Bubastis en Egypte[3]; chaque fois que les
femmes, qui célébraient la fête sur le Nil, abordaient dans
un village, elles injuriaient les femmes de l'endroit et
retroussaient leurs robes Deux textes, à la vérité de basse
époque, donnent à croire que l'exhibition, attribuée par la
légende à Baubo, faisait partie du *scenario* des mystères[4].
Cet oubli de la pudeur féminine, tant dans les paroles que
dans les gestes, se retrouve même aujourd'hui chez un
grand nombre de peuples, dans les réjouissances qui
accompagnent la moisson ou la vendange; c'est l'équivalent des *opprobria rustica* dont parle Horace[5], des *probra
obscenaque dicta* dont parle Ovide[6]. De notre temps, sans
doute, où tout s'est laïcisé ou se laïcise, même l'obscénité,
de pareils usages ne sont que des indécences, comme les
injures qui les accompagnent, ce que nous appelons les

1 Cet échange d'injures s'appelle αἰσχρολογία, voir Farnell, *Cults*, t. III,
p. 104

2 Apollodore, I, 5, 1; Diodore, V, 4

3 Hérodote, II, 60, cf. Wiedemann, *Herodots zweites Buch*. p 256.

4 Psellus, *De dæmonibus*, 3 (cité par Harrison, *Proleg.*, p 569) : ἐφ' οἷς
ἡ Βαυβὼ τοὺς μηροὺς ἀνασυρομένη καὶ ὁ γυναικεῖος κτείς καὶ οὕτως ἐν αἰσχρῷ
τὴν τελετὴν καταλύουσι — Théodoret, *Therap*, III, 84 : τὸν κτένα τὸν γυναικεῖον
τοῖς Θεσμοφορίοις παρὰ τῶν τετελεσμένων γυναικῶν τιμῆς ἀξιούμενον

5 Horace, *Epist.*, II, 1, p. 146.

6. Ovide, *Fastes*, III, p 675-676 On ajouterait facilement des exemples
d'exhibitons phalliques ayant pour objet de chasser les esprits (cf. *Mélusine*,
t. III, p. 285)

gros mots; mais il fut un temps où le *gros mot* était un *mot redoutable*, un mot magique, l'équivalent d'un envoûtement, et où les gestes inconvenants, permis à certains jours, sévèrement interdits à l'ordinaire, avaient également un caractère magique et rituel. Il s'agissait à la fois de mettre en fuite les mauvais esprits et de ranimer, par l'exemple d'une gaîté exubérante, les forces endormies de la nature. Au fait, le but poursuivi était le même, car si la nature semblait endormie ou déprimée, c'est qu'elle était possédée d'un esprit malin, d'un génie malfaisant, comme la Déméter attristée et silencieuse qui promenait son chagrin stérile à Eleusis. Je n'entends pas affirmer d'ailleurs que les injures et les gestes injurieux n'aient été employés que pour mettre en fuite les esprits qu'une communauté entière avait lieu de redouter et de bannir. Lorsque les héros d'Homère s'injurient avant de se battre, leurs paroles ont encore une puissance magique; mais elle est dirigée, comme le serait un enchantement, contre la force physique et morale de l'adversaire. *Injure*, en grec, se disant *hybris*, il y aurait lieu de créer une science de l'*hybristique*; même dans le vocabulaire le plus épicé des rustres ou des apaches de nos jours, on trouverait des traces de la vieille conception magique qui semble avoir coloré, à l'origine, tous les actes humains[1].

En résumé, l'histoire de Baubo implique un rituel analogue à celui qui se dégage du récit de la fable des *Dædala* à Platées. La prêtresse, représentant la déesse affligée, dont la nature partage la tristesse, éclate de rire à l'aspect d'une femme qui viole un *tabou*; ce rire rituel marque la renaissance de la déesse et celle des forces végétales qu'elle per-

---

1. M. Gaidoz écrivait dès 1878 (*Essai sur les inscriptions latines de l'Irlande*, p. 126, note 1), à propos des incantations des sorciers irlandais : « Par exemple celle qui consiste à se retourner et à montrer à son ennemi la partie la moins noble de son corps. Les gens mal élevés ont conservé cette pratique comme insulte grossière, sans se douter qu'à l'origine ce fut une incantation ». Cf. *Mélusine*, t. II, p. 185 où il est aussi question d'un rite des marins italiens qui, luttant contre un vent contraire, croient le faire changer en lui montrant le bas de leur dos.

sonnifie. Telle était sans doute la formule plus simple de la légende, que les poètes orphiques avaient recueillie ; dans l'hymne homérique, elle est déjà voilée, mais ceux qui entendaient réciter cet hymne la connaissaient Même après avoir ri d'Iambé, la Déméter d'Homère refuse de rendre la fécondité aux champs, jusqu'à ce que l'intervention de Zeus lui ait permis de revoir sa fille C'est qu'il s'agit d'expliquer, par un motif humain, la tristesse de la déesse ; nous ne sommes déjà plus à l'époque primitive où cette tristesse se conçoit sans qu'on en allègue de motif, parce qu'elle est celle de la nature pendant l'hiver.

Les cérémonies d'initiation dans l'antre de Trophonios à Lébadée comportaient un simulacre de mort et une résurection manifestée par le rire[1] L'initié, porté par les prêtres, sort de l'antre les pieds en avant ; on le remet à ses amis et « plus tard, dit Pausanias, il recouvre la raison et le rire comme auparavant. » Suivant d'autres, ceux qui avaient visité l'antre de Trophonios ne riaient plus, à cause des terreurs qu'ils avaient éprouvées dans ce lieu ; Athénée raconte l'histoire d'un homme qui avait ainsi perdu la faculté de rire et qui la recouvra, dans l'île de Délos, à la vue d'une grossière image en bois de Latone[2]

Voici une preuve encore que le rire rituel signifie le retour à la vie et le commencement d'une vie nouvelle A la fête romaine des Lupercales, le prêtre, après avoir sacrifié des chèvres, touchait, avec son couteau ensanglanté, le front de deux jeunes gens ; puis il essuyait le sang avec de la laine imbibée de lait — le breuvage de l'enfance — et les jeunes gens devaient éclater de rire, bien qu'ils n'en eussent sans doute pas envie[1] On admet généralement que ce rite est l'atténuation d'un ancien sacrifice humain ; mais étant donnée la place très grande qu'occupent, dans les cultes primitifs, la simulation et la mascarade, je ne vois point

1 Pausanias, IX, 39 . ὕστερον μέντοι τά τε ἄλλα οὐδὲν τι φρονήσει μείον ἢ πρότερον καὶ γέλως ἐπάνεισιν οἱ

2 Athénée, XIV, p 614, cf Frazer, *Pausanias*, t. V, p 204.

3 Plutarque, *Rom.*, c 21 , cf Schwegler, *Rom Gesch.*, t I, p. 363

nécessité d'admettre qu'il y ait eu là substitution. Le prêtre
fait semblant de sacrifier les jeunes gens et ceux-ci font semblant de renaître à une vie meilleure, après le sacrifice, en
éclatant de rire. Ces simulacres de renaissance, succédant à
un simulacre d'immolation, sont très fréquents dans les
rites d'initiation de l'Afrique centrale[1]. Les jeunes gens initiés par le Luperque romain sont des *rieurs*. Ceci nous
rappelle l'histoire d'une autre victime désignée qui échappe
aussi au couteau du sacrifice et qui porte précisément le
nom de *rieur* : c'est Isaac, fils d'Abraham. Les Hébreux
savaient fort bien que Yishak signifie « celui qui rit »; mais
ils expliquaient le nom du fils d'Abraham par des légendes
contradictoires[2]. La plus connue[3] nous montre la vieille
Sarah riant sous cape quand un ange vient annoncer à
Abraham que cette octogénaire doit lui donner un fils. Les
modernes se sont imaginés qu'Yishak était une forme
réduite du nom théophore *Ishakel*, signifiant « Dieu rit » et
ont parlé, à ce propos du rire du soleil dans un ciel d'été.
L'analogie avec l'histoire des *rieurs* aux Lupercales semble
fournir une bien meilleure explication, bien qu'il ne soit
pas question du rire d'Isaac dans l'histoire du sacrifice inter-
rompu d'Abraham[4]. Mais, dans le récit biblique, comme
dans l'hymne homérique à Déméter, il faut voir le remaniement tardif et déjà savant d'une légende primitive qu'on
peut essayer de restituer par conjecture, tant en élaguant
qu'en ajoutant. Assurément, un pareil procédé est un peu
arbitraire et il est facile d'en abuser : mais Renan n'a-t-il
pas dit que l'histoire est une science conjecturale ? Faut-il
interdire la conjecture à l'historien ? Ceux qui le pensent

---

1. Frazer, *Golden Bough*, t. III, p. 422 sq.
2. Il y en a trois dans la *Genèse* (voir Reuss, *La Bible*, t. IV, p. 366) : rire
d'Abraham (XVII, 17); rire de Sarah (XVIII, 12); rire des gens qui trouvent
plaisant que la vieille Sarah devienne mère (XX, 6).
3. *Genèse*, XVIII, 2.
4. *Genèse*, XXII, 1-13. On a déjà tenté d'expliquer le nom d'Isaac par le rire
douloureux des victimes offertes à Moloch et on a rappelé, à ce propos, le
rire *sardonique* (Drews, *Die Christusmythe*, Iéna, 1910, d'après Ghillany).
Mais comme Isaac a la vie sauve, ce rapprochement est a rejeter.

peuvent s'appliquer à la chronologie, à l'histoire diploma-
tique ou militaire, à l'étude des faits économiques, mais le
domaine de l'histoire religieuse leur est interdit.

Lorsque le sacrifice devait être consommé, lorsque la
victime devait vraiment mourir, le rire rituel pouvait exprimer sa conviction et celle des fidèles que cette mort consen-
tie n'était que la naissance à une vie nouvelle :

> Et cet heureux trépas, des faibles redouté,
> N'est qu'un enfantement à l'immortalité[1].

Chez certains peuples qui, à la différence des Grecs,
croyaient fermement à la vie future, on voyait des victimes
mourir de la sorte avec tous les signes extérieurs de la joie.
Ainsi les vieillards, que leurs enfants immolaient en Sardaigne, riaient au lieu de pleurer[2]; on expliquait même par
là le *rire sardonique*[3], dont le savant italien Ettore Pais a
voulu faire le rire *sandonique*, à cause du rire forcé des victimes sacrifiées au dieu lydien Sandon[4] En réalité, je crois
que l'adjectif σαρδόνιος ou σαρδάνιος, épithète de γέλως, n'a rien
à voir ni avec la Sardaigne ni avec Sandon ; il dérive d'un
adverbe σάρδην, dont nous n'avons, il est vrai, pas d'exemple,
mais qui est à σαίρω, rire en montrant les dents[5], comme
ἄρδην est à αἴρω. Le rire de ceux qui mouraient de mort
violente n'est pas seulement attesté par la fausse étymologie
du rire sardonique. Les femmes thraces se disputaient à qui
mourrait gaiement sur la tombe d'un époux défunt[6] A Céos
et chez les Troglodytes de Libye, les vieillards se tuaient de
bon cœur, προθύμως[7]. On sait que depuis le brahmane Cala-

---

1 Lamartine, *La Mort de Socrate*

2. Timée, dans les *Fragm. hist. graec*, t I, p. 199.

3 Suivant Clitarque, les enfants des Carthaginois brûlés entre les bras de
la statue de Kronos, se livraient à des contorsions qui donnaient l'illusion du
rire (Suidas, σαρδ γέλως)

4 Pais, *Atti dei Lincei*, 1880, p 54 et suiv

5 Goncourt dit de Marie-Joseph Chénier : « Sarcastique plus que méchant,
montrant les dents pour mieux rire » (*La Société française pendant le Direc-
toire*, p. 203)

6 Hérodote, V, 4, 5

7 Elien, *Var Hist.*, III, 37 ; Diodore, III, 33, 2

nus jusqu'à nos jours. des milliers d'Indous et d'Indoues ont monté en souriant sur le bûcher; au xviie siècle, le voyageur italien Pietro della Valle signale expressément le rire d'une veuve sur le point de subir volontairement le supplice du feu : « *Stava di buonissima voglia ragionando e ridendo in conversazione, come avrebbe fatto nei nostri paesi una sposa*[1] ». A défaut de la victime, qui peut se refuser à rire, la nature étant parfois plus forte que le rituel, les assistants remplissent cet office et rient pour elle. Les Sardes riaient en sacrifiant leurs vieillards[2]; les Troglodytes, en lapidant leurs morts[3]; les Phéniciens, quand on immolait leurs enfants[4]; les Thraces, quand l'un d'eux venait à mourir[5]. Les anciens ont expliqué ces bizarreries de deux façons : tantôt ils ont allégué que la victime devait sembler consentante, pour ne pas vicier le sacrifice[6]; tantôt ils ont attribué aux survivants l'idée philosophique que la vie est un mal et la mort un bien, ajoutant que la naissance d'un enfant était saluée, chez les Thraces, par des lamentations, non par des réjouissances[7].

Si ce dernier fait était avéré, il comporterait. à mon avis, une explication différente : le désir d'écarter le malheur par une manifestation anticipée du deuil, une sorte de vaccination préventive. Un peuple qui aurait considéré sérieusement la vie comme un mal n'aurait pas résisté pendant trois générations à la lutte pour la vie. Mais il est plus vraisemblable que cette histoire a été imaginée pour faire pendant à celle de la joie rituelle que parents et amis, chez les Thraces, étaient tenus de manifester autour du mort, joie forcée et toute religieuse, à laquelle la philosophie, cette tard-venue,

1. Cité par Pais, *l. c.*, p. 64.
2. Timée, *l. c.*
3. Strabon, XVI, p. 776.
4. Démon, dans les *Frag. hist. græc.*, t. 1. p. 380.
5. Méla, II, 2.
6. *Ne flebitis hostia immolaretur* (Minucius Felix, *Octav.*, 30). L'idée que la victime doit être consentante est très répandue dans l'antiquité grecque (Iphigénie, Ménécée, Macarée).
7. Hérodote, V, 4; Méla, II, 2. Cf. Perdrizet, *Cultes du Pangée*, 1910, p. 100.

est naturellement étrangère, mais dont elle devait un jour s'inspirer On rit et l'on se réjouit parce que les manifestations de gaîté doivent faciliter au défunt, comme à la victime consentante d'un sacrifice, le passage à la vie nouvelle où la souffrance et la tristesse sont inconnues. Ces manifestations ont donc un caractère magique, puisqu'elle sont censées exercer leur action à distance dans un domaine où les forces physiques des hommes ne peuvent accéder.

Le rire d'une personne prête à mourir serait aujourd'hui qualifié de « nerveux » et l'on y verrait plus volontiers une grimace douloureuse, suivant l'opinion des Grecs parlant des victimes du dieu phénicien, que l'expression de la joie de revivre ou le geste rituel qui doit assurer la renaissance Cette explication peut valoir pour des individus; mais elle ne suffit pas quand il s'agit d'usages aussi généraux que ceux des Thraces et des Indous Or, ces usages sont parfaitement établis; ce ne sont pas les seuls qui nous paraissent énigmatiques, sans qu'il y ait lieu pourtant de les contester. L'Indou qui monte volontairement sur le bûcher pose à notre sensibilité, comme à celle des anciens, un problème en apparence insoluble; nous ne sommes pas moins obligés d'y croire. Le plus étonnant, ce n'est pas qu'on rie en mourant, mais que l'on consente allègrement à mourir

Pourtant, en dernière analyse, c'est à la nature humaine qu'il faut faire appel. La constitution physique de l'homme et l'essence de sa psychologie, qui en dépend, sont antérieures même aux plus anciens rites. Quand ces rites paraissent à l'état d'usages établis, l'historien des religions en discerne la portée magique; il ne cherche à les interpréter ni par notre philosophie raffinée, ni par la connaissance que nous possédons des phénomènes naturels Mais lorsqu'il s'agit de découvrir l'*origine* d'une émotion devenue un rite, d'expliquer *pourquoi* tel rite a prévalu au lieu de tel autre, la physiologie et la psychologie peuvent être d'un grand secours, car elles seules nous révèlent l'homme vraiment primitif, le *substratum* de l'homme religieux dont s'occupe l'histoire Or, il est certain que les phénomènes nerveux jouent un grand rôle dans le rire, en particulier dans le rire de ceux qui, s'étant crus perdus, échappent subitement à la mort. Ils reprennent ainsi possession de la vie après une cruelle angoisse et la détente de leurs nerfs se traduit par une apparence d'hilarité.

Dans les tremblements de terre, dans les catastrophes de chemins de fer, on a vu bien des fois les survivants fuir dans la campagne en poussant de grands éclats de rire[1]. Comme des effets analogues ont dû être observés de tout temps, il est probable qu'ils ont contribué à la croyance, d'ailleurs légitime, que le rire est une exaltation de la vie ou le signe d'une vie renouvelée. Ainsi le rire rituel et commandé des enfants romains aux Lupercales n'est peut-être que l'imitation et le souvenir d'un rire spontané.

Je veux citer deux exemples mémorables de ce rire nerveux, non pas rituel, mais physiologique, saluant la vie retrouvée, la vie sauve. Le 24 mai 1431, au cimetière de Saint-Ouen à Rouen, lorsque Jeanne d'Arc, en présence du bûcher qui l'attendait, consentit à prononcer une abjuration, on remarqua qu'elle riait en répétant les mots de l'huissier, ce qui fit dire à plusieurs assistants que son abjuration n'était pas sérieuse, que c'était une farce (*truffa*)[2]. Anatole France s'est demandé à ce propos si la raison de Jeanne avait sombré dans les affres du procès, ou si, au contraire, dans son bon sens, elle se moquait des clercs de Rouen[3]. Ce n'est ni l'un ni l'autre : elle n'était ni folle ni voltairienne ; Jeanne riait parce qu'elle passait brusquement de la terreur des flammes à la douceur de vivre, de la mort anticipée au salut.

L'autre exemple est tout récent : c'est celui d'un des treize mineurs *rescapés* de Courrières, enfermés pendant vingt jours

---

1. Sur les formes spasmodiques du rire, voir James Sully, *Essai sur le rire*, trad. franç., p. 61. Il cite ce mot d'Herbert Spencer : « Le rire est un dégagement d'énergie nerveuse mise soudain en liberté » et ajoute : « Le poids mort de la crainte, l'angoisse et la douleur, l'effet paralysant de la gêne, semblent disparaître au moment où parvient à se faire entendre ce *rire formidable*. » (p. 64-65).

2. *Procès*, t. II, p. 338 ; t. III, p. 55, 143, 157 : *Ridendo pronuntiabat aliqua verba dictæ abjurationis*) (II, 338) ; *plures dicebant quod non erat nisi truffa et quod non faciebat nisi deridere* (III, 55).

3. A. France, *Jeanne d'Arc*, t. II, p. 368.

dans un trou, à plus de 300 mètres de profondeur, sans nourriture, sans lumière, sans espoir, et sauvés enfin par leurs héroïques compagnons. « L'un d'eux, écrit un témoin oculaire [1], se met à rire, mais d'un rire effrayant, lugubre. Ce fantôme gai s'appelle Némy ». Dans la classification des formes du rire, je demande qu'on fasse une place au *rire des rescapés*.

En lui-même, le rire n'est pas plus rituel que la génuflexion ou l'acte de joindre les mains ; mais, comme ces actes, il a pris une signification rituelle à une certaine époque et dans certains milieux. Il en est de même des larmes, trop naturelles à l'homme ; les larmes des pleureuses à gages, qui n'ont pas disparu partout, ne sont-elles pas des larmes rituelles ? Le rire s'est laïcisé, si l'on peut dire, bien plus tôt que les larmes ; on pleure encore dans les églises, on n'y rit point [2] ; en revanche, on rit volontiers au théâtre, et l'on se fait scrupule d'y pleurer, comme si les larmes, encore imprégnées de sentiments religieux, n'étaient pas de mise dans un lieu profane. Le caractère sombre du christianisme a contribué à bannir du culte les manifestations d'une hilarité même légitime. Toutefois, l'Église orthodoxe grecque a conservé une trace de la joie exubérante qui saluait, dans les cultes antiques, le retour à la vie d'un dieu ou d'un héros mort : c'est la bruyante manifestation du dimanche de Pâques, qui déchaîne comme une allégresse dionysiaque dans les villes grecques au cri mille fois répété : Χριστὸς ἀνέστη.

ADDITION

Rendant compte, dans la *Gazette de Francfort* (1er juin 1911), du mémoire qu'on vient de lire, M. le Dr Maas me rappelle la coutume du rire pascal (*risus pascalis*, *Osterlachen*), que le prêtre était tenu, par un très ancien usage, de déchaîner parmi

1. *Le Temps*, 31 mars 1906.
2. Exception faite du *rire pascal* d'autrefois. Voir l'addition au présent mémoire.

les fidèles le dimanche de Pâques, en mémoire de la résurrection de Jésus-Christ. Ce rire pascal a été l'objet de nombreux travaux, qu'on trouvera cités dans la *Topobibliographie* de l'abbé
Chevalier à l'article *Pâques* (voir, entre autres, J. P. Schmid, *De
risu paschali*, Rostock, 1847). J'emprunte ce qui suit au livre
plus ancien de Rod. Hospinianus, *Festa christianorum*, t. I (1593),
p. 64.

  « *De Risu Paschali.* Ab iis vero laetitiae signis, quae in memo-
riam Resurrectionis Dominicae in die Paschali edebantur, sine
dubio consuetudo illa in plurimis Pontificiis Ecclesiis originem
sumpsit, qua in ipso sacrosancto die Paschae inter concionan-
dum, ad recreandum auditorum animos et risum excitandum,
quum nullo unquam tempore nos magis oporteret esse serios,
profanae et ludicrae proferuntur fabellae ab ipsis sacerdotibus,
haud aliter quam a scenicis histrionibus et circulatoribus. De qua
consuetudine Oecolampadius in Epistola ad Capitonem de Risu
Paschali. Hunc morem, ait, tanquam sacrum custoditurus frater
quidam, magno satis ineruditae plebeculae plausu, deblatterabat
tam ridicula deliramenta, ut me pudeat ejusmodi nugis chartas
commaculare, ne aures pias offendam. Eum ego hominem non multo
post conveni, rationem requirens unde mos ille inolevisset....
Admonuit is me inscitiae meae, qui pulcherrimam, concionato-
rique in primis necessariam τῆς εὐτραπελίας virtutem ignorarem.
In Paschali die non tam serium esse oportere concionatorem.
Sequenti die in convivio multorum exposui disputationem nos-
tram ; coeperuntque et sodales ridiculas gerras memoriter singuli
percensere, quas alii aliis in locis audierant, eo ipso die scilicet.
Unus, instar cuculi, placentulis in cava salice devoratis cucul-
labat ; alius simo bubulo incubans, tanquam vitulum produc-
turus, appropiantes sibilis more anserum abigebat ; alius laicum
una nocte cucullo indutum sacerdotem esse persuadebat et ad
altare transmittebat. Ita commemorabant ut ante oculos rem
depingerent. Aderat et qui D. Petri strophas narraret, quibus
hospites symbolis naulis defraudarit. Obscoeniores missas facio.
Rogante autem me, num quid et allegorias tenerent? subito
repressus est clamor : nulli in numerato erat quod responderet.
Vix tandem senior ait audisse se ex concionatoribus, non id tum
agere eos, ut mysteria evolvant, sed ne non festivi et comes
auditorium exhilarent.

  Hunc autem morem gravissisme Œcolampadius in illa Epistola

perstringit. Et ne quis putaret sibi soli displicuisse, inter alia dicit se vidisse gravisismos viros alioqui Verbi divini non indiligentes auditores, ea hora domi delituisse ne talibus nugis contaminarentur. Vidi quoque, ait, et viderunt mecum alii permulti nonnullos, ridentibus aliis concionatoris ineptias, indignabundos tam auditorium quam concianatorem reliquisse. Adducit etiam Johannis Keserspergii, similiter hunc ritum detestantis, verba.... quae sic habent : « Quid est hoc quod tempore Paschali invaluit corruptela, ut ad risum et levitatem populus per quosdam praedicatores ridendos, cum excessu nimio etiam provocatur? Plane devotionem, quam prius conceperant, prorsus extinguentes. Profecto in talium labiis mors est. »

Je trouve une trace du même usage en Espagne : « La veille de Pâques, le prédicateur se faisait accompagner par un frère lai qui faisait le procès du carême, l'apologie de la bonne chère, et tirait de son froc une gourde et un jambon » (Desdevizes du Désert, *l'Espagne de l'ancien régime*, t. I, p. 84).

D'après Peter Rosegger (*Heimgarten*), cité par la *Gazette de Francfort* du 29 mai 1911, il semblerait que la coutume du rire pascal, dont s'indignaient les Réformés du XVIe siècle, subsistait encore tout récemment en Styrie.

Le gendre et la belle-mère[1].

———

Les ethnographes anglais disposent d'un terme commode dont notre langue n'offre pas l'équivalent : c'est celui d'*avoidance*, du vieux français *esvuidier*, signifiant l'acte ou l'habitude d'éviter une chose ou une personne[2]. Étymologiquement, ce mot n'a rien de commun avec le latin *vitare*, mais, dans l'usage et peut-être sous l'influence des dérivés romans de *vitare*, le verbe anglais *to avoid*, d'où dérive *avoidance*, est devenu l'équivalent exact d'*éviter*. Comme il ne peut être question d'employer, pour traduire *avoidance*, des mots comme *évitement* ou *évitation*, je demande la permission de me servir du néologisme *vitance*, qui est à *vitare* comme *jactance* à *jactare* et, par suite, régulièrement formé du latin. Je ne m'occuperai ici que de certaines *vitances* relatives aux personnes, qui offrent des caractères tout particuliers.

Le verbe *éviter*, dans l'usage courant, n'implique aucun sentiment qui ressemble à une crainte religieuse; c'est un mot complètement laïcisé. Mais il reste des traces du sens primitif dans le latin *vitandus* : un excommunié est *vitandus* et ceux qui frayent avec lui, qui contractent sa souillure, sont des *vitandi*. La *vitance*, telle qu'on la constate chez les peuples de civilisation rudimentaire, est encore tout à fait religieuse ; elle participe de la nature des *tabous*, dont elle ne désigne d'ailleurs qu'une variété.

La portée religieuse de la *vitance* explique qu'elle ne constitue pas un conseil de prudence, mais un ordre absolu, un

1. Mémoire lu à l'Académie des inscriptions, le 8 septembre 1911. [*L'Anthropologie*, 1911, p. 649-662.]
2. Voir l'article *Avoidance* dans la dernière édition (1911) de l'*Encyclopedia Britannica*.

impératif catégorique; elle explique aussi la réciprocité de la
défense formulée par elle. L'injonction pour A d'éviter B ne va
jamais sans l'injonction pour B d'éviter A; ce qu'il s'agit surtout d'éviter, c'est le danger d'ordre mystique résultant du
contact prohibé de *deux* personnes. Le mot *contact* doit s'entendre ici au sens le plus large ; la *vitance* implique, en principe, qu'A et B ne se touchent pas, ne se voient pas, ne s'entendent pas, ne se nomment même pas. C'est l'absence de toute
relation tombant sous les sens, entre individus que leur domicile et leur genre de vie exposent d'ailleurs à des relations fréquentes. La *vitance* n'a jamais pour cause une aversion morale, un mauvais vouloir; c'est purement une question d'étiquette, et l'on sait que l'étiquette, chez les civilisés, n'est que
l'atténuation ou la surveillance laïcisée de scrupules primitivement religieux.

Les *vitances* les plus fréquemment observées chez les sauvages exercent leur action sur des individus appartenant à
ce que nous appelons la même famille. Il y a *vitance*, chez
diverses tribus, entre la mère et les fils adultes, le père et les
filles, entre les frères pubères et leurs sœurs nubiles, le gendre
et la belle-mère, la bru et le beau-père, le gendre et la bru et
les parents de la femme et du mari, les cousins germains, etc.
Sauf exceptions assez rares, qui peuvent s'expliquer par l'extension ou la généralisation d'un usage, la *vitance* s'exerce
entre individus de sexe différent [1] : dans le groupe naturel
formé par une famille, tel homme doit éviter telle femme
et telle femme tel homme. Mais s'il y a de nombreux
types de *vitances*, elles se rencontrent avec une fréquence
très inégale chez les différents peuples. Dans son récent ouvrage, *Totemism and Exogamy*, M. Frazer en a recueilli, pour
la première fois, tous les exemples connus; il m'a dit lui-
même, il y a peu de temps, qu'il ne croyait pas en avoir omis
de bien attestés. Or, en se reportant à l'index de ses quatre
volumes, on peut s'assurer qu'il y a *six* mentions de *vitance*
entre la bru et le beau-père contre *quarante-trois* cas de *vi-*

---

1. J'ai proposé une explication différente de la *vitance*, observée par César
chez les Gaulois, entre le fils non adulte et son père (*Cultes*, t. III, p. 119-123).

tance entre le gendre et la belle-mère; après cette *vitance*, de beaucoup la plus fréquente de toutes, celles qu'on trouve le plus souvent est celle qui sépare les frères des sœurs (*quatorze* cas), tandis qu'il n'y en a que *deux* de la *vitance* entre père et fille, *deux* de la *vitance* entre beau-frère et belle-sœur, etc. La *vitance* entre gendre et belle-mère peut donc être considérée comme typique; elle doit d'ailleurs pouvoir s'expliquer en corrélation avec la *vitance* la plus fréquente après celle-là, celle des frères et sœurs ayant atteint l'âge de la puberté.

La *vitance* de la belle-mère a déjà été constatée par les Espagnols chez les Indiens d'Amérique au XVIe siècle; elle se retrouve, avec des caractères étonnamment semblables, en Amérique, en Afrique et surtout en Océanie, mais ne semble avoir été observée ni en Asie ni en Europe. En voici quelques exemples.

Dans l'Amérique du Nord, chez les Navahos et les Apaches[1], le gendre évite sa belle-mère; s'ils se regardaient, ils risqueraient de perdre la vue. La belle-mère navaho s'appelle *doyishimi*, littéralement « celle que je ne vois pas ». On cite le cas d'un guerrier apache qui, plutôt que de regarder sa belle-mère rencontrée par hasard dans un sentier de montagnes, gravit les rochers et s'y cramponna au risque d'une chute mortelle[2]. Un Ohama, un Sioux, un Dacota ne doit ni voir sa belle-mère, ni converser avec elle, ni la nommer; si par hasard ils se rencontrent, ils doivent se voiler la tête en passant l'un près de l'autre[3]. Si la rencontre a lieu dans une maison, l'homme doit immédiatement se cacher la tête sous une couverture et gagner une autre chambre[4]. Mêmes usages en Floride, en Californie, au Yucatan. Dans l'Amérique du Sud, chez les Araucans, la belle-mère ne doit jamais voir son gendre; en cas de nécessité absolue, ils se parlent le dos tourné ou séparés par une haute palissade[5].

La même *vitance*, accompagnée des mêmes précautions, a été constatée par de nombreux voyageurs chez les nègres de

1. Frazer, t. III, p. 247. — 2. *Ibid.*, III, p. 247. — 3. *Ibid.*, III, p. 109. — 4. *Ibid.*, III, p. 111. — 5. *Ibid.*, III, p. 583.

l'Afrique Dans le pays des Bantous (Est africain), un gendre ne doit pas entrer dans la même hutte que sa belle-mère; en cas de rencontre, elle se cache derrière un buisson, il met son bouclier devant son visage' Toute communication se fait par l'entremise d'une tierce personne ou, si cela est impossible, par quelques paroles prononcées à très haute voix, les interlocuteurs étant séparés par une palissade'. Chez les indigènes du Nyassa britanique, le gendre et la belle-mère, en cas de rencontre fortuite, se couvrent le visage et se détournent du chemin; il en est de même dans toute l'Afrique orientale allemande. Chez les Baganda de l'Uganda, on croit que toute violation de la *vitance* entraîne des tremblements convulsifs des mains et du corps'. Au Congo, si un homme ne s'écarte pas de sa route en voyant venir sa belle mère, il est censé lui causer un tort grave qu'il doit racheter par le don d'un chevreau'. On trouve quelque chose d'analogue chez les Wakamba un homme ne peut parler librement à sa belle mère qu'au cours d'une fête avec musique et danse, célébrée à ses dépens, et après le don d'un morceau d'étoffe à la belle mère, d'un autre au beau-père'. Ce sont là des atténuations tardives de la règle, dans la région du Nyassa, on a été plus loin dans la voie libératrice, car le *tabou* est levé après la naisssance du premier enfant

Dans les îles indonésiennes et océaniennes, la *vitance* de la belle-mère est très fréquente et très stricte Chez les Battas de Sumatra, un homme ne peut parler à sa belle-mère, ni une femme à son beau-père. Cette *vitance* n'est pas la seule : frères et sœurs s'évitent; le père ne peut pas séjourner dans la hutte avec sa fille, ni la mère avec son fils pubère' Aux îles de Banks, gendre et belle-mère ne doivent pas se rencontrer sans se tourner le dos; un homme ne marche sur le rivage où a passé sa belle-mère que lorsque la marée a effacé la trace des pas de celle-ci. Quand le gendre est obligé de parler à sa belle-mère, celle-ci tourne le dos pendant l'entretien'.

1. Frazer, t II, p 385 — 2 *Ibid*, II, p. 508. — 3 *Ibid*, II, p 622. — 4 *Ibid.*, II, p. 424. — 5. *Ibid*, II, p. 189. — 6 *Ibid*, II, p. 76.

Mais c'est surtout dans le continent australien, où la civilisation est restée si primitive, où les métaux, les animaux domestiques et les céréales sont encore ignorées, où plusieurs peuplades attribuent la fécondation des femmes non au commerce sexuel, mais à quelque impression de la vue, de l'ouïe ou de l'odorat, que la *vitance* de la belle-mère est une institution presque générale; le voyageur Cameron dit l'avoir constatée dans toute l'étendue de la grande île [1]. Chez les indigènes riverains du détroit de Torrès, le mari ne peut pas même nommer les parents de sa femme, ni la femme ceux de son mari; toute violation de cette règle doit être expiée par le coupable, qui fait un présent à la personne nommée [2]. Chez les Kamilaroi, un homme qui a osé parler à sa belle-mère doit quitter le camp, établir sa hutte ailleurs et y rester jusqu'à ce que la souillure contractée par lui soit effacée [3]. Les précautions contre une rencontre doivent surtout être prises par la belle-mère; quand elle sait son gendre dans le voisinage, elle doit se voiler la tête et marcher les genoux fléchis, la tête basse [4]. Chez les Ngorigo du sud-ouest australien, une femme ne doit même pas entendre prononcer le nom de son gendre; si par hasard on le prononce devant elle, son devoir est de se boucher les oreilles et de crier : « Silence! » [5]. La *vitance* de la future belle-mère est enseignée aux jeunes Australiens dans les cérémonies d'initiation lors de la puberté. Elle fait si bien partie de leurs préjugés les plus tenaces que la conversion même au christianisme ne les en affranchit point. Le missionnaire anglais Howitt a parlé d'un Kournai (du sud-est australien), qui, devenu membre de l'Église d'Angleterre, n'en refusait pas moins de parler à sa belle-mère et s'étonnait que le Dr Howitt osât lui conseiller une pareille inconvenance [6].

Dans certaines tribus australiennes, la violation de la *vitance* en question était autrefois punie de mort [7]. Ailleurs

---

1. Frazer, I, p. 416. — 2. *Ibid.*, II, p. 17. — 3. *Ibid.*, IV, p. 273. — 4. *Ibid.*, I, p. 506. — 5. *Ibid.*, I, p. 395. — 6. *Ibid.*, I, 503. — 7. *Ibid.*, I, p. 404.

et bien plus souvent, elle comporte un châtiment surnaturel : les cheveux de la belle-mère coupable deviennent tout blancs, ceux du gendre tombent, ou bien encore l'un et l'autre perdent leurs dents[1] L'« autorité » n'intervient que pour adresser aux délinquants une réprimande sévère et les expulser à temps du campement[2] La *vitance* est suspendue, dans l'Australie du nord-est, lorsque la belle-mère aide à l'accouchement de sa fille[3] ; mais, contrairement à ce qui se voit chez quelques tribus d'Afrique, la naissance de l'enfant ne supprime pas la *vitance* ; bien au contraire, à partir de ce moment, elle reprend toute sa force et reste en vigueur jusqu'à la mort des individus

Je n'ai cité (d'après M. Frazer) qu'un petit nombre de cas, mais ils suffisent à faire comprendre les caractères et la diffusion de cette singulière *vitance* Bien souvent, dans les trois parties du monde où elle se constate, on en a demandé l'explication aux indigènes ; ils n'ont aucune réponse à donner, si ce n'est que « c'est l'usage » et qu'en agissant autrement on s'attirerait certainement des malheurs. Comme il ne peut être question d'un centre unique d'où la *vitance* qui nous occupe aurait rayonné depuis l Australie jusqu'à l'Afrique orientale, force est d'en chercher une explication générale, fondée sur les éléments de la psychologie humaine, ou sur les préjugés tutélaires, par suite quasi universels, de la vie religieuse et morale à ses débuts

Nous ne connaissons pas de sociétés humaines où règne la promiscuité entre les sexes Au contraire, dans les sociétés les plus rudimentaires, celles du continent australien, nous trouvons les groupements humains divisés en classes, à l'intérieur desquelles toute union charnelle est sévèrement interdite. Dans ces classes, la descendance suit tantôt la ligne maternelle, tantôt la ligne paternelle ; la descendance maternelle, la seule qui puisse se constater avec certitude, est évidemment la plus ancienne. Prenons le cas très simple — il en est de beaucoup plus compliqués — d'une tribu

1. Frazer, t. I, p 440, 541, 565 — 2 *Ibid* I, p. 492 — 3 *Ibid.*, I, p. 541.

divisée en deux classes *intermariables*, A et B, où prévaut la
descendance maternelle. Un A épouse une B, qui est elle-
même la fille d'une B; la belle-mère appartient donc à la
classe où il est loisible à A de chercher femme. Si c'est la
descendance paternelle qui prévaut, A épouse une B qui est
nécessairement fille d'une A, puisque son père n'a pu
épouser qu'une A; alors la belle-mère, étant une A comme
son gendre, se trouve par là même protégée contre ses
entreprises. Ainsi, dans un cas, il peut y avoir union sans
inceste; dans l'autre, l'horreur de l'inceste suffit à empêcher
toute union. Mais, même dans le premier cas, la tendance à
une union est invraisemblable, les sauvages ne cherchant
guère des femmes que parmi les individus de leur âge[1]. Lors
donc que M. Frazer, à la suite de M. Howitt, considère que la
vitance de la belle-mère a uniquement pour objet d'empêcher
des rapprochements, jugés incestueux, entre la belle-mère
et le gendre, il y a disproportion évidente entre le péril
possible et les moyens employés pour le prévenir, puisque
dans un cas la tentation est faible et que, dans l'autre, les
lois générales de l'exogamie y mettent obstacle. M. Frazer
objecte que les lois de l'exogamie empêchent également le
commerce entre mère et fils pubère, entre frères et sœurs, et
que cependant il y a nombre d'exemples où les fils sont
strictement séparés de leur mère, les frères de leurs sœurs[2].
A quoi je répondrai, d'abord, que le crime d'inceste entre
frère et sœur, mère et fils, est si énorme qu'il justifie des
précautions complémentaires; puis, que ces formes de
vitance n'ont peut-être pas uniquement pour objet d'écarter
le danger d'inceste. Les fils pubères vont habiter ensemble
des maisons isolées où, sous la conduite des hommes mûrs
et des vieillards, ils apprennent le maniement des armes
en vue de la chasse et de la guerre, et s'initient aux rites
religieux de la tribu. Ils doivent alors éviter les femmes,

1. Une femme, à l'état sauvage ou demi-sauvage, vieillit beaucoup plus vite
qu'une Européenne; il ne faudrait donc pas alléguer les exemples que l'on
constate dans nos pays de relations illégitimes entre gendre et belle-mère.
2. Frazer, t. II, p. 77-79.

même celles qui sont du même sang, parce que les sauvages
croient que la fréquentation des femmes est affaiblissante et
énervante, alors même qu'elle n'est accompagnée d'aucun
excès[1]. Mais quand M. Frazer aurait raison et que la *vitance*
entre mère et fils, frère et sœur aurait été imposée surtout
comme une nouvelle barrière contre la possibilité de l'inceste, on se demande pourquoi ces formes de *vitance* sont
relativement rares, tandis que celles qui pèsent sur la belle-
mère et sur le gendre sont si fréquentes dans trois continents.
Il doit y avoir de cela une raison plus forte que le péril d'un
inceste, à tout prendre beaucoup moins choquant, même à
nos yeux, que celui dont une mère ou une sœur peuvent
être victimes Aussi l'explication de MM Howitt et Frazer,
quoique proposée de divers côtés, n'a pas rallié tous les
suffrages[2] on en a mis en avant trois autres qui me semblent
également insuffisantes, je me permettrait, après les avoir
examinées, d'en suggérer une cinquième

Sir John Lubbock, aujourd'hui lord Avebury, dans son
ouvrage sur les *Origines de la Civilisation*, publié en 1870,
a allégué le ressentiment éprouvé par la belle-mère à l'égard
de son gendre qui, dans un état très primitif de la civilisation, celui du *mariage par capture*, a dû lui prendre sa fille
de vive force ou en usant de ruse, c'est-à-dire commettre un
rapt à ses dépens Lorsque la capture ne fut plus une réalité,
mais un symbole, l'indignation de la belle-mère persista,
mais à l'état de symbole ou de survivance. —Cette théorie se
heurte à de nombreuses et fatales objections Quand même
l'universalité du *mariage par capture* serait admise, ce qui
n'est pas, lord Avebury pourrait expliquer ainsi la *bouderie*
de la belle-mère, mais non pas la *vitance* imposée tant à son
gendre qu'à elle Comme les rationalistes du xviiie siècle,
auxquels il se rattache, lord Avebury a voulu expliquer un
usage très primitif par les phénomènes qu'il avait sous les
yeux dans une société policée Une femme du monde qui en

1. Cf Crawley, *The mystic Rose*, p. 204
2. *Ibid.*, p. 405.

veut à son gendre lui ferme sa porte, ne le salue pas ou s'écarte de lui; mais c'est là une forme très évoluée du ressentiment. Deux lettrés qui ne s'aiment pas peuvent s'abstenir de tout commerce et même éviter de se regarder; mais deux portefaix qui ne s'aiment pas s'injurient quand ils se rencontrent, et l'on connaît même des exemples d'injures échangées et de pugilats engagés dans les classes dites supérieures de nos sociétés. Ce qu'il y a de surprenant, c'est que Lord Avebury, après quarante ans révolus, maintient encore, malgré les objections, sa manière de voir. Presque octogénaire, il vient de publier un livre intitulé *Mariage, totémisme et religion, en réponse à des critiques*, livre divertissant qui peut se résumer ainsi : « Tout ce que j'ai écrit sur ces questions en 1870 est exact ; ce qu'il y a de vrai dans les ouvrages plus récents n'est pas nouveau ; ce qu'il y a de nouveau n'est pas vrai ». On pardonnera ces innocentes illusions à un illustre vieillard; mais sur la question de la belle-mère, il n'a fait que répéter son opinion de 1870, sans s'attarder à réfuter les objections. Il veut bien rappeler que j'ai écrit en 1902[1] : « Pour le moment, l'hypothèse de Lubbock est encore la moins invraisemblable ; mais la bonne reste encore à découvrir ». Cette phrase n'équivaut certainement pas à une adhésion.

Le célèbre ethnographe Tylor, en 1889, a proposé une hypothèse intéressante[2]. Suivant lui, la *vitance* s'explique par le fait que le gendre va résider, à l'origine, dans la famille de sa femme, où il est considéré par les beaux-parents comme un intrus et où l'on fait semblant d'ignorer son existence. A cela M. Frazer objecte que la *vitance* de la belle-mère est particulièrement stricte en Australie, où ce n'est pas le gendre qui va vivre chez ses beaux-parents, mais la fille mariée qui va vivre auprès des siens. Cette objection est peu concluante, car M. Frazer accorde lui-même que la coutume visée par M. Tylor pourrait avoir été, même en

1. *L'Anthropologie*, 1902 (*Cultes*, t. I, p. 149).
2. Cf. Frazer, t. I, p. 503.

Australie, la plus ancienne. Mais une objection beaucoup plus forte se fonde sur la nature même de la *vitance* : par sa généralité, par son intensité, elle se révèle, au premier coup d'œil, comme religieuse, comme fondée sur les instincts les plus profonds de la nature humaine : aucune explication rationaliste ou utilitaire ne peut prétendre en rendre compte. Il faut la chercher, si l'on peut dire, au delà ou en deçà de notre mentalité d'Européens.

L'explication de M Crawley, publiée en 1902, a le tort d'être à la fois inadéquate et imprécise. J ai déjà eu l'occasion de la résumer [1] et ne puis que répéter ce que j'ai cru pouvoir y distinguer de plus clair. Suivant M. Crawley, le gendre. ayant rompu le *tabou* sexuel pour avoir commerce avec sa femme, est comme ressaisi par le même *tabou* lorsqu'il se trouve en présence de sa belle-mère: Dans certains cas, d'ailleurs rares, le *tabou* de la belle-mère s'atténue et disparaît lorsqu'un enfant vient de naître. C'est, dit M Crawley, parce que, tant que l'enfant n'est pas né, les époux violent continuellement le *tabou* sexuel et qu'il faut, par compensation, qu'il soit reporté sur une autre personne ; la belle-mère est là pour en recevoir le fardeau. Rappelant ensuite la sourde hostilité entre gendre et belle-mère qui subsiste dans nos sociétés bourgeoises — *Schwiegermutter*, *Tiegermutter*, disent les Allemands — M. Crawley pense qu'il y a là une survivance laïcisée du tabou primitif. « Une même raison, écrit-il, est au fond de la forme primitive et de la forme civilisée de ce phénomène, bien que dans cette dernière, la signification religieuse se soit évaporée. Le mari moderne regimbe contre l'intrusion de sa belle-mère, dont il sent pourtant, de façon à demi-consciente, la légitimité, parce que cette personne est du même sexe que sa femme, plus âgée qu'elle et sa mère ; de son côté, dans son désir du bonheur de sa fille, la belle-mère n'a pas tout à fait confiance en son gendre. Alors comme aujourd'hui, la belle-mère est évitée, précisément parce qu'elle est la belle-mère. »

---

1. *Cultes*, t I, p 119

J'ai traduit littéralement, mais la pensée de l'auteur m'échappe un peu ; en tous les cas, je n'y vois rien qui explique la réciprocité de la *vitance*, caractère essentiel qu'on ne peut perdre de vue et qui condame d'avance toute interprétation de l'usage fondée sur le caractère *encombrant* des belles-mères et sur l'esprit de zizanie dont les accuse Juvénal :

Desperanda tibi salvá concordia socru[1].

Avant de proposer mon explication, je tiens à formuler une thèse générale qui en rendra peut-être l'acceptation plus facile. Le sauvage, le primitif, comme l'enfant, ne distingue pas bien la réalité de l'apparence. Quand l'Australien s'habille en émou ou en kangourou, il se croit un kangourou ou un émou, exactement comme l'enfant qui joue au cheval ou au docteur se croit, pour le moment, un docteur ou un cheval. Tout le livre de M. Lévy-Bruhl sur la mentalité prélogique des primitifs est fondé sur le mot d'un indigène brésilien. rapporté par M. von den Steinen et déjà cité par M. Frazer : « Je suis tel oiseau. » M. von den Steinen objectait : « Tu veux dire que tu es le descendant de tel oiseau ? » — Non, répondait avec conviction l'indigène, je suis un *arara* rouge »[2]. Le sauvage, comme l'a remarqué M. Lévy-Bruhl, admet deux assertions qui, à nos yeux, se contredisent : il peut être à la fois un *arara* et un homme de la tribu des Bororo. De là l'importance que les mascarades. le faire-semblant (*make believe* des Anglais), la mimique et les gestes, les noms et les mots du langage jouent, le plus sérieusement du monde, dans la vie des primitifs ; de là aussi le respect égal, ou la crainte égale, que leur inspirent certains états, certains actes, et la simulation ou l'apparence de ces actes et états. Là où l'adulte européen sait distinguer nettement et tirer une ligne, le sauvage ne distingue rien et confond tout[3],

1. Juvénal, *Satires*, VI, 231.
2. Lévy-Bruhl, *Les fonctions mentales dans les sociétés inférieures*, p. 77.
3. « Pour la mentalité des sociétés inférieures, il n'y a pas deux mondes au contact l'un de l'autre, distincts et solidaires, se pénétrant plus ou moins l'un l'autre. Il n'y en a qu'un ». (Lévy-Bruhl, *ibid.*, p. 67).

parce que le sens de la réalité lui fait défaut et que ce sens, loin d'être le point de départ de notre évolution mentale, en est le couronnement et peut-être encore aujourd'hui l'idéal. Le respect, d'ailleurs parfois bienfaisant dans la pratique, de certains symboles est sans doute, chez les modernes, une survivance de l'état d'esprit des primitifs.

Je dois rappeler aussi, parce que c'est un fait universellement connu, que les primitifs, sauf des exceptions très rares et mal constatées, ont une profonde horreur de l'inceste. Les motifs de cette horreur sont encore fort obscurs; M. Frazer, dans son dernier ouvrage, examine tous ceux qui ont été allégués et conclut qu'aucun d'eux n'est valable. Je ne partage pas son opinion, puisque j'ai émis une des hypothèses qu'il écarte et que je la tiens encore pour solide[1]; mais ce n'est pas le lieu de rouvrir une discussion sur ce vaste sujet. Il suffit de dire que l'horreur de l'inceste est si générale que certains Africains croient devoir le prohiber même entre animaux domestiques. Bien entendu, et par des raisons physiologiques faciles à comprendre, la responsabilité religieuse, *l'odium* du *tabou* violé incombe plus particulièrement au mâle; c'est là un point essentiel à retenir en vue de l'intelligence de ce qui suit

Cela posé, pour résoudre le problème de la *vitance* entre belle-mère et gendre, nous allons supposer que cette *vitance* n'existe pas du tout et chercher quelles en seraient les conséquences. Un homme A a épousé une fille B. Dans les civilisations les plus anciennes, il semble que l'homme, naturellement plus mobile, ait quitté sa maison pour aller habiter avec sa femme à proximité de sa nouvelle famille. M. Tylor a remarqué qu'on connaît beaucoup de peuples où prévaut la descendance féminine, c'est-à-dire le mode primitif de marquer la filiation, et où l'on constate en même temps que le mari va vivre dans la famille de sa femme; en revanche, la filiation par les femmes n'est presque jamais en usage chez les peuples dont la coutume exclusive est que le mari

1. Voir *Cultes*, t. I, p 157.

emmène sa femme chez lui[1]. Il existe donc un lien entre ces
deux coutumes et comme l'une est incontestablement la plus
ancienne, on a des raisons d'attribuer à l'autre la même antériorité relative sur celle qui prévaut dans les civilisations
plus avancées. J'ai déjà dit que M. Frazer reconnaît en Australie, où l'abduction de la femme par le mari est aujour-
d'hui devenue la règle, les traces d'une coutume contraire et
antérieure.

Si A, au contact de la famille de sa femme B, voit librement la mère de celle-ci, il s'établira, entre elle et lui, des
liens de familiarité, sinon d'affection, et il prendra bientôt
l'habitude de l'appeler *mère* ; c'est un fait plusieurs fois
constaté chez les sauvages, où le gendre, sans voir sa belle-
mère, la traite de *mère*, et c'est un fait d'occurrence quoti-
dienne dans nos sociétés[2]. Mais alors, si A et B donnent à
la même femme le nom de *mère* et se comportent l'un et
l'autre envers elle comme ses enfants, il y a *apparence* qu'ils
sont frère et sœur et, par suite, que A s'est rendu coupable
du crime des crimes en épousant sa sœur.

Ce qui, à nos yeux, n'est qu'une apparence inoffensive, se
présente à l'esprit du sauvage sous les traits d'une redoutable réalité. Pour échapper à ce danger effrayant pour lui,
le sauvage ne connaît qu'un moyen, que nous qualifierons à
bon droit de radical : c'est de proscrire, entre la belle-mère
et le gendre, toute apparence de rapports et de relations.
Ainsi la *vitance* de la belle-mère ne me semble pas autre
chose qu'une négation emphatique, catégorique, de la possibilité même de l'inceste entre frère et sœur : la preuve sans
réplique que je n'ai pas épousé ma sœur, c'est que je ne connais pas, que je ne veux pas connaître sa mère, et que la mère
de ma femme se comporte de même à mon égard.

Ce qui précède reste valable pour le cas où le mari a élu

---

1. Voir Westermarck, *Origine du mariage*, trad. fr., p. 106, 107.
2. A Ceram, le gendre ne peut approcher ni nommer sa belle-mère, mais
il l'appelle « mère » (Crawley, p. 403) ; de même à Amboina et à Wetar (*ibid.*,
p. 404). Évidemment, le sauvage veut dire *la mère de sa femme* et non pas,
comme dans nos sociétés, sa *seconde mère à lui*.

domicile, avec sa femme, dans la famille de son père. Mais pourquoi, dira-t-on, la *vitance* du beau-père et de la belle-mère du côté maternel s'impose-t-elle avec moins de rigueur à la bru, bien qu'il en existe quelques exemples ? A cela je repondrai que si la bru appelle *mère* la mère de son mari, ou qualifie de *père* son beau-père, cette manière de parler, dans la bouche d'une femme, ne prête pas à la même équivoque que dans celle de l'homme ; s'il y a inceste, c'est l'homme qui est coupable, non pas la femme Du reste, comme je l'ai dit plus haut, si la coutume ancienne mettait le gendre à portée des beaux parents plutôt que la bru à portée des siens, on comprend que la *vitance* ait pris naissance, qu'elle se soit développée et fixée dans les conditions où elle s'observe encore de nos jours

On voit la différence fondamentale entre mon explication et celle de MM Howitt et Frazer. Ces savants croient que le motif de la *vitance* est la crainte que le gendre ne puisse pécher avec sa belle-mère ; je pense, pour ma part, qu'elle a sa racine dans la crainte que l'union du gendre et de sa femme puisse être *réputée* criminelle et sacrilège Que mon hypothèse soit vraie ou fausse, elle a néanmoins cet avantage sur les autres de justifier le sentiment de terreur religieuse dont la *vitance* est comme imprégnée, et de justifier aussi le caractère réciproque de ce sentiment.

Il serait tentant de chercher une trace de cette *vitance* dans l'hostilité que le théâtre bourgeois fait régner entre les gendres et les belles-mères ; mais je refuse de suivre dans cette voie M. Crawley, et cela pour plusieurs raisons D'abord, la *vitance* n'implique aucune hostilité et celle dont on parle tant de nos jours, loin de résulter d'une *vitance*, s'explique au contraire, là où elle existe, par des relations trop suivies et trop peu discrètes En second lieu, les étapes intermédiaires font absolument défaut, puisque la *vitance* de la belle-mère n'a été observée ni en Europe ni en Asie[1]. Les divers

---

1 M. A -J Reinach me signale un texte de Plutarque (*Quaest rom.*, VIII), d'après lequel, a Rome, une belle-mere n'a pas le droit de recevoir un cadeau

théâtres classiques ont beaucoup de mal à dire des *marâtres*, mais j'y cherche en vain des médisances contre les *belles-mères*. Sans connaître assez, pour me prononcer en connaissance de cause, le théâtre bourgeois du xviiie siècle, j'incline à penser que le type de la belle-mère tyrannique et détestée a été créé, ou, du moins, mis à la mode par le théâtre du siècle passé seulement. Un homme de beaucoup d'esprit, feu Harduin, croyait en avoir découvert la cause.

« Pourquoi, demandait-il (parlant de certaines plaisanteries répétées sans cesse), les belles-mères en sont-elles spécialement victimes ? Cela tient, je pense, à ce que les familles en France sont peu nombreuses. Une mère qui n'a qu'une fille et qui la marie reste seule et ne peut se faire à l'idée qu'elle n'est plus tout pour cette fille, que les pensées de celle-ci vont ailleurs. Et, alors, elle s'offre au jeune ménage, cherche à s'y introduire, devient encombrante. Elle ne le serait pas si elle avait trois ou quatre filles mariées ou à marier »[1]. Lorsque Harduin publia ces lignes, il y a cinq ans, je me rappelle lui avoir écrit pour lui signaler la *vitance* des sauvages ; mais comme cette question était nouvelle pour lui, il s'abstint d'essayer de la résoudre. Peut-être, vu les difficultés du problème, aurais-je été sage en l'imitant.

Post-scriptum. — Le mémoire qui précède ayant été lu à l'*Académie des Inscriptions* et résumé dans les journaux, j'ai reçu à ce sujet une lettre très intéressante de M. le Dr Milan Soulé, qui a résidé longtemps à Fort Apache (Arizona), vers 1875. « A cette époque, m'écrit-il, j'avais sous ma surveillance environ 6.000 Apaches-Chiricahua, récemment entrés sous la tutelle du gouvernement, ainsi qu'un petit nombre d'Apaches Aravaipa. Chaque mâle adulte était porteur d'un document le décrivant lui-même et sa famille ; il devait le présenter au cours d'une revue générale qui avait lieu tous les dix jours et précédait les distributions. Chaque *bande* était introduite dans un enclos et examinée à part. Bientôt il fut évident pour moi que certains jeunes *bucks* (guer-

de son gendre. Il y a là peut-être une survivance très atténuée du *tabou* si répandu que nous étudions.

1. Harduin, *Le Matin*, 19 novembre 1906.

riers) de chaque bande évitaient avec persistance d'entrer dans l'enclos avec ceux de leur groupe, mais essayaient de s'introduire dans d'autres bandes. Cette conduite m'intrigua; enfin, un jeune guerrier, que j'avais soigné pour une entorse, me déclara que s'il entrait dans un enclos avec sa belle-mère, pendant la première grossesse de sa femme, celle-ci lui donnerait probablement une fille; si elle accouchait d'un garçon, ce serait un être trop efféminé pour porter les armes. Plusieurs années après, étant dans le Queensland (Australie), j'appris que les indigènes de ce pays professaient des croyances assez semblables. »

..

ADDITION

Dans un long article du *Morning Post* (8 mars 1912), M. Andrew Lang m'a fait l'honneur de discuter ma solution de ce problème. Voici quelques extraits de son article, traduits de mon mieux.

« Je crois que M. Reinach n'a pas réussi à sortir de sa propre mentalité. Il demande ce qui arriverait si le primitif allait vivre auprès des proches de sa femme et s'il n'y avait pas de règles de *vitance* pour le séparer de sa belle-mère. Il suppose que là où les hommes vont vivre auprès de leurs femmes, la descendance est généralement comptée dans la lignée féminine et que les enfants appartiennent au clan maternel. Mais en Australie comme chez les Tlingit du nord-ouest de l'Amérique, bien que les femmes aillent vivre avec leurs maris, les enfants sont souvent comptés dans le clan maternel, non dans le clan paternel. Il n'y a pas de connexion nécessaire — loin de là — entre le fait que les hommes vont vivre auprès de leurs femmes et le fait que les enfants appartiennent au clan maternel.

« Admettons cependant que Jean aille vivre auprès des parents de Jeanne sa femme et que leurs enfants soient considérés comme ceux de Jeanne. Pourquoi la mère de Jeanne et lui s'éviteraient-ils? Parce qu'il se prendra d'affection pour sa belle-mère (je n'en vois pas la nécessité). S'il s'habitue à l'appeler *mère*, alors Jeanne et lui qualifient la même femme de mère, d'où (suivant M. Reinach) l'apparence que Jean et Jeanne sont frère et sœur et qu'ils ont contracté une union abominable.

« C'est là peut-être l'explication la plus complètement européenne qu'on ait jamais proposée d'une coutume sauvage. Si tous les gendres d'une société absolument hostile à l'idée d'inceste appelaient *mères* leurs belles-mères, comme toute la société serait avertie, aucun scandale ne pourrait en résulter. En outre, la société en question est exogame, c'est-à-dire que tous doivent se marier en dehors de leur groupe; dans l'exemple supposé, c'est ce qu'ils ont fait; les hommes ont quitté la localité où vivaient seulement des femmes qu'il ne leur était pas permis d'épouser et se sont rendus dans une autre localité où résident les femmes qu'ils peuvent épouser. Ainsi il ne pourrait pas y avoir *apparence* que Jean et Jeanne soient frères et sœur, et il n'y a pas de raison pour que Jean et la mère de Jeanne se fuient pour éviter une telle *apparence*. Plus fatal encore à la théorie de M. Reinach est le fait que, dans des sociétés exogames, un homme ne peut absolument pas appliquer à la mère de sa femme le nom de *mère* qu'il donne à celle qui l'a enfanté, et aussi à toutes les femmes que son père aurait pu légitimement épouser; il ne peut davantage donner à la mère de sa femme le même nom qu'il donne à la sienne. A toutes les femmes que son beau-père pourrait légitimement épouser, y compris sa propre belle-mère, il doit donner un nom tout différent. Il ne peut pas appeler sa belle-mère d'un nom que lui donne sa femme ou de celui qu'il donne à sa propre mère. Dans l'un et l'autre cas on le prendrait pour un fou. Les termes indiquant la parenté, dans les sociétés sauvages, rendent impossibles de telles confusions. Elles peuvent seulement se produire parmi des Européens et d'autres peuples non exogames. Voici donc une explication d'une coutume sauvage qui peut seulement avoir été imaginée par un Européen, oublieux de la terminologie exogamique de la parenté. Cette terminologie est fixée d'une manière immuable. Il doit donc exister quelque autre explication de cet usage. » M. Andrew Lang n'en propose pas; il dit bien qu'il en entrevoit une, mais que, comme elle ne lui semble pas très plausible, il la réserve pour une autre occasion[1].

A la page 142, note 2, j'ai cité, d'après M. Crawley, un petit nombre d'exemples où le sauvage, tout en évitant sa belle-mère, lui donne, en parlant d'elle, le nom de *mère*. Je ne crois pas qu'une chose si naturelle, si instinctive, conséquence d'un emprunt fait par le mari au parler quotidien de sa femme, se heurte aux lois strictes de la terminologie exogamique. Quant à dire que la

---

1. Au moment où s'impriment ces lignes, j'apprends avec une profonde tristesse la mort d'Andrew Lang (juillet 1912.)

société primitive où cette confusion de langage se produit n'y trouverait rien de scandaleux, parce qu'elle saurait fort bien à quoi s'en tenir, j'ai peur que cette objection elle-même ne soit plus européenne que primitive, ce qui me semble précisément caractériser le primitif, comme l'enfant même chez les civilisés, c'est la crainte des apparences qu'il sait mal distinguer des réalités Quoi qu'il en soit, comme M. Lang n'adopte aucune des théories plus anciennes et pense peu de bien de celle qui lui est venue à l'esprit, je me crois justifié à maintenir mon essai d'explication, qui a l'avantage d'être très simple et très général, jusqu'a ce qu'on ait proposé une explication meilleure et qui ne comporte aucune difficulté.

Samson[1].

La légende de Samson occupe les chapitres 13 à 16 du livre des *Juges*, qui est le septième de la Bible juive. Ceux qui le connaissent seulement par l' « histoire sainte » croient que ce livre raconte l'histoire des Hébreux, depuis la conquête du pays de Canaan par Josué jusqu'au temps de Samuel, qui sacra le premier roi juif Saül, et que les *Juges* furent les premiers magistrats d'Israël, en attendant qu'il se choisît un roi. La vérité est toute différente. Le livre des *Juges* est un recueil d'épisodes relatifs à des héros d'Israël, entre l'époque de Josué et celle du Royaume; ces héros ne sont, à aucun titre, des magistrats, mais des champions du dieu national. Les matériaux mis en œuvre sont fort anciens, mais ils ont été l'objet de plusieurs remaniements, de plusieurs rédactions, dont la dernière, postérieure à la promulgation de la loi dite deutéronomique sous Josias (622), nous apparaît comme doublement tendancieuse. En effet, d'abord, si le prêtre auquel nous la devons n'a pas supprimé le merveilleux, il a fait effort pour donner à des fables une fausse apparence d'histoire; en second lieu, il a introduit dans le récit cette idée dominante qui revient comme un *leit-motiv* : quand Israël abandonne son Dieu, il tombe aux mains de ses ennemis; quand il se repent, Dieu lui suscite un sauveur. Je ne puis, bien entendu, affirmer que ces deux caractères essentiels du récit tel que nous le possédons fussent absents des rédactions antérieures dont le rédacteur définitif a tiré parti ; mais il est tout au moins probable qu'il ne s'est pas fait faute de les accuser.

Les sauveurs d'Israël repentant sont les *Juges*, au nombre

----

1. [Conférence faite au Musée Guimet, mars 1912.]

de 12, dont 6 seulement sont autre chose que des noms ; on
ne les voit jamais juger, mais on les voit combattre et vaincre. Le rédacteur, pour leur attribuer la qualité de juges, qui
ne ressort nullement de leurs légendes, a inséré dans son
récit des phrases comme celles-ci : « Samson gouverna Israël
à l'époque des Philistins pendant vingt ans » (xv, 20),
« Samson avait gouverné Israël pendant vingt années »
(xvi, 31). De pareils procédés sont très ordinaires aux historiens de l'antiquité, tant grecs que romains ; ils n'ont pas
été moins en honneur au moyen âge et plus tard encore.
Mais nous, qui sommes armés des ressources de la critique
historique, nous avons le devoir de mettre à nu la légende
sous les apparences de l'histoire, au lieu d'accepter un semblant d'histoire fabriqué à plaisir avec des légendes.

Essayons d'appliquer la méthode critique aux trois chapitres du livre des *Juges* qui prétendent raconter l'histoire
de Samson.

I

Le récit commence par la naissance miraculeuse du héros.
Un homme de la tribu de Dan, Manoah, demeurait avec sa
femme au village de Soriah. Ce village est à l'ouest de Jérusalem, sur une colline ; il fait face à une localité dite *Beth-
Shemesh*, ce qui signifie « la maison (ou le temple) du soleil ».
Ne perdez pas de vue ce nom, car il est très important.
Comme le culte du soleil n'existait pas chez les Hébreux,
Beth-Shemesh marque l'emplacement d'un temple cananéen
où était adoré un Baal solaire ; le nom s'est conservé,
comme il arrive souvent, après le triomphe du monothéisme
juif en Palestine, comme un souvenir d'un état religieux plus
ancien[1].

Le territoire de la tribu de Dan confinait à l'est à celui de
la tribu de Juda ; ce sont les deux seules tribus mentionnées

---

1. Le *Palestine exploration fund* a commencé, en 1911, des fouilles métho-
diques à Beth-Shemesh, aujourd'hui *Aïn-Shem* (cf. *American Journal of
archaeology*, 1912, p. 115-116).

dans l'histoire de Samson, et celle de Juda, comme nous le verrons, n'y joue pas un beau rôle. Il est donc certain, dès l'abord, que l'histoire de Samson est d'origine danite. Les Danites étaient limitrophes, vers l'ouest, des Philistins, peuple guerrier probablement originaire de Crète, qui avait occupé le sud de la côte cananéenne, comme les Phéniciens en occupaient le nord. Les adversaires de Samson sont les Philistins qui, à l'époque où notre histoire commence, opprimaient depuis vingt ans les enfants d'Israël.

La femme de Manoah était stérile. Une apparition de l'Éternel (et non pas un *ange*, comme on traduit d'ordinaire) vint annoncer à Manoah qu'elle mettrait au monde un fils ; dès avant sa naissance, il doit être consacré à l'Éternel, en qualité de *nazir*. En attendant, la future mère ne doit ni boire de vin ni rien manger d'impur ; quant à son fils, il ne devra jamais être touché par un rasoir. La femme rapporte le message à Manoah ; elle avait pris l'apparition pour un *homme de Dieu*, un prophète. Manoah se mit en prière et demanda à Dieu de renouveler ses instructions. Or, pendant qu'il était aux champs, sa femme reçut une seconde fois la même visite ; elle courut chercher son mari qui vint interroger l'apparition et obtint à peu près les mêmes réponses. Croyant avoir devant lui un simple mortel, Manoah veut le retenir à souper et lui servir un chevreau ; l'apparition refuse : « Mais si tu veux offrir un holocauste à l'Éternel, offre-le ! » — « Quel est ton nom ? » demanda Manoah. L'apparition répond : « Pourquoi demandes-tu mon nom, qui est mystérieux ?[1] » Alors Manoah sacrifia le chevreau sur l'autel et, au moment où la flamme montait, l'apparition s'éleva au ciel dans la flamme. Manoah et sa femme se jetèrent la face contre terre. « Nous allons mourir, dit

---

1. On voit, par ce passage, que le nom de l'Éternel était bien *tabou*, contrairement à ce qu'écrit M. Loisy (*A propos d'histoire des religions*, p. 75) : « Le *tabou* n'est venu qu'assez tard, quand la plupart des livres de l'Ancien Testament avaient acquis leur forme définitive. » Et p. 76 : « Le nom de Yahvé n'était pas *tabou* au cours des temps bibliques. » M. Bousset a déjà reproché à M. Loisy d'avoir trop réduit la part des *tabous* bibliques dans sa polémique contre *Orpheus* (*Theologische Literaturzeitung*, 17 février 1912.)

Manoah, car nous avons vu Dieu ! » Sa femme le rassura, et les temps révolus, elle mit au monde un fils qu'on appela Samson.

Ce texte comporte diverses observations

D'abord, il suffit d'un peu d'attention pour reconnaître que nous avons ici deux récits juxtaposés. Le rédacteur, ne voulant sacrifier ni l'un ni l'autre, les a réunis assez maladroitement La double apparition, qui tient deux fois le même discours, ne peut s'expliquer qu'ainsi. Il est non moins singulier que la femme aille chercher son mari aux champs et le ramène auprès de l'apparition qui veut bien l'attendre ; cette invraisemblance fait partie de la suture

J'ai dit qu'il ne s'agit pas d'un ange, mais de Dieu lui-même, exactement comme dans la légende de Gédéon; cela ressort d'ailleurs des paroles que le rédacteur prête à la femme de Manoah : « Nous avons vu Dieu », ainsi que du miracle final

Le *nazirat* est une institution connue dans tous ses détails par le livre des *Nombres*; or, dans ce livre, il n'est pas question des devoirs de la mère du *nazir*, et le vœu n'est que temporaire, tandis qu'ici il est perpétuel On en a conclu que le *nazirat* de Samson était une forme plus ancienne du *nazirat* mosaïque Cela est peu croyable, le *nazirat* mosaïque n'étant que la codification de vieux usages. Entre le *nazir* mosaïque et Samson, il n'y a qu'un point commun : la défense d'user du rasoir. Dans la légende primitive, Samson est un héros chevelu; lorsque cette légende fut introduite dans le cadre de l'histoire et de la religion juive, un rédacteur se souvint du *nazirat* mosaïque et fit de Samson un *nazir*. Je crois donc qu'il faut considérer cette mention comme ajoutée

Mais voici qui est plus grave Dans le récit d'une légende miraculeuse, *l'annonciation* est un développement postérieur ou un euphémisme ; en réalité, la femme stérile est fécondée par le dieu lui-même. Ici, dans la légende primitive, le dieu ne pouvait être que celui de Beth-Shemesh, le Baal solaire, qui remonte au ciel dans la flamme de l'autel. Comment s'appellera le fils du dieu soleil ? Il s'appellera *Shimshon*, ce qui signifie, en hébreu, le *petit soleil* ou le *solaire*. Ainsi, dès le début, l'analyse de la légende nous transporte dans un domaine religieux qui n'est pas celui d'Israël, mais de Canaan. L'histoire de Samson a été recueillie par les Danites dans le territoire où ils se sont établis et elle a été, avec le temps, *judaïsée*, comme beaucoup de fables païennes ont été *christianisées* dans les vies des saints. Si Samson est un héros cananéen, et non danite, les Philistins n'ont pu faire partie de la légende primitive ; il pouvait s'y agir de Bédouins quelconques, ennemis des gens de Beth-Shemesh.

II

Le second épisode est celui du lionceau. Samson voit une fille philistine qui lui plaît ; il veut l'épouser, mais ses parents s'y opposent parce qu'elle est philistine, et non juive. Comme il insiste, Manoah et sa femme consentent et descendent avec leur fils vers la plaine. Un jeune lion vient au-devant de Samson en rugissant ; Samson le déchire de ses mains comme il eût fait d'un chevreau, mais il n'en dit rien à ses parents. Après avoir revu la Philistine, qui lui plut encore, Samson rentra au village ; peu de temps après, retournant auprès de cette fille avec ses parents, il vit le cadavre du lion où étaient un essaim d'abeilles et du miel. Samson prit le miel et en mangea ; il en donna aussi à ses parents, mais ne leur dit pas qu'il avait pris le miel dans le corps du lion.

Cette rédaction, que je viens de résumer, est incohérente. Par deux fois, Samson descend avec ses parents vers la plaine ; une fois, il tue un lion ; une autre fois, il prend du miel dans sa carcasse, sans que ses parents s'aperçoivent de rien. Dire, comme on le fait, qu'il s'est écarté deux fois de la route, c'est trop présumer de la crédulité du lecteur. En outre, Samson, qui insiste pour épouser la Philistine, vient la revoir avec ses parents et la trouve à son gré ; il semble que tel était déjà son avis, puisqu'il voulait la prendre pour femme. On a reconnu que, dans un état plus ancien de la légende, Samson se mariait sans l'aveu de ses parents ; un rédacteur, jugeant cela scandaleux chez un élu du Seigneur, imagina les promenades à trois dont l'absurdité est évidente

Les épisodes du lion et du miel doivent appartenir au fond même de l'histoire. On est étonné que Samson, *nazir*, ose toucher à un cadavre d'animal, mais cela suffirait à prouver que sa qualité de *nazir* est une addition. On a fait aussi observer que les abeilles ne s'établissent pas dans les corps en putréfaction et l'on a répondu que le lion ne devait plus être qu'un squelette, le soleil et les chacals ayant fait leur œuvre Objections et réponses sont également puériles. L'antiquité connaît plusieurs légendes qui font sortir des essaims d'abeilles de corps d'animaux tués, et même du corps d'une prêtresse corinthienne, nommée Melissa. Il existait probablement aussi un mythe cananéen qui faisait naître les abeilles du corps d'un lion tué par le héros fils de Beth-Shemesh.

L'exploit de Samson, tueur d'un lion, est un des traits de sa légende qui l'ont fait assimiler, dès l'antiquité, à Héraklès. Ecoutez dom Calmet, contemporain et ami de Voltaire, mais dont le grand commentaire de la Bible n'a rien de voltairien : « La force extraordinaire d'Hercule, le lion qu'il étouffe la servitude où il fut réduit chez le roi Eurysthée et les travaux qu'il fut obligé de supporter pour s'en délivrer, ne nous rappellent-ils pas l'image de Samson ? L'infâme complaisance de Samson pour Dalila et celle d'Hercule pour Omphale ; les deux Colonnes d'Hercule, celles de Samson, qui furent à l'un et à l'autre la fin de leur travaux, tout cela peut-il se rencontrer si juste sans dessein et sans préméditation ? » Bien entendu, pour les Pères de l'Église et pour dom Calmet, ce sont les Grecs qui ont été des plagiaires. Pour nous, il ne peut être question de plagiat, mais d'une source populaire commune.

Les textes classiques nous font connaître plusieurs Héraklès, c'est-à-dire le mythe du bon géant sous différentes formes Le plus ancien Héraklès est celui de Lydie. Il est le

seul que l'art archaïque montre revêtu d'une dépouille de
lion. Cet Héraklès passait pour l'ancêtre d'une famille royale
de Lydie, celle des Héraclides ; or, chose curieuse, on racontait qu'un de ces rois avait eu un lion pour fils et que ce
lion, promené autour de Sardes, avait rendu cette ville
inexpugnable. Crésus savait encore que sa famille était d'origine léonine : il envoya un lion d'or comme offrande à
Delphes et probablement aussi à Délos les lions de pierre qui
ont été retrouvés il y a quelques années. J'ai donné ailleurs
avec plus de détail les motifs que j'ai de croire que le lion
était un animal divin en Lydie et l'ancêtre mythique des
Héraclides[1]. Donc l'Héraklès lydien, avant d'être un tueur de
lion, fut un lion. Ceci s'accorde avec une règle générale :
l'attribut d'une divinité, à l'époque classique, comme l'aigle
de Zeus, la biche d'Artémis, le dauphin de Poseidon, a dû
être, à l'époque préhistorique, une forme de ce dieu lui-
même. Appliquons cette règle à Samson : le tueur de lion
fut, à l'origine, un lion. Ce qui est vrai de Samson doit l'être
de son père, Baal Shemesh ; et, en effet, nous trouvons,
d'une part, que le Baal de Tyr est identifié par les anciens à
Héraklès, de l'autre que plusieurs divinités solaires de
l'Orient ont, comme on dit, pour symbole le lion. Mais le
symbolisme est toujours le produit d'un dédoublement ; à
l'origine, nous avons le culte du lion, comparé au soleil à
cause de sa couleur fauve et de sa puissance. Le soleil est le
lion du ciel, le lion est le soleil sur la terre ; comme le soleil
et comme Samson, le lion est pourvu d'une longue crinière,
qui le distingue de la lionne et où est censée résider sa force.
Vous voyez que je me garde de faire de Samson le héros
d'un mythe solaire, comme on l'a répété depuis cinquante
ans[2] ; mais j'entrevois, sous sa légende anthropomorphisée et
judaïsée, le vieux mythe cananéen du lion divin, assimilé
plus tard au dieu solaire Baal Shemesh. Notez que les mytho-

---

1. S. Reinach, *Cultes*, t. I, p. 293.

2. M. Gaidoz lui-même (*Mélusine*, t. IV, p. 107) confesse sa « vieille conviction que la légende de Samson est un mythe solaire, conviction à laquelle
je reste fidèle comme si personne encore ne s'était moqué des mythes solaires. »

logues modernes ont aussi pensé que le mythe d'Héraklès était solaire; ils l'ont expliqué comme celui de Samson. Moi qui n'admets pas les mythes solaires, mais les mythes animaux et végétaux, je leur donne tort, mais je m'instruis de leurs erreurs Héraklès et Samson sont l'un et l'autre des produits de l'anthropomorphisme, qui a séparé le dieu de l'animal pour faire du second le compagnon ou l'adversaire du premier ; leurs légendes ont aussi l'une et l'autre passé par ce que j'appellerai une *phase solaire*, en ce sens que le lion a été comparé et même identifié au soleil. Nous ignorons encore l'origine des signes du Zodiaque[1]; mais au cœur de l'été, quand le soleil brille dans toute sa force, il est dans le signe du lion.

Dans le récit biblique, le fait que Samson mange du miel n'a pas de sens; c'est un débris, isolé du contexte, de la légende primitive Quelques analogies peuvent être alléguées, mais sous toutes réserves. Il y avait en Grèce un héros Meliteus, *le Mielleux*, fils de Zeus et d'une nymphe, que Zeus avait fait nourrir par des abeilles ; il fonda la ville de Mélite en Phthiotide. Une autre ville de Mélite, en Attique, devait son nom, disait-on, à une nymphe aimée d'Héraklès; le principal sanctuaire de Mélite était celui d'Héraklès secourable Ces indices permettent de penser qu'un Héraklès mielleux, pendant, même à cet égard, du Samson cananéen, n'était pas inconnu de la fable grecque. Le vieux dieu grec Aristée était le fils de la nymphe Cyrène qui dompta un lion en Libye et qu'on peut, par suite, considérer comme une lionne ; or, on racontait qu'Aristée, ayant eu le malheur de perdre ses abeilles, en avait fait naître de nouveaux essaims des entrailles de taureaux sacrifiés[2] Il y a donc quelque apparence de relations, même en dehors du pays de Canaan,

1 L'origine totémique de ces signes a été soutenue par Mac Lennan, *Studies in ancient history*, II, p 520

2 « Aristée élève des autels et y conduit des taureaux et autant de génisses ; puis il les offre en sacrifice aux mânes d'Orphée Tout à coup, des entrailles corrompues des victimes, s'élancent en bourdonnant des essaims d'abeilles, qui s'élèvent comme un nuage immense dans les airs » (Virgile, *Géorgiques*, IV, 548-557)

entre le lion, Héraklès et les abeilles. Mais ce ne sont là, je
le répète, que des lueurs, des indices peut-être décevants.
Ajouterai-je qu'on a découvert dans l'île de Malte (*Mélite*)

Fig. 1. — Mosaïque de Malte.

une mosaïque romaine inexpliquée, où j'ai cru reconnaître
une Dalila phénicienne, d'origine cananéenne, coupant les
cheveux d'un Samson, naturalisé phénicien[1]? (fig. 1). Si cette

1. *Revue archéologique*, 1909, I, p. 171.

interprétation était prouvée, ce serait, comme on dit, trop
beau; aussi je me contente de la rappeler en passant, espé-
rant qu'un plus habile que moi résoudra l'énigme, ou peut-
être me donnera raison

Ceci me ramène à la légende de Samson, où l'épisode qui
suit celui du lion est l'affaire du mariage et de l'énigme.

III

Manoah descend chez les Philistins pour convenir des
noces de son fils; on prépare un festin, auquel trente Philistins sont conviés « Je vais, dit Samson à ces invités, vous
proposer une énigme. Si vous devinez, je vous donnerai
trente tuniques et trente robes; sinon, vous me donnerez
trente robes et trente tuniques. » Et Samson proposa l'énigme
suivante : « Du mangeur est sortie la mangeaille, et du féroce
est sortie la douceur. » Les Philistins, après s'être donné bien
du mal pour deviner, gagnèrent la jeune femme de Samson
qui se fit confier le secret de l'énigme et le communiqua aux
gens de son peuple. Le septième jour, avant le coucher du
soleil, ils dirent . « Qu'y a-t-il de plus doux que le miel, et qu'y
a-t-il de plus féroce que le lion ? » Samson reconnut qu'il
avait été trahi et, « saisi de l'esprit divin », il descendit à
Ascalon, y tua trente hommes, s'empara de leurs dépouilles
et les donna à ses commensaux. Puis il se retira chez son
père, sa femme fut mariée à l'un des compagnons ou garçons d'honneur qu'on avait adjoints à Samson.

Cette histoire n'a de sel qu'à cause de celle qui précède,
l'épisode du lion et du miel ; mais il tombe sous le sens que
Samson ne pouvait proposer une énigme se rapportant à un
fait particulier ignoré de tous Il faut donc admettre que
dans une rédaction antérieure, l'énigme visait un fait réel
ou supposé, mais connu, celui de l'origine léonine des
abeilles. Nous étions déjà arrivés à conclure qu'il s'agissait
d'une superstition analogue à celle qui fait le fond du mythe

d'Aristée dans Virgile ; en voilà une preuve nouvelle, et une preuve aussi que les rédacteurs successifs de la légende l'ont sottement et maladroitement défigurée. Le dernier rédacteur est sans doute responsable de l'intervention de l'esprit divin, qui saisit Samson et lui fait commettre trente assassinats et autant de vols. La légende primitive était probablement *amorale* ; le rédacteur sacerdotal, en essayant de la moraliser, l'a rendue foncièrement *immorale*. N'insistons pas.

Vient ensuite l'épisode des renards. Samson veut reprendre sa place de mari auprès de sa femme ; mais le père de celle-ci, qui est remariée, l'en empêche et lui offre sa seconde fille. Là-dessus Samson, furieux, attache des torches aux queues de trente renards, y met le feu et les lâche parmi les blés. Les Philistins, apprenant que Samson leur a fait tant de mal pour venger une injure qu'il a reçue de son beau-père, font périr celui-ci dans les flammes avec sa fille. Pour se venger à son tour, Samson fait un grand carnage des Philistins. Essayons de comprendre ces absurdités en recourant à la méthode comparative, dont les ennemis de la raison ont mille fois raison de médire, car elle est très gênante pour eux.

Aux *Cerealia* célébrées à Rome, le 19 avril, on lâchait dans le cirque des renards à la queue desquels étaient fixés des flambeaux. A Carseoli, au pays des Èques, on enveloppait des renards avec des bottes d'épis et d'herbes, on y mettait le feu et on les laissait courir à travers champs. Ce sont là de très vieux rites agraires, que les anciens ne comprenaient plus en les pratiquant encore. Ovide raconte que le fils d'un villageois de Carseoli, ayant pris un renard, l'enveloppa de chanvre et l'approcha par imprudence du foyer ; le renard prit feu, s'échappa et, dans sa fuite, embrasa les moissons. Ce serait en souvenir de ce désastre et par application de la loi du talion que l'on brûlerait des renards aux *Cerealia*. Je ne comprends pas comment le P. Lagrange a pu écrire : « L'explication que donne Ovide pouvait fort bien s'inspirer de l'histoire juive. » Il est bien évident, au contraire, que l'histoire juive est l'écho d'un vieil usage analogue à ceux que décrit Ovide et à d'autres qui existent encore aujourd'hui[1]. La coutume de brûler des renards aux fêtes de la Saint-Jean existe même en France ; en France et en Allemagne, le renard est comme le génie de la moisson, dont la mise à mort a peut-être pour but de fertiliser le sol. Il est possible que l'incendie de quelques carrés de blé, par des renards portant des torches à la queue, ait été un rite prophylactique : en sacrifiant la partie, on s'imaginait préserver le reste des ardeurs plus redoutables de la Canicule. C'est la vieille idée populaire de la vaccination, qui a été laïcisée par le génie de Jenner. J'incline à croire que le Samson cananéen, dieu ou héros d'un culte solaire, était considéré comme l'inventeur de ce rite cru bienfaisant ; les rédacteurs juifs ont transformé en une vengeance, d'ailleurs stupide, le souvenir d'une superstition. Ovide devait en faire autant six siècles plus tard.

IV

Les trois épisodes suivants sont des légendes suggérées par l'explication populaire de noms de lieux.

Samson, après son mauvais coup, s'est retiré dans le creux d'un rocher. Les Philistins le suivent et envahissent le pays de Juda. Les hommes de Juda, apprenant la cause de cette expédition, se décident à livrer le héros aux Philistins. Ils le lient avec des cordes neuves et le conduisent vers l'ennemi. Alors « l'esprit divin le saisit », il rompt ses liens et, ramassant une mâchoire d'âne, frappe mille Philistins ; après quoi, il jette la mâchoire à terre « et l'on appela ce lieu *Ramath-Lehi* », ce qui veut dire *le tertre de la mâchoire*. Il existait en Laconie, au dire de Strabon, un promontoire appelé *la mâchoire d'âne ;* il y a des *dents* dans les montagnes de Suisse et la toponymie française connaît des *dents* de Gargantua. Pour expliquer le nom de *mâchoire d'âne*, qu'une analogie fortuite avait fait donner à un rocher, les Cananéens supposaient qu'elle avait servi d'arme à leur Gargantua.

---

1. Voir, pour les textes et des détails complémentaires, *Cultes*, t. II, p. 116.

Comme ce rocher est beaucoup plus grand qu'une mâchoire, il résulte de là que, dans l'ancienne légende anthropomorphique, Samson devait être un géant ; la Bible n'a pas conservé ce trait, parce que les géants bibliques sont des Cananéens, des ennemis d'Israël, mais elle a conservé des épisodes qui l'impliquent nettement.

Samson a soif, il invoque l'Éternel, qui fend le rocher et en fait jaillir une source. Cette source s'appelle *la source de l'invocateur à Lehi*. Le texte hébreu prête ici à confusion ; mais il en dit assez pour que l'origine de la légende soit évidente.

Samson va voir une courtisane à Gaza ; les Philistins le guettent à la porte de la ville pour le tuer quand il sortira. Mais Samson se lève à minuit, saisit la porte avec ses poteaux, ses battants et sa barre, la charge sur ses épaules et la dépose au sommet de la montagne qui regarde Hébron. Ici, le texte ne donne pas le nom de ce sommet, mais il n'est pas douteux qu'il devait s'appeler *la Porte de Gaza* ou de quelque nom semblable. C'est une histoire à la Gargantua, suggérée par quelque désignation locale ; le folklore français fournit de nombreuses analogies.

V

Comme Héraklès, Samson a beaucoup de goût pour le sexe ; il tombe amoureux de la Philistine Dalila. Les Philistins la prient d'arracher à Samson le secret de sa force et lui promettent une grosse somme d'argent comme prix de sa trahison. Samson, pressé par Dalila, commence par de fausses confidences. « Si, dit-il, on me liait avec sept cordes fraîches et encore humides, je perdrais ma force et deviendrais semblable à un autre homme. » Les princes philistins fournissent les cordes à Dalila qui attache Samson, tandis que des hommes, apostés par elle, attendent dans la chambre à côté. Puis elle lui dit : « Les Philistins viennent te surprendre, Samson ! » Et il rompt ses liens comme de l'étoupe à l'approche du feu. La même histoire se répète deux fois, avec le même résultat. Sur quoi le commentateur de la Bible de Cambridge ne peut s'empêcher d'observer : « Un homme moins égaré (*foolish*) que Samson aurait vu tout de suite dans quelle intention Dalila l'interrogeait et se serait affranchi des dangereuses fascinations de la tentatrice » Assurément, bon prud'homme Remarquez que Samson brise ses liens trois fois ; ce sont toujours des liens d'une nature différente Ce rythme ternaire est d'un emploi continuel dans les contes, il faut être un théologien bien arriéré pour voir ici de l'histoire

Enfin Dalila, fatiguée d'être trompée par son amant, l'excède au point qu'il lui révèle son secret : « Jamais rasoir n'a touché ma tête, car je suis voué à Dieu comme *nazir* depuis le sein maternel ; si l'on me coupait les cheveux, je perdrais ma force. » Alors Dalila endort Samson sur ses genoux et, ayant appelé un barbier, fait couper les sept boucles de sa chevelure; puis elle fait entrer les Philistins. Samson croit en vain pouvoir se défendre, mais l'Eternel l'a abandonné Les Philistins lui crèvent les yeux, l'emmènent à Gaza, le chargent de chaînes et le forcent à tourner la meule dans sa prison. Quelques rabbins de Palestine, au temps de S. Jérôme, croyaient que le travail imposé à Samson avait été d'une tout autre nature, et Bayle s'est fort amusé de cette hypothèse[1] Mais on a d'autres exemples d'esclaves et de captifs condamnés à tourner la meule ; le seul intérêt de l'explication des rabbins, c'est qu'elle fournit, je crois, le plus ancien exemple de l'idée qu'un géant

1. Bayle, *Dictionnaire*, art. Samson « Quelques-uns veulent que par les paroles de l'Ecriture qui nous apprennent que les Philistins le firent moudre, il faut entendre qu'ils le firent coucher avec leurs femmes, afin d'avoir de la race d'un si brave homme. Selon cela, on trouverait une nouvelle conformité entre son histoire et celle d'Hercule . Je trouve bien raisonnables ceux qui ne sauraient se persuader que les Philistins aient été assez débonnaires pour se venger si humainement d'un homme qui avait été leur fléau et qu'ils haïssaient comme la peste Un tel châtiment n'eût guère déplu à Samson, car il aimait fort les femmes ; on l'eût bien nourri, bien entretenu, en un mot on l'eût traité comme on traite les ânes d'Aranjuez et les étalons d'un haras. Il n'y aurait eu à craindre que la contrainte »

pourrait être employé à l'amélioration de l'espèce humaine.
Cette idée n'est pas si sotte qu'on ne doive en saluer l'apparition ; il y a tout juste quinze siècles de cela.

L'élément religieux de cet épisode est interpolé. Les
commentateurs prétendent à l'envi que Samson a violé le
contrat intervenu entre lui et Dieu, que la force de Samson
ne résidait pas dans ses cheveux, mais dans son alliance avec
Jahveh. Cela pourrait être vrai si Samson, à la prière de
Dalila, avait coupé ses cheveux lui-même ; mais elle les fait
couper à son insu, pendant son sommeil[1]; quand ils auront
repoussé, Samson retrouvera sa force. C'est donc que cette
force est magique, idée populaire dont il subsiste beaucoup
de traces et que l'aspect de certains animaux, comme le lion,
le taureau et le cheval, a pu suggérer de tout temps. Le port
des cheveux longs est resté un insigne de royauté et de puissance ; les indigènes des îles de la Sonde étaient convaincus
qu'on leur enlevait toute vigueur en les tondant ; les rois
chevelus des Goths et des Francs pensaient de même. Il n'y
a pas longtemps, lorsque les tribunaux européens jugeaient
des sorciers et des sorcières, on croyait si bien que leur force
résidait dans leurs poils qu'on les rasait entièrement avant
de les livrer à la torture ; une fois rasés, privés de leur force
magique, ils ne résisteraient pas aux tourments et confesse-
raient leurs iniquités. L'inquisiteur Sprenger se contentait
de raser la tête des femmes accusées de sorcellerie ; mais
son bon collègue Cumanus fit raser de pied en cap 41 femmes
avant de les faire monter sur le bûcher. On disait en Écosse
que Satan lui-même, du haut de la chaire d'une église, avait
rassuré ses adeptes en les assurant qu'il ne leur arriverait
aucun mal tant que leurs têtes seraient garnies de cheveux[2].
C'est dans cet ordre d'idées qu'il faut chercher l'explication
de la chevelure magique de Samson, dépositaire de sa force
surhumaine ; cela n'a rien à voir avec le nazirat, au terme
duquel le *nazir* consacre sa chevelure à Dieu. Mais le rédac-

1. L'intervention du barbier est ridicule; dans la légende primitive, Dalila
devait couper elle-même les cheveux du héros.
2. Frazer, *Golden Bough*, III, p. 390-1 ; *Magic Art*, II, p. 180.

teur sacerdotal ne pouvait s'accommoder d'une histoire magique ; obligé d'en conserver les données essentielles, qui nous permettent de la restituer aujourd'hui, il a fait intervenir l'Eternel et le vœu du *nazir* dans un vieux conte cananéen qui les ignorait

Cependant les cheveux de Samson ont repoussé. Les Philistins célèbrent une fête au temple de Dagon et font paraître Samson pour les divertir (on ne dit pas comment ; dom Calmet croit que Samson dut se livrer à des *singeries*)[1] Le temple était rempli d'hommes et de femmes ; tous les princes philistins s'y trouvaient et, sur le toit, environ trois mille personnes. Samson, appuyé aux deux colonnes du milieu du temple, adressa une prière à l'Eternel : « Daigne te souvenir de moi ! Daigne me rendre assez fort pour que je fasse payer d'un seul coup mes deux yeux aux Philistins ! » Et, pesant sur les deux colonnes, il ébranla le temple qui s'écroula, de sorte qu'il fit périr plus de Philistins en mourant qu'il n'en avait tué pendant sa vie. Ses frères et toute sa famille vinrent pour emporter son corps et l'ensevelirent dans le sépulcre de son père Manoah.

Ici encore, l'invocation à Dieu est une interpolation, puisque le principe de la force nouvelle de Samson réside uniquement dans ses cheveux qui ont repoussé Ce dernier trait est seul primitif ; il devait faire partie de la légende cananéenne. Cette légende était d'ailleurs moins illogique que celle de la Bible, puisqu'elle représentait Samson comme un géant, quelle que fût la construction supposée du temple de Dagon, un géant seul pouvait ébranler à la fois les deux colonnes qui le supportaient par le milieu.

VI

Voltaire, après avoir raconté l'histoire de Samson, dit qu'elle était faite pour la farce italienne. Aujourd'hui nous

---

1 Sans songer a Dom Calmet ni a Samson, Mᵐᵉ Daniel Lesueur parle des « singeries » qu'un dompteur impose a un lion dans une ménagerie (*Madame l'ambassadrice*, 18ᵉ éd., p. 42).

n'en rions plus, mais nous l'expliquons. On peut, à cela seul, mesurer les progrès qu'a faits l'exégèse, sans oublier, d'ailleurs, que ces progrès eussent été impossibles si Voltaire, autre Samson, n'avait pas d'abord ébranlé le temple où d'autres ministres, qui n'étaient pas ceux de Dagon, tenaient aveuglé et enchaîné le génie humain.

Ce serait pourtant une erreur de croire qu'une thèse comme celle que je viens d'exposer puisse être acceptée, même à cette heure, par l'exégèse non laïque. Elle est certainement entachée d'hérésie et sent le fagot. Le pape Léon XIII écrivait en 1894, dans l'Encyclique *Providentissimus Deus* : « Tous les livres entiers que l'Église a reçus comme sacrés et canoniques ont été écrits sous la dictée de l'Esprit-Saint... Dieu, souveraine vérité, ne peut être l'auteur d'aucune erreur. » Aussi le P. Lagrange, commentant l'histoire de Samson en 1903, a-t-il dû écrire ces lignes où se mêlent l'erreur et la vérité : « Le cadre historique est parfaitement déterminé et rien n'autorise à mettre en doute la lutte du héros danite contre ses ennemis. Il paraît cependant clairement par le texte même que la verve populaire s'est exercée à propos de Samson. Il a d'ailleurs le cachet d'un héros populaire : bravoure à toute épreuve, faiblesse envers le sexe, esprit caustique et mordant. *Mais rien de tout cela n'est mythologique* [1]. » Cette réserve, qui annule ce qui précède — cela est fréquent dans l'exégèse orthodoxe, ou qui s'efforce de le paraître — empêchera l'excellent P. Lagrange de me donner raison dans sa *Revue biblique*, si je publie quelque jour cette conférence. Mais voici un *distinguo* plus subtil dû à un prêtre catholique hollandais, l'abbé Sloet, qui commenta, en 1905, l'histoire de Samson. Avec l'approbation de l'abbé Coppieters (de Louvain), il écrit ceci [2] : « Un auteur inspiré de l'Ancien Testament est excité par l'Esprit-Saint à rassembler des récits oraux ou écrits pour en composer une histoire d'Israël. Cela ne signifie pas que toutes ses narrations, même dans le détail, soient historiquement

1. C'est moi qui souligne.
2. *Revue biblique*, 1906, p. 141.

vraies. » Ainsi l'inspiration divine embrase le compilateur,
lui met la plume à la main dans une intention pieuse et
louable ; s'il compile, faute de mieux, de vieux contes cananéens, des légendes proprement et foncièrement mythologiques, en y faisant coûte que coûte et souvent en dépit du
bon sens une place au vrai Dieu, le principe de l'inspiration
est sauf Je trouve cette théorie non seulement ingénieuse,
mais commode, et je me réjouis que M. l'abbé Coppieters l'ait
approuvée dans la *Revue* que dirige le P. Lagrange Dans un
siècle ou deux, si elle est adoptée à Rome, l'heure de l'exégèse
vraiment scientifique aura sonné pour tous et les bons livres
ne seront plus mis à l'index.

En résumé :

Ce qu'il y a proprement de juif dans l'histoire de Samson
est interpolé. C'est un vieux conte cananéen, dont le héros
bienfaisant, qui finit par être un héros souffrant, est l'Hercule ou le Gargantua Entre autres bienfaits, ce héros donne
naissance aux abeilles et imagine un rite — celui des
renards ardents — pour préserver les moissons des ardeurs
excessives du soleil. Le récit falsifié et souvent contradic-
toire de la Bible a pour objet de sanctifier une légende
païenne, où l'élément magique domine, à l'exclusion de tout
élément religieux ou moral. Les prêtres juifs ont *judaïsé* les
légendes de Canaan, comme les prêtres catholiques devaient
christianiser, dans nombre de Vies des saints, les légendes
des héros grecs. Mais la compilation a été si mal faite,
les raccords sont si évidents, qu'il est possible de restituer en partie l'original Le Samson cananéen est le fils du
Baal de Beth-Shemesh ; cette localité, dont le nom signifie
temple du Soleil, est très voisine du lieu où la Bible place
la naissance de Samson. Le nom de Samson signifie « le petit
soleil », ce qui convient parfaitement au fils d'un dieu
solaire. Mais le mythe de Samson n'est pas solaire à l'origine, on y distingue encore les éléments d'une fable animale
transformée par l'anthropomorphisme Avant d'être un géant
à forme humaine, Samson fut un lion à la puissante crinière,

considérée comme le siège de sa force. Le lion devint plus tard le symbole du dieu solaire, parce qu'il avait commencé par être ce dieu lui-même. Le ciel aussi avait ses animaux sacrés, comme en témoigne l' « immense roue » du Zodiaque[1] ; le soleil était le lion céleste. Quand le jour vint où l'on se figura les dieux comme célestes, il y eut un chassé-croisé ; mais, à l'époque romaine encore, dans le temple du dieu solaire d'Héliopolis, un lion vivant recevait les hommages des fidèles, comme représentant du dieu inaccessible que le lion avait jadis incarné.

1. V. Hugo dit de Pégase : « Le Zodiaque, immense roue — a parfois failli l'écraser ». (*Chansons des Rues et des Bois.*)

Les deux épées

Dans le livre des *Juges* (VII, 21), Gédéon, marchant avec 300 hommes contre les Madianites, donne comme mot d'ordre et cri de guerre à sa petite troupe « L'épée de Jahveh et de Gédéon ! » Le grec porte : 'Ρομφαία τῷ ϰυρίῳ ϰαὶ τῷ Γεδεών. Ce datif est étrange L'hébreu se traduit littéralement : « Épée ' pour Jahveh et pour Gédéon ! » L'interprète anglais de la Bible de Cambridge (*Book of Judges*, 1906, p. 115), traduit : *The sword of the Lord and of Gideon* ! » Cette traduction, ayant un sens, doit être préférée à celle de Reuss (p. 180) : « L'épée pour Jahveh et pour Gédéon ! »

On ne se figure guère le Seigneur et Gédéon maniant ensemble une seule épée ; dans la pensée de ceux qui lisaient ce récit, il devait y avoir deux épées, celle du Seigneur et celle de son serviteur. Ces deux épées assurèrent la victoire ; c'est en les invoquant qu'elle fut remportée

Cette victoire de Gédéon devint et resta typique Isaïe (IX, 4, 3) rappelle « la journée de Madian » et (X, 26, 1) « l'Éternel qui frappa Madian »; il plaît au prophète de rappeler cette victoire, « parce que l'intervention de Jéhova y a été plus évidente. » (Reuss, *Prophètes*, I, p 249.)

A la fin du récit de la Cène, il y a un épisode narré par Luc seul (XXII, 36) où il est question de deux épées. Jésus dit aux apôtres : « Que celui qui n'a point d'épée vende sa robe et en achète une; car je vous dis qu'il faut que s'accomplisse en moi la parole . *Il a été mis au rang des malfaiteurs* (Isaïe, LIII, 12) Et les apôtres dirent : Seigneur ! voici deux épées Et il leur dit : Cela suffit ».

On pense généralement que Jésus parlait d'épées au sens figuré et que les apôtres, ne comprenant pas le Maître, lui montrèrent deux épées qu'ils se trouvaient posséder par hasard, ou deux épées suspendues au mur de la salle. Jésus répond : « Cela suffit », c'est-à-dire : « Vous ne comprenez pas mes paroles, mais je n'ai pas le temps de vous les expliquer ; brisons là ». Cette explication est bien invraisemblable ; celle qui rappelle, à ce propos, le coup d'épée donné par Pierre à Malchus (Jean, XVIII, 10) ne l'est pas moins, car il s'agit là d'une seule épée, non de deux. Dans le récit de Luc, les *deux* épées signifient quelque chose, car *deux* épées sont évidemment un arsenal très insuffisant pour douze apôtres.

Ne pourrait-on pas voir, dans ce passage de Luc, qui doit dériver de quelque source plus ancienne, une allusion à la victoire de Gédéon remportée grâce à *deux* épées, celle de Dieu et celle de son serviteur ? Luc aurait mal compris ou abrégé sa source, d'où le problème posé par son texte aux commentateurs.

Il ne faudrait pas objecter que les Évangiles ne font pas d'autre allusion au livre des *Juges* ; ils n'en font pas non plus au livre d'Amos, et pourtant il paraît certain que l'épisode du jeune homme qui s'enfuit nu (Marc, XIV, 51-52) est bien la *vérification* de cette prophétie d'Amos (II, 16) : « Le plus courageux entre les plus braves s'enfuira tout nu en ce jour-là »[1].

Voici comment de savants critiques ont essayé d'expliquer ce passage de Luc ; le lecteur jugera si mon interprétation est moins vraisemblable que les leurs.

Renan, *Vie de Jésus*, 13e éd., p. 403 : « Il semble que, vers la fin de la soirée, les pressentiments de Jésus gagnèrent les disciples. Tous sentirent qu'un grave danger menaçait le maître et qu'on touchait à une crise. Un moment Jésus songea à quelques précautions et parla d'épées. Il y en avait deux dans la compagnie. « C'est assez », dit-il. Il ne donna aucune suite à cette idée ; il vit bien que de timides provinciaux ne tiendraient pas devant la force armée des grands pouvoirs de Jérusalem ».

---

1. Il est probable que l'épisode des ténèbres, qui se répandent sur la terre pendant la Passion, dérive également d'Amos, vii, 9-10 (Loisy, *Evangiles synoptiques*, t. II, p. 679).

G. D'EICHTHAL, *Les Évangiles*, t. II, p 304 : « Le sens de cette allocution est bien évidemment que le temps des épreuves est arrivé et que les disciples doivent se préparer à les soutenir, mais la forme est singulièrement étrange. Peut-être aussi Luc a-t-il voulu expliquer comment tout à l'heure il pourra se faire que l'un des disciples soit muni d'une épée »

REUSS, *Histoire évangélique*, p 647. « Jésus rappelle à ses disciples la mission qu'il leur avait donnée autrefois de parcourir la Palestine, et pour laquelle ils ne devaient point se charger de bagage superflu . « Eh bien, dit-il, désormais les temps sont changés .. Ce sont des armes qu'il vous faudra. » On comprend aisément que tous ces discours sont à interpréter allégoriquement. Rien n'était plus éloigné de la pensée de Jésus que de faire ce que plus tard Mahomet a fait dans l'intérêt de sa cause... D'un autre côté, nous ne serons pas surpris de voir les disciples prendre le mot à la lettre et montrer fièrement les deux epées qu'ils avaient avec eux, comme pour dire . « Ne crains rien, nous te défendrons ! » Jésus, en souriant, met fin à cet incident, en disant « Cela suffit ! », ce qu'on a pu prendre pour un mouvement d'impatience ou d'ironie, mais ce qui s'explique plus naturellement comme une formule qui doit amener un changement dans le sujet de la conversation, la portée de ces prédictions n'ayant pas été saisie et le moment n'étant pas opportun pour les commenter tout au long ».

BACUEZ et BRASSAC, *Manuel biblique*, t. III, p. 644 : « Les apôtres prirent à la lettre les métaphores qui désignaient la force morale, ils dirent : « Il y a deux épées », deux épées proprement dites, ou deux grands couteaux qui avaient servi au festin. Le Seigneur répondit d'une manière évasive . « Cela suffit » (n'en parlons plus). La signification littérale de ces paroles est inadmissible, car elle serait contraire à tout ce que nous savons de Jésus ; au reste, deux épées n'auraient pu défendre le groupe apostolique contre des ennemis nombreux et armés ».

H. J. HOLTZMANN, *Die Synoptiker*, 3e éd , p 413 . « Les disciples, qui, à l'insu de Jésus, ont apporté de la maison deux armes, peut-être des couteaux de sacrificateur (d'après S Jean Chrysostôme, ayant servi au sacrifice de l'agneau pascal), en vue de leur marche pendant la nuit, pour se défendre contre la trahison annoncée, croient avoir répondu d'avance à la recommandation du maître , sur quoi Jésus répond . « Cela suffit », c'est à-dire cela suffit au but qu'il avait en vue (XXII, 36 : que celui qui n'a point d'épée vende sa robe et en achète une); par contre, s'il y a eu malentendu des disciples au sujet des épées, c'était aussi assez d'inintelligence et d'illusion de leur part. Si l'on interprétait littéralement, il faudrait ou bien que Jésus eût prédit des combats pour un avenir prochain, ou qu'il eût attendu un attentat meurtrier et, par son ordre, eût libéré ses disciples de l'interdiction qui existait de porter des armes dans la nuit de Pâque ».

LOISY, *Évangiles synoptiques*, t. II, p. 155 : « Dans la pensée de Luc, la situation des apôtres va changer du tout au tout... Les disciples entendent à la lettre la recommandation de Jésus... Certains commentateurs ont pensé que ce pouvaient être deux grands couteaux de boucher... Mais puisque Jésus parlait d'épées, on ne voit pas pourquoi les disciples lui présenteraient des couteaux sous le même nom. Ils pouvaient avoir eu ces épées avec eux durant le voyage, ou bien même se les être procurées depuis leur arrivée à Jérusalem... Jésus s'abstient de leur donner d'autres explications et il se contente de répondre : « C'est assez ». Que signifie cette conclusion? Le sens naturel est que deux épées satisfont au besoin du moment; mais on ne voit pas très bien pourquoi deux épées pourraient suffire à la défense de tous, dans les prochains périls... Il est probable que l'évangéliste a retenu la mention des deux épées afin de préparer l'incident qui se produira lorsque les émissaires du sanhédrin mettront la main sur Jésus; dans ce cas, il pourrait bien avoir aussi retenu les mots : « C'est assez », sans vouloir signifier autre chose que la suffisance de deux épées pour l'accomplissement des desseins providentiels dans le cas présent. Mais telle ne peut être l'idée primitive. Il semblerait que, dans l'instant où ces paroles ont été prononcées, Jésus ne songeait nullement au sort ultérieur des apôtres, mais au péril qui grandissait autour de lui et des siens... Le Sauveur prévoit un attentat contre sa personne et il a l'intention d'y résister. Mais l'événement va se produire dans des conditions qui rendront les deux épées inutiles et non seulement insuffisantes »[1].

En note : « On objecte que le port d'armes était interdit dans la nuit de Pâque; mais était-on à la nuit de la Pâque, et Jésus

---

1. Cf. *ibid.*, p. 582 (incident de l'oreille coupée) : « L'individu avait été blessé, mais il aurait été difficile de dire par qui, vu que les apôtres avaient au moins deux épées. »

aurait-il eu scrupule d'enfreindre cette coutume? D'autre part,
on ne saurait dire, avec Wellhausen (*Luc*, 125), si le « C'est
assez » a été dit, « avec une résignation triste », parce que le
moyen de défense était « ridiculement insuffisant ». Il faudrait
savoir comment Jésus se représentait le péril ».

MONTEFIORE, *The synoptic Gospels*, t. II, p. 1064 : « Le professeur Burkitt est en faveur de l'explication par un malentendu.
Mais il trouve ce passage hautement original et de nature à confirmer la théorie que Luc, dans son récit divergent de la Passion,
emprunte à une source très ancienne, peut-être Q[1]. Le passage des
épées est, à ses yeux, un des plus tristes des Évangiles ; l'ironie
mélancolique dont ces mots sont remplis lui semble « entièrement différente des paroles qu'un Évangéliste chrétien aurait
imaginées pour les attribuer à son Maitre ». Pourtant, « il est
impossible de croire que l'ordre d'acheter une épée dût être pris
sérieusement et à la lettre ; le tout est une affaire de pressenti-
ment ironique ». Ces paroles montrent qu'il y avait en Jésus
« une veine de ce que je peux qualifier seulement d'enjouement,
un enjouement tendre et mélancolique, certes, mais d'autant plus
remarquable qu'il se manifeste dans des moments de danger et
d'abattement... Cette sorte d'enjouement est tout à fait étranger
au fanatisme ignorant ; il est étranger aussi à l'esprit du christianisme primitif. Le fait qu'il paraît dans les Évangiles est en
lui-même une preuve que les Évangélistes, et les sources où ils pui-
saient, avaient parfois plus de mémoire que d'intelligence ».
(*The Gospel history and its transmission*, p. 140-142).

« Il est néanmoins digne de remarque que les disciples, en tous
les cas, ne sont pas tout à fait désarmés. Quelques critiques,
notamment Pfleiderer, attachent une grande importance à ce
passage et surtout au verset 38. Ils pensent qu'il contient, sous
une forme plus ou moins déguisée, un fait historique très important. Des épées, dit Pfleiderer, ne sont achetées que pour servir.
Il pense que Jésus craignait l'arme de quelque assassin ; il ne
s'attendait pas à une arrestation formelle. Il redoutait des meur-
triers à gages et voulait se protéger contre eux ; il n'avait pas
pensé que toute une bande, envoyée à cet effet par les autorités,
viendrait l'arrêter. Quand il vit que la résistance était vaine, il
dit : « Arrêtez, c'est assez » (verset 51). Ainsi Pfleiderer considère
comme historique et très important le passage sur l'achat des

---

1. La source des discours de Jésus, *Quelle*.

épées. Il prouve que Jésus vint à Jérusalem pour vaincre et pour établir le Royaume, non pour mourir. Toutes les prédictions de sa mort prochaine qu'on lui attribue sont apocryphes ; ce sont des prophéties après l'événement. Il prévoyait du danger, de l'opposition, des difficultés ; il redoutait l'issue (comparez XII, 49-51), mais il ne désespérait pas. »

F. Nicolardot, *Les procédés de rédaction des trois premiers évangélistes*, p. 201 : « Les assistants sont censés interpréter à la lettre la recommandation de s'armer, qui annonçait seulement la proximité des temps critiques ; c'est du moins ce que laisse entendre le rédacteur, puisqu'il fait repousser par Jésus l'interprétation trop étroite donnée par les apôtres à sa recommandation. »

A. Réville, *Jésus de Nazareth*, t. II, p. 332 : « Tout cela, il faut l'avouer, est d'explication très malaisée, et on soupçonne chez le narrateur ou chez l'auteur du document qu'il reproduit un embarras provenant de ce que les choses ne sont pas présentées sous leur vrai jour. De là des paroles à moitié ou tout à fait authentiques, mais détournées de leur sens exact et qu'il est impossible de remettre au point. La seule chose claire est la déclaration de Jésus que la situation est tout à fait changée... Il ne s'agit pas précisément de l'heure présente. Les deux épées que les disciples montrent naïvement à leur Maître sont bien insuffisantes. A vrai dire, elles sont inutiles. »

*\
* *

Dans tout ce qui précède, il ne me semble pas y avoir une seule explication, mais l'aveu, plus ou moins embarrassé, que les commentateurs ne comprennent point. Une idée juste, commune à plusieurs, c'est qu'un épisode aussi bizarre n'a pu être inventé par Luc ; il doit l'avoir trouvé dans une source ancienne. Mais cette source pouvait bien être un recueil d' « oracles du Seigneur », c'est-à-dire de traits de l'histoire évangélique indiqués d'avance ou « préfigurés » par l'Ancien Testament. Edward Carus Selwyn (*The oracles in the New Testament*, 1912) a soutenu, non sans apparence de raison, une thèse qu'il résume ainsi : « La conclusion s'est imposée à moi que les oracles du Nouveau Testament¹ (dont je m'occupais depuis bien des années) étaient des

1. « Les oracles sont des paroles précieuses, et les paroles du Nouveau Testament qui étaient précieuses aux rédacteurs sont des paroles de l'Ancien Testament. Elles étaient précieuses parce qu'elles prouvaient le grand fait que

Logia, oracles de la même espèce que ceux qui, au dire de Papias, vers 120 de notre ere, furent recueillis en hébreu par Matthieu Je vis alors que, par « oracles du Seigneur », Papias voulait dire les oracles au sujet du Seigneur Jesus Christ qu'on trouve dans l'Ancien Testament, et non pas, comme presque tous l'ont supposé jusqu'à présent, des paroles prononcées par Jesus, Cette *conclusion est si fortement supportée par des exemples concrets qu'elle défie la discussion plus sûrement que beaucoup d'autres qu'on trouvera dans mon livre.* » J'ai noté au passage l'importance de la these de M. Selwyn (*Revue archéol.,* 1912, I, p 60), renouvelee, comme il le dit lui-même, d'un livre anglais anonyme publié en 1894; ceux qui l'accepteront ne seront pas tentes d'admettre qu'il y ait beaucoup d'histoire positive dans les Evangiles. L'historicite des Évangiles n'a pas d'ennemie plus redoutable que la preuve par les prophéties, aujourd'hui tres prudemment passée sous silence, mais dont la théologie a usé et abuse pendant dix-huit siecles, alors qu'elle était encore relativement sincere et que les theologiens croyaient en Dieu [1]

Jesus était le Christ. Cette preuve est généralement connue comme l'argument tiré des prophéties »

1. Je veux dire le Dieu vivant des Ecritures, celui de saint Augustin et de Bossuet, non pas le Dieu d'Epicure, de Spinoza ou de Victor Cousin.

Bossuet et l'argument des prophéties.

————

Dans son traité intitulé : *Défense de la tradition et des Saints Pères*, Bossuet s'est longuement occupé de l'argument des prophéties, dont Socin, Grotius et Richard Simon avaient mis en doute l'autorité. C'était là, aux yeux de Bossuet, « ravir aux chrétiens les principales preuves de leur religion » (éd. Gaume, t. II, p. 51). Jésus-Christ lui-même, les apôtres, les apologistes, tous les Pères de l'Église affirment, au contraire, que les prophéties sont des preuves convaincantes auxquelles Juifs et païens n'avaient rien à opposer. « Tout est plein dans l'antiquité, je ne dis pas de passages, mais de traités faits exprès pour soutenir la preuve des prophéties, comme invincible et démonstrative, témoin le livre d'Eusèbe qui porte pour titre : *Démonstration évangélique*, et qui n'est qu'un tissu des prophètes ; et cet admirable discours de S. Athanase (I et II), où il prouve que la religion a d'évidentes démonstrations de la vérité contre les Juifs et les Gentils ; témoins encore les discours de S. Chrysostome contre les Juifs, principalement depuis le troisième, et ceux de S. Augustin contre Fauste, où l'on trouverait un traité complet sur le sujet des prophéties, et une infinité d'autres de tous les lieux et de tous les temps que je pourrais rapporter » (*ibid.*, p. 55). « Les Marcionites soutenaient que la mission de Jésus-Christ ne se prouvait que par ses miracles, *per documenta virtutum, quas solas ad fidem Christo tuo vindicas.* « Vous ne voulez, dit-il (Tertullien), que les miracles pour établir la foi de votre Christ. » Mais Tertullien leur démontre (*c. Marc.*, III, 3) qu'il fallait que le vrai Christ fût annoncé par les ministres de son Père dans l'Ancien Testament et que les prédictions en prouvaient la mission plus que les miracles, qui sans cela pouvaient passer pour des illusions ou pour des prestiges » (*ibid.*, p. 54). — « Jésus-Christ lui-même, après avoir dit aux incrédules : *Mes œuvres rendent témoignage de moi*, ajoute aussitôt après dans le même endroit : *Sondez les Ecritures, car elles rendent aussi témoignage de moi* (Jn., V, 36), leur montrant les deux témoignages et les deux preuves de faits sensibles et incontestables par lesquels il les convainquait, les miracles et les prophéties, témoignages où la main de Dieu était si visible qu'on ne les pouvait reprocher sans reprocher la vérité même Et tant s'en faut qu'on doive affaiblir la force des prophéties qu'au contraire il faut les considérer comme la partie la plus essentielle et la plus solide de la preuve des chrétiens, puisque saint Pierre, ayant allégué la transfiguration de Jésus-Christ comme un miracle dont il avait lui-même été témoin avec deux autres disciples (II *Petr.*, I, 18, 19), ajoute incontinent : *Et nous avons quelque chose de plus ferme dans les paroles des prophètes, que vous faites bien de regarder comme un flambeau qui luit dans un endroit obscur*; on sait qu'on trouve dans ce témoignage les deux qualités qui semblent une preuve complète : la fermeté et l'évidence » (*ibid.*, p 52, 53).

Bossuet a consacré un opuscule spécial à l'explication de la prophétie d'Isaie sur l'enfantement de la sainte Vierge et à celle du Psaume XXI (*alias* XXII). Il ne doute pas un instant que ce psaume ne soit l'œuvre de David et qu'il faille l'attribuer — c'est-à-dire l'appliquer — à Jésus-Christ, par cette raison surtout qu'étant à la croix il se l'est appliqué lui-même « Qui ne respecterait un tel interprète, qui arrosé de son sang, attaché à la croix, déchiré de plaies, et au milieu de ses tourments les plus cruels, pendant qu'il accomplit la prophétie, se l'applique, en disant lui-même : *Mon Dieu! Mon Dieu! pourquoi m'avez-vous abandonné!* »

Croyant fermement en Dieu et à son intervention dans les affaires humaines, Bossuet n'avait pas les mêmes raisons que les apologistes d'aujourd'hui pour réduire à peu de chose ou à rien les prophéties contenues dans l'ancienne Ecriture, de peur d'avoir à convenir que la légende en a tiré ses éléments essentiels. J'ignore quand cette manière de voir, qui est celle de Strauss, s'est produite d'abord, et je

serais heureux de l'apprendre;[1] mais je suis certain qu'elle
ne comptait pas de partisans au xviiie siècle, ou n'en avait
encore que de cachés[2]. Voici quelques citations textuelles
de Bossuet au sujet du Psaume XXII (éd. Gaume, t. I,
p. 365) :

« J'appelle la clef et le dénouement de la prophétie les
versets qui caractérisent Jésus-Christ crucifié, tels que sont
ceux-ci, 17, 18 et 19 : *Ils ont percé mes mains et mes pieds ; on
compterait tous mes os* ; et encore : *Ils ont partagé mes vêtements et ont jeté le sort sur ma robe.* J'appelle ces trois versets

1. Le seul des critique d'*Orpheus* qui ait osé aborder, autrement que par
quelques phrases dédaigneuses, l'objection tirée du Psaume XXII au caractère
historique de la Passion, est Mgr Batiffol (*Orpheus et l'Évangile*, 1910, p. 251-
256). Mais ce théologien avisé se garde bien de donner son avis sur la valeur
des prophéties messianiques de l'Ancien Testament; il se contente d'établir,
comme un fait d'histoire littéraire, que les premières générations chrétiennes
les ont très souvent invoquées. Puis il attaque « les critiques comme M. J. Weiss »
(pas un mot de Strauss) au dire desquels « la prédiction n'a pas commenté le
récit, elle l'a suggéré. » Mais « il n'y a pas là de quoi nous troubler beaucoup. En effet, la portée de cet expédient est très limitée, car, à supposer
qu'elle fût réelle, elle n'atteindrait que des détails dans quelques récits »
(p. 253). Enfin, il cite quatre versets du Psaume XXII qui « auraient dû entrer
dans la trame du récit de la Passion » et qui n'y sont pas entrés, quoique
« hauts en couleurs »; Bossuet les y fait entrer pourtant, non sans violence
(éd. Gaume, t. I, p. 372-374). Visiblement gêné, Mgr Batiffol tourne alors tout
court et conclut que le mieux est de sourire d'un expédient « manié à tour
de bras par M. S. Reinach ». Je veux bien admettre la *bonne foi* de Mgr Batiffol ; mais sa *foi*, jamais !

2. Dans une longue conférence sur les prophéties, qui fait partie de sa
Défense du christianisme (éd. Le Clère, t. II, p. 125-180), Mgr Frayssinous ne
connaît encore que deux sortes d'objections à la preuve tirée des prophéties :
« Parmi les incrédules, les uns rejettent nos prophéties, parce qu'ils prétendent qu'elles sont obscures et ambiguës ; les autres, parce qu'ils les trouvent
trop claires pour qu'elles puissent avoir été composées avant les événements » (p. 155). D'autres disent (et cela semble plus sérieux à Mgr Frayssinous) : « Le tableau que vous présentez à notre admiration est votre ouvrage,
et non celui des prophètes. Il ne se trouve pas tout fait sous vos mains ; c'est
vous-mêmes qui allez chercher çà et là les couleurs dont il doit se composer.
Vous détachez les phrases de ce qui les précède et de ce qui les suit. Dans
un même article, vous prenez le passage qui vous convient et vous laissez
celui qui ne vous convient pas... Avec de pareils moyens, on fera dire aux
prophètes tout ce qu'on voudra » (p. 168-9). La vraie et grave objection restait à trouver; aujourd'hui qu'elle a été formulée sans ambages, on la tait
ou on la tourne.

la clef de la prophétie, parce que tout le reste qui suit s'y rapporte, et en fait le singulier et le merveilleux ; n'y ayant rien de plus surprenant que de voir celui qui a dit qu'il était crucifié, et qui a marqué dans le partage de ses habits les circonstances précises de son crucifiement, dire après qu'il annoncera le nom de Dieu à ses frères et qu'il convertira à la foi, non seulement un grand nombre de Juifs, mais encore tous les Gentils, selon les termes exprès de la prophétie ».

Bossuet s'occupe ensuite de quelques objections, « les absurdités tant des Juifs que des critiques judaïsants ».... « Il faut voir en peu de mots comment ils mettent leur esprit à la torture pour éluder une prédiction si évidente. Selon eux, percer les mains et les pieds n'est autre chose qu'une métaphore, qui signifie détruire les forces. Mais qui jamais a usé de cette figure? Outre que le reste n'y convient pas, et que le dénombrement des os, causé par la suspension de tout le corps, n'appartient qu'au crucifiement véritable; en un mot, le discours n'a rien de suivi, si l'on n'y entend la croix

« Aussi les Juifs, et ceux qui les suivent, n'ont pu s'y arrêter; et il a fallu en venir à l'altération du texte pour du moins le rendre douteux Cette altération consiste en ce que, par le retranchement d'un petit trait dans une lettre, au lieu de lire *ils ont percé, caru*, ils veulent lire, *caari : comme un lion, mes mains et mes pieds*. Mais, premièrement, la raison s'y oppose : car que veulent dire ces mots : *comme un lion, mes mains et mes pieds*? Et quand il faudrait suppléer qu'il les ont mordus et déchirés, le bon sens ne permettrait pas d'introduire ici un lion. La comparaison du lion avait déjà eu tout son effet dans ces paroles du verset 14 : *ils ont ouvert leur gueule sur moi, comme un lion ravisseur et rugissant*. Voilà un vrai lion avec ses caractères naturels, qui s'attaque à toute la personne Pourquoi le faire revenir encore une fois, pour ne s'en prendre qu'aux mains et aux pieds? Mais laissons la le raisonnement, puisque nous avons pour nous les faits positifs

IV 12

« Plusieurs siècles avant J.-C., les Septante ont traduit tout simplement : *Ils ont percé*, etc. Était-ce pour favoriser les chrétiens, ou pour suivre la vérité du texte qu'ils avaient devant les yeux ? Disons plus, saint Justin, martyr, oppose aux Juifs le verset : *Ils ont percé mes mains et mes pieds* ; et quoiqu'il ait accoutumé de leur reprocher leurs altérations, il ne leur en dit mot en ce lieu ; marque certaine que de son temps, c'est-à-dire au second siècle, elle n'avait pas encore été faite et que les Juifs lisaient comme nous, et comme ont lu les Septante[1]. J'en dis autant des saints Pères qui ont écrit après lui : et Aquila même, le Juif perfide, qui a fait sa traduction expressément pour contredire les chrétiens, a tourné, non pas *comme un lion*, mais *ils ont déshonoré mes mains et mes pieds*, ce qui présuppose qu'il a lu comme les Septante. Mais il n'y a aucun sens dans ces paroles : *Ils ont déshonoré mes mains et mes pieds*, si ce n'est qu'on veuille dire que *déshonorer les mains et les pieds*, c'est y faire une plaie honteuse, telle qu'on la voit à la croix, qui est le plus ignominieux de tous les supplices. Enfin, les Juifs n'ont osé nier que la leçon *caru* ne fût bonne et ancienne : ils se contentent de laisser la chose ambiguë, sans vouloir songer qu'entre deux textes il faudrait se déterminer à celui qui a un sens naturel, comme *caru*, par préférence à celui qui n'en a aucun, comme *caari*.

« Concluons donc que la traduction *ils ont percé* etc., est la seule qui peut être soufferte, la seule aussi qui a été faite de bonne foi par les Septante, si longtemps avant la naissance

---

1. Cela est admirablement raisonné. Comparez ces lignes embarrassées d'Alfred Loisy (*A propos d'histoire des religions*, 1911, p. 279) : « Il est arbitraire d'introduire (dans le Psaume XXII) la croix et les clous, attendu que le fameux passage : *Ils ont creusé mes mains et mes pieds*, ne vise pas nécessairement le supplice de la croix, que l'hébreu donne une autre lecture et que, selon toute vraisemblance, le texte est altéré en cet endroit ». Ces trois *attendus* ne valent pas un argument. M. Loisy écrit (*L'Évangile selon S. Marc*, p. 458) : « Les incidents du vin aromatisé et du partage des vêtements sont pour l'accomplissement des prophéties ». Il fait donc un sort à part à la prophétie par excellence, si familière à tous que le récit évangélique a cru inutile de la relever (cf. K. Feigel, *Weissagungsbeweis und Leidensgeschichte*, 1910, p. 65). J'ose penser que Bossuet raisonnait mieux.

du christianisme, et sans aucune prévention, et la seule qui se trouve avoir un sens littéral et un manifeste accomplissement...

« On peut aisément trouver quelque particularité de la vie de David où il se plaindrait d'être délaissé, comme lorsque, poursuivi par Saul dans toute la terre d'Israël, il se voyait à chaque moment en état d'être livré entre les mains d'un si puissant et si implacable ennemi; ou lorsqu'il fut obligé de prendre la fuite devant son fils Absalom, qui n'oubliait rien pour l'outrager. On peut aussi trouver des endroits où il sera chargé d'opprobres par des personnes méprisables, telles que fut un Séméï, qui même lui jeta des pierres, tant il fut emporté de violence. Quand donc on aura trouvé toutes ces choses, et qu'on voudra supposer que David les aura enflées et exagérées dans son discours; si l'on ne trouve des faits positifs tels que celui des mains et des pieds percés, des habits joués et partagés et, ce qui est encore plus évident, celui de la gentilité convertie, l'on n'aura pas découvert le *délaissé* que nous cherchons » (*ibid.*, p. 366-367)

Bossuet donne ensuite, sur deux colonnes, la traduction du Psaume : 1° selon saint Jérôme, sur l'hébreu, 2° selon les Septante et la Vulgate. Il adopte pour le verset 17 la traduction de Jérôme, qu'il rend ainsi en français : « Des veneurs m'ont entouré; le conseil des méchants m'a assiégé; ils ont percé mes mains et mes pieds [1] » et le commente ainsi (p 373) : « *Des veneurs m'ont environné* : les Juifs étaient ces rudes veneurs qui pressaient et poursuivaient Jésus-Christ avec d'horribles clameurs en s'écriant « *Crucifiez-le, crucifiez-le !* — *Le conseil des méchants m'a assiégé*; il se plaint ici de la conjuration des Juifs et des Gentils pour sa perte, les premiers demandant qu'on le crucifiât, et les Romains l'ayant mis effectivement à la croix, qui était un supplice ordinaire parmi eux : *ils ont percé mes mains et mes pieds* »

Encore une citation de Bossuet pour finir :

[1] Osterwald « Car des chiens m'ont environne et une assemblee de gens malins m'a entoure; ils ont perce mes mains et mes pieds ».

« Il est admirable que David non seulement ait vu des choses si éloignées, mais encore qu'il les ait vues dans l'ordre qu'elles devaient arriver : car il a vu premièrement le crucifié avec ses mains et ses pieds percés, aussi bien qu'avec ses os comptés, et le partage de ses habits entre ses bourreaux ; ensuite il l'a vu ressusciter et annoncer le nom de Dieu à ses frères, à commencer par les Juifs, et enfin finir par les Gentils, selon l'ordre de la prédestination éternelle » (*ibid.*, p. 376).

Tout cela, étant donné le point de vue de Bossuet, qui est celui de la tradition, des apôtres et des Pères, se tient à merveille. Si, parmi les critiques d'*Orpheus*, il s'était trouvé un seul catholique convaincu, un seul homme imbu de l'esprit de Bossuet, il m'aurait dit : « Votre prétendue objection glorifie l'Évangile ; vous vous acculez vous-même à proclamer le miracle, la prédiction de la Passion par la bouche de David, ce saint roi réputé l'ancêtre de Jésus-Christ. Votre incrédulité se confond elle-même et s'effondre aux pieds de la croix qu'elle prétend nier ». Si l'un de mes critiques s'était exprimé ainsi, j'aurais pensé qu'il retardait de deux siècles ; mais je lui aurais serré la main avec plaisir.

Simon de Cyrène[1].

Je crois pouvoir alléguer un exemple d'un passage commun à nos trois premiers Evangiles qui paraît avoir été influencé par une doctrine hérétique antérieure; les rédactions que nous possédons ne combattent pas ouvertement cette doctrine, mais se comprennent seulement, à mon avis, si l'on y reconnaît le désir de l'écarter.

I

L'art, depuis le xv° siècle surtout[2], a popularisé l'image douloureuse du *Portement de la Croix* : Jésus, épuisé par ses précédentes épreuves, pliant sous le faix d'une croix trop lourde, est soulagé par la compassion d'un Juif, Simon de Cyrène, qui l'aide à porter l'instrument de son supplice[3]. Tel est, pour ne citer qu'un exemple célèbre, le motif du *Spasimo di Sicilia* attribué à Raphael, autrefois à Palerme, aujourd'hui à Naples . « Le Christ, affaissé à terre sous le fardeau de la croix, se retourne vers les saintes femmes en pleurs, parmi lesquelles sa mère éplorée... Simon de Cyrène s'est saisi de la croix pour la porter lui-même, tandis qu'un soldat dirige sa lance contre le Christ pour le forcer à marcher et qu'un autre soldat essaie de le relever en tirant avec une corde »[4].

1. [*Revue de l'Université de Bruxelles*, 1912, XVII, p. 721-728]
2. Voir Mâle, *L'art religieux de la fin du moyen âge*, p. 76
3. Les condamnés au supplice de la croix devaient porter le *patibulum*; nous avons des textes païens qui l'attestent Plaute, *Carbon.* (fragm. 3, Weise) : *Patibulum ferat per urbem, deinde affigatur cruci* — Plutarque, *de serâ numinis vindictâ*, 9 τῶν κολαζομένων ἕκαστος /ακούργω͵ ἐκφέρει τὸν αὑτοῦ σταυρόν. — Artémidore, *Onetrocritica*, 1 56 : ἔοικε γὰρ καὶ ὁ σταυρὸς θανάτω καὶ ὁ μέλλων αὐτῷ προσηλοῦσθαι πρότερον αὐτὸν βαστάζει
4 Passavant-Lacroix, *Raphael*, t. II, p. 244.

Cette conception pathétique de la scène n'est pas autorisée par les textes évangéliques. Simon de Cyrène n'y agit point par pitié; il est requis — nous dirions *réquisitionné* — par les soldats romains[1]. Dans les trois Synoptiques, Jésus ne porte pas du tout sa croix; il la porte dans le quatrième Evangile, mais là il n'est question ni de Simon de Cyrène, ni des souffrances de Jésus écrasé par son fardeau. Voici les textes :

Marc, XV, **21** : « Ils le conduisirent dehors pour le crucifier; et ils contraignirent un passant qui arrivait des champs, un certain Simon de Cyrène, le père d'Alexandre et de Rufus, de porter la croix de Jésus ».

Matthieu, XXVII, 31-32 : « Ils l'emmenèrent pour le sacrifier; et comme ils sortaient, ils trouvèrent un homme de Cyrène, nommé Simon, qu'ils contraignirent de porter la croix de Jésus».

Luc, XXIII, 26 : « Comme ils l'emmenaient, ayant pris un certain Simon de Cyrène, qui revenait des champs, ils le chargèrent de la croix, pour la porter derrière Jésus ».

Jean, XXIX, 16-17 : « Ils prirent Jésus et l'emmenèrent; et Jésus, portant sa croix, sortit vers le lieu appelé le Calvaire ».

Dans l'*Évangile de Pierre*, où cette partie du récit est conservée, il n'est pas question du portement de la croix.

La contradiction entre saint Jean et les Synoptiques avait déjà frappé les anciens; Origène se tirait d'affaire en supposant que Jésus et Simon avaient porté la croix à tour de

---

1. Renan, à quelques pages de distance, adopte l'une et l'autre opinion. *Vie de Jésus*, 13e éd., p. 424 : « Tout Juif qui souffre pour le meurtre de Jésus a droit de se plaindre, car peut-être eût-il été Simon le Cyrénéen. » C'est la conception sentimentale, celle du *bon* Simon. Comparez p. 431 : « Jésus, plus faible de corps que ses deux compagnons, ne put soutenir le poids de sa croix. L'escouade rencontra un certain Simon de Cyrène, qui revenait de la campagne, et les soldats, avec les brusques procédés des garnisons étrangères, le forcèrent de porter l'arbre fatal. Peut-être usèrent-ils en cela d'un droit de corvée reconnu, les Romains ne pouvant se charger eux-mêmes du bois infâme, etc. » Ici, Simon est simplement chargé d'une corvée, comme dans les textes évangéliques. Renan semble croire à la réalité des deux compagnons de Jésus, c'est-à-dire aux deux larrons de la légende, qui ne paraissent pourtant dans le récit de la Passion que pour accomplir une prophétie. Tout ce volume, tant admiré comme œuvre d'art, est de l'evhémérisme le plus naïf.

rôle Il suffit de signaler cette puérilité, qui échappe à toute réfutation.

Une première question se pose : Pourquoi Jean ne dit-il rien de Simon de Cyrène? Depuis Strauss, plus d'un savant a pensé que ce silence est *polémique*[1], que Jean n'a pas voulu recueillir un épisode dont certains hérétiques, comme nous le verrons, avaient abusé M. Loisy trouve cette opinion peu probable · suivant lui, l'évangéliste veut « marquer la libre et souveraine initiative du Christ dans les préliminaires de sa mort »[2]. Cette tendance, jointe au désir de « vérifier » l'histoire d'Isaac dans la Genèse (XXII, 6), qui porte sur ses épaules le bois du sacrifice, peut avoir influé sur la rédaction du quatrième Evangile ; mais la suppression complète du nom de Simon de Cyrène ne doit pas s'expliquer par d'aussi faibles raisons.

La seconde question est celle-ci : Pourquoi Marc relate-t-il un épisode si peu important, en indiquant non seulement le nom du porte-croix, mais celui de ses fils?

La réponse classique est celle qu'on trouve un peu partout, en dernier lieu dans l'*Évangile selon Marc* de M Loisy (p. 457). Les deux fils de Simon, Alexandre et Rufus, étaient connus de la communauté chrétienne pour laquelle fut rédigée cette notice; peut-être vivaient-ils encore lorsque ce passage du second Évangile fut écrit; ils avaient donc embrassé la foi du Christ, peut-être après leur père lui-même C'est par eux sans doute que ce détail, d'une précision tout à fait extraordinaire dans le récit de la Passion, est entré dans la tradition de l'Évangile et d'abord dans la rédaction de Marc.

Cette réponse ne saurait nous satisfaire. Si elle était admise, il en résulterait une très forte présomption en faveur de l'historicité du récit de Marc; l'insignifiance même du fait en relèverait la portée. Mais, tel qu'il est raconté, ce fait est inadmissible : 1º parce que nous n'avons pas d'exemples de soldats requérant un passant inoffensif pour

1 Cf W Baur, *Leben Jesu*, p 211
2 Loisy, *Le quatrième Evangile*, p 872.

lui faire porter la croix d'un condamné; 2° parce que la condamnation, comme nous l'avons vu, obligeait le condamné
à porter le *patibulum* lui-même; 3° parce que le fait de Jésus
marchant au supplice, suivi d'un homme qui porte sa croix,
est la confirmation d'une parole de Jésus lui-même qui se
trouve dans les trois Synoptiques : « Si quelqu'un veut marcher derrière moi, qu'il se charge de sa croix et me suive! »
(*Marc*, VIII, 34; *Matth.*, XVI, 24; *Luc*, IX, 24.) Aucun des
apôtres n'a vérifié cette parole ; mais Simon de Cyrène l'a
vérifiée[1]. Un fait qui vérifie une parole biblique est souvent
édifiant, mais n'est jamais historique.

Évidemment, Marc n'a pas imaginé cet épisode, ni les
noms de Simon de Cyrène, d'Alexandre et Rufus, pour vérifier une parole du Seigneur; il les a trouvés dans la tradition
qu'il a mise en œuvre. Cette tradition devait être plus complète et plus logique ; elle devait, notamment, présenter le
rôle de Simon sous un aspect plus favorable, ne pas faire de
lui le simple instrument d'un caprice des soldats. Car si les
soldats eux-mêmes avaient été mus par la compassion,
par pitié pour la faiblesse de Jésus[2], les évangélistes l'auraient dit, d'autant plus que leur tendance est de décharger
les Romains en chargeant les Juifs.

L'histoire de la réquisition de Simon par les soldats ne
peut avoir été inventée que pour diminuer Simon, lui enlever le mérite d'avoir seul confirmé la parole de Jésus et de
lui avoir tendu, dans sa détresse, une main secourable. Ce
n'est pas ainsi que cet épisode devait être raconté par
Alexandre et Rufus, les fils de Simon.

Ces noms sont dans Marc seul; mais il est difficile d'admettre que Matthieu et Luc, qui ne dépendent pas l'un de
l'autre, les aient omis l'un et l'autre parce qu'ils leur sem-

1. Si l'on objecte que Jésus a dit *sa* croix et non *ma* croix, on tombe dans
la chicane ; ὁ σταυρὸς αὐτοῦ, c'est la croix que porte une tierce personne,
qu'elle l'ait ou non reçue d'une autre.
2. M. Loisy écrit : « Il semble que le Christ ait succombé sous un fardeau
trop pesant pour lui, parce que la flagellation avait épuisé ses forces. Les soldats prirent un passant, etc. » C'est ce que croyait sans doute saint François d'Assise; mais comme il n'y a pas un mot de cela dans les textes, nous
ne pouvons pas le croire aujourd'hui.

blaient peu intéressants. J'aimerais mieux croire qu'ils manquaient à la rédaction de Marc que lisaient les deux autres
Synoptiques et furent ajoutés au texte de Marc par quelque
rédacteur qui savait que Simon de Cyrène avait eu deux fils.
Du reste, rien n'empêche d'admettre l'existence simultanée
de plusieurs textes de Marc, présentant de légères différences, cette mention des fils de Simon serait l'une d'elles et
n'en remonterait pas moins à l'évangéliste

On pourrait supposer que lorsque Luc montre Simon de
Cyrène marchant *derrière* Jésus, alors que Marc ne le dit
point expressément, il a emprunté ce détail à un texte de
Marc un peu plus complet que le nôtre Mais cela était
impliqué par la parole de Jésus : « Si quelqu'un veut marcher
derrière moi. . » et le texte actuel de Marc n'y contredit
point. Ce peut donc être une simple glose, un développement
de la rédaction dû à Luc

Là où l'explication classique a raison, c'est quand elle fait
remonter à Rufus et à Alexandre l'origine de tout l'épisode
Qu'il soit historiquement vrai ou faux. c'est par eux qu'il a
dû être raconté, à la gloire de leur père; si Marc le défigure
et s'il refuse tout mérite au Juif Simon, c'est qu'il a pour
cela des motifs graves que nous commençons à entrevoir.

Marc passait pour avoir été le secrétaire de Pierre; or, un
document de peu de valeur, remaniement d'un texte perdu,
les *Actes de Pierre et d'André,* parle de Pierre, André, Matthieu, *Alexandre et Rufus* qui vont ensemble à la ville des
anthropophages[1]. Ces noms sont, à la vérité, très communs;
mais on ne les trouve *associés* que dans ce passage et celui
de l'Évangile de Marc. Alexandre et Rufus, fils de Simon de
Cyrène, passaient donc pour avoir été des compagnons de
Pierre. Un autre de ces compagnons s'appelait Glaukias; il
aurait été, comme Marc, secrétaire et interprète de l'apôtre
Or, c'est de ce Glaukias (ou de ses écrits) que Basilide prétendait tenir une histoire où Simon de Cyrène joue un rôle
très important Pour le dire tout de suite, dans l'intérêt de
la clarté, je pense que cette histoire était connue de saint

---

1. *Apocryphal Gospels and Acts,* p 369, Bonnet, *Acta apocrypha,* p 117.

Marc, qu'elle était familière à ses lecteurs au point qu'il ne pouvait l'omettre entièrement, mais qu'il a fait effort, dans un intérêt doctrinal, pour en réduire le plus possible la portée. Sous son apparence tout objective, il polémise, comme Jean polémise au même endroit; mais alors que le quatrième Évangéliste polémise par le silence, Marc en fait autant *en altérant sciemment et volontairement la tradition*. Si j'ai raison, et je crois ma thèse évidente, il ne peut plus être question d'un Marc historien, mais d'un Marc théologien, ce qui ne revient pas tout à fait au même. « Notez dans Marc, écrivait Renan[1], le récit de la mort de Jean-Baptiste, *la seule page absolument historique qu'il y ait dans tous les Évangiles réunis* ». Renan a eu raison d'écrire cela, mais tort de l'oublier lui-même en composant, d'après les principes et les erreurs d'Evhémère, sa très romanesque *Vie de Jésus*.

Certains hérétiques racontaient que Simon de Cyrène *avait été crucifié en lieu et place de Jésus*; que, pendant le crucifiement, Jésus, sous les traits de Simon, était à l'écart et se moquait des bourreaux. Les chrétiens des sectes manichéennes devaient ajouter foi à cette histoire, car, dans l'abjuration qu'on exigeait d'eux, elle était très expressément condamnée. Ce n'était donc pas une simple fantaisie, une extravagance individuelle : c'était la doctrine constante d'une école, de plusieurs sectes que la grande Église a longuement combattues et fini par vaincre. D'autre part, une pareille conception ne pouvait naître, même sous l'influence du docétisme, du texte un peu énigmatique de Marc; car ce texte, comme nous l'avons vu, est tendancieux dans sa brièveté et présuppose la version hérétique, loin d'avoir pu y donner lieu. Citons des textes.

Irénée attribue ce qui suit à Basilide, hérétique alexandrin du temps d'Hadrien, qui prétendait dériver ses informations de Glaukias, interprète de saint Pierre[2], *par conséquent d'un conventicule où la tradition fait figurer Marc lui-même et les deux fils de Simon* : « Jésus n'a pas souffert lui-même la

1. Renan, *Origines*, t. V, p. 116.
2. Clément d'Alexandrie, *Stromates*, VII, 17, 106.

mort, mais un certain Simon, originaire de Cyrène, fut obligé de porter la croix à sa place; puis, ayant été transfiguré par Jésus, au point qu'il pouvait passer pour lui, il fut crucifié par ignorance et erreur, alors que Jésus, revêtu de la forme de Simon, se tenait auprès et se moquait d'eux »[1].

Irénée ne *cite* pas Basilide; il résume, à sa façon, l'opinion du fameux hérétique. Rien ne nous dit que *l'obligation* de porter la croix, *imposée* (il ne dit pas par qui) à Simon, ait été mentionnée dans le texte qu'alléguait Basilide; Irénée s'est souvenu de celui de Marc en écrivant.

Photius, parlant des actes apocryphes des apôtres, qu'il attribue à Leucius Charinus, écrit : « Il imagine beaucoup de fables absurdes sur la croix; le Christ n'aurait pas été crucifié, mais un autre à sa place, et se serait moqué des bourreaux[2] ».

Dans les *Actes de saint Jean*, au moment de la crucifixion, le disciple aimé s'enfuit sur le mont des Oliviers et se réfugie dans une caverne; là il est rejoint par Jésus lui-même qui lui dit : « Jean, pour la multitude qui est là-bas à Jérusalem, je suis mis en croix, percé de lances, abreuvé de vinaigre et de fiel; mais à toi je dis la vérité, etc.[3] ». Il n'est pas question, du moins dans la rédaction misérable que nous possédons, de Simon de Cyrène; mais on a déjà supposé avec vraisemblance que cette histoire du *crucifié par erreur* est impliquée par le récit nébuleux de ces *Actes*[4].

Voici enfin la formule d'abjuration des Manichéens qui voulaient rentrer dans le sein de l'Église : « J'anathématise ceux qui disent que N.-S. J.-C. a souffert en apparence et qu'il y avait un homme sur la croix, un autre ailleurs qui se tenait debout et riait, comme si le premier souffrait à sa place[5] ». On peut rappeler à ce propos que, suivant saint Augustin, ancien manichéen lui-même, les Actes apocryphes des apôtres

---

1. Irénée, *Adv. Haer.*, 1, 24, 4.
2. Photius, *Biblioth.*, cod. 114.
3. *Neutestamentliche Apokryphen*, p. 454.
4. W. Bauer, *Leben Jesu*, p. 240.
5. *Ibid.*, p. 240.

étaient reçus parmi les Manichéens comme argent comptant[1].

Concluons que cette singulière histoire était connue des Évangélistes, ou du moins de Marc et de Jean, qui en ont tenu compte et l'ont combattue chacun à sa manière, parce qu'ils la jugeaient avec raison dangereuse pour la doctrine chrétienne. Nous voudrions en savoir plus long sur la légende qui trouva ainsi des oreilles crédules dès le milieu du i[er] siècle, comme plus tard celles de la survie de Néron, de Jeanne d'Arc, de Louis XVII, toutes fondées sur l'hypothèse d'une substitution et rendant inutile celle de la Résurrection, à laquelle s'est attachée la grande Église dans le cas de son divin fondateur. Tout ce que nous pouvons supposer, en l'absence de témoignages précis, c'est que les partisans de la survie de Jésus le faisaient vivre pendant onze ou douze ans encore au milieu de ses disciples; tel serait le fondement de la chronologie d'Alexandre, évêque de Jérusalem vers l'an 210, qui disait avoir tiré ses indications chronologiques des « documents apostoliques » conservés dans la bibliothèque de Jérusalem (naissance de Jésus, 9; baptême, 46; mort, 58)[2].

Si la mort de Jésus sur la croix avait été un fait historiquement avéré, on concevrait difficilement que les fils du seul témoin oculaire, du juif cyrénéen Simon, alors établi à Jérusalem, eussent pu trouver la moindre créance en la niant. En somme, ils paraissent avoir affirmé deux choses : que leur père Simon avait été mis en croix par les Romains; qu'il l'avait été, par erreur, à la place de Jésus. Le premier fait est sans doute historique, mais importe peu; le second est invraisemblable. Mais les considérations qui précèdent sont loin de venir à l'appui de l'opinion commune sur la crucifixion de Jésus; quelque étrange que cela puisse paraître, antérieurement à la triple version qui l'affirme, nous en distinguons une qui la nie.

---

1. Voir les textes dans *Neutestam. Apokr.*, p. 352.
2. Voir Harnack, *Gesch. der Altchristl. Literatur*, t. I, p. 505 et suiv.; Dobschütz, *Texte und Untersuchungen*, t. XI, p. 144.

Une source biblique du Docétisme[1].

On sait que l'évangile de Pierre était accusé par les anciens de *docétisme*[2]. Dans le fragment qui nous en reste, cette tendance a été signalée au § 4, où il est écrit : « Ils amenèrent deux malfaiteurs et ils crucifièrent le Seigneur entre eux. Mais Jésus gardait le silence, *comme s'il ne sentait aucune douleur* » (αὐτὸς δὲ ἐσιώπα ὡς μηδὲν πόνον ἔχων). Le silence de Jésus — il s'est tu déjà devant Pilate et Hérode — accomplit la parole d'Isaïe (LIII, 7) : « On le presse et on l'accable, il n'a pas ouvert la bouche ». Plus loin (§ 5), le fait que Jésus ne dit pas : « J'ai soif », comme dans le récit de S Jean[3], a été considéré comme une autre marque de docétisme[4]. Si, dans l'Evangile de Pierre, on donne au Crucifié du vinaigre et du fiel à boire, c'est pour accomplir les prophéties, non pour répondre à un désir du Crucifié : « Et l'un deux dit : Donnez-lui à boire du fiel avec du vinaigre, et ayant fait ce mélange ils le lui versèrent *et accomplirent ainsi toutes choses* ». Comparez Jean, XIX, 28-30 · « Après cela, Jésus, sachant que tout allait être consommé, *afin que l'Ecriture fût accomplie*, dit : J ai soif. Il y avait là un vase plein de vinaigre Eux donc, ayant rempli de vinaigre et de fiel[5] une éponge et l'ayant mise sur une branche d'hysope, ils l'approchèrent de sa bouche Et quand Jésus eut pris le vinaigre, il dit : Tout est accompli »

La prophétie visée est un verset du Psaume LXXI, 22 : « Ils m'ont donné du fiel à mon repas et dans ma soif ils

---

1. [*Revue de l'histoire des religions*, 1910, p 56-58.]
2. Eusèbe, *Hist ecclés*, VI, 12
3. Jean, XIX, 28
4 Robinson et James, *The Gospel according to Peter*, p. 20
5 Ces trois mots ne se trouvent pas dans tous les manuscrits : cf. Matth, XXVII, 34

m'ont abreuvé de vinaigre ». Le texte de S. Jean marque
une réalisation de la prophétie encore plus complète que le
texte de S. Pierre, puisqu'il a tenu compte des mots du
Psalmiste : « dans ma soif ». On ne devrait pas être obligé
de redire que tout détail précis de l'histoire de la Passion,
qui est *l'accomplissement* d'un texte de l'Ancien Testament,
ne peut prétendre à un caractère historique. Cependant
M. Loisy [1] semble encore tenir pour historiques la flagellation et les crachats de la foule, *malgré* le texte prophétique
d'Isaïe (L. 6) : « J'ai exposé mon dos à ceux qui me frap-
paient...; je n'ai point soustrait mon visage à l'ignominie et
aux crachats ». Il faut cependant choisir : ou l'ancienne
théorie de l'inspiration divine est exacte, et les exégètes libéraux n'ont plus qu'à faire pénitence et à s'occuper de leur
salut ; ou cette théorie est fausse, et que reste-t-il d'histoire
dans la Passion ?

Je me demande si le docétisme lui-même, opinion dont la
haute antiquité est bien attestée, bien que nous soyons fort
mal informés de son caractère [2], n'a pas cherché un appui dans
l'accomplissement des prophéties, du moins sous la forme
encore peu philosophique qu'il semble revêtir dans l'Évangile
de S. Pierre. Il faut, nous dit-on, distinguer deux docétis-
mes : un docétisme naïf, qui niait la sensibilité physique de
Jésus, et un docétisme mystique, qui niait la réalité du
corps du Christ [3]. Tenons-nous en ici au premier. Je me
fonde sur le passage du second Isaïe faisant suite à celui que
j'ai cité à l'instant. C'est le *serviteur de Jahvé* qui parle :
« Mais le Seigneur, l'Éternel, m'aidera ; c'est pourquoi je
ne succombe pas à l'opprobre ; *c'est pourquoi j'ai rendu ma*

---

1. A. Loisy, *Évangiles synoptiques*, t. II, p. 655.

2. *Die Zeugnisse für ihn, die* nicht zufällig *teils untergegangen, teils ver-
steckt sind* (Harnack, *Dogmengeschichte,* t. I, 2ᵉ éd., p. 164). Ce passage est
remarquable, car M. Harnack semble bien soupçonner qu'il existait une
forme plus dangereuse du docétisme : celle qui consistait à nier la réalité
historique de Jésus. S'il y a eu des docètes de cette espèce, on s'est donné
garde de reproduire leurs opinions. Voir pourtant Ignace, *ad Trall.*, c. 9, 10.

3. Voir les articles *Docetae* et *Docetism* de Salmou dans *Dict. Christ. Biogr.*,
et Robinson, *op. cit.*, p. 21.

face semblable au roc ». J'ignore si l'on a encore émis
l'hypothèse que ce verset (L, 7), joint à celui qui mentionne le silence de la victime (LIII, 7), est une des sources
de ce passage de l'Évangile de S. Pierre : « Jésus gardait
le silence, comme s'il ne sentait aucune douleur ». Mais,
nouvelle ou vieille, cette hypothèse me semble très plausible et l'on comprend fort bien que les textes d'Isaïe
aient pu autoriser l'opinion suivant laquelle le corps de
Jésus crucifié aurait ignoré la douleur.

Cette manière de voir diffère essentiellement de celle qui
voit dans le docétisme un produit des spéculations gnostiques. On reconnaît qu'il remonte très haut[1]; mais il ne
semble pas qu'on ait mis en lumière l'appui qu'il pouvait
trouver, sous sa forme « naïve », dans les textes de l'Ancien Testament. A ce docétisme *naïf*, physiologique et non
historique, convient, du moins en partie, le mot de S. Jérôme sur les docètes qui existaient déjà en Palestine alors
que le sang de Jésus était encore humide[2] : Jésus, devenu
semblable au roc, n'avait pu perdre de sang par ses plaies[3].

1. Renan, *Origines*, t. V, p. 421; Guignebert, *Hist. anc. du christianisme*, p. 490.

2. Hieron., *Adv. Lucif.*, 23.

3. D'après Jamblique (*De Myst.*, III, 4), l'insensibilité à la douleur est une
marque de la possession divine (cf. Frazer, *Adonis*, p. 136). C'est une idée
qui ne doit pas être spécifiquement juive et que certains états d'extase ont
pu suggérer.

Questions sur le docétisme [1].

L ETTRE AU D IRECTEUR DE LA *Revue moderniste*.

Monsieur le Directeur,

Comme la *Revue moderniste* compte, parmi ses lecteurs, des théologiens éminents, permettez-moi de leur adresser, par votre entremise, quelques questions concernant le docétisme, hérésie dont je ne parviens pas à comprendre l'origine en consultant les auteurs modernes qui en ont traité.

L'opinion courante a été admirablement résumée par M. Loisy (*A propos d'histoire des religions*, p. 315) : « Plusieurs trouvaient que les faits évangéliques déshonoraient la manifestation terrestre [de Jésus], si on ne les regardait pas comme de pures apparences ; ainsi Jésus avait paru subir la mort, mais il ne l'avait pas réellement endurée. Cet *apparentisme*, ou, pour employer le terme traditionnel, ce *docétisme* n'infirme pas l'historicité des faits évangéliques ; il la suppose et l'admet ; on peut dire seulement qu'il l'escamote au profit d'une théologie abstraite ».

Ainsi le docétisme serait né d'un scrupule de la christologie, d'une conception étroite du mystère de l'incarnation. Ceux qui étaient profondément convaincus de la nature divine de Jésus répugnaient à admettre, comme une réalité humaine et tangible, sa nature terrestre ; son incarnation était, à leurs yeux, une illusion des sens ; le Christ ambulant, mangeant, souffrant était un fantôme.

Ne racontait-on pas que son disciple Jean, voulant le toucher, avait avancé son bras dans le vide, sans rencontrer aucune résistance ? Clément d'Alexandrie allègue, à cet effet, une tradition johannique, et c'est dans les *Actes* apocryphes

1. [*Revue moderniste*, 1912, p. 184-188.]

de saint Jean que ce docétisme extravagant a trouvé sa plus complète expression.

Une conséquence logique de cette conception du docétisme, c'est, semble-t-il, qu'il n'a pu naître qu'en pays hellénique, à Alexandrie, à Antioche, à Ephèse, loin des lieux et des hommes qui avaient été témoins de la vie matérielle de Jésus et de sa mort, dans des cercles où la croyance à sa divinité ne souffrait pas de contradiction

Or, c'est précisément le contraire que nous montrent les textes. Le docétisme *extrême* est né en Palestine; le docétisme *extrême* est qualifié de judaïsant. Je dis *le docétisme extrême*, car il a existé des formes atténuées et philosophiques du docétisme; mais je parle ici de ce docétisme radical et très ancien dont les docteurs alexandrins et les *Actes* de saint Jean (première moitié du IIᵉ siècle) nous ont conservé le souvenir.

Pour démontrer que ce docétisme radical est palestinien, nous pouvons alléguer des preuves assez fortes D'abord, il y a la phrase bien connue de saint Jérôme : « Alors que plusieurs des apôtres vivaient encore, alors que le sang du Christ n'était pas encore sec en Judée, il se trouvait des gens pour affirmer que le corps du Seigneur était un fantôme » (*Adv. Lucifer.*, § 23.) On dira peut-être que saint Jérôme est un auteur tardif; mais son témoignage paraît être confirmé par saint Ignace (vers 115), qui combat en plusieurs passages le docétisme et l'accuse de *judaïser* : « Saint Ignace, dit Mgr Batiffol, relève un autre aspect du « docétisme, à savoir ses attaches avec le judaïsme. On croit, « en effet, qu'Ignace n'a pas eu affaire à deux mouvements, « l'un docète, l'autre judaïsant, mais à un seul mouvement « qui était ensemble docète et judaïsant. Les hérétiques « d'Ignace vivent suivant le judaïsme, alors que nous devons « vivre suivant le Christ. « Quelle absurdité, écrit-il, d'avoir « sur les lèvres Jésus-Christ et de judaïser ! » Et encore . « Si « quelqu'un vous enseigne le judaïsme, ne l'écoutez pas. « Mieux vaut entendre le christianisme enseigné par un cir- « concis que le judaïsme par un incirconcis ». Il ne s'agit pas

« d'un judaïsme de pratique, qui consisterait à observer le sab-
« bat ou la circoncision, mais d'un judaïsme de foi, qui est prê-
« ché par un incirconcis. » (*Revue biblique*, 1911, p. 180-181.)

L'incirconcis, c'est-à-dire le chrétien qui enseigne le
« judaïsme », c'est, pour saint Ignace, le professeur de
docétisme. Mais le judaïsme qu'il enseigne n'est pas *tout* le
judaïsme ; ce n'est ni le judaïsme rituel, ni la foi juive ; c'est
une opinion particulière qui est celle des Juifs ou qui, sur
un point important, s'inspire de la leur. Cette opinion,
Ignace ne nous la révèle pas d'une façon expresse, mais
indirecte. Les chrétiens qui l'enseignent « ne parlent pas de
Jésus descendant de David et fils de Marie, qui a été enfanté
vraiment, qui a mangé et bu, qui a souffert sous Ponce-
Pilate, qui a été crucifié vraiment et est mort, qui est
ressuscité vraiment des morts ». — « Vous, dit Ignace aux
Smyrnéens, vous ne doutez pas que le Christ soit vraiment
descendant de David selon la chair, vraiment enfanté d'une
vierge, baptisé par Jean, vraiment percé de clous pour nous
dans sa chair au temps de Ponce Pilate et du tétrarque
Hérode. » Pourquoi Ignace insiste-t-il ainsi sur ce que nous
appellerions aujourd'hui les « données chronologiques » du
problème ? Il doit avoir pour cela quelque raison.

Le docétisme chrétien semble donc très nettement une
façon de concilier l'idée chrétienne du Christ divin et spirituel, sans laquelle il n'y a pas de christianisme, avec un x judaïque. Comment cet x pouvait-il être formulé par les Juifs,
dont ces chrétiens docètes subissent la pernicieuse influence ?
Évidemment ainsi : « Le Jésus dont vous nous parlez n'était
pas un descendant de David ; il n'était pas fils de Marie ; il
n'est pas venu au monde ; il n'a ni mangé, ni bu ; il n'a pas
été baptisé par Jean ; il n'a pas été crucifié du temps de Pilate
et d'Hérode ; il nous est complètement inconnu. » Ceci
n'était pas du docétisme, car l'idée même d'un *juif docète* est
absurde, mais la négation circonstanciée de l'existence de
Jésus à l'époque où les chrétiens plaçaient sa vie et sa mort.

Le docétisme radical des chrétiens du 1er siècle est donc
un expédient pour répondre à une insolente négation qui se

produisait, chose remarquable, non pas à Éphèse ou à Alexandrie, mais sur le théâtre même de l'activité terrestre de Jésus, non pas un ou deux siècles après, mais presque au lendemain de sa mort.

« Oui, disaient ces docètes aux Juifs, vous n'avez pas connu Jésus en chair, par ce motif qu'il n'a pas existé suivant la chair ; mais les apôtres et les foules des fidèles l'ont entendu, l'ont vu, on l'a vu sur la croix du temps de Pilate ; on l'a vu ressuscité. C'était un fantôme divin, un être aérien et tout spirituel que les yeux ont vu, dont les oreilles ont perçu la voix, mais qui ne pouvait être saisi par le toucher. »

En présence des négations des Juifs palestiniens, les chrétiens avaient, semble-t-il, une manière plus simple de leur fermer la bouche sans recourir aux subtilités du docétisme c'était d'alléguer, à l'appui du Jésus en chair, des témoignages, des documents authentiques, par exemple un acte du sanhédrin ou de la chancellerie de Pilate. Pourquoi ne l'ont-ils pas fait ? J'hésite à répondre ; mais peut-être n'existait-il pas de documents authentiques, ou n'avait-on pas encore songé à en produire d'autres. Cela expliquerait bien des choses : l'antériorité du docétisme par rapport aux Évangiles, comme le savait saint Jérôme ; le caractère nettement anti-docète de nos quatre Évangiles, même du quatrième ; la susceptibilité de l'Église en cette matière et la condamnation de l Évangile de Pierre, parce qu'il s'y trouvait des marques isolées de docétisme.

L'auteur d'une excellente vie de Jésus d'après les apocryphes, M. Walter Bauer, dit qu'il n'y a pas de trace, dans la littérature chrétienne ou antichrétienne des premiers âges, de ce paradoxe déjà familier à Voltaire et repoussé par lui, qui nie la réalité historique de Jésus. En effet, si des textes aussi subversifs avaient existé, l'Église n'aurait pas permis qu'ils parvinssent jusqu'à nous, fût-ce dans les bas-fonds de la littérature juive, où les stupides calomnies du *Toledoth* lui ont paru à bon droit inoffensives Mais il me semble impossible de ne pas conclure, tant des assertions du docétisme radical que du reproche fait aux docètes de judaïser,

à l'existence d'un parti juif, contemporain des apôtres et
encore puissant au début du IIe siècle, qui déclarait ne rien
savoir de Jésus. Encore une fois, ce n'étaient pas des docètes,
ivres de la notion du Christ divin, mais des gens résolument hostiles à l'idée de la divinité de Jésus et qui contestaient aussi le Jésus terrestre. Les docètes *judaïsaient* en
renonçant à croire au Jésus de chair ; ils *christianisaient* en
affirmant avec d'autant plus de force le Christ spirituel. A
ces hommes dangereux, Ignace préfère encore le circoncis,
qui, sans croire à la divinité de Jésus, admet du moins qu'il
a existé et qu'il est mort sous Pilate. Ignace a raison ; il a
raison encore quand il s'écrie : « Si les actions du Christ ont
été une apparence, à quoi bon souffrirai-je ? Car c'est pour
souffrir avec lui que je souffre tout ! »

On objectera peut-être que le docétisme est né en Palestine parce que les Juifs, dans l'attente du Messie glorieux,
se montraient plus scandalisés que les gentils de la mort
ignominieuse sur la croix. Mais il eût suffi, pour leur
répondre, d'admettre que le Christ *crucifié* n'était qu'un
fantôme, qui avait dépouillé son corps mortel au moment de
la Transfiguration. Or, les textes de saint Ignace prouvent
que le docétisme radical s'appliquait à la vie de Jésus tout
entière, depuis sa naissance jusqu'à sa mort. Ce n'est donc
pas le « scandale de la croix » qui a pu le suggérer.

Les conclusions que je viens d'exposer sont graves ; elles
semblent offrir l'équivalent d'un document palestinien du
Ier siècle qui viendrait à l'appui du scepticisme intransigeant
de Benjamin Smith. Je ne demande qu'à les voir discuter et
réfuter ; je respecte et j'écoute volontiers les théologiens ; je
les prie seulement de me répondre par des arguments, non
par des injures, parce que je dois déjà à leur libéralité une
ample collection de celles-ci et que j'ai besoin de ceux-là pour
m'éclairer.

L'article qui précède m'a valu la réponse que l'on va lire ; je la publie
intégralement, sauf une longue note qui traite d'une question un peu
différente.

Le docétisme et l'historicité de l'existence de Jésus [1].

Quelques réflexions sur la lettre de M. Salomon REINACH

Dans le numero d'avril 1912 de la *Revue Moderniste* (p. 184 et
suiv), M. Salomon Reinach pose en these que le docétisme est
une réponse à ceux des Juifs qui niaient que Jesus eût existé « à
l'époque où les chrétiens plaçaient sa vie et sa mort »[2], et présente un ensemble de documents d'où il tire des conclusions
« graves ». Ces conclusions, M. Salomon Reinach juge qu' « elles
semblent offrir l'équivalent d'un document palestinien du 1ᵉʳ siècle qui viendrait à l'appui du scepticisme intransigeant de Benjamin Smith ». Or « il est impossible » (affirme M. S. Reinach)
de ne pas arriver à ces conclusions.

Toute la question est donc celle-ci ressort-il des textes allégués par M Salomon Reinach qu'il y ait eu, au 1ᵉʳ siècle, des
Juifs niant que Jésus, fils de Marie, ait existé ?

L' « incirconcis judaisant » de saint Ignace « ne parle pas de
Jésus fils de Marie, qui a été enfanté *vraiment* », etc. Je souligne
vraiment : car le reproche de saint Ignace semble bien porter sur
ce fait que les docetes contestaient la réalité *en soi* du corps de
Jesus. C'est encore ce même *vraiment* qui revient dans la seconde
citation faite par M. S. Reinach. Cet adverbe se trouve quatre
fois dans la première citation et trois fois dans la seconde il est
donc, évidemment, le mot important. De ces deux textes on ne
peut conclure que ceci : 1° les docetes ne croyaient pas que le
corps de Jésus, fils de Marie, fût *vraiment* le corps du Christ ;

1 [*Revue moderniste*, 1912, p. 230-235]

2 J'avoue ne pas comprendre très bien le sens de cette restriction. Peu
importe en effet, si Jésus a vécu, que ce soit ou non à « l'époque où les chrétiens plaçaient sa vie et sa mort » Et s'il ne s'agit que de constater la date
exacte de ces évenements, je ne vois plus où tend l'argumentation de
M. Salomon Reinach [J'ai voulu dire que les Juifs ont dû se contenter de
nier l'existence du Jésus postulé par les Evangiles, celui qui souffrit sous
Pilate, ils ne pouvaient contester que d'autres docteurs, a differentes époques,
eussent porté le nom tres répandu de Jésus — S. R.]

2° cette opinion se rapprochait de celle de certains Juifs. Mais, notons-le bien, les docètes refusaient de croire non pas, comme le dit M. Reinach, « au Jésus de chair », mais seulement à la *réalité objective* de cette chair.

Il ne saurait donc être question de rapprocher cette opinion de celle qu'auraient eue certains Juifs (suivant *l'hypothèse* de M. Salomon Reinach), niant l'existence (à la fois apparente et réelle) de Jésus, — encore moins d'imaginer, ou, si l'on veut, de déduire des textes précités l'existence d'une telle opinion.

Supposons un Juif disant : « Jésus n'a jamais existé », le docète, suivant M. S. Reinach, lui répondra : « C'était un fantôme divin... que les yeux ont vu, dont les oreilles ont perçu la voix... ». Le Juif l'interromprait ainsi : « Mais non, justement : mes yeux ne l'ont pas vu, mes oreilles n'ont point perçu sa voix : et c'est précisément pour cela que je nie qu'il ait existé. » Et il me semble que le pauvre docète resterait court. Aussi ne vois-je pas comment il aurait pu y avoir confusion ni même rapprochement entre des gens qui, je le répète, *affirmaient* qu'on avait vu (par illusion ou autrement, peu importe) Jésus fils de Marie, et des Juifs qui auraient nié qu'on eût jamais vu ce même Jésus.

Or il n'est pas question, encore une fois, de savoir si une telle confusion a pu se produire, ni, à plus forte raison, d'expliquer comment elle s'est produite, — mais bien si, des textes de saint Ignace, on peut conclure qu'il y ait eu des Juifs niant l'existence historique de Jésus.

Reprenons, à l'aide de ces textes, la discussion entre le Juif et le docète. Celui-ci, comme chrétien, affirme : « Jésus est le Christ ». — « Non, répond le Juif, il n'est pas le Christ, car il n'est pas fils de David[1], sa vie a été un scandale permanent, il s'est élevé contre la loi de Moïse et a blasphémé ; enfin sa mort a été honteuse[2]. » — « Soit, réplique le docète ; seulement ce n'est pas le corps réel du Christ qui a vécu sous le nom de Jésus, mais un corps fictif, un fantôme. » — D'où cette conclusion, commune aux Juifs et aux docètes, que le corps de Jésus n'est pas le corps du Christ ; — et nullement que Jésus n'a pas existé.

« Cette insolente négation », M. S. Reinach trouve « remarqua-

1. Matthieu et Luc ont cherché à répondre à cette objection.

2. Car ce n'est pas cette mort seulement, comme le semble croire M. S. Reinach, mais la vie entière de Jésus qui a scandalisé les Juifs : il est bien certain qu'ils se représentaient le Messie d'une tout autre façon.

blc » qu'elle se soit produite « non pas à Éphèse ou à Alexandrie, mais sur le théâtre même de l'activité terrestre de Jésus, non pas un ou deux siècles après, mais presque au lendemain de sa mort ». — Remarquable, en effet ; et le mot n'est pas assez fort. Seulement, il eût fallu prouver que cette « insolente négation » s'est produite, et dans ces conditions ; faute de quoi l'étrangeté même du fait devient une grave objection contre sa réalité.

D'ailleurs en présence d'une telle négation, les chrétiens (M. Salomon Reinach le reconnaît) n'auraient pas perdu leur temps à de vaines subtilités. Ils auraient produit des actes, authentiques ou apocryphes. Or, si ces actes n'ont pas été produits, quelle est la raison de cette abstention ? M. S. Reinach « hésite à répondre » ; fort bien ; mais ne serait-ce pas, tout simplement, qu'il n'y a jamais eu de négation ?

Enfin notons que nous n'avons pas de textes anciens contestant l'existence historique de Jésus, même « dans les bas-fonds de la littérature juive », d'où l'Église aurait peut-être eu quelque peine à les faire disparaître. — Bien plus, à défaut de textes hérétiques, il nous reste fréquemment des écrits orthodoxes qui combattaient ces hérétiques : bien des hérésies ne nous sont connues que de cette façon. Or, il n'y a pas, que je sache, de texte orthodoxe ancien dirigé contre la négation de l'existence de Jésus. Ici encore, silence complet. Pourquoi ? Ne serait-ce pas, encore une fois, qu'il n'y a jamais eu de négation ?

En somme, l'argumentation de M. Salomon Reinach est celleci : « le docétisme chrétien est très nettement une façon de concilier l'idée chrétienne du Christ divin et spirituel, sans laquelle il n'y a pas de christianisme, avec un x judaïque ». Quel est cet x? Pour M. Reinach, c'était « *évidemment* » (et cela ressort des deux textes de saint Ignace) « la négation circonstanciée de l'existence de Jésus à l'époque où les chrétiens plaçaient sa vie et sa mort ».

J'ai essayé de montrer que la conciliation est impossible si cet x est la négation radicale de l'existence historique de Jésus ; — qu'elle est, au contraire, très possible, et même vraisemblable si l'x en question n'est que le refus de reconnaître à Jésus la qualité de Christ ou Messie ; — enfin, que, puisque le Juif déniait à Jésus la qualité de Messie, le docète, déniant au corps de Jésus la qualité de corps du Messie, pouvait, avec vraisemblance, être accusé de « judaïser ».

Il apparaît donc, si je l'ai montré en effet, que les conclusions de M. Salomon Reinach sont, pour le moins, incertaines et qu'il y aurait peut-être lieu de ne pas les accepter sans examen. Cependant, n'étant point théologien, je ne suis pas infaillible; s'il m'est arrivé de me tromper, je le reconnaîtrai bien volontiers quand on m'aura fait voir où et comment, n'ayant été guidé, dans ces quelques observations, que par le vif désir de voir se faire, en ces questions obscures, un peu de lumière et de vérité.

Paul-Louis Couissin.

A mon tour, j'ai répondu à la lettre de M. Couissin, sans me dissimuler non plus qu'il s'agit de questions extrêmement difficiles où les affirmations, quelles qu'elles puissent être, ne sont pas de mise, mais qu'il y a toujours profit à discuter entre historiens.

Saint Ignace et le docétisme.

M. Couissin paraît admettre que le docétisme radical est palestinien (je le crois, mais voudrais en être sûr); il admet aussi que le docétisme visé par saint Ignace est un compromis : seulement, il se figure autrement que moi les deux doctrines entre lesquelles le subterfuge du docétisme aurait tenté de faire la paix.

Je suis tenté d'admettre, comme ayant donné lieu à un compromis, ces deux thèses opposées: *a*) Les chrétiens affirment que le Jésus historique est le Christ; *b*) Certains juifs disent qu'ils ne savent rien de Jésus et n'ont pas de témoignages dignes de foi à son égard.

M. Couissin, lui, admet ces deux thèses opposées : *a*) Les chrétiens affirment que Jésus est le Christ; *b*) Certains juifs objectent que Jésus ne peut être le Messie, n'étant pas fils de David, s'étant élevé contre la Loi, ayant subi une mort ignominieuse.

Je ne crois pas que le docétisme puisse être un compromis entre ces deux thèses-là ; M. Couissin lui-même semble

éprouver quelque embarras à le croire : « Puisque le juif
déniait à Jésus la qualité du Messie, le docète, déniant au
corps de Jésus la qualité de corps du Messie, pouvait, avec
vraisemblance, être accusé de judaïser ». Cette « quelque
vraisemblance » est, à mon avis, une complète invraisemblance, une impossibilité. Nier que Jésus ait été le Messie
fils de David, ce n'est nullement nier son corps, mais, si
l'on peut dire, l'affirmer sans réserves, affirmer qu'il fut
complètement homme et qu'il n'y avait en lui rien d'immatériel, rien de divin, en dehors de ce qu'il y a de divin et
d'immatériel dans tous les hommes

Voici à mon avis, un passage capital de saint Ignace (*aux
Magnésiens*, chap. 11) : « Je veux vous mettre en garde contre
les pièges des vaines doctrines ; je veux que vous soyez parfaitement informés et convaincus (*peplérophorêsthai*) de la
naissance (du Seigneur), de sa Passion et de sa Résurrection,
arrivées sous le gouvernement de Ponce Pilate, faits vraiment
et sûrement (*aléthôs kai bebaiôs*) accomplis par J.-C., notre
espérance »

Pourquoi cette indication de date (qui revient ailleurs) :
« Sous le gouvernement de Ponce Pilate? » On ne prend pas
la peine d'affirmer, dans une polémique, ce qui n'est pas nié
par d'autres. Tel incrédule pouvait dire : « Il a bien pu y
avoir un crucifié nommé Jésus, mais je n'en trouve pas trace
au temps où Pilate était gouverneur » Josèphe n'en a pas
trouvé trace non plus, ni Juste de Tibériade, et le fabricant
païen de la relation sur la mort de Jésus, citée par Eusèbe,
paraît avoir été dans le même cas, puisqu'il plaçait cet événement en l'an 21, antérieurement au gouvernement de Pilate [1].

Ignace en sait plus long qu'il ne dit sur ces controverses,
dont il a dû longuement s'occuper à Antioche pendant son
épiscopat Les opinions qu'il combat dans ses lettres, écrites
au cours de son dernier voyage, ne sont pas nouvelles pour

---

[1] Eusèbe, *Hist. ecclés*, I, 9 Le faussaire païen avait placé la mort du
Christ sous le quatrième consulat de Tibère (septième année de son regne),
alors que, suivant Josephe, Pilate ne devient gouverneur que la douzieme
année du règne de ce Prince.

lui ; c'est bien à Antioche, ville où les juifs étaient nombreux et où le christianisme prit naissance comme secte distincte, qu'il a compris tout le venin du docétisme judaïsant, contre lequel il prémunit les fidèles des autres communautés, lors même qu'ils n'en sont pas infectés encore.

« Je vous exhorte, écrit il aux Philadelphiens (chap. 8), d'agir toujours non suivant l'esprit de dispute, mais suivant la connaissance du Christ. En effet, j'ai entendu dire à certains hommes : « Si je ne trouve pas (telle chose) dans les archives, je ne crois pas (à cette chose) dans l'Évangile ». Et comme je leur répondais : « C'est écrit (dans l'Ancienne Loi), ils me répondaient : « C'est là toute la question ». Mais, pour moi, les archives sont J.-C. ; mes archives intangibles sont sa croix et sa mort et sa résurrection et la foi qui vient de lui... »

On a fait, sur ce passage, d'incroyables contresens, qui ne paraissent pas toujours involontaires[1]. Ma traduction est d'accord avec celle de G. Krüger, dans les *Neutestamentliche Apokryphen* de Hennecke (1904, p. 128) : « Wenn ich's nicht in den (alten) Urkunden finde, im Evangelium glaube ich's nicht », — à cela près que Krüger, hésitant entre les lectures *archaïoïs* et *archéïoïs*, a cherché une équivoque en traduisant : « les vieux documents ». Mais il est certain que la lecture *archéïoïs*, confirmée par l'ancien texte grec développé du IVe siècle, est seule correcte ; il faut donc traduire : « dans les archives ».

De quelles archives parlaient les adversaires d'Ignace ? Je ne vois qu'une réponse admissible : *Les archives de Césarée.* Cette ville, dont la bibliothèque devait tant servir à Eusèbe, était la capitale de la Palestine (*caput Palaestinae*, Tacite, *Hist.*, II, 79), le siège du gouvernement romain ; c'est là, et non à Jérusalem que devaient être conservées les archives où l'on pouvait espérer découvrir des témoignages sur Jésus. Dans les villes d'Asie, on avait un grand souci des archives

---

1. « J'ai entendu dire à certaines gens : *Je ne crois qu'à ce que je trouve dans nos archives, c'est-à-dire dans l'Évangile* » (trad. A. Lelong, p. 77, d'accord avec Zahn et Funk). Voici le grec : ἐπεὶ ἤκουσά τινων λεγόντων ὅτι ἐὰν μὴ ἐν τοῖς ἀρχείοις εὕρω ἐν τῷ εὐαγγελίῳ οὐ πιστεύω.

municipales (Genouillac, *L'Église au temps d'Ignace*, p 6) ;
les archives provinciales ne devaient pas être moins bien
tenues et gardées

Ignace ne dit pas au juste ce que ses adversaires refusent
de croire (bien que *cela* soit affirmé par l'Evangile et prédit
par l'Ecriture) parce qu'ils n'en trouvaient pas mention dans
les archives Mais procédons par élimination Il tombe sous
le sens qu'il ne pouvait être question de la filiation davidique
de Jésus, de ses miracles, de son court enseignement ; il ne
pouvait s'agir que de sa naissance, de sa mort, de sa résurrection Au paragraphe suivant de la lettre aux Philadelphiens, Ignace fait l'éloge des anciens prophètes d'Israël et
ajoute : « Il y a un trait particulier (*exaireton*) dans l'Évangile
(opposé à l'Ancienne Loi) : la venue du Sauveur, sa Passion
et sa Résurrection ». Cela prouve, sans doute possible, que
l'Evangile, pour Ignace, n'est pas tel ou tel de nos Evangiles,
tel ou tel recueil de discours du Seigneur, mais l'histoire de
Jésus, dont les faits essentiels — naissance miraculeuse,
Passion et Résurrection — composent le *credo* irréductible
du vrai chrétien

Voici donc, si je ne m'abuse, un fait nouveau : à Antioche de Syrie, aux environs de l'an 100 de notre ère, il existait
une école critique qui, demandant des documents sur la vie
terrestre de Jésus et cherchant vainement ces documents
dans les archives, importunait saint Ignace de ses négations.
Le saint répondait : « Mais ces événements ont été nettement
prédits dans les livres de l'Ancienne Loi »' Les sceptiques
objectaient : « Mais c'est là toute la question'' Vous supposez
la réalisation des prophéties de l'Ecriture, c'est-à-dire précisément ce qui est en cause » Saint Ignace se tirait d'affaire,
non en alléguant les témoignages prétendus de contemporains du Christ ou d'hommes qui avaient connu ces contemporains — ce fut, à la même époque, la méthode suivie par
les presbytres d'Ephèse — mais pas une phrase sonore sur

---

1. Tout le monde traduit ainsi le grec πρόκειται, mais je ne connais pas
d'emploi analogue de ce verbe.

les « archives intangibles » qui sont Jésus lui-même, sa vie
et sa croix.

M. de Genouillac (*op. laud.*, p. 221) appelle cela très justement « un schisme d'intellectuels ». Que ces *intellectuels*
d'Antioche fussent juifs ou seulement judaïsants — puisqu'on
leur objecte les Écritures, ils sont tout au moins capables de
les lire — peu importe ; comme les intellectuels d'autres
temps et d'autres pays, ils ont réclamé, avant de croire, des
preuves documentaires et ont refusé leur adhésion à ceux qui
ne leur en fournissaient pas.

Il y avait encore un moyen d'écarter l'objection tirée du
silence des parchemins : il consistait à dire que ces documents écrits, au service des puissants de la terre et des
païens, n'étaient pas de Dieu, mais du Diable, et que si le
Diable, roi de ce monde terrestre (et des archives) n'avait
pas enregistré les événements de la vie de Jésus, c'est que
ces événements, étant divins, lui avaient échappé. Voilà
comment paraît raisonner saint Ignace dans un passage de sa
lettre aux Ephésiens (chap. 19) que M. Harnack trouve à bon
droit très étrange (*besonders seltsam*). Le texte grec est certain, ayant été cité par Origène.

« Le prince du monde (Satan) n'a eu connaissance ni de
la virginité de Marie, ni de son enfantement, ni de la mort
du Seigneur ; trois mystères retentissants[1] qui se sont
accomplis dans le silence de Dieu ».

Je n'ignore pas, M. Couissin voudra bien le croire,
tout ce qu'on a écrit sur ce passage pour l'expliquer ou pour

---

1. En grec, μυστήρια κραυγῆς, ce qui est une expression bien étrange. —
Les commentateurs ont remarqué avec raison qu'Ignace s'inspire ici de
saint Paul, *Cor.*, II, 7, passage également très obscur. Mais Paul ne parle ni
de Marie, ni de la naissance de Jésus, ni de sa mort. Voici la traduction de
Reuss : « Je prêche la philosophie divine, autrefois secrète et cachée, que
Dieu, avant les siècles, a décrétée d'avance pour aboutir à notre gloire et
qu'aucun des chefs de ce siècle n'a connue (car s'ils l'avaient connue, ils
n'auraient pas crucifié le glorieux Seigneur) ». On ne peut expliquer ici
Ignace par saint Paul, puisqu'ils ne parlent pas des mêmes choses ; Ignace
n'a été influencé que par la rédaction de Paul, non par sa pensée.

l'écarter[1] ; mais je le prends tel qu'il est, sans chercher finesse
Ignace s'exprime assez clairement : il s'adresse, sans les
nommer, aux *intellectuels* d'Antioche qui ont vainement cherché une trace de Jésus dans les documents publics et il leur
répond (je développe son texte comme je le comprends) :
« Laissez-moi donc tranquille avec vos archives, recueil des
témoignages de Satan, ce prince de ce monde, sur le monde
qui est soumis à ses lois ! S'il n'y est question ni des parents
de Jésus, ni de sa naissance, ni de sa mort, c'est que les mystères de notre foi, devenus si célèbres, ont été dissimulés par
Dieu à son ennemi ! »

Bon et honnête Ignace, qui, tout en méprisant les méthodes
sévères de l'histoire, fais à l'histoire les plus précieux des
aveux ! J'ai déjà dit que les presbytres d'Éphèse procédaient
autrement : ils fabriquaient de l'histoire avec de faux témoignages, et quelle histoire ! Le quatrième Evangile, les fables
d'Irénée sur Jésus cinquantenaire, tout ce que la théologie
même orthodoxe n'a jamais admis sans réserves, tout ce que
la théologie libérale repousse comme un roman, car s'il
fallait recevoir les contes d'Éphèse, là où ils s'écartent de la
tradition synoptique, il faudrait commencer par sacrifier
celle-ci, avant de les sacrifier tous les deux.

En 150, quarante ans après Ignace, quand Justin veut persuader aux païens que tout s'est passé comme le raconte
l'Evangile, il allègue des actes de Pilate, *ta epi Pontiou Pilatou
genomena akta*. C'est qu'entre 110 et 150, l'officine des faux
a commencé à travailler, à défaut de documents authentiques
d'archives, on a mis en circulation des textes supposés. Le
métier était bon ; il a trouvé beaucoup d'amateurs. Faut-il
rappeler ici les fausses décrétales et la non moins fausse dona-
tion de Constantin ? Je n'ai nulle envie de conclure de tout ceci
— et d'autres considérations que j'ai déjà fait valoir, ou que
je réserve — à la non-existence de Jésus. Il est impossible de

---

1. Explication courante · le Diable ignorait la portée et les effets (!) de la
naissance et de la mort de Jésus, il fut l'instigateur de la mort du Christ
sans savoir que cette mort était le salut de l'humanité, la fin de son propre
règne (*Ignace et Polycarpe*, éd. Lelong, p. 24). L'absurdité de ce commentaire saute aux yeux.

démontrer qu'il n'y eut pas en Palestine, vers l'an 30, un
docteur nommé Jésus. Mais que ce docteur, homme libre,
ait été crucifié sans cause par les Romains, ou pour le plaisir
d'accomplir les prophéties de l'Ancienne Loi — que nous
possédions un récit historique de la Passion (dont le seul
prétendu témoin est un faussaire)[1] — qu'il y ait même un
grain de vérité dans les récits qui la concernent, voilà ce que
je nie depuis des années et ce qu'on niait déjà à Antioche il y
a dix-huit siècles, si je comprends et traduis correctement les
passages cités.

1. Inutile de démontrer à nouveau que Jean, XIX, 25-27, n'est pas de l'histoire. « On ne doit pas oublier que les Synoptiques ignoraient la présence
de Marie à Jérusalem pendant la Passion ». (Loisy, *Quatrième Évangile*,
p. 880). L'affirmation du disciple « qui rend témoignage de ces choses » (XXI,
24) fait partie d'une addition frauduleuse au quatrième Évangile. « On mettait en avant un disciple qui prenait la place de l'anonyme et fournissait au
livre la recommandation dont il avait besoin » (*ibid.*, p. 950). Quant aux
Synoptiques, je prie qu'on lise le récit de la Passion depuis l'arrestation de
Jésus et la fuite des Apôtres ; si l'on se demande à chaque pas : « Qui a pu
raconter ces choses pour les avoir vues ou entendues? », on se rendra
compte qu'elles n'ont pu l'être de personne.

Les Odes de Salomon[1]

La publication, par M. Rendel Harris, des *Odes de Salomon*[2], d'après un manuscrit syriaque du xvi⁰ siècle, pose des questions extrêmement difficiles et compliquées

On connaissait déjà cinq de ces odes par le texte copte de la *Pistis Sophia* (vers 260) ; nous avons maintenant la collection des 42 odes, à l'exception de la seconde. La citation latine de deux vers de l'ode 19 par Lactance (*Instit.*, IV, 12, 3) correspond précisément à un passage de notre ode 19 (6,7) Il n'est pas douteux que le recueil original ait été lu en grec, en latin, en copte et en syriaque. Ce recueil est cité, à la suite des *Psaumes* de Salomon, dans la *Stichométrie* de Nicéphore (ix⁰ siècle), parmi les *Antilegomena* de l'Ancien Testament[3]; dans le manuscrit de M. Rendel Harris, les *Odes* précèdent les *Psaumes*. La *Pistis Sophia* et Lactance allèguent

---

1. [*Revue de l'histoire des Religions*, 1910, p 279-294.]

2 Rendel Harris, *The odes and psalms of Solomon*, Cambridge, 1909 (ed. populaire chez Headley, 1910). — Ad Harnack et J. Flemming, *Ein judisch-christliches Psalmbuch*, Leipzig, 1910, A Ungnad et W. Staerk, *Die Oden Salomos*, Bonn, 1910, W. E. Barnes, *The Expositor*, juillet 1910 (*non vidi*) ; *Journal of theological Studies*, juillet 1910, Wabnitz, *Revue de théologie*, juillet 1910, J. H. Bernard, *Journal of theological Studies*, octobre 1910, F. Spitta, *Zeitschrift fur N T. Wiss.*, 1910, p. 193 et p. 259; J Haussleiter, *Theol. Literaturblatt*, XXXI, 12; Anonyme, *The Times*, 7 avril 1910 (*non vidi*), Sprengling, *American Journal of theology*, oct 1910; R. H Charles, *Review of theology*, oct 1910, Batiffol et Labourt, *Revue biblique*, oct. 1910, F. Schulthess, *Zft f Neutest W.*, 1910, p 249, H Gunkel, *ibid*, p 291, W Staerk, *Zft fur wiss. Theol.*, LII, p. 289 (*non vidi*), Zahn, *Neue Kirchl. Zft*, 1910, p. 667; Diettrich, *Reformation*, 1910, nᵒˢ 19-33 (*non vidi*); Wellhausen, *Goett. gel Anz.*, 1910, p 629 (contre Harnack), A D et S Reinach, *Revue moderniste*, 1910, p. 418, 457, Ch Bruston, *La Vie Nouvelle*, 31 déc. 1910. Je dois des remerciements aux R. P. Bollandistes de Bruxelles qui m'ont admis a recueillir, dans leur riche bibliothèque, la bibliographie du sujet (nov 1910).

3 Il est aussi cité parmi les *Antilegomena* dans la *Synopsis Sanctae Scripturae* dite d'Athanase, après les *Macchabées* et avant *Susanne*

les *Odes* comme faisant partie du canon de l'Ancien Testament; la *Pistis* les commente au même titre que le Psautier davidien.

Les *Psaumes* de Salomon, connus depuis le xviie siècle et très accessibles aujourd'hui dans l'excellente édition de MM. Viteau et Martin (Paris, Letouzey, 1911), sont datés par les allusions qu'ils contiennent au pillage du temple et à la mort de Pompée (48 av. J.-C.). On est d'accord pour les considérer comme juifs et palestiniens; on n'y a pas signalé d'interpolations chrétiennes, bien que ces psaumes et le Nouveau Testament offrent de nombreux points de contact. « La similitude entre les deux recueils, écrit M. Viteau, réside dans l'esprit qui les anime, dans les pensées et les sentiments. L'élément doctrinal, religieux et pieux est le même dans les deux livres ». (*Op. l.*, p. 165.)

Si les *Odes* récemment découvertes n'offraient pas de « similitude » plus frappante avec les livres du Nouveau Testament, on n'aurait pas hésité un instant, vu le titre qu'elles portaient[1] et les quelques mentions qu'on en trouve dans l'ancienne littérature chrétienne, à les considérer comme des œuvres juives et palestiniennes du i[er] siècle avant notre ère, issues de la même officine que les *Psaumes*.

Mais les *Odes* n'ont pas du tout le même caractère que les *Psaumes* : 1° Des passages assez nombreux paraissent supposer une connaissance de la tradition évangélique; d'autres ont semblé à M. Harnack marquer comme un acheminement vers la théologie mystique de saint Jean. 2° S'il n'y a pas de contact certain avec les trois Synoptiques, on relève des analogies très précises avec les Évangiles apocryphes. 3° Quelques passages paraissent impliquer que le Temple est encore debout; il n'y a pas d'allusion à la catastrophe de 70. 4° L'auteur ignore la Loi ou ne s'en préoccupe à aucun degré; il ne dogmatise point; il ne mentionne ni le péché, ni la pénitence. C'est, dit M. Harnack, un dévot « libéral »; c'est un « impressioniste », hasarde M. Gunkel (p. 315).

---

1. Le manuscrit de M. R. Harris étant mutilé au début, on n'en connaît pas le titre exact.

Pour répondre aux données essentielles de la question, les théories suivantes ont été émises (je ne prétends pas les connaître toutes) :

1° D'après M. Rendel Harris, quelques-unes des *Odes* sont juives ; mais la plupart sont l'œuvre d'un judéo-chrétien, vers la fin du 1er siècle de notre ère.

2° D'après M. Harnack, ces *Odes* sont purement juives, mais elles ont été interpolées par un rédacteur chrétien vers l'an 100

3° D'après M J. H. Bernard, ce seraient les chants des Baptisés nouvellement admis dans l'Eglise, composés vers l'époque de saint Justin.

4° MM. Barnes et Gunkel ont noté, dans les *Odes*, des allusions aux prophètes montanistes.

5° Il n'y a rien de juif dans ces Odes, disent MM. Wellhausen, Gunkel et Preusschen ; au contraire, elles célèbrent le triomphe du christianisme Ce sont des poèmes gnostiques, où la mention de digues contre les flots fait songer à l'Égypte (Gressmann), dont le mysticisme est hellénistique et païen, mais non juif (Wellhausen). C'est d'ailleurs un gnosticisme sans dualisme, non dogmatique, que nous ne connaissions pas encore, un proto-gnosticisme (je ne tiens pas du tout au mot, déclare M Gunkel, p. 327). Enfin, M. Preusschen, d'accord sur le fond avec M Gunkel, promet de démontrer que ces hymnes faisaient partie du psautier valentinien (*Zft.*, p. 328).

MM. Spitta et R H Charles se placent, avec quelques réserves, du côté de M Harnack [1]; MM J. Haussleiter et Sprengling approuvent en substance les vues de M Harris.

Personne, à ma connaissance, n'a encore émis l'opinion que les *Odes* seraient purement juives et non interpolées. Ce serait une témérité bien extravagante. Sans doute, telle était l'opinion de ceux qui lisaient, chantaient, copiaient et traduisaient ces odes pendant les premiers siècles de l'Eglise ; c'était aussi évidemment, l'opinion des cercles auxquels

---

[1] M Spitta admet environ 50 vers chrétiens en plus de M. Harnack (p. 290). Il pense que le recueil primitif comprenait 40 poèmes, dont le dernier résume brillamment les autres (p 269), les nos 41 et 42 sont chrétiens.

s'adressait la *Pistis Sophia*. Mais la critique moderne est
devenue très ombrageuse à l'égard d'écrits qui préfigurent
et prophétisent. Depuis qu'elle n'allègue plus ou n'allègue
que très discrètement les prophéties pour confirmer l'histoire
évangélique, elle est disposée à *minimiser* les prophéties
apparentes ou à les éliminer en les qualifiant de fraudes
pieuses. Dans le cas d'un ouvrage comme le *Testament des
Patriarches*, cette attitude est la seule qui soit admissible,
car les interpolations de cet écrit juif, peu nombreuses d'ailleurs, sont évidentes et s'enlèvent, pour ainsi dire, à la main.
La chose est plus difficile quand il s'agit des *Odes* ; il est
également difficile de faire à chacune un sort à part, de qualifier les unes de juives, les autres de chrétiennes, tellement
le style en est uniforme, tellement les parties christologiques
tiennent au contexte. La loyauté de M. Harnack ne s'est pas
dissimulé cet embarras. D'abord, à ses yeux, l'interpolateur
est un homme très avisé : « Il a partout évité le nom de
Jésus, sans doute pour faire croire que les Odes étaient des
prophéties de l'Ancien Testament » (p. 107). Puis, M. Harnack n'est pas toujours sûr des interpolations qu'il signale :
« Quelques-unes de mes atéthèses ne sont pas certaines à
mes propres yeux » (p. iv). Citons des exemples. Voici la
traduction de l'ode 19, donnée par M. Labourt ; elle fournit
un spécimen instructif de cette très étrange littérature :

« Une coupe de lait m'a été apportée et je l'ai bue dans la
douceur et la suavité du Seigneur. Le Fils est cette coupe et
celui qui a été trait, c'est le Père, et celui qui l'a trait, c'est
l'Esprit Saint, parce que ses mamelles étaient pleines et il voulait que son lait fût répandu largement. L'Esprit Saint a ouvert
son sein ; il a mêlé le lait des deux mamelles du Père et a donné
le mélange au monde à son insu, et ceux qui le reçoivent dans
sa plénitude sont ceux qui sont à droite. L'Esprit étendit ses
ailes (?) sur le sein de la Vierge et elle conçut et enfanta, et elle
devint mère vierge avec beaucoup de miséricorde ; elle devint
grosse et enfanta son fils sans douleur ; et afin qu'il n'arrivât
rien d'inutile (?), elle ne demanda pas de sage-femme pour
l'assister ; comme un homme (?) elle l'enfanta volontairement,
elle l'enfanta avec joie (?), elle le posséda en grande puissance et

l'aima en salut ; elle le garda dans sa suavité et elle le montra dans sa grandeur. Alleluia ! »

Cette ode est précisément celle dont Lactance cite un passage comme prophétique. M. Harnack, après quelque hésitation (p. 49), déclare qu'elle est chrétienne d'un bout à l'autre ; mais en commentant la seconde partie, qui commence aux mots douteux *L'Esprit étendit ses ailes* [1], etc., il écrit : « Cette seconde partie est aussi chrétienne, car il est au plus haut degré invraisemblable que déjà, dans la dogmatique messianique du judaïsme, la conception et la naissance du Messie aient été aussi développées ; *il est vrai que cela n'est pas absolument impossible* » (p. 50 ; c'est moi qui souligne). M. Harnack ne manque pas de remarquer que l'accouchement sans douleur et l'absence d'une sage-femme sont des traits connus de la littérature apocryphe (*Acta Petri c. Sim.*, 24 ; *Protev. Jacobi*, 19, 20).

L'ode 28 est très courte et se retrouve intégralement dans l'ode 42, considérée par M. Harnack comme une compilation chrétienne. La voici :

« J'ai étendu mes deux mains et les ai consacrées à mon Seigneur [2], parce que l'extension de mes mains est son signe [3] et que mon extension est le bois dressé. Alleluia [4] ».

M. Harnack (p. 60) : « Cela ne peut signifier que la croix. L'origine chrétienne de cette petite ode paraît indubitable [5].

---

1. *Infirmatus est uterus virginis*, écrit Lactance. « Je crois que la traduction de Lactance devient intelligible lorsqu'on restitue le grec ἐθρύφθη ou ἐθρύφη, de θρύπτω signifiant à la fois *perrumpere* et *infirmare*. » (S. Reinach, *Revue moderniste*, 1910, p. 458.) Le fait que le syriaque est traduit du grec a déjà été reconnu et M. Gunkel écrit que « le but ultime de notre étude doit être la restitution du texte grec » (p. 292). De même Schulthess (p. 251), qui considère la traduction de M. Flemming comme un pas en arrière sur celle de R. Harris (p. 249) et insiste pour qu'on essaie de comprendre ces poèmes avant de les commenter.

2. Gunkel : « Et me suis voué au Seigneur ».

3. Gunkel : « Est le signe de la consécration ».

4. Gunkel : « Et l'extension du bois dressé auquel celui qui a été élevé fut suspendu sur la route » (p. 302, inintelligible).

5. Pas du tout, dit M. Spitta (p. 261), c'est purement juif ; il n'est pas question de la croix, mais de la croissance d'un arbre (opinion isolée).

Le symbolisme de la croix est très ancien dans le christianisme (Barnabé, Justin, etc.). *Ou bien peut-on essayer de
montrer, avec quelque chance de succès, que le symbolisme de
la croix existait déjà quelque part dans le judaïsme?* Avoir
recours à un très ancien symbolisme exotique de la croix me
paraît inadmissible ». Les italiques sont de moi; ces lignes
dénotent encore l'inquiétude de M. Harnack[1]. Peut-être
aurait-il pu être plus explicite — rappeler, par exemple, que
les auteurs chrétiens ont souvent reconnu la croix dans le
tau mystique d'Ezéchiel (9, 4, 6) et de Job (31, 35), que la
croix ou plutôt la crucifixion du Juste sont mentionnées
fort clairement dans un Psaume davidien (22, 17). Dans le
même verset de ce Psaume, on lit : « Des chiens m'ont environné, et une assemblée de gens malins m'a entouré ».
Ce passage était présent à l'esprit de l'auteur de l'ode 28,
qui fait suite à la courte ode traduite plus haut : « Ils m'en-
vironnèrent comme des chiens enragés, qui tournent leur
fureur contre leur maître », où M. Harnack renvoie naturellement en note à *Psaume*, 22, 17. Mais M. Harnack ne pense
pas que cette ode soit chrétienne. On y trouve le passage suivant (c'est le Juste persécuté qui parle) :

« Je tenais l'eau dans ma main droite et j'en supportais l'amer-
tume par ma douceur. Et je ne péris pas, parce que je n'étais
pas leur frère, car mon origine n'est pas la leur. Et ils cherchèrent ma mort et ne la trouvèrent pas, car j'étais plus ancien
qu'ils ne pouvaient penser. »

M. Harnack remarque (p. 51) : « On voit qu'il ne peut
être question ici du Christ ».

« Comment, demande-t-il (p. 107), a procédé l'interpolateur?
il a introduit dans les odes Christ, le fils de Dieu... En général,
il l'a introduit de telle façon qu'il l'a distingué du *moi* du poète;
mais dans cinq passages, il a identifié au Christ le *moi* du poète

---

1. M. Gunkel, qui n'admet aucune part de judaïsme dans les Odes (sauf
l'influence d'Isaïe et des Psaumes davidiens), n'en déclare pas moins, à propos de cette ode 27 : « Le signe de la croix, cela est impliqué ici, est antérieur à la crucifixion de Jésus; fait intéressant pour l'histoire religieuse ».
Assurément, d'un intérêt capital.

juif, qui dit de lui-même des choses sublimes, et par là il a créé de grandes difficultés qui ne l'ont pas troublé lui même ».

Ce poète inspiré qui ose s'identifier au Christ rappelle à M. Gunkel les prophètes montanistes (p. 300).

Un des passages christologiques les plus remarquables est dans l'ode 31 :

Ils me déclarèrent coupable, quand je me présentai, alors que je ne l'avais jamais été, et ils partagèrent mon avoir, alors qu'on ne leur devait rien. Mais moi je souffrais en silence et j'étais tranquille, comme si rien de leur part ne m'eût touché ; je restais immobile comme un rocher battu par les flots ».

Harnack, p. 64 : « Toute cette section est très probablement chrétienne, car l'analogie avec *Isaïe* 53 ne suffit pas à l'expliquer [1]. » Je ne sais pourquoi le savant éditeur n'a pas rapproché les mots sur le partage (*sie verteilten meine Beute*) de *Psaume* 22, 19 et celui qui concerne l'insensibilité physique du Juste d'*Isaïe* 50, 7 (où il est question d'un roc) et d'*Evang. Petr.* § 4. L'interpolateur chrétien vers l'an 150 a été vraiment d'une rare prudence ; non seulement il n'a pas mentionné Jésus, mais alors même qu'il a parlé de lui ou l'a fait parler, il s'est tenu très près des documents juifs, sans jamais citer une ligne textuelle du Nouveau Testament.

J'en ai dit assez pour montrer que M. Harnack, avec l'honnêteté qui complète le vrai savant, ne cache pas son embarras là où il admet des interpolations chrétiennes. Mais une fois qu'il croyait les odes juives, il fallait bien recourir à cette hypothèse. « Les gens du métier savent, écrit-il (p. IV), que je ne me décide pas facilement à admettre des interpolations. » Pourtant, ici, la nécessité semblait pressante, et M. Harnack, sans ambages, nous a dit pourquoi :

« Si ces odes de Salomon avaient déjà été connues lorsque

1. Pour M. Gunkel, qui traduit cette ode (p. 312), elle est entièrement chrétienne. Avec M. R. Harris, il croit y discerner l'influence de la philosophie grecque ; Marc Aurèle (*Med.*, IV, 49) parle aussi d'un cap immobile, battu par les flots. Mais cet indice paraît bien insuffisant.

récemment, une fois de plus, un dilettante non autorisé a inquiété la chrétienté avec la thèse de l'inexistence de Jésus[1], elles auraient sans doute été alléguées dans le débat. Si on les prend, dans l'état où elles sont devant nous, comme un recueil un et original, il est possible de montrer, avec beaucoup d'apparence, que l'auteur de la découverte et de la publication (R. Harris) a eu tort de désigner ces chants comme chrétiens ou judéo-chrétiens, mais qu'il sont bien plutôt juifs et préchrétiens. Mais, dès qu'on admet cela, « le Jésus préchrétien »[2] est trouvé, *car ces Odes donnent par avance tant de choses chrétiennes que l'historicité de Jésus paraît menacée au plus haut point* » (p. III).

Le sentiment net de ce péril, de cette conséquence possible (ou impossible) de sa thèse sur l'origine juive des Odes, a contraint M. Harnack, malgré sa répugnance, à l'hypothèse des habiles interpolations chrétiennes dont nous avons cité plus haut quelques spécimens.

Suivant M. Harnack, un seul passage suffit à prouver que les odes non interpolées sont juives : c'est celui où, d'accord avec MM. R. Harris, Spitta, Charles, etc., il trouve une mention du Temple. Ode 6 (trad. Labourt) :

« Un ruisseau est sorti et il est devenu uu torrent grand et large. Il a inondé et brisé l'univers et l'a emporté vers le Temple et les obstacles des hommes n'ont pu l'arrêter, pas même les artifices de ceux qui endiguent l'eau. »

Harnack, p. 32 : « Ceci prouve le judaïsme de l'auteur ; toute connaissance divine atteint son but par le fait que les hommes viennent au Temple ».

M. F. Spitta (*Zeitschrift f. Neutest. Wiss.*, 1910, p. 194) rapproche de cette image de la source devenue torrent *Ezéchiel*, 47[3]; *Joel*, 4, 18; *Zacharie*, 14, 18; *Henoch*, 26, 2 :

« Les indications géographiques sont si exactes qu'il est impossible de s'y tromper. La montagne sainte est Sion, la source

---

1. Allusion à M. Drews, professeur à Carlsruhe, auteur de l'ouvrage à sensation *Die Christusmythe*; cf. *Revue de l'histoire des Religions*, t. LXI, p. 377.

2. Allusion à M. Benj. Smith, professeur américain, auteur de l'ouvrage *Der vorchristliche Jesus*.

3. Déjà noté par M. R. Harris (p. 96).

qui en découle à l'est est le Gihon, aujourd'hui source de Marie, qui ne descend pas vers le Cédron entre Sion et le Mont des Oliviers, mais est dérivée artificiellement vers le sud à travers la ville sainte... Il n'est pas douteux que dans l'ode 6 se retrouve l'image prophétique appliquée au Gihon et signifiant le Salut qui vient de Jérusalem. »

En revanche, M. Haussleiter n'admet pas que le Temple désigne, dans ce passage, celui de Jérusalem ; il s'agirait de l'esprit de Dieu qui a trouvé sa demeure dans son vrai temple, le cœur de la communauté de Jésus. « Que dans cette puissante image soient indiquées la marche victorieuse de la mission chrétienne, la poussée de la communauté chrétienne vers tous les peuples, c'est ce que personne ne peut contester sérieusement. » A quoi M. Spitta répond : « C'est ce que personne ne peut sérieusement prétendre ». On voit que l'accord est loin d'être fait entre les doctes. Pourtant, M. Gunkel a soutenu la même thèse que M. Haussleiter. Avec M. Gressmann, il comprend que les eaux *ont emporté le Temple* ; ces eaux sont celles du Fleuve de Vie, qui coule du Paradis. « Cette description du cours vainqueur du torrent divin ne peut se rapporter qu'à la victoire du christianisme. C'est l'expression du sentiment triomphal de la communauté » (p. 296). Cette communauté, avouons-le, a le triomphe bien modeste, puisqu'on n'ose même pas y prononcer le nom de Jésus victorieux.

Le Temple serait encore mentionné, suivant M. Harnack, dans l'ode 4 :

« Nul ne transférera ton lieu saint, ô Dieu, nul ne le placera dans un autre lieu, car il n'en a pas le pouvoir. Ton sanctuaire, tu l'avais désigné avant de créer les autres. Le plus ancien ne sera pas transformé par ceux qui sont plus récents ».

MM. R. Harris et Harnack sont d'accord pour reconnaître dans ce passage une allusion au Temple de Jérusalem et au temple rival de Léontopolis ; ce dernier, qui ne disparut qu'en 73, devait subsister du temps de l'auteur. L'idée que l'emplacement du Temple de Jérusalem serait plus ancien

que tous les autres lieux du monde était, ajoute M. Harnack,
très répandue, parmi les rabbins. Ici encore M. Haussleiter
ne veut pas entendre parler du Temple : il s'agit de la communauté chrétienne. M. Spitta vient au secours de M. Harnack ; il admet, avec lui, que l'ode est antérieure à 70 et
qu'elle est juive, *impensable* dans la bouche d'un chrétien
qui aurait connu la prédiction de Jésus sur la destruction du
Temple (*Math.*, 24). Mais M. Gunkel n'entend pas de cette
oreille : pour lui, le lieu saint est le Paradis et le sanctuaire
est la cité céleste. On hésitera, je crois, à lui donner raison
sur ce point.

En somme, là où MM. Harris et Harnack voient du
judaïsme, M. Gunkel trouve la mention très nette du triomphe
du christianisme sur le judaïsme (p. 296). Bien plus : aux
yeux du poète, la mission parmi les païens est déjà un fait
du passé. Mais la secte mystérieuse pour laquelle il écrit ne
se nourrit pas des Évangiles ; elle n'appartient pas à la
grande Église ; elle se complaît au syncrétisme, à l'allégorie ;
elle prépare les hérésies gnostiques par son *pneumatisme*,
nourri des Psaumes davidiens, mais ignorant ou insouciant
de la Loi (p. 320). Tout cela est singulier ; qu'on suive
M. Harnack ou M. Gunkel, on découvre avec surprise, dans
le domaine de l'Église naissante, une province encore tout à
fait inexplorée.

Il me reste à parler de la théorie originale qui a été présentée par M. J. H. Bernard[1] et qui se fonde sur les analogies du langage des Odes avec la phraséologie symbolique
du baptême chrétien.

« Que ces Odes aient été composées pour être chantées dans le
culte public ou qu'elles aient été, d'abord, les méditations d'un
isolé sur la vie spirituelle, l'idée qui les domine paraît être la
joie et le privilège du nouveau chrétien ; ce sentiment se révèle
sous tant de formes que l'on pourrait y voir ni plus ni moins que
les *Hymnes des Baptisés*. En tout cas, la pensée du baptême
donne la clef de l'interprétation de nombreux passages, dont

1. Je ne crois pas qu'un seul critique allemand l'ait discutée.

quelques-uns n'ont encore reçu aucune interprétation » (p ıı du tirage à part).

Nous possédons précisément, parmi les œuvres d'Éphrem le Syrien, une collection d'hymnes chantées à la fête de l'Epiphanie, placées dans la bouche de ceux qui viennent d'être admis au baptême et exprimant la joie de l'âme chrétienne à ce moment. M Bernard a reproduit le n° 13, où il trouve des « ressemblances frappantes » avec les Odes, « tant dans leur exaltation spirituelle que dans leurs allusions mystiques ». Mais on attend des rapprochements plus précis ; il y en a.

Ode 36, 3 « Il (l'Esprit) m'a procréé à la face du Seigneur et bien qu'homme j'ai ete appelé le brillant, le fils de Dieu ».

Allusion, dit M Bernard, a la lumiere du baptisé, le φωτισμός Il ne s'agit pas du Christ, mais du chrétien baptisé [1].

Ode 21, 2 et 25, 7 : « J'ai depouille les tenebres et revêtu la lumière. . Tu as place un flambeau à ma droite et à ma gauche pour que rien en moi ne fût sans lumiere. »

Allusions, dit M Bernard, aux robes blanches, dites « robes de lumiere » dont on ıevêtait les catechumènes et ?ux torches (λαμπάδες νυμφαγωγίας, dit S Cyrille) qu'on leur plaçait dans les mains

Ode 25, 8 « Je fus recouvert de la couverture de ton esprit et il m'arracha le vêtement de peau ».

C'est encore la ıobe du baptême suivant ce que dit S. Jérôme . *tunicas pelliceas deposuerimus, tunc induemur veste linea.*

Ode 15, 8 . « J'ai revêtu l'imperissabilite par son nom et j'ai depouillé la nature périssable par sa bonte »

Comparez ce que dit S. Basile du baptême . Κατεπόθη τὸ θνητὸν ἐν τῷ τῆς ἀφθαρσίας ἐνδύματι.

Ode 9, 8 , 1, 1 . « Une couronne éternelle est la vérite , bénis soient ceux qui la mettent sur leur têtel .. Le Seigneur est sur ma tête comme une couronne ».

Allusion aux couronnes des baptisés (*coronati*).

M. Bernard examine ensuite les passages des Odes où il est question de l' « eau vive » et du « sceau ». M. R Harris

1. C'est Jesus qui parle (Gunkel, p 297).

avait écrit à ce sujet : « Les seules mentions qu'on pourrait vouloir trouver du baptême sont celles de l'eau vive et du sceau (σφραγίς baptismale). » L'éditeur anglais à écarté ces apparences, auxquelles M. Bernard attache néanmoins de la valeur. Il est vrai qu'il est question de *boire* les eaux vives et qu'il n'est jamais question d'une *immersion* ; mais M. Bernard se persuade que la « discipline de l'arcane » interdisait les allusions trop directes et montre fort bien que l'eau baptismale a quelquefois été assimilée à celle qui étanche la soif.

Ode 11, 1 : « Mon cœur fut circoncis et sa fleur apparut (?) et il en sortit de la bonté, et il a porté des fruits au Seigneur, car le Très Haut m'a circoncis par son esprit saint et a dévoilé mes reins et m'a rempli de son amour ».

Ces deux idées de la *circoncision* du cœur et des *fruits* portés par le fidèle baptisé se retrouvent dans les textes chrétiens relatifs au baptême. S. Cyrille parle de ceux qui « sont circoncis par l'esprit saint au moyen du bain » (ἁγίῳ πνεύματι διὰ τοῦ λουτροῦ περιτεμνόμενοι). L'épître de Barnabé écrit : « Nous descendons dans l'eau couverts d'iniquités et de boue, et nous en sortons *portant des fruits* (καρποφοροῦντες) dans le cœur. » Encore un rapprochement très digne d'attention.

Ode 4, 10 : « Distille sur nous tes gouttes et ouvre tes sources abondantes, qui font couler pour nous le lait et le miel ».

S. Basile parle du baptême comme de « la rosée de l'âme » ; le lait et le miel, dont il est question dans d'autres passages des Odes, sont également assimilés aux eaux baptismales. On croit même que la primitive Église (à l'exemple de l'orphisme ?) pratiquait un rite consistant à donner du lait et du miel aux nouveaux baptisés, pour symboliser leur entrée dans la Terre Promise, le pays où coulent le miel et le lait. *Inde suscepti*, dit Tertullien (*De Cor.* 3) *lactis et mellis concordiam praegustamus.*

Ode 22, 4 : « C'est lui qui me donna le pouvoir sur les liens, pour que je les dénoue ; c'est lui qui par moi terrassa le dragon à sept têtes ; tu m'as placé au-dessus de ses racines pour que je détruise sa semence ».

S. Cyrille explique aux catéchumènes que le dragon à sept têtes de Job (40, 23) est le diable que Jésus terrassa en recevant le baptême. Pour S. Cyrille également, le baptême est le bain qui délivre les captifs, αἰχμαλώτοις λύτρον. D'autres passages des

Odes mentionnent la rupture des liens, l'affranchissement du corps ou de l'âme en esclavage.

L'ode 24 est une des plus obscures ; je vais la citer intégralement d'après la traduction d'Ungnad [1] :

« La colombe vola sur l'oint, parce qu'il était sa tête (?) et chanta au-dessus de lui, et sa voix fut entendue. Les habitants eurent peur et tremblèrent. L'oiseau laissa tomber ses ailes et tous les vers périrent dans leurs trous, et les abîmes s'ouvrirent et furent couverts ; et ils cherchèrent le Seigneur comme des femmes en travail. Et on ne leur donna pas de nourriture, car il n'y en avait pas pour eux. Et les abîmes s'enfoncèrent dans l'engloutissement du Seigneur, et par cette pensée furent anéantis ceux qui existaient depuis longtemps, car ils étaient corrompus dès l'origine et la fin de leur corruption était la vie. Et parmi eux périt tout ce qui était mauvais, parce qu'il n'y avait pas de parole pour les sauver. Et le Seigneur détruisit les âmes (?) de tous ceux chez qui la vérité n'était pas. Car ils manquaient de sagesse, ceux qui s'étaient élevés dans leur cœur, et ils furent rejetés parce que la Vérité n'était pas en eux, car le Seigneur a révélé sa voie et a étendu au loin sa bonté, et ceux qui l'ont reconnu connaissent sa sainteté. Alleluia ! »

Harnack, p 56 :

« Cette ode est inintelligible. Le début en est déjà tout à fait obscur. Y a-t-il là une allusion au baptême de J.-C. ? Cela semble ; mais non seulement ce qui suit y contredit, mais l'assertion que le Messie est la tête de la colombe est déconcertante. Si la voix de la colombe est celle du Jugement dernier, peut-on même songer au baptême de Jesus ? »

M. R. Harris avait déjà admis qu'il s'agissait bien du baptême M. Bernard observe, en outre, combien était répandue en Orient l'idée que le monde entier a tremblé d'effroi lors

---

1. Gunkel (p 314) la resume ainsi . « Le Christ paraît ; une colombe l'annonce au monde. Alors l'univers entier frémit d'effroi, hommes et animaux. Les abîmes s'ouvrent et engloutissent le Seigneur (descente aux Enfers). mais ils ne peuvent le dévorer, car il ne leur appartient pas. Ce sont les abîmes qui succombent dans la lutte, qui sont scellés et disparaissent ». Ce resumé est plus clair que le texte — Il y a peut-être des allusions a la Descente du Christ aux enfers dans les odes 17 et 22 (Gunkel, p. 305)

du baptême de Jésus. Dans un rituel baptismal arménien publié par M. Conybeare, une prière au Christ contient ce passage : « Par ton ordre redoutable tu as clos les abîmes... ; tu as blessé la tête du dragon sur les eaux. » A rapprocher encore de ce passage de l'ode 31, 1 : « Les abîmes se fondirent (?) devant le Seigneur et les ténèbres furent anéanties à son aspect ». M. Bernard conclut encore que dans l'ode citée la mention des abîmes couverts ou scellés est une allusion au *sceau* baptismal. Il reste pourtant bien des obscurités impénétrables dans le contexte.

Dans l'ode 23, également très obscure, il est question d'une lettre scellée qui tombe du ciel. C'est là, suivant M. Bernard, une allusion à la *discipline de l'arcane* ; elle serait mentionnée expressément dans l'ode 8 (11) : « Gardez mon secret, vous qui êtes gardés par lui ! » M. R. Harris a cité, à ce propos, le passage de Lactance : « *Abscondi enim tegique mysterium quam fidelissime oportet, maxime a nobis, qui nomen fidei gerimus* ». Nous avons déjà vu que Lactance connaissait les Odes, du moins par quelque pieuse anthologie[1].

Là où l'on est tout disposé à voir des allusions à la crucifixion, M. Bernard reconnaît des allusions au baptême :

Odes 21, 1 ; 42, 1 ; 35, 8 : « J'ai élevé mes bras en l'air, vers la grâce du Seigneur, parce qu'il m'a délivré de mes liens... J'ai écarté mes mains et me suis approché de mon Seigneur, parce que l'extension de mes mains est son signe ; mon extension est le bois étendu, qui fut suspendu (?) sur le chemin du juste (?)... et j'ai étendu mes mains pendant l'ascension de mon âme[2]... ».

Or, nous savons qu'après la renonciation à Satan, les catéchumènes, étendant et levant leurs mains, se tournaient vers l'Orient et faisaient profession de leur alliance avec Jésus.

---

1. On sait que les *Testimonia adversus Judaeos* (*Ad Quirinum*) de saint Cyprien sont une des sources de l'érudition biblique de Lactance (Bardenhewer, *Patrologie*, 2e éd., p. 179). C'est probablement d'un recueil de ce genre que Lactance a tiré la citation des *Odes* de Salomon.

2. Traduction de la traduction adoptée par M. Bernard ; les autres diffèrent considérablement (voir plus haut).

Pourquoi ces compositions ont-elles été qualifiées d'*Odes
de Salomon* ? M Bernard a émis à ce sujet une hypothèse :
« Le livre des Rois (I, 4, 32) dit que Salomon composa
1.005 odes. On conçoit assez que les odes des Baptisés nouvellement admis dans l'Église, que Salomon passait pour
avoir célébrée en phrases mystiques dans le Cantique des
Cantiques (ἆσμα ἀσμάτων), aient été mises sous le nom de ce
roi des Juifs. Les Juifs, d'autre part, lui attribuaient un grand
pouvoir sur les démons et cette croyance subsista longtemps
parmi les chrétiens. Il est même possible que la vertu du
sceau de Salomon ait été associée par des chrétiens naïfs
à la vertu du *sceau baptismal* ». M. Bernard a beaucoup
d'esprit.

Parmi les analogies signalées par lui, il en est dont il sera
désormais impossible de faire abstraction. Pourtant, dans
l'hypothèse où les Odes de Salomon auraient été adoptées
par l'Eglise chrétienne, ou par telle partie judaïsante de cette
Eglise, on comprendrait que cette littérature, dont le mérite
n'est pas médiocre, eût exercé de l'influence sur le langage
métaphorique usité pour le sacrement du baptême. M. Bernard, qui attribue les Odes au milieu du IIe siècle et explique
par la *discipline de l'arcane* ce qu'elles taisent, par les rites
baptismaux ce qu'elles disent, y trouve comme l'écho d'une
poésie baptismale plus ancienne. Serait-il permis, tout en
acceptant les ressemblances si ingénieusement signalées, de
renverser ce rapport ?

M. Harnack a déclaré que la découverte des *Odes de Salomon* constituait la plus grande révélation dans cet ordre
d'études depuis la publication de la *Didache*. Il a beaucoup
insisté — et je dois renoncer à le faire après lui — sur le
caractère pré-johannique de cette poésie[1] ; d'autres ont dit
ou diront encore qu'elle s'inspire, au contraire, du quatrième
Evangile et tâcheront d'expliquer pourquoi elle ignore si
complètement les trois autres. Il y aurait, de ma part, une
singulière présomption à vouloir trancher un débat si grave,

---

1 « Nous avons ici devant nous la carrière dans laquelle les blocs johanniques ont été taillés » (Harnack, p. 111)

alors surtout que je dépends entièrement des traducteurs pour l'intelligence du texte et que ces traducteurs s'entendent aussi mal que des théologiens dans un *colloque*. Il me suffit d'avoir exposé de mon mieux les éléments du problème ; s'il doit jamais être entièrement résolu, nous sommes encore loin de ce beau jour.

*
* *

APPENDICE

Depuis la publication du précédent article (fin de 1910), les Odes de Salomon n'ont pas cessé d'alimenter la controverse. M. Rendel Harris a publié une seconde édition, avec des modifications de détail nombreuses, mais sans changement essentiel ; M. Harnack, très attaqué (la critique incline visiblement vers la théorie de M. Gunkel), a gardé le silence. Un second manuscrit des Odes, plus ancien, mais beaucoup moins complet que celui de M. Harris, a été découvert au Musée Britannique, où il avait été signalé autrefois, puis oublié [1] ; le texte ne présente pas de différences notables avec celui que nous connaissons, preuve que les corruptions remontent très haut, ou que le galimatias qui nous offusque à chaque pas est le fait de l'auteur ou du traducteur. Voici, dans la mesure où j'ai pu les recueillir, les opinions intéressantes qui ont été exprimées récemment sur l'ensemble des Odes et leur importance pour l'histoire du christianisme ; je ne fais ici que traduire ou résumer.

H. GRIMME (*Die Oden Salomos*, Heidelberg, 1911) a soutenu le système de Harnack ; il croit que le texte juif est interpolé et que les interpolations peuvent être rendues sensibles par la métrique de l'original, qu'il restitue sous sa forme hébraïque (voir *Revue Biblique*, 1912, p. 464 ; je n'ai pas lu le livre de Grimme).

M. FRANKENBERG (*Das Verständniss der Oden Salomos*, Giessen, 1911) a traduit les Odes en grec, rendant ainsi sensible la relation étroite de ces compositions avec le vocabulaire mystique des Alexandrins. L'auteur pense qu'on a singulièrement exagéré l'importance de cette découverte ; la collection serait purement chré-

1. Voir *Revue Biblique*, 1912, p. 469.

tienne, non judéo-chrétienne[1] et l'originalité en serait aussi nulle
que le mérite littéraire « Le style est *salopp* à un degré qu'on
trouve rarement ; on ne sait jamais ou cesse la réalité et ou commence l'image ; le redacteur passe avec la plus grande facilité
d'une figure a l'autre ; ses figures ne sont pas des conceptions
artistiques, mais les expressions usees d'une langue d'école theo-
logico-mystique... Celui qui veut poursuivre des études mythologiques sur ces eboulis peut essayer aussi de reconstituer les
montagnes avec le sable des fleuves » (p. 3). Tout cela ne nous
dit pas pourquoi ces Odes ont pu être classées dans le canon de
l'Ancien Testament et citées comme prophétiques, ni pourquoi
le Christ historique y est presque totalement ignoré.

M. S. DIETTRICH (*Die Oden Salomos*, Berlin, 1911) a traduit les
Odes en allemand et les a commentées. L'étude des parallélismes
et de la construction strophique l'a obligé d'admettre d'assez
nombreuses interpolations, qui, sans être toutes de la même
main, s'inspirent d'une tendance commune qui n'est pas *hérétique* et cherchent seulement à donner une empreinte chrétienne à des compositions juives. Ces Odes se présenteraient
tout autrement si elles avaient été remaniees par des gnostiques.
Peut-être pourrait-on songer à une tendance *mezallienne* (Epiph.,
Haer., 80, 2). Le point de vue de la collection originale est juif et
la plupart des Odes peuvent convenir au judaisme orthodoxe ;
d'autres émanent d'hérétiques juifs et ont eté plusieurs fois remaniees avant d'être christianisées par des additions Quelques passages semblent révéler des influences esséniennes. L'auteur combat l'opinion de Zahn, suivant lequel « un chretien s'est mis par
la pensée dans le rôle du poete prophete Salomon » Ce faussaire
chrétien aurait eu bien des précautions à prendre pour cacher
son jeu ; la difficulté d'une pareille hypothèse devient encore
beaucoup plus grande si l'on admet que les Odes sont le produit
de toute une ecole. « Mais voici qui est plus important que tout le
reste : où est la preuve que nos Odes soient écrites du point de vue
chretien? Ce n'est pas à nous qui soutenons, d'accord avec la

1 M Frankenberg se rallie a l'opinion de M. Wellhausen (*Gött gel. Anz* .
1910, n 9 et 10) et dit que l'origine chrétienne de toute la collection n'a pas
fait doute un instant pour lui « Je ne puis prendre au sérieux l'opinion de
ceux qui voudraient considérer ces Odes comme juives ou du moins judéo-
chrétiennes » C'est bientôt dit.

tradition, l'origine juive des Odes[1] qu'il incombe de démontrer
notre thèse, mais à ceux qui rejettent la tradition et affirment
l'origine chrétienne. Mais comment feraient-ils cette preuve, alors
que le petit nombre de passages vraiment chrétiens se révèlent,
tant par le contenu que par la forme, comme des interpolations? »
(p. ix, x). — « Le sentiment dominant du christianisme officiel
des deux premiers siècles est sans aucun doute celui du rachat du
péché par la grâce de Dieu et le sang du Christ. Or, cela n'est
assurément par le sentiment dominant de la collection originale.
Du sang du Christ et de la grâce de Dieu, pas un mot; du péché,
une seule mention dans un passage qui n'est pas spécifiquement
chrétien (Ode 13). » « Le sentiment dominant n'est pas celui du
rachat, mais de la « connaissance » ou de la « vérité » qui doit un
jour régner sur le monde; il y a là un trait gnostique, mais
s'agit-il de gnose juive ou de gnose chrétienne? Cette espérance
du règne de la vérité n'est pas liée à celle d'une seconde apparition du Christ, mais à celle de l'apparition du Très Haut; cela
n'est pas chrétien, mais juif » (p. xi). En ce qui concerne la langue
originale, M. Diettrich fait observer que la représentation de la
Vérité sous les traits d'une jeune fille ne peut être araméenne ou
syrienne (*Odes*, 33, 5) et que l'ode 20, 6 implique l'usage du texte
des Septante de l'*Exode* (22, 25). Mais il doute que toutes les Odes
aient été écrites primitivement dans la même langue; quelques-
unes peuvent avoir été rédigées en syriaque. Je traduis encore
quelques lignes (p. xiii) : « Nos pères ont cru devoir admettre,
entre le temps de Malachie et celui du Christ, un silence complet
de la prophétie. Si cette opinion, en dépit des apocalypses apocryphes (Henoch, Esra, Baruch) a encore trouvé des partisans de
nos jours (cf. A. Redford, *Four centuries of silence from Maleachi
to Christ*, 1886), cela montre combien certaines erreurs ont la vie
dure. Les Odes de Salomon, espérons-le, porteront un coup mortel à celle-là. Elles sont le témoignage le plus éloquent de la persistance de l'esprit prophétique dans la littérature juive de basse
époque jusqu'à la venue du Christ ».

1. « C'est un fait que les cinq témoins (*Pistis Sophia*, Lactance, *Synopsis
sanctae scripturae*, stichométrie de Nicéphore et manuscrit de Harris) considèrent nos Odes comme appartenant à l'Ancien Testament. D'après les deux
premiers témoins, elles apparaissent comme une partie avérée (*vollgütiger
Bestandteil*) de l'Ancien Testament dans la seconde moitié du iii⁰ siècle. »
(p. vii.)

Mgr Batiffol a fait suivre d'un commentaire la traduction des Odes par M. Labourt (*Les Odes de Salomon, une œuvre chrétienne des environs de l an 100-120*, 1911, extrait de la *Revue biblique*). Il admet que les Odes originales ont été écrites en grec, mais écarte absolument l'hypothese d'une premiere rédaction juive « Cette hypothese dualiste, qui se verifie bien pour des compositions comme le *Testament des douze patriarches*, ne soutient pas ici un examen attentif ». Avec M. Zahn, il croit que « le titre des Odes implique une fiction voulue . Tout ce que l'ecrivain a voulu dire, il l'a prête à Salomon, dont le personnage fait l'unité littéraire de ces Odes. . Un chrétien a imaginé un *Salomo personatus* pour lui faire exprimer comme a un prophete les sentiments qui sont de son experience, à lui chretien, et de sa foi. De même on a imaginé de faire exprimer par des Sibylles, en forme d'oracles antiques, des sentiments chrétiens du second siecle. »... « Un fait est sûr . pas une seule parole de Jesus n'est citée directement, à peine peut-on croire à une ou deux références indirectes. L'analogie de traits de nos Odes et de traits des epitres paulines est beaucoup plus notable, toutefois elle ne porte pas sur des notions dogmatiques, mais seulement sur des vocables mystiques et moraux .. Pour saint Jean lui-même, il n'y a rencontre entre lui et notre auteur que sur le vocabulaire. . Combien il est remarquable que la notion du « Verbe » dans les Odes ne soit pas celle du quatrième Evangile! » Mgr Batiffol n'admet ni les allusions pretendues au baptême chrétien, ni les allusions à l'Eucharistie « Les Odes semblent refractaires à toute conception sacramentelle. Par là, elles tranchent singulierement sur la foi de l'Église chretienne telle qu'elle se révele à nous dans les écrits johanniques et ignatiens ». Pourtant, les Odes ont une christologie qui serait, d'apres Mgr Batiffol, une theophanie docète. « Nous nous acheminons a la conclusion de M. Wellhausen, qui voit dans le mysticisme des Odes un mysticisme d'essence grecque, provenant du milieu ou le quatrieme Évangile s'est produit, très vraisemblablement dans la dependance du quatrième Évangile Je crois pouvoir ajouter que ce mysticisme, en marge de la grande Église, est vraisemblablement le même que combat Ignace d'Antioche. On pourra le localiser en Syrie, en Asie peut-être encore, et le dater de la période 100-120 ».

L'opinion de Mgr Batiffol parait être restée isolée[1]. Rien ne

1. Elle a été combattue par le R. P. Adh. d'Alès, *Etudes*, 1911, p. 765

IV   15

montre que les docètes radicaux qu'a combattus Ignace fussent
des mystiques étrangers à la notion du péché ; or, comme le
reconnaît Mgʳ Batiffol, « l'effacement quasi complet de l'idée du
péché » est un des caractères les plus frappants de nos Odes.
Ignace n'aurait pas manqué de dénoncer une tendance aussi
nettement anti-chrétienne et qui ruine le fondement même du
christianisme.

M. Conybeare (Zeitschrift für neutest. Wiss., 1911, p. 70-75)
croit à l'homogénéité de la collection et l'attribue à un montaniste. Il s'appuie particulièrement sur l'ode 33, où il est question
de la prédication d'une vierge ; les montanistes croyaient que
Jésus s'était manifesté sous cette forme (Epiphane, adv. Haereses,
29). Le rôle de la prophétesse Maximilla dans l'église montaniste
convient parfaitement aux données de cette hymne. La suivante
(nᵒ 34) offre un caractère que la grande Église blâmait particulièrement chez les montanistes, à savoir la prétention de parler
avec l'esprit et l'autorité du Messie ». On imagine aisément sainte
Perpétue formée par de pareilles compositions » (p. 73). Dans
l'ode 4, il n'est pas question de la vieille, mais de la nouvelle
Jérusalem, c'est-à-dire de Pépuze en Phrygie ; rien n'autorise à
croire que le temple de Jérusalem fût encore debout.

La même thèse a été soutenue par M. S. A. Fries (ibid., p. 108-
125), malgré cette objection de Harnack : « Dans des odes montanistes, il devrait être question de la parousie ; or, il n'en est pas
question du tout ». L'ode 22 expose très nettement l'eschatologie du montanisme. Le lieu saint de l'ode 4 est Tymion de
Phrygie, appelé Jérusalem par Montan, au même titre que Pépuze ;
Tymion fut un lieu saint avant Pépuze. Le « lait de Dieu »
(ode 19) s'explique par l'idée montaniste de Jésus prenant figure
de femme. La vierge accomplie (ode 33) est Priscilla. Nous savons,
d'autre part, qu'il existait des odes de Montanus. « La nouvelle
trouvaille nous ouvre un jour sur la vie intérieure et la piété des
montanistes » (p. 121).

M. Loisy s'est occupé à plusieurs reprises des Odes, notamment
dans la Revue d'histoire religieuse (1911, p. 493-501). Il est tout à
fait en désaccord avec M. Harnack, et se rallie en gros à l'opinion
de M. Gunkel. Ce qui est bien plus évident que toutes les interpolations, c'est que l'auteur parle une langue de mystère, celle qui convient sans doute à un homme inspiré, mais aussi à un initié s'adressant à d'autres... Dans plusieurs odes, le psalmiste parle au nom

du Christ lui-même, dans d'autres en son propre nom, soit qu'il s'abandone à des effusions mystiques, soit qu'il s'adresse à la communauté pour l'instruire; mais on sent partout le même esprit et nullement les deux courants d'idées juxtaposés qu'a voulu discerner M. Harnack... L'origne chrétienne des Odes paraît incontestable; mais il n'est pas aussi facile de dire si elles ont vu le jour dans la Grande Eglise ou dans quelque secte dissidente. On a parlé des montanistes, et la date qu'on est obligé de leur attribuer, l'esprit et le ton prophétique s'accorderaient avec cette hypothèse. Certains traits plaideraient plutôt en faveur du gnosticisme... Dès maintenant, la composition des Odes en Égypte, dans un cercle chrétien à tendances gnostiques, paraît très vraisemblable. »

Du même auteur, un mémoire spécial sur la mention du temple (odes 4 et 6); il repousse absolument l'interprétation littérale; le temple est la société des prédestinés, l'image typique de la société des saints (*Zeitschrift für neutestamentliche Wissenschaft*, 1911, p. 126-130).

M. W. STÖLTEN a cherché des parallèles gnostiques au texte des Odes (*Zeitschrift f. neutest. Wiss.*, 1912, p. 29-58). Le caractère mystique de ces odes, leur analogie avec les religions grecques imprégnées de mysticisme, paraît surtout évident dans ce fait qu'elles se donnent comme des révélations divines, où le poète n'est que l'interprète de Dieu. « Bien que la figure de Jésus paraisse dans l'éloignement et comme voilée de brouillard, bien que son nom ne soit jamais prononcé, il est partout à l'arrière-plan » (p. 31). Il n'y a qu'un pas à faire pour déclarer que les Odes sont gnostiques, si le gnosticisme est vraiment un effort du syncrétisme, en particulier des religions mystiques, pour s'assimiler le christianisme. Si la conception dualiste fait défaut, il faut se rappeler que le gnosticisme est une tendance, non une doctrine. M. Stölten trouve que les idées développées dans les Odes sont apparentées étroitement à celles des Actes apocryphes des apôtres, c'est-à-dire à la gnose populaire. La date ne peut être antérieure au commencement du second siècle.

Ch. BRUSTON, *La seconde édition du texte des Odes de Salomon* (in *Revue de Théologie*, 1er janvier et 1er mars 1912.) — Pour l'auteur, non seulement toutes les odes sont d'origine chrétienne, mais elles supposent l'existence de la plupart des livres du Nouveau Testament (p. 75). Les deux seuls textes allégués en faveur d'une ori-

gine juive sont ou mal traduits ou mal interprétés; c'est à tort
que M. Harris persiste à croire qu'au début de l'ode 4 il soit question de temple de Jérusalem. « Ce début de l'ode ne suppose que
les premières persécutions des chrétiens en Syrie, en particulier
des déportations comme celle de Jean à Patmos, ou des fuites
nécessaires devant le danger, suivant l'ordre du maître. » Dans
l'ode 6, ce n'est pas l'eau qui est amenée au temple, mais un
fleuve qui a tout emporté, le temple de Jérusalem et le judaïsme.
En somme, les Odes auraient été composées pendant les premières années du second siècle, par un Syrien ou un Araméen.
M. Bruston est revenu sur ce sujet à plusieurs reprises, entre
autres dans la *Zeitschrift für neutest. Wiss.* (1912, p. 111-116). Le
poète n'est pas gnostique, bien que les idées gnostiques ambiantes
aient déteint sur lui. L'ode a été écrite en syriaque et traduite en
grec, d'où elle fut ensuite traduite en copte. Les allitérations
plaident aussi en faveur d'un original syriaque. La colombe de
l'ode 24 n'est pas celle du baptême, mais l'image de l'âme simple ;
là mort des oiseaux, des reptiles et des poissons sacrés signifie
l'abandon des rites païens dans une région syrienne, peut-être
voisine de l'Euphrate.

W. M. R. NEWBOLD, *Bardaisan and the Odes of Solomon* (in
Journ. Bibl. Lit., 1911, p. 161-204) rattache les Odes à l'enseignement de l'hérétique Bardesane.

Voici, pour terminer, une citation de la *Revue de l'histoire des
religions* (mai-juin 1912, p. 410) : « M. A. J. Wensinck vient d'ins-
tituer une comparaison très serrée entre les Odes et l'œuvre de
saint Ephrem : *Ephrem's Hymns on Epiphany and the Odes of
Solomon (The Expositor*, 1912, p. 108-112). Sa démonstration
[d'accord avec la thèse de J. H. Bernard, résumée plus haut, p. 216]
a paru décisive à M. J. Rendel Harris : *Ephrem's use of the Odes
of Solomon (ibid.*, p. 113-119), qui se rallie dès lors à l'opinion de
M. J. H. Bernard. Saint Ephrem serait le premier commentateur des
Odes, dont l'origine pourrait être attribuée aux écoles chrétiennes
ou gnostiques d'Édesse. Dans *The Expository Times* de février
et de mars 1912, M. D. Plooij confirme la thèse de M. J. H. Bernard en étudiant le rôle de l'orant dans les Odes et dans la liturgie baptismale. » J'ai donc eu raison, dès le début de la controverse, d'attacher de l'importance au beau mémoire de M. Bernard.

Thékla[1].

———

Parce que le prénom de Thékla est beaucoup plus répandu en Allemagne qu'en France (la Thékla du *Wallenstein* de Schiller y est pour quelque chose)[2], on s'imagine volontiers que ce prénom est germanique. Il n'en est rien : *Thekla* est purement grec. C'est une forme abrégée de *Theokleia*, comme qui dirait « la gloire de Dieu ». Dans la légende dont nous allons parler, Thékla a pour mère une dame grecque, nommée Théokleia.

I

Pendant les dix premiers siècles de l'Église, peu de saintes ont été aussi célèbres que Thékla[3]. On l'a qualifiée de « première martyre », d' « égale aux apôtres » ; l'expression même de *vierge martyre*, qui est restée dans notre vocabulaire, a été appliquée d'abord à sainte Thékla[4]. On a écrit sa vie, son éloge en prose et en vers, dans toutes les langues de la chrétienté ; on a construit de nombreuses églises sous son nom, en Orient surtout, mais aussi en Italie et en Espagne[5]. Si elle est un peu oubliée aujourd'hui, cela tient à ce que Jacques de Voragine, dans le recueil dit la *Légende dorée*, n'a pas fait de place à la biographie de cette sainte, et cela, sans doute, parce qu'à l'époque où il écrivait (1298), la vaste

1. Conférence faite en 1911 au Musée Guimet.
2. J. Gwynn, art. *Thecla* dans *Dict. of Christian biography*, p. 895.
3. Voir les témoignages dans Lipsius, *Apokryphe Apostelgeschichten*, t. II, p. 424 et suiv.
4. Par saint Augustin et saint Jean Chrysostome (Tillemont, *Mémoires*, t. II, p. 63).
5. J. Gwynn, *l. l.*, p. 894.

littérature relative à Thékla restait enfouie dans les bibliothèques. C'est en 1698 seulement qu'on publia un opuscule,
intitulé tantôt les *Actes de Paul et de Thékla*, tantôt la *Passion de Thékla* ou encore autrement[1]. Il existe de cet écrit
des rédactions fort différentes, en grec, en latin, en syriaque,
en arménien, en arabe, en vieux-slave, qui ont été étudiées
surtout dans la seconde moitié du XIXᵉ siècle. En 1897, un
savant allemand, M. Schmidt, découvrit, dans un lot de manuscrits coptes apportés d'Egypte à Heidelberg, une traduction copte de cet épisode, faisant partie d'un ouvrage beaucoup plus considérable qui avait disparu depuis treize siècles, les *Actes de Paul*[2]. Il fut ainsi démontré que l'histoire
de Thékla n'était qu'un chapitre d'un long travail, ou, du
moins, qu'elle avait été *insérée* dans un gros livre; ce chapitre seul, à l'exclusion du reste, avait trouvé beaucoup de
traducteurs et de copistes, à cause de son intérêt romanesque et sans doute aussi des qualités littéraires qui lui assignent le premier rang parmi les écrits non canoniques de
l'ancienne Église.

Avant de chercher à en préciser le caractère et la date, il
faut que je vous donne un résumé de l'histoire de Thékla
d'après les *Actes*. Je prends pour base le texte arménien, traduit en anglais par M. Conybeare[3]; ce texte est lui-même la
traduction d'un texte syriaque, plus ancien que les textes
syriaques qui nous restent. Je laisse absolument de côté les
textes grecs, profondément remaniés et interpolés[4]; j'aurai l'occasion de parler d'un texte latin de bonne qualité,

1. Voir la bibliographie des éditions dans Lipsius, *Acta Apostolorum, Proleg.*, p. xcix.

2. Voir P. Corssen, *Die Urgestalt der Paulusakten*, dans *Zeitschrift für neutestamentliche Wissenschaft*, 1903, p. 22 et suiv. ; du même, *Der Schluss des
Paulusakten, ibid.*, 1905, p. 317 et suiv. La publication de C. Schmidt date de
1904 : C. Schmidt, *Acta Pauli, Uebersetzung, Untersuchungen und Koptischer
Text*, Leipzig. Le texte est mutilé et dans un état déplorable.

3. F. C. Conybeare, *The Armenian Apology, and other monuments of early
christianity*, Londres, 1896, p. 61 et suiv.

4. Le texte grec, publié en dernier lieu par Lipsius (*Acta apocrypha*, I,
p. 235 et suiv.), a été traduit en anglais par Walker, *Apocryphal Acts*, Edimbourg, 1890, p. 279-292. Voltaire le connaissait.

dont quelques pages ont été découvertes récemment à
Brescia.

II

Aux chapitres 13 et 14 des *Actes des Apôtres*, ouvrage rédigé, sous sa forme actuelle, vers l'an 90, il est raconté que
saint Paul et Barnabé, obligés de quitter Antioche de Pisidie, où ils prêchaient dans la synagogue juive et aux païens,
à cause de l'hostilité des « femmes dévotes et de qualité »,
se rendirent à Iconium, cité importante de Lycaonie, aujourd'hui Koniah en Asie Mineure, d'où une émeute des
païens et des juifs les contraignit à fuir[1]. Cela se passait
vers 49 après l'ère chrétienne. C'est à ce moment que se
place l'histoire de Thékla. Mais le narrateur de cette histoire ne connaît ni Barnabé ni les juifs, et, tandis que les
Actes authentiques résument en quelques lignes le séjour de
Paul à Iconium, l'auteur anonyme, comme vous allez le
voir, entre dans beaucoup plus de détails.

Paul, fuyant Antioche, arrive auprès d'Iconium en compagnie de deux faux frères, Démas et Hermogène, qui
s'étaient attachés à lui pour lui nuire[2]. Un homme pieux,
nommé Onésiphore[3], avait entendu dire que Paul venait à
Iconium ; il alla à sa rencontre sur la route et le reconnut
grâce à un signalement qu'il tenait de Titus, païen converti
et ami de Paul. Suivant cette description, l'apôtre était de
taille moyenne, avec des cheveux bouclés, de petites jambes
cagneuses, des yeux bleus, de grands sourcils qui se rejoi-
gnaient, un long nez ; parfois il avait l'air d'un homme

---

1. Voir Renan, *Origines*, t. III, p. 39.

2. Dans la 2e épître de Paul (?) à Timothée, où il est question des persécutions que l'apôtre a essuyées à Antioche et à Iconium (III, 11), Hermogène (I,
15) et Démas (IV, 10) sont nommés comme s'étant détournés de lui.

3. Cité deux fois dans la 2e épître à Timothée, I, 16 et IV, 19. L'apôtre le
loue de sa fidélité, contrastant avec la conduite d'autres Asiatiques ; il envoie
son salut à « la famille d'Onésiphore ».

comme les autres et parfois d'un ange[1]. Ce dernier trait est
peut-être ajouté; mais le portrait de l'apôtre est si peu flatté,
si peu banal, qu'on peut le considérer comme authentique;
il dérive du récit d'une personne qui a vu Paul, ce qui lui
donne, à nos yeux, une très grande valeur.

Onésiphore reconnaît Paul, il l'embrasse, il l'invite à venir
loger chez lui avec ses compagnons. A peine entrés, ils
s'agenouillent, puis ils se relèvent et brisent du pain, c'est-
à-dire mangent un modeste repas après la prière. Immédiatement, dans la maison d'Onésiphore qui tient lieu d'édifice
du culte, Paul commence à prêcher sur la chasteté et la résurrection, deux idées connexes puisque, dans l'opinion de
beaucoup de chrétiens des premiers siècles, les chastes seuls,
hommes et femmes, devaient ressusciter. Ces discours atti-
raient dans la maison un grand concours de fidèles et de
curieux.

Dans la maison voisine habitait Thékla, fille d'une veuve
de bonne famille nommée Théokleia; elle avait un fiancé
nommé Thamyris. Assise à la fenêtre voisine du toit[2], Thékla
écoutait avec ravissement les discours de Paul sur la chasteté. Mais elle ne pouvait voir l'apôtre et enviait les femmes
qui entraient librement chez Onésiphore. La mère, inquiète
de l'état d'esprit de sa fille, fit venir le fiancé, qui lui dit en
vain de douces paroles; mais ni lui ni sa mère ne purent
rien obtenir de Thékla, qui continuait à n'écouter que Paul
et en avait perdu, depuis trois jours, le manger, le boire et
le sommeil.

Thamyris, furieux, alla se poster devant la maison d'Onésiphore et, apercevant Démas et Hermogène qui en sortaient,
il leur demanda : « Qui est donc cet homme qui captive les
jeunes gens et les jeunes filles et leur ordonne de ne pas se
marier? » Puis il leur offrit de l'argent et un dîner somp-
tueux pour les gagner à sa cause. Les traîtres lui conseillè-
rent d'aller trouver les magistrats et de leur dénoncer ce

1. Il y a beaucoup de variantes à ce sujet dans les textes; voir Corssen,
l. l., 1903, p. 37.
2. Les versions diffèrent sur ce détail; voir Corssen, l. l., 1903, p. 30.

prédicateur « qui sépare les jeunes gens des jeunes filles et enseigne qu'on ne peut ressusciter des morts à moins de rester chaste ». Dans le manuscrit latin de Brescia, ce n'est pas des jeunes filles, mais des femmes mariées qu'il est question[1]. En effet, les mœurs grecques n'auraient guère permis à des jeunes filles d'entrer dans une maison pour y entendre prêcher et l'on a supposé avec vraisemblance que, dans la plus ancienne rédaction de cette histoire, Paul ne se contentait pas de prêcher la chasteté aux jeunes gens, mais détournait les jeunes mariés de tout ce qui n'était pas la vie spirituelle

Levé avec l'aurore, Thamyris s'assura du concours des sénateurs et de leurs gardes armés, entra dans la maison d'Onésiphore et somma Paul de l'accompagner chez le magistrat « Enlevez le sorcier ! criait la foule, car il a corrompu nos femmes en leur enseignant une doctrine étrangère. » Le magistrat était un homme bienveillant ; il interrogea Paul sur ses opinions et écouta sa profession de foi. « Dieu, dit Paul, m'a envoyé pour sauver les hommes de la destruction et les purger de leurs désirs qui donnent la mort » Le magistrat ordonna de conduire Paul en prison, se réservant de l'interroger plus tard à nouveau

Thékla, instruite de ces choses, sortit de chez elle à la tombée de la nuit, après avoir donné son bracelet au portier pour le corrompre, puis elle courut à la prison et se fit ouvrir la geôle en donnant au geôlier son miroir d'argent[2]. Elle s'assit aux pieds de l'apôtre et écouta ses paroles ; de temps en temps elle baisait ses pieds et les chaînes qui retenaient ses pieds et ses mains

Le lendemain matin, toute la maisonnée de Thékla se mit à sa recherche Enfin, un homme vint dire qu'il l'avait vue sortir en donnant au portier son bracelet. Le portier, mis à la torture, avoua qu'elle était partie vers la geôle, on l'y re-

---

1 Voir Corssen, l. l., 1903, p. 28. L'arménien aussi (Conybeare, p 87) appelle Thamyris le *mari* de Thekla.

2. Sur ce détail archéologique, voir E. Le Blant, *Annuaire des Etudes grecques*, 1877, p 264.

trouva, avec d'autres qui étaient entrés déjà, aux pieds de l'apôtre.

Thamyris prévint le magistrat, qui fit comparaître Paul. Thékla se jeta par terre et pleura amèrement; bientôt on vint la chercher à son tour. Aux questions du juge, Thékla ne répondit point; elle ne pouvait détacher ses yeux de Paul. Mais la mère de Thékla hurlait : « Il faut faire périr cette fille en plein théâtre, pour servir d'exemple aux autres femmes ! » Le juge, fort ennuyé, ordonna que Paul serait passé par les verges et expulsé de la ville; quant à Thékla, elle devait être brûlée vive sur-le-champ.

III

Cet épisode de Thékla condamnée au bûcher, à la demande de sa propre mère, se trouve dans tous les textes connus; il est manifestement inadmissible, d'abord parce qu'il n'y a aucune proportion entre la faute et la peine, et puis parce que le droit romain ne permettait pas de condamner au feu des personnes de condition élevée. En principe, la peine du feu, considérée comme une application de la loi du talion, était réservée aux incendiaires; c'est comme prétendus incendiaires que Néron, en 64, fit brûler des chrétiens et des juifs dans ses jardins. Mais c'est là, en dehors des miracles, la seule impossibilité absolue de cette histoire; il faut admettre ici une très anciens interpolation[1], la substitution d'une peine atroce à quelque légère pénitence publique, imposée à la fille rebelle par le magistrat.

Thékla, amenée presque nue dans le théâtre, cherche des yeux saint Paul. Elle croit l'apercevoir vis-à-vis d'elle; mais ce n'était pas le saint; c'était Jésus lui-même qui avait pris les traits de l'apôtre pour la consoler. Pendant qu'elle le regardait fixement, il s'éleva de terre et monta au ciel. Entre

---

1. Voir Conybeare, *l. l.*, p. 57. Dans un fragment d'homélie du ive siècle, attribué à saint Jean Chrysostome (Migne, t. II, p. 746), l'histoire de Thékla est racontée *sans cet épisode*.

temps, jeunes gens et femmes accumulaient des fagots autour de Thékla et y mettaient le feu. Mais tout à coup un
grand bruit se fit entendre dans le ciel ; la pluie et la grêle
commencèrent à tomber, beaucoup de spectateurs furent
frappés et prirent la fuite ; bref, à la faveur du désordre,
Thékla fut sauvée.

Paul s'était réfugié, avec Onésiphore, sa femme et ses fils,
dans une petite maison[1] sur la route d'Iconium, où ils jeû
naient et priaient. Au bout de plusieurs jours de jeûne,
comme les enfants souffraient de la faim, Paul donna sa
tunique à un jeune homme et le pria d'aller la vendre pour
acheter du pain. Ce jeune homme, se rendant à la ville, rencontra Thékla ; sauvée du bûcher, elle avait pris la fuite et
cherchait Paul. Conduite en sa présence, elle le trouva agenouillé et priant le Seigneur de sauver Thékla. « Merci, mon
Père, s'écria la jeune fille, puisque tu as eu pitié de moi et as
permis que je fusse sauvée pour revoir Paul ! » Ce fut une
joie générale ; bientôt le jeune homme revint avec cinq morceaux de pain, des légumes, du sel et de l'eau. Thékla dit à
Paul : « Je veux couper mes cheveux et te suivre partout.
— Non, dit Paul, tu es trop belle, tu ne serais pas en sûreté.
— Baptise-moi seulement, insista la jeune fille, et le sceau
du Christ écartera de moi les tentations. — Sois patiente,
répondit Paul, tu obtiendras plus tard ce que tu désires. »
Sur quoi Paul renvoya Onésiphore et les siens à Iconium ;
puis, prenant Thékla par la main, il la conduisit avec une
escorte à Antioche[2].

Comme ils entraient dans cette ville, un des principaux
citoyens, nommé Alexandre, aperçut Thékla et s'éprit d'elle
à première vue. Il offrit à Paul beaucoup d'or et d'argent
s'il voulait lui faire connaître la jeune fille. « Je ne la con-

---

1. Un tombeau, suivant les textes grec et syriaque.
2. Le texte arménien porte : « Paul prit Thékla par la main et les hommes
qui étaient avec elle, et ils allèrent et ils arrivèrent à Antioche. » Le texte
grec ne parle pas de l'escorte, ce qui rend l'histoire inconvenante : Paul ne
pouvait faire route tout seul avec une jeune fille. — L'ascétisme foncier de la
doctrine de Paul se reconnaît à ce fait qu'il voyageait sans femme ni *sœur*, à
la différence des autres apôtres. Cf. Renan, *Origines*, t. III, p. 283.

nais pas moi-même, répondit Paul ; elle n'est pas des miens. »
Alors Alexandre, dont la passion était excitée, enlaça Thékla
au milieu de la place du marché et l'embrassa. Mais Thékla
était aussi forte que belle ; déchirant les vêtements d'Alexandre, elle arracha de sa tête la couronne d'or où était
l'image de l'empereur et la jeta par terre, laissant le pauvre
amoureux plein de confusion. Le détail de la couronne avec
l'effigie impériale prouve qu'Alexandre était un magistrat
dans l'exercice de ses fonctions, ce qu'on appelait un « porte-
couronne », un *stéphanéphore ;* ces personnages étaient inviolables, d'autant plus que leur couronne était ornée d'un
portrait de l'empereur, et Thékla s'était mise dans un mauvais cas en répondant avec tant de rigueur à un baiser[1].

Alexandre obtint du juge d'Antioche que Thékla, en punition de son crime, fût exposée aux bêtes dans l'amphithéâtre,
où précisément des jeux devaient être célébrés à ce moment. La population de la ville intercéda vainement pour la
jeune fille. Thékla ne demanda qu'une faveur, que le juge
lui accorda : celle de demeurer chez une femme jusqu'à
l'heure de son supplice, afin que sa chasteté ne fût pas en
danger. Or, il y avait alors à Antioche une dame de sang
royal, très riche, nommée Tryphaena, dont la fille était
morte récemment ; elle prit Thékla chez elle et se sentit
consolée en la voyant.

Les fauves étaient arrivés à l'amphithéâtre ; on vient chercher Thékla et on la met nue, avec une simple ceinture autour des reins (la loi romaine ne permettait pas de déshabi-
biller entièrement les actrices, ni d'exposer des femmes aux
bêtes dans un état de complète nudité)[2]. Tryphaena se tenait à la porte du théâtre, versant des larmes amères. On fit

---

1. Sur les *stéphanéphores*, voir les observations de Le Blant, *l. l.*, p. 266.
Sir W. Ramsay (*The Church in the Roman Empire*, p. 397) conteste que Le
Blant ait eu raison de voir en Alexandre un *stéphanéphore*, c'est-à-dire un
magistrat municipal ; présidant à des jeux publics, il devait appartenir à l'administration provinciale de la religion de l'empereur. Mais peu importe :
dans un cas comme dans l'autre, son caractère inviolable et sacré n'est pas
contestable.
2. Le Blant, *ibid.*, p. 268.

sortir de sa cage une lionne qui s'approcha de Thékla et la
lécha, à l'étonnement des spectateurs ; hommes et enfants
criaient, demandaient qu'on lui fît grâce. D'autres bêtes
sauvages furent lâchées et épargnèrent Thékla ; sur quoi le
public quitta l'amphithéâtre et Tryphaena vint reprendre sa
protégée[1] La nuit précédente, sa fille lui était apparue en
songe et l'avait suppliée de servir à Thékla de mère pour
qu'elle pût, par la vertu de cette bonne œuvre, habiter le
séjour des bienheureux Quand Thékla apprit cela, elle pria
Dieu d'accueillir la jeune fille morte dans la vie éternelle.
Mais Tryphaena, malgré son crédit, qui était grand, n'avait
pas le pouvoir de sauver Thékla

Le lendemain, Alexandre vint reprendre sa victime ; mais
Tryphaena se lamenta si fort qu'elle le mit en fuite « J'en
appelle à Dieu, dit Tryphaena, pour la seconde fois, l'afflic-
tion et la peine entrent dans ma maison et il n'y a personne
pour m'aider ; aucun membre de ma noble famille ne vient
me secourir et je suis une veuve sans défense. » Elle serrait
la main de Thékla et ne se résigna à la laisser partir que sur
un ordre formel du magistrat

IV

Dans l'amphithéâtre, la moitié des spectateurs étaient pour
Thékla ; mais les autres disaient qu'elle avait commis un sacrilège et devait subir son châtiment Une fois de plus, elle
resta presque nue, priant Dieu, les bras étendus, comme si
elle eût été sur la croix. On lâcha un léopard et une lionne,
la lionne se coucha aux pieds de Thékla, et quand le léopard
voulut bondir sur la jeune fille, la lionne déchira le léopard
Un ours énorme, qui courait sus à Thékla, fut de même tué
par la lionne. Ce fut ensuite le tour d'un lion terrible, qui

1. Dans l'histoire de la persécution de Lyon, on voit aussi les bêtes fauves
se détourner de sainte Blandine. Cela devait se passer souvent, car les bêtes
étaient fatiguées et effrayées par le bruit des spectateurs. Cf. Ignace, *Aux
Romains*, chap. 4, 5

appartenait à Alexandre lui-même; la lionne engagea avec lui un combat furieux et ils tombèrent morts ensemble sur l'arène. Au milieu de l'émotion de la foule, Thékla aperçut un bassin plein d'eau et s'écria : « Voici le moment du baptême ! » Elle se jeta dans l'eau et, invoquant Jésus, se baptisa elle-même[1]. Il y avait dans le bassin des bêtes féroces, que le texte grec qualifie de phoques; à l'aspect de Thékla, elles furent comme foudroyées et vinrent flotter à la surface de l'eau. Bien plus, un nuage lumineux l'enveloppa et dissimula sa nudité, sans doute parce que son vêtement mouillé l'accusait alors davantage. Les femmes, transportées d'enthousiasme et de pitié, jetaient de l'encens et des parfums sur Thékla. Pourtant, on lâcha d'autres bêtes; mais elles vinrent s'accroupir autour de la martyre et ne lui firent aucun mal. Alexandre accourut et dit au juge : « J'ai deux taureaux sauvages; nous l'y attacherons. » Alors on attacha Thékla par les pieds entre les taureaux, que l'on excita par des feux ardents; mais comme les taureaux s'agitaient, la flamme brûla les cordes dont Thékla était liée, et, tombant en avant, elle resta détachée sans aucun mal[2].

Tryphaena, qui assistait à cette scène affreuse, poussa un cri et s'évanouit. Toute l'assistance, qui la crut morte, fut bouleversée. Alexandre lui-même, craignant d'être rendu responsable de ce malheur, qui pouvait entraîner une terrible vengeance sur la ville, car Tryphaena était la parente de César, supplia le juge de relâcher Thékla. Le juge lui fit reprendre ses vêtements et dit à la foule : « Dieu (ou *un dieu*) a délivré Thékla ». « C'est un grand dieu que le dieu de Thékla », s'écrièrent les femmes, et leurs voix étaient si fortes que la ville entière en trembla. Tryphaena avait repris ses sens; elle accourut, embrassa Thékla et lui dit : « Thékla, ma fille, je crois maintenant que ma chère fille

1. On a vu récemment un exemple d'un prêtre se mariant lui-même (Houtin, *Un prêtre marié*, p. 31). Urbain Grandier, curé de Loudun, avait fait de même.

2. J'emprunte quelques mots au résumé du texte grec donné par Voltaire (éd. de Kehl, t. XXXV, p. 64).

vit encore. Viens dans ma maison, je te donnerai tout ce que je possède »

Thékla resta huit jours chez Tryphaena ; elle la convertit avec beaucoup de ses servantes Mais Thékla aimait Paul et l'envoyait chercher partout. On lui apprit enfin qu'il était dans une ville appelée Mérou. Alors elle s'habilla en homme[1], se fit accompagner de nombreux valets et de servantes et se dirigea vers Mérou, où elle trouva Paul assis, enseignant les commandements de Dieu Paul, effrayé d'abord de voir des hommes autour d'elle, craignit qu'elle eût été frappée d'un nouveau malheur[2] ; mais Thékla lui apprit qu'elle avait reçu le baptême Paul se leva et la conduisit, avec son escorte, dans la maison d'un certain Hermès. Là Thékla lui conta ses aventures et tous glorifièrent Dieu, priant aussi pour la bonne dame Tryphaena qui avait protégé la chasteté de la vierge. Thékla dit : « Je veux aller à Iconium » « Vas-y, répondit Paul, va enseigner les commandements et les paroles de Dieu »

Quand Tryphaena apprit que Thékla était en route pour Iconium, elle lui envoya de beaux vêtements avec beaucoup d'or ; mais Thékla offrit ces richesses à Paul pour qu'il les distribuât aux veuves. Elle-même se rendit chez Onésiphore et se prosterna en pleurant à la place où Paul avait enseigné. Dans l'intervalle, son fiancé Thamyris était mort. Elle essaya de convertir sa mère Théokleia, mais en vain Puis elle partit pour Séleucie où elle éclaira beaucoup d'hommes avec la parole de Dieu et s'endormit dans la paix du Seigneur

V

Ainsi se terminent le texte arménien et le syriaque. D'autres textes racontent que Thékla s'était retirée dans une ca-

1. Le texte grec expose comment elle releva dans sa ceinture sa tunique et, par une couture, lui donna la forme d'un vêtement masculin. M. Heuzey a montré que ces détails sont parfaitement exacts (ap Le Blant, l l., p. 269).

2 Le texte grec parle d'une nouvelle *épreuve*, l'arménien (suivant la traduction de Conybeare, p 86) parle d'une *tentation*.

verne près de Séleucie et y guérissait les nombreux malades
qu'on lui amenait. Cela ne faisait point les affaires des médecins de la ville, qui perdaient leur clientèle. Le diable leur
suggéra l'idée que Thékla tenait ses pouvoirs de sa virginité;
ils enrôlèrent donc des débauchés et des ivrognes, leur pro-
mettant beaucoup d'argent s'ils réussissaient à triompher de
cette vertu. Les malandrins allèrent à la montagne et se
précipitèrent vers la caverne comme des lions. « Je ne suis
qu'une vieille, leur dit Thékla, et la servante de Jésus; vous
ne pouvez rien contre moi. » Comme les bandits insistaient
et l'avaient saisie, elle pria Dieu et soudain un profond
abîme s'ouvrit dans la montagne et Thékla, échappant à ses
insulteurs, y disparut. Seul son voile resta entre leurs mains
et fut conservé à Séleucie comme une précieuse relique. Un
autre texte ajoute qu'elle survécut à cette aventure et se rendit à Rome pour retrouver saint Paul; mais l'apôtre était
mort et Thékla, après de longues années, mourut à son tour
et fut ensevelie non loin de lui. Ces additions sont évidemment absurdes; la vie de Thékla dut se terminer paisible-
ment à Séleucie, où une église dite de la Vierge ou Parthénon fut élevée sur sa tombe[1], et d'où son culte se répandit
dans tout l'Orient.

VI

Quelle est la valeur historique de cette légende de Thékla,
si belle par endroits et si touchante, d'où se dégage la per-
sonnalité d'une vierge robuste, d'une Amazone chrétienne,
qu'on n'oublie pas après avoir appris à la connaître?

La doctrine de la primitive Église, telle qu'elle est énoncée dans les Épîtres de saint Paul, admet que les femmes,
en particulier les vierges et les veuves, s'emploient à des
œuvres charitables et même à propager la vérité religieuse;

1. Voir Gwynn, *l. l.*, p. 894 et les témoignages dans Tillemont, *Mémoires*,
t. II, p. 61 et suiv. « L'église où elle reposait n'était pas dans la ville, mais
apparemment sur une hauteur qui en était éloignée d'une petite demi-lieue
du côté du midi. L'autel y était posé sur son corps, sous une coupole
soutenue de plusieurs colonnes et toute brillante d'argent » (p. 64).

mais elle leur interdit la prédication et toute participation
effective au ministère sacré[1]. Il n'y a pas, il ne peut y avoir
de prêtresses chrétiennes. La femme ne peut ni prêcher ni
baptiser[2]. Or, non seulement Thékla enseigne, mais elle
baptise; elle se baptise elle-même en se jetant dans la fosse
de l'amphithéâtre et il semble bien, quoique cela ne soit pas
dit expressément, qu'elle baptise Tryphaena et ses servantes. Bien plus, Paul semble reconnaître la validité du baptême qu'elle s'est donné, puisqu'il ne la baptise pas à son
tour et qu'il l'envoie répandre la parole de Dieu.

Il n'a pas manqué de gens, de femmes surtout, dès les
premiers temps du christianisme, pour déplorer l'espèce de
déchéance infligée au sexe féminin par les lettres de saint
Paul. Au IIe siècle, la Phrygie vit surgir des prophétesses, et
l'hérésie chrétienne, appelée *montanisme*, du nom de son
fondateur le prêtre phrygien Montan, se distinguait essentiellement de l'orthodoxie par la place qu'elle faisait aux
femmes dans l'enseignement et la révélation de la vérité[3].

Tertullien, vers la fin de sa vie, fut séduit par cette doctrine et c'est pourquoi ce Père de l'Eglise n'a jamais été rangé
parmi les saints. Mais, avant l'an 200, il était fort hostile aux
prétentions des femmes en matière de culte et d'apostolat.
Dans un traité sur le Baptême, qu'il écrivit en grec d'abord,
puis en latin, — nous n'avons conservé que le texte latin, —
il ne veut ni de femmes qui enseignent, ni de femmes qui
baptisent « Que si, ajoute-t-il, on allègue à l'encontre l'exem-

---

1. Voir Renan, *Origines*, t II, p 120, t III, p 402, t VII, p. 516.

2. La femme ne baptise même pas les personnes de son sexe. A une époque
où les conversions d'adultes étaient très fréquentes et où le baptême par
immersion complète était de règle, on se demande comment la pudeur pouvait s'accommoder d'un usage qui faisait paraître aux yeux d'un prêtre des
jeunes filles et des jeunes femmes toutes nues. On ne résout pas la difficulté
en alléguant que des diaconesses déshabillaient, oignaient et rhabillaient les
initiées (*Constit. Aposto!.*, III, 15 et 16), il y avait toujours un moment où le
prêtre devait les voir nues et, d'ailleurs, on ne disposait pas partout de diaconesses — Sur le baptême considéré comme valable en péril de mort,
même s'il est conféré par une femme et un hérétique, voir l'art *Taufe* dans
Hauck, p 443

3 Voir Renan, *Origines*, t. VII, p. 215, 218

ple de Thékla, suivant certains écrits attribués faussement à
Paul, qu'on sache bien ceci : un prêtre d'Asie, qui a fabriqué
cet ouvrage, fut convaincu et avoua qu'il avait fait cela par
amour de Paul ; sur quoi il fut privé de son ministère[1]. » Je
laisse de côté quelques mots qui sont fort obscurs, mais dont
le sens général paraît être que le faussaire mit ses propres
élucubrations sous le nom de Paul.

Deux cents ans plus tard, saint Jérôme raconte la même
chose, en citant Tertullien ; mais il ajoute que le prêtre d'Asie
avoua sa fraude *à Jean*, ce qui signifie, sans aucun doute
possible, à saint Jean[2]. Suivant la tradition chrétienne, cet
apôtre aurait résidé à Ephèse, capitale de la province romaine d'Asie, de l'an 60 à l'an 90 environ ; on lui attribuait un certain pouvoir disciplinaire sur les hérétiques,
entre autres le fameux Cérinthe, qu'il aurait désigné à l'ani-
madversion des fidèles en quittant des thermes où Cérinthe
venait d'entrer. Cérinthe était donc *vitandus* : c'était presque
l'équivalent d'une excommunication. Dire que saint Jérôme
a ajouté de son cru la mention de Jean, c'est se payer de
mauvaises raisons ; il est bien plus probable qu'il l'a trouvée
dans le texte grec du livre de Tertullien ou dans un exemplaire plus complet que les nôtres du texte latin. Ainsi, suivant cette tradition, l'histoire de Thékla aurait été écrite
entre 60 et 90[3]. Mais alors l'auteur présumé de ce récit

1. Tertullien, *De bapt.*, 17 : « Quodsi quae Pauli perperam (ad)scripta
sunt, exemplum Theclae ad licentiam mulierum docendi tinguendique defen-
dunt, sciant in Asia presbyterum, qui eam scripturam construxit, quasi titulo
Pauli de suo cumulans, convictum atque confessum id se amore Pauli fecisse,
loco decessisse ».

2. S. Jérôme, *De script. eccles.*, c. 7 : « Igitur περιόδους Pauli et Theclae...
inter apocryphas scripturas computamus. Quale enim est, ut individuus comes
apostoli inter ceteras eius res hoc solum ignoraverit ! Sed et Tertullianus
vicinus eorum temporum refert presbyterum quemdam in Asia σπουδαστήν
apostoli Pauli convictum apud Johannem, quod auctor esset libri, et confessum se hoc Pauli fecisse amore loco excidisse. » Saint Jérôme lisait probablement un manuscrit bilingue du *De Baptismo*.

3. Je parle de cette histoire, non des *Actes de Paul*, compilation très inégale où fut inséré un remaniement de l'histoire de Thékla. Tertullien paraît
faire allusion aux *Actes*, mais Jérôme s'occupe seulement de l'épisode qui
nous intéresse ici.

très peu orthodoxe aurait été contemporain de l'apôtre, qui
quitta l'Asie en 58 et mourut à Rome vers 64. « Par amour
de Paul » ne signifierait pas, comme tout le monde l'a pensé,
par amour pour la mémoire de Paul, mais par affection pour
l'apôtre lui même. Si l'auteur de l'histoire de Thékla (en
son état primitif, bien entendu) a connu l'apôtre, on ne
s'étonne plus de lui voir décrire si exactement son physique,
ses cheveux bouclés, ses sourcils épais, son nez trop long,
ses jambes courtes et cagneuses, tandis qu'il est absurde de
prétendre que cette description si réaliste dérive d'un prétendu portrait peint, tous les portraits embellissant leur
modèle. Il semble donc résulter des textes de Tertullien et
de saint Jérôme, comme aussi de certains détails de l'ouvrage, que le prétendu faussaire a connu personnellement
saint Paul. A-t-il aussi connu ses écrits, c'est-à-dire les *Épîtres*, dont le premier recueil ne fut publié que vers 150 par
Marcion ? Si l'on s'en tient aux textes de l'histoire de Thékla
que nous possédons, il faut répondre affirmativement ; il
faut dire aussi que ce prêtre d'Asie a connu les *Actes* canoniques des Apôtres, l'*Évangile de saint Jean* et d'autres documents publiés vers la fin du Ier siècle ou au début du II[e][1].
Mais toutes les citations d'écrits évangéliques qu'on a relevées dans l'histoire de Thékla ne font pas essentiellement
corps avec cette histoire ; elles peuvent être dues à des remaniements exécutés au milieu du IIe siècle et plus tard. La
comparaison de nos textes en diverses langues prouve que
l'histoire de Thékla n'a jamais cessé d'être remaniée ; elle l'a
même été très profondément, puisque l'on a fait disparaître
presque toutes les traces de la prédication de Paul exhortant
les femmes mariées à renoncer, dans l'espoir de la résurrection, à la vie conjugale. D'autre part, si l'hypothèse de remaniements est autorisée par ce que nous savons de l'his-

---

1. Les parallèles des *Actes* grecs de Thékla avec les écrits canoniques du Nouveau Testament ont été réunis par S. Schlau, *Acten des Paulus und der Thékla*,
1877, p. 80-82. Il n'y a pas la moindre trace d'une lecture de l'Ancien Testament, ce qui, joint au silence complet de l'auteur sur les juifs, a fait penser
qu'il était un païen converti.

toire des textes, celle de la familiarité de l'auteur avec les écrits du Nouveau Testament, qui ne sont jamais expressément cités, ne l'est pas du tout par le contenu essentiel de l'œuvre. La contradiction n'est pas seulement éclatante avec les chapitres 13 et 14 des *Actes des Apôtres*, où Paul se rend à Iconium avec Barnabé et prêche aux juifs, alors que le prêtre d'Asie ne connaît pas Barnabé et ne mentionne pas une fois les juifs ; mais il y a un abîme entre la doctrine authentique de saint Paul et celle de l'épisode de Thékla, l'une résolument *antiféministe*, comme nous dirions[1], l'autre non moins résolument *féministe* — l'une *opportuniste*, pour employer un autre néologisme, dans la question de la chasteté, l'autre absolument intransigeante. C'est à tel point que l'on a supposé, chez l'historien de Thékla, le dessein de prendre le contre-pied des enseignements de Paul, soit dans l'intérêt de la doctrine montaniste (c'était l'opinion de Renan[2]), soit dans l'intérêt du mysticisme gnostique qui menaça de bonne heure l'orthodoxie (c'était l'opinion de Lipsius). La doctrine de l'auteur de *Thékla* tient en quelques mots : restez chastes et Dieu vous aimera ; il vous assurera le bienfait de la résurrection. Le seul ouvrage du Canon où cette idée soit nettement exprimée[3] est l'*Apocalypse* attribuée à saint Jean, œuvre asiatique, sortie de l'école chrétienne d'Ephèse : « Je vis l'Agneau (c'est-à-dire Jésus) qui était sur la montagne de Sion et avec lui cent quarante-quatre mille personnes qui avaient le nom du Père écrit sur leurs fronts... Ce sont ceux qui ne se sont pas souillés avec des femmes, car ils sont vierges ; ce sont ceux qui suivent

---

1. Voir Renan, *Origines*, t. VII, p. 116.

2. *Ibid.*, t. VII, p. 244 : « Un roman qui fut sûrement d'origine montaniste, puisqu'on y trouve des arguments pour prouver que les femmes ont le droit d'enseigner et d'administrer les sacrements. » Renan avait déjà développé la même opinion, *ibid.*, t. III, p. 40.

3. Elle est aussi indiquée dans saint Paul (*I Thess.*, v, 23 ; cf. *ibid.*, iv, 14, 16 ; v. 3) ; seulement, dans cette épître, le libertinage n'est par l'*unique* empêchement de la résurrection. Voir A. Vanbeck, *La discipline pénitentielle dans les écrits de Paul* (in *Rev. d'hist. et de litt. relig.*, 1910, p. 241 et suiv.).

l'Agneau[1]. » Impossible de dire plus clairement que la béatitude céleste est la récompense de la chasteté

La preuve que cette passion un peu maladive de la chasteté existait dans l'Eglise avant saint Paul et les *Evangiles*, c'est que saint Paul lui-même trouve à Corinthe, vers l'an 53, des fidèles persuadés qu'ils ne doivent pas vivre avec leurs femmes En se convertissant à la nouvelle doctrine, ils croyaient devoir abandonner femme et enfants, pour se consacrer désormais à la chasteté Paul les détourne de ces excès et les exhorte à persévérer, même après leur conversion, dans l'état où Dieu les a appelés: « Es-tu lié avec une femme ? Ne cherche point à te séparer d'elle. N'est-tu pas lié avec une femme? Ne cherche point de femme. Si pourtant tu te maries, tu ne pèches point ; et si une vierge se marie, elle ne pèche point[2]. » Ces conseils de bon sens n'étaient nécessaires que parce que l'opinion contraire trouvait créance, et cela dans une communauté qui avait été évangélisée de très bonne heure par la voie d'Ephèse. Paul avait-il toujours pensé de même? Cela n est pas sûr, car il y a, dans les *Epîtres* authentiques, des traces d'une doctrine beaucoup plus sévère, par exemple dans la même lettre aux Corinthiens : « Mes frères, le temps est court désormais Que ceux qui ont une femme soient comme s'ils n'en avaient pas[3]. » C'est la continence absolue dans le mariage, doctrine que l'Église n'a pas adoptée et qu'elle réprouve même très sévèrement. Il est donc possible que Paul, trois ou quatre ans plus tôt, au cours de ses premières tournées de mission en Asie Mineure, ait exagéré, dans sa prédication, les vertus contraires aux vices régnants. L'idéal ascétique de la continence n'était d'ailleurs nullement étranger aux religions populaires de l'Asie. Mais alors on comprendrait très bien qu'un témoin de sa prédication d'alors, — un des fils d'Onésiphore, par exemple, — devenu prêtre de l'église d'Ephèse,

---

1. *Apoc* , XIV, 4
2. *I Cor* , vii, 27-29.
3 *I Cor.*, vii, 29. Voir aussi, sur l'incontinence considérée comme empêchant a résurrection, les passages de *I Thess* cités plus haut, p. 244, note 3.

ait pu, de bonne foi, mettre dans la bouche de Paul des discours qui semblèrent plus tard presque hérétiques et des actes qui venaient à l'appui de ces discours. Ainsi la place ex-
cessive faite à la chasteté dans l'épisode de Thékla n'est pas
un argument contre la date très haute et l'origine très illustre que j'assigne au fond de cet écrit, mais, au contraire, un
argument en ma faveur [1].

VII

Il en est d'autres, dont j'indiquerai les plus significatifs.
Celui-ci d'abord : que, dans le texte arménien, le fait d'être
chrétien n'est jamais considéré comme un crime ; Paul et
Thékla sont punis comme perturbateurs et sacrilèges, non
comme chréiens. Nous sommes donc avant 112, date du
rescrit de Trajan adressé à Pline : « Il ne faut pas rechercher
les chrétiens ; mais si on les découvre et qu'ils soient convaincus, il faut les punir. » D'autres raisons, dans le même
sens, sont fournies par la géographie historique. Ainsi Sir
William Ramsay, ce connaisseur éminent de la topographie
de l'Asie-Mineure, dont il a plusieurs fois parcouru toutes
les provinces, a fait observer qu'Onésiphore, allant à la rencontre de Paul qui va d'Antioche de Pisidie à Iconium,
commence par prendre un chemin secondaire, une route de
traverse, pour se porter sur la grande route qui court d'Antioche à Lystra. Or, avant la fin du 1er siècle, on avait construit une grande route romaine d'Antioche à Iconium même ;
si donc il est question d'un chemin de traverse rejoignant la
grande route, c'est, d'abord, que le fond de l'ouvrage a été
écrit avant la fin du 1er siècle et, en second lieu, qu'il l'a été
par une personne très familière avec le réseau routier des
environs d'Iconium [2]. Lorsque tous les théologiens dont le

1. Sir W. Ramsay et M. Fr. Conybeare ont déjà marqué leur préférence
pour une manière de voir analogue à celle que je défends ici. La réfutation de
Ramsay par Harnack ne m'a aucunement convaincu.
2. Ramsay, *The Church in the Roman Empire*, 1893, p. 375 et suiv. ; objections dans Harnack, *Die Chronologie*, t. 1 (1897), p. 503-505.

nom fait autorité, en première ligne M. Harnack, nous affirment que le fond de l'histoire de Thékla n'est pas antérieur à 160, ils oublient qu'un argument comme le précédent, qu'ils traitent de négligeable, est, au contraire, infiniment plus fort que tous ceux qu'on peut tirer de citations ou d'allusions aux textes canoniques. Un rédacteur interpole des citations, parce que ses lecteurs en demandent, mais il ne prend jamais la peine de remanier un itinéraire, parce que ces détails le laissent indifférent, lui comme son public.

Mais voici qui est plus concluant encore. Cette grande dame romaine qui protège Thékla, dont l'évanouissement fait redouter au méchant Alexandre la vengeance de l'empereur régnant, parent de Tryphaena, n'est plus, grâce aux inscriptions et aux monnaies, une inconnue pour nous. Il est vrai que pas un historien classique ne la mentionne; mais depuis 1902 surtout, date d'un travail de Théodore Reinach à ce sujet [1], Tryphaena a sa biographie, que voici en résumé. Née, vers l'an 10 avant notre ère, de Polémon Ier, roi du Pont, et de la reine Pythodoris, Antonia Tryphaena était, par sa mère, la cousine de l'empereur Claude. Elle épousa Cotys, roi de Thrace, qui mourut avant l'an 19 et la laissa veuve avec trois fils qui furent élevés à Rome, en compagnie du futur Caligula. Pythodoris, devenue veuve, régna sur le Pont jusqu'en 23. La jalousie de l'empereur Tibère (14-37) empêcha Tryphaena de succéder au trône; jusqu'à la mort de ce prince, elle résida à Cyzique, employant sa grande fortune à des œuvres d'utilité publique qui sont attestées par des inscriptions. Sous Caligula (37-41), les fils de Tryphaena, anciens camarades de l'empereur, devinrent rois en Thrace, dans le Pont et en Asie-Mineure ; la reine mère alla s'établir alors dans le Pont. Le successeur de Caligula, Claude (41-54), fut également bien disposé pour elle ; mais, en 48, elle se brouilla avec son fils et se retira dans ses terres d'Asie. Néron, arrivé au trône en octobre 54, n'avait plus que des

1. *Numismatic Chronicle*, 1902, p. 4 et suiv. Les conclusions de cet article ont été développées très ingénieusement par Sir W. Ramsay dans un article de l'*Expositor*, oct. 1002. p. 278 et suiv.

liens fort éloignés avec Tryphaena qui ne pouvait rien attendre de lui. Or, dans l'histoire de Thékla, elle assiste à des
jeux en qualité officielle, elle est très riche, très considérée,
mais se plaint que sa famille royale la néglige; d'autre part,
on sait que l'empereur, son parent, lui est favorable; on
craint de le mécontenter. Nous sommes donc sous Claude,
entre 48 et 54. Comme des considérations chronologiques
d'un tout autre ordre, mises en œuvre par les historiens de
l'Église longtemps avant la « découverte » du rôle historique
de Tryphaena, placent le voyage de Paul à Iconium entre 49
et 51 (février-mai 49, suivant Ramsay), l'accord des dates de
la vie de Paul avec celles de la vie de Tryphaena est absolu[1].
Eh bien! je le demande à tout critique sans parti pris : est-il
admissible qu'un auteur, écrivant plus de cent ans plus tard,
ou même cinquante ans après, ait pu « situer » d'une manière
aussi précise les événements auxquels Tryphaena fut mêlée,
alors surtout que la mémoire de cette princesse fut oubliée
à tel point qu'aucun de nos historiens profanes n'a même
prononcé son nom? Nous avons là, dans une partie de l'ouvrage que personne n'avait intérêt à interpoler, sinon une
signature, du moins une date. L'auteur de l'histoire de Thékla
a connu la position privilégiée de Tryphaena en Anatolie
vers l'an 59; il l'a représentée comme une grande dame, une
vieille reine en exil[2] protégeant une jeune fille persécutée; il
a mis dans sa bouche des plaintes si vraisemblables sur l'état
d'impuissance relative où sa brouille avec le roi son fils
l'avait réduite qu'il semble ici avoir répété ce qu'il avait

1. Encore une fois, je ne trouve aucune preuve que les *Actes de Paul* soient
aussi anciens que l'histoire de Thékla. Cette dernière a pu circuler longtemps sous différentes formes avant d'être insérée dans les *Actes de Paul*
vers 160.

2. C'est bien comme une reine en exil que Tryphaena, après avoir joué un
rôle brillant à Cyzique, résida, depuis 48-49, à Antioche de Pisidie. Sir
W. Ramsay a récemment découvert à Yalowadj, près d'Antioche, un fragment d'une inscription latine en grands caractères, prouvant qu'un prince
de la maison royale de Tarcondimotus, qui avait régné dans la Cilicie orientale, mourut et fut enseveli à Antioche; cette ville servait à cette époque,
comme l'écrit Sir W. Ramsay, de lieu de résidence aux rois en exil (*The Athe-
naeum*, 18 novembre 1911, p. 635).

entendu lui-même, comme il semble, en décrivant l'aspect physique de saint Paul, consigner par écrit ce qu'il a vu de ses yeux.

VIII

Ainsi, le fond de l'histoire de Thékla — j'insiste sur le mot *fond*, car aucun des textes actuels ne peut être tenu pour authentique — n'est pas seulement le plus ancien des écrits chrétiens que l'Église qualifie d'*apocryphes*; il est, réserve faite des épîtres de Paul, le plus ancien ouvrage chrétien que nous possédions.

Revenons au témoignage de Tertullien, complété par saint Jérôme, sur les aveux de ce prêtre d'Asie qui, poussé à bout, confessa avoir fabriqué l'histoire de Thékla « par amour de Paul [1] ». Il faut y distinguer deux choses. D'abord, l'opinion, fondée sur tout un ensemble de témoignages aujourd'hui perdus, que la première rédaction de l'épisode de Thékla serait contemporaine du séjour de Jean l'apôtre à Éphèse, 60 à 90 environ ; ceci est conforme à la thèse que nous avons exposée. En second lieu, il est question des aveux faits par l'auteur faussaire à saint Jean et de la mesure sévère prise contre lui. Mais bien que Tertullien annonce cela comme une chose bonne à savoir (*sciant*), il est évident qu'il transmet seulement à ses lecteurs d'Afrique un avis qu'il a reçu d'Ephèse, en réponse à une demande d'information à ce sujet. *Or, cet avis est nécessairement suspect*, d'abord parce qu'il s'agit d'événements éloignés de plus d'un siècle de son temps, puis parce que l'idée même de saint Jean l'apôtre exerçant à Ephèse une sorte de censure sur les écrits des chrétiens est un anachronisme un peu ridicule. Les discours attribués à l'apôtre dans les *Actes de Paul* ou, pour nous en tenir à Thékla, la conduite qu'on lui assigne dans cette histoire, étaient très gênants pour l'orthodoxie naissante, alors que les *Épîtres* de saint Paul étaient dans toutes les mains et jouissaient de la même autorité que les Évangiles. Mais l'approbation donnée par saint Paul à l'activité quasi sacer-

dotale de Thékla était aussi, comme le montre le texte de
Tertullien, une pierre d'achoppement pour les fidèles, un
argument pour ceux qui revendiquaient les droits des femmes
à l'exercice du culte et au ministère apostolique. D'autre
part, on savait de source certaine que l'histoire de Thékla
avait été écrite à l'époque où saint Jean était censé vivre à
Ephèse, dans ce milieu si remuant, si mystérieux encore
pour nous, des premiers prêtres d'Asie. Quoi de plus simple
et de plus tentant que de répondre, à ceux qui se fondaient
sur les *Actes* de Thékla pour dogmatiser et qui alléguaient
leur haute antiquité : « Ne le savez-vous point ? Saint Jean,
l'apôtre préféré du Seigneur, les a condamnés lui-même et a
puni leur auteur, qui a fait des aveux complets » ! Mais la
preuve que cette assertion ne trouva pas généralement
créance, c'est que les Pères de l'Église n'ont pas cessé de
célébrer les mérites de Thékla et, par suite, d'ajouter foi aux
récits édifiants qui la concernaient. Saint Augustin, africain
comme Tertullien, parle de Thékla, mais ne dit nulle part
que l'histoire de la prêtresse d'Iconium ait même été contestée.

Une fraude historique est plus qu'à moitié démasquée
quand on a reconnu les motifs et surtout les intentions
pieuses qui devaient en suggérer la pensée. La fraude, ici,
n'est pas l'histoire de Thékla, mais le démenti par où l'on a
voulu la discréditer[1]. Pour moi, malgré Tertullien copié par
saint Jérôme, *les aveux du prêtre d'Asie sont inexistants*. Ce
ne serait pas la seule fois dans l'histoire, ni la dernière, que
la légende de prétendus aveux aurait été imaginée et répandue pour faire obstacle à la vérité. Cette vérité, en l'espèce,
c'est le caractère profondément ascétique du christianisme
et même du paulinisme à ses débuts, tempéré bientôt par
une doctrine plus humaine, plus raisonnable, plus compatible avec l'existence normale des sociétés. On a parlé de
l'évolution de la pensée religieuse de saint Paul ; en voici,

1. Il est trop certain que les faux et les fraudes étaient très en faveur dans
le monde des presbytres éphésiens ; c'est même là qu'ils ont commencé à
fleurir.

si je ne m'abuse, la première phase. Ceux qui, longtemps
après l'apôtre des Gentils, cherchèrent à propager, parmi
les laïques, l'ascétisme outré des premiers temps, le renon-
cement à la famille et au mariage, l'état de perfection et
d'intégrité physique devenu l'apanage exclusif des prêtres et
des moines, en se réclamant du christianisme primitif, ont
été condamnés, réduits au silence et même brûlés vifs Mais
cent bûchers ne valent pas un argument; si ces sectaires
avaient tort au point de vue social, historiquement ils
avaient raison Le christianisme n'est devenu la religion par
excellence des peuples civilisés qu'à la condition, d'ailleurs
promptement remplie, de renier ses origines ascétiques et
de subordonner au devoir de vivre l'espoir lointain d'une
glorieuse résurrection [1].

1. La thèse soutenue ici, touchant la haute antiquité des *Actes* de Thekla,
l'a été, de nos jours, par MM. Ramsay, Conybeare et Corssen Je citerai seulement ces mots de Conybeare (*Acts of Apollonius*, p 54) « We have at bot-
tom a document written well before the end of the first century ».

La tête magique des Templiers[1].

––––––

On trouve encore, dans quelques catalogues de Musées, la description de sculptures, reliefs sur pierre ou petits bronzes, qui sont qualifiés de *baphomets* ou de *baphomé-tiques*[2]. Ces termes singuliers remontent au procès des Templiers, soupçonnés d'avoir une mystérieuse idole dite *Bapho-met*. Il n'est plus douteux que *Baphomet* soit une simple altération de *Mahomet*[3] : l'accusation cherchait, en effet, à établir que les Templiers étaient convertis à l'islamisme et qu'après avoir renié le dieu des chrétiens, dans leurs céré-monies secrètes, ils rendaient hommage au prophète des Musulmans. Personne ne consentirait plus à discuter l'étrange hypothèse de M. de Hammer, qui voulait reconnaître dans *Baphomet* les deux mots grecs *Baphé* et *Mêtis* et interprétait le prétendu composé par « le baptême de l'intelligence ». La véritable explication, qui saute aux yeux, avait déjà été don-née par Sylvestre de Sacy (1810) et par Raynouard (1813).

Ce dernier historien refusait, malgré tous les aveux arra-chés aux membres de l'Ordre soit par la torture, soit par la menace de la torture, d'admettre l'existence de l'idole des Templiers et de ses copies ou congénères. Pourtant, en 1872 encore, le savant bibliothécaire d'Orléans, Loiseleur, croyait fermement non seulement à un *Baphomet*, mais à plusieurs idoles de ce nom[4]. Dans l'intervalle entre le travail de Ray-nouard et celui de Loiseleur, les monuments qualifiés de

––––––

1. [*Revue de l'histoire des religions*, 1911, p. 25-39.]
2. Voir, par exemple, Chabouillet, *Catalogue des Camées*, n° 2255.
3. On trouve aussi, dans les interrogatoires du procès, la forme *Magometus* (Finke, *Papstum und Untergang des Templerordens*, t. II, p. 343).
4. Loiseleur, *La doctrine secrète des Templiers*, Paris, 1872.

baphométiques s'étaient multipliés dans les collections. La critique moderne n'en a rien laissé subsister. Alors que Montaiglon, en 1881, parlait encore de figures *baphométiques*[1], j'ai montré, en 1886, qu'un objet ainsi désigné au Cabinet des médailles était, en réalité, un moule asiatique en serpentine[2], probablement hittite; M de Villefosse, en 1900, a dénoncé comme des faux récents, probablement du début du XIXe siècle, toute une série de petits bronzes dits *baphométiques*, dont l'un, conservé au Musée du Louvre, semble porter la date 1156, correspondant à l'époque la plus florissante de l'Ordre[3]; enfin, il y a peu d'années, j'ai repris, dans la *Revue africaine*, l'examen des reliefs en pierre du Musée de Vienne et de l'ancienne collection du duc de Blacas, aujourd'hui au Musée Britannique, pour montrer sur quels indices fragiles reposait l'attribution aux Templiers de ces objets dépourvus de style, dont l'authenticité éveille d'ailleurs de graves soupçons[4].

Privée du soutien qu'elle croyait dériver de certains monuments figurés, la croyance au Baphomet paraît généralement abandonnée aujourd'hui; du moins le dernier historien du procès des Templiers, M. Finke, a-t-il pu écrire (p 327) : « Il y a longtemps qu'on ne cherche plus la mystérieuse idole du Baphomet[5] ». C'est sans doute pour cette raison que M. Finke ne s'est pas arrêté aux témoignages qui concernent cet objet et les objets similaires Toutefois, il ne suffit pas de dire qu'une chose n a pas existé; il semble nécessaire aussi de chercher comment elle a été conçue et quelles idées préexistantes ont contribué à la formation d'un fantôme qui, après avoir été exploite contre l'orthodoxie des Templiers, a tourné la tête de plus d'un archéologue.

1. Voir *Revue archeol* , 1881, I, p 368 et *Bull. Soc Antiq* , 1881, p 207-208.
2 *Revue archeol* , 1885, I, p. 54 et suiv.
3 *Bull Soc Antiq* , 1900, p. 309.
4. *Revue africaine*, 1908, p 1-23
5. M. Finke renvoie sur ce point a Wenk, *Götting gelehrte Anzeigen*, 1890, p. 256 et suiv. (compte-rendu critique de l'ouvrage de Prutz), mais Wenk n'a guère fait que resumer Lea, dont le chapitre sur les Templiers est un chef-d'œuvre parmi tant d'autres

I

Avant même le commencement de la procédure, c'est-à-dire l'arrestation des Templiers français par ordre de Philippe le Bel (octobre 1307), le dénonciateur et calomniateur de l'ordre, le biterrois Esquiu de Floyrans [1], avait accusé les Templiers auprès du roi Jayme II d'Aragon, puis auprès du roi de France, d'adorer une idole. Ce crime est un de ceux qui furent spécifiés dès le début et sur lequel les commissaires royaux durent interroger les chevaliers [2]. Mais dans le procès-verbal de leur enquête, que nous possédons, ce grief passe tout à fait au second plan : les Templiers, Jacques de Molay en tête, confessèrent avoir renoncé au Christ et craché sur la croix [3], mais ne dirent rien de leur prétendue idole. C'est seulement plus tard [4] que les témoignages se multiplient à ce sujet, témoignages d'ailleurs contradictoires et même inconciliables, comme le remarque déjà Raynouard, puisque l'idole est, suivant les uns, une statue, suivant d'autres une tête, suivant d'autres encore, un ensemble de plusieurs têtes ou même une peinture sur bois [5]. Loiseleur, qui a étudié ces dépositions et en a publié de nouvelles — celles que recueillirent les inquisiteurs de Florence — a essayé d'en faire la moyenne pour arriver à se former une opinion. « L'objet du culte des Templiers, écrit-il [6], était tantôt une idole ayant une seule tête, laquelle était barbue, tantôt une autre idole ayant deux et même trois têtes [7]». Du corps de l'idole il ne dit rien, car la plupart des témoignages mentionnent seulement la tête. Le troisième témoin (entendu à Florence) déclare que « le précepteur de la maison de Sainte-Sophie

1. Finke, *op. l.*, p. 111.
2. *Ibid.*, p. 154.
3. *Ibid.*, p. 166.
4. Loiseleur, p. 108. Voir les dépositions de Carcassonne (novembre 1307), dans Finke, t. II, p. 321-324.
5. Voir une page amusante de l'abbé Corblet, *Le Pour et le Contre sur les Templiers*, dans la *Revue de l'art chrétien*, 1865, IX, p. 393 sq.
6. Loiseleur, p. 147.
7. Un témoignage parle même de quatre têtes.

de Pise avait une tête semblable à l'idole de Bologne, tête qui était sa propriété particulière et qu'il adorait. »[1] Ainsi il y avait des têtes-idoles qu'on montrait dans les chapitres et d'autres qui servaient seulement à des rites privés. « L'idole adorée par les Templiers, écrit encore M. Loiseleur[2], paraît, comme celle des Druses et des Nosaïris, être l'emblème du mauvais principe; mais elle en diffère profondément quant à la forme, puisque c'est une tête humaine ayant un ou deux visages, tandis que chez les Druses au moins l'idole offre la figure d'un veau, symbole des cultes ennemis de la religion unitaire. » Loiseleur alléguait encore, entre autres témoignages, celui d'un témoin de Florence, suivant lequel la tête était placée dans la salle du chapitre et recevait les hommages de deux cents frères prosternés[3]; en montrant l'idole pour la première fois à l'un des initiés, le précepteur lui avait dit : *Ecce deus vester et vester Magumet*[4]. Mais c'était peu d'adorer cette tête; il fallait tirer parti de ses vertus magiques. Je cite encore Loiseleur[5]. « Pierre de Bonnefond apprit des témoins de sa réception que la cordelette dont il était ceint avait touché, dans les pays d'outre-mer, une certaine tête » (c'est la tête par excellence, conservée en Orient, dont les autres seraient des copies)[6] : « Les quatre premiers témoins de Florence déclarèrent avoir assisté à la cérémonie de la consécration de la cordelette et de sa distribution tant à eux-mêmes qu'à plusieurs frères présents. Une fois consacrées par leur contact avec l'idole, les cordelettes étaient conservées dans des coffrets pour en être extraites au fur et à mesure des réceptions. Ces coffrets voyageaient avec les Templiers et

1. Loiseleur, p. 23.
2. *Ibid.*, p. 94.
3. *Ibid.*, p. 40.
4. *Ibid.*, p. 100.
5. *Ibid.*, p. 111.
6. Cf. le témoignage d'un frère servant (Finke, t. II, p. 355) « : (debebat habere spem salvationis) in quoddam ydolum quod erat, ut sibi dictum extitit, ultra mare, et in quoddam aliud ydolum quod erat ibi praesens in quadam banca opertum de sindato rubeo. »

servaient ainsi à serrer les idoles » (voilà l'origine des prétendus *coffrets baphométiques* du duc de Blacas). « Gaucerand
de Montpesat dépose qu'il lui fut baillé une ceinture que son
initiateur tira de la caisse où était la figure de Baphomet et
qu'il lui commanda de garder cette ceinture et de la porter
perpétuellement. »

Disons, en passant, que la mention de cette cordelette,
rappelant le fil de lin que portaient les Cathares albigeois,
est une des causes de la profonde erreur où Loiseleur est
tombé. Il voyait là une analogie frappante entre les Templiers
et les hérétiques du midi de la France et se confirmait dans
cette illusion par un autre témoignage, portant que l'idole
avait le pouvoir de faire fleurir les arbres et de faire germer
la terre. « Ces termes, remarque-t-il, ne sont pas seulement
ceux de l'accusation ; ce sont les expressions mêmes dont se
sert le frère Bernard de Parme, le second des témoins entendus
Florence. Or, ces termes sont exactement ceux employés
par l'Inquisition de Toulouse pour désigner le dieu mauvais
des Cathares albigeois ; nouveau trait de lumière au milieu
de ces ténèbres. » Trait de lumière, en effet, mais pas dans
le sens de la thèse de Loiseleur. On conçoit assez que les
accusateurs du Temple, en possession des manuels qui
avaient servi contre les Albigeois, aient attribué aux chevaliers certaines erreurs albigeoises et aient cherché à en obtenir l'aveu[1].

Il fallait bien suggérer aux chevaliers des réponses, puisqu'on les faisait parler, de gré ou de force, de choses inexistantes. Ceux qui osaient dire, malgré les termes précis de
l'acte d'accusation, qu'ils ne savaient rien de l'idole, ris-
quaient d'être traités sans ménagements : témoin ce Gérard
de Pasage, du diocèse de Metz, qui, pour avoir fait une
pareille réponse, fut cruellement torturé sur l'ordre du bailli
de Mâcon, par la suspension de poids à ses testicules[2].

---

1. De même, dans les aveux relatifs aux cérémonies secrètes, on voit intervenir un chat noir, brun ou blanc, qui est emprunté aux histoires courantes
de sorcellerie (p. ex. Finke, t. II, p. 350).

2. Michelet, I, p. 218 ; Fincke, p. 159 : « Respondit... quod propter dictos

L'historien danois Münter a autrefois émis l'hypothèse
que les prétendues têtes adorées par les Templiers étaient de
simples chefs reliquaires, comme on en trouve encore dans
beaucoup de Musées et de trésors d'églises A l'appui de cette
opinion, on allégua qu'une perquisition, faite au Temple de
Paris en 1310, fit découvrir, en effet, une tête en métal contenant des reliques, qui fut présentée à la commission pontificale. Cette tête portait le n° LVIII en chiffres romains, on
a supposé qu'il y en avait, par suite, beaucoup d'autres, que
les Templiers eurent le temps de mettre à l'abri[1]. A quoi l'on
peut objecter — et l'objection paraît sans réplique — que si
la fameuse tête des Templiers avait été un chef reliquaire, il
eût été trop facile aux accusés de le déclarer sans ambages
et de faire tomber ainsi l'accusation d'idolâtrie Or, à une seule
exception près, aucun des témoins interrogés n'a dit que la
tête fût un reliquaire; ils ont dit des choses extravagantes,
parce qu'ils ne savaient pas sur quoi on les interrogeait et
qu'ils devaient bien, sous peine d'être torturés, inventer ou
répéter quelque chose.

L'idée que les Templiers avaient une idole devait se
présenter naturellement à leurs ennemis Du fait même qu'on
les soupçonnait véhémentement d'hérésie, ils devaient être
idolâtres; on sait que le mot *idolâtre* figura sur l'écriteau de
Jeanne d'Arc, bien qu'on ne l'ait jamais accusée ouvertement
d'offrir un culte à une image. Cette idole des Templiers idolâtres devait être un Mahomet ou un Baphomet, puisqu'on
voulait que ces soldats du Christ eussent passé au camp
ennemi de l'islamisme. Mais pourquoi une *tête*? Pourquoi une
tête douée de pouvoirs magiques? On peut, je crois, tenter
de répondre à ces questions, que Loiseleur, dans sa foi naïve
à la véracité des aveux, n'avait pas la même raison que nous
de se poser

articulos, quia non confitebatur eos coram baylico regio Matisconensi, fuit
quaestionatus ponderibus apensis in genitalibus suis et in aliis membris
quasi usque ad exanimacionem ».
1. Loiseleur, p 102

II

Rappelons d'abord les termes précis d'un article de la première enquête (*articulo super quibus inquiretur contra ordinem Templi*[1]) : « Que les chevaliers, dans les diverses provinces, avaient des idoles, à savoir des têtes, dont quelques-unes à trois faces et d'autres à une seule ; d'autres possédaient un crâne humain. Ces idoles ou cette idole étaient adorées... Les chevaliers disaient que cette tête pouvait les sauver, les rendre riches, qu'elle fait fleurir les arbres, qu'elle fait germer les moissons ; les chevaliers ceignaient ou touchaient avec des cordelettes une certaine tête de ces idoles et ensuite ils se ceignaient avec cette cordelette, soit au-dessus de la chemise, soit sur la peau. »

Voici maintenant la déposition faite en présence de deux évêques par le notaire public, *apostolica et imperiali auctoritate*, Antonio Sicci (Antonius Sycus) de Verceil[2]. Notaire des Templiers en Syrie pendant quarante ans, il avait déjà été interrogé, au cours de l'instruction, par les inquisiteurs parisiens.

« Au sujet de l'article faisant mention de la tête, j'ai plusieurs fois entendu raconter ce qui suit dans la ville de Sidon. Un certain noble de cette ville aurait aimé une certaine femme noble d'Arménie ; il ne la connut jamais de son vivant, mais, quand elle fut morte, il la viola secrètement dans sa tombe, la nuit même du jour où elle avait été enterrée. L'acte accompli, il entendit une voix qui lui disait : « Reviens quand le temps de l'enfantement sera venu, car tu trouveras alors une tête, fille de tes œuvres ». Le temps accompli, le chevalier susdit (*praedictus miles*) revint au tombeau et trouva une tête humaine entre les jambes de la femme ensevelie. La voix se fit entendre de nouveau et lui dit : « Garde bien cette tête, parce que tous les biens te viendront d'elle ». A l'époque où j'ai entendu cela, le précepteur de ce lieu (Sidon),

1. Michelet, *Procès*, t. I, p. 92.
2. *Ibid.*, t. I, p. 645.

était frère Mathieu dit le Sarmage, natif de Picardie. Il était
devenu le frère du Soudan à Babylone qui régnait alors, parce
que l'un avait bu du sang de l'autre, ce qui faisait qu'on les
regardait comme des frères. Le précepteur des chevaliers
était un certain frère Philippe; le gonfalonier était un
maître des servants qui s'appelait frère Simon Picard[1]. »

Avec ce curieux témoignage, nous sommes en plein folklore : le viol d'une morte aimée, ou *nécrophilie* ; la fécondité
de cette monstrueuse union ; la puissance magique de la tête
séparée du tronc. Cette déposition émut vivement les inquisiteurs ; ils la firent écrire par Antonio lui-même et interro-
gèrent ensuite à ce sujet plusieurs des témoins qui avaient
résidé en Syrie. L'un deux, frère Jean Senandi, un servant,
dit avoir vécu cinq ans à Sidon ; il n'avait rien appris au
sujet de la tête, mais il savait que la ville de Sidon avait été
achetée par les Templiers et que Julien, un des seigneurs de
cette ville, était entré dans l'Ordre[2]. Plus tard, ayant apos-
tasié, il tomba dans la misère ; Senandi avait entendu dire,
mais ne se souvenait pas par qui, qu'un des ancêtres de Julien
avait aimé une fille de ce pays et avait cohabité avec elle
après qu'elle fut morte. Un témoignage beaucoup plus complet et plus fantastique que celui de Sicci lui-même fut
apporté aux inquisiteurs par Hugues de Faure, chevalier,
réconcilié par l'évêque de Limoges[3]. Il déclara qu'après la
chute d'Acre il se trouvait à Chypre ; là il entendit conter par
un chevalier, bailli de la ville de Limasso, qu'un noble avait
aimé une jeune fille de Maraclée en Tripoli. Ne pouvant la
posséder vivante, il la fit exhumer après sa mort, eut com-

---

1. « Tempore vero quo hoc audivi, erat praeceptor illius loci frater Matheus
dictus le Sarmage Picardus » (p. 645). — Sur les relations cordiales entre ce
personnage et les Sarrasins, voir Rey, *L'ordre du Temple en Syrie*, p. 8. A
cet endroit, Rey écrit *Sermage* ; mais il écrit *Sarmage* à la page 26. L'index
du tome II de Michelet porte *Sauvage* (Mathens), avec renvoi à la p. 209 où
on lit *lo Sauvacge*. C'est sans doute le même personnage.

2. Sur Julien ou Julian, seigneur de Sagette, mort en 1275, voir Clermont-
Ganneau, *Recueil d'archéol. orientale*, t. VI, p. 5 et suiv. « Julien, seigneur
de Sagette, ne pouvant plus défendre sa seigneurie contre les entreprises des
Musulmans, la céda aux Templiers moyennant finances en 1260. » (p. 7).

3. Michelet, t. II, p. 225.

merce avec elle et lui coupa ensuite la tête. Une voix l'avertit
de conserver avec soin cette tête, qui avait le pouvoir d'anéantir et de dissiper tout ce qu'elle regardait. Il la couvrit et
la déposa dans un coffret. Peu après, en lutte avec les Grecs
qui résidaient à Chypre et dans les lieux voisins, il se servit
de cette tête contre les villes et les camps des Grecs ; il lui
suffisait de la montrer pour anéantir ses ennemis. Un jour
qu'il naviguait vers Constantinople, avec le projet de détruire
cette ville, sa vieille nourrice vola la clef du coffret pour
voir ce qu'il contenait et en retira la tête : aussitôt une
tempête terrible éclata et le navire fut submergé ; seuls
quelques matelots purent se sauver et raconter ce qui
s'était passé. Depuis cet événement, disait-on, il n'y avait
plus de poissons dans cette partie de la mer. Mais Hugues
de Faure n'avait pas entendu dire que cette tête eût appartenu ensuite aux Templiers et ne connaissait pas celle au
sujet de laquelle maître Antoine de Verceil avait déposé.
Enfin, suivant un autre témoin, une tête mystérieuse paraissait parfois dans le tourbillon voisin de Satalia et alors tous
les navires qui voguaient dans ces parages couraient les
plus grands périls[1].

L'histoire d'Hugues de Faure offre plusieurs éléments
nouveaux. La tête n'est pas le produit d'un viol, mais c'est
la tête même de la morte séparée du tronc ; cette version est
sans doute plus authentique que l'autre, car l'efficacité
magique des têtes coupées est un trait fort connu dans le
folklore[2]. En second lieu, la tête n'est pas un talisman qui
assure, d'une manière mal définie, la fortune de son possesseur, mais une arme qui le rend invincible, qui lui permet
d'anéantir ses ennemis. Enfin, l'histoire de la vieille nourrice,
qu'un sentiment de curiosité pousse à violer le secret du
coffret, est un des motifs les plus fréquents des contes populaires ; la mention du coffret, où la tête est soigneusement

1. *Ibid.*, II, p. 238.
2. Voir Longpérier, *Œuvres*, t. II, p. 311 et surtout le grand mémoire de
Pinza, *La Conservazione delle teste umane* (analysé par moi dans la *Revue critique*, 1898, II, p. 121).

enfermée, peut être l'origine de la croyance obstinée qu'
attribuait aux Templiers des coffrets où ils dissimulaient
avec soin leurs talismans.

III

Ni Antonio Sicci ni Hugues de Faure, déposant en 1310,
n'ont rien inventé. Ils n'ont pas cherché non plus à noircir
les Templiers ; aucun d'eux n'a dit qu'un chevalier du Temple
fût en possession de la tête magique. Ils se sont simplement
faits l'écho d'une légende plus ancienne qui paraît vers 1190
dans Gautier Map, vers 1201 dans Roger de Hoveden, vers
1210 dans Gervais de Tilbury. Il suffit de rapporter la première
en date de ces versions, celle de Map, dans son livre si curieux
De nugis curialium, écrit à la cour d'Angleterre entre 1182
et 1190. Notons que Map parle des Hospitaliers et des Templiers et qu'il raconte l'origine de ces Ordres, en déplorant
leur corruption croissante[1]. Ce n'est pas à dire que son texte
ait influé sur les témoignages cités plus haut; bien au contraire, cela est inadmissible; mais son récit est le prototype
de ceux qui furent recueillis par les inquisiteurs et soumis,
comme des documents sérieux, aux Pères du concile de
Vienne en 1311.

Au temps de Gerbert, dit Map, il y avait à Constantinople
un jeune cordonnier très habile et très expéditif. Il lui suffisait de voir un pied nu, bien conformé ou difforme, pour
trouver aussitôt la chaussure qui lui convenait. Il n'excellait
pas moins dans les jeux et les exercices physiques. Un jour,
une belle jeune fille, entourée d'une nombreuse escorte, vint
à sa fenêtre et lui montra son pied nu, désirant être chaussée
par lui. Le cordonnier devint amoureux à la folie de sa
cliente. Désespérant de se faire agréer d'elle, il quitta son
métier, vendit son patrimoine et se fit soldat, rêvant d'acquérir une illustration qui fît de lui l'égal des nobles et lui
donnât quelque chance d'être accueilli. Bientôt, la fortune

1. Édition Th. Wright, I, 18, p. 29.

aidant, il s'éleva à une haute distinction. Alors il demanda
la jeune fille à son père ; mais sa requête fut repoussée. Fou
de colère, il se joignit à une bande de pirates et se fit redouter
sur terre et sur mer. Tout à coup il apprit que la jeune fille était
morte ; il court assister à ses funérailles, note le lieu de sa
sépulture et, la nuit venue, ouvre le tombeau. On devine le
reste. Son crime accompli, il entend une voix qui l'avertit
de revenir au moment où la morte aurait enfanté. Il obéit
à cet avis et, le temps révolu, retira de la tombe une tête
humaine, avec défense de la faire voir à d'autres qu'à des
ennemis. Il la déposa dans un coffret clos avec grand soin,
puis se mit à courir la terre ferme ; muni de ce masque de
Gorgone (*Gorgoneum ostentum*), il pétrifiait ceux qui l'appro-
chaient comme avec la tête de Méduse. Tous s'inclinaient
devant lui, tous le reconnaissaient pour maître... A la mort
de l'empereur de Constantinople, sa fille lui est offerte ; il
l'accepte et lui apprend son terrible secret. Elle ouvre le coffret et, au réveil de son mari, lui montre le masque. Puis
elle ordonne qu'on jette la tête de Méduse (*Medusaeum prodi-
gium*) et le corps du pirate dans la mer des Grecs. Les
envoyés de la princesse exécutèrent ces ordres ; mais aussitôt la mer se souleva avec fureur, comme si elle voulait
vomir ce monstre, et il se forma en ce lieu un tourbillon,
pareil à celui de Charybde près de Messine, qui engloutit
tout ce qui l'approche. Comme la jeune fille s'appelait Satalia, le tourbillon, évité de tous les navigateurs, s'appelle le
gouffre de Satalia.

Sous cette forme, la légende est tout à fait transparente,
Map lui-même parle de la Gorgone et de Méduse ; c'est une
survivance, dans le folklore de la Méditerranée orientale, du
mythe de Persée. Suivant Gervais de Tilbury, c'est Persée
lui-même qui a jeté à la mer la tête de la Gorgone ; celle-ci,
dit-il, était une belle courtisane qui paralysait les âmes des
hommes. Mais les « indigènes », ajoute-t-il, racontent une
autre histoire. « Un chevalier aima une reine, mais ne put
la posséder ; quand elle fut morte, il la viola dans son sépulcre et il en résulta cette tête monstrueuse. Au moment

du crime, le chevalier, entendit une voix dans les airs : « Ce
« que cette femme enfantera, détruira et consumera toutes
« choses par son aspect ». Neuf mois après, il ouvrit le tombeau et y trouva la tête; il eut grand soin de ne pas la
regarder; mais lorsqu'il la faisait voir à des ennemis, il les
détruisait aussitôt avec leurs villes. Un jour, naviguant sur
mer, il s'endormit dans le sein de sa maîtresse; celle-ci vola
la clef du coffret qui contenait la tête et l'ouvrit; mais, dès
qu'elle la regarda, elle mourut. Le chevalier, à son réveil, vit
sa maîtresse morte et, dans sa douleur, leva les yeux; ses
regards rencontrèrent la tête merveilleuse et il périt avec son
navire. On raconte que tous les sept ans la tête remonte sur
l'eau, la face tournée vers le ciel, et qu'il en résulte des dan-
gers pour les navigateurs. »

Dans le récit de Roger de Hoveden (mort en 1201), la
vierge violée par le chevalier s'appelle *Yse*; elle a donné
son nom à un groupe d'îles que Philippe-Auguste traversa
lorsqu'il revint de Saint-Jean d'Acre en France[1]. Les autres
variantes ne méritent pas d'être relevées.

IV

Ainsi, plus de cent ans avant le procès des Templiers, nous
trouvons en Orient, sur la côte syrienne, une légende dérivée
de celle de Persée et de Méduse, mais où Persée est devenu
un chevalier, *miles*. Alors que Persée décapite la Gorgone
endormie, le chevalier décapite une morte ou retire de sa
tombe une tête magique, fruit d'un viol perpétré dans le
tombeau même. Le chevalier cache avec soin cette tête
redoutable; il la tient enfermée dans un coffret. Le mystère qui enveloppe ce talisman et le coffret où on le
transporte sont des traits qui se retrouvent dans les dispositions que l'enquête a recueillies. Dans un pays où le Tem-
plier était le chevalier par excellence, il n'est pas étonnant
que l'on ait raconté d'un ou plusieurs Templiers la légende

---

1. Liebrecht, *Gervasius Tilbur.*, p. 93.

du héros grec devenu un chevalier de leur temps. Une fois
cette histoire d'une tête magique mise en circulation, on
imagina naturellement qu'elle servait à la fois de talisman
et d'idole; comme personne ne l'avait vue, on en fit les des-
criptions les plus différentes; mais il est à remarquer que
l'acte d'accusation parle d'une tête sculptée *ou d'un crâne
humain*, par une évidente allusion à quelque commérage
fondé sur la légende syrienne de la tête coupée.

Au début du *Philopatris*, qui date, comme je l'ai prouvé[1],
de la fin du xe siècle, un des interlocuteurs vient à parler de
la Gorgone. Critias affirme qu'elle était vierge et que la puissance de sa tête coupée s'explique ainsi. « Quoi, répond Trié-
phon, en coupant la tête à une vierge, on se procure un
épouvantail? Moi qui sais qu'on a coupé dix mille vierges
par morceaux « dans l'île aux bords fameux qu'on appelle
la Crète », si j'avais su cela, mon bon Critias, que de Gorgones je t'aurais rapportées de Crète! J'aurais fait de toi un
général invincible; les poètes et les rhéteurs m'auraient mis
au-dessus de Persée, parce que j'aurais trouvé un bien plus
grand nombre de Gorgones. » Il me semble que ce passage
peut contenir une allusion non seulement à la tradition antique, mais à la forme moderne que l'informateur de Gautier
Map en a recueillie.

Les survivances de la légende de Persée ont été étudiées en
grand détail par M. Sydney Hartland. Le voyageur anglais
Bent les a encore rencontrées, vers 1880, dans l'île de Séri-
phos, un des centres du culte de Persée dans l'antiquité. Les
paysans, découvrant des monnaies de l'île à l'effigie de la
tête de la Gorgone, racontaient qu'elles avaient été frappées
par la première reine du pays, qui résidait dans un château-
fort, perché sur un roc au-dessus du port de Livadhi[2].

L'épisode de Persée et d'Andromède était localisé par les
anciens dans les environs de Joppé (Jaffa), où l'on montrait
le rocher auquel avait été enchaînée la belle princesse; non
loin de là était un étang aux eaux rouges, où Persée, disait-

1. *Cultes*, t. I, p. 383-394.
2. Bent, dans Hartland, *The Legend of Perseus*, t. I, p. 4.

on, avait lavé la tête du monstre[1]. Aujourd'hui encore, les *ciceroni* de Jaffa connaissent l'endroit où fut délivrée Andromède. Il n'est donc pas surprenant qu'un autre épisode mémorable de la légende de Persée se soit transmis, avec une vitalité particulière, dans les mêmes lieux. Avant de devenir un chevalier, Persée y fut représenté comme un magicien : c'est en cette qualité qu'il paraît dans la chronique de Jean Malala[2], écrite au VIIe siècle, où les récits de la mythologie classique, traditions populaires fixées par la littérature, tendent à se résoudre de nouveau en traditions populaires, colorées par les superstitions du temps. Un curieux monument, conservé à Saint-Pétersbourg, nous montre d'ailleurs que Persée jouait un rôle dans la médecine magique de basse époque. Le héros est représenté, sur un sardonyx, tenant aux mains la tête de Méduse et la harpe ; au revers on lit : *Fuis, podagre, Persée te poursuit* (φύγε ποδάγρα, Περσεὺς σε διώκει)[3]. Persée tient ici la place qu'on assigne, sur d'autres monuments analogues, au roi Salomon ou à l'archange Michel.

Ces observations-là ont déjà été faites ; ce qui est nouveau, je crois, dans mon petit travail est le lien établi entre les traditions syriennes relatives à Persée, transformé de héros en magicien et en chevalier, et les histoires extravagantes qu'enregistrèrent les inquisiteurs du XIVe siècle, chargés d'enquérir sur une tête ou un crâne magique dont on peut affirmer, malgré tant de témoignages, qu'il n'ont jamais existé.

V

Pour me résumer, au risque de me répéter, voici comment je conçois le développement de la légende qui, originaire des temps héroïques de la Grèce, laquelle n'y crût jamais, finit par faire des dupes au concile de Vienne :

1. Cf. Frazer, *Pausanias*, t. III, p. 454.
2. Malala, éd. Dindorf, p. 41.
3. Kuhnert, *ap.* Roscher, *Lexikon*, P, p. 2027.

1° Des gens venus d'Orient parlent d'un ou plusieurs chevaliers lesquels, en possession d'une tête magique, qu'ils cachent avec soin, acquièrent richesse et puissance;

2° On soupçonne que cette tête magique appartient aux Templiers;

3° Comme le bruit court que les Templiers sont secrètement convertis à l'islamisme, on soupçonne que cette tête n'est pas seulement un talisman, mais une idole qu'on révèle aux initiés et qu'ils adorent;

4° Comme le symbole que les Templiers sont censés rejeter et même souiller est le crucifix, le *Christ*, on qualifie du nom de *Mahomet* le symbole qu'ils préfèrent et opposent à celui-là, sans songer que les Musulmans eux-mêmes n'avaient pas d'images;

5° Par analogie avec ce qu'on croit savoir des hérétiques du Midi de la France, les Albigeois, on attribue aux Templiers la croyance que leur « dieu » fait fleurir les arbres, etc., et l'on estime qu'ils consacrent leurs cordelettes au contact de leur idole ou de leurs idoles.

Pourquoi l'acte d'accusation, confirmé par de nombreux témoignages, attribue-t-il *plusieurs* têtes à une ou plusieurs des idoles? Peut-être faudrait-il reconnaître là aussi l'influence lointaine de certains monuments antiques polycéphales, sculptures ou intailles, qui sont bien connus des archéologues; mais c'est là une question accessoire que je préfère laisser en suspens.

Gilles de Rais[1].

———

I

Au cours de la prodigieuse campagne qui conduisit Jeanne d'Arc d'Orléans à Reims et de Reims sous les murs de Paris, où se brisa sa fortune, un jeune homme de haute naissance et de brillant courage, Gilles de Rais, chevauchait à côté de la Pucelle ; il était chargé de veiller à sa sûreté. Né en 1404, petit neveu de Duguesclin, apparenté à toute la grande noblesse féodale de l'ouest de la France, Gilles, devenu orphelin à onze ans, s'était, dès l'âge de seize ans, distingué auprès du duc de Bretagne Jean V et était entré, à vingt-deux ans, au service du « roi de Bourges », alors engagé dans une lutte sans espoir contre les Anglais. Il fit preuve d'une telle valeur — à Orléans, à Jargeau, à Beaugency, à Patay — que, lors du sacre du Charles VII à Reims, il reçut le titre de maréchal de France ; quelque temps après, il obtint la permission d'ajouter à ses armes une bordure de fleur de lys. Gilles de Rais avait alors vingt-cinq ans (1429).

Il continua à guerroyer, sur la Loire d'abord, puis en Normandie, à la tête d'une troupe qu'il entretenait de ses deniers. En 1432, il perdit son grand-père, Jean de Craon,

1. [*Revue de l'Université de Bruxelles*, déc. 1904, X, p. 161-182.] Les documents du procès ecclésiastique et une partie de ceux du procès civil de Gilles de Rais ont été réunis par feu R. de Maulde et imprimés à la suite de l'ouvrage de l'abbé E. Bossard, *Gilles de Rais, maréchal de France dit Barbe-Bleue*, Paris, Champion, 1886. L'ouvrage le plus récent sur le même sujet est celui d'E. A. Vizetelly, *Bluebeard, an account of Comorre the cursed and Gilles de Rais*. London, Chatto and Windus, 1902. P. Lacroix (le Bibliophile Jacob) a publié, en 1858, une relation du procès de Gilles de Retz, dans la deuxième série de ses *Curiosités de l'Histoire de France* ; il dit avoir eu à sa disposition une copie de la procédure civile ; mais on peut prouver, et je prouverai dans un appendice, que Lacroix fut un mystificateur.

qui l'avait élevé. Le soin de ses vastes propriétés, en Bretagne, en Anjou et dans le Maine, le rappela alors dans
l'ouest de la France. Maître d'une immense fortune territo-
riale, encore accrue, dès 1420, par son mariage avec la riche
héritière Catherine de Thouars, il mena dès lors une vie fastueuse de grand seigneur, mais de grand seigneur ami des
lettres, des magnificences du luxe et de l'art. A une époque
où tant de chevaliers savaient à peine signer leur nom, il se
fit une riche bibliothèque, où figuraient, entre autres livres,
la *Cité de Dieu* de saint Augustin et les *Métamorphoses*
d'Ovide[1]. Il avait la passion des belles reliures et des manuscrits enluminés. Un témoignage nous le montre occupé à
orner lui-même d'émaux la couverture d'un missel destiné à
sa chapelle privée. Une autre de ses passions était le théâtre.
Il aimait à réjouir le peuple par l'exhibition, sur une scène
improvisée, de centaines d'acteurs parés des plus riches
costumes, chamarrés d'or et d'argent; après la représentation, les spectateurs faisaient bombance à ses frais; le vin
et l'hypocras coulaient à flots. Sa libéralité était célèbre dans
toute la vallée de la Loire; il tenait table ouverte et ne ren-
voyait jamais un invité sans quelque présent. Nous savons
qu'au cours d'une visite à Orléans, où sa suite de deux cents
cavaliers, de serviteurs, de pages, de prêtres, de bouffons,
encombra toutes les hôtelleries de la ville, il dépensa, en
quelques mois, 80 000 couronnes d'or. Les intérêts de la religion ne le laissaient pas non plus indifférent; il entretenait
une chapelle privée, d'un luxe vraiment royal, avec une
école de jeunes chantres et un orgue portatif qui voyageait à
sa suite, sur les épaules de six hommes d'armes; il fonda
des œuvres pieuses, une notamment en 1435, sous le vocable — où l'on a voulu voir un aveu! — des « Saints Innocents ». Rien ne prouve qu'avec cette existence très en
dehors, où l'ostentation tenait plus de place que le désir
d'être utile, il se soit abandonné, comme tant de ses contemporains, à la débauche; sa femme, Catherine de Thouars,

1. Mais non pas Suétone illustré de miniatures obscènes, manuscrit inexis-
tant, créé par l'imagination de Paul Lacroix.

qui lui survécut, n'eut jamais, que nous sachions, de reproches graves à lui faire, sinon celui de dilapider ses biens par trop de largesses, et il n'est question, dans son procès, d'aucune fille de joie.

Gilles dépensait bien au delà de ses revenus et se trouva bientôt obligé de recourir aux emprunts Il ne lui suffisait pas de vendre à l'avance ses récoltes ou les produits de ses salines, la nécessité le contraignit à aliéner plusieurs de ses domaines, à un prix fort inférieur à leur valeur réelle; mais, du moins pour quelques-unes de ses plus belles terres, il se réserva le droit de les racheter au même prix pendant six ans[1] De la sorte, les acquéreurs des biens de Rais étaient intéressés à sa ruine totale, car c'était pour eux le seul espoir de garder des propriétés acquises à vil prix.

Dès 1436, la famille de Gilles — sa femme et son frère — s'était alarmée de ses prodigalités; elle avait fait appel à Charles VII, qui lui fit défense d'aliéner ses biens et interdit à toute personne d'en acquérir Cet ordre fut publié à son de trompe dans l'Orléanais et dans l'Anjou ; mais le duc Jean V refusa de le publier en Bretagne Ce prince, avide et sans scrupules, était un des principaux acquéreurs des biens de Rais ; il comptait bien s'emparer de ceux qui restaient et mettre Gilles dans l'impossibilité de les racheter[2]. Mais pour mieux tromper son trop crédule sujet, il ne cessait de lui témoigner la plus grande bienveillance, au point de lui conférer le titre de lieutenant-général du duché de Bretagne, qui faisait de lui le second personnage de cet Etat

Jean V était secondé, dans sa politique astucieuse, par Jean de Malestroit, chancelier de Bretagne et évêque de Nantes Lui aussi avait acquis des biens de Rais, soit directement, soit par des personnes interposées ; mais il avait

1. Nous avons les contre-lettres d'un des acquéreurs, le duc de Bretagne Jean V, datees du 22 janvier 1438. Cf Bossard, *op laud*, p 77, 80, J. Hebert, *Gilles de Rais*, Brest, p. 45, 49.

2. « Le duc de Bretagne . ne valait pas mieux que la plupart de ses contemporains et il joua en cette affaire un rôle fort louche. Il mettait à profit la ruine de son vassal pour acquérir ses terres au rabais. » (Petit-Dutaillis, *Charles VII*, p. 184).

encore d'autres motifs de souhaiter la ruine du maréchal, dont il avait eu gravement à se plaindre en 1426. A cette époque, Malestroit, allié des Anglais et à leur solde, fut cause, dit-on, de la déroute de Saint-Jean-de-Beuvron, ou Gilles, servant sous le connétable de Richemont, dut fuir devant les Anglais. Le connétable fit arrêter Malestroit, qui recouvra difficilement sa liberté et voua dès lors, à Richemont et à Gilles, une haine qui paraît avoir été rendue.

La famille de Rais sentait croître de jour en jour ses inquiétudes. En 1437, elle apprit que le prodigue avait vendu le beau château de Champtocé au duc de Bretagne et s'apprêtait à lui vendre celui de Machecoul. Là-dessus, le jeune frère de Gilles, René de la Suze, se joignit à son cousin, André de Laval, leva une troupe d'hommes d'armes et s'empara de force des deux châteaux. Gilles s'adressa au duc de Bretagne et tous deux, agissant de concert, reprirent de vive force les deux châteaux en 1437 et 1438.

II

Les incessants besoins d'argent qui tourmentaient Gilles l'avaient disposé à prêter une oreille crédule aux promesses fallacieuses des alchimistes. Il avait fait venir de Florence un singulier personnage, Francesco Prelati, qu'il installa luxueusement et qu'il pourvut de tous les appareils destinés à réaliser l'Elixir Universel, la substance mystérieuse qui devait permettre de changer tous les métaux en or. Sa confiance en Prelati étaitillimitée et explique en partie l'insouciance avec laquelle il engagea ou vendit tour à tour tous ses domaines, car il était convaincu qu'en peu de temps, devenu l'homme le plus riche du monde, il les rachèterait à son gré avec beaucoup d'autres.

L'alchimie touchait de près à la sorcellerie et à la nécromancie. Peu d'alchimistes pouvaient se passer du concours des démons et la grande adresse de Prelati fut de persuader à Gilles qu'il avait un démon familier à son service. Ce diable

s'appelait *Barron;* quand Prelati était seul, il l'invoquait
toujours avec succès, mais Barron refusait de paraître devant
Gilles. Un jour, à la suite de prières répétées de Prelati,
Barron répandit des lingots d'or tout autour d'une salle;
mais, par la bouche de Prelati, il défendit à Gilles d'y toucher pendant quelques jours Gilles voulut du moins voir les
lingots et, suivi de Prelati, ouvrit la porte de la chambre; il
y aperçut un énorme serpent vert replié sur le sol et s'enfuit
épouvanté Cependant il revint à la charge, armé d'un crucifix qui contenait un morceau de la vraie croix, mais Prelati lui persuada de différer sa visite. Quand, après quelques
jours, il entra dans la chambre, le serpent avait disparu, les
lingots d'or n'étaient plus que de petites masses de clin-
quant Au lieu de renvoyer Prelati à Florence, Gilles resta
convaincu que le démon l'avait puni de son indiscrétion et
se promit d'être plus obéissant à l'avenir.

Prelati n'avait jamais réussi à mettre Gilles en présence
du démon Barron; toutefois, il prétendait avoir présenté à
ce démon un papier, écrit et signé du sang de Gilles, où
celui-ci lui promettait une obéissance aveugle en échange
des trois dons de science, de richesse et de pouvoir. Barron
refusa; il lui fallait autre chose, le don d'une partie du corps
d'un enfant. Gilles se procura, dit-on, un cadavre d'enfant et
mit dans un verre une main, un cœur et des yeux. Barron
s'obstina à ne point paraître et Prelati ensevelit l'horrible
offrande en terre consacrée

Tout ce qui précède et bien d'autres détails du même genre
se lisent dans les dépositions de Prelati et de Gilles, obtenues
en 1440 dans les circonstances que je vais relater. Il y a une
part de vérité dans ces dépositions; Gilles fut certainement
une des victimes les plus crédules de cette grande chimère
du moyen-âge, l'Alchimie.

Jean V et Jean de Malestroit croyaient aussi, comme tous
les hommes de leur temps, à la possibilité de transformer les
métaux en or, sachant que Gilles était très occupé d'alchimie, ils tremblaient de le voir redevenir riche et reprendre
possession de ses biens. Mais comment perdre un si puissant

seigneur, lieutenant-général de Bretagne? L'assassiner n'eût
servi de rien; c'eût été, au contraire, mettre un terme à ses
prodigalités. Il fallait le faire condamner à une peine qui
entraînât sa déchéance et justifiât la confiscation de tous ses
biens.

À cette époque, l'Église et l'Inquisition étaient seules assez
puissantes pour perdre un homme de rang élevé dont on
avait intérêt à se défaire. Un bon procès pour hérésie offrait
les avantages suivants : l'accusé était privé du concours d'un
avocat, car l'Inquisition n'admettait pas qu'un avocat défen-
dît un hérétique devant elle (l'avocat fût devenu, *ipso facto*,
hérétique lui-même) ; les jugements de l'Inquisition entraî-
naient d'ordinaire la confiscation des biens.

Toutefois, l'alchimie, quoique suspecte, ne constituait pas
le crime d'hérésie; l'invocation des démons était malaisée à
établir ; d'ailleurs, la grande difficulté de l'affaire, comme
de celle des Templiers au xive siècle, tenait à la haute situation personnelle de Gilles, à sa libéralité, au respect et à la
crainte qu'il inspirait partout. Il fallait d'abord changer ces
sentiments en horreur et en haine, alléguer des crimes de
droit commun, puis accuser Gilles d'hérésie et enfin le livrer
au bras séculier sans amis ni défenseurs, ployant sous le
fardeau des plus terribles accusations.

Ce plan fut mis à exécution par Jean de Malestroit, évêque
de Nantes, avec le concours, qui paraît s'être dissimulé
d'abord, du duc Jean V.

III

Au commencement de l'année 1440, Gilles s'était brouillé
avec les hommes d'église pour une affaire assez futile. Ses
gens d'armes avaient porté la main sur un clerc et s'étaient
emparés d'un château vendu à un prête-nom du duc de Bretagne ; il avait fallu que le duc reprît le château de vive
force. Toutefois, au mois de juillet de la même année, les
choses étaient si bien arrangées que Gilles alla rendre visite
au duc de Bretagne à Josselin et fut reçu très cordialement

par lui. Cette cordialité cachait un piège, car, dès le 30 juillet, sans doute avec l'autorisation du duc, Jean de Malestroit commençait l'instruction secrète qui devait perdre Gilles et imprimer une effroyable souillure à son nom.

La baronnie de Rais était située dans le diocèse de Nantes; par conséquent, tous les crimes qu'on y pouvait commettre contre la religion relevaient de l'évêque Jean de Malestroit Celui-ci, à la date du 30 juillet 1440, répandit dans le pays un monitoire aux termes duquel certains bruits très graves étaient parvenus à ses oreilles : Gilles était *violemment soupçonné* d'avoir mis à mort un grand nombre d'enfants, après avoir assouvi sur eux d'infâmes passions d'avoir invoqué le démon et d'avoir signé avec lui des pactes horribles. Huit témoignages étaient allégués, émanant de gens du bas peuple, dont sept femmes demeurant à Nantes, qui se plaignaient d'avoir perdu des enfants et accusaient Gilles de les avoir volés et tués C'était, disait Jean de Malestroit, au cours d'une récente tournée dans son diocèse qu'il avait recueilli ces accusations, « fortifiées par les dépositions de témoins et d'hommes sûrs ». Ces « témoins et hommes sûrs », il se garda bien de les nommer ; ce ne pouvaient être que des serviteurs de Gilles, soudoyés et chapitrés par l'évêque Les huit témoignages qu'il fit connaître étaient d'une insignifiance absolue. Ainsi, dès le début de la procédure, nous sommes en présence d'un « dossier secret » et d'une frauduleuse machination

Les monitoires n'avaient d'autre but que de délier les langues des vieilles commères, de mettre en mouvement les amateurs de scandales, de donner carrière aux inimitiés privées Gilles était officiellement désigné aux médisances ou aux calomnies des hommes dont il avait été jusque là le bienfaiteur.

Le 13 septembre, l'évêque invita Gilles à comparaître devant lui avant le 19. Dans la sommation, il énonça à nouveau tous les crimes indiqués dans le monitoire et ajouta, sans préciser, « certains crimes ayant saveur d'hérésie ». Cette précaution était indispensable, car l'évêque n'avait pas à connaître de crimes contre les personnes; il ne pouvait, avec le concours de l'inquisiteur, que juger les crimes contre la foi. Mais le plan de ce misérable consistait à établir subsidiairement à la charge de Gilles des crimes effroyables, dont la justice séculière s'emparerait immédiatement pour le perdre; l'accusation d'hérésie n'était qu'un prétexte pour lui enlever le secours d'un avocat.

À l'exception de deux amis et confidents du maréchal, Gilles de Sillé et Roger de Briqueville, qui prirent la fuite, tous les serviteurs de Gilles furent arrêtés et mis en prison à Nantes. Là, on commença à les faire parler et, à l'aide de la torture, à leur apprendre les leçons qu'ils devraient bientôt réciter fort exactement.

Le 19, Gilles fut admis devant l'évêque[1]. Il offrit de se justifier de toute accusation d'hérésie portée contre lui. Le 28 septembre fut fixé pour sa comparution devant l'évêque et le vice-inquisiteur de Nantes, Jean Blouyn. Dès lors, le procès devenait inquisitorial, c'est-à-dire que l'accusé perdait toute garantie et était condamné à l'avance.

Le 28, les huit témoins du début, plus deux autres, apparurent pour se lamenter de la disparition de leurs enfants; ils avaient, disaient-ils, été enlevés par une pourvoyeuse de Gilles, une femme surnommée la Meffraye, qui était en prison à Nantes, et qui, suivant la rumeur, avait avoué ces enlèvements. Sur quoi il y a deux remarques à faire. D'abord, malgré le monitoire, on n'avait pu recruter que deux nouveaux témoins[2], alors que l'accusation portait que Gilles avait tué 140 enfants; en second lieu, comment les parents éplorés auraient-ils connu les aveux de la Meffraye, qui était en prison, s'ils n'en avaient pas été informés par l'évêque? Enfin, alors que les divers manuscrits du procès enregistrent

1. Gilles aurait pu facilement prendre la fuite. Un coupable l'eût fait; il n'y songea pas.

2. Leurs dépositions (Bossard, p. ix) se bornent à dire qu'ils ont perdu des enfants et qu'ils soupçonnent *ou disent qu'on soupçonne* Gilles de Rais de les avoir enlevés. Tous ces témoignages sans valeur ne sont cités que pour donner le change sur les calomnies de certains serviteurs de Gilles, inspirées ou extorquées par l'évêque.

des dépositions insignifiantes, celle de la Meffraye ne figure nulle part et il n'y a aucune apparence que cette femme ait été jugée et condamnée[1].

L'affaire fut ajournée au 8 octobre, où l'on donna lecture à Gilles des articles de l'accusation. Gilles essaya, mais en vain, d'interjeter appel; puis il déclara sommairement que toutes les accusations portées contre lui étaient fausses. Le 13 octobre, nouvelle audience : les accusations avaient été mises par écrit et formaient une masse redoutable de 49 articles. Gilles et ses complices ont enlevé des enfants, les ont étranglés, démembrés, souillés, brûlés; Gilles de Rais a immolé des enfants à des démons; il a fait incinérer leurs corps et jeter leurs cendres aux vents; il s'est livré à la sorcellerie avec Prelati et d'autres, etc... Le nombre des enfants tués, au milieu d'horribles raffinements de luxure, s'élèverait au chiffre de cent quarante.

Remarquons que nous sommes au 13 octobre et que les dépositions accusatrices, extorquées à plusieurs prétendus complices de Gilles, que nous connaissons en entier ou en partie, sont datées du 16 et du 17 octobre. Donc, de deux choses l'une : ou bien, le 13 octobre, on ne possédait que les plaintes des parents, et alors ces derniers pouvaient seulement constater la disparition de leurs enfants, tous détails ultérieurs sur les traitements qu'ils avaient subis étant imaginaires; ou l'on avait déjà obtenu, par promesses ou par torture, les témoignages de Prelati, de Blanchet, de Poitou et de Griart, et alors ces témoignages, censés recueillis trois et quatre jours après, censés confirmer l'accusation, sont une misérable comédie. Malgré toutes les précautions prises par Malestroit et l'inquisiteur, le crime judiciaire, savamment machiné, apparaît clair comme le jour à ceux qui savent lire attentivement un dossier.

1. « Il résulte de l'enquête française que Perrine Martin fut arrêtée dès le début de la poursuite et qu'elle avoua alors avoir joué dans les crimes de Gilles le rôle le plus actif, le rôle de raccoleuse d'enfants. Cependant elle ne fut pas poursuivie; cela tient peut-être aux déclarations réitérées de Gilles de Rais qu'il était seul coupable et n'avait pas de complices ». (Bossard, p. xxxv.) L'objection est juste, la réponse inadmissible.

Dans cette audience du 13, Gilles s'emporta. Il contesta la
compétence du tribunal et malmena les juges, s'étonnant
que Pierre de l'Hôpital, président du Parlement de Bretagne, qui suivait les débats, pût permettre à des ecclésiastiques de lui imputer des crimes aussi affreux. Finalement,
l'évêque et l'inquisiteur déclarèrent que Gilles était excommunié et lui donnèrent quarante-huit heures pour préparer
sa défense — bien entendu, sans le secours d'un avocat.

Ces quarante-huit heures de répit durent être terribles :
elles brisèrent le courage de Gilles, qui ne persévéra pas
dans son attitude hautaine. A cette époque, sauf peut-être
dans les rangs élevés de l'Université et de l'Église, l'incrédulité était chose inconnue. Gilles était profondément religieux ; l'excommunication qui venait de le frapper avant
tout examen le mettait au désespoir ; il cherchait à tout prix
la réconciliation avec l'Église et, pour l'obtenir, il était prêt
à s'humilier.

IV

Le 15 octobre, il parut devant le tribunal, reconnut humblement l'autorité des juges ecclésiastiques, leur demanda
pardon de ses emportements et sollicita la levée de l'excommunication. Toutefois, il nia avoir invoqué les démons et
leur avoir offert des sacrifices ; il nia également toutes les
autres charges, en ajoutant, avec une naïve imprudence,
qu'il s'en rapportait aux divers témoins cités. Ceux-ci prêtè-
rent serment en sa présence sans qu'il manifestât aucune inquiétude ni émotion.

Nous avons dit que les dépositions à charge, recueillies
par des notaires, sont datées du 16 et du 17 octobre. C'est
une collection d'horreurs telles que R. de Maulde et l'abbé
Bossard, éditeurs des actes du procès, ont dû, même dans
les textes latins, laisser des lignes en blanc. Voici ce que
dit Michelet de ces griefs : « Ni les Néron de l'Empire, ni les
tyrans de Lombardie, n'auraient eu rien à mettre en c ompa

raison ; il eût fallu ajouter tout ce que recouvrit la mer Morte, et par dessus encore les sacrifices de ces dieux exécrables qui dévoraient les enfants.. Partout il fallait qu'il tuât.. On porte à 140 le nombre d'enfants qu'avait égorgés cette bête d'extermination. Comment égorgé et pourquoi? C'est ce qui était plus horrible que la mort même. C étaient des offrandes au diable »

Michelet, dans sa relation de l'affaire de Rais, a commis de nombreuses erreurs, bien qu'il eût pris connaissance des actes du procès dans un manuscrit de Nantes On s'étonne que la clairvoyance de cet éloquent historien ait été si complètement en défaut Prenons, par exemple, sa dernière allégation Il est dit, en effet, et même à plusieurs reprises, dans les articles d'accusation, que Rais tuait des enfants pour les offrir au diable; mais le seul fait allégué, et qui revient sans cesse, est celui de Gilles apportant à Prelati, dans un verre, les yeux, le cœur et la main d'un enfant Or, rien ne prouvait que ces membres eussent appartenu à un enfant *assassiné* ; rien ne prouvait surtout que l'enfant eût été assassiné par Gilles ou pour lui !

La déposition de Prelati, du 16 octobre, est d'autant plus suspecte qu'il affirme avoir fait apparaître le diable dix ou douze fois : *Ad quas quidem invocaciones saepe, etiam usque ad decies vel duodecies, apparuit ei diabolus vocatus Barron.* L'histoire des membres de l'enfant apportés par Gilles repose sur l'unique témoignage de ce drôle (*manum, cor, oculos et sanguinem cujusdam pueri*, p. LXVIII). Dans les aveux de Gilles de Rais, on trouve les mêmes mots dans le même ordre (*manum, cor et oculos cujusdam infantis*, p LI) Comment admettre une pareille rencontre, si la confession imposée à Gilles n a pas été calquée sur celle de Prelati ?

Les deux dépositions à charge les plus écrasantes, celles de Henriet et de Poitou, serviteurs de Gilles, portent sur des faits déjà éloignés de plusieurs années, sur des crimes très complexes ; or, elles concordent jusque dans les plus menus détails ; il n'y a pas entre elles une seule contradiction de quelque importance ; il n'y a, ni dans l'une ni dans l'autre, aucune des omissions auxquelles on s'attendrait naturellement.

Étrange effet de la prévention ! Cette harmonie plus que suspecte, cette harmonie qui est l'indice du faux et du mensonge imposé, semble à l'abbé Bossard une preuve de la véracité des témoignages. Il faut citer ces lignes singulières d'un auteur qui, dédiant son livre à Mgr Freppel, évêque d'Angers, semble s'être fait un devoir de protéger contre tout soupçon la réputation de l'évêque de Nantes, Jean de Malestroit [1].

« Toute la suite des crimes de Gilles de Rais, qui forment une si longue chaîne, s'y trouve déroulée à nos yeux : évocations, sacrifices, offrandes sanglantes au démon, meurtres d'enfants, détails de raffinement apportés dans l'art de faire souffrir les innocentes victimes, peinture d'une débauche qui fait frémir : rien ne manque au sombre tableau de ces huit années de crimes inouïs ; et, parmi tous ces détails, une lumière répandue qui force la conviction dans les esprits. Pas une contradiction, non seulement dans les paroles d'un même témoin, mais encore dans les dépositions de tous ; ce sont les mêmes faits, rapportés aux mêmes dates, reproduits avec les mêmes détails ; on dirait que ces hommes, qui viennent séparément témoigner de la vérité, avant de se présenter devant les interrogateurs, se sont entendus entre eux dans leur prison pour dire les mêmes choses. »

Eh oui ! on le dirait, et l'on y est même obligé, si l'on ne préfère admettre que les malheureux n'ont rien dit, mais qu'ils ont répété au milieu des tortures ce qu'on leur dictait. Existe-t-il un seul exemple de témoignages indépendants et sincères, concernant une longue série de faits quelconques, qui s'accordent ainsi non seulement sur les détails, mais sur les dates ?

Poitou dépose le 17 octobre (p. xcii) que Gilles s'asseyait sur les enfants morts : *Post decapitacionem ipsorum..., quandoque sedebat supra ventres eorum et delectabatur videndo ipsos mori eosque, sic sedens, inspiciebat ab obliquo, ut videret modum finis seu mortis eorum.*

1. Cette observation a déjà été faite par M. Vizetelly.

Griart, le même jour, dit la même chose (p. cxv) : *Eorum puerorum sanguine effluente... tunc sedebat aliquando super ventres ipsorum languencium, delectando, et eos morientes aspiciens ab obliquo.*

L'identité de ces deux dépositions est déjà bien suspecte ; mais la suspicion devient la certitude de la fraude, quand on retrouve la même phrase, l'expression des mêmes sentiments intimes, dans la confession de Gilles de Rais, datée du 22 octobre et postérieure, par suite, de cinq jours (p. xlix) . *Quod sepius, dum ipsi pueri moriebantur, super ventres ipsorum sedebat et plurimum delectabatur eos videndo sic mori.*

N'est-il pas évident que les dépositions extorquées à Poitou et à Griart sont à la source de la prétendue confession de Gilles de Rais ? J'ai noté, en lisant la procédure, bien d'autres parallélismes non moins édifiants.

V

C'est ici le lieu de rappeler le souvenir du plus infâme des procès du moyen-âge, celui des Templiers Parce qu'un roi scélérat, servi par un pape sans caractère et sans honneur, convoitait leurs biens, on les accusa, comme Gilles de Rais, de pactes avec le diable, d'actes obscènes, d'actes sanguinaires ; et l'on réussit à obtenir des Templiers eux-mêmes des centaines d'aveux concordants. Mais, vers 1885, un illustre historien américain, en compulsant les aveux des Templiers, s'aperçut d'une chose singulière qui avait échappé à Michelet Lorsque deux ou plusieurs Templiers, provenant de régions très différentes de l'Europe, faisaient des aveux au même inquisiteur, leurs témoignages concordaient à merveille, ils s'accusaient exactement des mêmes crimes ; au lieu que lorsque deux ou plusieurs Templiers, appartenant à la même maison, étaient interrogés par des inquisiteurs différents, leurs aveux différaient notablement dans les détails Une fois cette constatation faite, la fraude devenait évidente : les aveux — concordant là où ils auraient dû différer, différant là où ils auraient dû concorder — étaient réduits à néant, devenaient inexistants pour l'histoire.

Eh bien ! je soutiens que les témoignages des accusateurs de Rais sont inexistants, parce qu'il est impossible de nier qu'ils ont été fabriqués et imposés par la corruption ou la violence. J'ajoute que les crimes les plus hideux qui sont spécifiés dans ces témoignages, viols ou meurtres d'enfants, sont ceux mêmes dont les païens accusaient les chrétiens, dont les chrétiens orthodoxes accusaient les chrétiens schismatiques, dont on accusa les Vaudois, les Fraticelli, les sorcières, les Juifs, dont les Chinois accusent encore les Européens. Ces accusations-là appartiennent à l'éternel arsenal de la malignité humaine, spéculant sur la crédulité et la sottise. Là où elles se produisent, dans le passé ou dans le présent, sans preuves formelles et irrécusables, il faut que la critique historique du xxᵉ siècle les repousse avec dédain.

Quelles sont les preuves, au sens juridique du mot, alléguées par les témoins du procès de Rais ? Ont ils produit le cadavre, les cendres ou les ossements d'un seul enfant ? Non ![1]. Ont-ils produit un seul enfant vivant qui, menacé des fureurs lubriques de Gilles de Rais, se serait échappé ? Non ! Ce prétendu bourreau d'enfants, qui en aurait égorgé encore en juillet 1440, à Josselin, alors qu'il était l'hôte du duc de Bretagne, cet homme entretenait un grand nombre de beaux enfants dans sa chapelle, en même temps qu'une troupe de jeunes pages ; pas un d'eux ne se plaignit, n'accusa son pa-

---

1. Henriet prétendit, au procès civil (Bossard, p. 194), que Gilles faisait brûler les enfants après avoir consommé ses attentats ; mais Poitou déclara, au procès ecclésiastique (p. LXXXIII), qu'il y avait, au château de Champtocé, une accumulation de cadavres et de squelettes d'enfants. Toutefois, Gilles n'avait eu garde de les y laisser ; il les fit extraire d'une tour et transporter par eau à Machecoul pour y être brûlés (témoignages de Poitou et de Robin, répétés dans l'article 36 de l'acte d'accusation, p. XXVII). Même histoire dans la confession de Gilles (p. L). Ainsi, personne ne pouvait produire un débris humain et ceux qui disaient en avoir manipulé ne savaient pas de quelle époque ils dataient. Si Gilles avait voulu faire disparaître le charnier de Champtocé, pourquoi n'aurait-il pas jeté ces débris dans la Loire, au lieu de les convoyer, dans la barque qui le portait lui-même, jusqu'à Machecoul ? Tout cela ne résiste pas à l'examen.

tron Et l'on veut croire que Gilles, maître d'enfants qui vivaient sous son toit, aurait fait raccoler pour ses immondes
débauches des petits vagabonds, des mendiants ! De la raccoleuse, la Meffraye, on nous dit gravement, d'après l'enquête civile, qu'elle portait un chapeau noir, que sur son
visage tombait d'ordinaire un long voile d'étamine également noir, qu'elle donnait de l'effroi à tous ceux qui la regardaient passer. Qui ne voit que c'est là un type de folklore,
une ogresse, un *bogey* femelle et que Gilles de Rais, s'il
avait eu besoin d'enfants à violer, eût été mal avisé d'en
confier le recrutement à une vieille sorcière qui leur faisait
peur !

Et qui sont donc les témoins de ces turpitudes ? Ce ne sont
ni les chapelains de Gilles, ni ses chanoines, ni ses écuyers,
ni ses acteurs, ni ses hommes d'armes, ni le seigneur de
Gautelon qui vivait dans son intimité, ni le prieur de Ché-
meré qui l'aimait[1]. Ce sont des aventuriers obscurs, des
gens qu'on accuse des mêmes crimes, qui s'en accusent eux-
mêmes, qu'on a jetés en prison, qu'on a torturés, qui ont dit
ce qu'on a voulu leur faire dire. Non seulement leurs témoignages ne valent rien, mais ils vicient à la source la confession arrachée à leur maître et qui, en apparence seulement, les confirme

VI

Le 20 octobre, on donna connaissance à Gilles des dépositions de ses serviteurs. Que pouvait-il faire ? Citer des témoins à décharge ? L'inquisiteur ne l'eût pas permis. Nier ?
Mais on l'aurait soumis sans retard à la torture. Il déclara
qu'il voulait faire des aveux. Mais le procureur n'en demanda
pas moins à l'inquisiteur et à l'évêque de mettre Gilles à la
torture, afin, disait-il, que la vérité fût connue plus complètement Le 21 octobre, Gilles fut amené dans la salle des
supplices Épouvanté à la vue des chevalets, il pria instam-

1 Bossard, p 215

ment qu'on l'épargnât encore pendant un jour et dit qu'il
parlerait alors de manière à satisfaire tout le monde. Sur sa
demande, l'évêque de Saint-Brieuc et Pierre de l'Hôpital furent délégués pour recueillir ses aveux ; mais, comme il fallait battre le fer encore chaud, on refusa d'attendre au lendemain ; Gilles devait parler le jour même, à deux heures. Il
s'exécuta ; nous avons conservé sa confession. Oui ou non,
a-t-elle été extorquée, a-t-elle été obtenue par la menace de
la torture, équivalente à la torture elle-même, ou pire encore ?

En 1453, Jacques Cœur, poursuivi par la haine de Charles VII, fut mis en jugement. Il comparut devant un tribunal
civil ; un avocat l'assistait ; il se savait soutenu par le dauphin et par le pape. Mais la crainte de la torture eut vite
raison de son énergie : « En présence des menaces qui lui
furent faites, dépouillé et lié comme il l'était, il dit qu'il
dirait ce qu'on voudrait, mais qu'il avait dit la vérité. On lui
demanda s'il s'en rapportait à la déposition des frères Tain-
turier ; il répondit qu'ils étaient ses haineux, mais que, s'il
semblait aux commissaires qu'il le dût faire, qu'il en était
d'accord. Le 27 mars, on lui lut ses *confessions*, où il persévéra par crainte de la question »[1]. Ainsi, comme Gilles de
Rais, Jacques Cœur *dit ce qu'on voulut, se rapporta à la déposition des témoins* et, par crainte de la torture, persévéra dans
les aveux qu'on lui avait extorqués !

Il y a longtemps que les historiens sérieux auraient
reconnu l'inanité de tout cet infâme procès si nous n'avions
pas la confession de Gilles, suivie d'une autre confession
publique faite le 22 octobre. Avec une humilité et une con-
trition qui touchèrent tout le monde, Gilles s'accusa de tous
les crimes qu'on lui reprochait, demandant pardon aux
parents dont il avait assassiné les enfants, suppliant ses
juges de lui accorder le secours de l'Église afin de sauver
son âme menacée de perdition. Mis en présence du magicien
Prelati, Gilles de Rais lui fit ses adieux dans les termes que

1. G. de Beaumont, *Histoire de Charles VII*, t. V, p. 123.

la procédure rapporte en français : « Adieu, François, mon ami, je prie Dieu qu'il vous donne bonne patience et connaissance et soyez certain que, pourvu que vous ayez bonne patience et espérance en Dieu, nous nous entreverrons en la grande joie du Paradis »

« Etranges paroles ! » dit Michelet Oui, bien étranges ! Gilles vient de s'accuser de crimes horribles, inexpiables, de ceux qui, suivant la croyance du temps, ouvraient à deux battants les portes de l'Enfer ; et c'est avec les paroles d'un martyr innocent, sûr de la félicité d'outre-tombe, qu'il prend congé de son ami florentin !

Il n'y a que deux explications possibles Ou bien Gilles, maltraité dans sa prison, confondu par la trahison de ses serviteurs, était devenu fou ; ou tous ses aveux lui ont été extorqués par d'horribles menaces et ses adieux à Prelati sont le seul témoignage qu'il ait pu crier de son innocence [1].

Le 25 octobre, le jugement fut rendu. Au nom de l'évêque et de l'inquisiteur, Gilles fut déclaré coupable d'apostasie hérétique et d'invocation des démons. Au nom de l'évêque seul, il fut déclaré coupable de crimes contre nature, de sacrilège et de violation des immunités de l'Eglise Aucune des deux sentences n'indiquait de châtiment. Cela semblait inutile, puisqu'une instruction parallèle se poursuivait contre lui au tribunal de Nantes depuis le 18 septembre, sous la présidence de ce même Pierre de l'Hôpital qui avait assisté au procès ecclésiastique Enchaîné par les aveux qu'il avait faits devant l'inquisiteur et l'évêque, Gilles ne pouvait plus échapper à la mort

Le malheureux demanda et obtint l'absolution spirituelle et on lui accorda un confesseur, le carme Jean Juvénal Il y

1. On m'a objecté que Gilles, admis a communier et absous par l'Eglise, pouvait, suivant la doctrine catholique, compter sur le salut éternel. Qu'aurait-il donc pu dire de plus, dans l'hypothèse où il n'eût commis aucun des crimes dont on le chargeait ? D'ailleurs, les adieux de Gilles a Prelati ressemblent etrangement aux paroles du Christ en croix au bon larron (Luc, XXIII, 43) : « Je te dis en vérité que tu seras aujourd'hui avec moi dans le Paradis » Gilles se compare implicitement au Christ ; n'est-ce pas une éclatante affirmation de son innocence ?

avait là une grosse irrégularité. Dans les procès pour hérésie, le condamné reconnu hérétique était excommunié *ipso facto* et ne pouvait être admis à nouveau dans l'Église sans avoir abjuré ses erreurs. On ne demanda aucune abjuration à Gilles, parce que ses juges savaient qu'il n'était pas hérétique et qu'ils en voulaient exclusivement à ses biens.

Devant le tribunal civil, les choses marchèrent rapidement. Henriet et Poitou avaient déjà été condamnés à être pendus et brûlés lorsque Gilles fut introduit devant ses juges. Le président lui promit l'indulgence du tribunal s'il voulait tout avouer; il avoua tout. Enfin, il fut condamné à être pendu et brûlé dès le lendemain à une heure. Il demanda comme une faveur que ses deux complices, Henriet et Poitou, fussent exécutés en même temps que lui, afin d'être édifiés par sa résignation et sa fin chrétienne; il demanda aussi et obtint d'être enterré dans l'église des Carmes de Nantes, sépulture des ducs et des plus illustres personnages de Bretagne[1].

Tout le clergé, toute la population suivirent Gilles sur le lieu de l'exécution, priant pour le salut de son âme. Lui-même réconfortait ses serviteurs condamnés avec lui et leur promettait qu'ils se retrouveraient au Paradis sitôt après leur mort. On le fit monter sur une pile de bois, puis sur un escabeau placé sur la pile, et on lui mit la corde au cou. Après avoir repoussé l'escabeau, on alluma le bûcher. Gilles était déjà mort lorsque les flammes atteignirent la corde et que le corps tomba. Alors des dames de sa famille recueillirent ses restes avant qu'ils n'eussent été consumés par les flammes et lui firent de magnifiques funérailles, auxquelles tout le peuple de Nantes s'associa.

---

1. « François Prelati fut condamné à la prison perpétuelle... Il réussit à s'évader et, sous le nom de François de Montcatin, gagna les bonnes grâces de René d'Anjou, qui recherchait la transmutation des métaux. L'Italien l'amusa par d'enfantins tours de passe-passe et obtint en récompense la capitainerie de la Roche-sur-Yon ; mais il eut l'imprudence de s'emparer d'un trésorier de France et de le mettre à rançon. Le Grand Conseil évoqua l'affaire et François, condamné à mort pour ses anciens et récents méfaits, fut exécuté en 1446. » (Petit-Dutaillis, *Charles VII*, p. 185, d'après des documents connus de lui.)

VII

Les biens de Gilles furent confisqués par le duc de Bretagne Sa veuve, au bout d'une année, épousa Jean de Vendôme, vidame de Chartres; sa fille Marie épousa Prégent de Coétivy, amiral de France, puis, après la mort de celui-ci, André de Laval, maréchal et amiral de France La famille s'éteignit en 1502 Mais, dans l'intervalle, de nombreux et interminables procès avaient été poursuivis pour la reprise des biens de Rais En 1462, les héritiers de Rais présentèrent un mémoire exposant que la mort avait expié les crimes de Gilles et que la confiscation de ses biens n'était pas légitime; on se tira d'affaire par des compromis.

J'ai dit plus haut qu'à la première annonce des poursuites, les deux amis les plus intimes de Gilles, Gilles de Sillé et Roger de Briqueville, avaient pris la fuite Du premier, on n'entendit plus jamais parler [1]; mais Roger de Briqueville, en 1446, obtint de Charles VII des lettres de rémission, rédigées en termes tels qu'on est amené à croire que Charles connaissait l'innocence de Gilles et le mal-fondé de toute l'accusation Chose plus singulière encore Marie de Rais, la fille de Gilles, fut l'amie dévouée des enfants de Roger et ce dernier jouit de la faveur du mari de la dame, Prégent de Coétivy. Si ces personnages avaient cru à la culpabilité du maréchal, n'auraient-ils pas repoussé avec horreur la société d'un homme qui avait conduit Gilles de Rais à sa perdition?

Mais, dira-t-on, pourquoi n'ont-ils pas réclamé une revision du procès de Nantes, à une époque qui vit reviser celui de Jeanne d'Arc?

Ils l'ont réclamée, et cela dès 1442, alors que le procès de Jeanne, condamnée par l'Eglise en 1431, ne fut revisé qu'en 1455. La découverte de ce fait important est due à Marchegay Ce savant a trouvé dans le cartulaire de Thouars et a publié deux lettres royales datées de Montauban, le 3 janvier 1442. Dans la première, il est dit que Gilles de Rais en avait

1 Peut-être était-il un des complices de Malestroit

appelé, de son arrestation, au Roi et au Parlement, mais qu'on n'avait tenu aucun compte de cet appel; que, dans la suite, il avait été condamné à mort « indûment et sans cause », par Pierre de l'Hôpital, se disant président du Parlement de Bretagne. Le roi Charles VII signifie au duc François Ier — fils et successeur de l'infâme Jean V, mort en 1441 — que la fille de Gilles de Rais et son gendre veulent donner suite à l'appel resté sans effet en 1440 et qu'à cette fin, le duc, Pierre de l'Hôpital et les autres juges sont cités devant le Parlement de Paris. La seconde lettre est adressée au président et aux conseillers du Parlement, aux baillis de Touraine, d'Anjou et du Maine, etc., leur prescrivant d'ouvrir une enquête sur les circonstances de la condamnation de Gilles « *pour ce que... le dit feu Gilles... avait été fait mourir indûment et plusieurs autres attentats avoir été faits.* » Les dates de la convocation devant le Parlement sont en blanc; c'est donc que les lettres n'ont pas été envoyées. Il n'y a aucune trace que le Parlement de Paris ait jamais été saisi de cette affaire; s'il l'avait examinée, nous en serions informés. Peut-être le roi, qui devait savoir à quoi s'en tenir, eut-il peur, au dernier moment, d'un effroyable scandale; n'aurait-on pas pu l'accuser de « faire obstacle » à l'Inquisition? Mais le fait que moins de trois ans après le supplice de Gilles, sa fille et le mari de celle-ci, l'amiral Prégent, ont pu obtenir de Charles VII de pareilles lettres, prouve que les témoignages allégués et les aveux répétés de Gilles lui-même étaient considérés comme nuls; c'est peut-être à ces aveux extorqués ou falsifiés que fait allusion l'expression atténuée de la seconde lettre : *plusieurs autres attentats.*

M. l'abbé Bossard écrit à ce propos (p. 356) : « Pierre de l'Hôpital n'eut sans doute pas de peine à démontrer son innocence...; le Parlement de Paris fut contraint de souscrire aux arrêts de la justice de Nantes. » Ces phrases appellent un blâme sévère; elles mettent en péril le bon renom de leur auteur. Car M. l'abbé Bossard sait fort bien que Pierre de l'Hôpital n'a rien « démontré », que le Parlement de Paris n'a rien confirmé, par la raison que la citation à comparaître et l'ordre d'enquérir furent rédigés et signés, mais non lancés. On reconnaît ici un genre de raisonnement dont nous avons eu, au cours de ces dernières années, tant de curieux et d'affligeants exemples, à propos d'une cause célèbre d'issue moins tragique, mais où la méchanceté des uns et la crédulité des autres se sont donné carrière, autant que dans les procès des Templiers et de Gilles de Rais.

La réhabilitation de Jeanne d'Arc fut obtenue en 1455, vingt-quatre ans après son supplice, sous le règne du prince ingrat et lâche qui lui devait sa couronne. Charles VII avait un intérêt personnel à cet acte de justice, car si Jeanne avait été légitimement condamnée comme sorcière, sa propre légitimité se trouvait atteinte par contre-coup. Mais il n'y a qu'à lire le procès de réhabilitation pour voir avec quelle prudence on s'exprima, de quels ménagement on usa envers les évêques et l'inquisiteur coupables. L'affaire de Gilles de Rais ne touchait pas directement Charles VII ; il n'était pas homme à risquer un conflit avec l'Inquisition et l'évêché de Nantes pour laver la mémoire d'un de ses fidèles soldats. La famille de Rais reçut des marques répétées de la bienveil-lance royale ; le poids de l'infamie de son chef ne pesait pas sur elle et le drame de Nantes ne l'avait pas empêchée de contracter les plus belles alliances ; ne valait-il pas mieux laisser en paix un mort qui, pour le moins, avait eu commerce avec un alchimiste et dont on pouvait craindre, de ce chef, que la réhabilitation ne fût jamais obtenue ?

Mais la hideuse légende a fait son chemin. Non seulement le peuple des campagnes, empoisonné de calomnies et de mensonges, crut à la culpabilité de Gilles, mais on peut dire qu'il y croit aujourd'hui plus fermement que jamais. La figure du maréchal s'est confondue, en Anjou, avec celle de Barbe Bleue[1] ; les paysans ne passent pas sans terreur devant

---

1 M. Petit-Dutaillis a écrit très justement à ce sujet (*Charles VII*, 1902, p. 183) : « Nous ne voulons pas dire que Gilles de Rais soit le prototype de Barbe-Bleue. Le conte de Barbe-Bleue et de ses sept épouses paraît être de source ancienne et populaire et n'a en soi aucune analogie avec l'histoire de Gilles de Rais, qui ne se maria qu'une fois et laissa sa femme vivre à l'écart,

les ruines des châteaux de Tiffauges, de Champtocé, de Machecoul, que la « bête exterminatrice » a habités. Bien plus, le
misérable Jean de Malestroit, évêque de Nantes, a pris et
conserve dans la légende une place honorable : c'est lui qui
aurait délivré le peuple de l'effroyable et sanguinaire tyran-
de son oppresseur !

<h1 style="text-align:center">VIII</h1>

L'abbé Bossard, en étudiant de très près les documents de
la cause, a certainement éprouvé des doutes, mais il les a
fait taire en déclamant. « Il ne se rencontrera jamais, s'écrie-
t-il, chez aucun preuple et dans aucun temps, d'homme
assez misérable pour entreprendre l'apologie de Gilles de
Rais ! » (p. 359). Et plus haut (p. 355) : « Le crime n'avait-il
pas été assez clairement prouvé ? Avait-il manqué quelque
chose aux dépositions des témoins ? Les aveux des complices
n'avaient-ils pas été assez solennels ? La confession de Gilles
lui-même avait-elle laissé quelque ombre planer sur sa vie de
débauches et d'infamies ? » Je cite cette rhétorique, mais ne
m'arrête pas à la discuter. M. Henry Charles Lea, en 1887,
dans le tome III de son *Histoire de l'Inquisition*, raconta le
procès de Rais ; il en signala, à plusieurs reprises, les étran-
getés, les irrégularités, mais fit effort pour atténuer l'impression d'un scepticisme qui semble pourtant se dégager de
son récit. En 1901, pendant que je faisais imprimer la traduction de ce volume, j'écrivis à M. Lea pour lui demander
s'il ne voulait pas modifier son texte afin de faire ressortir
plus nettement l'absurdité des accusations ; il me répondit
qu'il en avait assez dit et qu'il préférait s'en tenir là M. Vizetelly, qui aborda le même sujet en 1902, sans connaître le
beau travail de Lea, témoigna en deux ou trois endroits
d'une inquiétude qui fait honneur à son sens critique. Les
phrases suivantes (p. 353) méritent surtout d'être relevées ;
l'auteur vient de raconter la scène du 13 octobre, où Gilles

mais il est certain qu'en Bretagne et eu Vendée le peuple a amalgamé le
conte de Barbe-Bleue et l'histoire du Sire de Rais. »

de Rais récusa fièrement ses juges : « *This might be taken almost for the cry of an innocent man, of one who felt that he would obtain no justice from an ecclesiastical tribunal, but would be treated by the priests before him even as other priests had treated that heroic Maid of Orleans by whose side he had fought. But, unless one is prepared to believe in a great conspiracy between the ecclesiastical and the civil power, in a wholesale forgery of documents extending to hundreds of folios, in the subornation and perjury of scores of complainants and witnesses, in the falsification of three confessions made by Gilles himself, one is bound to admit that he was indeed guilty and that his declaration of innocence were mere outbursts of bravado* ».

M. Vizetelly n'a pas rappelé une seule fois, dans son livre, le procès des Templiers, qui lui aurait donné la mesure de la confiance qu'il est permis d'accorder aux aveux les plus formels, quand ils ont été obtenus par la torture, et de l'infamie des tribunaux de l'Inquisition.

Le 2 octobre 1902, le journal de Paris *Le Signal* publia la lettre suivante :

« Monsieur,

« Votre honorable journal a si souvent réfuté les légendes odieuses inventées contre Calvin et d'autres réformateurs que je m'étonne lorsque, par hasard, j'y trouve l'écho d'un mensonge historique, sorti de la même officine

« Je lis dans un joli article signé Jan Holp (*Signal* du jeudi 16 octobre) : « Une cave où des jeunes filles destinées à la mort furent retrouvées après la capture de Gilles de Retz ».

« C'est là une pure légende, dont il n'y a aucune trace dans la procédure de l'affaire de Gilles, publiée par feu de Maulde et l'abbé Bossard. On ne trouva, dans les caves de Tiffauges, ni vivants, ni morts.

« De toutes les prétendues preuves qui composent cette procédure, aucune ne serait admise aujourd'hui par un tribunal civil. Ce sont des racontars odieux et invraisemblables de témoins mis à la torture; ce sont des aveux extorqués à Gilles sous la menace de la torture et qui correspondent tellement, même dans les détails les plus invraisemblables, avec les témoignages obtenus par le chevalet, que la critique historique a le devoir de les considérer comme non existants.

« La seule chose certaine, c'est que Gilles fut un prodigue et s'adonna, comme plus d'un pape, à l'alchimie. Pressé de besoins d'argent, il vendit d'immenses domaines au duc Jean V de Bretagne, avec faculté de les racheter pendant six ans. La possibilité de ce rachat effrayait Jean V. Le chancelier de ce prince était Jean de Malestroit, évêque de Nantes, qui avait aussi acquis des biens de Gilles. Pour se débarrasser de lui, ce qui n'était pas facile, on inventa les accusations odieuses qui pèsent encore sur son nom. Charles VII et quelques autres personnages surent aussi la vérité, mais se tinrent cois.

« Bien à vous.

« Un Amateur d'Histoire vraie. »

Cet amateur, c'était moi. Dans le mémoire qu'on vient de lire, j'ai développé les arguments sur lesquels se fondait ma conviction en 1902. Elle n'a fait que se fortifier depuis.

Les braves gens de Nantes devraient élever un monument expiatoire à Gilles de Rais, l'ami et le compagnon fidèle de Jeanne d'Arc.

Appendice.

___

Gilles de Rais a l'Academie des Inscriptions.

Séance du 13 janvier 1905 (*Comptes rendus*, 1905, p. 11-14)

M. S Reinach termine la lecture de son memoire sur Gilles de Rais et fait observer que Voltaire deja, dans l'*Essai sur les mœurs*, avait admis l'innocence du marechal [1].

La these de M S. Reinach peut se résumer ainsi. Un fait capital, resté inconnu des contemporains, domine le procès de Gilles : le duc de Bretagne et son chancelier Jean de Malestroit, evêque de Nantes, ayant acquis *à réméré* des biens du seigneur de Rais, avaient intérêt à le mettre hors d'état de les racheter. Or, le procès a été commencé et conduit par Jean de Malestroit, avec l'appui du duc. Gilles a donc été accusé, jugé et exécuté par des gens ou à l'instigation de gens qui avaient un gros intérêt à sa ruine. En presence de ce grave motif de suspicion, la critique a le devoir de se montrer sévere dans l'examen des accusations lancees contre Gilles, des temoignages produits contre lui, de la procédure suivie à son egard.

Les accusations sont a la fois extravagantes et banales. Gilles fut accusé d'avoir souille et tué pres de deux cents enfants. L'accusation du meurtre d'enfants se rencontre tout le long de l'histoire; il suffit de rappeler le massacre des Innocents imputé à Hérode, les meurtres d'enfants dont les païens accusaient les chretiens, dont les chrétiens orthodoxes accuserent les chretiens schismatiques et les juifs, dont les Chinois et les chretiens de Chine s'accusent mutuellement de nos jours. Toutes les fois que cette accusation se produit, l'histoire doit se mefier et soupçonner une machination.

___

[1] Le memoire qu'on vient de lire n'est qu'un résumé du travail plus etendu dont j'ai fait lecture à l'Académie en 1904 et 1905 Le manuscrit du mémoire original est déposé a la bibliothèque du Musée de Saint-Germain.

Les témoignages produits contre Gilles sont au nombre de cent dix environ. Il faudrait un volume pour en démontrer l'inanité. Un premier examen n'en laisse subsister qu'une dizaine, qui se réduisent bientôt à trois ; de ces trois témoignages à charge, deux se ressemblent tellement qu'ils ont dû être dictés ou inspirés par une même personne ; le troisième est celui d'un individu qui dit avoir vu douze fois le Diable, ce qui n'est pas un très bon garant de véracité.

Enfin, la procédure suivie contre Gilles fut celle de l'inquisition, c'est-à-dire qu'il fut privé du secours d'un avocat. Gilles, menacé de la torture, dit qu'il parlerait « de manière à contenter tout le monde ». Il confessa alors des crimes affreux, en termes qui paraissent calqués en partie sur les deux plus longs témoignages à charge, en partie sur l'acte d'accusation rédigé avant l'audition des témoins. Non seulement cette confession a été obtenue par la menace de la torture, mais elle constitue, par ses analogies étroites avec d'autres pièces de la cause, un document des plus suspects.

La procédure de l'affaire de Rais n'a été publiée qu'en 1886. Tout ce que les historiens ont écrit avant cette date est négligeable ; ils ignoraient les textes essentiels. Aujourd'hui ceux qui les connaissent ont des motifs sérieux de révoquer en doute la culpabilité du maréchal qui fut le compagnon fidèle et dévoué de Jeanne d'Arc.

M. Noël VALOIS conteste la thèse soutenue par M. S. Reinach[1].

Quoi qu'on puisse dire de la rapacité de Jean V, duc de Bretagne, qui n'avait, d'ailleurs, nullement à craindre que le maréchal, complètement ruiné, pût racheter ses biens, il existe contre Gilles de Rais un ensemble de témoignages écrasants dont M. Reinach n'a pas tenu compte. Ceux de Griart et de Poitou sont d'autant moins suspects que les complices de Gilles de Rais, en chargeant leur maître, se chargeaient eux-mêmes, à tel point qu'ils furent condamnés et exécutés avec lui. La supposition que le duc aurait acheté les témoins est bien peu vraisemblable : achète-t-on plus de cent témoins ? M. Reinach affirme qu'ils furent soumis à la torture : hypothèse toute gratuite et qui est contredite par les faits. La plupart des témoins étaient des pères et mères de famille, ou de notables villageois, auxquels la justice

1. J'avais prié moi-même mon savant confrère de relire la procédure et d'exprimer son avis à la fin de ma communication.

n'avait rien à reprocher et qui ne cessèrent de jouir de leur liberté; quant aux complices du maréchal, un texte porte qu'ils avouèrent « de leur franche volonté, sans torture ni question aucune[1] » La prétendue identité des réponses des témoins se borne à une grande ressemblance que l'on constate entre deux seulement des dépositions, celles de Griart et de Poitou : cela prouverait simplement que ces deux hommes furent interrogés ensemble et que leurs réponses simultanées furent dédoublées par le greffier ; mais il y a lieu de remarquer que quatre des crimes établis par ce double témoignage sont passés sous silence dans la confession du maréchal ; cela suffit à prouver que ce ne sont pas là, comme on semblait le croire, des dépositions fictives, forgées uniquement pour fournir une base aux aveux également fictifs de Gilles de Rais. Enfin, au lieu d'être vagues, comme on l'a prétendu, beaucoup de ces témoignages sont d'une précision singulière . M. Valois cite les exemples des attentats et des meurtres commis sur les personnes du jeune Loessart et du jeune Bernard le Camus, crimes dont toutes les circonstances peuvent être reconstituées grâce aux témoignages concordants de parents, de voisins, etc , corroborés, dans leurs traits essentiels, par les aveux des complices de Gilles de Rais et du maréchal lui-même.

Ces derniers aveux ont été, dit-on, arrachés à Gilles de Rais par la menace de la torture. Une telle faiblesse, chez un homme de guerre, qui avait fait ses preuves de courage, serait assez peu vraisemblable : au premier mot de torture, consentir à se charger de crimes abominables qui ne pouvaient que le conduire au bûcher? De la part d'un innocent, cette défaillance serait bizarre. D'ailleurs, on voit qu'avant toute menace de torture l'attitude de Gilles de Rais s'était bien modifiée . du jour surtout où ses complices avaient parlé, il s'était senti perdu; dès le 15 octobre, il avait semblé vouloir entrer dans la voie des aveux; le 20, il n'avait point voulu bénéficier d'un délai que les juges lui offraient; ce n'était point la peine, disait-il, *attentis illis quae jam confessus fuerat et confiteri intendebat.* Enfin, il avait refusé de rien objecter soit par parole, soit par écrit, contre la personne ou les dires des témoins qui l'avaient tant chargé

A partir de ce moment et jusqu'au dernier jour, l'attitude de Gilles de Rais n'est nullement celle d'un innocent auquel aurait été surpris un aveu mensonger, mais celle d'un coupable qui

1 Voir plus loin, *La confession sans torture.*

cherche à faire éclater son repentir ; il avoue des forfaits qu'on
ne lui a pas reprochés et réclame la publication de ses aveux en
langue vulgaire ; il demande, comme une grâce, à être exécuté
avant ses deux principaux complices, afin que ceux-ci ne puissent
pas croire à l'impunité de l'auteur responsable de leurs crimes;
il implore le pardon des parents et des victimes.

M. Valois signale encore le témoignage peu suspect d'un des
complices de Gilles de Rais, Roger de Bricqueville, qui, s'étant
esquivé, n'avait point comparu au procès, mais eut plus tard
assez de crédit pour se faire octroyer des lettres de rémission
par Charles VII. Dans l'exposé de ces lettres, il reconnaît la réalité des meurtres d'enfants imputés à son ancien maître. Les
héritiers de Gilles de Rais eux-mêmes ne semblent avoir jamais
plaidé que la folie, l'irresponsabilité du maréchal.

Pour toutes ces raisons, M. Valois estime qu'il faut s'en tenir,
au sujet de Gilles de Rais, à l'opinion traditionnelle.

M. S. Reinach répond à ces observations (cette réponse, qui
mettait fin à la controverse, n'a pas été résumée dans les *Comptes-
rendus*).

L'opinion de M. Valois n'a pas été adoptée par Gabriel Monod
qui, après la publication de mon article dans la *Revue de l'Université de Bruxelles*, s'exprima comme il suit dans la *Revue historique* (1907, I, p. 356-357).

Opinion de G. Monod.

« M. S. Reinach a étudié, dans un article de la *Revue de l'Université de Bruxelles* (juin 1904), qui a été tiré à part, *la Légende
de Gilles de Rais*, et il a osé émettre des doutes sur la culpabilité
de celui qui est resté depuis des siècles le type de la perversité
bestiale à laquelle le désordre d'une époque d'anarchie, l'enivre-
ment de la richesse, la force brutale et les pratiques de sorcellerie pouvaient conduire un seigneur féodal. Il est certain que
les débuts de la vie de Gilles de Laval, l'éclat de ses services
militaires depuis 1420 jusqu'au couronnement de Charles VII à
Reims et au siège de Lagni, qui lui valurent l'estime de Jeanne
d'Arc et le titre de maréchal de France, ainsi que les sentiments
de vive piété qu'il manifesta au moment de son supplice, forment
un singulier contraste avec les débauches effroyables dont il fut
accusé. M. Reinach voit en lui une victime du duc de Bretagne
et de son chancelier l'évêque de Nantes, qui voulaient être sûrs

de conserver les terres que le marechal de Rais avait aliénées en leur faveur et que le Parlement de Paris voulait faire restituer. M Reinach n'insiste pas sur la preuve morale qu'on pourrait tirer du contraste que je viens de signaler. Il sait qu'on peut avoir les plus brillantes qualités militaires, être intrépide et être en même temps un parfait scélérat Il sait aussi que dans les siècles de foi les plus grands criminels firent les fins les plus édifiantes La Brinvilliers étonna par sa piété tous ceux qui furent témoins de ses derniers moments. Mais M. S. Reinach a très bien démêlé toutes les obscurités et les invraisemblances du procès fait à Rais. Il avait mené une vie fastueuse et d'une prodigalité desordonnée, il s'était lié à un alchimiste italien, Prelati, qui s'etait livre avec lui à des pratiques de magie, mais Rais protesta énergiquement contre les atrocités, massacres d'enfants et débauches infâmes qu'on lui prêtait. On commença par masquer sous de fausses accusations d'hérésie le procès criminel intenté à Rais. On ne trouva aucun témoin parmi les personnes marquantes de l'entourage même du maréchal ; on alla chercher des temoins pris parmi des misérables faciles à corrompre et dont les dépositions semblent dictées d'avance et calquees les unes sur les autres. On n'observa pas les formes de la justice en ne tenant aucun compte de l'appel de Rais au roi et au Parlement, et, des 1442, il s'en fallut de peu que le roi ne fit reviser le procès. Deux choses ont pese sur la mémoire de Rais et ont convaincu la posterité de sa culpabilité : le fait que ses deux amis et confidents, Gilles de Silli et Roger de Briqueville, s'enfuirent dès que Rais eut été accusé, et la confession faite par Rais lui-même de ses crimes Mais M Reinach fait observer que Briqueville, non seulement obtint des lettres de rémission, mais resta l'ami de la fille de Rais et du mari de celle-ci, Prégent de Coetivy, que Rais ne fit des aveux que lorsqu'on acheta ses aveux par une promesse d'indulgence, enfin que Rais ne se contenta pas de demander le secours de l'Eglise pour le salut de son âme, mais donna rendez-vous à Prelati dans « la grande joie du Paradis ». Le plaidoyer de M. Reinach en faveur de ce monstre de perversité et de luxure est vraiment impressionnant, surtout quand on rapproche le procès de Rais d'autres proces du moyen âge où la fausseté des procedures et l'innocence des prévenus sont aujourd'hui reconnues, ceux des Templiers, de Guichard de Troyes, de Jacques Cœur. Néanmoins, nous voudrions voir discuter par des

médiévistes compétents, par M. Langlois et M. Petit-Dutaillis[1],
la thèse de M. Reinach. D'où vient que personne n'a élevé la
voix en faveur de Rais, que sa femme se soit tue et se soit
remariée un an après son supplice[2]? »

La confession sans torture

Comme on l'a vu plus haut (p. 293), M. Valois attribuait quelque importance à cette affirmation de la procédure que les coupables avaient avoué « de leur franche volonté, sans torture ni
question aucune ». Étant données les infâmes traditions de la procédure inquisitoriale, l'affirmation en question, sans cesse réité-
rée, doit plutôt disposer à croire le contraire. En voici un frappant
exemple. A la suite de l'interrogatoire du grand maître du Temple,
Jacques de Molay, devant le grand inquisiteur (24 octobre 1307),
on lit : « L'accusé jure avoir avoué sans violence, sans crainte
de torture ou de prison ». (*Procès*, II, p. 306.) Or, une lettre
récemment découverte aux archives d'Anjou, datée de janvier
1308, prouve non seulement que Jacques de Molay fut torturé,
mais qu'on lui enleva toute la peau du dos, du ventre et des
cuisses (Finke, *Papstum und Templerorden*, 1907, II, p. 116.)

1. M. Petit-Dutaillis a traité en 1902 de Gilles de Rais dans l'*Histoire de
France* dite de Lavisse (*Charles VII*, p. 183); mais il n'a jamais discuté les
conclusions de mon mémoire. Je sais pourtant qu'il ne les a pas adoptées.
En revanche, elles l'ont été sans réserve par le Dr Robin, qui a plusieurs fois
affirmé sa conviction dans des articles de journaux. Je ne sache pourtant
pas que la question ait été reprise avec détail et examinée dans un esprit scientifique. Huysmans, auteur d'un volume fantaisiste et satanique sur Gilles de
Rais, consulté par un journaliste en 1905, se borna à déclarer que j'étais un
« idiot ». En juillet 1909, l'*Express de l'Ouest*, paraissant à Nantes, commença,
sous la signature G. Durville, la publication d'une série d'articles intitulés :
« Gilles de Rais et M. Salomon Reinach ». Le second a pour sous-titre : « De
l'indifférence de M. S. R. en matière de religion »; suivant M. Durville, mon
aversion pour Jean de Malestroit tient au fait que je n'aime pas les évêques. Et
ainsi de suite. J'ai été en correspondance sur Gilles de Rais avec Andrew Lang.
Le savant écossais croyait à l'histoire des miniatures obscènes de Suétone (voir
plus bas, p. 298); quand je lui eus démontré que c'était une invention misérable, il m'avoua que sa conviction était ébranlée.
2. On peut répondre que Gilles avait été convaincu de pratiques magiques,
de sorcellerie, et que personne ne se souciait de défendre un sorcier, eût-il
été accusé injustement d'autres méfaits. Quant à la maréchale, si elle avait
ajouté foi à la moindre part des accusations infâmes portées contre son
mari, elle aurait affirmé formellement qu'elle en était restée ignorante, ou se
serait ensevelie vivante dans un couvent.

Voici, sur le même sujet, quelques passages édifiants de l'ouvrage de Lea sur l'inquisition au moyen âge (je cite ma traduction) :

T. I, p. 481 : « Il y avait bien une regle prescrivant un intervalle de vingt-quatre heures entre la torture et la confession,
ou la confirmation de la confession ; mais elle était généralement
négligée. Le silence passait pour marquer l'assentiment... Dans
tous les cas, *on enregistrait la confession en indiquant qu'elle
s'était produite librement, sans menaces ni contrainte* . Le soin
avec lequel les inquisiteurs dissimulaient les moyens employés
pour obtenir des aveux paraît clairement dans le cas de Guillaume
Salavert en 1303. On l'oblige à declarer que sa confession, faite
l'année précédente, est « véridique, obtenue sans violence ni
tourments ». Or, Salavert appartenait à un groupe de victimes
qui furent torturees sans ménagements.

Ibid., t. III, p. 317 : « Les historiens peu familiarisés avec les
coutumes judiciaires de l'époque se sont laissé tromper par la
formule ordinaire, affirmant que la confirmation de la confession
(des Templiers) n'a été obtenue ni par la violence ni par menace
de torture ». Et Lea cite l'exemple de l'interrogatoire de Raimbaud de Caron, précepteur de Chypre (10 nov. 1307). Bien que
l'emploi de la torture soit évidemment impliqué par les reponses
successives de Raimbaud, le document s'achève par la formule
ordinaire : « L'inculpé jure qu'il a avoué sans violence, et sans
crainte de prison ou de torture ».

Dans le cas de Gilles de Rais, Lea avait parfaitement aperçu
la verité sous la fraude (t. III, p. 597) : « La confession faite
l'après-midi par Gilles (après menace de la torture) fut prononcee
« librement et volontiers et sans contrainte d'aucune sorte », si
l'on en croit la declaration officielle : par là nous pouvons apprécier, une fois de plus, la valeur de ces formules courantes ».

Voici encore, du même auteur, un passage à retenir (t. III,
p. 317) : « La carriere de Conrad de Marbourg nous a montré
comment la crainte de la mort et la promesse de l'absolution
amenaient aisément des gens de haute naissance ou de situation
élevée à se charger des crimes les plus vils et les plus invraisemblables ».

Le cas de Gilles de Rais n'est pas isolé.

La mystification de Paul Lacroix.

Le livre du bibliophile Jacob, intitulé : *Curiosités de l'histoire de France, le maréchal de Rais* (Paris, 1858), est une impudente mystification. On lit à la p. 3 : « Les pièces de ce procès furent recueillies par ordre de la vertueuse reine Anne de Bretagne. La copie qu'Anne de Bretagne avait fait faire dans les archives de Nantes existe encore à la Bibliothèque Impériale (n. 8357 de l'ancien fonds). Quant aux originaux, ils ont été détruits en partie à l'époque de la Révolution de 1789. Nous avons eu communication d'un extrait fait avec soin sur les originaux et beaucoup plus circonstancié, beaucoup plus fidèle aussi que la rédaction abrégée due aux secrétaires d'Anne de Bretagne. »

Paul Lacroix a menti. L'extrait dont il parle n'a jamais existé. Voici quelques preuves de l'imposture.

A la p. 69, l'auteur raconte un prétendu interrogatoire de Henriet par le lieutenant du procureur de Nantes, qui se montre d'abord sceptique : « Les plus grands scélérats qui furent jamais n'ont pas commis de semblables forfaitures, si ce n'est aucuns des Césars et empereurs de l'ancienne Rome. » Sur quoi Henriet répond : « Oui bien, Messire ; ce sont les actes de ces Césars que mondit Sire de Rays pensait imiter et pour lui complaire je lui lisais les chroniques de Suétone et de Tacite[1] où sont narrées en beau style diverses abominations qui le réjouissaient fort ».

Voilà ce que des générations de compilateurs ont pris au sérieux, même après la publication des pièces authentiques par MM. de Maulde et Bossard !

Autre exemple. A la p. 94, Lacroix feint que Gilles, le jour même de ses aveux, raconte qu'il y a huit ans de cela, se trouvant au château de Chantocé, il y découvrit « un livre latin de la vie et mœurs des Césars de Rome, par un savant historien qui a nom Suetonius ; le dit livre était orné d'images fort bien peintes, auxquelles se voyaient les déportements de ces empereurs païens, et je lus en cette belle histoire comment Tiberius, Caracalla (*sic!*) et autres Césars s'ébattaient avec des enfants et prenaient singulier plaisir à les martyriser ».

Cette histoire inepte d'un manuscrit de Suétone, orné de miniatures licencieuses, a été encore reproduite par Vizetelly (*Blue-*

1. Tacite connu en France à l'époque de Gilles de Rais !

beard, 1902, p. 265), qui cite en note le témoignage de Lacroix et ajoute : « L'abbé Bossard confirme virtuellement la mention du *Suétone* ». Je me demande ce que signifie ce « virtuellement ». L'abbé Bossard parle des beaux manuscrits de Gilles, un Valère Maxime, une *Cité de Dieu*, un Ovide (*Métamorphoses*), mais il ne dit mot du Suétone, parce qu'il n'en est fait mention dans aucun texte. En fût-il parlé qu'il ne faudrait pas y croire : jamais un manuscrit de Suétone n'a été illustré de miniatures indécentes. Le démontrer serait perdre son temps

Dans un livre déjà trop gros, l'abbé Bossard n'a pu réfuter toutes les fables qui ont été débitées sur Gilles de Rais, pourtant il a pris la peine (p. 211) de citer, pour en montrer l'ineptie, ces lignes de Pitre-Chevalier (*La Bretagne ancienne*, p. 481) : « On trouva dans les souterrains de Tiffauges, dans la tour de Chantocé, dans les latrines du château de la Suze, les cadavres ou les squelettes de cent quarante enfants massacrés ou flétris Un essaim de pauvres jeunes filles, réservées à la honte et à la mort, s'en échappa comme un chœur d'anges échappé a l'enfer ». A quoi M. Bossard répond : « Aucun enfant vivant ne sortit des demeures de Gilles . tout ce que l'on en retira fut un peu de cendre, qu'on disait être de la cendre des victimes brûlées, et aussi un petit vêtement d'enfant qui sentait si mauvais que les témoins de cette scene n'en pouvaient supporter l'odeur » Je cite encore cette note de la p. 214 : « Le *Grand Dictionnaire universel du xixe siecle* prétend qu'il (Gilles) massacra un nombre illimité de femmes et que sept d'entre elles furent, dit-on, légitimement épousées par lui : circonstance qui a donné évidemment lieu au conte de Perrault, a fait remarquer le *Moniteur du soir* du 10 février 1866 »[1].

Ce sont là de belles autorités. Mais que dire des romans historiques ou soi-disant tels qu'on a écrits de nos jours sur Gilles de Rais? En voici un dont le titre promet : Aimé Giron et Albert Tozza, *La bête de luxure* (Paris, 1907) « Ce livre est de l'histoire découpée en roman », dit la préface. Bien entendu, il y est question du Suétone (p. 111).

1. Mais l'auteur de l'article (*Barbe-Bleue* dans le *Dict de Larousse*) ajoute aussitôt (p 214) · « Des historiens compétents ont pretendu, toutefois, que Gilles de Retz s'en était tenu a Catherine de Thouars ».

Jeanne d'Arc

d'après Anatole France et Andrew Lang[1]

I

Il y a un parti-pris dans l'ouvrage de M. Anatole France sur Jeanne d'Arc[2] : celui d'éviter l'anachronisme. Non pas l'anachronisme d'écolier qui met un mousquet aux mains d'Achille, mais celui de l'historien souvent très instruit qui attribue aux personnages d'un lointain passé les idées et les mobiles de son temps. M. France s'est fait, au prix de vastes lectures, de « soins affectueux », le contemporain de ces hommes du xve siècle[3], grands enfants corrompus[4], ignorant sciences et méthodes, qui croyaient au miracle, à l'intervention des anges comme à celle du diable ; il nous a donné une Jeanne d'Arc qui n'est peut-être pas la vraie, l'histoire étant une science conjecturale, mais qui vit d'une vie très vraisemblable dans son milieu. En cela, comme il le dit (p. LXVI), il s'est inspiré de Vallet de Viriville, dont l'histoire « montre le souci de rattacher la Pucelle au groupe de visionnaires auquel elle appartient réellement[5] » ; mais M. France écrit beaucoup

1. [*Revue critique*, 19 mars 1908, p. 210-218 ; 11 mars 1909, p. 182-188 ; 17 février 1910, p. 129-130. J'ai introduit quelques changements et supprimé plusieurs critiques de détail, qui ne touchaient pas le fond de la question.]

2. Anatole France, *Vie de Jeanne d'Arc*, tome Ier, Paris, Calmann-Lévy [1908]. In-8°, LXXXIII-556 p.

3. « Pour sentir l'esprit d'un temps qui n'est plus, pour se faire contemporain des hommes d'autrefois, une lente étude et des soins affectueux sont nécessaires » (p. LXXV.)

4. « La difficulté n'est pas tant dans ce qu'il faut savoir que dans ce qu'il faut ne plus savoir... On ne peut pénétrer un peu avant dans cet âge obscur sans se croire parmi des enfants » (p. LXXV, XXI).

5. France, p. LXXXI : « L'histoire de Jeanne est une histoire religieuse, une

mieux que Vallet de Viriville, il a choisi un cadre plus vaste
et les travaux d'érudition des trente dernières années lui ont
fourni bien des matériaux qui manquaient à tous ses prédécesseurs

De bons esprits, en France et ailleurs, ont tracé depuis
longtemps une voie moyenne entre l'opinion qui divinise et
celle qui laïcise à outrance cette « merveilleuse et lumineuse
destinée [1] ». On a aussi réagi contre l'erreur très ancienne
qui attribue à Jeanne une sorte de science infuse, qui grandit
indûment son rôle militaire et politique aux dépens de son
influence spirituelle, qui méconnaît la force de l'armée
royale et l'épuisement de ses adversaires M. Pfister écrivait
dans la *Revue critique*, il y a près de vingt ans, en rendant
compte de la *Jeanne d'Arc* de Mahrenholtz [2] : « De très
bonne heure, il s'est formé une légende de Jeanne d'Arc ;
légende religieuse, qui nous montre la jeune fille de Domrémy inspirée par le Ciel et qui ajoute foi à ses apparitions
miraculeuses ; légende patriotique, qui attribue à Jeanne
seule la délivrance du royaume, qui oublie la valeur du roi
et de ses officiers, les progrès faits par l'artillerie, qui ne
tient nul compte des dissensions intestines des Anglais,
commandés par un enfant [3] ». Et quand d'autres, exagérant
la thèse contraire, traitaient Jeanne de « simple hallucinée »,
M. Pfister leur répondait encore [4] : « Si la Pucelle était
venue plus tôt, si elle avait trouvé un roi plus indolent, des
soldats moins aguerris, une artillerie moins perfectionnée,
une nation moins résignée à fournir des subsides, elle eût
échoué et elle serait rentrée dans l'obscurité, comme tant
d'autres voyantes de cette époque. Mais elle est arrivée au

histoire de sainte, tout comme celle de Colette de Corbie ou de Catherine de
Sienne. » Cf p. xxv, xxvi et *passim*.

1. Sainte-Beuve (1850).

2. *Revue critique*, 1890, II, p 101.

3. M France écrit, avec plus de force encore : « A aucun moment de son
existence, Jeanne ne fut connue autrement que par des fables . ; si elle remua
les foules, ce fut par le bruit des innombrables légendes qui naissaient sur
ses pas et volaient devant elle » (p xix).

4. *Revue critique*, 1890, I, p. 191.

moment opportun et son apparition a précipité l'œuvre de la
délivrance; sans connaître, comme on l'a prétendu, les
règles de la stratégie, elle a entraîné les soldats à la victoire;
elle a été blessée et elle est morte pour la patrie [1] ». Un vieil
ami de M. France, l'académicien Sylvestre Bonnard, a dû
lire avec plaisir ces lignes dictées par la science à la raison.

M. France a donc suivi la voie moyenne, avec une certaine tendance, très légitime d'ailleurs, à insister sur l'hallucination de la sainte. On dirait qu'à cet égard il n'a pas
exprimé toujours sa pensée entière, puisqu'il craint qu'on
lui reproche son audace jusqu'à ce qu'on lui reproche sa
timidité (p. LXXXI). Mais, quelques réserves qu'il fasse *in petto*
sur les nuances de son exposé, ses lecteurs n'en pourront
que louer la mesure et le goût. Ils seront aussi convaincus
par son assertion souvent répétée que Jeanne a été conduite
par des clercs, séculiers ou moines, et cela dès le début de sa
mission [2]. Je n'attache pas beaucoup d'importance à un
argument plutôt verbal : Jeanne a dit que le dauphin tenait le
royaume *en commande*, et n'a pu parler ainsi de son chef
(p. 74); car ce mot nous vient d'une source suspecte, le
procès de réhabilitation. La résignation si rapide du père de
Jeanne, qui parlait d'abord de la noyer pour l'empêcher de
suivre les hommes d'armes, est déjà plus significative et
implique l'intervention de « personnes pieuses » (p. 87, 110).
Mais la preuve décisive est fournie par la prophétie falsifiée
de Merlin sur la vierge du Bois Chenu et par les vers
attribués faussement à Bède, qui furent répandus, non seulement à Chinon, à Orléans et à Paris, mais dans une partie
de l'Europe, dès l'arrivée de Jeanne auprès du dauphin
(p. 51, 54, 202 et suiv.). L'accord des clercs de la Meuse

1. Cf. France, p. XLIX, LI : « Ce n'est pas Jeanne qui a chassé les Anglais de
France... Est-ce à dire que la jeune sainte n'ait point de part dans l'œuvre
de la délivrance? Non certes! Elle eut la part la plus belle, celle du sacrifice;
elle donna l'exemple du plus haut courage et montra l'héroïsme sous une
forme imprévue et charmante. »

2. P. XXXIX : « On est porté à croire qu'elle avait subi certaines influences;
c'est le cas de toutes les visionnaires; un directeur, qu'on ne voit pas, les
mène. »

avec ceux de la Loire est aussi évident que la double fraude. Si vraiment Jeanne, étant encore à Domrémy, a connu la prophétie sur la pucelle « des marches de Lorraine », qui porte la même marque de fabrique (p. 52), la part de clercs astucieux dans sa vocation doit être faite très large. « Ne soyons pas trop émus, conclut M. France, de découvrir ces fraudes pieuses sans lesquelles les merveilles de la Pucelle ne se seraient pas produites Il faut toujours beaucoup d'art et même un peu de ruse pour accréditer l'innocence » (p. 207) Renan n'aurait pas mieux dit, ni pensé autrement.

A la différence de beaucoup d'historiens, M. France n'a pu apercevoir, dans l'entourage de Charles VII, aucune trace d'intrigues savantes ourdies contre Jeanne. Il a même vu, et avec raison, tout le contraire : « Ce qu'on ne remarque pas assez, dit-il (p. XLI), c'est que le parti français la mit en œuvre très adroitement [1]. Les clercs de Poitiers, tout en l'examinant avec lenteur sur ses mœurs et sa foi, la faisaient valoir. Ces clercs de Poitiers..., c'était le Parlement du roi légitime. » Malheureusement, l'enquête de Poitiers, qui serait si précieuse, n'a pas été retrouvée et ne le sera probablement jamais.

Lors de la publication des *Procès* par Jules Quicherat, Sainte-Beuve, avec son sentiment délicat de la vérité historique, mettait en garde les biographes de Jeanne contre les témoignages du procès de réhabilitation · « Ces témoins survivants étaient déjà eux-mêmes sous l'influence de la légende universelle » M. France, dans son excellente Introduction, fait aussi des réserves et les motive ; mais, chemin faisant, il semble parfois les oublier. On ne peut assurément pas négliger cette source, sous peine de renoncer à écrire l'histoire de Jeanne ; mais un « peut-être », un « dit-on » ne sont jamais déplacés quand on en tire des faits ou des mots

---

1. Cf p. XLIII · « On peut juger de l'état de l'armée anglaise par la bataille de Patay, qui ne fut point une bataille, mais un massacre, et où Jeanne n'arriva que pour gémir sur la cruauté des vainqueurs Néanmoins, les lettres du roi aux bonnes villes lui attribuent une part de la victoire C'était donc que le Conseil royal faisait étendard de la sainte Pucelle. »

qui passent l'ordinaire. M. France n'a-t-il pas montré lui
même que la légende commence à fleurir autour de Jeanne
dès son arrivée à Chinon et qu'elle devient, après Patay,
une végétation touffue[1]? Dans le procès de réhabilitation,
il n'y a pas seulement de l'hagiographie, mais une tendance
assez naturelle, chez les témoins qui avaient connu Jeanne,
de se mettre en évidence, d'amplifier et de superposer leurs
souvenirs[2].

M. France a fait un emploi judicieux des textes restés
inconnus à Quicherat, ceux de Morosini, de Windecke et de
quelques autres. Je ne trouve guère à lui signaler que deux
pièces de vers du xve siècle sur Jeanne et sur Charles VII,
qui ont été mal publiées dans les *Mélanges de Rome* (1905,
p. 211 et suiv.). Elles offrent quelque intérêt pour l'histoire
ancienne de la légende :

> ... *Martia virgo*
> *In modico exiliens ab ovis tutamine lustro...*
> *Marte puellari pugnat divina potestas*
> *Virgo ovium custos, armorum nescia, legum,*
> *Palladis arte potens, docta repente fuit.*

Cette histoire de la légende eût exigé un volume, auquel
je sais que James Darmesteter avait songé; M. France ne l'a
pas écrit, mais il a donné, dans son Introduction, un excellent canevas de ce que pourrait être un pareil ouvrage. Je
crois qu'il eût cité, s'il l'avait connu, l'étrange *Discours* de
Lerouge, sous-chef de bureau au ministère des Finances, lu

---

1. « Trois mois après sa venue à Chinon, Jeanne eut sa légende, qui, vivace,
fleurie, touffue, se répandit au dehors... Dans l'été de 1429, cette légende
était entièrement trouvée (*formée?*) » (p. 541).

2. P. 77, le mot de Jeanne à Lebuin, annonçant le sacre du roi avant un
an, est donné par le procès de réhabilitation et paraît peu croyable (*Pr.*, II,
440). — P. 97 : « C'est Jean de Metz lui-même qui, vingt-sept ans plus tard,
rapporte cette conversation. » Elle ne peut donc guère être historique. —
P. 389 : « Maintes fois elle lui dit [au roi] : *Je durerai un an, guère plus.* »
Témoignage sans valeur du duc d'Alençon, celui même qui fait de Jeanne une
experte dans la manœuvre de l'artillerie (cf. ce que dit M. France lui-même de
« ce pauvre duc d'Alençon, qui ne passa jamais pour un homme raisonnable », p. xlv). Un peu plus loin, le passage extrait du témoignage de Dunois
(p. 391) n'a pas plus d'autorité.

à la séance publique de la Société royale des Antiquaires de France le 30 mai 1819 [1]. Ce discours est plein d'âneries, mais on en peut détacher des phrases curieuses, qu'on s'étonne de voir tolérer au sein d'une Société royale et au début de la Restauration : « J'éviterai de reproduire les traditions surnaturelles et merveilleuses . comme si une fille, douée d'un courage mâle, ne pouvait s'armer d'une lance guerrière et obtenir des triomphes militaires sans l'assistance de Dieu ou le secours du Diable ! » Et lors de la vocation de Jeanne · « Quelques béats, témoins de cet admirable élan de patriotisme, vont le colporter dans la ville . , ils le transforment en une vision prophétique ; on dit et l'on répète dans toutes les sociétés qu'une *bacelle* a eu une entrevue nocturne avec saint Michel. *Bacelle* est une expression d'usage en Lorraine pour désigner une fille, et qui sait si ce mot, mal écrit ou mal lu, n'a pas été l'occasion de l'épithète *pucelle* donnée à Jeanne ? » La Société royale des Antiquaires, en 1891, n'était pas difficile sur le choix des lectures qu'elle imprimait.

Un écrivain comme M. France ne pouvait commettre la faute de calquer son langage — comme l'a fait P. de Barante dans sa mauvaise *Histoire des ducs de Bourgogne*, — sur celui des chroniqueurs du temps , il s'en est inspiré de loin, à sa façon, et l'on ne s'étonnera pas qu'il l'ait fait avec grâce. « J'ai préféré, dit-il, les formes archaïques de la langue toutes les fois que j'ai cru qu'elles seraient intelligibles » (p. LXXXI). De loin en loin, l'effort d'archaïsme devient sensible : « Certain chef de bandes, qui faisait meurtres et larcins sans nombre dans tout le pays, tomba avec ses larrons sur les villages .. » (p. 31). En revanche, je lis (p 171) : « Le pauvre roi Charles . ne pouvait être de ces chevalereux qui faisaient la guerre *en beauté* » (c'est moi qui souligne) Je doute qu'on trouve cette expression dans un livre imprimé avant 1880. Le danger d'archaïser, même discrètement, c'est de faire saillir les néologismes.

1 *Mém. Soc roy. Antiq.*, t II, p. 463 et suiv.

Chercherai-je querelle à M. France au sujet de quelques
« broderies? » Assurément, Tillemont était trop janséniste
lorsque, composant une mosaïque de ses textes, il imprimait
entre crochets ce qu'il croyait indispensable d'y ajouter ;
mais je pense que lorsqu'un historien qui renvoie à ses
auteurs, comme le fait M. France, en dit plus long qu'ils ne
disent, un mot doit en avertir le lecteur. — P. 8 : « Une
petite voisine, Hauviette, était sa compagne de tous les
jours. Elles avaient plaisir à coucher dans le même lit ». Le
témoignage (II, p. 417) ne dit pas tout à fait cela. Il s'agit de
la bonne réputation des parents de la Pucelle : *Et hoc scit
quia multotiens cum dicta Johanna stetit et jacuit amorose
in domo patris sui.* Donc, elle passa souvent des journées et
des nuits en bonne amitié avec Jeanne, dans la maison du
père d'Arc. *Tous les jours* et le *lit* commun sont de trop. —
P. 71 : « Vêtue d'une pauvre robe rouge *toute rapiécée.* « Le
texte dit seulement : *pauperibus vestibus rubeis.* — *Ibid.*
« Elle entendit la voix qui lui disait : Le voilà ! » En note,
renvoi à *Pr.*, II, 456, où je ne trouve rien de tel. — P. 79 :
« Elle était la fable du village. On la montrait au doigt en
disant par moquerie : Voilà celle qui relèvera la France et
le sang royal. » Interprétation arbitraire de *Pr.*, II, 421. Le
témoin dit simplement : *Audivit pluries sibi dici* (dire à
Jeanne) *quod relevaret Franciam et sanguinem regalem.* » Il
n'est pas question de moquerie. — P. 88, Jeanne part sans
prendre congé d'Hauviette : « Elle craignait, si elle lui
disait adieu, de sentir son cœur défaillir ». Joli, mais interpolé. — P. 92. Il y a des broderies dans l'histoire du petit
clerc qui vit Jeanne en prière « immobile, les mains jointes,
la tête renversée, les yeux levés et noyés de larmes. » Texte :
*Genibus flexis... aliquotiens vultu projecto et aliquotiens vultu
erecto* (donc, pas immobile). Les larmes sont une addition,
non moins que le « ravissement » du petit clerc.

Cet ouvrage d'érudition sera lu et goûté surtout pour sa
beauté littéraire ; mais il doit être jugé ici comme un ouvrage
d'érudition, c'est-à-dire avec quelque minutie. Voici les
observations de détail que m'a suggérées une lecture atten-

tive ; je ne parle pas des quelques fautes typographiques qui
sont toutes véniclles.

P LXII. A propos de la *Pucelle*, il eût été bon de rappeler
que Voltaire imitait l'Arioste (il le mettait bien au-dessus
d'Homère) ; ce mélange d'héroïsme féminin et d'histoires
galantes vient tout droit de l'Italie du xvi⁰ siècle — P. LXXIV.
« Je ne saurais dire quel est le prototype de ces portraits (où
Jeanne paraît équipée à l'allemande). » A mon avis, ce sont
les *Judith* de Cranach — P 3 « Une fille naquit vers
l'an 1410 ou 1412. » Malgré le « caractère fabuleux » du
témoignage, *Pr* V, 116, je ne vois pas de raison pour suspecter la date qu'il donne, 6 janvier 1412 — P 14 « Béatrix
disait : J'ai oui conter que les fées venaient sous l'arbre
dans l'ancien temps Mais *pour leurs péchés*, elles n'y
viennent plus. » En note . « *propter eorum peccata. Pr.* II,
396 ; le sens n'est pas douteux. » Il me semble, au contraire,
certain que les fées ont été éloignées par les péchés des
hommes Du reste, elles sont appelées ici *Dominae fatales* ;
si M. France avait raison, il eût fallu *earum*. — P. 13.
« Terribles et douces, elles étaient encore les *Fatales*. » En
réalité, *fata*, qui a donné *fées* ; *fatales* (précédé d'un subs-
tantif) est du latin demi-savant (*fatorum seu spirituum
fatalium, gallicè* faées, *Pr.*, I, 209) — P. 33. « Jeanne était
à jeun, mais non pas épuisée d'inanition , elle avait mangé
la veille ». Il y a une contradiction qui avait déjà frappé Sainte-
Beuve (*Lundis*, 19 août 1850, p. 378) entre les textes des
Procès, I, p. 52 et p. 216 Quicherat a imprimé le premier
comme il suit : *Et venit illa vox quasi hora meridiana,
tempore aestivo, in horto patris sui ; et ipsa Johanna jejuna-
veret die praecedenti.* « Le manuscrit, écrit M. France, porte
non jejunaverat » Quicherat a eu raison de corriger ; avec
non, la remarque n'a pas de sens, puisqu'on avait, même au
xv⁰ siècle, l'habitude de manger tous les jours A la p. 216,
on lit : *Et erat in horto patris sui et tunc erat jejuna, nec
praecedente die jejunaverat.* Ce texte aussi est singulier ; on
s'attendrait, soit à *tunc non erat jejuna*, soit à *nec praecedente
die cibum ceperat.* Sainte-Beuve concluait : « Elle avait jeûné

le matin et le jour précédent ». On peut n'être pas de son
avis, mais la difficulté est réelle et valait une note. — P. 102-
104. Les deux pèlerinages de Jeanne d'Arc, l'un à Saint-
Nicolas de Sept-Fonds, l'autre à Saint-Nicolas du Port,
laissent soupçonner une dittographie. Je ne sais sur quoi
M. France se fonde pour placer l'arrivée de Colet de Vienne
entre ces deux pèlerinages à Saint-Nicolas. — P. 199. « On
l'appelait Mugot, peut-être par corruption de *mango*. »
Absolument impossible. — P. 236. « Sur cette terre des
Gaules, les blanches prêtresses des forêts, etc. » Il y a un
texte de Pline sur les Druides vêtus de blanc, mais il n'est
nulle part question des blanches prêtresses. Le costume
blanc des Druides eux-mêmes est motivé, dans le passage de
Pline, par une cérémonie spéciale ; il n'était donc pas usuel.
— P. 259 et suiv. Je crois qu'on pourrait exposer un peu
autrement l'affaire de l'épée de Fierbois. Jeanne avait deux
saintes, Marguerite et Catherine, dont elle connaissait bien
les images. Catherine tient une épée, emblème du martyre
qu'elle a subi. Quand on équipa Jeanne à Tours, elle voulut
avoir l'épée de sainte Catherine et l'envoya demander à la
chapelle de la sainte à Fierbois, où elle avait entendu trois
messes vers le terme de son voyage à Chinon. Ses voix lui
disaient qu'on trouverait l'épée près de l'autel. Les deux
prêtres de Fierbois en trouvèrent une, qui lui fut remise. Le
texte capital est *Pr.*, I, p. 76 ; Jeanne y spécifie deux fois
que l'épée découverte était rouillée, mais que la rouille
tomba dès que les prêtres du lieu la frottèrent. C'est donc
qu'en la recevant à Tours elle crut d'abord voir une épée
neuve et s'en étonna, dans la pensée que ce devait être l'épée
de la sainte (non celle de Charles Martel, dont Jeanne devait
ignorer le nom) ; on la rassura en lui racontant que la
rouille épaisse était tombée comme par miracle. Cette épée
était sans doute une de celles que les hommes d'armes, depuis
Charles V, déposaient comme ex-voto dans la chapelle de
Fierbois. — P. 285. Dans la lettre de Jeanne au roi Henry et
aux trois chefs anglais, on lit que la Pucelle est « venue de
par Dieu, pour réclamer le sang royal ». M. France croit

qu'il s'agit de la délivrance du duc d'Orléans ; je remarque
cependant que l'expression est très analogue à celle d'un
témoin du second procès : *quod relevaret Franciam et sanguinem regalem.* « Réclamer » est-il le vrai mot ? La phrase
suivante est obscure : « Elle est toute preste de faire paix, se
vous lui voulez faire raison, par ainsi que France vous
mectrés jus et paierez ce que vous l'avez tenu. » M. France
interprète ces derniers mots : « Que vous laisserez la France
tranquille et payerez ce que vous devez », *tenu* étant considéré comme synonyme de *dû* (note 5). Ce n'est pas ainsi
qu'ont compris les rédacteurs du texte un peu développé de
cette lettre : « Et payerez de ce que vous l'avez tenu » (*Pr.* IV,
139) ; « et paiés de ce que vous l'avez tenue » (*Pr.* V, 96) Il
s'agit d'une indemnité à payer pour avoir occupé et pillé la
France. Mais si vraiment Jeanne a voulu parler précédemment de la délivrance du duc d'Orléans, ces mots doivent se
rapporter à la même affaire . vous payerez pour avoir détenu
le duc Le texte original n'existe plus et les rédactions que
nous en avons sont altérées. — P. 309. « Pour elle, la
victoire ou la défaite dépendaient uniquement de l'état de
grâce ou de péché où se trouvaient les combattants; les
mener à confesse, c'était tout son art militaire » N'y a-t-il
pas là quelque exagération ? En revanche, le rôle de la
« chevetaine » est parfaitement défini p 435 : « Elle ne con-
duisait pas les gens d'armes ; les gens d'armes la conduisaient, la tenant non pour chef de guerre, mais pour
porte-bonheur » — P 333. Jeanne réprimande son page en
l'appelant « sanglant garçon ». Exemple à joindre à ceux
qu'on a cités de cet emploi vitupératif de *sanglant* au XIVᵉ et
au XVᵉ siècle, l'anglais *bloody*, devenu si grossier, est-il
l'original ou la traduction ?[1] —- P. 393 Sur les images et
statuettes de Jeanne, qui circulaient dès 1429, voir le nouveau témoignage publié par M Valois (*Comptes rendus de
l'Acad. des Inscr.*, 28 décembre 1906) A la même page, dans

---

1. Ce que dit M Murray a l art *bloody* du Dict d'Oxford est a reviser. Un
exemple injurieux de « sanglant », datant de 1389, est cite *Romania*, 1908,
p 121 (Thomas).

le texte de l'oraison de la Pucelle (*Pr.* V, 104), M. France corrige : *in se sperantes* (le texte porte : *in te*). La correction est ingénieuse; mais n'y aurait-il pas *in semet ipsos sperantes*? Le texte reçu se comprend, car si les ennemis n'espéraient pas en Dieu, ils seraient des impies et l'auteur de l'oraison n'eût pas manqué de le dire. — P. 396 : « Elle communiait une fois la semaine. » *Bis in septimana*, dit le duc d'Alençon (III, 100). — P. 407 : « Après les citoyens d'Orléans, ce fut le sire de Rais qui contribua le plus aux dépenses du siège de Jargeau ». Renvoi à Bossard, p. 32 et à Lea, p. 566 et suiv. Bossard parle de cela à la p. 39 et il en parle d'après le seul texte qui fût à citer, *Pr.* V, 261. — P. 428. Le duc d'Orléans s'occupe « de recueillir les livres du roi Charles V, volés par le duc de Bedfort. » Le duc d'Orléans ne paraît avoir possédé que *deux* livres de Charles V et ceux-ci n'avaient pas été *volés* par Bedfort, puisqu'il les acheta, sur expertise, au prix de 2.323 livres, le 22 juin 1425 (Delisle, *Recherches*, I, 138). — P. 465. Je ne crois pas, avec M. France, que la Pucelle ait « dicté elle-même » la lettre de Gien, par la raison qu'elle s'y attribue des succès dont elle eût fait volontiers honneur à Dieu[1]. — P. 475. Artaxerxès, nommé dans deux passages de l'Écriture, ne l'est jamais, que je sache, en qualité de « cruel tyran ». — P. 491. « Ils disaient de Jeanne qu'elle était cocarde, c'est-à-dire toute niaise ». Je ne crois pas que ce soit le vrai sens de ce mot, qui implique l'idée de témérité et d'extravagance. — P. 517. « Les seigneurs de Rais etc. furent députés par le roi pour aller quérir la sainte ampoule ». En note, trois références; une seule était nécessaire et manque : *Pr.* V, 129. — P. 532. « Les vierges, ainsi que les rois, avaient le pouvoir de guérir le mal royal. Mais il fallait que la vierge, ayant jeûné, se mît nue et prononçât ces mots : *Negat Apollo pestem posse recrudescere quam nuda virgo restringat.* » En note, renvoi à Leber. Les lecteurs seront surpris de trouver une pareille

1. C'est le Conseil royal et les clercs de l'entourage de Jeanne qui, comme M. France l'a montré lui-même, avaient intérêt à grandir son rôle personnel pour donner confiance aux uns et intimider les autres.

coutume et une pareille formule (d'ailleurs peu intelligible) au moyen âge. En réalité, il n'y a là qu'un emprunt de clerc à Pline (XXVI, 60, 93) : *Panos sanat... verbascum. Experti*[1] *adfirmavere plurimum referre si virgo imponat nuda jejuna jejuno et manu supina tangens dicat : Negat Apollo pestem posse crescere cui nuda virgo restinguat »*. L'emploi de cette formule livresque, citée aussi par Thiers (*Traité*, t. I, p. 479) et par Grimm (*Mythol.*, t. II, p. 989), n'est pas populaire, mais savant. — P. 546. Dans le poème anonyme, *Veneris moderator iniquus* signifie « peu capable de contenir ses passions ». Une note à ce sujet n'eût pas été inutile, car bien peu de gens comprendront; j'ai dû, pour y voir clair, me reporter à l'original et lire le contexte.

Assez de *quisquiliae*. Sainte-Beuve, en 1850, terminait son bel article sur Jeanne d'Arc par ces mots : « Je ne crois pas du tout impossible qu'on arrive à tirer de l'ensemble des documents, biens lus et contrôlés, et sans leur faire violence, une Jeanne d'Arc à la fois sincère, sublime et naturelle ». M. France a commencé de faire ce que Sainte-Beuve croyait difficile, mais non impossible; il s'en est tiré avec un souci de la vérité et une élégance auxquels le plus grand des critiques eût applaudi.

II

Si j'ai tardé longtemps à rendre compte de ce second volume[2], ce n'est pas faute de l'avoir lu aussitôt avec délices, mais parce que je voulais d'abord prendre connaissance de l'ouvrage de M. Andrew Lang, *The Maid of France*, annoncé, au cours de l'été de 1908, par plusieurs articles de ce spirituel érudit, qui a critiqué sans merci, et parfois sans mesure, l'œuvre de son prédécesseur français, M. Lang, je veux le dire tout de suite, a souvent raison contre M. France, bien

---

1. Peut-être les médicastres gaulois, dont Pline connaît bien les recettes et les pratiques.

2. Anatole France, *Vie de Jeanne d'Arc*. Tome second. Paris, Calmann-Lévy [1908]. In-8°, 486 p.

qu'il lui arrive d'attribuer beaucoup d'importance à des
vétilles. J'avais déjà signalé, dans le premier volume,
quelques traductions erronées, quelques renvois faux ;
M. Lang en a réuni toute une série, surtout dans ses notes.
Évidemment, M. France devra lire cela la plume à la main et
tenir compte de critiques qui, pour être énoncées sans bienveillance, sont indispensables à une revision de son livre.
Mais ce ne sont là, en somme, que des détails. Les grandes
querelles que fait M. Lang à M. France sont de deux sortes.
Il y a, d'abord, un procès de tendance presque continuel :
l'auteur écossais accuse M. France de se contredire, par l'effet
même de la sourde malveillance qu'il lui attribue, et de chercher par tous les moyens à diminuer Jeanne. Inutile de
discuter ces griefs ; ce sont des nuances d'expression qui
échappent un peu à l'analyse et que M. Lang voit d'un œil
grossissant[1]. Ensuite, et cela importe davantage, il y a la
thèse historique de M. France, qui revient souvent, dans ses
deux volumes, comme un *leitmotiv* : celle du concert entre
clercs armagnacs de la Meuse et de la Loire, pour préparer
et seconder la mission de Jeanne. M. Lang oppose à cette
thèse un démenti formel et discute, dans un appendice

---

1. Bien entendu, les critiques de M. Lang ont trouvé un écho chez nous :
« Voltaire s'était acharné plus qu'à aucun de ses ouvrages à son odieux poème
de la Pucelle. M. France a commis le même méfait d'essayer de diminuer
Jeanne d'Arc. En deux sérieux volumes, il a feint d'être historien. La feinte
était facile à percer, et un écrivain écossais et protestant, assez faible d'esprit
pour croire à la conscience de l'historien, M. A. Lang, n'a pas eu de peine à
montrer, dans deux excellents articles, que M. France se moquait de ses lecteurs, que, textes et faits, il transformait tout à sa fantaisie. » (Le R. P. P.
Snau, dans les *Études* de la Compagnie de Jésus, 10 déc. 1908, p. 810). M. Lang
n'est pas responsable de ces propos calomnieux. — Il est fâcheux qu'un laïc,
honnête et savant d'ailleurs, le professeur Desdevizes du Dezert, ait écrit avec
non moins d'injustice : « L'œuvre d'Anatole France est là pour montrer l'impuissance radicale du criticisme ironique à comprendre l'héroïsme et l'idéal ;
et quelles que soient les outrances des mystiques, c'est à eux qu'il appartient
de louer ceux qui furent grands par l'âme, par le désintéressement et la vertu.
Si étrange qu'il puisse paraître, par certains côtés, le livre de M. Denis (Léon
Denis, *La vérité sur Jeanne d'Arc*, 1910, avec cette conclusion : *Jeanne d'Arc
fut un médium*), est un beau et un bon livre, comme le livre de M. France
est un mauvais et un vilain livre. » (*Le Lien, organe des libres croyants*,
janvier-février 1912).

spécial, les deux fausses prophéties de Merlin et de Bède sur lesquelles M France l'a fondée (*The Maid*, p 308-311). La question est difficile ; mais M Lang ne m'a pas convaincu que M. France ait tort Prenons d'abord la prophétie de Merlin, que la France serait désolée par une femme et sauvée par une pucelle (des Marches de Lorraine), venue des abords d'un Bois chenu (ou chesnu) Il y avait un bois de ce nom auprès de Domrémy et Jeanne atteste elle-même qu'on l interrogea sur cette prédiction quand elle était auprès du roi à Chinon (*Pr.*, I, p 68). M. Lang soutient que la prophétie, tirée d'un passage de Merlin dans Geffroi de Monmouth — où il est question d'une vierge bienfaisante du *Nemus canutum* — étant répandue dans le peuple longtemps avant Jeanne et qu'elle lui fut seulement appliquée. Luchaire, dans un article d'ailleurs excellent (*La Grande Revue*, 25 mars 1908, p 229), vit là, au contraire, une simple *vaticinatio post eventum* et ajouta : « Il faut se défier des prophéties faites après coup. On remarquera que celles ci (celles de Merlin et de Bède) n'apparaissent que dans les témoignages du procès de 1455. Dans les interrogatoires du premier procès, Jeanne elle-même ne parle jamais de ces prédictions, qu'elle semble ne pas connaître. » Il y a là toute une accumulation d'erreurs, que réfute suffisamment le passage déjà cité (*Pr* , I, p 68) M. France en a commis une autre en disant, à propos de la prophétie de Merlin (t I, p 52) : « On a lieu de croire que les paysans l'ignoraient », sur quoi il renvoie à *Pr.*, II, p. 447, d'où il ressort qu'une paysanne l'avait, au contraire, déjà entendue (*ipsa testis haec audisse recordata est*). M. Lang a beau jeu là-dessus ; mais quand il use du témoignage d'un juge de la réhabilitation, Jean Brehal, pour dire que c'était une vieille prédiction très connue (*vulgaris et antiqua percrebuit fama, Pr.*, III, p. 340), il abuse ; la moindre citation de cette prophétie avant 1429 ferait mieux notre affaire. Tant que M Lang ne la produira pas, M France pourra soutenir que la modification et la mise en circulation de la prophétie de Merlin sont le fait d'un clerc de la Meuse ; peu importe qu'une paysanne de Vaucouleurs ait cru se souvenir, en

1455, de l'avoir entendue avant que Jeanne lui en parlât.

La question de la prophétie attribuée à Bède n'est pas moins obscure. Il s'agit de trois vers, dont le premier contient le chronogramme 1429, qui annoncent la guerre avec les Anglais et l'intervention d'une pucelle guerrière. M France dit que des clercs les firent circuler pendant le siège d'Orléans, c'est-à-dire en avril 1429 ; mais il n'en donne aucune preuve. M. Lang, qui ne veut pas qu'on mette en cause les clercs de la Meuse ou de la Loire, écrit (*The Maid*, p. 311) : « Paris (en juillet 1429) fut le lieu d'origine de cette fausse prophétie, qui peut être due à l'ingéniosité d'un Carme attaché au parti du roi légitime. » Il est clair que, si M. Lang avait raison, le principal argument de M. France tomberait. La première citation que nous ayons de la prophétie du pseudo-Bède est dans une lettre écrite par un Italien le 9 juillet 1429. Mais si elle avait été fabriquée après les grands succès de Jeanne, on s'étonnerait d'y trouver seulement l'annonce de la guerre et de la vierge porte-étendard (*Ecce beant bella, tunc fert vexilla puella*). En second lieu — et ni M. France ni M. Lang n'y ont fait attention — la manière dont la vieille Christine de Pisan, dans son poème daté du 31 juillet 1429, parle de cette prophétie, paraît indiquer qu'elle avait été alléguée, comme celle de Merlin, lors de l'examen de Jeanne à Poitiers, c'est-à-dire en avril 1429 (*Pr.*, t. V, p. 12 : « Car bien a été éprouvée... Et bien été examinée... Mais on a trouvé en histoire Qu'à ce faire elle était commise, Car Merlin et Sebile et Bède Plus de vingt (?) ans a la vêirent En esperit et pour remède A France en leurs écrits la mirent, etc. »). Je crois donc que M. France a tout de même raison contre M. Lang et que si ce dernier vieillit beaucoup la prophétie de Merlin, il rajeunit à l'excès celle de Bède. Mais, dans l'état de nos connaissances, on peut avoir, à ce sujet, une opinion plutôt qu'une certitude.

Je ne louerai pas une fois de plus, dans ce second volume, les qualités littéraires qui font de l'ouvrage de M. France un régal. Aussi bien n'a-t-il pas besoin de mes éloges : je voudrais seulement que mes critiques pussent contribuer, comme celles de M Lang, à faire de son livre un compagnon aussi sûr qu'il est charmant.

P. 35, sur la prophétie d'Engelide (*Pr*, III, 340), M. France fait un contresens. Texte : *Stupescat lilium. .quasi marcescens rore privato*. Traduction de M. France (t II, p. 35) : « Le lis, comme allangui par sa propre rosée .. » Cela ne signifie rien, ou c'est trop joli pour l'époque. Lire : *Marcescens rore privatum*, le lys qui se fane faute d'eau, tout simplement A la page suivante : *Singultus plurimos in se memorando*. Traduction : « Se remémorant maints gémissements » Certes non ; lire *murmurando*. Quand un texte n'a pas de sens (et ceux que Quicherat a imprimés n'en ont pas toujours), il faut le corriger avant de le traduire, suivant le précepte de Quintilien : *Interpretationem praecedere debet emendata lectio*. — P 73 : « Depuis plus de trois ans ses voix la tympanisaient avec l'assaut de Paris » A la réflexion, M France changera ce verbe — P. 80, note 3 : « Sur la situation des esprits dans Paris, voir divers actes de Henri VI, des 18 et 25 sept. 1429 (ms Fontanieu, 115). » Si ces documents sont inédits et n'ont été mentionnés de personne, il faut le dire et y insister ; s'ils sont connus, il faut renvoyer à un imprimé. — P 90 : « Elle s'apercevait avec surprise que cette jeune fille ne savait absolument rien. » Renvoi à *Pr.*, t. III, p 85, 89, où il n'y a rien de tel C'est là un genre d'erreurs dont M Lang a cité beaucoup d'exemples — P. 168 : « On ne lui demandait jamais conseil ; on l'emmenait comme un porte-bonheur, sans rien lui dire. » Exagération qui compromet une thèse juste en soi — P. 206. Comment M France peut-il croire que Jeanne, sans se blesser, se soit jetée en bas d'un donjon « haut de 70 pieds au moins » (la hauteur d'un sixième étage à Paris) ? Ce serait le plus étonnant de ses miracles.

P. 217 : « Jeanne, à Arras, reçut... un Ecossais qui lui fit voir un portrait où elle était figurée en armes, un genou en terre et présentant une lettre à son roi. » M. France suppose que le peintre aurait figuré Jeanne remettant au roi une lettre de Baudricourt. Mais l'art de cette époque ne repré-

sente guère de scènes historiques, du moins de l'histoire
contemporaine, et, d'autre part, Jeanne affirma n'avoir
jamais posé pour son portrait. Je ne sais si l'on a encore
aperçu le fait curieux qui se dissimule sous ce passage (*Pr.*, I,
p. 100) [1]. L'Écossais fit voir à Jeanne une de ces miniatures,
nombreuses au XVe siècle (par exemple, *cod. Vindob.*, 1855,
dans *Kunst-und Kunsthandwerk*, 1902, p. 301), où le guerrier
Uri, agenouillé, reçoit une lettre des mains du roi David ; il
dit à Jeanne que ce guerrier, c'était elle et, comme elle était
naïve, elle le crut. Si cela est exact, on peut retrouver, à
défaut de portraits de Jeanne — car les images de la Pucelle
qu'on vénérait n'étaient pas des portraits — des figures dans
les manuscrits de son temps où elle crut se reconnaître [2]. —
P. 279, n. 2. Le renvoi à *Pr.*, III, p. 80 est faux. Mais la
réponse prêtée à la Pucelle est mal comprise. Jean Beaugère
demande : « Quand vous voyez cette voix venir à vous, y a-
t-il de la lumière ? » — « Elle, alors, moqueuse comme à
Poitiers : *Toutes les lumières ne viennent pas à vous*, mon
beau seigneur. » Voici le latin (*Pr.*, I, p. 75) : *Dixit etiam
interroganti quod non totum lumen veniebat ad ipsum.* Évidemment, il faut lire *ipsam* ; Jeanne se contente de répondre,
sur une nouvelle et perfide interrogation, que la lumière
était répandue tout alentour, qu'elle ne rayonnait pas exclusivement sur elle. M. France a ajouté « moqueuse comme à
Poitiers » pour prêter à Jeanne une impertinence trop
spirituelle. — P. 297, explications insoutenables. On inter-
roge Jeanne sur un tableau qui était dans la maison de son
hôte à Orléans et où figuraient trois femmes avec cette
inscription : *Justice, Paix, Union.* Pourquoi lui pose-t-on

1. L'idée de cette explication m'a été suggérée par M. Durrieu ; j'avais pensé
d'abord à une miniature de présentation.

2. J'ai publié à ce sujet une note dans le *Burlington Magazine* (mars 1909,
p. 165), accompagnée d'une reproduction de la miniature de Vienne qui représente Uri aux pieds de David. Andrew Lang m'a contredit (*A miniature of a
married Hittite could (not) be mistaken for a girl of eighteen*, ibid., avril 1909,
p. 51) ; mais, d'abord, Uri est représenté comme un tout jeune homme ; et
puis, je n'ai jamais dit que la miniature montrée à Jeanne fût celle même
que nous possédons encore.

cette question, immédiatement après l'avoir interrogée pour savoir si elle avait fait peindre son portrait (*Pr.*, I, p. 100-101)? Sans doute parce qu'un imbécile a dit à l'enquêteur que Jeanne s'était fait représenter sous les traits d'une de ces femmes, d'une de ces allégories quasi divines, commettant ainsi le péché d'orgueil. Mais M. France s'imagine que le tableau était indécent et part sur cette fausse piste. « Les peintres, à cette époque, traitaient, sur des petits panneaux, des scènes d'étuve et des allégories et peignaient des femmes nues » Pas de renvoi, et pour cause Les allégories peintes dans la maison d'Orléans devaient être sévèrement, lourdement drapées; on en voit assez sur des tapisseries du XVe siècle (il y en avait à l'exposition des Primitifs français) Quant aux femmes nues sur des panneaux, même celles que peignit Jan Van Eyck (le tableau vu par Facius, celui dont une copie est à Leipzig, celui dont une copie a été découverte récemment par Weale), elles sont postérieures à la mort de Jeanne et, d'ailleurs. ni « ordes ni vilaines », pour emprunter l'expression que M France tient de Brantôme — P. 366. M. France connaît naturellement le livre de l'abbé Ulysse Chevalier; mais il saute à pieds joints sur les difficultés que soulèvent les deux formules d'abjuration. Une longue note, tout au moins, n'eût pas été inutile, ne fût-ce que pour expliquer pourquoi M. France, à l'exemple de M. Lea, n'attache pas beaucoup d'importance à cette question, qui passionne à bon droit les théologiens. — P. 378, M France ne veut pas que la relapse, c'est-à-dire la reprise du costume viril, ait été imposée à Jeanne par quelque nécessité de son existence en prison · « Elle se repentait de son abjuration, elle ne se pardonnait pas d'avoir menti de peur de mourir ». M Lang, qui accuse M France de diminuer Jeanne, trouverait ici, avec raison, qu'il la grandit à l'excès. La preuve qu'il y a erreur, c'est que Jeanne se plaignit, amèrement et justement, de n'être pas dans une prison d'Eglise et de n'avoir pas de femme auprès d'elle (*Pr.*, I, p. 456), insistant aussi sur l'embarras où elle était de vivre parmi des hommes (p 455). Sans doute, après avoir repris ses habits, elle se fortifia dans sa résolution de les garder par les raisons qu'allègue M. France d'après Jeanne elle-même ; mais ce ne fut pas la cause immédiate de la relapse. — P. 387. Les pièces publiées par Quicherat (t. I, p. 477 et suiv.), sur les derniers interrogatoires de Jeanne, sont absolument suspectes, puisque les greffiers ont refusé de les signer ; M. France sait cela, mais il aurait dû le rappeler en prêtant à Jeanne ce propos peu vraisemblable : « Je ne veux plus ajouter foi à ces voix qui m'ont déçue ». — P. 410 et suiv. M. France, pas plus que personne, n'a trouvé le mot de l'énigme irritante que pose l'histoire extraordinaire de Jeanne des Armoises. Le point essentiel, que nous ignorons, c'est comment la dame des Armoises prétendait avoir échappé du bûcher de Rouen. « On a des raisons de croire, écrit M. France, qu'elle attribuait son salut à sa sainteté ». Et plus loin (même page) : « Très probablement, elle donnait à entendre qu'à sa place on avait brûlé une autre femme ». C'est l'un ou l'autre ; c'est peut-être encore autre chose ; mais lorsque la fausse Jeanne causait avec les frères de la vraie, ou avec ses amis d'Orléans, elle leur servait sans doute une histoire vraisemblable, sans intervention miraculeuse (ce qui eût attiré sur elle la main de l'Église), une histoire qui devait tenir compte des incidents du procès. C'est cette histoire que nous avons le malheur d'ignorer. M. France incline ingénieusement à croire que la fraude fut d'abord favorisée par le roi lui-même, qui ne songeait pas encore à la possibilité d'une réhabilitation pour celle qui l'avait fait sacrer à Reims (p. 434) ; cela expliquerait comment les frères du Lys, qui avaient séduit le peuple et trompé le roi, ne furent ni inquiétés, ni même disgraciés. Mais, parmi ceux que trompa la dame des Armoises, il y eut le compagnon des chevauchées de Jeanne, Gilles de Rais, qui pourtant n'avait aucun motif de se faire le complice de la duperie. Ce mystère de la crédulité reste impénétrable, malgré le beau mémoire de M. Lefèvre-Pontalis. M. France parle à ce propos de Gilles de Rais en termes que je ne puis admettre, exagérant encore d'évidents mensonges : « Maintenant, il dépeuplait d'enfants ses vastes seigneuries et, mêlant la magie à l'orgie, offrait aux démons le sang et les membres d'innombrables victimes » Aux arguments que j'ai allégués contre cette sotte histoire (*Rev. Univ. Brux*, 1904, t. X, p 161-182 ; cf. Monod, *Rev. hist.*, 1907, I, p. 356)[1], il faut encore joindre d'autres raisons tirées du folklore du pays de Rais : on y racontait déjà, paraît-il, de semblables horreurs longtemps avant le procès de Gilles (*Bull. soc. anthrop.*, 1908, p 488). — P 480 M. France signale en note les miniatures de la collection Spetz et de la *Vraie Jeanne d'Arc* du P Ayroles, sans dire que ce sont des faux impudents, fabriqués (en Allemagne sans doute) au xixe siècle. M Durrieu en avait déjà fait justice en 1904, dans son mémoire sur l'Exposition des Primitifs. Si M. France avait été catégorique à cet égard — son texte laisse percer ses soupçons — M Lang n'aurait pas défiguré son récent ouvrage par de luxueuses reproductions de ces niaiseries.

Un texte bien surprenant est celui que Quicherat (t. V, p. 270) a reproduit d'après Hormayr. Les magistrats de Ratisbonne disent avoir donné 24 deniers, en 1429, pour voir le tableau « comment la Pucelle a combattu en France » Rien n'autorise à croire que ce fût un tableau de bataille (la Pucelle *combattant en France*, écrit M. France, p 483) Une Vierge en harnois de guerre pouvait être le sujet du *Gemael* qui fut mis en rapport, pour la circonstance, avec la Pucelle lorraine. Cette œuvre a disparu, mais je me demande si nous n'en avons pas un écho dans une singulière peinture de la fin du xve siècle à Klosterneuburg (Drexler et List, *Tafelbilder*, pl 3, reproduite dans mon *Répertoire de peintures*, t. II, p 538) La Vierge Marie y paraît, revêtue d'une armure complète, entre quatre anges également armés de pied en cap La première fois que j'en vis la photographie, je songeai à Jeanne ; le modèle suivi par le peintre anonyme ne serait-il pas apparenté au tableau que l'on montrait en 1429 à Ratisbonne ?

1. Cf. plus haut, p. 267, 294

III

En tête de la 28ᵉ édition de sa *Vie de Jeanne d'Arc*,
M. France a remercié la *Revue historique*, la *Revue critique*,
l'*Opinion*… et particulièrement M. Andrew Lang, qui
avaient appelé son attention sur beaucoup de références
fautives et d'erreurs de détail. Malgré les améliorations
ainsi apportées par l'auteur, l'ouvrage reste fort incorrect ;
M. Lang a pu signaler encore 80 passages qui attendent la
main du reviseur [1]. Il lui est arrivé pourtant, comme l'a déjà
remarqué M. F. Vogt, de noter des fautes inexistantes, par
exemple lorsqu'il s'en prend à une référence (*Procès*, I, p. 66)
qui, vérification faite, est parfaitement légitime (Lang,
p. 131) ; mais alors même qu'on ferait la part de plusieurs
erreurs de ce genre et d'un nombre double de chicanes sans
importance, il n'est pas moins établi que M. France, admirable écrivain, historien lucide, ne sait pas ou ne sait plus
travailler en érudit. Peut-être faut-il penser qu'il a divisé sa
tâche, qu'il a employé ce qu'on appelle un « nègre » et que
ce nègre, par malheur, n'était pas un bon nègre.

Le reste du volume — traduit en bon français sans nom
d'auteur — comprend trois parties. D'abord, des objections
générales aux vues de M. France, en particulier à celle qui
domine son œuvre, sur la part des clercs du parti armagnac
dans la vocation de la Pucelle. Je ne crois pas que M. Lang
ait réfuté cette opinion ; ce qui touche au texte capital de
Christine de Pisan n'a été qu'effleuré par lui. Les « contradictions » que M. Lang relève ensuite dans le texte de
M. France ne sont pas toutes, tant s'en faut, des contradictions véritables, mais s'expliquent par la préoccupation
« renanienne » de montrer les divers aspects des choses et
les nuances dont est faite la vérité historique. Nous trouvons
enfin une dissertation sur le « secret du roi ». M. Lang
admet l'explication donnée à Pierre Sala, en 1480, par le

---

1. Andrew Lang, *La Jeanne d'Arc de M. Anatole France*. Paris, Perrin, 1909.
In-8, 165 p.

chambellan de Charles VII, Boissy ; il s'agirait d'une prière tout intérieure que le roi aurait faite dans un moment où, doutant de sa légitimité, il avait la pensée de fuir en Espagne ou en Écosse. D'accord avec Quicherat, M. Lang accepte ce témoignage comme « la clef décisive du mystère » et part de là pour attribuer à Jeanne des facultés psychiques anormales, apparentées à « la télépathie, la clairvoyance et même la précognition ».

Cette explication d'un mystère par un autre est évidemment inadmissible. Il faudrait non pas une preuve, mais dix, pour faire croire que Jeanne a parlé au roi de l'Écosse et de l'Espagne, pays dont elle ignorait sans doute l'existence à ce moment. Elle a pu lui dire : « Vous me demandez un signe que je suis envoyée de Messire ; eh bien ! mes Voix m'ont dit que vous êtes le roi légitime, que vous avez tort de perdre courage ». Cela n'était pas bien extraordinaire, mais put impressionner vivement Charles VII, qu'il ait ou non, peu auparavant, confié ses incertitudes au Ciel. Dès 1429, dans l'entourage du roi, il était question d'un secret que Jeanne lui avait révélé ; mais on avait bien soin de ne pas laisser entendre que le roi eût pu, même un instant, douter de la légitimité de ses droits. Toutefois, les enquêteurs du procès ont dû entendre parler de la chose et recueillir une version qui se rapprochait de la vérité ; de là, leur insistance indiscrète pour obtenir des explications de Jeanne ; de là aussi, la résistance de la jeune fille qui les induit en erreur, ou qui reste dans le vague : *habuit rex signum de factis suis* (I, p. 75). Le parti anglais aurait naturellement voulu que les doutes de Charles VII fussent révélés par Jeanne elle-même, et Jeanne a montré son bon sens et sa haute raison en évitant le piège qu'on lui tendait. Ainsi, la version de Sala est vraie dans l'ensemble, non dans le détail : Jeanne n'a pu parler des projets du roi sur l'Écosse et l'Espagne ; elle a dû rassurer le roi sur des scrupules, portant, non sur le fait de sa naissance, mais sur les droits des Valois opposés à ceux des Lancastres. S'il y avait eu là un phénomène de télépathie, quasi-miraculeux, quelqu'un des confidents de Charles VII serait venu dire, au procès de revision, que Jeanne avait parlé au roi de l'Écosse ou de l'Espagne au moment où il songeait à ces deux pays. Or, au procès de revision, il n'a jamais été question du « secret du roi », précisément parce qu'il aurait fallu y faire état d'une question de légitimité dynastique qu'il y avait intérêt à laisser dormir.

Note sur la page 307 (ligne 3).

Les gens de lettres du xviiie siècle savaient parfaitement que la *Pucelle* de Voltaire était une imitation du *Roland* de l'Arioste et que Voltaire, en quête d'une Bradamante dans un sujet national, avait naturellement choisi Jeanne, sans aucun parti-pris de blasphème « antifrançais ». Je cite ces vers de Marie-Joseph Chénier dans son *Épître à Voltaire* :

> Cirey te vit longtemps, sous les yeux d'Emilie,
> Te faire un avenir et préparer ta vie;
> De Locke et de Newton sonder les profondeurs;
> Soumettre la morale à tes vers enchanteurs;
> *Ou, prenant tout à coup l'Arioste pour maître,*
> *L'imiter, l'égaler, le surpasser peut-être.*

Les Apologies de l'Inquisition [1].

———

Il y a profit, sinon toujours plaisir, à lire les apologies de l'Inquisition. Les avocats de cette cause difficile se sont donné beaucoup de mal pour la défendre; ils y ont employé du savoir et du talent. Tous ont dû mêler à leur argumentation des sophismes ou des faits controuvés; pour rétablir la vérité, il faut bien connaître les thèses qui lui font violence. D'ailleurs, les apologistes sont si nombreux qu'ils nous aident eux-mêmes à découvrir le faible de leurs plaidoiries; ils se contredisent et se réfutent entre eux. Je n'ai pas lu toutes les apologies de l'Inquisition, mais j'en ai lu quelques-unes. Il m'a semblé utile de classer leurs arguments sous certains chefs et de leur opposer des faits probants, tirés, le plus possible, des œuvres mêmes des apologistes.

Ceux qui profiteront de mon travail pourront le compléter, mais n'auront pas à le refaire; ce sera autant de gagné pour cette apologétique de la raison qui se constitue, trop lentement à notre gré, en face de l'apologétique de l'Eglise à laquelle ont collaboré, depuis des siècles, tant d'hommes de grand savoir et d'hommes éloquents.

I

Je rappelle d'abord quelques notions essentielles. Qu'est-ce que l'Inquisition? « On appelle ainsi le Tribunal de l'Inquisition, disait l'illustre historien De Thou, du mot latin *inquirere*, « rechercher », parce qu'il fait une rigoureuse

1. [Conférence faite à Bruxelles, imprimée dans la *Bibliothèque de Propagande*, neuvième année, n. 8 ; Bruxelles, 1911.]

recherche de ceux qui ont de mauvais sentiments sur la religion et sur les lois de l'Eglise et qu'il les punit sévèrement
dans leurs biens et dans leurs personnes. » — « Les débuts de
l'Inquisition, dit l'historien catholique Funk, remontent
aux décisions du Synode de Vérone en 1184, promulguées
au nom du pape et de l'empereur ; les évêques devaient faire
opérer des recherches dans les localités suspectes d'hérésie ;
le pouvoir séculier devait recevoir leurs instructions pour
châtier les coupables. »

L'Inquisition, à partir du XIIIe siècle, exerça d'abord ses
rigueurs dans le midi de la France ; elle étendit son action à
tous les pays d'obédience romaine, sauf l'Angleterre ; à la
fin du XVe siècle, elle devint une institution d'État en
Espagne et y sévit dans ce pays et ses possessions jusqu'au
XIXe siècle ; au XVIe siècle, en Allemagne surtout, elle tourna
ses efforts contre la sorcellerie. Les inquisiteurs furent tou-
jours des ecclésiastiques et généralement des moines dominicains ; indépendants du clergé séculier, qui était censé coo-
pérer avec eux, ils formèrent, pendant six siècles, une milice
romaine, pontificale, dispersée à travers le monde pour dénoncer l'hérésie au nom du pape et en assurer la répression,
soit directement, soit avec le concours du pouvoir civil.

Il n'y a pas d'autre exemple dans l'histoire d'une institution
de si longue durée, qui ait fait couler tant de sang, accumulé
tant de misères et combattu avec autant de rigueur les
moindres efforts pour l'affranchissement de la pensée.

L'Inquisition existe encore ; Rome n'a jamais aboli ce tribunal ; s'il ne lui reste que des pouvoirs disciplinaires, c'est
que l'autorité civile, dans tous les pays du monde, refuse
aujourd'hui de tirer le glaive pour la foi. Mais à Rome même,
jusqu'en septembre 1870, les forces de la police étaient au
service de l'Inquisition.

« Il n'est guère d'apologistes, s'il en est, écrivait en 1906
l'abbé Vacandard, qui éprouvent une réelle fierté à rencontrer dans l'histoire de l'Église catholique les annales de l'Inquisition. » Voyons comment ils s'y prennent pour écarter
ou pour atténuer ce que ces annales ont de fâcheux.

II

Le premier argument et le plus fréquemment reproduit est celui-ci : l'Église, seule compétente pour découvrir l'hérésie, en a signalé les fauteurs aux pouvoirs civils; ceux-ci les ont châtiés suivant les idées et les mœurs du temps; le sang versé ne l'a pas été par l'Église.

C'est l'argument de l'écolier qui, pris en faute, dit au maître : « Monsieur, ce n'est pas moi! ». Mais il faut entrer dans le détail et l'analyse des raisons alléguées; l'argument comprend plusieurs chapitres ou sophismes, que les différents apologistes sont loin d'avoir également fait valoir.

1° L'Inquisition n'a pas été créée par l'Église. C'est ce qu'a audacieusement soutenu Joseph de Maistre. « Toutes ces sortes d'institutions, écrivait-il en 1815, s'établissent on ne sait comment. Appelées par les circonstances, l'opinion les approuve d'abord; ensuite l'autorité, qui sent le parti qu'elle en peut tirer, les sanctionne et leur donne une forme. » Il est vrai que des hérétiques ont été persécutés dès le lendemain du triomphe du christianisme dans l'Empire romain et que les premiers à être brûlés vifs en France l'ont été par le pieux roi Robert en 1022; mais c'est bien le pape Grégoire IX, et nul autre, qui a créé le tribunal permanent de l'Inquisition. « La Papauté, dit Mgr Douais [1], a établi l'Inquisition parce qu'elle avait qualité pour le faire; c'est un fait certain et universellement reconnu. »

2° C'est l'empereur Frédéric II, dit-on, et non l'Église, qui a ouvert l'ère des répressions sanglantes. — Assurément, Frédéric II porte une lourde responsabilité; mais celle d'Innocent III et de Grégoire IX est plus lourde encore. En 1199, Innocent III annonce qu'il confisque les biens des hérétiques dans les territoires soumis à sa juridiction temporelle. « Dans les autres, ajoute-t-il, nous signifions aux podestats et aux princes séculiers d'en faire autant et nous ordonnons que, s'ils négligent ce devoir, ils y soient forcés par la voie des

1. Douais, *L'Inquisition*, p. 1.

censures eccléstastiques. » Par des motifs que nous exposerons tout à l'heure, il ne demande pas que les hérétiques soient mis à mort, mais il l'insinue très clairement : « D'après la loi civile, dit-il, les criminels de lèse-majesté sont punis de la peine capitale et leurs biens confisqués. A combien plus forte raison ceux qui offensent Jésus doivent-ils être retranchés de la communion chrétienne et dépouillés de leurs biens! »[1]. L'assimilition, par le pape, du crime d'hérésie à celui de lèse-majesté dictait leur conduite aux princes. En 1213, le Concile de Latran fit des règles établies par Innocent III les canons de l'Église Universelle ; il déclara les hérétiques excommuniés et les livra aux puissances séculières afin qu'ils reçussent le châtiment mérité. Sept ans après, en 1220, Frédéric II promulgua une constitution inspirée du décret pontifical de 1199, et où le crime d'hérésie était formellement assimilé à celui de lèse-majesté. Ses juristes lui ayant appris que Dioclétien, en 287, avait porté la peine du feu contre les Manichéens, il condamna à son tour les hérétiques au bûcher dans une constitution promulguée pour la Lombardie en 1224. L'évêque de Brescia, le dominicain Guala, imposa à cette ville la loi frédéricienne de 1224. Peu après, en 1231, le pape Grégoire IX, ami de Guala. adopta cette constitution ; la même année, des hérétiques furent brûlés à Rome. Ainsi, Innocent III avait inspiré Frédéric II, et le pape Grégoire IX, en adoptant cette législation atroce, la recommanda et l'imposa même à toute la chrétienté. La création du tribunal de l'Inquisition, confié à des moines dépendant directement de Rome, eut pour effet immédiat de généraliser les dispositions pénales que Grégoire IX avait introduites dans ses États. On possède de lui une bulle, intitulée *Gaudemus* (« nous nous réjouissons ») qui, datée de 1233, deux ans après l'institution officielle de l'Inquisition, en célèbre les bienfaits en ces termes : « Nous nous réjouissons, écrit-il, que les pères n'hésitent pas à dénoncer leurs fils ou leurs femmes, que les fils dénoncent les pères, que les femmes

---

1. Lettre du 25 mars 1199 (Vacandard, *L'Inquisition*, p. 72).

dénoncent leurs enfants et leurs époux »[1]. Frédéric II, tout scélérat qu'il était, n'a rien écrit de pareil.

3° Si l'Église, dit-on, n'avait pas créé l Inquisition, les princes du XIIIe siècle auraient entrepris de réprimer l'hérésie et empiété sur les droits et les devoirs de l'Église en matière spirituelle. — C'est la thèse de Mgr Douais, évêque de Beauvais « L'Inquisition, suivant ce prélat, est sortie de la situation trop dure que Frédéric II aurait voulu imposer à la papauté en menaçant de prendre en main lui-même la répression de l'hérésie. . Il ne fallait point laisser la puissance séculière mettre le pied sur ce terrain ; autrement, on eût entretenu chez elle la tentation de connaître de la doctrine »[2] Mais d'abord aucun texte — Mgr Douais le reconnaît lui-même — ne confirme cette hypothèse : « Les documents connus et publiés, dit-il, ne montrent pas directement le pape Grégoire IX en quête d'un moyen pour enlever à Frédéric II l'hérésie comme crime juridique et le trouvant dans l'institution du juge délégué permanent »[3]. Non seulement ces documents n'existent pas, mais ils ne peuvent pas exister, puisque Frédéric II s'est inspiré d'Innocent III et que l'empereur a toujours marché d'accord avec Grégoire IX en ce qui touchait la répression de l'hérésie. Une autre objection est plus concluante encore. Frédéric II meurt en 1250 ; si l'Inquisition n'avait été fondée que pour arracher de ses mains le glaive spirituel, pourquoi lui a-t-elle survécu de six siècles et n'a-t-elle reçu ses plus grands développements qu'après sa mort ?

4° L'Église n'a pas versé le sang ; les peines qu'elle a infligées aux hérétiques sont bénignes ; c'est le bras séculier qui a sévi, malgré les appels de l'Eglise à sa clémence.

Cet argument apologétique date de loin ; il est condamné par les textes historiques de la manière la plus décisive ; mais, pour le discuter utilement, il faut d'abord préciser ce qu'on entend, dans l'Eglise romaine, par l'horreur du sang.

1. Vacandard, p. 298.
2. Douais, p VI et XI.
3 Douais, p. VI.

Les premiers chrétiens, persécutés eux-mêmes et détestant les spectacles cruels des amphithéâtres romains, prenaient à la lettre la défense du Décalogue : « Tu ne tueras point » et allaient même jusqu'à condamner le service militaire parce qu'il les exposait à répandre le sang de leurs semblables. Tertullien, en 211, disait qu'un chrétien ne devait jamais user de violence, qu'il ne devait ni enchaîner ni torturer personne, qu'il ne devait pas être officier dans l'armée[1]. « Nous ne suivons pas l'empereur en campagne, même quand il nous l'ordonne », écrivait Origène vers 250[2]. D'après les canons d'Hippolyte (fin du IIIe siècle), un chrétien ne doit devenir soldat que s'il y est contraint; s'il porte l'épée, il doit se garder de verser du sang[3]. Lactance, vers 320, défend non seulement aux chrétiens d'être soldats, mais de porter contre qui que ce soit une accusation capitale, car il importe peu, dit-il, que l'on tue par le fer ou par la parole[4]. Lorsque la société chrétienne se divisa nettement en deux classes, le clergé et les laïcs, ces prescriptions rigoureuses ne furent plus maintenues que pour le clergé. Toute effusion de sang fut considérée comme une souillure, qui plaçait celui qui s'en rendait coupable dans l'état d'*irrégularité*. « L'*irrégularité*, disent les canonistes, c'est tout ce qui rend un sujet incapable ou indigne d'entrer dans la cléricature, d'en exercer les fonctions et de posséder des bénéfices »[5].

Aucun prêtre, aujourd'hui encore, n'a le droit de procéder à une opération chirurgicale, à une incision; ce n'est pas qu'il lui soit interdit de faire souffrir, mais il est soumis à un véritable *tabou* du sang.

Écoutons encore les canonistes : « On n'encourt point l'irrégularité, nous disent-ils[6], pour condamner au fouet ou à la question, pourvu qu'il ne s'en suive pas d'effusion de

---

1. Tertullien, *De Idololatria*, c. 17.
2. Origène, *Contre Celse*, VII, 73.
3. Vacandard, p. 8.
4. Lactance, *Institutions*, VI, 20.
5. Bergier, *Dictionnaire de Théologie*, s, v. *Irrégularité*.
6. *Ibid.*

sang. » Mais comme, malgré les précautions prises, le fouet
et la torture peuvent causer une effusion de sang, le pape
Alexandre IV, dans sa sagesse, décida que les inquisiteurs,
assistant aux flagellations et aux séances de torture pour
recueillir des aveux, auraient qualité pour s'absoudre mutuellement de l'irrégularité encourue, au cas où ces opérations
entraîneraient des hémorragies.

Car c'est bien l'hémorragie que redoute le prêtre, non la
cruauté. Voici ce qu'écrit Bergier, savant théologien catholique[1] : « Un prêtre qui donne la mort au sujet qu'il traite,
par le moyen d'un remède conforme aux principes de l'art,
ne se rend point irrégulier ; mais il le devient s'il fait une
saignée qui sauve le sujet ; c'est de l'effusion du sang que
naît l'irrégularité. »

Non seulement le prêtre ne doit pas verser le sang, mais il
ne doit pas être la cause directe de cette effusion ; il faut qu'il
ait recours à un subterfuge s'il veut satisfaire sa haine ou
venger le Dieu qu'il sert. L'Inquisition adopta deux procédés : elle condamna le coupable au feu en lui retirant la protection de l'Église, en l'abandonnant au bras séculier, qui
devait, sous peine d'excommunication, le mettre à mort ; elle
imagina de recommander le coupable à la clémence du bras
séculier, pour pouvoir dire qu'elle n'était pas cause directe
de sa mort, tout en avertissant les magistrats que, s'ils hési-
taient à sévir, ils seraient d'abord excommuniés et puis
considérés eux-mêmes comme hérétiques. « Ce n'est pas là
une hypocrisie, dit l'abbé Vacandard ; c'est une fiction juridique. » Appelez cela comme vous voudrez ; les honnêtes
gens en penseront ce qu'il convient.

Une fois éclaircie cette notion de l'horreur du sang, voyons
le parti qu'en ont tiré les apologistes.

En réalité, l'apologie de l'Inquisition est devenue nécessaire du jour même où l'Église sollicita l'intervention des
autorités séculières pour exterminer les hérétiques. Elle était
fort embarrassée, non seulement par suite de son *horreur*

1. Bergier, *Dict. de Théologie.* s. v., p. 408.

du sang, mais par quelques textes formels de la Bible comme celui d'Ezéchiel : « Je ne veux pas la mort du pécheur », par la parole de Jésus ordonnant à saint Pierre de remettre l'épée au fourreau, par le mot de Jésus défendant d'arracher l'ivraie avant la moisson[1]. Déjà saint Thomas d'Aquin, le premier théoricien de l'Inquisition, se tirait d'affaire en disant que les hérétiques sont livrés à la mort non par l'Église, mais par le bras séculier. Un de ses contemporains écrit : « Notre pape ne tue personne et il n'ordonne de tuer personne ; c'est la loi qui tue ceux que le pape permet de tuer, et ce sont eux-mêmes qui se tuent en faisant des choses pour lesquelles ils doivent être tués »[2]. Joseph de Maistre a repris cet argument, en y ajoutant celui de l'exhortation à la clémence, cette « fiction juridique » dont j'ai déjà dit un mot : « Séparons et distinguons bien exactement, dit le noble Savoyard, lorsque nous raisonnons sur l'Inquisition, la part du gouvernement de celle de l'Église. Tout ce que ce tribunal montre de sévère et d'effrayant, et la peine de mort surtout, appartient au gouvernement : c'est son affaire, c'est à lui et c'est à lui seul qu'il faut en demander compte. Toute la clémence, au contraire, qui joue un si grand rôle dans le tribunal de l'Inquisition, est l'action de l'Église, qui ne se mêle des supplices que pour les supprimer et les adoucir ». Et ailleurs : « Jamais le prêtre n'éleva d'échafaud, il y monte seulement comme martyr ou consolateur ; il ne prêche que miséricorde et clémence et, sur tous les points du globe, il n'a versé d'autre sang que le sien. »

Passons de Joseph de Maistre, qui écrivait en 1815, à Mgr Douais, qui écrivait en 1906[3] : « L'Inquisition sépare l'hérétique du sein de l'Église, avec laquelle il a voulu rompre en retombant dans l'hérésie ; mais elle ne veut pas sa mort ni même un supplice entraînant l'effusion du sang. C'est affaire au bras séculier... La sentence contenait toujours un appel à la modération du bras séculier. L'Inquisi-

1. Vacandard, p. 205.
2. Vacandard, p. 213.
3. Douais, p. 204, 223, 264, 144.

teur ne pouvait ignorer que le supplice ordonné par le juge
séculier serait le bûcher. Il le priait cependant d'épargner
l'hérétique dans sa vie et dans ses membres... Le bras séculier n'est nullement tenu en soi de livrer au feu l'hérétique.
Rien ne l'y oblige... C'est le bras séculier qui a toute la responsabilité devant l'histoire... L'Église n'a pas en cette circonstance appliqué la peine de mort; la théorie du crime de
lèse-majesté divine appliquée à l'hérésie est antérieure à Grégoire IX. (Mgr Douais se garde de dire qu'elle a été formulée
par le pape Innocent III; cette omission montre la candeur
de l'écrivain.) Seulement, celui-ci ne l'a pas repoussée.
(Autre subterfuge; Grégoire IX fit transcrire en 1231, sur les
registres de la chancellerie pontificale, la constitution frédéricienne de 1224, ce qui introduisait officiellement la peine
du feu dans la législation contre les hérétiques.)[1] Et puisque
le pouvoir séculier avait prononcé contre l'hérétique la peine
du feu, il ne lui appartenait pas de la repousser ».

Joseph de Maistre et Mgr Douais doivent suffire : il est inutile d'énumérer les textes de cent autres sophistes qui ont
répété, sciemment, les mêmes faussetés. D'autres apologistes
plus honnêtes me fournissent les réponses qui conviennent.
J'emprunte ce qui suit à l'abbé Vacandard[2] : « Tout en se
défendant de participer à des jugements de sang, les papes,
les conciles et les inquisiteurs n'en pressaient pas moins
l'exécution des condamnés qu'ils livraient au bras séculier...
Tout refus, toute négligence même exposait le réfractaire à
la peine de l'excommunication; les cités indociles devaient
être mises en interdit... Cette excommunication prenait un
caractère d'autant plus redoutable que, suivant les canons,
celui qu'elle frappait — s'il ne s'en faisait relever — devenait lui-même hérétique au bout d'un an, et du même coup
passible de la peine de mort... Innocent IV insista, en 1252,
pour que les peines fussent appliquées dans les cinq jours et
que la bulle à cet effet, ainsi que les édits de Frédéric (impo-

1. Vacandard, p. 133.
2. Ibid., p. 171-174.

sant la peine du feu), fussent insérés dans les statuts des cités... Il demeure avéré que l'Église, en la personne des papes, a employé tous les moyens dont elle pouvait disposer pour faire appliquer par le bras séculier la peine de mort aux hérétiques... Ce qui pèse sur la mémoire de Grégoire IX, ce n'est pas le reproche d'injustice, mais plutôt le souvenir attaché à l'établissement de l'Inquisition monastique et à l'application, qu'il a essayé de généraliser, de la peine du feu[1] ». Quant à la recommandation à la clémence des juges, « il est fâcheux, dit l'abbé Vacandard, que les juges séculiers n'aient pu prendre cette formule à la lettre. S'ils se fussent avisés de le faire, ils auraient été vite ramenés au sentiment de la réalité par l'excommunication. La clause des casuistes ne donnait le change à personne[2] ».

Après M. l'abbé Vacandard, entendons M. Guiraud. Ce savant est professeur à l'Université de Besançon. C'est un de ces cléricaux militants, nombreux dans le haut enseignement de France, que le gouvernement français s'honore en maintenant dans leurs chaires, car il rend ainsi un double hommage à la tolérance et à l'érudition, même dévoyée. « Il est impossible de nier, dit M. Guiraud, que l'Église ait voulu réduire l'hérésie par la force : loin de subir toujours l'impulsion de l'autorité civile, elle la lui a parfois imprimée... Aux apologistes timorés de l'Église qui craignent d'avouer sa rigueur et qui, malgré tous les textes, s'obstinent à nier l'appel au bras séculier et les supplices de l'Inquisition, nous disons qu'ils s'obstinent à nier l'évidence[3] ». Cela est loyal et clair.

Il n'est pas moins clair que la torture — torture des accusés et torture des témoins — a été introduite dans la procédure inquisitoriale par l'Église, malgré la répugnance des hommes du moyen-âge pour l'emploi de cet odieux moyen. « Cette terrible mesure, dit l'abbé Vacandard[4] est due à l'initiative d'Innocent IV. La mutilation était prohibée, mais

1. Vacandard, p. 157.
2. *Ibid.*, p. 214.
3. Guiraud, *Questions d'histoire*, p. 11.
4. Vacandard, p. 175.

on pouvait user du chevalet, de l'estrapade, des charbons ardents ». J'ai déjà dit qu'au prix d'une absolution mutuelle d'irrégularité, les inquisiteurs, depuis 1260, purent assister à ces abominables épreuves et les diriger.

A force d'arracher aux juges civils des arrêts de mort, les inquisiteurs finirent par oublier qu'ils devaient, en théorie du moins, y rester étrangers. Dès la fin du XIIe siècle, l'archevêque de Reims s'était fait l'auxiliaire du comte de Flandre, Philippe. « La chronique d'Anchin rapporte qu'ils condamnèrent, d'un commun accord, au bûcher un grand nombre d'habitants du pays, nobles ou non nobles, clercs, chevaliers, paysans, vierges, veuves et femmes mariées[1]. » Le concile de Constance édicta sans ambages la condamnation au bûcher de Jean Huss, de Jean Wiclef et de Jérôme de Prague : *puniantur ad ignem*[2], prononcèrent les Pères, en dépit de l' « irrégularité. » Le dominicain Sprenger parle des sorcières qu'il a fait brûler, *quas incinerari fecimus*[3]. Une indulgence pontificale fut promise à ceux qui apporteraient des fagots pour le bûcher, preuve manifeste, s'il en fallait, que l'Église exigeait ce supplice atroce et en assumait la responsabilité.

Ce qui précède me dispense de réfuter l'assertion que l'Église aurait fait effort pour adoucir ou même pour supprimer les supplices. Il n'y a pas un seul exemple, dans la trop longue histoire de l'Inquisition, d'une intervention de l'Église à cet effet ; il y en a d'innombrables de ses excitations à l'homicide. Je ne veux en citer qu'un seul, emprunté aux annales des Pays Bas. En 1521, Léon X envoya à Charles Quint le légat Jérôme Aléandre, pour déclarer à l'empereur qu'il était nécessaire de brûler vifs une demi-douzaine de luthériens. Deux ans après, les premiers martyrs de la nouvelle inquisition étaient livrés aux flammes sur le Grand Marché de Bruxelles. « Leur mort a fait beaucoup de Luthériens », écrivait Érasme[4].

1. Vacaudard, p. 61.
3. *Ibid.*, p. 217.
2. *Ibid.*, p. 216.
4. Pirenne, *Histoire de Belgique*, t. III, p. 334-338.

III

Les apologistes se consolent souvent de l'intolérance de l'Église en constatant que ses plus grands docteurs ont prêché la tolérance. C'est la conclusion même du bon livre de l'abbé Vacandard sur l'Inquisition : « Pour donner à tous, ainsi qu'elle le fait à présent, des marques effectives de sa maternelle douceur..., il n'a pas été nécessaire que l'Église s'inspirât de l'exemple d'autrui : il lui a suffi de reprendre une tradition interrompue, la tradition de ses premiers docteurs[1]. »

S'il s'agit des premiers docteurs de l'Église persécutée par les païens, j'en tombe d'accord ; mais du jour où l'Église fut victorieuse, les adversaires de la contrainte matérielle se firent très rares. Il en est d'illustres comme S. Hilaire, S. Martin, S. Ambroise, S. Jean Chrysostôme, auxquels on peut ajouter S. Bernard et quelques honnêtes théologiens du moyen-âge ; mais combien d'autres ont professé la doctrine de la violence et l'ont inculquée tout d'abord aux empereurs chrétiens ! Ceux-ci, malgré l'édit de tolérance de Constantin, persécutèrent avec acharnement les païens et portèrent, en 57 ans, soixante-huit lois contre les hérétiques ; c'étaient bien les prêtres chrétiens qui les inspiraient. Vers 370 S. Optat ose écrire, en réponse aux donatistes qui protestaient contre la persécution : « N'est-il donc pas permis de venger Dieu par la peine de mort ? Si tuer est un mal, c'est un mal dont les coupables sont eux-mêmes la cause. N'est-ce pas au nom de Dieu que Moïse et Élie ont mis à mort les adorateurs du veau d'or et les déserteurs du vrai culte ? On objecte : Le Christ n'a-t-il pas empêché S. Pierre d'user du glaive ? — Oui, sans doute, mais le Christ était venu pour souffrir et non pour se défendre. La destinée des chrétiens n'est pas celle du Christ. » En 447, le pape Léon approuva la condamnation à mort de l'hérétique Priscillien, contre laquelle le bon S. Martin avait protesté ; il traçait en même

---

1. Vacandard, p. 312.

temps le programme de l'Église persécutrice, qui doit se contenter d'un jugement sacerdotal, éviter les répressions sanglantes, mais trouver du secours dans les édits sévères des princes chrétiens[1].

Le plus grand docteur de l'Église, saint Augustin, commença par désapprouver toute violence; mais comme les lois impitoyables des empereurs avaient amené nombre de donatistes à se convertir, il changea d'avis et, sans demander la mort des hérétiques, recommanda de les traiter par les verges, par l'amende et par l'exil. Quand ses adversaires lui objectaient que l'ancienne Église souffrait la persécution et ne persécutait pas, il allait chercher, comme S. Optat, des exemples dans l'Ancien Testament. Avec Isidore de Séville, au VIIe siècle, la doctrine est complètement formée : le concours des princes est dû à l'Église pour la répression des hérésies. Avant même l'établissement de l'Inquisition, l'évêque Anselme de Lucques et plusieurs commentateurs de Gratien réclament la peine de mort contre l'hérésie[2]. S. Thomas d'Aquin, écrivant en plein régime inquisitorial, le justifie dans toutes ses prétentions. Jésus avait dit qu'il ne fallait pas arracher l'ivraie avant la moisson et S. Jean Chrysostôme en avait conclu qu'il ne fallait pas tuer les hérétiques. Mais S. Thomas, à la suite de S. Augustin, observe que Jésus a donné un motif : « de peur qu'en arrachant l'ivraie vous n'arrachiez en même temps le froment »; là où cette crainte n'existe pas, dit S. Thomas, parce que l'Église sait distinguer le bon grain de l'ivraie, on peut et l'on doit recourir aux moyens violents.

Le fait que les docteurs de l'Église persécutée et S. Jean Chrysostôme avaient enseigné une tolérance au moins relative, rend plus énorme le crime de la papauté qui se complut à de sanglantes exécutions. On excuse les sacrifices des nègres Dahoméens, car ils n'ont jamais été éclairés par des docteurs, formés eux-mêmes, comme Augustin et Chrysostôme, à l'école

1. Vacandard, p. 32.
2. *Ibid.*, p. 76.

de la philosophie grecque; on n'excuse pas les holocaustes de l'Inquisition.

Comme l'Inquisition d'Espagne est la moins mal connue du public et qu'elle a duré presque jusqu'à nos jours, les apologistes en ont parlé de préférence et ont essayé de faire croire qu'elle était toute politique et non religieuse, qu'il fallait lui faire un sort à part. « Ne pensez pas, s'écriait Mgr Frayssinous, que je vienne faire l'apologie de l'Inquisition d'Espagne; mais je n'y vois qu'une institution locale et particulière, un tribunal dont il n'est pas permis de faire retomber sur l'Église universelle les excès qui ont pu le souiller »[1]. Pour démontrer qu'il n'en est rien, que l'Inquisition d'Espagne est le produit du fanatisme de l'Église romaine, il suffirait de rappeler que deux papes ont félicité Torquemada de ses massacres, que les trois sectes qui se partageaient l'Espagne ont vécu en paix jusqu'au jour où les moines envoyés de Rome y ont allumé la guerre religieuse; mais je me contente de traduire ces lignes significatives d'un historien catholique estimé, le professeur Funk[2] : « L'Inquisition d'Espagne a eu en première ligne et essentiellement un caractère ecclésiastique. Les empiètement du pouvoir séculier permettent tout

---

1. Frayssinous, *Défense du christianisme*, t. II, p. 275. Voir aussi Lacordaire, *Vie de S. Dominique*, 5ᵉ éd., p. 105 : « Entre ces deux tribunaux (les tribunaux civils et ceux de la pénitence chrétienne), les papes voulurent-établir un tribunal intermédiaire, un tribunal de juste milieu, un tribunal qui pût pardonner, modifier la peine prononcée, engendrer le remords dans le criminel et faire suivre pas à pas le remords par la bonté; un tribunal qui changeât le supplice en pénitence, l'échafaud en éducation et n'abandonnât ses justiciables au bras fatal de la justice humaine qu'à la dernière extrémité ; ce tribunal exécrable, c'est l'Inquisition, *non pas l'Inquisition espagnole, corrompue par le despotisme des rois d'Espagne et le caractère particulier de cette nation,* mais l'inquisition telle que les papes l'avaient conçue, telle qu'après beaucoup d'essais et d'efforts ils l'ont enfin réalisée, en 1542, dans la congrégation romaine du Saint-Office, le tribunal le plus doux qu'il y ait au monde, etc. ». Dans un ouvrage récent sur l'Inquisition (d'ailleurs mis à l'index), M. Th. de Cauzons nous a resservi la même doctrine sur la supériorité du tribunal de l'Inquisition, où il s'agissait de correction, non de vengeance, où les juges laissèrent « autant qu'ils le purent » parler leur cœur. L'abbé Vacandard estime que ces lignes paraîtront, à certains critiques « porter un caractère de franche apologétique » (*Revue du clergé français,* 1ᵉʳ sept. 1912, p. 590).

2. Funk, *Kirchengeschichte*, p. 398.

au plus d'en faire une institution mixte L'assertion que l'Inquisition d'Espagne aurait été essentiellement politique ne
supporte pas l'examen »

Ainsi, sous quelque face que l'on envisage la question,
dans quelque domaine que l'on étudie l'histoire de l'Inquisition, la responsabilité de l'Eglise apparaît tout entière et la
tentative cent fois répétée des apologistes de faire retomber
sur les pouvoirs séculiers le fardeau de tant de crimes
tourne à la confusion de ceux qui nient l'évidence. Et je
n'ai rien dit des horribles persécutions contre les prétendues
sorcières, déchaînées par le pape Innocent VIII, qui, au
moment même où renaissait l'esprit critique, donnait une
consécration officielle à la croyance absurde que des hommes
et surtout des femmes pouvaient faire un pacte avec Satan!
Vers l'an 1500, l'inquisiteur Bernard de Côme affirmait la
réalité des phénomènes de sorcellerie et ajoutait : « La
preuve en est que les papes ont permis de brûler les sorcières, ce qu'ils n'auraient pas toléré si ces personnes
n'avaient été réellement convaincues d'hérésies, car l'Eglise
ne punit que les crimes avérés. »[1] Si un savant inquisiteur
parlait de la sorte, que ne devaient penser les ignorants et
les imbéciles ! Cent mille malheureuses brûlées vives, dans
l'Allemagne seule, voilà le fruit de la crédulité féroce d'Innocent VIII !

<h2 style="text-align:center">IV</h2>

Je passe à un nouvel ordre d'arguments L'Église n'a pris
aucune initiative qui ne fût bienfaisante ; c'est le peuple qui
s'est soulevé d'abord contre les hérétiques; en instituant
des tribunaux réguliers pour les juger, l'Église a soustrait
les innocents aux fureurs de la foule; l'Inquisition a cana-
lisé la haine, elle n'a été sévère que par charité. — Cette
thèse ingénieuse est celle du dominicain Lacordaire, elle a
été reprise par M⟨gr⟩ Douais. Un excellent historien laïc,
Luchaire, a fait honneur à Innocent III d'avoir « régularisé

1. Vacandard, p 197.

IV   22

et, par le fait, adouci la coutume répressive en matière
d'hérésie. » A la vérité, dès le début du xi⁰ siècle, il y a plusieurs exemples, dans le centre, le nord et le nord-est de
la France, d'hérétiques brûlés vifs par la populace; un cha-
noine de Langres écrivait à Innocent III que la piété des
fidèles était toujours prête à livrer aux flammes non seulement les hérétiques déclarés, mais les simples suspects.
Toutefois, on peut se demander comment les fidèles dis-
tinguaient les hérétiques et qui donc les désignait ainsi à
leur animosité.

« A Orléans, dit M. l'abbé Vacandard, c'est le peuple,
d'accord avec la royauté, qui prend la responsabilité du
supplice des hérétiques; les historiens ne laissent pas soupçonner que le clergé y soit intervenu directement, sauf
peut-être pour l'appréciation de la doctrine¹. » Cette réserve
est capitale et le « peut-être » évidemment de trop. A Sois-
sons, en 1114, on a un exemple d'hérétiques détenus en
prison que le peuple enlève et brûle parce qu'il craint l'indulgence du clergé à leur égard; mais si ces hérétiques étaient
en prison, c'est le clergé qui les avait fait incarcérer, les
désignant à la haine de la populace. En 1076, dans lé Cam-
brésis, ce sont bien les officiers de l'évêque et la foule qui
brûlent vif un Cathare, condamné par l'évêque comme hérétique; Grégoire VII protesta, non par pitié pour la victime,
mais parce qu'il n'admettait pas, avec raison, que le peuple
se mêlât d'exécuter des sentences². En 1034, près d'Asti, c'est
le marquis Mainfroi, assisté de son frère l'évêque d'Asti,
qui fait brûler des Cathares. En un mot, rien ne permet
d'admettre que la populace ait pris l'initiative de la répression; mais son intervention, motivée par les excitations du
clergé, était intolérable au point de vue du bon ordre et
empiétait sur les droits de l'Église en matière spirituelle. Si
la papauté, si Innocent III ou Grégoire IX, avaient voulu
soustraire les gens suspects d'hérésie à la fureur du peuple,
par les motifs charitables que font valoir les apologistes, ils

1. Vacandard, p. 49.
2. *Ibid.*, p. 42, 44.

auraient eu mille raisons de le dire : or, ils ne l'ont jamais
dit ni insinué Bien plus : tant en France qu'en Espagne, la
papauté a déploré, comme une chose dangereuse pour la foi
et scandaleuse, l'indifférence que la masse du peuple mani-
festait à l'égard de l'hérésie et les relations étroites qui
s'étaient établies entre hérétiques et fidèles. Enfin, et ceci
me paraît décisif, S. Thomas parle bien d'une idée chari-
table qui aurait inspiré l'Inquisition, mais il s'agit d'une idée
toute différente. C'est au nom de la charité chrétienne, dit-
il, qu'on livre au bras séculier, c'est-à-dire au bourreau, les
hérétiques impénitents, car il s'agit de préserver les fidèles
de la contagion et de leur inspirer une crainte salutaire[1]
Cela n'a rien de commun avec la charité qui consisterait à
soustraire les suspects au fanatisme des multitudes; ce sentiment, attribué à l'Eglise par les apologistes, a été imaginé
par eux au XIXe siècle; l'Eglise l a complètement ignoré.

V

Les rigueurs de l'Inquisition, nous dit-on encore, ont été
fort exagérées par les historiens rationalistes Il est vrai
qu'on a brûlé les sorcières par dizaines de mille; mais, à
l'égard des hérétiques, l'Inquisition s'est montrée beaucoup
plus clémente qu'on ne le dit. « L'activité de l'Inquisition
d'Espagne, écrit Funk, a été très défigurée par la passion de
parti et le nombre de ses victimes démesurément grossi »[2]
Assurément, comme les documents statistiques font
défaut, la fantaisie de quelques adversaires de l'Inquisition
a pu se donner libre cours; on a notamment exagéré le

---

1. Vacandard, p 210. Telle est encore la thèse de Falloux (*Histoire de Saint
Pie V*, t. I, p 58). Il reconnaît que l'intolérance serait aujourd'hui « un non
sens et sans resultat »; mais « autrefois elle avait un but légitime, un but
qu'elle a souvent atteint Autrefois il y avait, en immolant l'homme endurci
dans son erreur, toute chance pour que cette erreur pérît avec lui et que les
peuples demeurassent dans la paix de l'orthodoxie ». C'est pour ces belles raisons d' « opportunité »que Falloux consentait a ce qu'on s'abstînt de brûler
les hérétiques de son temps.

2. Funk, *Kirchengeschichte*, p. 398.

nombre des victimes du bûcher. Mais c'est encore par milliers qu'il faut les compter, tant en Languedoc qu'en Espagne, en Portugal, dans les Pays-Bas, en Allemagne, dans le Nouveau-Monde; d'ailleurs, comme le remarque Lea, les suppliciés furent peut-être moins à plaindre que les malheureux *emmurés*, gardés à vie dans les prisons de l'Église au pain et à l'eau, que les familles diffamées et dépouillées de tous leurs biens, que les enfants et petits-enfants d'hérétiques réduits à la misère parce qu'une enquête, postérieure de vingt ans et davantage à la mort du chef de la famille, aurait révélé qu'il penchait vers l'hérésie. Ces condamnations posthumes, suivies de l'exhumation et de l'incinération des corps, de la confiscation des biens, sont parmi les atrocités les moins défendables du régime inquisitorial. Peu importe que Torquemada n'ait fait brûler que 2.000 hommes au lieu de 6.000, comme on l'a dit; que l'inquisiteur Louis de Paramo ait « arrondi les chiffres » en portant à 30.000 le nombre des sorcières brûlées en un siècle et demi par le Saint-Office[1]; on n'excuse pas un assassin, soupçonné d'avoir commis dix meurtres, en assurant qu'il n'en a commis que six. Les apologistes qui se contentent à si peu de frais auraient besoin, ce me semble, de trouver des apologistes à leur tour.

VI

On répète, malgré l'évidence, que les rigueurs de l'Inquisition tenaient aux mœurs du temps, que les tribunaux de l'Inquisition ont été plus humains, plus soucieux de vérité et de justice que les tribunaux civils. « L'état des esprits, la mentalité générale, écrit l'abbé Vacandard[2], voilà la vraie cause des rigueurs que l'Église et l'État ont déployées jadis dans la répression des hérésies. » Mais l'abbé Vacandard se donne lui-même plusieurs démentis, et cela dans le même

1. Vacandard, p. 217, 242.
2. *Ibid.*, p. 273.

volume : « Prise en elle-même, dit-il plus loin [1], et comparée
à d'autres procédures, la procédure inquisitoriale se trouve
être, pour les garanties d'équité, dans un état d'infériorité
incontestable : le secret de l'enquête, l'instruction poursuivie en dehors du prévenu, l'absence de débats contradictoires, la torture, ce sont là des formes juridiques qui sentent
vraiment le despotisme et la barbarie. » Et ailleurs [2] : « La
procédure inquisitoriale marque un recul sur la procédure
criminelle en vigueur au moyen-âge » Que ce recul soit
le fait de l'Eglise, c'est ce que reconnaît Mgr Douais lui-
même : « L'instruction ou enquête secrète, *inquisitio*, par
opposition à l'information publique à la suite de l'accusation, n'a fait qu'assez tard son entrée dans la procédure ·
c'est des tribunaux ecclésiastiques qu'elle a passé dans les
tribunaux civils [3]. » La cause est entendue; c'est l'Eglise qui
a créé et propagé la procédure la plus inique qui ait jamais
désolé le genre humain.

VII

· Un moyen de justification très répandu consiste à dire ·
« Tu en es un autre » ou « inquisiteur toi-même ». Les apologistes en ont beaucoup abusé. L'abbé Bergier écrivait,
avant la Révolution française : « Nous félicitons volontiers
les Français et les Allemands de n'avoir point ce tribunal
chez eux; mais nous assurons hardiment que si les philosophes incrédules étaient les maîtres, ils établiraient une
inquisition aussi rigoureuse que celle d'Espagne contre tous
ceux qui conserveraient de l'attachement pour la religion ».
C'est bien, en effet, ce qui arriva en 1793; les prêtres non
assermentés furent persécutés par les mêmes moyens que
Louis XIV avait employés contre les protestants et l'on put
voir là une conséquence déplorable de l'éducation intolé-
rante donnée à la France par l'Eglise et la monarchie catho-

1 Vacandard, p. 308
2. *Ibid.*, p. 161.
3 Douais, p 3.

lique. Aussitôt après la Restauration, Mgr Frayssinous s'exprimait ainsi[1] : « Je voudrais savoir quelle secte a le droit de
jeter ici la première pierre à ce tribunal ! Chez les nations
qui embrassèrent la Réforme, que d'édits sanglants portés
contre les catholiques ! » Et l'orateur cite Servet, Arminius,
Barnevelt. « Nous dirions à la secte incrédule du dernier
siècle : Vous convient-il de reprocher à l'Espagne les anciens
autodafé, à vous dont les principes et la conduite devaient
amener une inquisition capable de faire en trois ans plus de
victimes que n'en ont pu faire en trois siècles toutes les
Inquisitions de la domination espagnole ! » Il est presque
inutile de relever cette exagération ridicule du nombre des
victimes de la Révolution ; mais je n'attache d'importance
qu'à l'argument. — « L'exécution des hérétiques, dit Funk[2],
ne fut pas une innovation de l'Inquisition ; elle était en
usage depuis longtemps, en Orient comme en Occident : elle
se prolongea au-delà du moyen-âge, même dans le monde
protestant ». On fait même honneur à l'Église de n'avoir
immolé que des hérétiques, et non des infidèles, oubliant
que la société chrétienne avait besoin de l'activité commer-
ciale des Juifs et que des massacres légaux de Musulmans
en Espagne auraient provoqué des représailles terribles
contre les chrétiens soumis au Grand Turc. « Si l'Église,
écrit le R. P. Lagrange[3], a jugé à propos de réduire certains
hérétiques par la force, elle n'a jamais admis qu'on imposât
la foi aux infidèles, comme l'ont fait régulièrement les Asmo-
néens, qui ne donnaient aux vaincus que le choix entre la
circoncision et la mort. » Pourquoi le P. Lagrange ne
remonte-t-il pas jusqu'à Josué ? En ce qui concerne les Juifs,
il n'est pas douteux qu'ils ont donné au monde l'exemple de
cette intolérance religieuse qui s'est ensuite retournée si
cruellement contre eux. En ce qui concerne les persécuteurs
protestants ou soi-disant philosophes, il est évident qu'ils
ont suivi de détestables maximes, mais que ces maximes leur

1. Frayssinous, *Défense du christianisme*, t. II, p. 181, 282.
2. Funk, *Kirchengeschichte*, p. 326.
3. Lagrange, *Remarques sur Orpheus*, p. 76.

avaient été enseignées par l'Eglise romaine, l'ennemie née de
la liberté intellectuelle, qui dirigeait toute l'éducation de la
jeunesse. L'abbé Vacandard blâme avec raison une apologie
qui s'abaisse à l'argument : « Tu en es un autre ». « On
semble reconnaître implicitement, écrit-il[1], que la cause de
l'Eglise n'est pas soutenable Le blâme jeté sur la conduite
des adversaires qu'on veut réduire au silence rejaillit sur
celle des amis qu'on essaie de défendre. De ce que l'Inquisition de Calvin et des Terroristes appelle la réprobation de
l'histoire, il ne s'ensuit pas que l'Inquisition ecclésiastique
échappe à tout reproche ». On pourrait dire la même chose
avec moins de réserve, mais il ne faut pas trop demander
aux apologistes, même aux plus loyaux.

VIII

« Vous abusez contre l'Eglise, reproche-t-on à ses critiques, des erreurs ou des fautes de quelques-uns de ses
membres. L'Eglise n'est pas responsable de tout ce qu'on a
fait pour servir sa cause ». « La religion, disait Frayssinous,
est trop sainte dans les préceptes qu'elle donne, trop pure
dans les sentiments qu'elle inspire, pour être souillée par les
excès personnels de quelques-uns de ses sectateurs ». Assurément Mais plus la doctrine de l'Eglise primitive était
contraire aux violences sanguinaires de l'Inquisition, plus
lourde est la responsabilité de l'Eglise romaine devant
l'histoire de les avoir suscitées, encouragées, glorifiées
Deux des pires inquisiteurs, Pierre Martyr et Pierre d'Arbuès,
ont été élevés par elle au rang des Saints et cela au XIX⁰ siècle, par le pape Pie IX. Elle a félicité, par la voix de ses
papes, les princes qui assassinaient leurs sujets et jamais,
au cours de six siècles d'horreurs, elle n'a élevé la voix en
faveur de la pitié ou de la clémence Jamais elle n'a renoncé
à se servir du glaive temporel; c'est le glaive temporel
qui s'est enfin dégoûté de la servir.

1. Vacandard, p v.

IX

A côté des apologistes qui plaident les circonstances atténuantes, il y a ceux qui veulent exalter l'Église et la louer même de ses forfaits.

« L'Inquisition, nous dit-on, a servi la cause de la société et de la morale, car les hérétiques qu'elle a combattus professaient des doctrines subversives de toute morale, de toute société [1]. En Espagne, elle a réalisé l'unité nationale, elle a préservé la péninsule des guerres religieuses qui ont dévasté l'Europe au xvie et au xviie siècle. Si elle n'a pas exterminé la Réforme protestante, elle en a du moins arrêté partout les progrès. »

Examinons d'abord la première thèse. Les hérétiques contre lesquels l'Inquisition a été fondée étaient les Vaudois et les Albigeois ou Cathares. Les Vaudois étaient inoffensifs ; il ne saurait être question d'eux. Quant aux Cathares, il est certain que leurs tendances ascétiques, leur aversion pour le mariage, auraient constitué un péril pour la société au cas où le catharisme, l'emportant en France et en Italie, était demeuré fidèle à ses principes. Mais ces principes ressemblaient beaucoup à ceux des premiers chrétiens et l'on sait avec quelle facilité le christianisme vainqueur a su se mettre en harmonie avec les besoins vitaux de la société. Les *Parfaits*, chez les Cathares, étaient l'équivalent des moines chrétiens ; jamais le Catharisme ne serait devenu une société de moines. Quant à la prétendue immoralité des Cathares en matière sexuelle, il y a longtemps qu'on a démontré que c'était une calomnie cléricale ; M. Guiraud, qui maintient cette accusation, n'a pu l'appuyer qu'en commettant, sur un texte facile, un contre-sens dont rougirait un écolier. Je ne pourrais moi-même, sans rougir, vous exposer ce contre-sens, dont j'ai déjà fait justice ailleurs [2] ; il suffit de dire que M. Guiraud

---

1. « Autrefois, écrit Falloux (*Histoire de Pie V*, t. I, p. 58), en dehors du vrai, tout était, même socialement, caractérisé comme erreur et comme crime ».
2. *Revue archéol.*, 1907, II, p. 186.

a vu une obscénité raffinée dans un texte où il est simplement question de l'aversion superstitieuse des Cathares pour la chair de certains animaux.

Ce que je viens de dire suffit à réfuter les allégations de M. Guiraud et d'autres apologistes qui ont insisté sur ce qu'on appelle « les théories anticatholiques, antipatriotiques et antisociale » des Cathares[1]. « La répression, dit M. Guiraud[2], était une mesure de défense sociale autant que religieuse ». Et cependant le même auteur concède que « par une heureuse inconséquence, les Albigeois admettaient la plupart des devoirs individuels qu'impose la morale chrétienne[3] ». Tout en observant que les doctrines cathares ne nous sont guère connues que par leurs persécuteurs ou « des aveux arrachés par la torture »[4], le même professeur conclut qu'il est impossible de ne pas imputer à leurs enseignements « un caractère immoral et antisocial. » C'est exactement ce que les païens, aux trois premiers siècles de l'Empire, ont dit du christianisme qu'ils connaissaient mal. D'ailleurs, on doit objecter aux apologistes qui usent de cet argument le silence absolu, ininterrompu de l'Église. Jamais elle n'a dénoncé le caractère antisocial du Catharisme — on lui aurait répondu en alléguant ses armées de moines — mais seulement sa tendance anticatholique. L'Église aurait eu cependant beau jeu à présenter ses adversaires, à l'exemple des païens diffamant le christianisme, comme les ennemis du genre humain. En second lieu, suivant la remarque de M. Vacandard lui-même[5], Frédéric II, Grégoire IX et S. Thomas sont d'accord pour ne point faire un sort à part aux Cathares, mais pour placer toutes les hérésies sur le même plan. Les inquisiteurs étaient si bien de leur avis qu'ils poursuivaient jusqu'après leur mort, en les faisant exhumer et brûler, des hérétiques qui, étant morts, ne pouvaient plus

1. Vacandard, p. 94.
2. Guiraud, p. 302.
3. Guiraud, p. 60.
4. *Ibid.*, p. 20.
5. Vacandard, p. 284.

nuire à la société. L'assertion que l'Église aurait défendu sciemment l'ordre social et assuré la perpétuité de l'espèce humaine menacée par l'ascétisme des Cathares, est un sophisme qui ne résiste pas à l'examen.

Les services rendus par l'Inquisition à l'Espagne ressemblent à ceux que la corde rend au pendu. Ce pays était riche et prospère; l'Inquisition l'a appauvri et dépeuplé. S'il a échappé aux guerres de religion, déchaînées en France et en Allemagne par l'Église, c'est comme Gribouille qui échappe à la pluie en se jetant dans l'eau; la persécution religieuse la plus atroce, mortelle à tout progrès, à toute pensée, y a duré sans accalmie pendant deux siècles, pour se prolonger, sous une forme plutôt ridicule, jusqu'au XIXe. Le discours à la gloire de l'Inquisition, que Frayssinous met dans la bouche d'un Espagnol, n'a jamais pu être tenu que par un suppôt ou un salarié de cette institution. Quant au mérite d'avoir arrêté les progrès de la Réforme, de l'avoir étouffée en Espagne, en Italie, en Belgique, laissons-le, si c'est un mérite, à l'Inquisition; mais convenons, puisque c'est l'évidence même, que les pays réformés, par cela même qu'ils ont secoué plus tôt que les autres le joug inquisitorial, se sont avancés d'un pas bien plus rapide dans la voie de la liberté et du progrès.

X

Voici maintenant l'apologie sans réserves, qui n'est plus une apologie, mais un hymne de reconnaissance et d'admiration. « L'Inquisition, écrivait un jésuite dans la *Civiltà Cattolica*, organe officiel de l'ordre de S. Ignace[1], fut un sublime spectacle de perfection sociale, un modèle de justice ». « Il faut louer l'Église, écrit Mgr Douais[2], d'avoir conduit une affaire aussi délicate [la répression de l'hérésie] avec dextérité, sans violence et au mieux des intérêts de Dieu et de César. » En 1875, le R. P. Wenig, de la société de

1. *Civiltà Cattolica*, 1853, I, p. 595 ; cité par Vacandard, p. 275.
2. Douais, p. 273.

Jésus, professeur à l'Université d'Inspruck, écrivait que
« l'hérésie ne peut être châtiée d'une façon convenable qu'en
lui appliquant de nouveau la peine de mort[1] ». C'est là
l'enseignement officiel, avoué de l'Eglise, témoin ces lignes
de la *Théologie* dite de Clermont, sans cesse rééditée (la
neuvième édition en 1904) et approuvée par Nosseigneurs
les évêques : « Il faut maintenir que l'Eglise a reçu de Dieu
le pouvoir de *contraindre* et de *châtier* les hérétiques et les
obstinés par des peines non seulement spirituelles, mais
même *temporelles et corporelles*[2] » Un peu plus loin,
l'aimable théologien cite, parmi ces peines, la flagellation,
la mutilation (sans doute de la langue) et la mort; il est
assez bon pour ne pas spécifier le bûcher Mais la papauté
infaillible n'a pas eu ce scrupule Le concile de Constance
avait condamné Jean Huss pour avoir affirmé, entre autres
propositions intolérables, qu'aucun hérétique ne devait être
abandonné au bras séculier[3]; Léon X alla plus loin encore
en lançant l'anathème contre cette 33e proposition de
Luther : « Il est contraire à la volonté du Saint-Esprit de
brûler des hérétiques[4] ». Voilà bien la glorification des
bûchers par la papauté elle-même. Et tandis que les calvinistes de Genève ont élevé un monument expiatoire à Servet,
victime de l'intolérance de Calvin, l'Eglise n'a jamais avoué,
jamais désavoué aucun des crimes de l'Inquisition. Bien
plus, l'article 24 du Syllabus de Pie IX condamne comme
hérétique la proposition suivante : « L'Eglise n'a pas le droit
d'employer la force ». Il est de mauvaise foi de prétendre,
comme on l'a fait récemment encore à la Chambre française,
que *force* signifie ici *force spirituelle*, car on n'affirme pas
solennellement ce qui n'a jamais été contesté, le droit de
l'Eglise de censurer les hérétiques Il s'agit bien, il s'agit
exclusivement de la violence, comme le déclare la *Théologie*
de Clermont

1. *Revue critique*, 1880, t I, p 292
2. *Theol dogm. et moralis*, t. I, p 40.
3 Vacandard, p 270.
4 Denzinger, *Enchiridion*, p. 178 (bulle du 16 mai 1520)

Tous les apologistes, mêmes les plus réservés et les plus honnêtes, maintiennent que l'Église a le devoir et le droit de défendre les intérêts de Dieu dans le monde, par tous les moyens compatibles avec les textes et les traditions sur lesquelles se fonde son autorité. Nous avons vu ce qu'est la tradition coercitive de l'Église : depuis le meurtre juridique de Priscillien au IVᵉ siècle, c'est une suite d'homicides, d'incarcérations, de confiscations, de fustigations, de tortures. Parmi les textes, ceux qui commandaient la clémence et la douceur ont bien vite été écartés ; j'en ai déjà cité quelques exemples. Les textes contraires sont nombreux dans l'Ancien Testament[1] ; on y insista d'autant plus volontiers que, suivant saint Mathieu (V, 17), Jésus n'était pas venu pour abolir la Loi, mais pour la parfaire. Dans les Évangiles eux-mêmes, qu'on admire si souvent sans les lire, les idées d'intolérance et de violence ne manquent pas. Jésus dit qu'il est venu apporter non la paix, mais le glaive ; il a « condamné d'avance les esprits rebelles qui résistaient à la lumière en disant (Marc, XVI, 16) : Celui qui ne croira pas sera condamné[2] ». Même l'horrible peine du feu parut prescrite aux inquisiteurs par ce verset au moins équivoque de l'Évangile de saint Jean (XV, 6) : « Si quelqu'un ne demeure pas en moi, il sera jeté dehors comme le sarment et il séchera, et on le recueillera et on le mettra au feu et il brûlera[3] ».

Saint Paul a des menaces plein la bouche : « Si je retourne chez vous, je n'épargnerai personne[4] ». Et ailleurs : « J'ai décidé de livrer cet homme à Satan, pour la destruction de sa chair, afin que l'esprit soit sauvé au jour du Seigneur[5] ». « J'ai livré à Satan Hyménée et Alexandre, afin qu'ils apprennent à ne plus blasphémer[6]. » Dans ces deux derniers passages, les critiques orthodoxes, tant protestants que catholiques, affectent de ne voir qu'une excommunica-

1. Voir Vacandard, p. 263 (surtout *Deutéronome*, XIII, 6 ; XVII, 1, 12).
2. Frayssinous, t. II, p. 269.
3. Voir Vacandard, p. 212.
4. Paul, II *Cor.*, 13, 2.
5. I *Cor.*, 5, 3‑5.
6. I *Tim.*, 1, 20.

tion spirituelle; mais livrer un hérétique à Satan *pour la destruction de sa chair*, c'est tout autre chose que l'excommunier : c'est l'envoûter. c'est le rendre malade, l'affliger d'une infirmité douloureuse par un procédé magique. Les critiques libéraux l'ont reconnu : il s'agit, comme dit Schmiedel, d'un « miracle punitif », d'un *Strafwunder*; il s'agit, dit Deissmann[1], d'un appel aux mauvais esprits, que les païens invoquent contre leurs ennemis en plaçant des tablettes chargées d'imprécations dans les tombes. Saint Paul magicien ! Saint Paul envoûteur ! Saint Paul invoquant le démon contre les hérétiques ! Voilà bien le premier inquisiteur chrétien, mais qui, ne disposant pas du bras séculier, a recours à des procédés de magie noire que les inquisiteurs catholiques du xv° siècle eussent pour le moins punis du cachot.

La colère de saint Paul contre Hyménée et Alexandre a servi d'exemple à ses successeurs. « Je m'étonne, écrit saint Jérome, qu'un évêque, dans la paroisse duquel Vigilance passe pour exercer la prêtrise, se fasse le complice de sa folie; je m'étonne qu'il ne brise pas ce vase inutile de sa verge apostolique et de sa verge de fer, pour le livrer à la destruction charnelle, afin que son esprit soit sauvé[2]. »

Notez que saint Jérôme, l'ami et le directeur de belles dames romaines, était un homme sévère pour lui-même et doux pour les autres; admirez à quelle férocité il se dégrade quand la haine théologique a mordu son cœur !

XI

Nous avons vu qu'aucun système d'apologie ne tient debout, que les arguments des apologistes s'entre-détruisent et que le recours aux textes historiques les plus certains en démontre, à qui sait lire, la vanité. Ce qui n'est pas vain, ce qui demeure, ce qui est fondé sur les textes et la tradition,

1. Deissman, *Light from the Ancient East*, p. 305
2. Hieron., *Epist.*, 109

c'est la prétention de l'Église romaine, qui se dit une société
parfaite, de gouverner les esprits par la terreur et de les
dompter, quand il le faut, par des sévices. Cela est parfaitement logique, à tel point que l'Inquisition, avec son
funèbre cortège, nous apparaît non point comme un épisode
inexpliqué, un accident dans l'histoire de l'Église, mais
comme le fruit le plus naturel de son génie. Toute tentative
d'apologie devient dès lors inutile : on n'excuse pas un
pommier de produire des pommes, ni la belladone de sécré-
ter du poison.

En quoi le génie du catholicisme diffère-t-il donc de celui
des religions antiques, à qui l'on peut dire, malgré quelques
cas isolés d'intolérance, que l'esprit de persécution était
étranger ? Un savant dominicain, le R. P. Lagrange, va nous
l'apprendre[1] : « Si les religions païennes ont été généralement accueillantes les unes pour les autres, c'est qu'aucune
d'elles n'était bien sûre de son affaire... Ceux qui croient à
la multiplicité des dieux n'en sont pas à compter quelques-
uns de plus... Quant à l'Église, si elle s'est montrée sévère,
quelquefois dure dans la répression de l'hérésie, c'est parce
qu'elle se croyait seule en possession de la vérité nécessaire
au salut de ses enfants. »

C'est bien cette prétention qui explique tout, d'où
découlent tous les crimes de l'Inquisition d'église comme
ceux des inquisiteurs laïcs qu'on a vus depuis à l'œuvre.
Assurément, des motifs plus bas, comme l'appétit du bien
d'autrui, ont pu contribuer à rendre l'intolérance plus
agressive, l'exercice du pouvoir coercitif plus impitoyable ;
mais la cause réelle, la vraie source du mal, c'est la prétention à l'infaillibilité, dont le concile de 1870 a fait un dogme
au profit du pape, mais que l'Église, en tant qu'Église, a toujours revendiquée pour elle, comme un bienfait de l'inspiration divine dont elle se prévaut.

Le jour viendra où l'on se demandera avec étonnement
comment une Église, dont les forfaits, les faux, les dépré-

1. Lagrange, *Quelques remarques sur Orpheus*, p. 70.

dations ont été clairement exposés par les protestants du
XVIIe siècle d'abord, puis par les philosophes du XVIIIe, a pu
refleurir au XIXe siècle au point d'exercer encore un pouvoir
doctrinal et même politique sur une grande partie du
monde Dira-t-on, avec l'ironie de Voltaire, que l'origine
divine de l'Eglise se manifeste dans la résistance qu'elle
oppose non seulement aux assauts de la raison et de
l'histoire, mais au poids des fautes et des crimes de
son passé? Dira-t-on que le souvenir des services rendus — services incontestables — l'emporte sur celui des
souffrances injustement infligées à des millions d'hommes? Invoquera-t-on une habitude de quinze siècles qui
est devenue, pour une portion de l'humanité, comme
une seconde nature? Je crois qu'on peut proposer, de ce
phénomène, une explication plus simple L'Église n'a
jamais cessé, malgré les apparences, d'avoir la haute main
sur l'éducation de la jeunesse et d'exercer une censure
redoutable sur les écrits L'histoire de son passé d'oppres-
sion et de sang a beau avoir été reconstituée dans tous ses
détails : elle défend, elle empêche qu'on l'enseigne, aux
fidèles d'abord, cela va sans dire, mais même aux enfants de
parents émancipés. Ce serait, paraît-il, violer la neutralité
scolaire que d'apprendre aux écoliers la simple vérité sur
l'Inquisition, les bûchers des sorcières, la Saint-Barthélemy,
les dragonnades[1]. Un instituteur et une institutrice laïcs

[1] Au cours de la campagne récente entreprise par l'Eglise contre les
manuels scolaires — les manuels d'histoire, en particulier — Mgr Baudrillart,
recteur de l'Institut catholique de Paris, a proposé qu'un manuel *officiel* fût
rédigé par une commission de trois savants, dont il devait naturellement faire
partie. Comme on ne l'écoutait pas, il a publié lui-même une *Histoire de
France* (Bloud, 1911), dont un historien a jugé l'esprit dans la *Revue critique*
(1912, II, p. 257-259) · « Les Ligueurs sont, pour M. Baudrillart, des « patriotes
bons Français et bons catholiques », son *impartialité* lui permet d'enseigner
que Coligny « se servait du prétexte de la religion. . pour s'assurer des
honneurs et des pensions ». En parlant de la Révocation de l'Edit de Nantes,
il affirme avec la même impartialité que Louis XIV ne fit que « suivre l'exemple
des princes protestants persécuteurs des catholiques ». Il serait bien embarrassé de citer le souverain contemporain qui chassa de son pays cent mille
catholiques et dragonna les autres jusqu'à ce qu'on les eût traînés au prêche ».
J'ai souvent, pour ma part, été témoin de l'impression profonde que causait,

dépendent, assurément, de l'État, non de l'Église ; ils n'en
redoutent pas moins d'irriter le château et la cure, dont les
vengeances sont cruelles et les haines tenaces. L'éditeur, de
son côté, craint la mise à l'index de tous ses livres s'il se
hasarde à en publier un seul que l'Église juge dangereux
pour elle. Cela n'est pas vrai que de l'enseignement primaire.
Il n'existait pas, en France, un seul ouvrage sur l'Inquisition ; j'ai traduit celui de l'Américain Lea ; j'ai dû le faire
imprimer à mes frais. Il n'existait pas, en France, une histoire des religions où la vérité fût enseignée sans voiles ;
j'en ai publié une, aujourd'hui traduite en cinq langues et
répandue à 20.000 exemplaires ; mais j'ai dû en payer
l'impression. La plus grande maison de Paris, à qui je
l'avais proposée, m'a répondu : « Cela pourra se vendre,
c'est peut-être une bonne affaire, mais nous y renonçons, ce
livre nous ferait du tort ». Et notez que ces choses se passent
en France, avec un gouvernement qu'on dit anticlérical ;
que se passe-t-il là où le clergé est tout puissant, en Bavière,
au Tyrol, au Canada — pour ne pas parler de pays plus
voisins de nous[1] !

Ainsi l'Église a pu éviter jusqu'à présent le ressentiment
que l'opinion publique doit à son passé de justicière inhu-
maine, en interdisant que ce passé fût connu, en dissimulant
à sa façon, dans de petits livres mensongers et même de gros
livres, les épisodes les plus répugnants de son histoire. Du
temps que sévissait l'Inquisition, elle a décrété qu'on n'en
parlerait pas ; maintenant que l'Inquisition n'existe que sur
le papier, elle décrète qu'on n'en parlera plus. Si l'on peut
comparer les petites choses aux grandes, c'est la même
politique qu'on a suivie pour l'affaire Dreyfus, affaire d'inquisition s'il en fut et conduite par des procédés d'inquisition.
« On ne doit pas en parler ; on n'en doit plus parler ». M'a-t-on
assez reproché de lui avoir fait une place modeste dans mon

à des personnes élevées par l'Église, la lecture d'un chapitre de l'*Inquisition*
de Lea ou de tel autre ouvrage véridique ; elles n'avaient jamais entendu parler de tout cela, mais savaient la liste des rois mérovingiens et capétiens.

1. [Cela était dit à Bruxelles et faisait allusion à la domination cléricale
dans ce pays.]

Histoire générale des religions? Mgr Baudrillart a intitulé un compte rendu de ce livre, où il prétend avec perfidie ne voir qu'une œuvre de haine : *La vengeance de Dreyfus* [1]

XII

Messieurs, un penseur libre qui songerait à une « vengeance » serait, passez-moi le mot, un clérical. Nous devons recourir à d'autres moyens que nos adversaires et nous inspirer d'autres maximes. Nous ne sommes pas sûrs du tout de connaître la vérité sur l'essence des choses ; mais nous sommes certains que les cléricaux en savent aussi peu que nous et qu'ils trompent le monde en prétendant la connaître D'autre part, nous cherchons la vérité historique, qu'ils travestissent si volontiers, et nous savons que rien ne les effraye davantage que la vérité toute nue. Travaillons donc à la répandre, par la plume, par la parole ! Laissons à Voltaire, qui fut souvent un fanatique à rebours, son cri de guerre et de haine : *Écrasons l'infâme* ! Rallions-nous à celui-ci, qui nous vaudra l'honneur avec la victoire .

Par la parole, par la plume, pour la vérité!

1 *Revue d'apologetique*, 1er avril 1909 — Dans la même *Revue* (1905-6, p 71), le même auteur a publié le canevas d'une *Apologie de l'Inquisition* où il y a de la moderation et du savoir, mais une fâcheuse tendance à faire le silence sur les côtes plus que facheux de l'institution.

Le Néo-Malthusisme et la Doctrine de l'Église[1].

Une loi générale, partout et toujours vérifiée, veut que la natalité décroisse là où croissent le bien-être et l'instruction, sans que l'on puisse faire sûrement la part, dans ce résultat, à l'égoïsme des individus, à leurs sentiments éclairés de prévoyance, aux effets physiologiques d'une nourriture azotée trop abondante. Le législateur n'y peut rien; ce qu'il peut et ce qu'il doit, c'est de mieux répartir les charges, non pour punir les ménages sans enfants et les célibataires, ce qui serait tyrannique, mais pour aider d'autant plus efficacement les autres, ce qui est conforme à l'équité. A cet effet :

1° Tout fonctionnaire au-dessus de 25 ans, non marié, divorcé ou veuf sans enfant, devrait subir une retenue d'un tiers sur son traitement; tout fonctionnaire marié, divorcé ou veuf avec un seul enfant, devrait subir une retenue d'un quart. Les sommes constituées par ces retenues formeraient une masse à répartir entre les fonctionnaires chargés de famille, en raison directe de leurs charges et en raison inverse du chiffre de leur traitement;

2° Tout contribuable non marié, divorcé ou veuf sans enfant, devrait payer un impôt complémentaire égal au double du principal de la taxe locative; s'il est marié, cet impôt com-

1. [Cet article a paru dans une enquête publiée par les *Documents du Progrès* (juin 1910), sous ce titre : *Le problème de la dépopulation*. M. Rémy de Gourmont l'a reproduit en grande partie dans la *Revue des Idées* (15 juin 1910, p. 455-458), en faisant précéder mon texte de ces lignes : « M. Fernand Mazade a entrepris et dirigé avec soin, dans les *Documents du Progrès*, une copieuse enquête... Il a reçu et commenté de nombreuses réponses. Aucune n'est plus sage, n'est moins dans le ton banal que celle de M. S. R. » — En réimprimant cette « consultation », j'en ai développé quelques passages dans l'intérêt de la clarté et j'ai cité *in extenso* quelques textes que je m'étais contenté à tort d'indiquer.]

plémentaire serait réduit au principal Les sommes provenant de ces impôts seraient affectées à l'Assistance publique
pour élever les enfants qu'on lui confie et venir en aide aux
familles nombreuses ;

3° Dans toute succession dévolue à moins de deux enfants,
l'État percevrait, à l'exclusion d'autres droits, la moitié du
capital s'il s'agit d'un célibataire ayant pour héritiers des
neveux, le tiers s'il n'y a qu'un seul enfant, etc

L'état de choses actuel est un encouragement formel au célibat On citerait à Paris, en 1910, beaucoup d'individus non
mariés, ayant cent mille francs de rente ou davantage, qui sup-
portent uniquement la taxe locative (à moins qu'ils ne vivent
à l'hôtel) et dont la fortune, placée en rentes françaises ou
en valeurs déposées à l'étranger, échappe complètement au
fisc. Ces contribuables privilégiés ne payent pas *un* pour
cent de leurs revenus à l'État, alors que la moyenne des
Français en payent 15-20 pour cent Il faut que ces inégalités
disparaissent ou, du moins, qu'on essaie de les atténuer.

Une autre question est de savoir si l'Etat est intéressé au
relèvement de la natalité et si, par l'enseignement et la législation, il doit viser à ce résultat

D'abord, même au point de vue des effectifs militaires, il
est certain que la quantité ne saurait tenir lieu de la qualité.
L'État n'a que faire de recrues incapables de supporter les
marches ou qui encombrent ses hôpitaux en temps de paix.
En second lieu, il semble que le nombre des combattants mis
en ligne, passé un certain chiffre très élevé que toutes les
grandes puissances peuvent atteindre, n'est pas un facteur
essentiel de la guerre moderne Trois millions de combattants
font bon effet sur le papier , en campagne, on ne pourrait ni
les diriger, ni les nourrir

Si l'on omet cette considération militaire, il n'en reste pas
moins qu'une nation peut toujours être comparée à une armée
en marche, qui doit compter avec ses traînards, ses insoumis,
ses invalides. Il est évident qu'une nation n'a point d'intérêt à
s'encombrer d'éléments mauvais ou médiocres, impropres à la
lutte pour l existence, à la propagation de la vie, à la produc-

tion agricole, industrielle, etc. Dans le chiffre même réduit
que présente la natalité française, il y a des enfants d'avariés,
de dégénérés, de fous, de vieillards, qui ne constituent pas
une richesse, mais le contraire. S'ils n'étaient pas nés, la
nation serait d'autant plus forte. Encourager la production
des hommes, sans souci de la qualité de cette production,
est une extravagance qui n'a pas besoin d'être réfutée; c'est
pourtant celle des gens qui, voyant nos statistiques de natalité, poussent des cris parce qu'elles marquent un léger recul.
Ce qui doit nous alarmer, ce n'est pas la diminution de la natalité française, mais le pourcentage élevé des hommes qu'il faut
réformer, surtout dans les provinces empoisonnées par l'abus
de l'alcool. Il en résulte que notre natalité, pour qui considère
la qualité et non la quantité, est encore trop élevée de beaucoup. C'est surtout l'amélioration de la qualité des naissances
et la diminution des non-valeurs qui doivent préoccuper les
législateurs et les hygiénistes.

Ici l'on se heurte à des *tabous* bienfaisants en eux-mêmes et
qu'il y aurait folie à vouloir faire disparaître. Le respect de
la vie humaine, le sentiment de la pudeur interdisent d'appliquer à l'espèce humaine les procédés bien connus des éleveurs.
Nous ne pouvons, dans l'état actuel de la morale, ni éliminer
les débiles, ni soumettre les femmes robustes aux embrassements des hommes robustes comme elles. Si ces procédés
étaient applicables, une nation y gagnerait infiniment au
point de vue physique; mais ils ne le sont pas. Le législateur
ne peut tenter l'impossible; il doit biaiser.

On a proposé aussi d'interdire le mariage aux individus
notoirement malsains. C'est encore une chimère; peut-on
leur interdire le concubinage? Un avarié, dont les instincts
génésiques sont en éveil, fera plus aisément souche de
malheureux s'il promène à l'aventure une passion aussi exi-
geante qu'irresponsable. Et cet avarié peut être un homme
de talent, un citoyen utile : de quel droit lui interdire d'avoir
un foyer?

Lui prêcher, avec Malthus, la continence dans le mariage,
c'est se faire illusion sur la force de la volonté des hommes;

c'est, par surcroît, si ces conseils l'emportaient, condamner sa femme à une existence pire que le célibat, par des raisons qu'il est inutile de détailler.

A ces difficultés redoutables répond la conception bienfaisante du néo-malthusisme[1] Entendue comme elle doit l'être, elle concilie les exigences physiologiques de l'individu avec les exigences économiques de la société, le point de vue humain et celui de l'éleveur La société ne peut interdire ni les mariages physiologiquement mauvais, ni les unions libres et éphémères, encore moins la multiplication indéfinie des naissances au détriment d'une mère débile, ou d'un ménage dans la misère, ou d'enfants que les nouveaux venus appauvriront encore. Elle ne peut pas non plus se débarrasser du lourd fardeau que constituent pour elles des individus malsains, conçus et élevés dans des conditions déplorables. Mais elle dispose de l'enseignement ; elle peut conseiller, là où elle ne peut interdire. Elle peut, faisant appel à la raison au nom de la science, dire aux hommes, dès qu'ils ont l'âge de le comprendre, que la satisfaction d'un des instincts les plus puissants de la nature ne doit pas nécessairement avoir pour conséquence le recrutement accidentel et aveugle de la nation. Elle peut ainsi prévenir, du moins dans une large mesure, les maux suivants : 1° les avortements clandestins, qui ruinent la santé des femmes quand ils réussissent, et aussi celle des enfants, quand les manœuvres de ce genre ne réussissent pas ; 2° les naissances d'enfants *non désirés*, soit parce que le ménage ne peut les nourrir comme il convient, soit parce qu'il y a impossibilité de mariage (adultère, inceste, etc), soit parce que l'un ou l'autre des conjoints se sait affligé d'une tare physiologique transmissible ; 3° le recours à certaines pratiques dites (à tort) malthusiennes, aussi préjudiciables à la santé de l'esprit qu'à celle du corps et qu'on trouve indiquées dans les ouvrages à l'usage des confesseurs.

Le poète Lucrèce parle déjà des procédés adoptés par les courtisanes romaines pour écarter le péril de la conception ;

---

[1] Pourquoi écrire *malthusianisme* ? On dit *renanisme, kantisme*.

ces procédés sont enfantins, grossièrement empiriques, en comparaison de ceux que la science actuelle peut suggérer. Ceux qui condamnent ces procédés nouveaux et appellent contre eux la rigueur des lois n'osent pas aller jusqu'au bout de leur paradoxe. Voudra-t-on prétendre que la stérilité des courtisanes nuise au corps social? Se plaindra-t-on que les dégénérés et les fous ne fassent pas assez d'enfants?

Le seul danger que présente le néo-malthusisme est plus apparent que réel. La vulgarisation de ses recettes, inoffensives pour la santé, permettrait plus aisément à des conjoints bien portants, mais égoïstes et pusillanimes, d'échapper au devoir social qui leur incombe. Mais la limitation volontaire du nombre des naissances est de tout temps; les néo-malthusiens ne l'ont pas plus inventée que Malthus. Seulement, ce résultat a été atteint par des procédés pénibles ou dangereux qui nuisaient à l'intimité conjugale et tendaient à la détruire. Le néo-malthusisme ne peut que rendre cette intimité plus étroite — puisqu'il comporte, au lieu de l'interdire, la cohabitation des époux — et, par suite, faire naître ou renaître, dans les cœurs de conjoints bien constitués, le désir de perpétuer leur vie et leur nom. Que si certains couples physiologiquement sains résistent pourtant à cette tendance naturelle, il faut en conclure que leur santé n'est qu'apparente, qu'il y a un ver dans le fruit et qu'ils sont devenus trop étrangers à la vie pour en transmettre utilement le flambeau.

Il est certain que le néo-malthusisme se heurte à des décisions de l'Église romaine[1]. Mais l'Église condamne également le divorce, auquel il a bien fallu que notre société civile se résignât pour éviter des maux encore pires. Elle condamne aussi l'incinération, que le souci de la santé publique fera passer de plus en plus dans nos mœurs. Elle condamne en principe le prêt à intérêt, qui est la base de toute activité économique.

Pour m'en tenir à la thèse néo-malthusienne, je dirai aussi que l'Église, par la voix de ses docteurs les plus autorisés

---

1. Tanquerey, *Synopsis theologiae moralis*, Paris, 1904, t. I, p. 19*, 22*.

depuis saint Paul, admet que le mariage est un remède à la
concupiscence et ne fonde l'obligation de la *synousia* pro-
ductive que sur le droit naturel Bien plus, à une femme déjà
chargée d'enfants ou malade, qui consulte pour savoir si
elle peut se refuser à son époux, le confesseur doit répondre
que cela est contraire à la loi divine ; mais si elle fait mine
de vouloir recourir aux pratiques dites anticonceptionnelles,
il peut l'autoriser et même l'engager à placer ses complai-
sances à certains moments de la période lunaire où la chance
de la conception est très réduite[1]. Assurément, cela est enve-
loppé de précautions et il serait excessif de dire que la théologie morale admet en pratique le néo-malthusisme qu'elle
condamne en théorie; mais si l'Eglise romaine, dans sa
sagesse, que nul n'admire plus que moi en ces matières, a
fait une pareille concession au *concubitus sine Lucinâ*, la
société civile, même respectueuse des enseignements de
l'Église, ne peut-elle, enseignant à son tour, aller plus loin
dans la même voie ? Elle est libre, alors que l'Eglise ne
l'est pas, à cause de certains textes des livres saints que
celle-ci croit à tort décisifs (*Genèse*, I, 28; XXXVIII, 9;
Tobie, VIII, 4, du moins dans la *Vulgate*: Paul, I *Cor*, VII,
3-5) Ces observations pourront paraître superflues à beaucoup de personnes, elles ne le sont pas, car, dans l'état
actuel des controverses sur les devoirs des époux, c'est encore
à l'enseignement de l'Église qu'il faut demander les éléments
de cette question si grave Ceux qui les chercheront dans la
Doctrine de la vertu de Kant se heurteront à des opinions

1. *Ibid*, t. I, p 23*, d'après une décision de la sainte Pénitencerie en date
du 16 juin 1880 « *Ab onanismo omnino differt praxis copulam habendi solum-
modo in temporibus quibus conceptio raro accidit . a quintodecimo die ad
paucos dies qua praecedunt menstruorum recursum ; si igitur copula habetur
hoc solum tempore quod ageneseos vocatur, possibilis quidem, sed non valde
probabilis est conceptio. Porro talis agendi ratio non est peccaminosa . Merito
igitur S Poenitentiaria, 16 jun 1880, respondit « Conjuges praedicto modo
matrimonio utentes inquietandos non esse, posseque confessarium sententiam
de quâ agitur illis conjugibus, caute tamen, insinuare, quos aliâ ratione a
detestabili onanismi crimine abducere frustra tentaverit* » L Eglise englobe
sous la définition *d'on crim.* les pratiques anticonceptionnelles proprement
dites, avec ou sans recours a des appareils spéciaux

intransigeantes et reconnaîtront que l'Église, éclairée par
l'exercice de la confession, était plus tolérante et plus
humaine, dès le XVIᵉ siècle, que le philosophe rationaliste de
Kœnigsberg à la fin du XVIIIᵉ [1].

1. Pour Kant, l'amour sexuel a pour objet la conservation de l'espèce,
comme l'amour de la vie a pour objet la conservation de l'individu (*Tugend-
lehre*, éd. Rosenkranz, p. 276). A la différence de l'Église, qui est tenue par
la parole de S. Paul (*melius est nubere quam uri*, I *Cor.*, VII, 9), il ne considère pas que le mariage soit, même à titre accessoire, un remède à la concupiscence. Que faut-il alors penser de l'époux qui use de ses droits avec sa
femme enceinte, alors qu'il sait que la superfétation est impossible? Kant
pose la question (p. 278), mais sans la résoudre ; elle ne peut l'être en effet,
du moins d'accord avec le bon sens, que si l'on renonce à la vieille thèse
rigoriste d'après laquelle l'exercice de l'activité sexuelle aurait besoin d'être
légitimée par le désir de propager la vie. Une fois cette concession faite sur
le principe, les objections d'ordre moral au néo-malthusisme ne tiennent pas
debout.

Le Bâton de Teyjat et les Ratapas.

Pour faciliter l'étude des gravures de l'âge du Renne, souvent tracées sur le pourtour d'os cylindriques, j'ai eu l'idée d'en faire exécuter, au Musée de Saint-Germain, des développements à la gélatine, qu'il est aisé de transformer ensuite en plaques minces de plâtre ou de cuivre Comme l'opération est entièrement mécanique et ne comporte pas de retouches, on obtient de la sorte, sur un plan horizontal, des images faciles à manier et qui peuvent être reproduites par la photographie. Je donne ici, comme spécimen, l'image du développement en galvanoplastie d'une des compositions les plus parfaites qui aient encore été découvertes dans nos cavernes, celle qui décore le bâton de Teyjat (fig 1).

Cet objet, trouvé par M Bourrinet en 1908 et cédé par lui au Musée de Saint-Germain, a été publié avec grand soin par MM. Breuil et Capitan [1] ; je me contenterai de le décrire brièvement. Au centre de la composition est représenté un cheval au galop, dans une attitude dont la photographie instantanée a permis, depuis 1887 seulement, de constater la justesse [2] ; sur le corps de l'animal sont figurées trois flèches, détail inspiré de la même idée d'*envoûtement* que l'on constate dans les gravures de Niaux, où se voient de nombreux bovidés, avec des pointes de flèches sur le corps [3] ; à droite et à gauche, au-dessous du cheval, on distingue trois encolures de cygnes; en haut à gauche, la tête et l'encolure d'une biche Il y a encore cinq figures de dimensions plus petites, que je veux essayer d'expliquer dans le présent travail :

1° Au-dessus des oreilles de la biche, trois serpenteaux

1 Capitan et Breuil, *Revue mensuelle*, 1909, p 66 sq , cf Boule, *Anthropologie*, 1909, p 389

2. S Reinach, *La représentation du galop*, Paris, 1901 (extrait de la *Revue archeologique*).

3. *Anthropologie*, 1908, p. 28 et suiv. Il y a des exemples analogues ailleurs qu'a Niaux

accolés ; 2° près de la bouche, du sabot postérieur gauche et de la peau du cheval, trois petits êtres à tête et à corne de chamois, au corps poilu et aux pattes recourbées ; le premier (à droite) a des pattes d'insecte, les deux autres des jambes analogues à des jambes humaines ; 3° enfin, près de la naissance de la jambe postérieure gauche du cheval, une *protomé* de cheval, un avant-train, avec les deux jambes de devant. M. Breuil a remarqué — et cette observation est importante — que la place ne manquait pas pour dessiner entièrement ce petit cheval ; si l'artiste s'est abstenu de le faire, il avait pour cela quelque raison.

Dans l'explication qu'il a tentée de ces singulières images, l'abbé Breuil a fait abstraction du demi-cheval et des serpents ; il n'a parlé que des trois *diablotins* poilus. Suivant lui, ce seraient des danseurs masqués, des hommes revêtus de peaux d'animaux et exécutant des danses rituelles. L'ethnographie fournit des exemples nombreux de ces mascarades qui ont été figurées plus d'une fois et que M. l'abbé Breuil a soigneusement décrites à son tour.

Sans vouloir nier que des mascarades rituelles aient pu être en usage à l'époque quaternaire, je crois qu'en l'espèce cette explication séduisante est inadmissible. Les *diablotins* sont trop petits pour être des hommes ; ils éveillent l'idée de figures qui planent et qui volent, non de danseurs qui touchent le sol ; l'un d'eux, près de la jambe arrière gauche du grand cheval, a des pattes qui ne sont certainement pas humaines ; enfin et surtout, il me paraît inadmissible de faire un sort à part aux trois *diablotins*, comme les appelle M. Breuil, et aux deux autres petites figures de la même composition, le demi-cheval et les trois serpents.

Dans le champ des peintures des vases grecs, on voit souvent voleter de petites figures que l'on appelle des εἴδωλα et où l'on reconnaît avec certitude des âmes. Ailleurs, en Grèce encore, les âmes sont figurées comme des papillons, ψυχαί ; certains oiseaux fantastiques, dits *harpyes*, emportent des âmes dans leurs serres. Tout ce symbolisme, auquel nous sommes habitués, ne nous étonne pas en Grèce ; nous ne réfléchissons pas assez qu'il plonge ses racines dans un passé extrêmement lointain et qu'il atteste, comme le mot *psyché* lui-même, la persistance d'une conception tout à fait matérialiste de l'âme et du principe vital. Cette conception n'est pas propre à la Grèce ; nous allons la trouver, sous sa forme la plus naïve, parmi les Australiens d'aujourd'hui.

Les savants apprirent avec étonnement, en 1899, qu'il existait encore, au centre de l'Australie, des tribus ignorantes de la relation naturelle entre l'acte de la génération et ses conséquences pour la transmission de la vie [1]. Depuis,

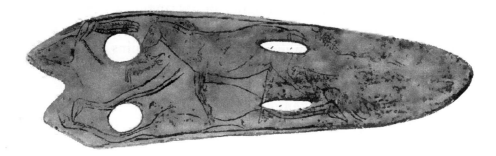

Fig. 1. — Développement du bâton de Teyjat (Dordogne).
Original au Musée de Saint-Germain.

le témoignage de MM. Spencer et Gillen a été confirmé par Roth et par le missionnaire allemand Strehlow, expressément chargé de le contrôler ; le fait peut donc être considéré comme établi. Il n'a d'ailleurs rien de bien étrange quand on songe que les phénomènes en question ne sont pas nécessairement consécutifs ; qu'il s'écoule, dans l'espèce humaine, un intervalle de 150 jours environ entre la cause et la manifestation possible de l'effet ; enfin, que les Australiens, ne possédant aucun animal domestique, ne peuvent être éclairés à cet égard comme le sont de bonne heure les enfants de nos campagnes. Dès 1889, le savant jurisconsulte allemand Laist, dans un ouvrage sur les origines du droit, avait brièvement émis l'opinion que cette ignorance a dû être pendant long-

1. Pour ce qui suit, voir l'exposé détaillé de Fr. von Reitzenstein, *Zeitschrift für Ethnologie*, t. XLIII (1911), p. 174 sq.

temps le partage de l'humanité primitive; en 1896, M. Sidney Hartland était arrivé indépendamment au même résultat et l'avait formulé en termes précis[1]. Frappé de voir la place que tiennent, dans les traditions de tous les pays, les naissances miraculeuses, il en avait conclu que les mythes de ce genre étaient les survivances d'un état intellectuel où le rôle du père, dans l'œuvre de la génération, était inconnu. Dès que parut l'ouvrage de MM. Spencer et Gillen, en 1899, Sir John Rhys fit observer, de son côté, que le folklore celtique trahissait, en ces matières, une opinion analogue à celle des Australiens : nous voyons, en effet, dans les contes, de vieilles fées et de jeunes fées; mais, dans les contes non remaniés, il n'est jamais question des maris des fées ni de leurs amants[2].

Strehlow a complété, sur quelques points essentiels, les données fournies par MM. Spencer et Gillen. C'est à lui que nous devons de connaître le terme de *ratapa*, nom donné par les Australiens aux embryons, émanations des âmes ancestrales, qui cherchent à pénétrer dans le corps des femmes afin de renaître à une vie nouvelle. Le *ratapa* réside dans un rocher, dans un arbre, dans un trou d'eau; quelques-uns lui prêtent l'aspect d'un animal ou d'un enfant; d'autres disent que c'est un corps d'une extrême ténuité. On est d'accord pour penser que les *ratapas* sont invisibles au vulgaire, que seuls les magiciens et les vieillards les aperçoivent, mais que lorsqu'ils volent dans les branches des arbres, certains bruits et craquements décèlent leur présence[3]. Cela rappelle le murmure des âmes dans l'*Odyssée* et dans le passage de Claudien sur la pointe extrême de l'Armorique. En général, le *ratapa* s'introduit dans la femme sans qu'elle s'en aperçoive; parfois il est censé porté vers elle par une espèce de *churinga* ou de bois magique qu'un ancêtre lance sur son passage[4]. Une opinion très accréditée est que les grossesses sont le résultat de courants d'air; aussi les Australiennes prennent-t elles la fuite

1. Cf. S. R., *Revue archéol.*, 1910, II, p. 181.
2. Cf. S. R., *Revue archéol.*, 1901, II, p. 294.
3. Voir Durkheim, *Formes élémentaires de la vie religieuse*, p. 344 sq.
4. *Ibid.*, p. 358.

à l'approche d'un tourbillon, persuadées que des centaines de *ratapas* voltigent dans le vent et qu'ils menacent de les féconder[1].

L'expérience leur ayant appris que les femmes jeunes et potelées sont plus souvent enceintes que les vieilles décharnées et flétries par l'âge, les jeunes femmes prennent l'attitude de vieilles et marchent courbées en s'appuyant sur un bâton quand elles passent en des lieux qu'on croit hantés par les esprits ancestraux Elles essaient ainsi de tromper les *ratapas*.

Spencer et Gillen ne se servent pas du mot *ratapa*, mais de l'équivalent anglais *spirit-children* , Strehlow les appelle *Kinderkeime*. « Un *ratapa*, dit Strehlow, est un embryon complet, fait à la fois d'une âme et d'un corps » Suivant un autre explorateur, Roth, qui a longuement étudié les Australiens du Queensland, les enfants sont tout formés avant leur incarnation ; mais, en passant dans le corps d'une femme, ils prennent la figure de grands oiseaux ou de serpents, suivant qu'ils doivent être des garçons et des filles. Un retour à la forme humaine s'accomplit au cours de la gestation[2]. Il est plus que probable que les types animaux sous lesquels on se représente d ordinaire les *ratapas* sont en rapports étroits avec les croyances totémiques de ces peuples ; c'est d'ailleurs l'opinion longuement motivée de M Durkheim et je ne m'arrêterai pas à la confirmer. Ce qui m'importe ici, c'est de trouver chez les Australiens une conception analogue à celle de la *Psyché* grecque, mais nécessairement plus primitive, plus grossière, non épurée par la littérature et par l'art. On remarquera que le pythagorisme et l'orphisme, ces formes extrêmement archaïques de la pensée grecque, admettent, tout comme les Australiens, la réincarnation des âmes ; c'est en s'inspirant de ces doctrines que Virgile nous montre les âmes purifiées cherchant à s'introduire à nouveau dans des corps :

Rursus et incipiunt in corpora velle reverti

1. Spencer and Gillen, *Native tribes*, p 125.
2 *Zeitschrift für Ethnologie*, 1909, p 667.

Je pourrais montrer aussi que les Grecs préhistoriques ont dû partager la croyance des Australiens sur la possibilité d'une grossesse due à la manducation d'un fruit ou à l'exposition au vent; qu'il me suffise de rappeler que Virgile parle des cavales fécondées par le vent, *vento gravidae*, que saint Augustin y a cru parce que cela était dit dans Virgile et que tout le moyen âge y a cru parce que cela était dit dans saint Augustin. Mais j'ai hâte de revenir au bâton de Teyjat; les croyances auxquelles je fais allusion et bien d'autres ont été longuement et complètement exposés par M. Sydney Hartland dans ses deux ouvrages sur la légende de Persée et sur la paternité primitive (1896 et 1910).

J'ai essayé de démontrer, en 1903, que tout l'art des chasseurs de rennes est *magique*, destiné, dans la pensée des artistes, à assurer des chasses heureuses et la multiplication des animaux comestibles sur le terrain de la chasse. Comme les Australiens, les chasseurs de rennes n'avaient pas d'animaux domestiques, ils vivaient de gibier et de fruits sauvages; les rapprochements qui s'imposent entre ces deux civilations si éloignées dans le temps et dans l'espace ne doivent pas se borner à leurs éléments matériels. L'art des Australiens est également *magique* et l'on peut dire que toute leur vie religieuse, qui est très intense, s'inspire du besoin d'accroître leurs ressources alimentaires et de l'illusion qu'ils peuvent y parvenir par la magie.

On ne nous dit pas, du moins d'une manière explicite, quelle est l'opinion des Australiens actuels sur le mode de reproduction des animaux. Strehlow déclare, il est vrai, que les enfants eux-mêmes connaissent, en ce qui concerne les bêtes, la relation entre l'accouplement et la reproduction (*zwischen Begattung und Nachkommenschaft*, II, p. 52 [1]). Que

---

1. Ce témoignage est confirmé indépendamment par W. E. Roth, parlant des aborigènes du Queensland septentrional : « Although sexual connection as a cause of conception is not recognized among the Tully River blacks so far as themselves are concerned, it is admitted as true for all animals ; indeed this idea confirms them in their belief of superiority over the brute creation » (*North Queensland Ethnography Bulletin*, n. 5, p. 22). Ce passage m'est obligeamment signalé par M. Frazer, qui le trouve d'ailleurs trop

Strehlow ait constaté cela, il faut le croire, puisqu'il l'affirme ;
mais la science de ces petits Australiens est certainement bien
récente, puisque leurs parents ont encore de tout autres idées
sur la reproduction des hommes Evidemment, les Australiens
ne voient pas aujourd'hui ou n'ont pas vu seulement autrefois
dans les *ratapas* des embryons d'enfants, mais des germes
de toute espèce vivante ; si les missionnaires et explorateurs
n'en ont rien dit, c'est qu'ils se sont naturellement occupés
d'abord, et même à titre exclusif, des idées de ces sauvages
touchant la perpétuité du genre humain. Le premier devoir
du missionnaire n'est-il pas d'enseigner à l'Arunta et à
l'Arabunna que l'œuvre de chair n'est pas un divertissement
sans conséquence et qu'elle participe à la sainteté de la vie
dont elle transmet l'étincelle ? Voilà pourquoi nous sommes
obligés de postuler les *ratapas* d'animaux, dont les explorateurs n'ont pas eu l'idée ou le temps de s'enquérir encore,
mais c'est peu de dire que la logique nous y autorise : elle
nous en fait un devoir.

Je crois que les cinq petites images du bâton de Teyjat —
objet magique, comme tous les objets similaires, où l'on a
voulu voir à tort des redresseurs de flèches, des chevêtres,
des fibules et je ne sais quoi encore — je crois, dis-je, que
ces images sont des *ratapas*, conçus sous l'aspect de petits
reptiles, d'un petit cheval, de petits chamois. Si la fantaisie
se mêle à ces images, c'est par la même raison qui lui fait
une part dans les *eidôla* et les harpyes des Grecs : ce ne sont
pas des êtres réels, mais des embryons d'êtres, des germes
encore incomplètement incorporés, des fantômes visibles
seulement pour les magiciens. Ce qui est vrai de ces bizarres
figures de Teyjat doit l'être d'un bon nombre d'autres que
l'on trouvera prochainement réunies dans mon *Répertoire de
l'art quaternaire*. Quelques-unes représentent certainement
des hommes réels, mal sculptés ou dessinés ; d'autres *peuvent* représenter des hommes masqués, bien que j'en attende
encore la preuve ; mais la plupart doivent s'expliquer autre-

bref « The subject, ajoute M Frazer, deserves to be investigated ; it seems
to have been neglected by anthropologists »

ment : ce sont des *ratapas* et ce sont, dans l'histoire de l'art, les plus anciennes représentations d'êtres spirituels et fantastiques que nous connaissions. Parce qu'ils sont conçus comme spirituels et fantastiques, ils offrent un aspect que la nature ne connaît pas, bien qu'elle en fournisse les éléments. Entre le cheval sans arrière-train de Teyjat et les chérubins sans corps de nos tableaux, il y a, sinon une tradition continue, du moins un parallélisme et comme une identité foncière d'inspiration[1].

1. Cette représentation écourtée des chérubins a pour objet évident d'accuser leur nature spirituelle. « La plupart des Juifs et des auteurs chrétiens disent que *chérubin* signifie « comme des enfants », *che* en hébreu signifiant *comme*, et *rub, un enfant, un jeune garçon.* Aussi est-ce la figure que leur donnent les peintres modernes qui les représentent par de jeunes têtes ailées et quelquefois de couleur de feu, pour marquer l'amour divin dont les *chérubins* sont embrasés. » (*Encyclopédie* de Diderot, *s. v. Chérubin*). L'étymologie proposée est inadmissible, mais on n'est pas encore d'accord sur la bonne. Voir, dans l'*Encyclopaedia of Religion and Ethics* de Hastings (1910), l'article *Cherub.*

Une Athéna archaïque[1].

———

I

En 1203, peu avant la prise de Constantinople par les Croisés, la populace de cette ville, dans sa fureur contre les Latins, détruisit une grande statue en bronze d'Athéna, élevée sur le forum de Constantin, parce qu'elle semblait, de sa main droite étendue, appeler et saluer les envahisseurs d'Occident. Cet acte de vandalisme a été raconté par Nicétas Choniate dans son histoire du second règne des empereurs Isaac l'Ange et Alexis[2]. Je traduis de mon mieux ce passage, qui nous a été conservé en deux versions, l'une plus longue et plus ornée, l'autre plus brève et d'une grécité plus rustique[3].

« Les ivrognes du quartier voisin du forum brisèrent en mille morceaux la statue d'Athéna, placée sur une colonne dans le forum de Constantin ; car cette vile populace croyait que la statue avait été fabriquée en l'honneur (ou au profit) des armées venues de l'Occident. Elle s'élevait toute droite à la hauteur d'environ trente pieds, vêtue d'une robe de bronze; le bronze était la matière de toute la statue. La robe descendait jusqu'aux pieds et présentait de nombreux plis, de sorte qu'on ne voyait aucune des parties du corps que la nature ordonne de cacher La ceinture d'Arès était serrée autour des hanches. Sur la poitrine et tombant sur les

———

1. [*Revue des Études grecques*, 1907, p 399-417.]
2. Nicetas Choniate, éd de Bonn, p. 738.
3 Le texte de Nicetas a ete signale par M Strzygowski a M Gurlitt vers 1892, je ne crois pas que les historiens de l'art grec y eussent fait attention avant cette date. Voir aussi Unger, *Quellen zur byzant Kunstgeschichte*, n. 341, et Th Reinach, *Revue des Études grecques*, 1896, p. 91.

épaules, la déesse portait un surplis orné, en forme d'égide,
ajusté aux seins et décoré de la tête de la Gorgone. Le cou
était nu et allongé, infiniment agréable à voir. L'imitation
de la nature était si parfaite qu'il semblait qu'une voix
douce dût s'échapper à l'instant de ses lèvres. On distinguait les saillies des veines; le corps entier ondulait avec
souplesse et, bien que privé de vie, participait de la fraîcheur
des choses vivantes; le regard était plein de charme. Une
queue de cheval, posée sur la tête, se balançait en inspirant
la terreur[1]. La chevelure, descendant sur le front, tordue
en tresses et nouée par derrière, était une joie pour les
yeux; le casque ne la couvrait pas complètement, mais en
laissait apparaître une partie. La main gauche relevait les
plis du vêtement; la main droite était étendue vers le midi;
la tête, un peu inclinée, et les regards se dirigeaient du même
côté, de sorte que ceux qui ne savaient même pas distinguer
les points cardinaux s'imaginaient, dans leur ignorance
et leur sottise, que la statue regardait le couchant et qu'elle
appelait de la main les armées occidentales. Ces furieux brisèrent la statue d'Athéna et, devenus leurs propres ennemis,
ne purent supporter au milieu d'eux, même en effigie, la
protectrice du courage et de la sagesse. »

II

De cette description ampoulée, où il est impossible de
rendre chaque mot, il résulte que l'Athéna en bronze du
forum de Constantin portait un casque à crinière, au-dessous
duquel ses cheveux paraissaient sur le front et formaient
une tresse nouée par derrière; sa main droite était étendue
et elle retenait les plis de son vêtement de sa main gauche.

Ce dernier détail est important; il est confirmé et même
précisé par le texte abrégé (ἡ μὲν ἀριστέρα τὰ συνεσφιγμένα ῥοῦχα
ταύτης ἀνέσυρεν). C'est l'attitude bien connue des *Korai*
ioniennes de l'Acropole qui, vêtues de tunique longues et

---

1. Δεινὸν καθύπερθεν ἔνευεν, citation d'Homère, *Iliade*, III, 337 (δεινὸν δὲ
λόφος καθύπερθεν ἔνευεν).

traînantes, sont obligées de les relever un peu pour marcher; c'est aussi le geste des statues, nombreuses tant en marbre qu'en bronze, que l'on qualifie d'Aphrodite et de Spes, pieds de miroirs corinthiens du viᵉ et du vᵉ siècle, copies ou imitations archaïsantes de modèles ioniens.

Dans le texte de Nicétas, il s'agit d'une statue d'Athéna haute de 10 mètres (sans doute avec la base). Le geste en question ne convient nullement à Athéna, déesse guerrière, qui a besoin de ses deux bras pour la lutte et doit porter des vêtements assez courts qui ne gênent point sa marche. Les Athénas des amphores panathénaïques, bien que vêtues à l'ionienne, ne ramassent jamais leur draperie en marchant. Dans tout le trésor de la sculpture antique, je ne vois guère qu'une figurine de bronze d'Athéna, découverte près d'Abydos et conservée au Musée de Constantinople, qui, la tête coiffée d'un casque et le bras droit étendu, relève les plis de sa tunique de la main gauche (fig. 1)[1]. Il est certain que, sauf l'égide, cette figurine de la fin du viᵉ siècle correspond assez exactement à la description de Nicétas. On peut aussi alléguer, à l'appui de la même des-

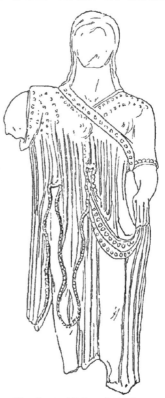

Fig. 1. — Athéna d'Abydos. Bronze du Musée de Constantinople.

cription, une autre petite Athéna casquée, un peu plus récente, qui est conservée au Musée d'Athènes et qui, le bras droit abaissé, le bras gauche courbé à angle droit, pince de la main gauche quelque plis de sa tunique (fig. 2[2]). En marbre, ce type n'est représenté que par une statuette décou-

1. *Comptes rendus de l'Acad. des Inscriptions*, 1895, p. 313 ; *Rev. archéol.*, 1899, II, p. 204 ; Παρνασσός, 1899, pl. 3-4 ; *Répertoire*, t. II, p. 283, 2.
2. De Ridder, *Bronzes de l'Acropole*, t. II, 793 ; *Répertoire*, t. II, p. 283, 6.

verte, dit-on, à Cervetri et passée de la collection Castellani
dans celle du marquis Chigi à Sienne[1]. C'est une Athéna
sans tête, vêtue du chiton ionien, une grande égide bordée
de serpents sur la poitrine et le dos, les deux bras abaissés
et relevant un pli de sa draperie de la main gauche. Sauf le
mouvement du bras droit, l'analogie avec la description de

Fig. 2.
Athéna. Bronze du
Musée d'Athènes.

Nicétas est presque parfaite et M. Petersen en a été justement frappé. Mais il
m'est impossible d'admettre avec lui
que le colosse vu par Nicétas ait pu
être une œuvre archaïsante de l'époque
alexandrine. Jamais, à pareille époque,
on n'aurait fondu une statue de bronze
haute de plusieurs mètres d'après un
type presque sans exemple dans l'art
antique et contraire, comme je l'ai
déjà dit, à la conception même d'Athéna armée. De deux choses l'une : ou les
statuettes d'Abydos et de la collection
Chigi donnent une idée assez exacte
du colosse détruit en 1203, ou ces statuettes sont des exceptions, des ca-
prices, et c'est seulement par l'effet
d'une confusion, d'ailleurs explicable,
qu'elles s'accordent avec la description
de Nicétas. J'adopte cette dernière
opinion, ne pouvant croire que l'art
grec ait produit, en dimensions colossales, un type également
inconnu aux graveurs d'intailles et de monnaies, à la grande
sculpture et aux peintres céramistes.

III

Nous possédons une vingtaine de statues en marbre et de
statuettes en bronze qui représentent Athéna debout, le bras

1. Petersen, *Röm. Mittheil.*, 1893, p. 348 ; Milani, *Studi e Materiali*, t. III,
p. 300 ; *Répertoire*, t. III, p. 88, 8.

droit abaissé ou étendu, la main gauche posée sur la hanche[1] Un fragment entré en 1902 au Musée de Bruxelles est particulièrement digne d'attention, car Athéna y porte le costume ionien et pose la main sur sa hanche gauche, sans relever les plis de la draperie Parmi les bas-reliefs où Athéna figure la main sur la hanche, le plus important est la stèle dite d'*Athéna mélancolique*, qui remonte au milieu du ve siècle[2]; une création analogue de l'art grec à l'époque de Phidias a inspiré l'Athéna du bas-relief de Torre dei Passeri, récemment entré au Musée de Naples[3].

Fig 3 — Statuette d'Athena. Marbre du Musee de l'Acropole d'Athènes

M. Studniczka a publié deux fois et étudié avec détail en 1887 une statuette d'Athéna en marbre, de pur style archaïque, découverte en 1864 sur l'Acropole d'Athènes (fig. 3)[4]. Bien que les bras et la tête manquent, il est

1. A) *Rep* 1, 162, 5 = Amelung, *Führer*, p 77 (Louvre et Florence), B) *Rép* I, 229, 3 = *Soc archéol de Bruxelles*, 1903, pl. II (Munich, br), C) *Rép*. I, 229, 6 (Carlisle), D) *Rép* I, 223, 4 = I, 234, 1 = II, 275, 9 (Florence br.), E) *Rep*. I, 234, 2 (Chiaramonti, mal restauré), F) *Rep*. I, 236, 4 = Furtwængler, *Glyptothek*, n 207 (Munich, très restaure), G) *Abhandlungen* de l'Acad de Bavière, t X, p. 398 (statuette d'Athéna sans tête a l'*Antiquarium* de Munich); H) *Rép*. I, 237, 4 (Ince), I) *hép* I, 238, 4 (Oxford), J) *Rép* II, 275, 4 (Ermitage), K) *Rep*. II, 277, 2 (Naples, br), L) *Rép* II, 277, 4 (Louvre); M) *Rép*. II, 278, 6 (Biblioth. Nat, br), N) *Rep* II, 279, 8 (Lussy, br), O) *Rep*. III, 253, 3 (Vatican), P) *Rep*. II, 293, 5 (Athenes), Q) *Rép*. III, 255, 9 = *Soc arch de Bruxelles*, 1903, pl I (Bruxelles), R) *Korrespondenzblatt*, 1905, p 139 (Cologne, br).

2 Lechat, *Mon. Piot*, t III, pl I. Furtwængler, *Masterpieces*, p. 22.

3. *Revue des Etudes grecques*, 1902, p 390, *Repertoire des reliefs*, t III, p 65. On a suspecté l'authenticité de ce relief.

4. Ἐϕημ ἀρχ, 1887, pl 8, Lechat, *Au Musée de l'Acropole*, p 189 (phot) *Répertoire*, II, 239.

certain que le bras droit était étendu et que la main gauche
était posée sur la hanche, où les restes des doigts mutilés sont
encore visibles[1]. M. Studniczka rapproche l'attitude de cette
statuette de la figure dite Œnomaos, dans le fronton oriental
d'Olympie (fig. 4). Toutefois, la main de l'Athéna de l'Acropole n'est pas, comme celle d'Œnomaos, posée en plein sur la
hanche; elle ne la touche que du bout des doigts (μόνον σχέδον
διὰ τῶν ἄκρων δακτύλων, dit avec précision M. Studniczka).
Furtwængler attribuait la statuette aux environs de 460,
M. Studniczka à 480 environ; on sem-
ble d'accord aujourd'hui pour donner
plutôt raison à Furtwængler[2].

Fig. 4.
Œnomaos, figure du fronton
oriental d'Olympie.

Nicétas, qui n'était nullement archéologue, mais homme d'État et homme de cour, et qui écrivit son histoire
à Nicée, plusieurs années après les
événements, a pu parfaitement confondre le geste d'une main non pas
posée en plein sur la hanche, mais la
touchant à peine du bout des doigts,
avec celui d'une main qui relevait l'extrémité d'une draperie, geste avec lequel d'autres œuvres archaïques ou
archaïsantes du type des *Korai* avait dû
le familiariser à Constantinople. Ad.
Furtwængler, dans une note rapide
consacrée au texte de Nicétas, a également mis en doute que l'historien grec
eût bien compris le mouvement de la main gauche[3]. Malgré
le témoignage des statuettes d'Abydos et de la collection
Chigi, il me semble évident, en effet, que Nicétas s'est
trompé; il a vu une grande Athéna étendant le bras droit,
la main gauche ramenée sur la hanche, les doigts bien
visibles et même allongés, de manière à provoquer l'illusion

1. Lechat, *Sculpture attique*, p. 466; Studniczka, *op. l.*, p. 151.
2. Lechat, *ibid.*, p. 467.
3. Cf. Furtwængler, *Masterpieces*, p. 32, note.

qu'ils s'occupaient à soutenir la draperie. Nicétas était si peu informé des choses de l'art qu'en décrivant l'Athéna, le bras droit étendu, il ne s'est pas aperçu qu'elle avait dû certainement tenir une lance qui, plus fragile que le torse, avait disparu avant son temps.

Le rapprochement, dû à M. Studniczka, de la statuette d'Athènes avec la figure du fronton d'Olympie, suggère encore une autre observation. Le geste de la main posée sur la hanche a quelque chose d'énergique et de cavalier; aujourd'hui encore, il ne paraît guère convenir aux femmes[1]. En Grèce, on en trouve un fort ancien exemple, peut-être antérieur à l'Œnomaos d'Olympie (fig. 4), dans le Silène dansant, acquis par M. Carapanos à Dodone[2]. Un autre exemple, également archaïque, est fourni par une figurine de bronze découverte en Calabre et conservée au Musée de Boston[3]. Comme spécimens de cette attitude prêtée à une femme, on peut citer la prétendue *Hestia* Giustiniani (collection Torlonia à Rome), peut-être de la même école que l'Œnomaos d'Olympie (fig. 5)[4] et les Athénas énumé-

Fig. 5. — Statue dite Hestia.
Musée Torlonia à Rome.

rés plus haut, dont l'une au moins, celle de l'Acropole d'Athènes, est plutôt antérieure à l'Œnomaos. On en trouve aussi sur les vases peints à figures rouges de style sévère (fig. 6). Faut-il penser que ce geste d'homme a été prêté à

1. Collé écrit en octobre 1755 (*Journal*, t. II, p. 34), parlant d'une représentation de l'*Orphelin de la Chine* avec costumes et décors chinois : « Clairon a affecté même d'avoir des gestes pour ainsi dire étrangers, *mettant souvent une main ou toutes les deux sur les hanches.* »

2. *Rép.*, II, 48, 4.

3. *Rép.*, II, p. 817, 5; cf. Lechat, *Pythagore de Rhegium*, p. 119.

4. Baumeister, *Denkmäler*, fig. 746.

la déesse guerrière, précisément parce qu'elle était guerrière[1]? Pour le démontrer, il faudrait des exemples plus archaïques que l'Œnomaos, le Silène dansant ne pouvant guère
être allégué à cet effet. On peut se demander si le geste
d'Athéna, la main sur la hanche, n'est pas l'effet d'une sorte
de survivance du geste des *Korai*, chez lesquelles il était
motivé par la nature du costume[2]. Nous avons un exemple d'une Athéna en costume ionien
(celle de Bruxelles) qui porte la main à
sa hanche. Lorsque, vers 470, le costume dorien tendit à remplacer à
Athènes, surtout dans le vêtement de
la déesse, la mode ionienne, le geste
survécut à la cause et l'on représenta
Athéna la main vers sa hanche, puis
sur la hanche, dans une attitude qui
plut par sa décision et sa « crânerie ».
On expliquerait de même que certains
artistes de troisième ordre, fondant ou
sculptant des figures de petites dimensions comme celles d'Abydos et de la
collection Chigi[3], aient simplement
transféré le motif des *Korai* à l'image
d'Athéna casquée et armée de l'égide.
Il faudrait donc distinguer : 1º le geste
pour ainsi dire *utilitaire* des Korai;
2º l'attribution, rare et sporadique, de

Fig. 6. — Déesse la main
sur la hanche. Peinture
d'un vase à figures rouges
de style sévère (*Rép.*, II,
p. 94.

1. Dans Aristophane (*Eccles.*, 259), Praxagora, pour déclarer qu'elle prendra une attitude virile, guerrière, dit : « Je mettrai les mains sur mes hanches
comme cela », ἐξαγκωνιῶ ὡδί. Je dois cette observation à M. Glotz; elle confirme ce que je dis de l'origine virile du geste en question, malgré l'exemple
de la Hestia Giustiniani.

2. Alors même que le costume ionien est court, que le geste est devenu
inutile, l'art continue à le figurer; voir les Caryatides de Tralles et de
l'Erechtheion. M. Lechat me signale encore un exemple bien intéressant de
cette survivance : c'est une Aphrodite soutenant un miroir (*Bulletin de corresp. hellén.*, 1898, pl. I), où le *peplos dorien* est soutenu par la main gauche,
comme s'il s'agissait d'un chiton ionien.

3. Copie romaine, mais probablement copie exacte d'un petit original grec.

ce geste à Athéna ; 3° la modification légère de ce geste par
la suppression des plis du vêtement pincés entre les doigts,
4° l'application pure et simple de la main gauche sur la
hanche, influencée peut-être par des figures viriles du type
de l'Œnomaos.

IV

Le dessinateur italien Politi a publié, de 1826 à 1841, un
grand nombre de vases grecs[1] ; il en avait dessiné beaucoup
d'autres qui sont restés inédits. Un de ses dessins, conservé
dans les portefeuilles de Braun à l'Institut de Rome, a été
reproduit en 1897 par M Petersen[2] et deux fois depuis d'après
la même gravure[3]. « On y voit une Athéna debout sur une
colonne basse, devant laquelle est arrêté un homme barbu,
le corps drapé dans son manteau, la main gauche appuyée
sur son bâton, la droite levée comme s'il accompagnait d'un
geste les paroles adressées par lui à la déesse Point de
doute que nous n'ayons là une statuette votive sur un piédestal Or, entre cette représentation de statue et la statuette
de l'Acropole, il y a une ressemblance évidente.. Le dessin
nous la montre complète, telle qu'elle se dressait parmi les
autres offrandes de l'Acropole » — « Voilà, concluait
M. Lechat, une curieuse et heureuse rencontre, pourquoi n'y
en a-t-il point de pareilles plus souvent? Sur quelle amphore
peinte retrouvera-t on les bras de la Vénus de Milo?[4] »

M Petersen ignorait la forme du vase dessiné par Politi et
ne savait pas où il avait passé; sur le croquis, conservé à
l'Institut allemand, il crut seulement déchiffrer ces mots :
« *Presso il signor Granet* » Il s'agit sans doute de *Grasset*,
collectionneur mentionné dans les *Céramiques de la Grèce
propre* de Dumont (t. II, p. 100); un beau lécythe blanc
ayant appartenu à cet amateur a passé au British Museum.

1 Cf. S Reinach , *Rép des Vases*, t II, p 381
2. *Rom. Mittheil* , 1897, p 318.
3 Lechat, *Revue des Etudes grecques*, 1899, p. 185, Svoronos, *Nationalmu-
seum* (Athenes), p 165.
4 Lechat, *loc. laud.*

Je trouve dans l'ouvrage de M. L. Soulié l'indication de
deux ventes de faïences et d'antiquités, appartenant à Grasset aîné, maître de forges à La Charité-sur-Loire, qui ont eu
lieu à Paris en 1847[1]; c'est sans doute le même collectionneur, qui m'est d'ailleurs complètement inconnu.

Peu de temps après la publication de l'article de M. Peter-

Fig. 7. — Vase de l'ancienne collection W. Rome à Londres.

sen, j'eus la surprise de retrouver le vase dessiné par Politi
dans une salle d'exposition du Guildhall (Hôtel de Ville) de
Londres, parmi une précieuse collection d'antiquités grecques
et égyptiennes prêtée à cet établissement par un commerçant
de la Cité, M. W. Rome. Ce dernier eut l'amabilité de me
fournir une photographie de son vase (fig. 7) et de permettre à
M. Anderson d'en exécuter pour moi un nouveau dessin, plus
exact et un peu plus complet que celui de Politi (fig. 8).
Si j'ai tardé si longtemps a faire connaître ces documents,

1. L. Soulié, *Les ventes au* XIXe *siècle*, p. 129.

c'est que je ne suis arrivé que récemment à l'hypothèse dont
il me reste à indiquer la teneur[1].

D'après le style de la peinture, la forme des yeux, la décoration de la colonnette et d'autres détails, il est évident que
le vase de la collection Rome appartient aux environs de
l'an 460 avant J.-C., c'est à-dire à l'époque intermédiaire
entre la dévastation de l'Acropole par les Perses (479) et les
grands travaux entrepris par Périclès (450) C'est la période
de l'hégémonie de Cimon et des succès politiques d'Athènes ;
ce n'est pas encore celle de sa suprématie artistique Il
s'agissait d'abord, tout en poursuivant la lutte contre les
Perses, de réparer les ruines de l'invasion, de reconstruire
les maisons et les murs de défense, en un mot d'aller au
plus nécessaire ; les œuvres de luxe, c'est-à-dire d'art proprement dit, ne purent se multiplier à Athènes qu'un quart de
siècle après la victoire de Platées[2]. Cependant nous savons
que les artistes ne chômèrent pas tout à fait ; comment, sans
cela, se serait formée la puissante école qui entre en scène
vers 450 ? Dès 476, Critios et Nèsiotès remplacèrent le groupe
de bronze des Tyrannicides que Xerxès avait emporté en
Perse[3]. Un des bons sculpteurs de ce temps-là, Hégias, le
maître de Phidias[4], sculpta une Athéna, un Pyrrhus et des
Dioscures Où était placée l'Athéna de Hégias ? On ne nous
le dit pas, mais comme Hégias était Athénien et possédait
un atelier à Athènes, il est vraisemblable que cette statue de
bronze figurait sur l'Acropole. Pline ne l'aurait pas mentionnée si elle n'avait été célèbre et citée, comme telle, dans

1 Plusieurs objets intéressants de la collection W Rome, dont j'avais signalé
l'existence à Mme Strong, ont été décrits par elle dans le grand Catalogue
(non dans le commerce) de l'Exposition d'art grec organisée au Burlington
Fine Arts Club en 1903 (Voir *Exhib. of ancient art*, 1904, p. 264) ; le vase qui
m'occupe ici n'a pas été exposé, non plus qu'une admirable statuette d'Hera-
klès que j'ai publiée en 1910 (*Revue des Etudes anciennes*, 1910, p. 1-19)
Après la mort du possesseur, la collection Rome a été vendue aux enchères
à Londres en décembre 1907 ; le vase a passé au Musée de New-York.

2. Cf. Lechat, *Sculpture grecque*, p. 425

3. *Ibid*, p. 438.

4 Dio Chrysost, *Orat*, LV, 1, p 282

un des manuels grecs dont il se servait. Il se contente
d'ailleurs de nous dire qu'elle était appréciée des connais-
seurs (*laudatur*)[1]. Hégias n'était pas un inconnu pour les
Romains, qui trouvaient à ses statues quelque analogie avec

Fig. 8. — Vase de l'ancienne collection W. Rome à Londres. Détail.

les vieux bronzes étrusques[2]; ses Dioscures avaient été trans-
portés à Rome devant le temple de Jupiter Tonnant[3].

1. Pline, XXXIV, 78.
2. Quintilien, XII, 10, 47.
3. Pline, *Ibid.*

V

L'Acropole d'Athènes, placée sous la protection d'Athéna, n'a vraiment pu attendre le milieu du vᵉ siècle, date présumée de la grande Athéna de bronze dite *Promachos*, pour posséder une image de la déesse N'en point élever une en cet endroit, aussitôt que leur ressources le permirent, eût été, de la part des Athéniens, une étrange et téméraire ingratitude[1] Or, les textes ne mentionnent, à cette époque, qu'*une seule* statue d'Athéna, œuvre d'un sculpteur athénien, dont on a tout lieu de croire qu'elle fut sculptée à Athènes : c'est précisément celle d'Hégias.

J'émets l'hypothèse que l'Athéna figurée sur le vase, de type presque identique à la petite Athéna en marbre de l'Acropole, n'est autre que l'Athéna d'Hégias mentionnée par Pline, et qu'une statue analogue, également du début du vᵉ siècle, fut transférée plus tard à Constantinople, où elle périt en 1203

Dès le xᵉ siècle, un savant grec, Aréthas, dans une scholie sur un discours d'Aristide où il est question de l'Athéna de bronze de Phidias, exprimait l'opinion que cette statue était identique à celle qui figurait à Constantinople devant le Sénat Aréthas se trompait; la statue en question, qui est bien celle dont parle Nicétas, n'est pas la Promachos, par cette raison, qui dispense de toute autre, que la Promachos, au témoignage des monnaies, avait le bras droit abaissé, tandis que la statue du forum de Constantin tenait le bras étendu M Gurlitt, dans un ingénieux mémoire, publié en 1893, s'est trompé à la suite d'Aréthas et a voulu attribuer à Phidias jeune un colosse d'Athéna en bronze du type des *Korai*. Mais son travail a eu l'heureux résultat d'appeler

---

1. Alors qu'Athènes faisait remplacer le groupe des Tyrannicides, qu'elle elevait une statue a Zeus Eleuthérios, que tous les Grecs consacraient à Olympie un Zeus haut de cinq metres[1] M Lechat m'ecrit qu'il considère aussi comme certaine l'existence d'une grande statue de bronze sur l'Acropole, peu après 479 Si les textes n'en parlent pas, c'est que la grande Athena de bronze, œuvre de Phidias, fut bientôt seule a attirer les regards.

l'attention sur le texte de Nicétas et de débarrasser l'histoire
de l'art d'une erreur, popularisée par Overbeck, qui faisait
figurer l'Athéna Parthénos de Phidias, en plein moyen âge,
sur le forum de Constantin; on avait mal lu ou mal transcrit
la glose d'Aréthas[1].

Il serait tentant de supposer, avec M. Gurlitt, que la statue détruite en 1203 était venue d'Athènes à Constantinople,
comme tant d'autres, vers la fin du ve siècle après l'ère chrétienne. Mais M. Théodore Reinach, en 1896, a donné de
bonnes raisons de croire que l'Athéna décrite par Nicétas
était originaire de Lindos à Rhodes. Elle est décrite, tout
auprès du Sénat, par Constantin le Rhodien, sur la colonne
même dont Nicétas fait mention :

'Η δ' αὖ γε χαλκῆ καλλιπάρθενος κόρη
ἥτις ὕπερθεν κίονος μακροῦ πέλει
τὴν χεῖρ' ἐπεκτείνουσα πρὸς τὸν ἀέρα,
Παλλάδος εἰκών ἐστι, Λινδίων πλάνης,
ἧς εἶχον οἱ πρώτιστον οἰκοῦντες πέδον
'Ρόδου ταλαίνης, δυσσεβῶς τεθραμμένοι·
δηλοῖ δὲ κράνος καὶ τὸ γόργειον τέρας,
ὄφεις τε πρὸς τράχηλον ἐμπεπλιγμένοι[2].

Cette provenance, alléguée d'une façon si positive par
Constantin le Rhodien, est confirmée par Cedrenus[3]; ce dernier ajoute que la statue placée vis-à-vis, représentant
Amphitrite, avait, elle aussi, été apportée de Rhodes. Le
riche temple d'Athéna Lindia, où l'on montrait de très anciennes offrandes, attribuées à Danaos et à Hélène, paraît

1. Gurlitt, *Analecta Græciensia*, Vienne, 1893, p. 101; cf. *Berl. Phil. Woch.*,
1893, p. 1186; mes *Chroniques d'Orient*, t. II, p. 208; Petersen, *Röm. Mittheil.*,
1893, p. 350; Furtwængler, *Masterpieces*, p. 31-32. — Pour la glose d'Aréthas,
publiée d'abord par Angelo Maï (Overbeck, *Schriftquellen*, n° 690), voir une
note décisive à la fin du mémoire de M. Gurlitt, p. 121. Dans le ms. Laur.,
LX, 3, le lemme 'Αθηνᾶν τὴν ἐλεφαντίνην *n'existe pas*: c'est une interpolation
du copiste du Vaticanus, n. 1298, ou peut-être d'Angelo Maï lui-même.

2. *Rev. des Études grecques*, 1896, p. 41.

3. Cedrenus, p. 565.

avoir été systématiquement pillé par Constantin pour orner
sa nouvelle résidence[1]. On doit cependant observer qu'un
homme aussi instruit qu'Aréthas n'aurait guère pu identifier
l'Athéna du forum de Constantin à la Promachos de l'Acropole d'Athènes si la provenance du premier de ces bronzes
avait été assurée. En outre, il est certain que Cedrenus s'est
servi du poème de Constantin le Rhodien ; s'il ajoute que la
statue d'Amphitrite provient également de Rhodes, cela peut
s'expliquer comme une simple conjecture Enfin, comme l'a
déjà remarqué M. Th. Reinach, Constantin étant rhodien
lui-même, on pourrait tirer parti de ce fait soit pour contester son témoignage, soit, au contraire, pour en relever l'autorité. L'hésitation est donc permise ; mais il y a tout au moins
une forte présomption en faveur de la provenance rhodienne
et il y aurait désormais manque de rigueur historique à l'oublier.

L'archaïsme du colosse de bronze vu par Nicétas ressort
de sa description, alors même qu'on modifie un peu avec
nous ce qui concerne le geste de la main gauche Nicétas
place la statue sur une colonne ; celle du vase athénien a également une colonne pour piédestal ; c'est un usage bien connu
de la fin du vi[e] siècle et du commencement du ve. Les traits
essentiels de la description de l'historien grec se retrouvent
non seulement sur l'image peinte, mais sur la statuette de
l'Acropole (fig. 3), qui est une petite copie en marbre du
même original

Il est vrai que M. Petersen, suivi par M. Lechat. a pensé
que la petite copie en question était l'original même que le
peintre du vase eut sous les yeux. Assurément, si l'on
mesure l'Athéna du vase à l'échelle du vieillard placé auprès,
cette opinion pourrait se soutenir, la statuette de l'Acropole
n'ayant qu'un mètre de haut environ. Mais je crois cela tout
à fait inadmissible. On ne me persuadera jamais qu'un
peintre de vase athénien, représentant un donateur ou un
fidèle devant une statue de divinité sur une colonne, n'ait

---

1 Th. Reinach, *Rev des Etudes grecques*, 1896, p. 89.

pas réduit les proportions de la statue et de la colonne dans
une mesure très notable, sachant bien que son client ne s'en
plaindrait pas. Aurait-on voulu qu'il figurât, sur le champ
de son vase, un donateur presque invisible aux pieds d'une
grande statue?[1] A mes yeux, le fait seul que la statue paraît
en plein air, juchée sur une colonne, prouve qu'elle était en
bronze et tout au moins de grandeur naturelle; on n'exposait pas ainsi des statuettes, et je ne pense pas non plus
qu'ont eût abandonné aux intempéries une statue en marbre
d'Athéna, nécessairement polychrôme. Les *Korai* de l'Acropole ont dû être protégées elles-mêmes autrement que par
le parasol (μηνιτκός), qui devait surtout les défendre contre la
fiente des oiseaux [2].

VI

Avec presque tous les historiens de l'art, j'ai attribué à
Hégias, dans ce qui précède, une statue en bronze d'Athéna.
Cette attribution se fonde sur deux passages de Pline.
D'abord, au livre XXXIV (§ 49), il énumère rapidement
Hégias, à côté d'Alcamène, de Kritios et de Nésiotès, parmi
les sculpteurs en bronze; la date qu'il donne (vers 445) est
certainement trop basse, mais l'association du nom d'Hégias
avec ceux des auteurs du groupe des Tyrannicides (476) est
suffisante pour corriger l'erreur[3]. Puis, au § 78 du même
livre, on lit : *Hegiæ Minerva Pyrrhusque rex laudatur et celetizontes pueri et Castor ac Pollux ante ædem Iovis Tonantis*[4].
Brunn a fait observer il y a longtemps que le *Pyrrhus rex*

1. Un céramiste athénien n'aurait pas eu recours à un expédient si puéril
s'il lui avait pris fantaisie de représenter un Athénien aux pieds de l'Athéna
Promachos. Qu'on prenne donc la peine de voir combien est rapetissé, sur
toutes les œuvres des arts plastiques, le cheval de Troie, *instar montis equus!*

2. Mon opinion a été contestée par M. Lechat (*Revue des Études anciennes*,
1908, p. 161 et suiv.). Il est certain que nous attachons aujourd'hui aux restes
de polychromie sur les sculptures antiques une tout autre valeur que les
Grecs eux-mêmes. Pourtant, il me semble évident que, *ceteris paribus*, ils
devaient plus volontiers exposer à l'air et à la pluie des bronzes que des
marbres.

3. Overbeck, *Schriftquellen*, n° 452.

4. *Ibid.*, n° 456.

mentionné dans ce passage doit être Pyrrhus Néoptolème, le fils d'Achille; il a pensé que le texte de Pline impliquait l'existence de deux œuvres distinctes, une Athéna, un Pyrrhus, tandis que d'autres critiques ont cru que Pline désignait ainsi un groupe d'Athéna avec Néoptolème. Gramma-

Fig. 9. — Athéna. Bronze du Musée de Cologne (p. 387).

ticalement, la question est insoluble, car le verbe au singuler, *laudatur*, peut parfaitement être employé ainsi avec deux et plusieurs sujets dont on affirme la même chose[1]. Mais cette difficulté n'est malheureusement pas la seule que soulève ce passage, sans parler de la mention, dans la proposition sui-

1. Cf. S. Reinach, *Grammaire latine*, p. 151. Peu importe que Pline, pour varier les conjonctions, se soit servi un peu arbitrairement de *que*, *et* et *ac*.

vante, d'un Hégésias qui paraît identique à Hégias. On a
supposé que Pline avait confondu deux Hégias de date très
différente, l'un sculpteur archaïque, l'autre auteur d'une
Athéna groupée avec Pyrrhus roi d'Épire[1] ; d'autres ont
voulu qu'il ait mal compris une notice sur le sculpteur
Pyrrhus, auteur d'une Hygie et d'une Minerve (Athéna Hygie,
sur l'inscription de la base)[2] et que la mention d'une Athéna
et d'un Pyrrhus, attribués par lui à Hégias, s'explique ainsi[3].
Enfin, suivant une autre opinion, due, je crois, à M. Michaelis,
Hégias, aurait représenté Athéna avec Néoptolème dans le
Théséion construit après 475 pour recevoir les ossements de
Thésée ramenés de Scyros[4]. M Michaelis écrit : « Hégias
fut occupé à orner de statues les temples qui s'élevaient
alors ; ainsi il sculpta les Dioscures avec leurs enfants (les
celetizontes pueri de Pline) pour l'Anakeion, Athéna et
Néoptolème de Scyros pour le Théseion ». Dans la pénurie
de nos textes, il est impossible de choisir entre ces combinaisons, dont la dernière est particulièrement ingénieuse et
fragile ; toutefois, l'idée d'un groupe archaïque d'Athéna
avec Néoptolème ne me semble guère admissible et je ne
vois pas trop pourquoi Néoptolème aurait figuré dans le
temple de Thésée par le seul motif qu'il était né d'Achille à
Scyros, où Thésée avait trouvé la mort! L'hypothèse de
deux statues séparées de Néoptolème et d'Athéna, le premier
considéré comme le vainqueur de Troie, c'est-à-dire de
l'Asie, est peut-être encore la plus naturelle; dans ce cas,
rien n'empêche d'admettre que l'Athéna mentionnée par
Pline se soit dressée sur l'Acropole, où, comme je l'ai dit, le
besoin d'une grande Athéna de bronze dut de très bonne
heure se faire sentir[5]. Si cette Athéna est bien celle du vase

1. Sellers et Jex·Blake, *Pliny's chapters*, p. 64, note ; H. L. Urlichs, *ap.*
Arndt, textes des *Denkmäler* de Brunn-Bruckmann, n° 502.

2. Overbeck, *Schriftquellen*, 904 et 906.

3. Bursian, art. *Griech. Kunst* dans Ersch et Gruber, p. 418, note 93.

4. Springer-Michaelis, *Handbuch der Kunstgeschichte*, t. I, 8° éd. (1907),
p. 198.

5. M. Arndt a songé un instant à reconnaître l'Athéna d'Hégias dans la

dessiné par Politi, Hégias ne fut pas seulement un des
maîtres de Phidias : son Athéna fut un des modèles de la
Promachos.

VII

J'ai déjà insisté, à la suite de M. Lœschcke, sur l'intérêt
qu'offrent pour l'histoire de l'art les images de Minerve découvertes sur le Rhin moyen, où stationna la *legio Iª Minervia*[1].
On a trouvé, à Cologne, une bonne copie en marbre de la
Parthénos[2]; à Ettringen près de Coblence, une Athéna en
bronze que je considère comme une copie de la Promachos[3];
Andernach a fourni une Athéna avec Erichthonios en pierre
qui dérive certainement d'un bon modèle grec[4]; plus
récemment, à Cologne encore, on a exhumé une statuette
d'Athéna en bronze, dont je dois une bonne photographie à
M. Poppelreuter (fig 9)[5]. L'analogie du modèle avec celui
du vase publié plus haut est frappante, non pas dans le costume, qui diffère, mais dans l'attitude du corps et des bras ;
le bras et la main droite, qui vient effleurer la hanche,
semblent presque copiés sur l'Athéna du vase (fig 5). Il y a
là, je crois, un argument de plus à l'appui de mon hypothèse.
Si la statue athénienne, reproduite ou imitée pour Lindos
dès le milieu du vᵉ siècle (au plus tard), n'était pas restée
célèbre à l'époque romaine, elle n'aurait pas été imitée une
fois de plus, à côté de la Promachos de Phidias, en pays
rhénan, peut-être pour orner le laraire d'un cercle d'officiers
de la *legio Minervia*.

copie d'une Athéna archaïque a Madrid (Brunn-Bruckmann's *Denkmæler*,
n° 502).

1 S Reinach, *Bronzes figures*, p 41, *Gazette des Beaux-Arts*, 1902 II,
p. 468.

2 Michon, *Monuments Piot*, t VII, p 168

3. *Répert*, t II, 274, *Recueil de têtes*, p 74. Cf P. Ducati, *Rev. arch*, 1905,
I, p 246

4 *Répert*, II, 297, 4

5 *Korrespondenzblatt der westdeutschen Zeitschrift*, 1905, p. 139 Cette statuette, me faisait observer Furtwængler, est une réplique d'un bronze de
Munich (*Rép.*, t I, p 229, 3), mais on ignore la provenance de cette dernière
figure, alors que la provenance rhénane, bien attestée, de la première en
accroît singulièrement l'intérêt

L'Amazone de Strongylion[1].

———

I

Dans le temple d'Artémis Soteira à Mégare, Pausanias vit une statue de bronze de la déesse qu'il dit être l'œuvre de Strongylion[2]. Bien qu'il ne la décrive pas et ne donne aucune information sur le sculpteur, son texte implique que Strongylion devait appartenir à la belle époque de l'art grec. En effet, Pausanias qualifie le temps de vieux, ἀρχαῖος, et ajoute que, de son temps, on y avait placé des statues d'empereurs romains[3]. Il explique l'épithète de la déesse, Σωτείρα, en racontant qu'un parti de Perses, appartenant à l'armée de Mardonios, fut massacré pas les Mégariens, vainqueurs grâce à la protection d'Artémis. Quand même nous ne posséderions pas d'autre mention de Strongylion, il y aurait donc quelque raison de faire remonter cet artiste jusqu'au vᵉ siècle.

Un peu plus loin, Pausanias signale à Pagae en Mégaride une autre statue en bronze d'Artémis Soteira, de même grandeur et de même type que celle de Mégare[4]. Il ne dit pas qu'elle soit l'œuvre du Strongylion, mais il est évident qu'il la considère comme sortie du même atelier ou de la même école ; c'était ce que nous appelons aujourd'hui une *réplique*.

Dans un autre passage[5], il décrit le groupe des Muses de l'Hélicon, dont les unes seraient de Céphisodote, les autres de Strongylion et d'Olympiosthène. Ce dernier sculpteur est tout à fait inconnu ; mais Céphisodote, le père ou le frère aîné

1. [*Revue archéologique*, 1904, I, p. 28-29.]
2. Pausanias, I, 40, 2.
3. On a retrouvé en effet, à Mégare, beaucoup de bases de statues impériales et une inscription attestant l'existence d'un culte des empereurs (Frazer, *Pausanias*, t. II, p. 523).
4. Pausanias, I, 44, 7.
5. *Ibid.*, IX, 30, 1,

de Praxitèle, est un artiste appartenant au dernier tiers du
ve siècle et au premier tiers du ive. Le fait que ses œuvres
étaient réunies à celles de Céphisodote inclinerait à croire
que Céphisodote et Strongylion furent contemporains.

Ici, Pausanias donne un renseignement sur Strongylion :
« C'était, dit-il, un homme qui sculptait à merveille les bœufs
et les chevaux » (ἀνδρὸς βοῦς καὶ ἵππους ἄριστα εἰργασμένου). Strongylion était donc célèbre comme animalier ; l'éloge de Pausanias fait songer à des œuvres du ve siècle, la vache tant vantée de Myron et les incomparables chevaux de Calamis —
equis semper sine aemulo expressis, comme dit Pline[1].

Un cheval colossal, œuvre de Strongylion, était exposé
sur l'Acropole d'Athènes. C'était une image en bronze du cheval de bois fabriqué par Athéné pour les Grecs à la fin du
siège de Troie ; dans son flanc était percée une ouverture à
travers laquelle regardaient Ménesthée, Teucer et les fils de
Thésée. Pausanias, qui décrit ce cheval, qu'on appelait le cheval de bois, δούρειος ἵππος, ne dit pas qu'il fût l'œuvre de Strongylion[2] ; mais le scholiaste d'Aristophane nous apprend que
la base portait une dédicace de Chérédème (Χαιρέδημος Εὐαγγέλου
ἐκ Κοίλης ἀνέθηκεν) et cette base a été retrouvée sur l'Acropole
en plusieurs morceaux[3]. On y lit non seulement la dédicace
mentionnée par le scholiaste, mais la signature de l'artiste :
Στρογγυλίων ἐποίησεν. C'est une base longue de 3^m,50 environ. L'alphabet est celui qui fut en usage à Athènes avant
la réforme d'Euclide (402) ; d'autre part, comme le Σ est à
quatre branches, et non à trois branches, l'inscription est
certainement postérieure à 446.

On peut préciser davantage la date du cheval de Strongylion grâce à un vers des *Oiseaux* d'Aristophane. Un messa-
ger y parle de murailles assez larges pour que deux chars,
attelés de chevaux aussi grands que le cheval *dourien*, puissent s'y croiser :

1. Pline, *Hist. Nat.*, XXXIV, 71.
2. Pausanias, I, 23, 8.
3. Lœwy, *Inschriften griech. Bildhauer*, n° 52.

$$...\dot{\varepsilon}\nu\alpha\nu\tau\dot{\iota}\omega \; \delta' \; \ddot{\alpha}\rho\mu\alpha\tau\varepsilon$$
$$\ddot{\iota}\pi\pi\omega\nu \; \dot{\upsilon}\pi\dot{\upsilon}\nu\tau\omega\nu \; \mu\dot{\varepsilon}\gamma\varepsilon\theta\omicron\varsigma \; \ddot{\omicron}\sigma\omicron\nu \; \dot{\omicron} \; \delta\omicron\dot{\upsilon}\rho\iota\omicron\varsigma...^1$$

Le témoignage du scholiaste atteste que ce cheval est bien celui que Chérédème avait dédié sur l'Acropole. Il est probable que cette dédicace était récente, que la grandeur du cheval *dourien* avait vivement frappé les esprits et tendait à devenir proverbiale. Or, les *Oiseaux* ont été représentés en 414 avant J.-C. Strongylion peut avoir fondu le cheval en 415 et l'on pourrait supposer que la dédicace de Chérédème fut motivée par l'heureux succès des Athéniens en 416, date du siège et de la prise de Melos qui, depuis 426, s'était déclarée l'ennemie d'Athènes[2].

Strongylion, auteur d'une œuvre considérable en 415, peut être né vers 450. Son nom, comme nous l'avons vu, se trouve associé à celui de Céphisodote. Bien que la chronologie de ce dernier artiste soit encore très confuse, il semble que Céphisodote était le plus jeune des deux.

Outre le cheval, ἵππος... ἐν ἀκροπόλει, il y avait, sur l'Acropole d'Athènes, un taureau de grande dimension, que l'on appelait βοῦς ἐν πόλει. C'était, nous dit Pausanias, un ex-voto de l'Aréopage[3]. Si l'on se rappelle que Pausanias fait de Strongylion un excellent sculpteur de taureaux et de chevaux, et que le cheval de l'Acropole était de lui, on pourra aussi, sans invraisemblance, lui attribuer le taureau.

Deux autres œuvres de Strongylion sont citées par les auteurs latins. L'une est une statuette d'enfant en bronze, qui appartenait à Brutus, le meurtrier de César, si admirée de son possesseur qu'on l'appelait *Bruti puer*, Βρούτου παιδίον[4]. Ce devait être un travail très soigné, d'une finesse exquise, car Martial le prend pour type d'une petite chose achevée, par opposition à un colosse d'argile[5]. Enfin, dans deux pas-

---

1. Aristophane, *Oiseaux*, 1128.

2. Thucydide, V, 84-116.

3. Pausanias, I, 24, 2. L'expression Βοῦς ἐν πόλει est dans Hesychius, *s. v*, et dans Diogenianos, III. 67 (Overbeck, *Schriftquellen*, p. 160.

4. Pline, *Hist. Nat.*, XXXIV, 32.

5. Martial, IX, 51 ; cf. II, 77 et XIV, 171.

sages, Pline parle d'une statuette d'Amazone en bronze,
œuvre de Strongylion, qui était surnommée *eucnemos*, « aux
belles jambes », et dit que Néron la faisait transporter avec
lui dans ses voyages[1]. Il y a d'autres exemples de statuettes
de bronze, attribuées à des artistes grecs, dont leurs posses-
seurs romains ne voulaient jamais se séparer : tels l'Héraklès
epitrapezios de Lysippe, qui aurait appartenu à Sylla, et le
sphinx d'Hortensius, cadeau de son client Verrès[2]. Ces statuettes étaient évidemment des copies réduites de statues
célèbres, auxquelles restaient attachés les noms des auteurs des
originaux. L'affection plus ou moins sincère des grands personnages romains pour ces figures explique que l'on ait trouvé,
en Gaule notamment, tant d'admirables bronzes de travail
grec, certainement antérieurs à la conquête de la Gaule par
les Romains. Il suffit de rappeler l'Athéna de Chantilly, découverte en Franche-Comté, les bronzes de Chalon-sur-Saône, à la
Bibliothèque Nationale, et l'éphèbe polyclétéen de la collection Dutuit, provenant des Fins d'Annecy en Savoie.

Strongylion étant très estimé comme animalier, on a supposé que l'Amazone de Néron devait être montée et l'on a
voulu en reconnaître une copie ou une réplique dans un petit
bronze d'Herculanum conservé à Naples[3]. Ce bronze représente une Amazone sur un très petit cheval qui se cabre ; les
jambes de l'Amazone sont nues et dépassent de beaucoup la
ligne du ventre de sa monture. La structure du cheval et, en
particulier, la forme de la tête, accusent une époque antérieure à celle de la frise du Parthénon ; d'autre part, l'Amazone
est positivement disgracieuse. Ces caractères ne peuvent être
le fait d'un copiste, qui aurait plutôt fait effort pour les atténuer. Je pense donc, avec M. Amelung[4], que l'Amazone de
Naples ne reproduit pas une œuvre de Strongylion, mais un
motif remontant au milieu du ve siècle et plutôt dorien qu'at-

1. Pline, *Hist. Nat.*, XXXIV, 48 et 82.
2. Martial, IX, 44 ; Pline, XXXIV, 48.
3. Friederichs-Wolters, *Gipsabgüsse*, n° 1781. L'hypothèse est de Hoffmann ;
elle a été adoptée par MM. Overbeck et Furtwaengler.
4. Amelung, *Nachwort zu den athenischen Plaudereien* [de Cherbuliez] *über
ein Pferd des Phidias* (Strasbourg, 1902), p. 32.

tique. Le petit chef-d'œuvre qui voyageait dans les bagages de Néron devait avoir de tout autres qualités.

Pour juger du style de Strongylion, nous possédons seulement des documents numismatiques, les monnaies de bronze de Mégare et de Pagae au revers desquelles figurent deux images presque identiques d'Artémis courant. La déesse, vêtue d'un court chiton serré à la taille, les pieds chaussés d'endromides, court vers la droite en tenant une torche de chaque main[1]. Il n'est pas douteux que ces silhouettes reproduisent les statues mentionnées par Pausanias ; d'ailleurs, au revers d'une des pièces de Pagae, Artémis est figurée sur un piédestal et, au revers d'une autre, sous un édicule à colonnettes et à fronton qui représente son temple.

Ce type d'Artémis court-vêtue paraît avoir été inconnu de Phidias et de ses contemporains. On ne peut affirmer qu'il ait été créé par Strongylion ; mais les exemples les plus anciens que nous en connaissions dérivent certainement de ses œuvres. Nous savons aussi que ce type devint rapidement populaire et nous pouvons noter quelques étapes de son évolution. Ainsi, le temple d'Anticyre possédait une statue d'Artémis, œuvre de Praxitèle, dont la silhouette nous est connue par une monnaie : c'est une Artémis chasseresse, courant, accompagnée d'un chien, dont la parenté avec les Artémis de Mégare et de Pagae est évidente. Ainsi Praxitèle s'est inspiré de Strongylion. D'autres artistes reprendront le même motif qui deviendra, à la fin du IVe ou au IIIe siècle, celui de l'Artémis à la biche du Louvre. Toutes les Dianes court vêtues et s'avançant d'un mouvement rapide, que l'art de la Renaissance et l'art moderne ont multipliées, dérivent indirectement de la statue de Strongylion à Mégare, sculptée vers l'an 410 av. J.-C.

La sculpture du milieu du Ve siècle nous est assez connue pour que nous puissions y découvrir l'origine du type d'Artémis, popularisé, sinon créé par Strongylion. Ce type dérive de celui des Amazones, telles que Polyclète, Crésilas

---

1. *Journal of Hellenic studies*, 1885, pl. L, A, 1.

et Phidias les avaient représentées. S'il subsiste encore beaucoup d'incertitude dans la répartition, entre ces artistes, des motifs d'Amazones qui nous sont familiers par les copies romaines, il est hors de doute que les types de ces statues

Fig. 1. — Statue d'Artémis découverte à Mételin (Musée de Constantinople).

court-vêtues et laissant paraître de belles jambes remontent aux sculpteurs contemporains de Phidias.

Strongylion appartenait à la génération suivante, qui naissait au moment où Phidias et Polyclète étaient dans toute la force de leur génie, c'est-à-dire vers 440 avant J.-C. Il est probable que son Amazone, l'*eucnemos* de Néron, se rattachait étroitement à leurs créations ; son originalité consista à faire d'Artémis une Amazone et à lui prêter, avec le mouvement rapide de la chasseresse, le costume court et sommaire des guerrières de la fable. Le vêtement des Amazones du ve siècle n'est pas un emprunt fait à celui d'Artémis; la chronologie des monuments nous enseigne, au contraire, qu'Artémis emprunta son costume aux Amazones.

Ceci demande quelques explications. Sur les vases attiques à figures noires du plus ancien style, les Amazones sont habillées comme les guerriers grecs, sans aucune marque de leur origine étrangère. Dès le milieu du vi^e siècle, dans la céramique à figures noires, et, plus tard, dans la céramique à figures rouges de style sévère, on voit paraître le costume scythique des Amazones, le bonnet pointu la tunique collante, les anaxyrides ou pantalons collants. Ce costume est conforme à la doctrine, alors en faveur, qui faisait des Amazones des guerrières de la Scythie, habitant les bords du Pont-Euxin. Mais, entre 430 et 420, dans l'Amazonomachie qui décorait le bouclier de l'Athéna Parthenos par Phidias et dans celle de la frise du temple de Phigalie, construit par l'architecte du Parthénon, Ictinos, les Amazones sont représentées les jambes nues et vêtues d'un chiton court. Je ne puis expliquer ce changement que par l'influence d'un type dorien, celui de la jeune fille qui prenait part aux courses de vitesse à Sparte, à Olympie et ailleurs. Une statuette de bronze très archaïque, où l'on a reconnu tantôt Atalante, tantôt une jeune fille victorieuse à la course, a été découverte à Dodone et rattachée, par des raisons plausibles, à l'art du Péloponnèse[1]. C'est à cet art également qu'il faut attribuer l'original de la belle statue du Vatican qui représente une jeune fille court-vêtue au moment de prendre son élan[2]; la

---

1. S. Reinach, *ap.* Rayet, *Monuments de l'art antique*, t. I, pl. 17; *Répertoire*, t. II, p. 313, 2; Collignon, *Hist. de la sculpt. grecque*, t. I, fig. 165.
2. Arndt-Bruckmann, *Denkmäler*, pl. 521: Helbig, *Führer*, n° 384. On a voulu

copie romaine dérive d'un bronze appartenant au milieu du
ve siècle. Ce type féminin de l'athlète fut d'abord prêté aux
Amazones, peut-être par Polyclète, et puis, peut-être par
Strongylion, à la vierge chasseresse Artémis.

II

Vers 1865, on découvrit dans l'île de Lesbos une statue en
marbre plus petite que nature (haut. 1[m],07), d'une conservation presque parfaite, qui fut envoyée par Ismaïl-Pacha à
Constantinople et déposée au Musée provisoire de Sainte-
Irène, d'où elle a été transférée plus tard à Tchinli-Kiosk
(fig 1) Elle représente Artémis debout, court-vêtue, les jambes croisées, la main gauche appuyée sur la hanche, l bras
droit posé sur une colonnette, les pieds chaussés de bottines
de chasse ou *endromides*. Les jambes sont un peu fortes, la
main gauche très lourde et les draperies traitées avec sécheresse; mais la tête, bien qu'elle ait subi un nettoyage brutal,
est tout à fait charmante. Comme il arrive souvent dans les
copies d'originaux grecs de la belle époque, la tête a été tra-
vaillée avec grand soin d'après une maquette ou un moulage,
alors que le reste de la figure était plus rapidement expédié.

Lorsque je publiai cette statue en 1885[1], j'insistai sur le
caractère praxitélien de la tête et je fis valoir l'influence
exercée sur l'ensemble par le type des Amazones attribuées à
Polyclète et à Phidias. M. Joubin, dans son Catalogue du
Musée de Constantinople, rappela également le souvenir de
l'Amazone du Musée de Berlin, debout à côté d'un cippe sur
lequel vient s'appuyer son bras droit.

Plus tard, M de Schneider rapprocha la tête de cette statue
de celle qui, découverte à Tralles, a été cédée au Musée de
Vienne par l'amiral Millosicz[2]. Alors que M. Benndorf voyait
dans celle-ci une Aphrodite[3]; M. de Schneider s'autorisait de
la statue de Constantinople pour y reconnaître Artémis

récemment y voir une danseuse, mais je crois que la désignation traditionnelle doit être maintenue.

1 *American Journal of Archaeology*, 1885, pl. IX.
2 R von Schneider, *Album der Antikensammlung* (Vienne), p 3 et pl. 6
3 Benndorf, *Archaeologische-epigraphische Mittheilungen*, t. IV, p. 66, pl. I
et II

M. Benndorf avait signalé l'analogie de la tête de Vienne avec
celle de l'Aphrodite de Milo et exprimé l'opinion que la première représentait une phase plus ancienne dans l'évolution
du même type; il lui semblait d'ailleurs que la tête de
Tralles était très voisine de celle de l'Hermès de Praxitèle.

Depuis quelques années, l'attention des archéologues s'est
fréquemment portée sur les imitateurs de Praxitèle; mais on
paraît avoir un peu négligé ses prédécesseurs. Toutefois,
presque aussitôt après la découverte de l'Hermès, on avait
remarqué que cette statue se rattachait à l'Eiréné de Céphisodote, considéré, avant les *Meisterwerke* de M. Furtwaengler,
comme le père de Praxitèle, et M. Kekulé, en 1882, avait
prouvé que le profil de l'Hermès offre des analogies très sensibles avec celui d'un athlète de Myron. Mais entre Myron,
mort vers 420, et Praxitèle, né vers 380, l'intervalle chronologique est trop grand pour qu'on puisse admettre une influence directe; les précurseurs immédiats de Praxitèle
doivent être cherchés dans le groupe des sculpteurs nés dans
la seconde moitié du ve siècle, groupe auquel appartient,
comme nous avons essayé de l'établir, Strongylion.

Or, l'influence de Strongylion sur Praxitèle a déjà été dé-
montrée; nous avons rappelé, en effet, que l'Artémis de Praxitèle à Anticyre était une imitation de celle de Strongylion
à Mégare. En présence d'une œuvre comme l'Artémis de Mételin, qui fait songer d'une part à Polyclète, d'autre part à Praxitèle, il est donc légitime de se demander si l'attribution à
Strongylion n'aurait pas pour elle quelque vraisemblance.

D'abord, en ce qui touche le sujet et le motif, ce que nous
savons de Strongylion ne fait pas difficulté. La statue de Mételin est, si l'on peut dire, une Artémis amazonienne ; or,
Strongylion avait sculpté une Artémis court vêtue et une
Amazone L'attitude au repos, les jambes croisées et la main
sur la hanche, est celle d'un grand nombre de Satyres que
l'on rapporte à un original de Praxitèle; il est donc raisonnable d'attribuer le même motif à un artiste dont Praxitèle
s'est certainement inspiré. Le geste des jambes croisées et
celui de la main sur la hanche paraissent déjà sur la frise du

Parthénon¹ ; celui du bras appuyé sur une colonnette est celui de la Parthénos de Phidias comme d'une Amazone de Polyclète ou de son école (à Berlin). Donc, un artiste intermédiaire entre Phidias et Polyclète, d'une part, Praxitèle de l'autre, peut parfaitement avoir usé de ces motifs.

Fig. 2. — Tête de l'Artémis de Mételin (Musée de Constantinople.)

Que la statue de Mételin ne soit pas la copie d'une statue de Praxitèle ou d'un de ses successeurs, c'est ce qui ressort avec évidence de l'étude détaillée de la tête, dont je dois des pho-

1. Michaelis, *Der Parthenon*, pl. XIV, 46; pl. IX, 1. Voir, pour des exemples plus anciens, plus haut, p. 376.

tographies de grande dimension à l'inépuisable obligeance de Hamdi bey (fig. 2). Déjà, sans connaître ces grandes photographies, M. de Schneider avait rapproché la tête de Mételin de celle de Vienne, considérée elle-même, par M. Benndorf, comme plus ancienne que l'Aphrodite de Milo. Or, sans vouloir rentrer, à ce propos, dans la discussion toujours ouverte au sujet de cette célèbre statue, je ferai remarquer que l'opinion dominante, avant la publication des *Meisterwerke* de M Furtwaengler, plaçait l'Aphrodite de Milo entre Phidias et Praxitèle, dans les dernières années du ve siècle ou dans le premier tiers du ive. Si la tête de Mételin doit être considérée comme un peu plus ancienne, on la placera nécessairement vers 410, époque de la maturité de Strongylion.

Vue de face, l'Artémis de Mételin ressemble à l'Aphrodite de Milo, mais elle a quelque chose de plus jeune et de plus virginal ; c'est Aphrodite avant l'amour, avant Arès et Anchise. Le modelé des yeux et de la bouche est encore empreint d'une certaine sécheresse ; la ligne des cheveux sur le front dessine un arc surbaissé et non un triangle, comme dans l'Aphrodite de Milo et dans les têtes féminines de Praxitèle. Les yeux sont peu ouverts, comme dans les têtes praxitéliennes, mais la ligne de la paupière inférieure n'offre pas le même contour arqué ; les glandes lacrymales sont à peine indiquées et l'expression n'a rien de cette rêverie molle et langoureuse qui, même dans les copies romaines, est comme la marque de l'école qui se réclame du grand maître athénien.

La partie supérieure droite de la chevelure de l'Artémis a été sculptée dans un morceau de marbre séparé, que le sculpteur ancien a rajusté à la tête suivant une section plane. Il y a là un nouvel exemple de ces rapiéçages fréquents dans les copies hellénistiques d'œuvres grecques, comme celle de l'Apollon Choiseul-Gouffier au Louvre, mais assez rares dans les copies romaines. Cet argument peut être allégué pour vieillir l'Artémis de Mételin, qui semble bien avoir été sculptée avant l'ère chrétienne et pourrait remonter jusqu'au iiie siècle.

La vue de profil offre un premier trait caractéristique, la

petite boucle de cheveux au-dessus de l'oreille. M. Arndt, qui s'est occupé de ce détail, n'en a pas trouvé d'exemple avant le milieu du iv⁰ siècle et croit qu'il faut l'attribuer aux copistes, là où la tête qui le présente est d'un style plus ancien. A cela je réponds qu'il se rencontre sur la grande tête en bronze du Cabinet des Médailles, la Tyché des Pari-

Fig. 3. — Statue découverte à Chaoud el-Batan (Musée de Tunis¹).

siens, qui dérive certainement d'un original du v⁰ siècle et de l'école de Phidias. D'autre part, nous connaissons des têtes du commencement du iv⁰ siècle, comme l'Aphrodite en bronze du British Museum, découverte en Arménie, et la tête de jeune fille achetée par M. de Villefosse à Rome, où deux petites boucles symétriques émergent de la chevelure et descendent sur le front. Je m₃ demande si les boucles au-

1. Je donne ici cette reproduction d'une photographie que je tiens de M. Gauckler, comme spécimen de l'attitude au repos les jambes croisées. On en trouvera deux autres dans mon *Répertoire*, t. II, p. 315.

dessus des oreilles, répondant au même désir de ménager une transition entre la surface accidentée des cheveux et le poli des chairs, n'ont pas été imaginées à la même époque et si l'on n'a pas tort d'y voir des additions de copistes, alors que ce pourrait être l'invention d'un certain groupe de sculpteurs aux confins du v⁰ siècle et du iv⁰.

Le profil de l'Artémis de Mételin est plus archaïque que ceux des têtes praxitéliennes. L'œil est placé plus haut, le bas du visage plus développé, la silhouette des lèvres et du menton plus énergique. La ligne du nez continue celle du front ; cette dernière offre toutefois une saillie très légère qui se termine à la hauteur du sourcil, mais qui n'est ni précédée ni suivie d'une dépression Ce contour d'un caractère très particulier, dont la subtilité se dérobe à l'analyse verbale, se retrouve sur des vases attiques du beau style, en particulier sur des lécythes blancs[1]. Il existe bien une ressemblance générale entre la tête de Mételin, celle de l'Aphrodite de Milo, celles de Tralles à Vienne et de Cyzique à Dresde ; mais la première offre seule ce profil un peu bombé qui semble avoir été de mode dans l'art attique pendant la dernière décade du v⁰ siècle.

III

En résumé, l'examen de la statue de Mételin autorise à conclure que l'original est l'œuvre d'un artiste postérieur à Polyclète, antérieur à Praxitèle et pouvant être considéré comme un précurseur de celui-ci. Parmi les sculpteurs dont nous connaissons autre chose que le nom, deux seulement, Céphisodote et Strongylion, satisfont aux conditions énoncées : mais Céphisodote ne peut entrer en ligne, parce que l'Eiréné de Munich, copie d'une de ses œuvres les plus importantes, offre un caractère tout différent de l'Artémis. Reste donc Strongylion, qui, répétons-le, était un sculpteur d'Artémis et d'Amazones. Sans doute, nous sommes loin de

1. Dumont et Pottier, *Céramiques de la Grèce*, pl. XXIV-XXVII.

connaître, même de nom, tous les artistes considérables de la génération qui suivit celle de Phidias et les conclusions auxquelles nous sommes conduits participent toujours de l'incertitude qui pèse sur notre savoir si borné de l'histoire de l'art attique. Mais, dans l'état actuel de nos informations ou de notre ignorance, il semble difficile d'attribuer l'original de l'Artémis de Mételin à un autre artiste que Strongylion [1].

1 J'ai emis cette hypothese au commencement de 1903 dans mon *Recueil de têtes antiques* (texte des pl 163-164) M Lechat y a donné son adhésion, qui m'est précieuse (*Rev. crit*, 1903, II, p. 88) . « Hypothese des plus heureuses et qui mérite grande attention, d'après quoi l'Artémis de Mételin deriverait d'un original de Strongylion » — Depuis, j'ai mis en lumiere l'importance chronologique de l'*indice mammaire* (*Revue des Études grecques*, 1908, p 13-38), qui, appliqué à l'Artemis de Metelin, dont les seins sont tres espaces, confirme a mervelle les conclusions auxquelles je m'étais arrête en 1903

Une Déesse syrienne [1].

I

Un architecte d'un rare mérite et d'une activité infatigable, M. Armand, avait, au cours d'une existence bien remplie, réuni une collection choisie d'œuvres d'art originales et une immense série de dessins, de photographies et de gravures relatifs à toutes les époque de l'histoire de l'art. Ces documents, au nombre de 19.410, reliés en 130 volumes grand in folio, ont été légués par lui à la Bibliothèque Nationale et sont, depuis 1889, au Cabinet des Estampes [2], où ils ont fait l'objet d'un inventaire détaillé de M. François Courboin, imprimé en deux volumes à Lille en 1895 [3].

Au printemps de 1901, en feuilletant le tome XXXIII de cette collection, j'ai été surpris de trouver, aux pl. 8, 9 et 10, des reproductions d'une statue antique qui m'était complètement inconnue. Sur les pl. 8 et 9 figure, sous deux aspects, une tête de femme ornée d'un diadème, avec cette particularité que non seulement les orbites des yeux, mais les sourcils eux-mêmes sont évidés, comme pour recevoir des incrustations. La pl. 10 donne un dessin d'ensemble d'une grande statue de femme sans tête assise sur un trône, à gauche duquel est un sphinx à tête féminine diadémée ; cette tête est précisément celle que je viens de décrire. Dans un coin de la planche la même statue est reproduite, par la photographie, à petite échelle ; mais, cette fois, la tête féminine surmontant le corps du sphinx fait défaut (fig. 1).

1. Mémoire lu à l'Académie des Inscriptions, le 22 novembre 1901 (*Revue archéologique*, 1902, I, p. 19-33).

2. Bouchot, *Le Cabinet des Estampes*, p. VI.

3. F. Courboin, *Inventaire des dessins, photographies et gravures, etc.*, Lille, 1893.

Les notices manuscrites éparses sur ces trois feuilles m'apprenaient que la grande statue avait été découverte à Baalbek par Joyau, mais ne me fournissaient aucune indication sur ses destinées ultérieures. Je me mis donc en campagne pour compléter ces renseignements

L'architecte Joyau, pensionnaire de la villa Médicis, avait entrepris, en 1865, de relever l'état actuel des édifices de

Fig. 1. — Statue découverte à Baalbek. Dessin de Joyau (*Recueil Armand*).

Baalbek et d'en essayer la restitution. La maladie, me dit son ancien camarade, M. Moyaux, aujourd'hui membre de l'Académie des Beaux-Arts, l'empêcha de donner suite à la seconde partie de son projet; il se contenta de soumettre à l'Institut des états actuels, sans aucun mémoire explicatif. Ces documents sont conservés à la bibliothèque de l'École des Beaux-Arts, qui possède aussi de nombreuses aquarelles de sa main. Le plan de Baalbek, dressé par Joyau, a été publié, à l'article *Baalbek*, dans le Dictionnaire de la Bible,

ouvrage en cours d'impression sous la direction de M. l'abbé
Vigouroux. J'ajoute que Waddington, dans ses *Inscriptions
de la Syrie*, a pu tirer parti de quelques estampages faits par
Joyau à Baalbek et communiqués par ce dernier à C. de
Saulcy [1].

Je savais qu'un autre pensionnaire de la Villa Médicis,
M. Redon, avait repris, en 1889, les études de Joyau et
adressé à l'Institut une restitution des édifices de Baalbek,
dont une photographie d'ensemble a paru en 1890 dans la
Revue l'*Ami des Monuments* [2]. M. Redon étant architecte du
Louvre, j'allai l'interroger sur la statue dont j'avais trouvé
la photographie dans le recueil d'Armand. Il me répondit
qu'il n'avait rien vu de tel à Baalbek, mais qu'il connaissait
une photographie reproduisant une statue assise analogue et
qu'il avait acheté cette photographie à Beyrouth.

Guidé par cette indication, je me procurai aisément une
épreuve du cliché en question, qui porte la signature du
photographe-éditeur Bonfils et la légende : « 474. *Statue à
Baalbek* ». Cette photographie d'ensemble est différente de
celle qui figure sur la pl. 10 du recueil d'Armand, ayant été
prise sous un autre angle : mais elle reproduit, sans contes-
tation possible, la même œuvre d'art. Toutefois, la tête diadémée qui, sur le dessin de Joyau, surmonte le corps du
sphinx à gauche du trône, ne paraît pas sur la photographie
de Bonfils (fig. 2).

J'eus alors l'idée de consulter la *Syrie d'aujourd'hui* de
M. Lortet, dont le chapitre relatif à Baalbek a paru en
1882 dans le *Tour du Monde* [3] et j'y trouvai une allusion
brève, mais suffisamment précise, à la découverte de la statue
qui m'occupait :

« Il est certain que des fouilles bien dirigées dans cette
partie de l'acropole (celle où l'on voit « un magnifique souter-
rain de construction romaine ») donneraient les plus grands

---

1. Waddington, *Inscriptions de Syrie*, nos 1881, 1886 *a*. — **Cf.**, sur d'autres
travaux de Joyau, Radet, *Histoire de l'École française d'Athènes*, p. 143, 248.
2. *L'Ami des Monuments*, 1890, p. 230, 283.
3. *Tour du Monde*, 1882, t. II, p. 388.

résultats. Déjà on y a trouvé une belle statue de femme, malheureusement sans tête, dont les draperies sont traitées de main de maître. Cette grande statue assise, ayant à côté

Fig. 2. — Statue découverte à Baalbek. Musée de Constantinople.

d'elle un animal fantastique orné de deux mamelles pectorales, pourrait bien être celle de Julia Domna, femme d'Antonin le Pieux ».

Julia Domna n'était pas la femme d'Antonin le Pieux, mais

de Septime Sévère. A part ce détail, la description de M. Lortet est exacte ; mais on remarquera qu'il ne mentionne point la tête de femme qui, suivant le dessin de Joyau, surmontait le corps de l' « animal fantastique », c'est-à-dire du sphinx.

Ayant eu l'occasion de parler à mon collègue du Louvre, M. Michon, des recherches que j'avais entreprises sur ces marbres égarés de Baalbek, j'appris de lui qu'il existait au Musée, dans une armoire de la salle Clarac, une tête féminine léguée au Louvre par M. Armand comme provenant de Baalbek. Cette tête est décrite, sous le n° 2660, dans le *Catalogue sommaire des marbres antiques*, rédigé par MM. de Villefosse et Michon :

« Tête de sphinx femelle diadémée ; les yeux et les sourcils étaient incrustés en matière différente ; extrémité d'un bras de fauteuil. Legs A. Armand. — Baalbek ».

L'aspect de ce morceau ne laissait place à aucun doute : c'était bien la tête figurée dans le dessin de Joyau et dont il y a quatre photographies dans le recueil Armand. La désignation « extrémité d'un bras de fauteuil », n'est, d'ailleurs, pas tout à fait exacte. car c'est le sphinx tout entier qui sert de support au fauteuil.

J'appris de M. Moyaux que Joyau avait possédé chez lui une tête antique, qu'il disait provenir de ses recherches à Baalbek, et qu'il la montrait volontiers à ses amis. Quand et comment cette sculpture passa-elle dans la collection d'Armand? Je fus fixé sur ce point lorsque M. Clermont-Ganneau m'eut obligeamment communiqué une brochure intitulée : « Vente des lundi 29 et mardi 30 mars 1876. Aquarelles, dessins et tableaux par feu Achille Joyau, architecte, grand prix de Rome. Objets d art et antiquités. Livres d'architecture ». A la pl. 8 de ce catalogue, sous le n° 78, on lit ce qui suit :

« Marbre antique. Tête de déesse ceinte d'un diadème. Fragment remarquable d'une statue trouvée dans les fouilles de Baalbek, faites sous la direction de M. Joyau ».

II

Restait à retrouver la grande statue, que les personnes questionnées par moi à Paris ne se souvenaient pas d'avoir vue à Baalbek[1] Hamdi-bey, que j'interrogeai à ce sujet, me répondit qu'il ne savait rien. Heureusement, un archéologue français bien connu, M. Dussaud, était alors en Syrie Je lui écrivis et reçus de lui une réponse très précise, datée de Beyrouth, le 9 juin 1901

M Dussaud m apprit que la statue, découverte à Baalbek, avait été transportée vers 1884 à Beyrouth par les soins de l'administration de la route française de Beyrouth à Damas Là, elle avait été placée avec quelques autres débris, dans la cour du sérail, derrière un grillage, appuyée au mur de la prison. La hauteur totale de la statue est de 1^m,75, c'est-à-dire qu'elle est une fois et demie plus grande que nature Le piédestal a 0^m,31 de haut, celui du sphinx 0^m,11 , le sphinx lui-même a 0^m 52 de la base des pattes jusqu'au cou M. Dussaud s'est demandé s'il n'existait pas un second sphinx faisant pendant à celui qui s'est conservé, il inclinait à le penser et croyait reconnaître, à la droite de la statue, l'amorce d'une patte gauche. L'hypothèse d'un second sphinx est, en effet, vraisemblable ; mais les photographies dont je dispose ne me permettent pas de la contrôler[2].

Aussitôt en possession de la lettre de M. Dussaud, j'écrivis à Hamdi-bey pour lui en faire connaître le contenu Le 3 septembre, notre confrère me répondit de Constantinople pour m'aviser qu'il avait fait embarquer la statue à Beyrouth et qu'elle arriverait quelques jours plus tard à Tchinli-Kiosk. Hamdi-Bey exprimait aussi le désir de recevoir un mou-

1. [Depuis que ce mémoire a été écrit et imprimé, j'ai appris que la statue de Baalbeck avait été brièvement signalée dans le *Quarterly statement* (*Palestine exploration fund*), 1871, p 110 et que la photographie de Bonfils, dont il est question ci-dessus, avait été reproduite à très petite échelle a la fin de l'ouvrage de M Frauberger sur l'acropole de Baalbek (Francfort, 1892) Elle a aussi été signalée par M Arndt dans le texte des *Einzelaufnahmen*, n° 533]

2. Voir l'*Appendice*

lage de la tête conservée à Paris, afin de pouvoir l'ajuster au
sphinx dont elle avait fait partie.

Cette tête a t-elle été sciée par Joyau, ou a-t-elle été découverte séparée du corps? En examinant à la loupe la cassure,
sur la grande photographie de Bonfils, il m'a semblé qu'elle
présentait des caractères d'antiquité excluant l'hypothèse
d'un sciage moderne. D'ailleurs, le dessin de Joyau, où cette
tête, un peu grande pour le corps, figure en place, est, en

Fig 3. — Tête de sphinx. Musée du Louvre.

partie du moins, une restitution, puisque Joyau a également
dessiné la grande aile du sphinx, dont l'amorce seule se voit
sur la photographie.

Quoi qu'il en soit [1], Joyau a été d'autant mieux inspiré en
s'emparant de cette tête, détachée ou non, qu'elle aurait eu
les plus grandes chances de se perdre ou d'être détruite,
pendant les trente-six ans qui se sont écoulés depuis la découverte de la statue jusqu'à son transport au Musée de Tchinli-
Kiosk. Je sais d'ailleurs par M. Moyaux qu'à son retour en

1. A la séance de l'Académie des Inscriptions où j'ai donné lecture de la
présente notice, M. de Villefosse a déclaré que Joyau prétendait avoir détaché
la tête du sphinx, désespérant d'emporter sa trouvaille tout entière. C'est
possible; mais il est possible aussi que Joyau se soit vanté.

France Joyau essaya d'obtenir du gouvernement français que la statue fût acquise pour être transportée au Louvre. A cette époque, la loi turque sur les antiquités, promulguée en 1874, n'existait pas encore et le sultan Abdul-Aziz n'aurait certes pas refusé une statue sans tête au gouvernement de Napoléon III. Il est donc fort à regretter que Joyau n'ait pas obtenu gain de cause, sans doute parce que les autorités compétentes reculèrent devant l'élévation des frais de transport, et l'on peut déplorer que la plus belle statue découverte en Syrie soit désormais partagée entre deux Musées, séparés par près de quatre mille kilomètres.

III

La statue colossale de Baalbek est inspirée et imitée des meilleures modèles de l'art hellénistique. Si nous passons en revue des monuments de la sculpture antique pour découvrir des figures analogues, les points de comparaison ne nous feront pas défaut. On dresserait une longue liste de statues représentant des femmes assises, le pied droit généralement avancé, l'himation passé sur une épaule et ramené par devant sur les genoux, entre lesquels il se creuse en plis profonds. Quelques-unes de ces figures sont pourvues d'attributs ou d'inscriptions qui ont permis de les dénommer avec certitude ; mais la plupart ont reçu leurs attributs des mains des restaurateurs et sont devenues, au hasard de leur inspiration ou d'une commande, des Déméter, des Cybèle, des Fortune, des Muses, des Hygie et des Isis[1]. D'autres, ayant conservé leur tête et considérées comme des portraits, portent avec plus ou moins de raison, le nom d'une impératrice[2]. On peut se demander pourquoi M. Lortet a songé à Julia Domna en présence de la statue de Baalbek. Assurément, cette princesse était syrienne et il semble dès lors assez naturel de rencontrer son image colossale à Héliopolis, dont

---

1. Clarac, *Musée*, p. 182-185, 194, 202, 209, 212, 217, 222, 262, 294 de mon édition ; cf. *Répertoire*, t. II, p. 256, 423, 685-689.
2. Clarac, p. 570, 579, R., *Répertoire*, t. II, p. 285.

les monnaies, à l'effigie de Septime Sévère, offrent au revers la silhouette des temples encore existants[1]. On connaît aussi des moyens bronzes de Julia Domna, frappés à Héliopolis, avec l'inscription COL(onia) HEL(iopolis)[2]. Mais le motif qui a dû décider M. Lortet ou son informateur, c'est qu'une dédicace aux dieux d'Héliopolis, pour le salut d'Antonin (Caracalla) et de sa mère Julie, figure sur deux bases de colonnes engagées dans la face orientale de la plate-forme du temple[3].

On pourrait alléguer encore qu'une statue de femme assise, fort semblable à celle de Baalbek et conservée au Musée de Madrid, porte dans les catalogues le nom de Julia Domna ; mais cette statue a été découverte à Paestum en même temps qu'une effigie de Tibère, et M. Bernoulli semble avoir été bien inspiré en y reconnaissant plutôt Livie[4].

Pour ma part, je crois impossible de faire descendre au delà de l'époque des Antonins une sculpture d'aussi bonne qualité que celle de Baalbek ; la sécheresse qu'on peut signaler, tant dans les plis de l'himation sur le devant que dans la curieuse décoration du piédestal, est un défaut qui paraîtra minime si l'on considère, d'autre part, le buste de Julia Domna découvert à Markouna et conservé au Louvre, ou les sculptures qui décorent, à Rome, l'arc de Septime Sévère[5]. D'ailleurs, l'éclat et la prospérité d'Héliopolis ne furent pas moindres à l'époque des Antonins qu'à celle des Sévères. Trajan en consulta l'oracle avant de partir en guerre contre les Parthes et nous savons que le grand temple de Zeus fut, sinon construit, du moins réparé et agrandi par Antonin le Pieux[6]. Comme la statue de Baalbek est comparable aux meilleures œuvres de la sculpture à l'époque d'Hadrien, je serais disposé à l'attribuer au premier tiers du IIe siècle et j'accepterais volontiers pour elle une date plus ancienne encore, si elle pa-

1. *Dictionnaire de la Bible*, t. I, p. 1335.
2. Cohen, t. IV, p. 133.
3. Waddington, *Inscr. de Syrie*, n° 1881.
4. *Répertoire*, t. II, p. 685, 1 et Bernoulli, *Röm. Ikonogr.*, t. II, p. 92.
5. Bernoulli, *op. laud.*, t. IV, pl. XV et XVII.
6. Malala, XI, p. 280.

raissait compatible avec les témoignages historiques que
nous possédons [1].

Pour estimer l'importance et l'intérêt archéologique de
cette statue, il faut tenir compte aujourd'hui non seulement
du torse drapé qui est à Constantinople, mais de la tête de
femme diadémée qui est parvenue au Louvre. Or, cette tête
présente certains caractères singuliers qui méritent de nous
arrêter quelques instants Le plus frappant est le travail des
sourcils Au lieu d'être modelés en relief, ils offrent l'aspect
de sillons brutalement creusés qui devaient être remplis,
comme les orbites des yeux, de quelque substance émaillée
J'ai déjà eu l'occasion de signaler cette particularité de sourcils tracés en creux sur quelques monuments romains attribués à la fin du Ier ou au IIe siècle de l'Empire [2] et j'ai rappelé,
à ce propos, que ce qui est exceptionnel dans l'art romain devient la règle dans la sculpture palmyrénienne, où les sourcils,
suivant l'expression de M Helbig [3], « sont indiqués par de
simples courbes entaillées dans la pierre. » C'est bien ainsi
que se présentent les sourcils de la tête du sphinx de Baalbek ;
mais, à ma connaissance, la cavité n'est jamais aussi prononcée, même dans les sculptures palmyréniennes, ce qui fait qu'on
n'avait pas encore pensé à y voir, comme nous y incline la tête
du Louvre, des stries préparées pour recevoir un émail. Or,
les statues palmyréniennes en calcaire datent toutes du IIe et du
IIIe siècle après J -C et la proximité de Baalbek et de Palmyre
permet *a priori* d'admettre un rapport de dépendance entre
les écoles d'art de ces deux villes syriennes On entrevoit dès
à présent l'existence, au IIe siècle après J -C., d'un groupe de
sculpteurs capables d'exécuter de grands travaux, comme
l'étaient sans doute ces statues colossales des temples syriens
dont le Zeus de Gaza, au Musée de Constantinople, est un des
rares débris qui soient venus jusqu'à nous A cette école ap-

1 Héliopolis a reçu son nom grec des Séleucides, on pourrait donc remonter jusqu'à cette époque pour la date d'une statue de cette provenance Mon
savant maître et ami, M Heuzey, inclinerait vers cette opinion

2 *Monuments Piot*, t. II, p 186

3 Helbig, *La collection Barracco*, p. 55 (pl. LXXX).

partient la statue assise de Baalbek ; on peut même dire qu'elle en est le chef-d'œuvre. Mais cette sculpture, inspirée de l'art hellénistique, présente, comme nous l'avons vu, une particularité très rare en Italie et qui, là où elle se rencontre, pourra être attribuée désormais au ciseau d'un sculpteur syrien établi à Rome. Ces sourcils creusés répondaient au besoin de vivifier, par des couleurs métalliques ou l'insertion de corps étrangers, la surface du marbre ou du calcaire ; c'est là, tout d'abord, un effet du goût oriental pour l'éclat, pour les procédés d'incrustation et de cloisonnage ; c'est aussi le résultat d'une influence exercée, dès une époque très ancienne, par la technique du métal sur celle de la pierre. On connaît de nombreuses statuettes de bronze où les yeux, les seins ou d'autres parties du corps sont incrustés d'or ou d'argent, souvent aussi relevés d'émail ; certains marbriers du temps de l'Empire adoptèrent ces procédés et tendirent à en généraliser l'application. Nous avons la preuve, à Baalbek même, que l'architecture eut recours, de son côté, à des décorations métalliques ignorées de la belle époque de l'art. Une inscription du temple de Caracalla mentionne la dédicace de deux chapiteaux de colonnes en bronze relevés d'or, *capita columnarum dua* (sic) *aerea auro inluminata*[1]. Peut-être faut-il expliquer, par cette profusion d'ornements métalliques dans l'art syrien, les effroyables ravages dont les monuments de ce pays ont été victimes et le petit nombre de ceux qui nous sont restés.

Le goût oriental pour les procédés de cloisonnage et d'incrustation, dont cette tête de sphinx porte témoignage, est attesté aujourd'hui, grâce aux découvertes de M. de Sarzec et aux publications de M. Heuzey, pour la période la plus ancienne de la sculpture orientale. Les fouilles de Tello ont fait entrer au Louvre des têtes de statuettes où les orbites ont été creusés pour recevoir des yeux en couleur et où *les sourcils même sont parfois remplacés par une double rainure en creux,*

---

1. Waddington, *Inscriptions de Syrie*, nº 1881.

évidemment destinée à contenir aussi une matière de couleur[1].
Ce procédé a été appliqué aux sculptures en ronde bosse et
en relief, à celles de pierre comme à celles de métal ; bien
plus, il a été étendu parfois à toutes les parties d'une figure,
en particulier dans certaines statuettes d'animaux remontant
aux environs de l'an 3000 avant notre ère[2]. M. Heuzey a
émis l'opinion que la toreutique grecque et la statuaire chrys-
éléphantine sont sorties, après une longue évolution, de
ces procédés de polychromie ou de polylithie chers aux vieux
artistes chaldéens. En tous les cas, il est fort curieux d'en
retrouver la trace, après plusieurs dizaines de siècles, dans
cet Orient où les traditions sont si tenaces et de pouvoir
comparer les sourcils évidés d'une tête gréco-romaine à ceux
des têtes exhumées dans l'antique palais chaldéen de Goudéa.

Les sourcils émaillés, dont on voudrait connaître la couleur, n'étaient pas la seule parure de la tête du Sphinx ; les
oreilles sont percées pour recevoir des pendants et l'on aperçoit, sur la raie qui sépare les cheveux, deux trous régulièrement percés où devaient s'insérer des ornements en or.
Sans doute la tête de la grande statue était plus richement
parée encore ; mais le vêtement est d'une grande simplicité,
conforme aux belles traditions de l'art classique. La raideur
des plis et des refends du manteau, modelés avec un sentiment insuffisant de la nature de l'étoffe, contraste avec l'indication vraiment délicate de la tunique transparente au-dessous des seins L'auteur de cette statue colossale était bien
un indigène, mais un indigène formé à bonne école et plus
grec encore que syrien, alors que les sculpteurs des hauts-
reliefs de Palmyre se sont montrés plus syriens que grecs.

1. Heuzey, *La sculpture à incrustation dans l'antiquité chaldéenne*, in *Strena
Helbigiana*, p. 132.
2. Heuzey, *Monuments Piot*, t. VII, p. 5.

IV

La statue de Baalbek représente-t-elle une déesse ou une mortelle ? On pourrait proposer une réponse conciliante à cette question et y reconnaître une impératrice sous les traits d'une déesse, suivant une combinaison dont l'art de l'Égypte hellénisée avait donné l'exemple et qui devint très fréquente à l'époque impériale. Mais comme la tête de la statue fait défaut, une hypothèse sur le nom de la princesse ainsi représentée serait vaine ; tout ce que nous pouvons espérer de déterminer avec vraisemblance, c'est le nom de la déesse, en laissant incertaine la question de savoir si elle était figurée en tant que déesse, ou sous les traits d'une impératrice divinisée.

Un premier point à noter, c'est l'importance donnée au sphinx, même à supposer qu'il n'y en eût qu'un seul à la gauche de la statue. Cet animal fantastique est représenté en ronde bosse et pourvu d'un support particulier qui s'ajuste à celui de la grande figure ; ce n'est donc pas un simple motif décoratif, comme le serait une tête de sphinx ornant un bras de fauteuil [1], mais un attribut dont la signification ne peut être négligée.

En second lieu, la face antérieure du piédestal offre un motif dont je n'ai pas vu ailleurs d'exemple ; au centre est une élégante palmette, flanquée de deux pattes de sphinx qui se terminent par des ornements végétaux. Voilà donc plusieurs indices concordants qui nous inclinent à tourner les yeux vers l'Égypte et à proposer de reconnaître Isis dans la statue de Baalbek [2].

L'existence d'un culte égyptien dans cette ville est conforme à ce que nous apprenons par les textes. Macrobe dit expressément que la statue de Zeus-Hélios d'Héliopolis était

1. Par exemple dans la figure funéraire de Chiusi au Musée de Berlin, *Répertoire*, t. II, 683, 6.
2. M. Amelung vient de publier (*Röm. Mittheil.*, 1901, p. 260) un bas-relief votif de Rhodes où l'on voit Osiris assis sur un trône dont le montant est décoré d'un sphinx en relief.

originaire d'Égypte [1]. D'autres assimilations datant de l'antiquité, comme celle d'Adonis à Osiris [2], prouvent à quel point la religion syrienne était pénétrée d'éléments égyptiens. C'est une question qui exigerait une étude spéciale et qu'il n'est pas à propos d'exposer ici, mais la présence d'une image gréco-égyptienne, même colossale, dans un temple gréco-syrien n'a pas besoin d'être longuement justifiée.

La représentation d'Isis accompagnée de deux sphinx n'est pas sans exemple, mais elle est très rare. Une plaque en terre cuite de la collection Campana montre un buste d'Isis entre deux sphinx affrontés [3]; un char traîné par deux sphinx et conduit par Isis se voit sur une monnaie de Julien [4]. A ces deux exemples cités par M. Lafaye, je peux ajouter un fragment de groupe en marbre découvert par Murdoch Smith dans le temple d'Aphrodite à Cyrène et conservé au Musée Britannique [5] : on y distingue la partie inférieure d'une femme assise, portant un chiton et un peplos, avec un sphinx de part et d'autre de son siège. Cette statuette est importante surtout par le lieu de la découverte, temple d'Aphrodite où l'on a recueilli, entre autres morceaux de sculpture, un buste et une statuette d'Isis, l'un en albâtre, l'autre en marbre. Smith et Porcher n'ont cependant pas donné le nom d'Isis à la figurine assise entre deux sphinx, par la raison que son costume ne rappelle pas celui que l'on prête d'ordinaire à la déesse gréco-égyptienne et qui est caractérisé soit par le nœud dit isiaque, soit par la coupe étriquée de l'étoffe qui s'ajuste autour du corps et en suit tous les contours. Mais, quoi que disent à ce sujet les ouvrages d'enseignement, il est certain qu'Isis pouvait être représentée dans un costume purement gréco-romain : témoin une statue en pierre de Cologne, dont la base porte l'inscription

1. Macrobe, *Saturnales*, I, 23. Cf. Ronzevalle, *Comptes rendus de l'Acad.*, 1901, p. 437, 474.
2. Lucien, *De dea Syria*, 7.
3. Campana, *Antiche opere in plastica*, pl. CXIII (cf. Lafaye, *Divinités d'Alexandrie*, p. 290, n° 94).
4. Lafaye, *ibid.*, p. 321 (199).
5. *Bonn. Jahrb.*, t. LXXVI, pl. 1, p. 38; *Répert.*, II, 423, 1.

ISIDI INVICTE (*sic*)¹ et une autre statue du Musée de Fiesole,
représentant, comme la précédente, une femme assise avec
une dédicace à Isis inscrite sur la base². Grâce à l'obligeance
de Mᵐᵉ Logan-Berenson, je suis en mesure de publier ici

Fig. 4. — Statue d'Isis. Musée de Fiesole.

cette statue (fig. 4). Je ne parle pas de la femme assise de la
collection Capizucca, gravée dans le recueil de Boissard³, car

1. Cf. *Répertoire*, t. II, 423, 1.

2. *Notizie degli Scavi*, 1883, p. 75-76; cf. Drexler, art. *Isis* du *Lexicon* de
Roscher, p. 411, 30. La statue tient des épis et un vase, mais le costume n'a
rien de particulier. L'inscription se lit ainsi : *Dominae Isidi Taposiri C. Gar-
gennius Sp. f. Sca. Maximus veteranus, nomine fratris sui M. Gargenni Sp. f.
Sca. Macrini veterani.* Taposiris est le nom de plusieurs bourgades égyptiennes qui croyaient posséder la tombe d'Osiris.

3. *Répertoire*, II, 423, 3.

l'inscription isiaque de la base est certainement fausse et
l'on sait assez que les statues, connues par le seul témoignage
de cet antiquaire peu scrupuleux, autorisent la plus véhé-
mente suspicion.

V

Nous avons montré, par les particularités techniques de
la tête du sphinx, que la statue de Baalbek devait être de
travail local C'est par là, croyons-nous, que s'explique ce
qu'a d'insolite cette représentation, où l'attitude du sphinx,
debout et non accroupi comme à l'ordinaire, s'éloigne d'une
manière si frappante des modèles classiques Mais ces sphinx
debout de part et d'autre de la déesse rappellent précisément
les taureaux debout de part et d'autre du dieu d'Héliopolis[1]
et les lions que l'on trouve parfois placés de même à côté de
la déesse asiatique Cybèle[2] C'est ici le lieu de rappeler un
texte du traité *Sur la déesse syrienne*, que le dernier traducteur français de Lucien paraît avoir inexactement rendu
L'auteur décrit le grand temple d'Hierapolis et l'enceinte
intérieure, où sont placées les statues de Zeus et d'Héra, que
l'on honore, dit-il, sous d'autres noms. Ἄμφω δὲ χρύσεοί τέ εἰσι
καὶ ἄμφω ἕζονται· ἀλλὰ τὴν μὲ Ἥρην λέοντες φέρουσιν, ὁ δὲ ταύροισιν
ἐφέζεται[3] En traduisant littéralement, on fait dire au pseudo-
Lucien que Zeus est assis *sur des taureaux* et Héra *sur des
lions*, ce qu'il est impossible de concevoir. Le seul sens
admissible, c'est que le siège de Zeus et celui de Héra sont
soutenus de part et d'autre l'un par des taureaux, l'autre par
des lions, ce qui correspond exactement à la statue de Baalbek, avec cette différence que le lion conservé auprès de
celle-ci est une lionne, pourvue d'une tête et de seins de
femme, c'est-à-dire un sphinx[4].

1. Cf *Comptes rendus de l'Académie des Inscr*, 1901, p. 437
2. Cf. Rapp, dans le *Lexicon der Mythol.* de Roscher, p 1645.
3. Lucien, *De dea Syria*, 31
4. Il est facile, au cours d'un examen rapide, de prendre une divinité assise, sur un trône *accosté d'animaux*, pour une divinité assise *sur des animaux* De la confusion commise par l'auteur de la *Dea Syria*, il est amusant

Grâce au texte que nous venons d'alléguer, il paraît clair
que le type de la déesse découverte à Baalbek est le produit
d'un mélange de conceptions religieuses et plastiques, celui
de la déesse syrienne et celui d'Isis, que le syncrétisme du
temps avait sans doute réussi à identifier. Ces conceptions
se sont comme greffées sur un tronc purement hellénique :
le type traditionnel de la déesse assise, prêté à Déméter, à
Héra et à d'autres divinités d'un caractère grave. Les fauves
debout, supportant le trône, trahissent l'influence de la déesse
syrienne ; leur caractère égyptien et les ornements du piédestal sont la part que peut revendiquer Isis.

M. Clermont-Ganneau m'a fait observer avec raison que le
dieu d'Héliopolis, Hadad, est représenté sous les traits d'un
personnage tenant un fouet levé, le corps serré dans une
sorte de gaine, c'est-à-dire dans l'attitude et sous les traits de
l'Osiris égyptien [1]. Rien n'était donc plus naturel que de prêter à sa parèdre, Atergatis, l'aspect et les attributs de l'Isis
hellénistique ; le syncrétisme remonte ici à une époque
sans doute antérieure à la Grèce alexandrine.

Je n'ai encore rien dit des objets que la déesse a pu tenir
dans ses mains et ne veux soulever cette question que pour
l'écarter comme insoluble. Un restaurateur du XVIIIe siècle
aurait pu lui placer un sceptre dans la main droite, une
corne d'abondance, une patère, une quenouille dans la main
gauche ; chacune de ces hypothèses pourrait se défendre par
l'analogie de figures d'Isis, ou par la description que fait le
pseudo-Lucien de la déesse syrienne. D'autre part, la statue
de Fiesole, où les attributs sont conservés, autoriserait à
donner à la statue de Baalbek une gerbe d'épis dans la main
droite, un vase dans la main gauche. Mais tant qu'une étude
attentive du marbre lui-même n'y aura pas fait reconnaître

de rapprocher celle où tomba, en 1550, Ulysse Aldroandi, décrivant les statues antiques conservées à Rome. Dans le jardin du cardinal Carpi, à Monte
Cavallo, il signale en ces termes un Pluton assis (*Statue*, éd. 1568, p. 298) :
*Uno Plutone Dio de l'Inferno ignudo da la metà in su et assiso sopra un Cer-
bero.* Il est évident que Pluton ne pouvait pas être assis *sur* Cerbère, mais
qu'il était assis sur un trône flanqué du chien infernal.

1. Cf. Saglio, *Dictionnaire*, art. *Jupiter*, fig. 4215 (Perdrizet).

les traces ou les points d'attache de ces attributs[1], il sera aussi vain de les rétablir par la pensée que d'émettre des conjectures sur la physionomie de la déesse ou les ornements qui devaient parer son diadème. En présence d'une œuvre unique en son genre et connue, dans son ensemble, par des photographies seulement, la critique croit avoir rempli sa tâche en cherchant à en préciser l'époque et à en démêler les éléments constitutifs. Les visiteurs du Musée de Constantinople feront le reste, ou, du moins, s'y essaieront.

APPENDICE

M. Mendel, conservateur du Musée impérial de Constantinople, a bien voulu m'envoyer copie de sa notice sur la statue de Baalbek, qui paraîtra dans le second volume de son catalogue des marbres de ce Musée. Je crois devoir la reproduire ici, car elle fournit un nouvel argument à l'appui de mon hypothèse que la statue représentait Isis.

« La face latérale gauche du trône est si profondément attaquée qu'il est malaisé d'en retrouver l'aspect primitif; la plinthe, comme de l'autre côté, y présentait un degré saillant; l'endroit où il s'attachait est reconnaissable à un léger relèvement du fond qu'on observe en certains endroits à 0^m,20 au-dessous de l'arête supérieure de la plinthe, c'est-à-dire précisément à la même hauteur où se trouve le degré de droite; sur le trône même, on peut distinguer les traces d'un quadrupède, et sans doute d'un quadrupède ailé, si, comme il semble bien, les traces d'arrachements visibles entre le siège proprement dit et l'accoudoir correspondent à une aile; cette aile était beaucoup plus petite que l'aile symétrique de l'autre sphinx (hauteur max. au-dessus du dos, à gauche, 0^m,13: à droite, 0^m,23); mais, d'autre part, le sphinx de gauche était sensiblement plus haut sur pattes (hauteur de la ligne du dos au-dessus de l'arête inférieure de la plinthe, à gauche, 0^m,725; à droite 0^m,625); ainsi ces différences se compensent et le sommet de l'aile des deux sphinx se trouve, sur les deux faces, à une hauteur presque égale au-dessus de l'arête inférieure de la plinthe; — enfin, tandis qu'à droite la tête était rattachée au siège par un tenon de marbre, elle devait être, à gauche, complètement détachée, car la draperie ne porte aucune trace de rupture. — On peut donc considérer comme certaine la présence à gauche d'un animal répondant à celui de droite, bien que certains détails

1. Je ne sais comment expliquer un objet recourbé, en forme de queue de dauphin, qu'on aperçoit à droite du genou gauche de la figure; ce n'est peut-être qu'une partie de la décoration du siège. — Voir l'*Appendice*.

de la restauration demeurent douteux ; si l'on observe combien diffère, à droite et à gauche, le profil du support qui soutient le bras du trône, on ne s'étonnera pas des divergences que nous venons de signaler.

La déesse baisse symétriquement le haut des bras, le coude gauche près du corps à hauteur de la taille, l'avant-bras droit tendu en avant ; le coude droit est un peu plus bas et l'avant-bras s'écartait légèrement vers le dehors en s'infléchissant un peu vers le bas ; la main droite devait tenir une corne d'abondance : les traces d'arrachements qu'on voit sur le biceps, depuis le bord de la cassure jusqu'à quelques centimètres au-dessous de l'épaule, ne conviennent guère qu'à cet objet. Il est plus difficile de reconnaître ce que tenait la main gauche ; on observe, sur le côté de la cuisse, des traces d'arrachements assez confuses, au-dessous desquelles est conservé un bouton conique ; l'objet était de petites dimensions, car, de ce bouton, qui en forme certainement la terminaison, jusqu'à la main, la hauteur ne dépassait pas 0^m,20, et l'on ne peut admettre l'hypothèse d'un attribut allongé qui se serait dressé comme une sorte de siège devant le corps. Ce ne peut donc être que le bout du manche d'un sistre ou peut-être le bouton qui orne parfois la face inférieure de la situle.

La dénomination d'Isis-Tyché se trouve ainsi confirmée... »

L'Amphitrite et le Poseidon de Milo[1].

Dans la *Chronique des arts* du 30 janvier 1897, j'écrivais ce qui suit au cours d'un article consacré à l'Aphrodite de Mélos et à l'hermès découvert en même temps, dont la base porte le nom de Théodoridas :

« Au mois de mars 1877, un nommé Jean Nostrakis, propriétaire d'un jardin situé au bord de la mer, à Milo, dans la localité dite *Klima*, plantait des citronniers. Au cours de son travail, il rencontra quatre statues de femmes, sans tête, *une statue équestre mutilée* et une statue colossale de Poseidon, haute de 2m,17 et bien conservée, quoique en fragments[2]. Charles Tissot était alors ministre de France à Athènes. Désireux d'acquérir le Poseidon pour le Louvre, il se rendit à Milo sur un bâtiment de guerre, le *Sané*. Mais Brest, le fils de l'agent consulaire qui avait contribué à l'acquisition de la Vénus et agent consulaire lui-même, paraît s'être montré peu diplomate en cette occurrence[3] : bien que Jules Ferry[4] eût autorisé Tissot à donner 40 000 francs du Poseidon, que Tissot appelait « le frère de la Vénus de Milo », l'acquisition fut impossible, parce qu'on en avait ébruité le projet. Le gouvernement grec acquit le Poseidon et trois autres marbres provenant de la même trouvaille au prix de 27.000 drachmes, et les fit transporter à Athènes. Le Poseidon ne fut reconstitué et exposé au public qu'en 1889 ; M. Collignon en a donné une

---

1. [*Revue archéologique*, 1902, II, p. 207-222.]
2. Sybel, *Katalog der Sculpturen zu Athen*, nº 424 ; *Bull. de corr. hellén.*, I, p. 263.
3. J'ai vu Brest à Milo, dans l'automne de 1880. Il rejetait l'insuccès sur Tissot, qui avait donné l'éveil au gouvernement grec en arrivant dans l'île sur un croiseur de l'escadre ; en revanche, Tissot accusait Brest d'avoir voulu *far da se*. On trouvera un jour des détails sur cette affaire dans la correspondance de Tissot, conservée au ministère des Affaires Etrangères et encore inaccessible. (*Note de 1897.*)
4. Erreur. Le ministre d'alors était Bardoux.

héliogravure (*Bulletin de corresp. hellénique*, 1889, pl. III et p. 498).

« Outre le Poseidon, le Musée central d'Athènes possède les marbres suivants, découverts en 1877 au même endroit :

« N° 236. Statue colossale de femme drapée ;

« N° 237. Statue d'homme sans tête, drapé, de grandeur naturelle ;

« N° 238. Statue de femme (Aphrodite ?).

« Or, d'après une note remise à M. Collignon par M. Carteron, consul de France à Syra, on a trouvé, avec le Poseidon, *quatre* statues de femmes et une statue équestre. Cette dernière a complètement disparu ; d'autre part, la note de M. Carteron ne mentionne pas l'homme drapé (n° 237 du Musée d'Athènes). Tout cela n'est pas facile à débrouiller, mais ne concerne pas directement notre propos.

« La statue d'homme drapé est exposée au Musée d'Athènes *sur le piédestal vu par Tissot au vieux port*, qui porte l'inscription *Theodoridas Daistrato Poseidani*. M. Cavvadias, dans son catalogue, n'émet aucun doute sur la connexité de la statue et de la base. Jusqu'à nouvel ordre (j'ai demandé à ce sujet des informations à Athènes), la chose me semble douteuse. Si, toutefois, M. Cavvadias a raison, il en résultera les conséquences que voici : Théodoridas a consacré à Poseidon une statue colossale entourée d'autres statues ; l'une de ces dernières était sa propre image, sur le piédestal de laquelle il a fait inscrire : *Théodoridas à Poseidon*. Mais nous avons vu que le même Théodoridas a dédié l'un des hermès découverts avec la Vénus ; si la Vénus est contemporaine de ces hermès, elle est donc aussi contemporaine du Poseidon. »

C'était assez bien raisonné, mais avec beaucoup de *si*. Les informations venues d'Athènes furent contradictoires : alors que M. Cavvadias maintenait que la statue d'homme drapé sans tête était bien en place sur le piédestal avec dédicace de Théodoridas à Poseidon, M. Lechat, qui se trouvait alors à Athènes, me fit savoir qu'il en doutait fortement.

Dans la *Chronique* du 9 juillet 1898, je publiai le dessin de la statue acéphale, placée sur le piédestal avec dédicace de Théodoridas, d'après un bon croquis de M. Gilliéron (fig. 2). Il appert de ce dessin que les pieds du bonhomme et le tronc qui supporte la draperie sont posés sur une petite plinthe, qui repose elle-même sur le piédestal quadrangulaire. Évidemment, comme il s'agit de morceaux de marbre différents,

Fig. 1. — Statue de Poseidon découverte à Milo. (Musée d'Athènes.)

on peut ou non accepter la connexité, sans pouvoir alléguer d'arguments décisifs dans un sens ou dans l'autre.

Au cours de ce même article, où j'ai démontré sans ré-

plique que la restitution de l'Aphrodite de Mélos par M. Furtwaengler est inadmissible, j'admettais à tort que la statue
drapée acéphale était celle de Théodoridas lui-même, qu'il
l'avait dédiée à Poseidon vers 370 avant J.-C. (date des caractères de l'inscription) et qu'il avait en même temps dédié au
même dieu le Poseidon du Musée d'Athènes et l'Aphrodite du
Louvre, que je considérais (et considère encore) comme une
Amphitrite.

« La statue de Théodoridas faisait partie d'un ensemble. En
même temps qu'elle, on a découvert une statue colossale de
Poseidon, haute de plus de 2 mètres, qui est aujourd'hui au Musée
d'Athènes (fig. 1). Il est assez naturel de penser que Théodoridas,
ayant consacré le colosse de Poseidon en même temps que d'autres
statues [1], ait voulu aussi consacrer au dieu sa propre image
comme celle d'un respectueux adorateur. Les dédicaces de ce
genre sont fréquentes en Grèce ; les textes littéraires en ont
conservé plus d'un exemple.

« Cela étant, il est bien probable que la statue de Poseidon doit
être contemporaine de la dédicace de Théodoridas, à moins qu'on
ne veuille supposer, tout à fait gratuitement, que le Poseidon de
Théodoridas ait été remplacé plus tard par quelque autre image
du même dieu. Assurément, cela est possible ; mais, en bonne
méthode, il faut raisonner d'après les vraisemblances, dès qu'un
motif très grave, qui n'existe pas en l'espèce, ne nous oblige
pas de raisonner autrement. Donc, jusqu'à preuve du contraire,
j'admettrai que le Poseidon de Milo a été sculpté vers 370 avant
J.-C., c'est à-dire à l'époque où l'école de Phidias, continuée par
Alcamène et par Céphisodote le vieux, allait faire place à celles de
Scopas et de Praxitèle.

« Cette conclusion peut paraître étrange, parce que tous les
archéologues, jusqu'à présent. ont placé le Poseidon, d'après le
style, vers l'an 150 avant J.-C. Mais les archéologues peuvent
s'être trompés sur ce point. M. Furtwaengler ne vient-il pas, tout

1. Voir *Chronique des Arts*, 1897, p. 43. Il serait bien désirable de publier
la note relative aux découvertes de 1877, que Ch. Tissot adressa d'Athènes
au ministre des Affaires Étraugères. Cette note était accompagnée de dessins.
J'en ai vainement demandé communication au dernier directeur des Archives
[M. Girard de Rialle]; mais je compte revenir à la charge auprès de son
successeur [M. Deluns-Montand]. (*Note de 1898.*)

récemment encore, de signaler à Venise des originaux de la plus belle époque grecque, que l'on s'accordait à considérer comme des œuvres alexandrines ou romaines[1] ? Et si, pour un chef-d'œuvre comme la Vénus de Milo, les plus habiles archéologues n'ont pu se mettre d'accord, les uns la plaçant vers 400, les autres vers 150 avant J.-C., n'a-t-on pas le droit, quand il s'agit d'une œuvre moins parfaite, quoique sans conteste d'une belle allure, d'arguer de la latitude que nous laisse notre connaissance encore rudimentaire des styles grecs ?

Fig. 2 — Statue drapée de Milo, posée sur une base avec dédicace à Poseidon[2]

« Non seulement le Poseidon est, comme la Vénus, de dimensions colossales, mais il présente, avec la Vénus, des analogies incontestables, en particulier dans la disposition et le traitement des draperies. Ces analogies avaient frappé très vivement M. Furtwaengler ; elles ne le gênaient d'ailleurs pas, puisqu'il plaçait Poseidon et Vénus vers 150 avant J.-C. Elles ne nous gênent pas davantage, nous qui croyons les deux statues de plus de deux cents ans antérieures. Il y a donc moyen de s'entendre.

« Et la statue de Théodoridas ? Elle est sans tête, ce qui enlève toujours un élément d'appréciation. Avouons franchement qu'à première vue on l'attribuerait volontiers à l'époque romaine, où les figures drapées de la sorte sont très nombreuses. Mais les artistes romains n'ont rien inventé; leur types convenus d'hommes drapés, de femmes drapées, sont imités de motifs grecs de la belle époque, en particulier du IVᵉ siècle. Si le travail de la statue de Théodoridas n'est pas très bon, cela n'empêche pas du tout d'attribuer cette figure au IVᵉ siècle; il y a certes moins de différence, comme qualité, entre le Théodoridas et le Poseidon qu'entre le Poseidon et la Vénus[3] Or, Poseidon et Vénus doivent être

1. Voir *Mémoires de l'Académie de Bavière*, t. XXI (1898).
2. *Répertoire*, t. II, p. 612, 5.
3. M. Collignon, qui place le Poseidon au IIᵉ siècle, croit le Théodoridas de la même époque. M. Furtwaengler et M. Collignon trouvent que le Poseidon ressemble à la Vénus. Donc, il n'y a pas trop de témérité à rapprocher de la Vénus notre statue de Théodoridas. (*Note de 1898*)

contemporains. Et tout fait penser que ces deux figures étaient, à l'origine, sinon groupées, du moins placées à peu de distance l'une de l'autre. C'est ce qui explique — et je ne vois guère comment l'expliquer autrement — qu'une inscription au nom du même Théodoridas, lié indissolublement au Poseidon de Milo, se soit rencontrée, *teste* Voutier, à côté de la Vénus.

« Je suppose qu'il y avait à Milo un sanctuaire de Poseidon, consacré par un riche citoyen du nom de Théodoridas et tout rempli de statues. Le nom de Théodoridas devait être gravé sur d'autres marbres que sur celui qui servit de piédestal à la statue

Fig. 3. — Statue équestre de Milo.

du donateur. Le jour des catastrophes et de la barbarie venu, quelques ex-voto de Théodoridas restèrent en place ; la Vénus, avec d'autres fragments de même provenance, fut transportée par un chaufournier en lieu sûr. L'inscription au nom de Théodoridas que l'on a exhumée avec elle semble déclarer bien hautement, à notre avis, qu'elle vient du même endroit que le Poseidon.

« La Vénus ! Que de fois déjà cette désignation d'Aphrodite a été révoquée en doute ! On a songé à une Victoire, à une nymphe de l'île, à une Muse, que sais-je encore ? Après tout, il faut bien avouer que la désignation traditionnelle ne repose sur rien de bien solide. La déesse, dit-on, avait les oreilles percées pour recevoir des pendants. Cela suffit-il, en archéologie, pour affirmer qu'une déesse s'appelle Vénus ? Les pendants d'oreilles sont-ils des attributs divins ?

« Il semble donc que, tout en maintenant, jusqu'à nouvel ordre, la désignation traditionnelle, on soit libre d'en chercher et même d'en proposer une autre Or, voici, pour terminer cette causerie, une hypothese nouvelle ; je la donne comme une hypothese, car je ne suis pas du tout convaincu qu'elle soit justifiee ; mais j'aime autant, apres l'avoir ruminee pendant plus d'un an, m'en delivrer en la soumettant a nos lecteurs.

« Philochore, historien grec qui ecrivait vers l'an 300 avant J -C , nous apprend qu'il existait, dans l'ile de Tenos, deux statues de Poseidon et d'Amphitrite, hautes de neuf coudees, qui étaient l œuvre du sculpteur athénien Telésias. Par Strabon, nous savons que le temple et le bois sacre de Poseidon, à Ténos, étaient situes en dehors de la ville ; Tacite aussi parle du culte de Poseidon à Tenos. Je rappelle ces deux textes pour qu'on ne soit pas tente de remplacer, dans le passage de Philochore, le nom de *Ténos* par celui de *Mélos*.

« Télésias est, d'ailleurs, completement inconnu Mais, comme Philochore ecrivait vers 300, on peut supposer que Telesias a vecu au ive siecle avant J.-C. A cette époque et, *a fortiori*, au ve siecle, il ne peut guere être question d'une Amphitrite *groupee* avec un Poseidon , mais on peut parfaitement admettre la juxtaposition dans un temple, ou en plein air, de deux statues de ces divinites de la mer

« Les statues de Ténos avaient neuf coudées de haut, ce qui fait exactement 4 mètres, presque le double du Poseidon, haut de 2m,45 (cinq coudees et demie)[1]. La Vénus de Milo a 2m,038 de haut (quatre coudées et demie.) Il n'y a donc aucune relation directe à etablir entre ces statues

« Mais s'il existait à Ténos au ive siecle un sanctuaire de Poseidon avec des statues de ce dieu et d'Amphitrite, pourquoi l'ile voisine de Melos n'aurait elle pas possédé, à la même époque, deux statues d'Amphitrite et de Poseidon ornant quelque sanctuaire du dieu marin ?

« Dans l'hypothèse où la Venus de Milo serait une Amphitrite, on s'expliquerait enfin la direction singuliere de son regard.

1. M. Cavvadias donne ce chiffre de 2m,45 ; M de Sybel donne 2m,57 ; M Collignon, 2m,17 Il faudrait se mettre d'accord. (*Note de 1898.*) Le moulage du Louvre, mesuré par M. Michon, a 2m,355 de haut.

Brunn a très justement fait remarquer que les divinités marines regardent au loin, comme si elles voulaient sonder l'horizon. Or, cette particularité de la Vénus de Milo est précisément de celles qui ont le plus embarrassé les auteurs de restitutions ; c'est la grande objection à la restitution de Millingen, qui la concevait comme se mirant dans un bouclier.

« Le Poseidon de Milo retient sa draperie de la main gauche et, de la main droite élevée, il tient un sceptre. Si la Vénus de Milo est une Amphitrite, et si elle a fait pendant au Poseidon, force est d'admettre qu'elle retenait sa draperie de la main droite et qu'elle tenait un sceptre de sa main gauche levée[1].

« Aux artistes à voir si cette restitution est acceptable. Puisse-t-elle, du moins, ne pas scandaliser les archéologues ! »

Peu de temps après[2], je publiai dans la *Chronique* une note de M. Lallier, vice-consul de France à Milo, avec des indications exactes sur la localité dite *Klima* :

Le lieu dit Klima, m'écrit M. Lallier, est le nom donné aux jardins qui sont dans le ravin au bord de la mer ; la Vénus a été trouvée sur le flanc de la montagne au-dessus de ces jardins, près du théâtre et à environ 150 mètres du bord de la mer. Le Neptune a été trouvé par M. Jean Nostrakis, notaire à Milo, auprès de la tour *Mavro-Tikho*, à peu de distance de l'endroit où fut découverte la Vénus.

Ainsi, l'on ne pouvait arguer que les trouvailles de 1820 et de 1877 eussent été faites dans des localités très différentes. Restait cependant à mieux connaître les découvertes de M. Nostrakis. Dans le même article, je faisais savoir que de nouvelles démarches, tentées par moi au quai d'Orsay en vue d'obtenir communication des lettres de Tissot, avaient échoué. Un peu plus tard, je m'en plaignis à un journaliste (ce qu'il ne faut faire qu'à la dernière extrémité) et un résumé, d'ailleurs peu fidèle, de mes doléances à ce sujet fut publié dans le *Petit Temps*. Aussitôt les difficultés parurent s'aplanir ; le ministre me fit savoir que le volume de la correspon-

---

1. Elle pouvait porter la main vers sa draperie sans la retenir *stricto sensu*. (*Note de 1898.*)

2. *Chronique des Arts*, 1898, p. 275.

dance d'Athènes que je désirais consulter était à ma disposition au quai d'Orsay. Toutefois, dans la *Chronique* du
22 décembre 1900, j'étais obligé de constater que, m'étant
rendu au quai d'Orsay, j'avais vainement cherché les lettres
de Tissot relatives à la découverte du Poseidon, ainsi que les
dessins accompagnant son rapport, dont il m'avait plusieurs
fois parlé. Pour obtenir satisfaction, il m'a fallu attendre
jusqu'au printemps de 1901. Le résultat de mes recherches
au Ministère des Affaires Étrangères parut alors dans la *Chronique* du 4 mai (p. 139-141). Voici les passages de cet article
qui peuvent intéresser mes lecteurs :

Je suis enfin en mesure de publier la partie essentielle du rapport de Charles Tissot. Malheureusement, les *quinze* dessins qui
l'accompagnaient ont été égarés. Une note inscrite sur la dépêche
originale porte qu'ils ont été transmis au ministère des Beaux-
Arts ; mais, malgré l'obligeance de M. Roujon [1], qui a prescrit des
recherches rue de Valois, il n'a pas encore été possible de les
retrouver... J'espérais aussi trouver un croquis topographique
indiquant, avec la rigueur de mise en pareille matière, l'emplacement de la découverte ; cette espérance a été déçue...
    Le 19 mai 1878 [2], Tissot télégraphia au ministre des Affaires
Étrangères pour lui annoncer la découverte de « cinq statues de
style grec, probablement de la fin du IVe siècle ». Il ajoutait :
« La principale, un Neptune, est de toute beauté et comparable à
la Vénus... Je vous envoie mes dessins par courrier ». Ce télégramme est commenté par une lettre de la main même du
ministre, expédiée d'Athènes le 19 mai 1878 :
    « J'ai l'honneur de transmettre ci-joint à V. E. [3] les dessins
dont mon télégramme de ce matin vous annonçait l'envoi. Ces
croquis se ressentent des conditions défavorables dans lesquelles
je les ai exécutés. La statue équestre et l'une des deux statues de
femmes sont seules placées de façon à ce que l'on puisse en saisir
l'ensemble ; les trois autres sont enfermées dans une pièce sou-

---

1. Alors directeur des Beaux-Arts.
2. La date 1877, donnée précédemment, est donc fausse.
3. Waddington, ministre des Affaires étrangères. Le ministre de l'Instruction publique et des Beaux-Arts était Bardoux.

terraine de six ou sept pieds carrés qui ne reçoit la lumière que par une étroite ouverture. Il m'a été impossible dès lors de les dessiner sous un jour convenable et à une distance suffisante pour éviter les raccourcis...

« La statue équestre est déplorablement mutilée. Du cavalier, il ne reste que le buste jusqu'à la naissance des cuisses : la tête, les épaules, les jambes et les bras ont été brisés. Les jambes du cheval ont également disparu, mais la queue et la tête ont été retrouvées... Le cavalier est revêtu d'une cuirasse de forme grecque, c'est-à-dire à courte taille, ornée d'une tête de Méduse et de serpents. Deux rangées de ptéryges, frangées à l'extrémité, descendent sur la tunique. Les bandes de cuir de la rangée inférieure, beaucoup plus longues qu'elles ne sont dans le costume romain, recouvrent en partie l'encolure et la croupe du cheval. Le cavalier est ceint d'une *zôna* et porte un *pallium* sur l'épaule gauche. Le cheval, de petite taille et à forte encolure, appartient évidemment à la race grecque. Le harnachement est encore reconnaissable : on distingue parfaitement la têtière avec ses bossettes, le *balteus* qui ceint le poitrail et la housse qui recouvre la selle.

« Le groupe est de grandeur naturelle.

« La statue de femme reproduite dans le croquis n° 5 est un peu plus grande que nature. La tête et les deux bras, formés de morceaux rapportés, ont disparu. Le buste est revêtu d'une tunique serrée par une *taenia*. La partie inférieure du corps est enveloppée dans un peplum.

« Le dessin n° 6 représente une autre statue de femme, de grandeur naturelle, appuyée sur une caryatide et entièrement drapée dans un manteau sous lequel se dessine le bras droit. Par son mouvement et par l'ajustement des draperies, cette statue rappelle les plus gracieuses figurines de Tanagre. La tête et l'avant-bras gauche n'existent malheureusement plus. Le marbre est couvert en partie par des concrétions sablonneuses dont il serait facile de le débarrasser.

« La statue représentée sous le n° 7 présente une certaine mollesse de modelé. Elle ne vaut ni mieux ni moins que la plupart des figures masculines mises en scène dans les bas-reliefs funéraires du Dipylon. Elle est du même style et appartient, je crois, à la même époque. Des habitants de Milo m'ont affirmé qu'une base isolée, portant l'inscription suivante :

ΘΕΟΔΩΡΙΔΑΣ ΛΑΙΣΤΡΑΤΟ ΠΟΣΕΙΔΑΝΙ

avait été retrouvee à côte de la statue et lui servait de piédestal. L'inscription est gravée en beaux caracteres ; le *sigma* est encore d'une forme ancienne et le génitif en O semble indiquer une date antérieure aux premières annees du ive siecle Comme toutes ces statues, d'ailleurs, ont eté retrouvées ensevelies pêle-mêle dans une sorte de fosse, je serais tenté de croire que le piédestal portant une dédicace à Neptune appartient plutôt à la cinquieme statue, qui est, de beaucoup, la plus remarquable de toutes »

Suit une description enthousiaste du Poseidon de Milo, « une des œuvres les plus remarquables de l'art hellénique »
Je terminai mon article par ces mots :

Donc, avec le Neptune, on a trouve une statue équestre, deux statues de femmes drapees et une statue d'homme drapé (Théodoridas) : l'information de M Carteron, qui parlait à M. Collignon de *quatre* statues de femmes, etait, par suite, inexacte. Dans le catalogue du musée d'Athènes, les statues féminines portent les nᵒˢ 236, 238, la statue d'homme est le nᵒ 237 ; le Neptune est le nᵒ 235 ; je ne trouve pas trace de groupe équestre.

Je n'étais pas le seul à avoir cherché, sans le trouver, le groupe équestre de Milo. Tout récemment encore M. Michon parlait du « groupe équestre aujourd'hui disparu », en énumérant les statues découvertes dans cette partie de l'île au siècle dernier[1].
Grâce à une obligeante communication de M. Hiller von Gaertringen, j'appris, en 1901, qu'un ancien membre de l'École allemande d'Athènes. M Alfred Schiff, avait vu et étudié ce mystérieux fragment J'écrivis aussitôt à M. Schiff qui, avec une parfaite complaisance, se hâta de recopier à mon intention les notes qu'il avait prises à ce sujet en 1895, et en accompagna l'envoi d'une épreuve photographique En 1895, le fragment de groupe était étendu sur le sol : pour le

---

1 *Revue des Etudes grecques.* 1902, p 22. Le « pugiliste » mentionne dans ce passage, avec renvoi à la *Revue des Etudes grecques*, 1891, p. 192, n'est autre que la figure d'Apollon archaïque gravee dans le *Répertoire*, II, 76, 1, d'après le *Bull. corr. hellén*, t. XVI, pl 16

photographier, il fallut que l'archéologue allemand se cou-
chât à plat ventre sur le toit d'une petite maison voisine,
les pieds retenus par un ami et maniant son appareil *instantané*
au bout du bras gauche tendu, ce qui n'est pas une position
confortable. Néanmoins, la photographie est assez bien
venue pour qu'on ait pu en faire, au Musée de Saint-Germain,
un agrandissement, d'après lequel a été gravée notre
figure 3 (p. 426).

Le jardin où gisait la statue est celui de M. Nostrakis Jagos,
près du port antique qui confine au lieu dit Κλῖμα. Évidemment, un bloc si colossal n'a pu être transporté bien loin ;
le groupe était donc dressé sur le bord de la mer.

Ce qui subsiste comprend le corps d'un cheval et la partie
inférieure d'un cavalier, dont la jambe gauche est brisée. Il
y a encore deux fragments plus petits, un de la tête du cheval (très endommagé), l'autre de la queue ; ils étaient conservés dans la maison Nostrakis. La queue est sculptée dans
un morceau de marbre séparé ; peut-être en était-il de même
de la tête. M. Schiff a mis la tête et la queue à leur place
avant d'exécuter sa photographie.

Le cheval, vigoureux étalon aux formes ramassées, portait
une housse. Le harnachement et les ornements de la housse
paraissent avoir été en bronze ; à gauche de la housse,
M. Schiff constata l'existence de deux trous contenant
encore de petites pointes en métal.

Le ventre du cheval était soutenu par un pilier carré sur-
monté d'un chapiteau.

Autant qu'on pouvait le reconnaître, le côté droit, couché
sur le sol, était assez bien conservé, mais déjà fort attaqué
par l'humidité. Dès 1885, M. Bent, dans son volume sur les
Cyclades[1], se plaignait de la négligence avec laquelle était
traité ce grand morceau de sculpture : *The Roman horseman
still stands where it was, half embedded in the soil near the
water's edge ; but Greeks despise anything of so recent a date,*

---

1. Th. Bent, *The Cyclades*, Londres, 1885, p. 84.

and the carcasses of horse and rider, though of good work-
manship, are allowed to cumber the ground as rubbish[1]

Le groupe est en beau marbre blanc et mesure, de l'épaule à la naissance de la queue du cheval, 1^m,75

On a retrouvé également la partie antérieure de la base avec une inscription sur le devant et, à la surface, les trous pour la fixation des sabots antérieurs du cheval L'inscription

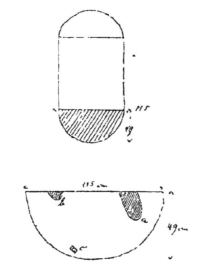

Fig 4   — Base de la statue équestre de Milo

a été publiée d'abord par Tissot[2], puis, après vérification, par M Hiller de Gaertringen. Elle est remarquable par l'abondance des ligatures La première ligne (ἀγαθῇ τύχῃ) est gravée sur le profil supérieur. La base a 0^m,33 de haut, 1^m,15 de diamètre et 0^m,49 de large. A la surface sont trois trous et la marque de marbrier Ɐ (M. Hiller a lu Ꝟ). Voici l'explication des croquis de M. Schiff (fig 4)[3] :

a) Trou de scellement (long , 0^m,40; larg. max , 0^m,14 ; prof., 0^m,06) Doit s'être continué sur le bloc du milieu.

b) Trou de scellement. La plus grande partie devait se trouver sur le bloc du milieu.

1. Je dois a M. Schiff l'indication de ce texte, qui m'avait, jusqu'a present, échappe. Il est aussi cite par M Hiller, *Inscr graec insul* , III, p 209.

2 *Bull. de corr hellén.*, 1878, p 523, 6.

3. Comparez celui que donne M Hiller, *Inscr. graec. insul* , III, p 209

c) Petit trou long de 0^m,08, large de 0^m,05, prof. de 0^m,015, auprès duquel est la marque de marbrier mentionnée plus haut.

L'inscription de la base est transcrite comme il suit par M. Hiller de Gaertringen[1] :

Ἀγαθῇ Τύχῃ

Τι(βέριον) Κλα(ύδιον) Φροντωνιανὸν τὰς (τρεῖς) στρατείας ἐπιφανῶς στρατευσάμενον, (δὶς) τῆς Ἀσίας ἀρχιερασάμενον καὶ ἀγωνοθετήσαντα καὶ πόλεων ἐπιφανεστάτων λογιστείας εὑράμενον καὶ εὐσεβῆ ῥήτορα, ἡ λαμπροτάτη Μηλέων πόλις τὸν οἰκι|στὴν καὶ πατέρα, παρὰ τῇ ἑστίᾳ τὸν ἑστιοῦχον, τοῦ πρώτου ἄρχοντος Πο(πλίου) Αἰλίου Λειουίου | Φλαουιανοῦ Μηνογένους ἀρχιερέως καὶ (ἱ)ερέως ἐπιμελησαμένου καὶ τούτου τοῦ ἀνδριάντος | ἐξ ὧν αὐτὸς ὁ Φροντωνιανὸς ἐδωρήσατο δύο ἥμισυ μυριάδων προσόδου κατ' ἔτος, | κατὰ τὰ ἐψηφισμένα ἐστήσατο.

Pendant l'été de 1901, un vapeur de l'État grec sur lequel se trouvait le ministre des cultes d'alors, M. Staïs, fut poussé par la tempête vers Milo et obligé d'y aborder. M. Staïs descendit à terre et « découvrit » le groupe. Aussitôt les journaux annoncèrent la bonne fortune du ministre et oublièrent, naturellement, que la trouvaille remontait à plus de vingt ans. M. Staïs ordonna de transporter le marbre à Athènes, ce qui fut, dit-on, assez difficile. Débarqué au Pirée en 1901, il paraît être, pour le moment, dans un magasin du musée national. Le ministère dont faisait partie M. Staïs est tombé du pouvoir au mois de novembre 1901 ; du moins l'archéologie mélienne lui est-elle redevable d'un bon office.

Il n'est pas possible de douter que la base inscrite avec trous de scellement soit bien celle de la statue équestre. Dès lors, il appert qu'au IIe siècle après J.-C. il y avait encore, à Milo, des sculpteurs capables d'exécuter une œuvre colossale en marbre, en l'honneur d'un citoyen de l'île qui s'était distingué à la guerre et que l'on représentait, pour cette raison, dans l'habit militaire. Entre cette statue et celle de Poseidon trouvée tout auprès, on ne devine pas qu'il ait pu exister le

1. *Inscr. graec. insul.*, III, 1119.

moindre rapport Mais une figure colossale équestre devait être exposée sur une place publique, et cette place devait être ornée d'autres statues. Le Poseidon et les statues de femmes étaient probablement du nombre Rien n'empêche de les attribuer aussi à l'époque de l'Empire et j'avoue, pour ma part, que l'étude du moulage du Poseidon, donné au Louvre en 1900 par le gouvernement grec[1], m'a fortement désillusionné sur la valeur artistique de ce morceau. L'exécution de certaines parties du torse est tellement mauvaise que je ne voudrais plus l'attribuer à l'époque alexandrine C'est probablement la réplique d'une œuvre grecque de la belle époque; mais c'est, à coup sûr, un médiocre travail romain[2].

Pour me consoler d'avoir écrit à ce sujet des choses que je n'hésite plus à qualifier de bévues, je cite une phrase de M. Furtwaengler, tirée de sa communication *Zur Venus von Milo*[3] :

Der Poseidon ist nun aber, wenn man nicht alten kunstgeschichtlichen Thatsachen widersprechen will, unmoglich in die Zeit vor Alexander zu datiren… Der Poseidon ist nun aber ferner durch die Technik der Marmorabeit und Details im Gewande der Venus uberaus verwandt.

1 Cf. *Comptes-rendus de l'Acad des Inscr.*, 1900, p 470.

2. Le Poseidon de Milo vient d'être publié à nouveau et commenté par M. Arndt dans la nouvelle série des *Denkmäler* de Bruckmann (1902, pl 350) Suivant M. Arndt, le Poseidon et l'Aphrodite ont cela de commun que ce sont deux œuvres de basse époque hellénistique (vers l'an 100 av. J.-C.), dérivées de motifs remontant au IVe siecle, mais, à cela près, il n'y a aucun rapport entre ces statues (M. Arndt passe resolument sous silence tout ce qui a été écrit à ce sujet dans la *Chronique des arts* et se contente d'y faire une rapide allusion) Le Poseidon derive d'un original qui représentait peut-être Zeus et devait être analogue à la statuette d'Auguste trouvée à Herculanum (*Rép*, I, 190, 3), ainsi qu'à l'image en relief du même empereur à Ravenne (Bernoulli, *Rom Ikonogr*, t II, pl. I, 6). Ce Zeus serait celui de Léocharès, qu'Auguste dédia dans le temple de Jupiter Tonnant à Rome. Léocharès a bien pu sculpter un Poseidon analogue, il est aussi possible qu'un artiste du Ier siecle av. J -C. ait transformé un Zeus en Poseidon. Donc, le Poseidon de Milo dériverait de Léocharès Cela est fort ingénieux et même vraisemblable, mais on ne constatera pas sans stupeur que M Arndt continue à voir dans la Vénus de Milo un travail « de basse époque hellénistique ». *Höchste Ketzerei* (heresie suprême), comme disait un jour M. Virchow.

3. A. Furtwaengler, *Zur Venus von Milo*, in *Sitzungsber. der bay Akad*, 1897, Heft III, p. 419.

Entre la technique de la Vénus de Milo et celle du Poseidon, il y a un abîme de plusieurs siècles. Je l'ai méconnu en
faisant remonter le Poseidon aux environs de l'an 400 ;
M. Furtwaengler l'a méconnu en faisant descendre la Vénus
jusque vers l'an 100. Nous sommes quittes et pouvons, je crois,
entonner notre *meâ culpâ* à l'unisson.

Toutefois, il y a de la vérité latente dans notre double erreur.
Le *motif* du Poseidon est apparenté à celui de l'Aphrodite
(Amphitrite) et les dimensions des deux statues sont telles
qu'elles ont pu fort bien se faire pendant. Donc, je voudrais
supposer que l'*original du Poseidon*, qui faisait pendant à
l'Amphitrite, ayant été enlevé ou détruit à l'époque romaine,
on lui substitua une autre statue du même dieu, peut-être
copiée de la précédente, peut-être aussi inspirée de l'Amphitrite, du moins pour le jet de la draperie et le mouvement
des bras [1].

Bien entendu, je renonce à croire que la statue de l'homme
acéphale soit celle de Théodoridas. La base de Théodoridas,
avec dédicace du IVe siècle à Poseidon, a pu être, comme le
conjecturait Tissot, *la base de la statue de Poseidon, non pas
de celle que nous avons conservée, mais de celle qu'elle a remplacée*. La date des caractères de la base de Théodoridas
donnerait donc celle de la Vénus de Milo.

Mais comme un des hermès découverts avec cette statue
(l'hermès barbu) porte aussi le nom de Théodoridas, il s'ensuit
que cet hermès et la Vénus sont contemporains, ce qui
n'implique nullement, d'ailleurs, qu'ils aient fait partie d'un
même ensemble. Cela est même tout à fait invraisemblable,
puisque la re-découverte de cette inscription au Louvre, en
1900, a permis de constater que c'était une dédicace *à Hermès*,
faite par Théodoridas fils de Laistratos [2].

---

1. M. E. Pottier m'a depuis longtemps suggéré l'idée que le Poseidon pouvait être *imité* de l'Aphrodite. Mais je préfère croire que l'original du Poseidon était du même auteur que notre statue.

2. *Comptes-rendus de l'Acad. des Inscriptions*, 1900, p. 465. A la p. 467 est
insérée une planche représentant l'Hermès barbu implanté dans la base qui
porte l'inscription :[Θ]εοδωρίδας Λαιστράτο(υ) Έρμᾶ[ι]; l'inscription elle-même
est photographiée sur une planche à la p. 468.

Le terme d'Héraklès jeune, que Voutier vit à Milo sur le fragment de base perdu avec la signature du sculpteur d'Antioche du Méandre, est, tant par le style que par les caractères de l'inscription, postérieur d'au moins un siècle et demi à Théodoridas. Cela, je n'ai jamais cessé de le prétendre[1] et j'espère encore que M. Furtwaengler finira un jour par le reconnaître avec moi. Cette inscription n'a rien à voir avec la Vénus de Milo et appartenait à une autre statue qui était groupée avec un terme d'Héraklès.

1. Voir, en particulier, *Chronique des Arts*, 22 décembre 1900, p. 389.

De Bello Orphico.

———

I

Bien que j'eusse annoncé la publication prochaine d'une *Histoire générale des religions* dans la préface du t. III de *Cultes* (juin 1908) et que cette annonce eût été relevée dans les *Études* (de la Compagnie de Jésus), la mise en vente de ce petit livre, vers la fin de février 1909, fut une surprise pour les amis comme pour les adversaires de la pensée libre. Les premiers lui firent un succès rapide : au cours de 1909, dix éditions s'épuisèrent; dix autres et cinq traductions en diverses langues, se sont vendues depuis (1912). Les cléricaux mirent un peu de temps à se ressaisir. Quelque jugement que l'on porte sur *Orpheus*, il est certain que cet ouvrage n'est pas favorable aux prétentions tyranniques de l'Église romaine et ne cherche pas à dissimuler ce qu'il y a de fâcheux dans son passé. Mais le point de départ, le motif directeur, si l'on peut dire, est l'exégèse anthropologique qui, écartant toute idée de révélation divine, comme toute hypothèse voltairienne sur la fourberie des fondateurs de religions, cherche à expliquer l'origine et l'évolution des croyances religieuses par des illusions naturelles à l'esprit humain. Il n'y avait, en mars 1909, dans l'Église catholique de France, aucun écrivain assez informé de l'exégèse anthropologique pour discuter avec compétence cette thèse d'*Orpheus*[1]; tout ce qu'on put faire de ce côté, et cela même d'une manière fort incomplète, fut de blâmer les tendances du livre et d'y signaler çà et là quelques *lapsus*.

———

1. Je ne veux pas méconnaître le talent et le savoir de l'abbé Bros; mais il n'était alors qu'un débutant.

II

Un an avant la mise en vente d'*Orpheus*, l'abbé Loisy avait
été excommunié (7 mars 1908); quelques jours après la publication de mon volume, ce savant, redevenu laïc, était
nommé professeur de l'histoire des religions au Collège de
France (2 mars 1909). Presque aussitôt, il se chargea, d'abord
à la *Revue historique*, puis dans la *Correspondance* publiée
par l'*Union pour la vérité*, de la critique ou, pour mieux dire,
de l' « exécution » d'*Orpheus*[1]. Son article de la *Revue historique*, imprimé à la suite d'un article de Gabriel Monod
sur le même sujet[2], fit du bruit et méritait d'en faire, car il
était l'œuvre d'un érudit auquel le domaine propre de l'histoire religieuse était familier depuis longtemps et qui s'était
aussi, à la suite de mes premières publications sur l'exégèse
anthropologique (1900-1905), initié à cet ordre d'études
encore délaissé dans le clergé catholique L'exemple de
M. Loisy rendit courage aux écrivains restés dans l'Eglise et
leur servit d'exemple : on vit successivement paraître, en
1910, trois *Anti-Orpheus* : Mgr Batiffol, *Orpheus et l'Évangile*
(284 p); l'abbé Bricout, *L'Histoire des Religions et la Foi chrétienne, à propos de l'Orpheus* (128 p.); le Père Lagrange,
Quelques remarques sur l'Orpheus (78 p.). Vinrent ensuite les
imitations de mon livre, conçues dans un esprit tout opposé
au mien : Bricout et autres, *Où en est l'histoire des religions?*
1911-2, 2 vol., 457 et 459 p ; Huby (jésuite) et autres, *Christus, manuel d'histoire des religions*, 1912 (1036 p). Ces
ouvrages sont les premiers, après *Orpheus*, où l'on ait fait
place. dans l'histoire générale des religions, au judaïsme et

---

1. Cette expression est du R P. Lagrange, *Revue biblique*, 1912, p. 462 ·
« Il n'y avait vraiment pas a y revenir (sur *Orpheus*), depuis que M. Loisy *s'est
charge de l'exécution* ». De même dans le *Patriote belge* (19 déc. 1909) « Le
professeur défroque du Collège de France a étrillé de maîtresse façon l'illustre
Salomon » Ce dernier article est d'un cure belge, sans doute peu sobre.

2. Voir *Revue historique*, t CII, 1909, p 300-313 G Monod concluait (p 304) .
« Ce livre ne sera pas seulement très lu, il sera très discuté, et par cela
même il sera très utile ». Monod, toujours preoccupé de rendre pleine justice a ses adversaires, avait fait des réserves sur l esprit d'*Orpheus*, considéré
parfois comme trop rationaliste et trop agressif.

au christianisme. *Oportet haereses esse* ! s'écriait, avec
saint Paul, le savant dominicain Lagrange[1] : c'est à l'exemple
d'Orpheus — traité d'ailleurs, à cette occasion, de « camelote[2] » — que la science catholique s'était mise en mouvement et avait doté les fidèles de livres d'enseignement historique qui leur avaient complètement manqué jusque là.

Je n'ai ni le temps ni le désir de m'occuper avec détail de
toute cette littérature *anti-orphique*, que je suis d'ailleurs
heureux d'avoir suscitée, parce que, pour le public qui lit
encore, un peu d'histoire ou même de l'histoire frelatée vaut
mieux que l'absence de toute histoire. Quelques mots me
suffiront pour caractériser ces écrits. Le meilleur et le plus
probe est celui du P. Lagrange; deux ou trois expressions
trop vives et injustes ne doivent pas surprendre sous la plume
d'un savant qui, suspect depuis longtemps lui-même à l'orthodoxie, devait chercher à prouver la sienne sur le dos d'un
infidèle[3]. Le livre de l'abbé Bricout est insignifiant ; tout
séminariste en aurait fait autant en quelques soirées. Celui
de Mgr Batiffol est très bien écrit, très habile, mais consacré
tout entier à la réfutation d'une dizaine de pages *d'Orpheus* ;
encore l'auteur a t-il prudemment omis d'en discuter le passage essentiel (sur le *Psaume XXII*), se tirant de la difficulté
par une pirouette (voir plus haut, p. 176). Des deux volumes
publiés sous la direction de l'abbé Bricout, le premier, relatif
aux religions non révélées, mérite les éloges que lui a donnés
M. Loisy; le second, concernant le judaïsme et le christianisme, trahit à chaque page l'embarras d'honnêtes gens qui
hésitent entre la peur de l'*Index* et celle du mensonge. Cette

---

1. *Revue biblique*, 1912, p. 462 : « Si ce n'était un peu solennel, on serait
tenté de dire une fois de plus : *Oportet haereses esse* » !

2. « Remplacer la camelote d'*Orpheus* par des marchandises de bon aloi »
(*Revue biblique*, 1912, p, 456).

3. Malgré le mal qu'il a dit de Loisy et de moi, malgré les compliments
qu'il s'est résigné à faire aux jésuites, auteurs ou inspirateurs de *Jésus*, le
P. Lagrange a été frappé à son tour et a cru devoir quitter la direction de
l'Ecole biblique de Jérusalem (1912); cf. *Revue du clergé*, 15 oct. 1912, p. 248
et, pour toute la vérité, deux articles du *Journal des Débats*, 7 sept. et 10 oct.
1912. Je ne triomphe pas de cette mésaventure ; un vrai savant peut toujours
compter sur ma sympathie, et le P. Lagrange est un vrai savant.

dernière crainte n'a point arrêté du tout le P. Huby ; *Jésus*
est un livre de mauvaise foi. Voici ce que j'en ai dit dans la
Revue archéologique (1912, I, p 451-2) ; j'aime mieux me
citer que de redire la même chose en d'autres mots .

« Encore un fils d'*Orpheus* — un fils ennemi, bien entendu,
mais qui lui rend hommage à sa manière en l'imitant... L'histoire
de la religion chrétienne comprend cinq sections le Nouveau
Testament, le christianisme et l'âme antique, le christianisme du
moyen âge, le christianisme de la Renaissance à la Révolution,
le catholicisme au XIX° siècle Il y a d'amples bibliographies (souvent partiales) et un index de 20 pages, où l'on a très justement
imité celui d'*Orpheus* en signalant les renvois essentiels par
l'emploi de caractères gras. Cet index permet de constater des
choses étranges. Le nom même des Mormons ne s'y trouve pas,
alors qu'il est pourtant curieux de voir naître une religion pour
apprendre comment telles de ses aînees sont venues au monde.
Un seul renvoi à *Inquisition* (p 867), et ce renvoi vise une *note*
qu'on voudrait entièrement transcrire, pour montrer comment
on ne doit pas altérer l'histoire Le bon Torquemada n'est nommé
nulle part, pas plus que le premier inquisiteur de France, Robert
le Bulgare Giordano Bruno est mentionné (p. 896), mais simplement qualifié d' « aventureux », on ne dit pas comment finirent
ses aventures, non plus que celles de Jean Huss et de Jeanne
d'Arc. Les sorciers et sorcières ne sont pas moins totalement igno-
rés , Coligny et la journée du 24 août 1572 sont rayés de l'histoire
des religions, qu'apparemment cet homme et cette affaire ne concernent pas (mais il est question de la Terreur, p. 940)[1]. Le livre
du R. P. Huby a été imprimé avec deux approbations : je crains
que celle du patriarche Job lui manque, s'il est vrai qu'il ait dit
ces mots que lui prête l'Ecriture et que le pape Léon XIII aimait
à citer *Dieu a-t-il besoin de vos dissimulations* ? Job est moins
poli dans la Vulgate : il dit *vestro mendacio* ».

1. Le P. Lagrange trouve que le P. Huby a agi ainsi par piété filiale et
oppose sa conduite à la mienne, qui cherche partout, comme certaines
mouches, ce qu'il y a de vilain dans les religions. Cette critique, elle aussi,
dérive d'une phrase de M Loisy dans sa leçon d'ouverture au Collège de
France, où je ne suis pas nommé, mais désigné clairement — 1912

III

Ce qu'il y eut donc de piquant et d'imprévu dans le *Bellum Orphicum*, fut le rôle de paladin — ou de Camille retour d'Ardée — joué par M. Loisy qui, expulsé un an plus tôt de l'Église romaine et sans songer à reprendre service sous ses drapeaux, rendit à ses coreligionnaires de la veille l'éminent service de diriger l'attaque contre un livre dangereux, de raffermir les courages chancelants et de donner l'exemple — *exemplum, non miles erat*, dit le poète — d'une levée en masse d'écritoires pieux. Bien plus : s'il ne réimprima pas son article de la *Revue historique*, où les critiques de détail tenaient trop de place, il fit entrer dans un volume, qu'on est d'ailleurs fort aise d'avoir sous la main, tout ce qu'il avait écrit sur ou contre *Orpheus* dans la *Correspondance* de l'*Union* (*A propos d'histoire des religions*, 1911). Ce petit livre est devenu le bréviaire des *Anti-orphiques*; de cela aussi il faut se réjouir, car les lecteurs d'*A propos* y trouvent bien autre chose que des critiques d'*Orpheus* et, pour peu qu'ils ne soient pas tout à fait aveugles, une philosophie religieuse et une exégèse que n'enseignent ni M⁣ᵍʳ Batiffol ni le P. Huby.

Ainsi tout serait pour le mieux dans le meilleur des mondes s'il ne fallait répondre à une question importune : pourquoi M. Loisy, dans sa campagne contre *Orpheus*, a-t-il montré non seulement du talent et du savoir, qui lui sont naturels, mais une âpreté et parfois une acrimonie qui ne le sont pas ?

On m'a demandé souvent mon avis là-dessus; on a émis à ce propos bien des hypothèses que je ne veux pas répéter, même pour les réfuter; voici, je crois, la vérité, qui a l'avantage d'être simple et de ne jeter aucune ombre sur le caractère d'un homme dont la conduite depuis le décret *Lamentabili* (17 juillet 1907) doit inspirer le respect à ceux mêmes qui n'ont pas la compétence nécessaire pour apprécier son œuvre d'historien.

IV

M. Loisy a combattu *Orpheus* parce qu'il ne partage pas ma manière de voir sur des questions essentielles, il l'a combattu avec âpreté, parce qu'il éprouvait le besoin de se *désolidariser* du livre et de son auteur. S'il a éprouvé ce besoin, ce n'est pas que nous ayons jamais été solidaires en quoi que ce soit ; mais c'est · 1º parce qu'après Voltaire, il est l'écrivain le plus souvent cité dans *Orpheus*[1]; 2º parce que des apaches d'Eglise — il y en a beaucoup — avaient imaginé de dire et d'écrire, depuis 1907, que Loisy et moi étions de rusés compères conjurés pour la ruine du catholicisme

Le premier, je crois, à publier ce roman de portière fut un certain abbé Garnier, alors directeur du *Peuple français*. Voici ce qu'il écrivait dans ce journal (19 septembre 1907) :

« Je sais que le juif S R [2] avait demandé a ce même abbe (Loisy) de démolir dans ses écrits l'histoire de la flagellation de J.-C et qu'il lui a repondu la lettre suivante . *Laissez moi ne pas aller trop vite ; je viens de démolir successivement le dogme de la Trinité, celui de la conception virginale de Marie et celui de la résurrection de Jésus Patientez. La Passion aura son tour*, etc.

Est-il utile de dire que M Loisy et moi n'avons jamais échangé de pareilles lettres, que ce sont de méchantes et sottes inventions ? J'ai écrit souvent à M. Loisy pour lui soumettre des difficultés relatives au récit de la Passion ; il a toujours cru pouvoir écarter mes objections, parce qu'au fond, en matière d'histoire évangélique, il est resté longtemps à peu près aussi conservateur que Renan. Mais les faussaires trouvent toujours des imbéciles pour les croire et l'on va voir que l'abbé Garnier fit des dupes, à la façon de Léo Taxil, en alléguant de petits papiers qui n'existaient pas

En 1908, l'Académie des Inscriptions devait décerner un prix de 10.000 francs à « l ouvrage le plus remarquable sur les mythologies, philosophies et religions comparées »

1. M Loisy a constate cela lui-meme (*A propos*, p 24)
2 On a imprime S. D. R.

Quelques confrères bienveillants voulurent me porter candidat; je refusai absolument et émis l'opinion qu'un prix de cette importance devait récompenser les trois volumes de l'abbé Loisy sur les Évangiles. La commission du prix fut nommée le 10 janvier : elle comprenait MM. Bréal, Foucart, Senart, Boissier, Alfred Croiset, Philippe Berger, Chavannes et moi. Je n'ai le droit de parler ici que des morts ; je puis dire qu'outre Philippe Berger (tout acquis d'avance), Gaston Boissier parut touché des arguments que je fis valoir, de cet éclat nouveau de l'exégèse française, devenue la rivale et même le modèle de celle d'Outre-Rhin. Mais cela ne faisait pas l'affaire de tout le monde; quelqu'un informa les journaux. Le 20 février l'*Univers* partit en guerre ; le 27, ce furent la *Libre Parole* et la *Croix*. L'*Univers* transcrivit une note que j'avais publiée dans la *Revue archéologique* (1907, II, p. 456) au sujet de l'Encyclique *Pascendi* et déclara que j'étais, depuis plusieurs années, le principal conseiller de M. Loisy : « Ses démarches pressantes (à l'Institut, pour faire couronner les œuvres de M. Loisy) rappellent celles auxquelles il se livrait jadis pour entraîner ses collègues dans l'affaire Dreyfus ». Chose étrange! un de mes confrères de la commission du prix m'avait dit, quelques jours auparavant : « Vous avez déjà divisé l'Académie avec l'affaire Dreyfus ; vous voulez la diviser de nouveau avec l'affaire Loisy ». Il y a des murs qui ont non seulement des yeux, mais des oreilles; j'en fis là l'expérience une fois de plus.

L'article de la *Libre Parole* s'intitula : « Salomon Reinach et Loisy »; c'est un tissu d'insanités, dont ce spécimen doit suffire : « Comme aux jours de la Passion, c'est le Juif qui, ricaneur et féroce, est toujours au premier plan lorsqu'il s'agit de blasphémer contre l'Homme Dieu *et l'intervention de S. Reinach en faveur de Loisy n'a donc rien qui puisse étonner* ». L'auteur se plaignait de l'indifférence de l'Académie, car « les plus notables catholiques de l'Académie des Inscriptions ont tellement peur de commettre le crime de lèse-majesté en prononçant contre Israël une parole qui serait

irrévérencieuse,qu'ils refusent de se laisser interviewer » Pas
tous ; un académicien, M de Boislisle, interrogé par un rédacteur de ladite feuille, aurait déclaré que « puisque l'abbé Loisy
a été condamné par l'Eglise, qui sait évidemment ce qu'elle
fait, c'est qu'il a tort ». Mais M. de Boislisle avait refusé de
rien dire contre moi ; ce savant me tenait en quelque estime.
A défaut de confidences authentiques, on en fabriqua de
fausses : « M. Clermont-Ganneau, interrogé par notre confrère (suit un nom), a raconté que *M. l'abbé Loisy avait
été toutes ces dernières années en relations avec M. Salomon
Reinach et tenait de ce dernier plusieurs des idées qui l'ont fait
condamner* » (*Action française*, 3 mai 1908). M. Clermont-
Ganneau m'autorise à déclarer ici qu'il ne s'est jamais occupé,
à un titre quelconque, des relations que je pouvais avoir
avec M. Loisy, et que le nom de son prétendu interlocuteur
lui est complètement inconnu

L'article de la *Croix*, signé Diego (un laïc), affectait une
précision qui m'obligea à répondre ·

« On sait, écrivait Diego, que l'un des principaux conseillers de
M. l'abbé Loisy, un de ceuxqui ont le plus influé sur son évolution
lamentable, est M. Salomon Reinach. M. S. Reinach a joué, dans
cette défection qui afflige l'Église, le rôle du démon tentateur.
C'est lui qui a fait surgir devant les yeux du malheureux égaré le
mirage de la science. C'est lui encore qui, aujourd'hui même,
s'agite pour faire obtenir à son ami un prix de l'Institut. »

Je répondis par une longue lettre que la *Croix* n'inséra pas,
mais dont Diego donna un extrait (8 mars 1908) : « M. S.
Reinach nous écrit pour nous dire qu'il a vu M l'abbé Loisy
une seule fois et que, s'il a rendu compte des travaux de celui-
ci, il n'a pas prétendu exercer la moindre influence sur l'auteur ». Toute dégoûtante qu'elle fût aux yeux des honnêtes
gens, cette campagne de presse porta les fruits désirés Quelques personnes prudentes, dans l'intérêt de la paix académi-
que, opinèrent qu'il fallait laisser dormir les titres de l'abbé
Loisy ; ce fut notamment l'opinion de Gaston Boissier. Le
prix fut partagé entre MM. Guimet et Cumont.

V

C'est pour ne pas nuire une seconde fois à M. Loisy, dans mon désir même de voir rendre hommage à sa science, que j'affectai la neutralité un peu plus tard, lorsque la mort de Jean Réville rendit vacante la chaire d'histoire des religions au Collège de France. Cette fois encore, des amis pensèrent d'abord à moi ; je refusai de les entendre (mai 1908), en faisant ressortir les titres supérieurs de M. Loisy, qui n'était pas encore décidé à poser sa candidature. Ma réserve me valut d'autres ennuis : une personne très vive, ardente pour la candidature de M. Loisy, m'accabla de reproches, m'accusant de favoriser en secret un autre candidat ; un des *papes* étrangers du modernisme fit de même et m'écrivit des lettres que je viens de relire en riant, mais que je ne lus pas alors sans faire la grimace. Heureusement, les choses s'arrangèrent et la candidature Loisy triompha, malgré d'extraordinaires intrigues dont il serait amusant, mais un peu prématuré de raconter les péripéties.

J'ai été obligé d'entrer dans les détails qui précèdent, lesquels ne violent aucune confidence, pour montrer que M. Loisy, tant comme théologien que comme prêtre catholique, ne pouvait qu'être agacé d'une tactique qui prétendait voir en lui l'écho et l'instrument d'un archéologue doublé d'un infidèle. Une imprudence que je commis (février 1909) dut sans doute encore aggraver cette impression. Envoyant à M. Loisy un exemplaire d'*Orpheus*, j'y inscrivis cette dédicace : *Rivulus fonti*. M. Loisy se hâta de me répondre que « le prétendu ruisseau avait tout l'air de se moquer de la prétendue source » ; il me fit observer, très courtoisement, qu'il n'était pour rien dans la genèse d'*Orpheus* et me marqua même sans ambages qu'il n'approuvait pas l'esprit de ce livre. Je compris aussitôt qu'il serait un adversaire d'*Orpheus*, et même un adversaire passablement énervé. Qui ne l'eût été dans ces conditions ? Aussi la note un peu aigre des critiques de M. Loisy n'a-t-elle pas été une surprise pour moi, mais seulement pour mes amis et ses lecteurs.

Pourquoi avais-je écrit ces mots : *Rivulus fonti* ? Uniquement pour reconnaître les nombreux emprunts faits par *Orpheus* aux livres de M. Loisy. Si Voltaire avait été de ce monde, je lui eusse envoyé *Orpheus* avec la même épigraphe, bien que mon livre ne soit pas voltairien, mais anti-voltairien, quoique des ignorants aient pu dire[1]. J'ai fait de nombreux emprunts à Voltaire et à M Loisy, dont les idées ne sont pas toutes les miennes, pour deux raisons : d'abord, parce qu'ils s'expriment l'un et l'autre dans une très bonne langue; ensuite, parce que certaines choses hardies, en contradiction avec les préjuges des fidèles, pouvaient gagner à être présentées au public sous le pavillon d'un écrivain de génie et d'un abbé.

VI

Un lecteur critique m'interrompt pour me dire : « J'admets sans peine que M Loisy n'avait pas besoin de vous pour devenir hérétique, et vous expliquez fort bien que les menteurs de profession l'aient agacé en alléguant que ses doctes hérésies se rattachaient à votre *perfidia*. Mais il n'y a pas de fumée sans feu, comment l'abbé Garnier et consorts ont-ils su que vous correspondiez avec l'abbé Loisy ? »

Je vais répondre sans ambages; mais on comprendra que je m'abstienne de citer des noms

Depuis 1890, date où pour la première fois, dans la *Revue critique*, je me suis occupé d'un travail de M. Loisy, alors assyriologue[2], je n'ai pas cessé de rendre compte des livres et même des articles de ce savant J'en ai parlé non seulement dans la *Revue critique*, mais dans l'*Anthropologie* et dans la *Revue archéologique* et j'ai pris quelque peine pour suivre, dans ces divers recueils, l'évolution du mouvement plein de promesses que l'on appelle, on se sait trop depuis quand, le *modernisme*. Cet intérêt témoigné à des recherches

---

1. Ainsi un article, d'ailleurs très elogieux, sur *Orpheus*, parut sous ce titre *The new Voltaire* (*The Globe*, 8 déc 1909). C'est aussi absurde, mais moins amusant que l'article des *Droits de l'Homme* (9 janv. 1911) sur la réception de M⁀ Duchesne · *Monseigneur Voltaire à l'Académie*.

2. *Revue critique*, 1890, I, p 5.

où je devais plus tard me risquer moi-même me valut, à partir de 1896, des lettres de M. Loisy; notre correspondance, purement scientifique, se prolongea jusqu'en 1911. Pendant ces quinze années, je vis M. Loisy une seule fois — à Bellevue, en 1900; je ne saurais dire aujourd'hui s'il est petit ou grand, blond ou brun. Si donc je l'ai connu en chair pendant une heure, je ne l'ai jamais fréquenté qu'en esprit; son écriture m'est devenue familière à défaut de sa voix et ses écrits me sont restés plus familiers que son écriture. Voilà ce que savent tous les amis de M. Loisy; voilà ce que ses adversaires auraient pu savoir, pour peu qu'ils eussent été de bonne foi.

Un petit talapoin, prestolet et babillard, vint un matin me trouver chez moi. Il se disait libéral en politique et en théologie; nous causâmes de l'une et de l'autre. Incidemment, je lui parlai d'une lettre que j'avais reçue de M. Loisy sur un point de l'histoire de la Passion où il ne voulait pas admettre mon sentiment. Le petit talapoin — pas méchant, d'ailleurs — alla rendre compte de sa visite à un Grand Talapoin renfrogné; n'avait-il pas fait une belle découverte? Son chef aurait eu trente-six bonnes raisons de la garder pour lui; mais le zèle ne connaît pas de scrupules. C'est ainsi que l'abbé Garnier entendit gloser de quelque chose, qui était très peu de chose; l'*odium theologicum* aidant, la souris devint une montagne et la *Croix* put parler comme on l'a vu d'une complicité inexistante, fondée sur des relations épistolaires qui existaient.

Ces procédés, qui nous semblent fort regrettables, sont très employés dans un certain monde; on en trouvera de nombreux exemples dans les excellents livres de M. Albert Houtin. Tout récemment encore, écrivant la biographie de Msr d'Hulst, Msr Baudrillart insinuait que l'abbé Loisy avait été dénoncé par le P. Lagrange, et M. Houtin montrait l'abbé Loisy dénoncé tour à tour par Messeigneurs Batiffol et Baudrillart[1]. Ainsi l'on affirme sa foi en incriminant celle

---

1. Sur la prétendue dénonciation de Loisy par les Dominicains de Jérusalem, voir Baudrillart, *Vie de Mgr d'Hulst*, t. I, p. 479, et la réponse du P. Lagrange, *Revue biblique*, 1912, p. 478. — Sur la dénonciation des abbés Loisy et

d'autrui ; quand cet « autrui » est, par surcroît, un infidèle, quoi d'étonnant qu'il reçoive des coups et des ruades au point de ne plus savoir où se terrer? Combien d'articles violents contre *Orpheus* s'expliquent à merveille moins par l'orthodoxie de leurs auteurs que par la suspicion d'hérésie qui pesait sur eux!

VII

Cela dit, je pourrais encore raconter bien des épisodes du *Bellum orphicum* — par exemple comment le judaïsme orthodoxe, ayant découvert dans *Orpheus* que je sacrifiais le judaïsme au christianisme, me couvrit d'injures, et comment certains rabbins allemands et américains formèrent une ligue pour m'exclure du Comité central de l'Alliance israélite, où je travaille depuis 1886, avec quelque zèle, à la diffusion de l'esprit moderne par l'école[1]. Grâce à l'appui des

Margival par Batiffol, voir Houtin, *Histoire du modernisme*, p 64-65, Batiffol, autrefois très avancé lui-même, voulait « se faire pardonner son passé ». — Sur la dénonciation de Loisy par son élève Baudrillart, voir Houtin, *ibid*, p. 172, confirmé par Loisy, *Choses passées*, p. 134 — Sur la dénonciation de M. Loisy par Mgr d'Hulst au cardinal Richard, voir *ibid*, p 143 — J'ajoute la dénonciation dont fut victime l'abbé Paul Lejay en 1909; Mgr Baudrillart, recteur de l'Institut catholique de Paris, lui interdit d'écrire dans la *Revue critique* « qui a publié et publie encore des articles de M. Loisy » (Voir les renseignements précis donnés a ce sujet dans le *Temps* du 4 janvier 1910). Attaqué une première fois, M. Lejay avait répondu · « J aime mieux collaborer a la *Revue critique* qu'a certaines entreprises de délation »

[1] Voici quelques textes, traduits fidèlement   Dr Hildesheimer, *Judische Presse*, 2 sept 1910 , « *La tendance de tout l'ouvrage est une glorification du christianisme* . L'auteur ose même affirmer que l'Eglise catholique affranchie serait un édifice où protestants et juifs, où tous les hommes de bonne volonté pourraient s'unir. Dans le chapitre consacre au judaïsme, les auteurs chrétiens sout seuls cités, etc. » — Ben Koheleth (pseudonyme), dans l'*Israelitisches Familienblatt*, 29 juillet 1910 . « Il hait tout ce qui est juif, ce qui est juif semble le faire souffrir intérieurement Quand on parle devant lui de langue hébraïque, il se met en colère quand on parle de renaissance juive, il est hors de lui, quand il entend parler de sionisme, sa rage ne connaît plus de bornes. Quoi d'étonnant que toute son activité ait pour objet d'anéantir tout ce qui est juif, de renoncer à tout ce qui est juif, d'assimiler! Et c'est un tel homme qui préside les séances de l'Alliance israélite[1] »

Ben Koheleth étant allé un peu trop loin, je répondis à la même feuille (19 août 1910, n. 32, p. 1) .

« Paris, août 1910

« Recevez mes remerciements bien sincères pour les bienfaisantes colonnes

électeurs orientaux, qui me restèrent fidèles, je fus néanmoins réélu, mais en queue de la liste victorieuse, et je crus devoir

que votre digne collaborateur Ben Koheleth, dans votre n⁰ du 29 juillet, a bien voulu consacrer à ma modeste personne. Un tel assaut d'injures m'a procuré la plus douce satisfaction. Ce serait vraiment trop dommage si des moines inintelligents et d'étroits théologiens calvinistes étaient les seuls à se lever contre mon *Orpheus*, comme défenseurs de la religion. Un juif fanatique appartenait de droit à leur société ; tout récemment, j'ai aussi été attaqué par un mameluk. Combien je me suis déjà réjoui, il y a dix-huit mois, alors que l'édition française d'*Orpheus* existait seule, d'en lire un compte rendu très méchant dans l'*American Hebrew*! Je me dis : « Eh bien! ça agit! » Que peut désirer de plus un penseur libre, lorsqu'il prend la plume, que d'inspirer un sentiment de malaise aux hommes noirs de toute robe? Les hommes noirs du judaïsme sont peut-être les plus susceptibles de tous et quand ces Messieurs se mettent à injurier, on sait qu'ils le font sans trop de souci de la décence. Comme écrivait Schiller, ou du moins comme il aurait pu l'écrire :

> *Gefährlich ist's, den Goï zu wecken,*
> *Verderblich ist des Pfaffen Zahn,*
> *Jedoch der Schrecklichste der Schrecken,*
> *Dar ist der Jud' in seinem Wahn[1]!*

Mais pourquoi faut-il qu'il en soit ainsi? Le judaïsme d'aujourd'hui n'est ni une religion, ni une race, ni un peuple, ni même, comme le qualifiait Heine, un malheur. Le judaïsme est une tradition, une tradition très glorieuse, la tradition des martyrs et des héros obstinés qui, seuls en Europe, pendant mille ans de ténèbres, ont refusé de croire aux effroyables inepties auxquelles pas un homme instruit à cette heure n'accorde créance. Donc, c'est une tradition de pensée libre, d'horreur pour le polythéisme et l'idolâtrie, de raison saine insurgée contre des fables ridicules et des rites stupides. Pourquoi le judaïsme lui-même, dès le xixe siècle, n'a-t-il pas secoué de ses épaules le fardeau de son propre ritualisme, stupide par excellence, pour devenir une croyance purement humaine, morale et amie du progrès? Mais parce que je n'ai pas renoncé à l'espérance que cela puisse arriver un jour; parce que je me crois autorisé de tout mon cœur, malgré Ben Koheleth et ses pareils, à me donner pour un bon juif et à agir comme tel, je ne me laisse détourner de mon devoir ni par les injures, ni par les calomnies. Je travaille à émanciper intérieurement le judaïsme, à l'affranchir de l'intolérance, de l'ignorance et de la tromperie. Les pires ennemis du judaïsme ne sont pas les antisémites qui — du moins en France — l'ont maintenu debout, mais les fanatiques, les *Chassidim*, les rabbins thaumaturges, les *Haloukistes*, les partisans de l'hébreu comme langue courante et autres individus de même acabit. Le mot d'ordre de Voltaire : « Écrasons l'infâme! » vaut contre tout ce qui offense la raison.

Agréez, etc.   S. R.

---

1. Vers connus de la *Glocke* de Schiller, où, par manière de plaisanterie, j'ai remplacé *Leu* (lion) par *Goï* (chrétien), *Tigers* par *Pfaffen* (prêtre) et *Volk* par *Jude*. Cette innocente parodie m'a valu une avalanche d'injures.

donner ma démission de vice-président de l'Alliance, après
avoir exercé ces fonctions pendant dix ans (1911) Je pourrais
relater encore comment mon récit de l'affaire Calvin et Servet
me valut de durs propos d'un savant calviniste, contre
lequel je fus obligé de soutenir une polémique pour prouver
que Voltaire n'avait pas eu tort d'écrire : « Quel rôle pour
un apôtre ! »[1] Mais ce sont là de petites misères ; les reproches d'un savant comme M Loisy, les réserves d'un saint
comme Gabriel Monod m'ont touché bien davantage. Suivant l'exemple donné par le plus illustre de mes critiques, je
reproduis ici ce que j'ai écrit pour défendre *Orpheus* ; je
supprime seulement, dans ma réponse de la *Revue historique*,
tout ce qui touche à des points de détail, sur quoi mes
remarques avaient moins pour but d'établir le bien-fondé de
mes assertions que d'en indiquer les sources. Et puisque je
fais allusion à des erreurs de détail, je veux en confesser une
très grave, que M. Loisy releva presque aussitôt dans une
lettre qu'il m'écrivit, mais qu'il ne publia point. Là-dessus,
je fais deux observations. D'abord, qu'une erreur aussi forte
aurait dû être signalée un peu partout, et qu'elle ne l'a point
été ; puis que M. Loisy, qui pouvait s'en autoriser pour me
rendre ridicule, s'est abstenu de ce sport facile, preuve que
j'ai raison de ne chercher que des motifs sérieux et dignes
de lui à la controverse qui a fini par nous séparer[2]

Voltaire écrit, dans l'*Essai sur les mœurs*, à l'article *Inqui-*

1. *Signal de Genève*, 17 juillet 1909.

2 « Preuve éclatante de mon mauvais caractère » écrit M. Loisy (*Choses
passées*, p. 100), en révélant au public, qui l'ignorait, sa brouille avec
Mgr Duchesne et ses causes futiles. Je ne crois pas être plus indiscret en disant
ici pourquoi j'ai cessé de correspondre avec M Loisy. M. Lobstein,
théologien de Strasbourg, avait publié, dans la *Theologische Literaturzeitung*,
un article injustement élogieux sur le livre de Mgr Batiffol contre *Orpheus*
J'écrivis à cette *Revue* (1911, p. 124) : « Dans son article sur le livre de
M. Batiffol, M. Lobstein prétend que l'auteur, d'accord avec Loisy, Lagrange
et Grandmaison, a mis en lumière, avec autant de sérénité que d'élévation,
mes erreurs d'information, de méthode et de jugement A cela j'ai à objecter
1° que les critiques susdits sont ou ont tous été des ecclésiastiques catholiques, de sorte qu'on ne peut attendre d'eux par trop d'impartialité (*allzu-
viel Unparteilichkeit*) ; 2° que M. Lobstein parle d'écrits qu'il n'a pas exa-
minés lui-même, mais qu'il cite simplement Loisy, Lagrange et Grandmaison

sition (éd. de Kehl, t. XVIII, p. 259) : « Ce *Torquemada*, dominicain, devenu cardinal, donna au tribunal de l'inquisition
espagnole cette forme juridique laquelle s'est toujours conservée. » Or, il est notoire que le cardinal Torquemada, quoique contemporain du dominicain inquisiteur, n'avait rien de
commun avec lui. C'est donc par une étourderie inqualifiable
que j'ai répété l'erreur de Voltaire (*Orpheus*, p. 507) ; j'en rou-
gis encore !

Cela dit, je réimprime.

VIII

A propos d' « Orpheus »[1].

Monsieur le Directeur,

En vous remerciant des deux comptes-rendus si courtois que la
Revue historique (t. CII, p. 300-313) a publiés d'*Orpheus*, je
demande la permission de discuter quelques objections de
M. Loisy.

P. 305. Sur le *poisson-maigre,* je suis entré dans des détails
ailleurs (*Cultes,* t. III, p. 49). Le premier texte que nous ayons
sur la tolérance du poisson comme aliment de jeûne est de Socrate
(*Hist. eccl.*, V, 22) ; or, pour expliquer cette tolérance, Socrate
allègue un argument absurde (que les poissons, suivant la Genèse,
sont sortis de l'eau). C'est donc qu'on ne savait pas pourquoi l'on
mangeait du poisson le vendredi ; je suppose qu'on en mangeait
pour obéir à un vieux rite de communion, dont il y a trace dans
l'inscription d'Abercius. « Ce n'est jamais ainsi qu'on l'a compris

d'après la préface de Batiffol (p. xiii) ; 3° que nombre d'attaques de Batiffol
sont tout à fait sans fondement (suivent des exemples), etc. ».

M. Loisy, qui lit comme moi la *Theologische Literaturzeitung*, fut très
offensé de la phrase où je parlais de son impartialité, alors cependant que le
bon sens indique combien il est difficile, sinon impossible, de se dégager des
influences d'une discipline qu'on n'a pas seulement subie soi-même, mais exercée à son tour. Ceux qui liront, dans *Choses passées* (1912), l'admirable récit
des longues luttes que M. Loisy a dû soutenir dans son for intérieur avant
de renoncer à l'orthodoxie, ne seront pas disposés à me donner tort. Même
après la vision de Damas, saint Paul se souvenait qu'il avait appris aux pieds
de Gamaliel (*Actes*, XXII, 3).

1. *Revue historique*, 1910, I, p. 185-188.

dans l'Église », objecte M. Loisy. D'accord ; mais il est naturel que l'Église n'ait pas compris un usage si ancien, survivance d'une religion préhistorique.

P. 306, l. 2. La coutume avestique de verser le *haóma* et l'extrême-onction chrétienne ont cela de commun qu'il s'agit d'imprégner le moribond d'un liquide divin. *Anointing symbolised the imparting of the divine spirit* (Buchanan, *Enc. Bibl.*, s v. *Anointing*). Kattenbusch (*ap.* Hauck, XIV, 315) fait observer que l'origine des rites de l'huile dans l'Église est tout à fait obscure, qu'on ne peut dire si l'onction des malades répond à une idée juive ou à un usage des mysteres paiens J'ai écrit « C'est une véritable extrême-onction et *peut-être* la source même de ce rite chrétien » Ce n'est donc qu'une hypothèse nouvelle, discretement présentée

Ibid « Il est parfaitement arbitraire de supposer que le Deuteronome serait l'œuvre de Jérémie lui-même. » Je n'ai pas dit cela, mais j'ai fait allusion, par deux fois, a ceux qui l'ont pense, comme Voltaire, Colenso, Gesenius, Renan (*Peuple d'Israel*, III, 209) et d'autres. — Je ne crois pas qu'on puisse qualifier de « légende bien tardive » le texte : « Manassé tua Isaie », qui, suivant la *Gemara*, se lisait sur « un vieux rouleau généalogique » (*ap.* Hauck, VIII, 714). Ce sont les détails de la mort d'Isaie qui sont légendaires ou, du moins, tres mal attestés.

P. 306. L'hypothèse qui fait mourir Pierre en Palestine a été développée en 1901 par Erbes; elle est fondée sur des arguments serieux. Le silence de la tradition sur toute sépulture de Pierre ailleurs qu'à Rome n'est pas une raison considérable, comme vient encore de le montrer M. Guignebert (*la Primaute de Pierre*, p. 304 et suiv.). Quant à mon explication de la tradition, fondée sur la *Prima Petri,* ce n'est évidemment qu'une hypothese; mais M. Guignebert, dans l'ouvrage cite, la trouve séduisante, et je ne veux pas être plus sévère que lui.

P. 307. Rome attendit dix-huit mois avant de condamner Fénelon, avec toute sorte de menagements; elle ne l'eût pas fait, malgre l'insistance de Louis XIV et de Bossuet, si la question avait été entière, ce qui n'était pas le cas depuis la condamnation de Molinos Pour l'esprit de chimere de Fénelon, je renvoie M. Loisy à l'admirable chapitre de Nisard (*Littérature française*, III, 341 et suiv) Il n'y a pas de chimeres que dans le *Télémaque*; il y en a dans l'*Examen de conscience sur les devoirs de la royauté*; Nisard en a cité de plaisants exemples.

M. Loisy me reproche d'avoir parlé du culte du Sacré-Cœur
de Marie : « Cela ne se dit jamais. » En effet, l'épithète rituelle
du cœur de Marie est *purissimum*, alors que celle du cœur de
Jésus est *sacratissimum* ; mais ma phrase (p. 562), où ces deux
cultes sont opposés, comportait, je crois, l'usage d'une même
épithète.

L'estimation du nombre des modernistes dans le clergé français
à 15.000 n'est pas de moi, mais de M. l'abbé Houtin, qui s'y connaît (*Évêques et diocèses*, p. 36)[1]. Je crains qu'on n'abuse des
lignes découragées qui ont échappé à M. Loisy[2]. *Secundum Pon-
tificem lis tanta datur ?*[3]

P. 308. Ce que j'ai écrit sur le peu de crédibilité des sources
évangéliques est en partie nouveau ; il me faudrait beaucoup de
place pour en développer les raisons. M. Loisy doit bien convenir avec moi que les sources primaires, Q et le fond de Marc,
n'inspirent pas nécessairement confiance ; c'est affaire d'appréciation quant au degré. Je me refuse, pour ma part, à considérer
comme historique une rédaction des discours de Jésus fondée —
à prendre les choses au mieux — sur les souvenirs d'illettrés.
« Le fond de ces discours », écrit M. Loisy, « est tout sémitique ».
D'accord ; ce pouvait être l'enseignement courant de telle ou telle
synagogue, nouveau pour des Grecs, non pour des Juifs. On a
retrouvé dans l'enseignement moral des vieilles synagogues tous
les éléments du Sermon sur la montagne. — Schmiedel est arrivé
à la conclusion qu'il y avait dans les Évangiles *neuf* passages
authentiques (*Encycl. bibl.*, p. 1881) ; on pourrait contester même
ceux-là. Quant aux difficultés chronologiques sur lesquelles j'ai

1. En réalité, comme l'a longuement établi M. Houtin (*Histoire du modernisme catholique*, 1913, p. 270), cet historien n'avait fait que citer l'opinion
d' « un controversiste des plus opposés à toute liberté intellectuelle » et avait
parlé de « mouvement progressiste », non de « modernisme. » — « L'estimation varie beaucoup, écrit M. Houtin (*ibid.*, p. 271) selon la définition du
modernisme à laquelle on s'arrête ; Tyrrell évaluait à 40 000 le nombre des
prêtres qui dans toute l'Église auraient été modernistes d'après les termes de
l'Encyclique *Pascendi*. »
2. *Rev. hist.*, 1909, CII, p. 317 : « Je n'en donnerais pas 1500 (modernistes)...
Ce que je crois voir pour le moment est que le modernisme est en pleine
déroute et ne semble même pas difficile à anéantir ».
3. On n'a généralement pas compris cette citation Lorsque Pompée, vaincu
à Pharsale, veut fuir chez les Parthes, un sénateur romain lui reproche
de perdre si vite courage après une défaite en Émathie : *Una dies mundi
damnavit fata ? secundum | Emathiam lis tanta datur ?* (*Pharsale*, VIII, 332).

insiste, il paraît trop commode de les écarter en alléguant l'inintelligence d'Irenée. Tout recemment, a propos de la découverte d'un texte inédit de cet auteur, M. Harnack écrivait . « Le fardeau de la preuve incombe desormais à celui qui prétend que, d'apres saint Jean, Jésus serait mort sous Tibère » Le texte nouveau est formel : Hérode, roi des Juifs, et Ponce-Pilate, procurateur de l'empereur *Claude*, condamnent Jesus à être crucifié. Cela confirme singulierement le texte du faux rapport de Pilate, qui est adressé à *Claude*. J'en conclus qu'une tradition fort ancienne faisait mourir Jesus sous Claude, au mépris de la chronologie de Luc et de ce que nous savons de Pilate. Une telle erreur eût été impossible, à la fin du 1ᵉʳ siecle, si la date et les circonstances de la mort de Jésus avaient eté établies par des témoignages sérieux. J'ai insisté, à diverses reprises, sur la non existence d'un rapport de Pilate à l'empereur, sur les fraudes grossieres qui en tinrent lieu. M Loisy ecrit · « Admettons que ce rapport ait dû exister. ., aurait-il été à la disposition des chrétiens? » Mais oui, puisque saint Justin et Tertullien en parlent comme d'une pièce accessible; ils savaient mieux que nous ce · qui, dans les archives imperiales, était à la disposition des curieux.

M. Loisy nie (p. 312) que l'incident de saint Thomas dans l'Evangile de saint Jean ait quelque rapport au docetisme [1]. Je crois, au contraire, qu'il repond à cette these, non moins que I *Jean* IV, 2 et II *Jean* 7, qui sont l'œuvre du même rédacteur « Alors, dit saint Jérôme, que les apôtres vivaient encore, que le sang du Christ était encore frais en Judée, il se trouva des hommes pour affirmer que le corps du Seigneur n'était qu'un fantôme » (*Adv. Lucif.*, 23). L'appel de saint Jérôme au témoignage des apôtres, qui avaient non seulement *vu*, mais *touche* le corps de J -C., prouve que le docétisme ou, du moins, la doctrine de certains docetes considerait l'histoire évangélique comme une vision Jérôme avait sur nous le grand avantage de connaitre directement les docetes et leurs écrits

1 « Il s'agit de montrer que le corps de Jésus *ressuscité* n'était pas un fantôme » (*Rev hist* , 1909, CII, p. 311) Mais comme c'est precisement ce que pretendaient les docetes du corps de Jésus *vivant*, et cela dès une époque très antérieure a la redaction du IVᵉ Evangile, on ne comprend pas que M. Loisy refuse de reconnaître dans l'histoire de S Thomas une pensée de polémique antidocète C'est l'evidence même, et je n'ai pas éte le premier a voir cela. — 1912.

Le passage concernant Apollos (*Actes*, XVIII, 25) offre des difficultés redoutables[1]. M. Loisy sait bien que, dans les quelques
lignes d'*Orpheus* à ce sujet, il ne s'agit pas de « l'exégèse de
M. Reinach », mais de celle de W. B. Smith (*Der vorchristliche
Jesus*, Giessen, 1906, p. 7). Je n'ai pas accepté la thèse hardie de
ce savant; j'ai même mis en garde, dans une note, contre son
ouvrage; mais j'ai tenu compte de l'ordre d'idées où il engage la
critique. Qui sait ce que nous réserve l'avenir? Quand on lit sur
un papyrus magique gréco-égyptien, malheureusement non daté:
« Je te conjure *au nom du Dieu des Hébreux Jésus* » (Smith, p. 38),
on pressent que nous ignorons encore des choses essentielles sur
la préhistoire du christianisme[2].

Les reproches que me fait M. Loisy sous le n° 12 ne sont pas
fondés. « Saint Paul a pu s'entretenir avec ceux qui avaient vécu
auprès de Jésus » (p. 339) signifie évidemment qu'il lui a été
possible et loisible de le faire; cela n'implique aucune nuance de
doute (*non erat locus*). Si j'ai écrit: « Jacques *cru* frère du Seigneur », c'est par allusion à la doctrine orthodoxe qui fait de
Jésus le fils unique de Marie; il est certain que le mot hébreu que

1. Voici ce qu'avait écrit M. Loisy (*Rev. hist.*, 1909, CII, p. 312) : « En suivant l'exégèse de M. Reinach, cela ne prouverait pas seulement qu'Apollos
ignorât la Passion; il aurait ignoré que Jésus avait prêché. Mais le baptême
de Jean, dans ce récit comme dans le suivant (*Actes*, XIX, 1-7), s'entend par
opposition au baptême d'esprit, au baptême chrétien. Apollos prêchait Jésus,
en donnant le baptême à la manière de Jean; on l'instruit à baptiser pour
donner le Saint-Esprit ». C'est l'exégèse des manuels orthodoxes; déjà Reuss,
en 1876, voyait mieux la difficulté; on peut dire qu'il a pressenti la thèse de
W. B. Smith : « Apollos étudiait les Écritures et les interprétait en vue de cette
espérance (messianique) qu'il partageait du fond de son cœur. *Ce qui lui
manquait encore, c'était le nom propre, le nom historique du Messie attendu,
c'était la certitude qu'il s'était déjà manifesté* » (*Actes*, p. 187.) — 1912.

2. M. Loisy, depuis 1909, a fait de grands pas dans la voie du radicalisme.
Ainsi il vient d'écrire (*Revue critique*, 1912, II, p. 369) : « Si Jésus n'a point
été condamné, sur son propre aveu, au supplice de la croix comme prétendant à la royauté messianique, *c'est son existence même qui devient problé-
matique* ». Où est l'assurance fondée jadis sur les Epîtres pauliniennes et le
Protomarc? M. Loisy n'écrirait plus aujourd'hui (*Rev. hist.*, 1909, CII, p. 312) :
« Avec les Epîtres de Paul, il y a paradoxe, et plus que paradoxe, à suspecter
l'authenticité substantielle de la tradition synoptique, Paul ayant connu les
frères et disciples immédiats de Jésus, s'étant converti peu après la mort du
Christ, attestant le crucifiement, etc. ». De plus en plus, M. Loisy fait de
Paul un visionnaire, *initié à des mystères païens* et substituant sa théologie
mystique non seulement à la tradition juive, mais à la tradition chrétienne,
dont il cesse ainsi d'être garant. — 1912 (voir aux *Additions*).

nous traduisons par *frere* peut signifier un parent quelconque ou même un disciple (Mt. 25, 40)

J'arrive enfin au Psaume 22 (17). M. Loisy observe qu'« aucun Evangile ne marque le rapport du crucifiement avec ce verset ». Mais aucun Évangile non plus ne marque le rapport de l'épisode du jeune homme nu de Marc avec le verset d'Amos dont cet épisode est l'écho (opinion admise et confirmée par M. Loisy lui-même). M. Loisy ajoute que le verset parle des pieds et des mains percés dans la traduction grecque seulement. Mais c'est cette traduction qui etait familière aux rédacteurs de nos Evangiles, qui la font citer par Jésus lui-même. M. Loisy concede que « si le crucifie-ment de Jésus n'était pas attesté par des contemporains.. , ce psaume *pourrait* être l'origine de la tradition ». Je n'en demande pas davantage. Si M. Loisy écrit . « J'avoue ne pas comprendre le raisonnement de M. Reinach », il est trop modeste, car il m'a parfaitement compris. Mais j'ai insiste sur ce fait que les Épîtres de saint Paul sont le seul témoignage digne de quelque créance que nous possédions, alors que M Loisy attribue une autorité égale au fond de Marc. C'est, en réalité, le point essentiel sur lequel je suis en desaccord avec lui.

Là où je ne discute pas avec M Loisy, c'est que je compte tirer parti de ses observations dans la prochaine édition d'*Orpheus*, ainsi que dans les traductions allemande, italienne, espagnole et russe dont je me suis reservé de voir les épreuves ; elles lui devront de valoir un peu mieux que la première et la sixième édition française.

Agréez, etc

IX

Je reproduis maintenant la conversation sténographiée qui s'est engagée le 27 février 1909, dans le local de l'*Union morale*, sur les questions essentielles résumées au premier chapitre d'*Orpheus*.

Samedi 27 février 1909[1].

M. Salomon Reinach — Il s'agit avant tout de bien délimiter la portée de ma pensee En la definissant « un ensemble de

1 *Correspondance mensuelle* (de l'Union morale), 1908-9, n° 10, 1-15 août 1909, p. 671-693.

scrupules qui font obstacle au libre exercice de nos facultés », je n'ai prétendu donner de la religion qu'une définition *minima*. S'il s'agissait de définir la religion telle que la pratique aujourd'hui une collectivité quelconque, ou même une religion telle qu'elle ressort des documents historiques d'une époque donnée, cette définition serait inadéquate; mais ma formule ne tend qu'à résumer le minimum de ce qui doit se trouver dans un système qu'on appelle une religion pour qu'il soit digne de ce nom. Bien entendu, l'humanité a ajouté à ce premier fonds de scrupules : à cette partie négative, la liste des choses dont il faut s'abstenir, elle a adjoint la liste des actes qu'il faut accomplir. Mais la partie « agressive » des religions — car il s'agit pour l'homme d'imposer, soit par la magie, soit par la prière, sa volonté aux êtres supérieurs — est postérieure à la partie « négative », aux scrupules.

Ce mot de « scrupule » dont je me suis servi d'abord ne m'a pas paru suffisamment exact et j'ai adopté le mot « *tabou* ». Tout équivalent français de ce mot aurait une netteté et une précision qui, dans cet ordre d'idées, ne seraient pas de saison : à l'époque que nous cherchons à comprendre, nos distinctions logiques ne pouvaient être familières aux hommes, et il est rationnel d'emprunter à des Polynésiens, à des demi-civilisés, l'expression nécessaire pour caractériser un phénomène de demi-civilisation.

Prenons un exemple de *tabou*. L'arche sainte des Hébreux était « *tabou* » : il était défendu d'y toucher. Pourquoi ? on ne le dit pas, mais on affirme : celui qui y touchera mourra, — aucun raisonnement n'appuie cette prohibition menaçante. Cela évoque ces défenses utilitaires qu'on lit le long des lignes électriques : « Ne pas toucher aux fils » : c'est que, par ces fils, il circule une force que nous ne connaissons pas très bien, mais que nous savons redoutable. Il en était de même pour l'arche sainte. Un jour où elle glissait dans son char, le malheureux Huza s'élança pour l'empêcher de tomber. L'intention était pieuse : néanmoins le violateur du *tabou* tomba mort.

C'est un système de *tabous* de ce genre qui est, à mon avis, à la base de toutes les religions.

Bien des institutions humaines commencent très humblement, et rien que dans un seul *tabou* il y a l'idée féconde d'une force redoutable, supérieure à l'homme, et aux ordres de laquelle il doit conformer ses actes : cela est déjà quelque chose de très riche qui s'épanouira et donnera naissance aux religions.

M. Charles Wagner. — Votre explication a un caractère tout à fait historique, et je n'ai pas d'objection de principe à lui faire si ce n'est pas la religion elle-même que vous définissez, mais seulement un certain côté primitif de la religion. Ne pourrait-on pas cependant, par certaines recherches historiques, montrer qu'à ces craintes superstitieuses des foules de toucher à certaines choses et de faire certains actes, a correspondu une expérience intelligente ? N'étaient-elles pas la codification de l'expérience clairvoyante de certains qui devançaient la connaissance des lois, et qui, dans l'impossibilité où ils se trouvaient de donner une explication qui aurait dépassé le niveau des intelligences de l'époque, disaient simplement : « Ceci est *tabou*, n'y touchez pas » ? Il y aurait d'une part des initiés et, d'autre part, la foule non initiée. Au début des pratiques irréfléchies il y aurait une racine intelligente. Nous trouvons la même transformation dans les religions finissantes. Je demande à citer de la genèse de ces *tabous* un exemple presque comique.

Il y avait en Danemark une église protestante dans laquelle les hommes, en entrant comme en sortant, étaient obligés de se tourner du côté des dames et de leur faire un salut très respectueusement profond. Cela ne se passait que dans cette église-là, et personne jamais n'avait songé à se soustraire à l'obligation de cet acte presque rituel. Un jour, des réparations s'effectuaient dans l'église, lorsqu'on découvrit, du côté où les dames étaient assises, une très jolie image de la Vierge Marie. Du temps où l'église servait au culte catholique, on s'inclinait devant cet objet de sainteté, car il était défendu de passer devant la Vierge Marie sans lui offrir son salut. Par la suite un badigeonnage l'avait recouverte, l'affectation de l'édifice avait changé, mais l'habitude avait subsisté. On croyait s'incliner devant les dames : c'était en réalité devant une image effacée ; l'acte était inintelligent, mais expliqué.

M. S. Reinach. — De même, quand tous, croyants ou incroyants, nous saluons un corbillard qui passe, nous pensons que c'est par respect de la mort. En réalité, jusqu'en 1830, devant tout corbillard il y avait une croix qu'il *fallait* saluer.

Mais il y a, dans les paroles de M. Wagner une tendance qui m'inquiète. Le XVIIIe siècle voyait des cardinaux athées et une foule de petits abbés de cour débauchés et incrédules ; il se prit à croire que les fondateurs des religions avaient été eux-mêmes des fourbes, qu'ils avaient dupé la foule en lui faisant croire à une

origine divine des règles qu'ils lui imposaient et dont ils connaissaient parfaitement les raisons. De même, dit-on encore aujour-
d'hui, Moïse savait déjà ce que savent les hygiénistes de notre
époque. L'interdiction qu'il prononça de manger du porc reposait
— des médecins comme le docteur Leven l'affirment — sur des
considérations de cet ordre ; mais, ne voulant pas trahir son
secret, il a voulu imposer au nom de la Divinité certaines
manières d'agir dont le but était de sauvegarder la santé du
peuple placé sous sa direction religieuse.

M. Ch. Wagner. — On avait pu, en effet, remarquer que la
consommation du porc donnait des maladies de peau, prédisposait
à la lèpre ; on a fini par l'interdire, et comme tant de lois qui
deviennent routine, celle-ci a créé un *tabou*.

M. S. Reinach. — C'est ainsi que pensait Renan. D'après ma
théorie, au contraire, ces viandes interdites sont des viandes
d'animaux sacrés, d'êtres que l'on épargnait parce qu'on avait
peur de leur sainteté : les aïeux des Juifs ont dû avoir le sanglier
pour *totem*. On voit la filiation des deux notions comprises dans
celle du *tabou* : celle du très pur et celle de l'impur.

M. Ch. Wagner. — Il me semble pourtant que, dans la législation de Moïse, ou plutôt dans cette cristallisation d'idées qui s'est
faite autour de Moïse, il est facile de distinguer nettement, d'une
part des choses qui sont défendues parce qu'elles sont impures,
et d'autre part des choses qui sont défendues parce qu'elles sont
sacrées. Par exemple, s'il est défendu de faire cuire le chevreau
dans le lait de sa mère, c'est par pitié, c'est parce que ce serait
un acte contraire à la bonté. Au contraire, l'interdiction de manger
du porc répond à une horreur.

M. S. Reinach. — Non, l'interdiction de faire cuire le chevreau
dans le lait de sa mère ne répond pas plus à une conception
morale que celle de cultiver ensemble des vignes de différents
plants, ou de mêler des fils de différentes couleurs. Tout cela, ce
sont des *tabous*. La morale ne s'est dégagée que lentement des
tabous : les *tabous* irrationnels ont été oubliés ; ceux-là seuls que
protégèrent la raison et l'expérience ont été conservés.

M. Ch. Wagner. — Je crois cependant que les idées même les
plus délicates pouvaient être accessibles à des hommes qui ont
pensé des choses comme celle-ci : « N'insulte pas le sourd ».
Pourquoi ? il ne peut pas entendre. Oui, mais nous sentons là
une atteinte, qui nous révolte, à la dignité humaine. Qu'est-ce,
d'ailleurs, sur la durée totale de l'humanité, que les trois mille ans

qui nous séparent de cette époque, et est-il interdit de voir dans de telles pensées l'indice d'une préoccupation morale? Elles correspondent à un *tabou*, dites-vous, soit; mais enfin on y trouve, encore obscure, la trace du sentiment qu'il y a quelque chose de respectable dans l'infirmité humaine, qu'il y a des choses respectables en soi.

M. S. REINACH. — Il n'est pas impossible de prendre sur le fait la transformation des *tabous* en préceptes moraux. Le Décalogue prononce : « Honore ton père et ta mère afin que tu vives longtemps ». Au rebours de tous les autres commandements, celui-ci est positif et saint Paul fait remarquer que c'est le seul qui soit accompagné d'une promesse. Cette différence soulève un problème : nous en aurions sans doute la solution si nous possédions le texte original du Décalogue, mais les deux transcriptions que nous en avons ne sont pas d'accord. Cherchons, retournons le commandement : il vient : « Celui qui frappe son père ou sa mère est puni de mort. » Or, nous retrouvons dans cette formule les caractéristiques du *tabou*. L'arche d'alliance est *tabou*, c'est-à-dire que si l'on touche l'arche d'alliance on meurt. Donc on peut ramener le commandement positif, qui nous occupe, à une défense dont nous trouvons l'analogue dans la loi des XII Tables : « Si quelqu'un frappe son père ou sa mère et que ceux-ci se plaignent, SACER *esto*, qu'on le frappe à mort ».

L'humanité ne peut vivre qu'au prix de certains *tabous*. Que dis-je? nous les trouvons déjà dans l'animalité : si les animaux mangeaient leurs petits et s'ils se mangeaient entre eux, dans la même espèce, l'espèce n'aurait pas vécu. Des *tabous* analogues ont dû exister dans l'humanité primitive. Malgré l'aphorisme de Hobbes : « Homo homini lupus », dans les cavernes de l'âge préhistorique qui ont été fouillées en France, on ne trouve pas trace d'anthropophagie. Certains Esquimaux n'avaient pas de mot signifiant la guerre, et disaient « chasse » ; ils ne comprenaient même pas l'idée qn'on voulait leur faire exprimer. Ainsi les *tabous* furent des entraves aux excès que, sans eux, n'aurait pas manqué de commettre l'humanité primitive lorsqu'elle fut en possession des premiers instruments de sa suprématie. Avec les armes dont elle disposait, elle aurait tout détruit. Par exemple, les forêts eussent été anéanties s'il n'y avait pas eu des arbres sacrés.

M. CH. WAGNER. — Il n'est peut-être pas inutile de faire remarquer que le *tabou* n'est pas seulement religieux. On trouve de même dans les beaux-arts de ces interdictions dont on ne sait plus la raison, de ces règles enseignées par des moniteurs qui en ignorent le pourquoi. Dans une application mécanique quelconque, il y a également des choses ainsi enseignées en bloc, sans explication et qui, de fil en aiguille, sont devenues *tabous*.

M. S. REINACH. — Voici, selon moi, l'ordre de filiation des idées. A l'origine tout est religieux ; la morale et la religion sont indistinctes. L'œuvre de la civilisation est une laïcisation progressive où ne se perd cependant pas le souvenir des origines religieuses. Par exemple, lorsqu'on dit aujourd'hui qu'un livre est immoral, ce n'est généralement pas parce qu'il prêche le vol ou le meurtre ; c'est pour la manière dont il traite des relations entre hommes et femmes. Et la preuve du caractère religieux qui subsiste dans l'étude de ces questions, c'est que ces problèmes se trouvent traités en détail dans nombre d'ouvrages de théologiens comme Sanchez et Liguori, ouvrages dont nous ne possédons pas encore l'équivalent dans la littérature laïque.

M. CH. WAGNER. — Mais si le *tabou* est une force d'inhibition et si cette force n'est pas réfléchie, elle peut aussi empêcher du bien. Et, à ce point de notre discussion, il me semble qu'il faut bien établir ce que c'est que la piété : c'est une forme aussi bien laïque que religieuse du sentiment profond qu'on a de la valeur de certaines choses, du respect qu'on éprouve pour elles. La piété peut être parfaitement comparable au *tabou*, parce que ce respect nous arrête devant le mal ; mais elle est d'autre part une force active, positive, qui nous incite à faire du bien. Elle n'est pas seulement une peur, mais une inspiration. Ainsi le sentiment de la valeur de la personne humaine...

M. S. REINACH. — Les Grecs ont eu les premiers cette idée de la valeur de la personne humaine.

M. CH. WAGNER. — L'ont-ils eue avec cette ampleur qui se trouve dans cet enseignement du Christ : « Celui qui gagnerait le monde entier et perdrait sa vie perdrait plus qu'il ne gagne » ?

M. S. REINACH. — Vous interprétez cette parole du Christ, et nous n'en avons pas le texte exact. D'ailleurs, dans ces idées, il y a une influence des Grecs.

M. CH. WAGNER. — Remontons à l'Ancien Testament. Rappelez-vous cette page où David, s'étant rendu coupable du meurtre d'Uri, le prophète Nathan se présente à lui et lui raconte l'histoire du riche qui a pris la brebis du pauvre[1] : « Cet homme, dit le

1. *Les Rois*, livre II, 12.

roi, est un homme de mort, un homme mort ». Nathan lui dit ·
« Cet homme mort, c'est toi ». Il y a la le sentiment de la valeur
de la dignité humaine. Les prophetes opposent a l'idée des rites,
et même des sacrifices, le respect du bien d'autrui. Rappelez-vous
Isaïe [1], les imprécations du Seigneur traduites par Racine dans
Athalie : « Est-ce que j'ai besoin de tous vos sacrifices? Ce à quoi
je tiens, c'est le respect de la veuve et de l'orphelin. Celui qui
touche à ceux-la touche à moi. »

M. S. REINACH. — Mais, chez les Grecs, Socrate a dit : « Votre
âme est comme un hôte ici-bas , il faut respecter dans votre corps
le temple de l'âme. »

M Ch WAGNER — L'idée de la justice n'existe pas sans l'idée
de la dignité humaine.

M. S. REINACH. — Cependant, en dehors de la force, il n'y a
qu'une seule manière de régler les différends : c'est l'idee de la
justice. Les cambrioleurs, pour régler les profits de leurs
« coups », invoquent l'idée de la justice

M. Ch. WAGNER. — En effet. C'est même pour moi un argument familier en faveur de l'idée que la loi est dans les choses et
non dans une convention : les brigands doivent pratiquer la
morale des honnêtes gens, au moins entre eux.

M. S. REINACH. — La morale est le residu socialement utile
d'une floraison extrêmement riche de *tabous*. Donc, nos idées
morales ont subi l'épreuve de l'utilité sociale. L'erreur des philosophes utilitaires est de dire que les lois morales et toutes les
lois reglant la conduite ont été *imaginées* en considération de l'utilité sociale. Non : les hommes se sont contentés de laisser tomber
ce qui, par l'expérience, s'est révélé comme inutile et, des
lors, n'a pu être conservé que comme règle de convenance, mais
ayant perdu son caractere impératif. A subsiste, au contraire,
ce qui a été legitimé par l'expérience Tous les efforts faits pour
fonder *a priori* la morale ayant échoué, il faut l'expliquer ainsi
par l'evolution.

M Ch. WAGNER. — Une distinction me parait essentielle. L'esprit de l'homme est tourne vers la cosmogonie d'une part, et
d'autre part vers la pratique. Ce que vous appelez les *tabous* se
rapporte à des pratiques de la vie humaine. Dans la religion, telle
qu'elle est venue à nous à travers le christianisme, le judaisme,
l'imprégnation de la philosophie grecque, nous trouvons que la
préoccupation pratique est de plus en plus forte : la religion

1. Isaïe, I, 11.

devient une force qui pousse l'homme vers la bonne vie. Mais si votre définition peut s'appliquer à ce côté de la religion, l'idée de *tabou* est étrangère à l'autre.

M. S. REINACH. — La cosmogonie — l'histoire du déluge par exemple — c'est de la mythologie. Ces fables et cette poésie, les religions, *une fois constituées*, ont pu les prendre et les ont prises en partie sous leur patronage.

M. CH. WAGNER. — Cependant, même maintenant, il y a dans la religion un certain côté cosmogonique. Une déclaration religieuse, si moderne qu'elle soit, touche la question de notre origine, des rapports de l'homme avec le monde ; dans les croyances, il y a de la philosophie.

M. S. REINACH. — Cette philosophie est constituée par l'eschatologie. Toutes les théories eschatologiques dérivent de *l'animisme* qui peuple le monde de volontés et d'intentions semblables à celles que la conscience révèle en nous.

M. CH. WAGNER. — Mais nombre de gens n'ont pas fait le mal uniquement par peur eschatologique !

M. S. REINACH. — A la place du mot « peur » je mets un mot ayant le vieux parfum... Beaucoup de *tabous*, remarquez-le, empêchent de faire le bien : ainsi le *tabou* insensé qui conduit des millions d'hommes à ne rien faire le samedi, ou encore celui du vendredi 13. En ce qui concerne le chiffre 13, si l'on ne trouve pas d'exemples de ce *tabou* dans la littérature grecque et latine, on découvre dans la littérature hindoue de la basse époque la trace que ce chiffre 13 était de mauvais augure : c'est donc plus ancien que la Cène[1]. De même, pour le vendredi, on dit que c'est le jour de la mort du Seigneur, mais ce n'est pas là une explication suffisante, puisque, dans *Les Travaux et les Jours*, Hésiode note déjà dans le mois de bons et de mauvais jours. Le fait de croire à de mauvais jours a, de beaucoup, précédé la qualification des mauvais jours.

M. CH. WAGNER. — Mais il y a encore un autre élément à envisager : ce qu'on appelle la tendresse humaine, l'amour, dans le Nouveau Testament. Certes, on peut dire que la religion n'est pas toujours amour, tandis que la vie laïque et athée peut connaître l'amour tout aussi bien. Mais enfin, c'est un fait, devant lequel on ne peut que s'incliner, et qui sera d'autant plus

_____

(1) 13 est le premier chiffre de la seconde dodécade (*tabou* des prémices ?) — 1912.

général que la religion s'épurera davantage : celle-ci, pour beaucoup, consiste dans l'amour (ce qui en somme est de la piété, car c'est attacher à une personne morale, quelle qu'elle soit, une grande valeur). Or, ce sentiment me paraît sans rapport avec le *tabou.*

M. PAUL DESJARDINS. — Notre point de vue doit être objectif et historique. Il faut distinguer entre le contenu de la conscience religieuse et ce qu'est, *étymologiquement,* son contenant. Quelle est la conception germinale ?

M. S. REINACH. — Faire dériver *religion* de *religare,* « relier » (l'homme et la Divinité), si séduisant que ce soit, ce n'est plus soutenable : nous aurions eu « *religation* » ; l'étymologie est *relegere,* qui s'oppose à *neglegere,* comme l'observance à la négligence : la religion, étymologiquement, est donc le soin qu'on met à s'acquitter des obervances rituelles.

M. CH. WAGNER. — En hébreu le mot religion n'existe pas. La chose a existé longtemps avant le mot.

M. PAUL DESJARDINS. — Je demandais l'étymologie morale. Quel est le sentiment initial qui donne la clef, qui contient en lui les possibilités de développements ultérieurement réalisés ? Atteignons-nous, avec votre définition du *tabou,* quelque chose de primitif ? Au point de vue des choses religieuses, nous devons avoir le sérieux que, pour l'histoire, nous enseigna Fustel de Coulanges, parler de ces questions avec cette intelligence qui implique un effort de sympathie, c'est-à-dire un effort pour recréer en nous des états affectifs qui ont été éprouvés et qu'impliquent les textes les plus anciens que nous connaissions. De plus, il faut appliquer nos efforts dans le sens d'une rationalisation progressive.

En effet, sur ces questions, d'une part je touche quelque chose de fondamental, quelque chose que je puis comprendre, quelles que soient mes idées, parce que je retrouve en moi, dans des états de subconscience, des harmoniques merveilleusement prophétiques de ce qui s'est passé à l'origine des sentiments que nous étudions ; c'est une histoire que j'ai au-dedans de moi, dans mon sous-sol.

D'autre part, je suis un rationaliste déterminé — attitude en discrédit aujourd'hui — : selon moi, nous devons, en constatant l'obscur, faire converger tous nos efforts vers la rationalisation progressive de l'obscur ; nous devons ἑλληνίζειν.

M. S. REINACH. — Au lieu de rationalisation, je propose « laïcisation », car la platitude de d'Holbach, de Diderot, et même de

Voltaire, cette façon de résoudre les problèmes en les niant, me révolte.

M. Paul Desjardins. — Je prends le mot rationalisme au sens cartésien. Et je demande si, avec le sentiment du *tabou*, nous nous trouvons en présence d'un antécédent chronologique ou d'un antécédent logique. Nous sommes obligés de dire, faute d'expérience possible : ce qui est un antécédent logique a *dû* être un antécédent chronologique. Vous nous avez indiqué qu'il y avait, dans certains objets, dans certains coins de terre réservés, une force dormante, mais qui se réveillait et qui était terrible. Est-ce que, logiquement, l'idée qu'il fallait s'abstenir d'y toucher n'a pas été précédée par la croyance à la réalité de cette force même? Est-ce l'élément logique qui est antérieur, ou est-ce l'élément positif, la croyance, sans aucune critique, à des réalités mystérieuses, à un dynamisme dont il ne fallait s'approcher qu'avec certaines précautions? Votre étymologie est-elle primitive, ou, comme je le croirais, secondaire?

Et, seconde question : la religion, partout où nous l'atteignons, se présente sous un aspect *social*. Par elle, un groupe fait bloc contre les ennemis visibles du dehors, autour des puissances mystérieuses qu'il s'agit, d'une part, d'éviter en tant que terribles, et, d'autre part, de capter en tant que protectrices et fortifiantes. Or, dans le scrupule, il y a à la fois crainte, respect, timidité...

M. S. Reinach. — Un frein et un lien.

M. Paul Desjardins. — En latin le *scrupulum*, c'est ce qui fait osciller une balance infiniment sensible. Eh bien, n'est-ce pas un terme de la psychologie *individuelle*? Nous nous représentons ce « scrupule » par cette sympathie qui nous fait rechercher l'élément affectif ayant pu se cristalliser sous cette forme. Ce que nous atteignons d'ordinaire dans les recherches de ce genre, c'est un culte, un rite, quelque chose impliquant un accord entre les différents membres d'un groupe, et c'est là le fondement social de la religion. J'ai donc été un peu surpris de ne voir dans votre définition aucun terme correspondant à la religion comme réalité sociale. M. Loisy m'écrit : « Sauf meilleur avis, et au risque de paraître très vieux jeu, je définirai volontiers la religion un système d'institutions, de coutumes et de pratiques qui ont pour objet de régler l'existence des individus et des groupes humains par rapport à des puissances mystérieuses qui ont été très diversement conçues selon les différents religions et civilisations ». De même, pour M. Durkheim, les phénomènes sont sociaux ou ils ne sont pas.

M. S. REINACH. — Sur la première question, je vous rappelle certaines expressions : la *religion* du serment, la *religion* de la patrie. Voilà des formes de langage qui vont bien avec l'idée de la religion « ensemble de scrupules ».

Sur la deuxième question, je crois inutile d'introduire l'idée sociale dans des phénomènes aussi sociaux que les religions. L'homme n'étant l'homme que parce qu'il est social, il est par trop évident que l'élément social est impliqué dans toutes définition de phénomènes humains. Si les religions sont tout ce qui, dans l'activité humaine, n'est pas l'exercice des plus grossiers des sens, c'est parce qu'elles sont un héritage reçu de l'animalité supérieure. Celle-ci — toutes les observations qu'on a pu faire paraissent bien le prouver — est animiste : le chien croit qu'il y a dans la colonne, dans la fenêtre, dans la table, une mentalité, un esprit, quelque chose d'analogue à ce qu'il sent en lui-même. L'animisme, qui est le fond commun de toutes les religions (c'est une théorie de Tylor que je crois absolument acquise), est cet héritage dont je parlais. Mais je vais plus loin et je dis que, dès son début, l'humanité est arrivée au *tabou*. Le scrupule du sang de l'espèce existe chez les animaux. Le mot instinct paraît aujourd'hui un terme mystique ; il est plus simple de s'expliquer ainsi : soit deux tribus de singes ; dans l'une les mères égorgent leurs enfants, dans l'autre elles les élèvent ; la première disparaîtra ; dans la seconde, cette qualité des mères d'élever les enfants se transmettra par hérédité. Si l'humanité s'est dégagée de l'animalité, c'est précisément à cause d'un scrupule de ce genre[1]. Une fois que l'animalité commence à être humaine, apportant avec elle cette notion de quelque chose de défendu, celle-ci, tout naturellement, s'enrichit...

L'humanité primitive a même dû être étouffée par la masse des *tabous*. Il a fallu qu'il y eût réaction et je l'attribue aux prêtres. Loin de croire que le sacerdoce ait asservi l'humanité, je pense qu'il lui a rendu très anciennement le service de l'affranchir en limitant le nombre des *tabous*. Par exemple, on parle des prohibitions alimentaires de Moïse. Mais on ne retrouve pas dans la législation dite mosaïque la prohibition de manger le nerf de la cuisse dont il est question dans la Bible, à la suite de la lutte

1. Voir *L'Université de Paris*, novembre 1906 (*Cultes*, t. III, p. 338).

de Jacob contre l'ange [1]. De même, si un catholique se refuse à partir en voyage un 13, il se met en opposition avec la décision d'un concile. Des prêtres sont souvent obligés, en confession, de rassurer les consciences contre des scrupules enfantins.

Il serait possible de démontrer que les sociétés humaines n'auraient pu se constituer sans ces *tabous*; on pourrait montrer notamment l'origine de « l'entr'aide », comme dit Kropotkine, se développant toujours grâce au même mécanisme : survivance du groupe la pratiquant, transformation de l'habitude de l'individu en habitude de l'espèce.

M. PAUL DESJARDINS. — En somme, votre théorie est une belle hypothèse ; elle transfère au génie de l'espèce cette habileté dont on faisait honneur au génie des législateurs. C'est à celui-là qu'elle attribue les prescriptions conservatrices de la vie du groupe et de son entourage et sans lesquelles, par exemple, l'homme aurait déboisé une forêt pour en avoir la braise. Ainsi furent protégés les cèdres du Liban, considérés comme sacrés : quand les Juifs construisirent un temple dans l'île Eléphantine, ils firent venir de ces poutres sacrées. Sans le culte des chênes, la Gaule était déboisée. Rappelez-vous ce passage où César, voyant ses soldats hésiter, malgré la nécessité, à couper des arbres, intervient, déclare prendre le péché sur lui et lève le premier la hache.

M. S. REINACH. — De même, si l'inceste est *tabou*, n'essayons pas de l'expliquer par les inconvénients du mariage entre frère et sœur : dans les races animales l'inceste se pratique ; au contraire, chez les Australiens, le moindre degré de cousinage empêche le mariage. Mais c'est une application du : « tu ne tueras point » qui, ne l'oublions pas, n'envisage que le clan. L'inceste est appelé « la honte du sang » ; il s'agit de ne pas répandre le sang de son propre clan. Là est l'explication, alors qu'il y a un grossier anachronisme à attribuer nos idées d'hygiène à ce passé lointain. Ainsi l'on veut expliquer par l'hygiène la prescription du repos du sabbat : c'est un non-sens, car les Hébreux étaient un peuple agricole ; le repos hebdomadaire ne pouvait, dès lors, que leur porter préjudice au moment des semailles et de la récolte. En réalité, le sabbat est un jour *tabou*.

Enfin, pour répondre au mot « belle hypothèse », je dis simplement ceci : Nous avons des coffrets que nous cherchons à ouvrir. J'offre une clef qui en ouvre un certain nombre, c'est déjà beau-

---

1. *Genèse*, XXXII, 32.

coup. Le métal en est peut-être mauvais, je ne dis pas qu'il n'en soit pas de meilleur. Présentez-m'en une qui ouvre plus de coffrets, je la préférerai aussitôt à la mienne. Jugeons d'un système par les résultats qu'il donne.

XI

Voici maintenant la controverse avec M. Loisy, qui avait pris les devants, à la demande de mon camarade et ami Paul Desjardins, dans la *Correspondance* du 1er octobre 1909.

QUAEDAM PRO ORPHEO [1].

J'ai lu avec soin les pages élégantes que M. Loisy a bien voulu consacrer à la réfutation de mes doctrines sur la religion [2]. J'y ai cherché, mais sans le trouver, le mot *minimum*, ou son féminin *minima*. Or, j'ai pris la précaution d'avertir expressément que ma définition de la religion, entendue comme « un ensemble de scrupules », était une définition *minima*; non seulement je l'ai dit, mais j'ai prouvé, dans le même chapitre, que telle était bien ma pensée, puisque j'ai montré immédiatement, sur ce *substratum* de scrupules, la religion élevant son édifice par la vertu d'une double illusion, celle de l'animisme et celle de la magie. Double illusion, dont l'une, l'animisme, est évidemment commune à l'animal et à l'homme; avec la magie, illusion féconde de la volonté, qui croit pouvoir s'imposer aux choses, on entre dans le domaine purement humain, dans celui de la lutte contre les forces naturelles dont la magie est le début, dont la science est la fin.

Ce qui déplaît à certains esprits dans cette conception — à laquelle j'ai vu avec plaisir se rallier une des personnes qui connaissent le mieux, en Angleterre, les religions de l'antiquité, Miss Harrison — c'est qu'elle est trop simple et que, dans sa simplicité, elle paraît faire violence à la complexité infinie des choses. Mais une théorie scientifique est destinée à expliquer le plus grand nombre possible de faits particuliers, et c'est pour elle une qualité d'être simple, à la condition qu'elle ne nie pas les développements accessoires, les surcharges, voire les faits aberrants ou, du moins, qui sont tels en apparence. Je ne pense pas avoir rien

1. *Correspondance mensuelle* (de l'Union morale), 1909-1910, n. 3, 15 nov.- 1er déc. 1909, p. 101-109.
2. *Remarques sur une définition de la Religion*, par Alfred Loisy. (*Correspondance* du 1er octobre 1909.)

nié de ce que l'histoire nous enseigne ; mais, dans un ouvrage très court, nécessairement dogmatique, parce que didactique, j'ai surtout insisté, comme je le devais, sur les principes généraux. Ceux qui voudront connaître avec plus de détail les solutions que je propose des questions difficiles n'auront qu'à recourir à mes trois volumes, *Cultes, Mythes et Religions*. Fait caractéristique du public actuel, et même du public savant ! Bien des années avant d'avoir écrit le premier chapitre d'*Orpheus*, j'avais développé les mêmes idées dans toute une série d'articles, échos d'une longue série de leçons, et je les avais réunis en volumes. Pour qu'on s'aperçût de l'existence de ces doctrines, il a fallu que je donnasse, de tout ce travail intellectuel de dix ans, un résumé en trente pages ; et maintenant que ces pages sont imprimées, qu'on les lit, il semblerait que je n'aie jamais écrit autre chose, que l'on doive juger toute ma pensée sur elles seules. On me permettra de ne point admettre cela sans protestation.

Quand M. Loisy m'aura proposé une définition de la religion s'adaptant, mieux que la mienne, à un grand nombre de faits religieux élémentaires, je m'empresserai d'y souscrire ; jusque-là, je penserai que ma définition a quelque chance d'être bonne, par cela seul qu'elle paraît absolument *insuffisante* pour les religions des peuples cultivés de nos jours. Quand on parle de l'évolution des religions — et M. Loisy, comme son précurseur Newman, sait ce que cela signifie — on implique d'une manière évidente un progrès, dans le sens de la complexité d'abord, de la spiritualité ensuite. Si donc M. Loisy trouve, avec raison, qu'il y a une « différence essentielle » entre la foi chrétienne au Dieu Père et l'animisme des non civilisés, il a tort de m'opposer cette différence, que la doctrine de l'évolution explique et justifie. Avant que cette doctrine — dont ni M. Loisy ni moi ne sommes les auteurs — n'eût pénétré le domaine entier des sciences naturelles, historiques et philosophiques, que prétendaient les théologiens, attardés dans une apologétique sans issue ? Que la religion du premier couple humain avait été celle même qu'enseigne l'Église, qu'il y avait eu oubli, dégénérescence et non développement de l'idée religieuse. Notre tâche à nous, qui avons eu le bonheur de naître après Hegel, Spencer et Darwin, c'est de chercher les débuts très humbles des religions positives, puis de nous efforcer, à l'aide de l'histoire et du folklore, de retracer le développement qui, dans divers milieux, a fait des religions ce qu'elles étaient hier et ce qu'elles sont encore aujourd'hui. M. Loisy croit-il que

les eléments du christianisme de saint Augustin, si différent, et
pour cause, de la religion de primitifs quelconques, ont été ajoutes
au fonds religieux de l'humanité par une Révelation transcen-
dante? S'il le croit, toute discussion devient inutile; mais puisqu'il ne le croit probablement pas, il s'agit d'expliquer ces com-
pléments, cette complication, cette superiorité morale et intellectuelle de la religion de l'évêque d'Hippone, en montrant que tout
cela est en germe dans le passé intellectuel et moral de l'humanité. « Ce serait un abus, écrit mon savant contradicteur, de
parler d'animisme à propos du Pere céleste. » Pardon; ce n'est
pas un abus; c'est la raison même Ces mots mêmes, *Père celeste*,
sont tout impregnés, tout saturés d'animisme. M. Loisy sait fort
bien qu'ils ne sont pas d'invention judéo-chrétienne, puisque le
Jupiter latin correspond au *Zeus pater* des Grecs, sans parler du
Dyaus pitar sanscrit. Dans la conception animiste primitive, qu'on
retrouve chez les peuples les plus différents, le monde est né des
embrassements du ciel mâle et de la terre femelle, le Pere céleste
a été d'abord le fécondateur de la Terre mère et cette fécondation
s'est, non pas symbolisée, mais manifestée et affirmee sans cesse
par la pluie :

Conjugis in gremium laetae descendit

Je n'ai pas pu dire cela dans *Orpheus*, livre destiné aux jeunes
filles, qu'il n'est pas permis, par suite de *tabous* encore vivaces,
d'entretenir des phenomènes de la fécondation; mais, ici, je suis
peut-être plus libre. Or, de cette conception toute matérielle du
Pere fécondant, est sortie, par évolution spiritualiste, celle du
Pere ami et protecteur des hommes, encore localisé dans le Ciel,
encore considéré comme le créateur des hommes à l'aide d'un
peu d'argile (la terre), mais dont l'activité sexuelle est presque
oubliée au profit de son activité morale. Si M. Loisy avait voulu
me fournir, par son objection, l'exemple le plus frappant de
l'exactitude de ma doctrine, du moins sur cette question capitale
de l'animisme, je ne vois pas comment il aurait pu s'y mieux
prendre.

Mon critique n'entend pas que les *tabous* soient communs,
même en partie, aux animaux et à l'homme · « Et qui sait, dit-il,
si leur scrupule ne vient pas d'une intuition extremement rudimentaire et confuse, qui a pour consequence un certain respect
de la vie dans le semblable? » A cela je répondrai ceci : Ou bien
il faut s'abstenir complètement de parler des animaux ; mais alors

l'humanité elle-même devient un miracle, et l'on peut revenir au roman de la Genèse et à ses pareils. Ou bien l'on parle des animaux à propos des hommes, comme on parle des sauvages les plus dégradés à propos de nos contemporains, et alors il ne faut tenir, à leur sujet, que des propos intelligibles. « Une intuition extrêmement rudimentaire et confuse », c'est, qu'on me permette l'expression, *verba et voces*. De deux choses l'une encore : ou cette intuition a été donnée aux animaux par Dieu, et l'on retombe dans les insanités du créationisme et du finalisme ; ou elle leur a été donnée par autre chose. Cette « autre chose » ne peut être que leur nature propre. Or, la nature propre d'une espèce est de vivre ; si les animaux mangeaient leurs petits, l'espèce ne vivrait pas, n'existerait pas ; donc, le scrupule qui empêche les animaux de dévorer leurs petits est antérieur à l'espèce, qui est *impensable* sans lui. Un scrupule qui n'est pas le résultat de l'expérience, qui n'est pas imposé par une volonté extérieure, c'est un *tabou*. Ce n'est pas encore un *tabou* polynésien ou biblique, car il y a loin des mammifères même supérieurs aux Polynésiens et aux Hébreux les plus primitifs ; mais c'est une inhibition du même ordre, une de ces inhibitions dont nos codes de morale, si raffinés qu'ils soient, ne sont encore que le développement et l'écho.

M. Loisy pense que le *tabou* du nom divin, en Israël, est d'époque relativement récente, que c'est une innovation pédante des Pharisiens. Parmi ceux qui se sont consacrés à l'étude des religions primitives, je ne crois pas que M. Loisy trouve beaucoup d'approbateurs. Le fait du *tabou* du nom divin n'est pas un fait isolé, mais universel ; il s'explique, comme je l'ai dit, de deux manières : d'abord par la crainte d'un contact téméraire — la mention est un contact — puis par la crainte de livrer à autrui, qui pourrait en faire un mauvais usage, un nom nécessaire aux rites magiques de la tribu. Si donc on pouvait démontrer, ce qui n'est pas, que le nom de *Jahvé* ne devint *tabou* en Israël qu'à l'époque des Pharisiens, il faudrait admettre que les Pharisiens ont recueilli et conservé, pour la faire triompher quelque jour, une tradition beaucoup plus ancienne que notre Bible actuelle et qui, dans les livres de l'Ancien Testament, paraîtrait déjà modifiée et atténuée.

Je ne veux pas, plus que M. Loisy, abuser de la patience de nos lecteurs ; mais je ne déposerai pas la plume sans ajouter, à ce qui précède, une observation d'ordre personnel. C'est une opinion, semble-t-il, dans les milieux religieux, tant romains que calvi-

nistes et juifs, qu'*Orpheus* est un pamphlet voltairien, où Voltaire
n'est malmené de loin en loin que pour donner le change.
M. Loisy va jusqu'a dire que j'enseigne à M Homais, c'est-
a-dire au demi-lettré incrédule, la même doctrine que Voltaire,
avec cette seule différence que j'attribue à la sottise humaine
ce dont Voltaire faisait honneur à la fourberie sacerdotale. A
quoi je répondrai que je n'ai jamais parlé de sottise, mais d'illusion ; que j'ai mis en lumiere les bienfaits de ces illusions, que
j'en ai même affirmé la persistance dans l'avenir, l'efficace dans
le présent ; que je crois avoir loué l'Église du moyen àge, malgré
ses crimes, avec l'impartialité d'un historien , enfin, que je reconnais le droit d'expliquer la religion par des éléments supérieurs
à la nature humaine, aux seuls croyants qui admettent l'intervention des dieux dans nos affaires. Ceux qui n'admettent pas
cette intervention (tout en admettant l'objectivité du divin, que
je n'ai jamais niée) ne peuvent raisonnablement me chercher
querelle pour avoir attribue à l'exercice naïf de nos facultés naturelles, et non à d'autres causes, les divers systèmes théologiques,
cosmogoniques et eschatologiques dont le christianisme actuel
n'est que l'heritier.

XII

SOLVUNTUR OBJECTA [1]

1° M. Loisy declare que le *tabou* n'est ni logiquement ni historiquement antérieur à l'animisme ni à la magie. Je concede qu'il
n'est pas antérieur à l'animisme, puisque j'admets qu'il y a tout
au moins des germes d'animisme chez les animaux , ceux qui ont
observé les chiens ne me contrediront pas. Mais je me permets
de considérer la magie comme logiquement et historiquement
postérieure. C'est la marque d'une offensive hardie de l'homme
contre les périls qui l'entourent et les misères qu'il subit; la
crainte, qui s'exprime par le *tabou*, doit avoir précédé la réaction
qu'elle suscite. Il n'y a pas la moindre trace de magie chez les
animaux, auxquels il faut toujours revenir comme au point de
départ, puisque l'humanité est sortie par sélection du monde animal.

2° Je crois qu'une définition de la religion, qui embrasserait à

1. *Correspondance*, n° 5, 15 janvier 1910, p 209-216. Voir A. Loisy, *Un mot
d'explication*, in *Correspondance*, n° 4, 15 décembre 1909, p. 157.

la fois celle des peuples les plus civilisés et les plus sauvages,
serait fatalement trop large, car elle comprendrait une foule
d'éléments secondaires, philosophiques, littéraires, poétiques,
qui se sont introduits dans les religions supérieures et les ont
profondément modifiées. Il ne faut jamais confondre ce qui est
avec ce qui a été, l'homme fait avec le fœtus ; mais pourtant, la
science des origines, l'embryologie religieuse et sociale ne répond
pas à une simple curiosité. Les faits et les phénomènes caractéristiques doivent être constatés à l'état naissant, pour être étudiés,
autant que possible, indépendamment de tout alliage. Ces faits
et phénomènes caractéristiques se retrouvent ensuite, sous une
couche d'altérations et d'alluvions plus ou moins épaisses, dans
tout le développement du germe. Ainsi, je jugerais téméraire
d'identifier la communion chrétienne avec la théophagie des primitifs ; mais ce serait à mon avis, contraire à la méthode scientifique de ne pas reconnaître la théophagie primitive *sous* la communion chrétienne.

3° M. Loisy s'étonne que j'aie pu « faire sortir » l'animisme et
la magie du *tabou*. Je n'ai jamais dit cela. Le *tabou* est un fait
primitif ; l'animisme en est un autre, qui n'en dérive pas, mais lui
est, pour ainsi dire, parallèle ; la magie est tout autre chose,
puisque c'est la réaction de la volonté humaine, qui se fait illusion sur sa puissance, réaction motivée par un état d'esprit que
risqueraient de paralyser les *tabous* et qui se défend comme il
peut contre leur contrainte en prétendant contraindre, à son
tour, les forces invisibles révélées par l'illusion animiste. C'est
peut-être faux, mais cela se tient ; faut-il demander davantage à
un essai de synthèse que de ne pas contenir des germes inté-
rieurs de ruine, c'est-à-dire des contradictions ?

4° Mon éminent critique m'accuse — je considère cela comme
une accusation *capitale* — de vouloir « vulgariser des dogmes »
nouveaux !

Mais à moins d'écrire une compilation incolore, de coudre bout
à bout des notices historiques sur les religions, pouvais-je
m'abstenir de présenter un essai de synthèse, un système ? Où
ai-je dit, écrit ou laissé supposer que cette synthèse fût adéquate
à la vérité ? J'ai dit seulement qu'il y avait là *des vérités* que
Voltaire ignorait ; j'aurais pu ajouter que Renan les ignorait
aussi. La diffusion des *tabous*, des *totems*, de la magie, c'est une
vérité historique que M. Loisy ne conteste pas, que les plus
catholiques des écrivains — dans la *Revue du Clergé* par

exemple — ne contestent pas davantage Si c'est là enseigner un *dogme,* alors je ne comprends pas le sens de ce mot.

5° Je n'admets pas davantage que le pauvre petit *Orpheus* ait une « tendance toute polémique » Il faudrait laisser ces proces de « tendance » aux publicistes de la *Revue d'apologetique.* Mon livre est avant tout un manuel rapide et lisible, dont les littératures française et étrangères ne me fournissaient pas de modele et que j'ai essayé de faire le moins ennuyeux que j'ai pu C'est, ensuite, un ouvrage laïc, degagé des *tabous* qui ont, pendant des siecles, pesé sur les livres d'enseignement Ai-je calomnie une religion quelconque ? Je suis prêt à réparer mon tort. Un orientaliste m'a attaqué pour avoir mal parlé du Koran , j'ai soumis le cas à l'un des plus grands orientalistes de l'Europe , il m'a répondu : « Laissez dire, vous avez raison. » Un israélite m'a dit qu'il fallait être « ignorant ou de mauvaise foi » pour meconnaître la beauté sublime du Talmud , mais, grâce à Moïse Schwab, on n'a pas besoin d'être hébraïsant pour s'initier à cette littérature, où les paillettes d'or sont enfouies dans d'énormes alluvions de scolastique. J'ai dit que les Védas étaient du galimatias et que les indianistes en convenaient entre eux ; un indianiste illustre m'a dit que ma seconde proposition était inutile, car les indianistes ne cachent pas leurs sentiments. Je l'ai pourtant laisse subsister, en me souvenant de l'admiration d'un Max Muller pour la plus obscure et la plus stérile des littératures religieuses Quant à l'Ancien et au Nouveau Testament, j'en ai dit le bien que je pense; je ne crois pas non plus avoir diffamé S. François ou l'*Imitation.* Si la polémique consiste à avoir rendu l'Eglise responsable de l'Inquisition, de la Saint-Barthelemy et de la révocation de l'Edit de Nantes, alors c'est faire de la polémique que de prouver la vérité par l'évidence M. Loisy, le plus honnête des savants, eût-il trouvé honnête que je traitasse de l'Inquisition comme l'a fait le professeur François-Xavier Funk, dans son *Lehrbuch der Kirchengeschichte?* Moins de deux pages sur l'Inquisition médiévale, dans un livre qui en compte 613, sans un mot de blâme, sans une allusion à l'infâme extermination des Albigeois[1]. Ce n'est pas là enseigner l'histoire de l'Eglise , c'est la cacher.

[1] Chose caractéristique : Funk condamne la Saint-Barthelemy, parce qu'il voit la un crime tout politique, mais il ne dit rien du depeuplement du Languedoc, mille fois plus cruel, parce que les légats du pape conduisaient les assassins

6° J'ai écrit que, dans la conception chrétienne du Père Céleste, l'activité *sexuelle* de l'auteur de toutes choses était *presque* oubliée au profit de son activité morale. M. Loisy trouve cela étrange, sans dire pourquoi, et me rappelle que le Dieu de l'Evangile, créateur et non générateur, n'a aucune « activité sexuelle ». Cependant l'Évangile a été prêché à des gens, adopté par des gens qui, moins de cent ans après le début de la prédication chrétienne, croyaient que la Vierge Marie avait conçu du Saint-Esprit. « Comme il (le Père Céleste), dit Bossuet, savait que la fécondité de la nature n'était pas capable d'atteindre à un ouvrage si haut, il résolut de lui communiquer un rayon de sa fécondité infinie... *Le Père éternel s'approche en personne*...; par un miracle surprenant, une femme devient mère d'un Dieu. » Ce passage, nourri de la moëlle de l'antiquité chrétienne, ne justifie-t-il pas le mot *presque* dont je me suis servi et qui n'a vraiment rien de si imprévu ?

7° M. Loisy déclare ne pas comprendre ceci : « La nature propre d'une espèce est de vivre ; si les animaux mangeaient leurs petits, l'espèce ne vivrait pas, n'existerait pas ; donc, le *tabou* qui empêche les animaux de manger leurs petits est antérieur à l'espèce, qui est impensable sans lui ». Je me suis sans doute mal exprimé. Soient A et B, C et D, les ancêtres hypothétiques de deux espèces, en puissance dans ces deux couples. A et B, sous l'influence d'un *tabou*, ne mangent pas leur progéniture ; alors il peut se former une espèce AB. C et D mangent leurs petits ; alors l'espèce possible CD ne se forme pas. Les seules espèces possibles étant celles où le *tabou* est assez fort pour combattre la faim de leurs pères et mères, aucune espèce « pensable » ne peut être dépourvue de ce *tabou*. Et cela ne m'oblige pas à faire préexister le *tabou* en Dieu, ce qui serait admissible, mais ne peut être l'objet d'une hypothèse scientifique, la catégorie du divin échappant à la prise de notre raison. Il suffit de supposer, dans le pullulement infini des êtres, dix couples sur dix millions qui auraient bénéficié de ce *tabou* salutaire ; ces dix couples auraient fait souche d'espèce ; quant aux autres, *ignotis perierunt mortibus illi*.

8° Sur les noms ineffables, je renvoie à Frazer, *Golden Bough*, t. I, p. 421, 435 sq. L'existence de noms ineffables témoigne d'un état très primitif de civilisation ; à quelque époque que cet usage se constate dans les textes, ce ne peut être qu'une survivance, non une innovation. Il est curieux que la même question se soit posée au sujet de l'hiéronymie éleusinienne, qui, comme l'a établi M. P. Foucart, se montre à l'epoque romaine, non à l'époque grecque, mais je suis persuadé que lorsqu'on la rencontre à l'époque romaine, elle est la remise en vigueur d'un usage préhistorique et que lorsqu'elle semble ignorée à l'epoque grecque classique, c'est en suite d'un progrès annule par une réaction subsequente. De même encore, dans l'Egypte perse d'Hérodote, *tabous* et *totems* semblent jouer un rôle bien plus considérable que dans la civilisation de l'Egypte indépendante ; mais il ne peut y avoir là une innovation dans le sens des croyances primitives ; c'est un retour motivé, soit par le goût de l'archaisme, soit par le mélange, dans la société égyptienne, d'éléments tres arrieres et jusqu'alors sans influence avec ce que nous appelons aujourd'hui les classes dirigeantes. J'ai souvent insisté sur ces reculs apparents, dus à l'avenement de couches sociales attardées, et je crois qu'on peut expliquer ainsi bien des faits de l'histoire religieuse la plus récente, par exemple l'état d'esprit de l'Autriche actuelle, compare a celui de l'Autriche sous Joseph II.

9° Ce serait une joie pour moi, et sans doute pour tous nos lecteurs et amis de la *Correspondance*, si M. Loisy voulait bien énumérer et caractériser, avec son admirable felicité verbale, les éléments de la religion qu'il considere comme distincts de la croyance. Je sens qu'il y en a, mais je me sens incapable de les débrouiller Si M Loisy me vient en aide, il aura mérite, une fois de plus, la reconnaissance d'un archéologue qui, loin de se croire infaillible à un degré quelconque, ne relit jamais cent pages de Loisy ou même cent pages de Voltaire sans s'assurer qu'il lui reste beaucoup a apprendre de l'un et de l'autre.

XII

DERNIÈRE RÉPONSE

Je ne suis pas plus desireux que M Loisy[1] de m'engager dans « un petit jeu de poursuites » ; j'aime mieux qu'il emploie ses loisirs à nous instruire des conditions où l'enseignement des religions lui paraît possible ; j'aime mieux donner les miens à le lire. Mais vous me permettrez de ne pas rester sous le coup d'une accusation offensante pour mon impartialité d'historien. J'aurais,

---

1. *Correspondance*, 1909-1910, n° 7, 1er mars 1910, p 226-7 (voir *Correspondance*, n° 6, 1er février 1910, p. 270)

suivant M. Loisy, « considéré le christianisme comme une sorte
de colossal antisémitisme. » Dans la *Revue pratique d'apologétique,* Mgr Baudrillart a intitulé un article sur mon livre : « La
vengeance de Dreyfus » (1er avril 1909). C'est, je regrette de le
constater, la même tendance à décréditer un ouvrage en le présentant comme l'expression mal dissimulée d'une rancœur presque
personnelle. On pourrait dire, avec autant ou aussi peu de justice, que l'œuvre immense des historiens protestants est la vengeance de Coligny. Certes, l'affaire Dreyfus a éclairé bien des
hommes qui ne voulaient plus croire à l'intolérance monacale, à
la contagion du fanatisme, réveillant, au profit d'un parti de
réaction, de vieilles haines cultivées avec soin dans les âmes crédules ; elle m'a éclairé aussi et c'est sous l'impression de cette
lueur révélatrice que j'ai traduit l'*Histoire de l'Inquisition au
Moyen-Age* de Charles Lea. Une fois tourné, par ce long travail
d'adaptation, vers les études religieuses, je me suis dit qu'il
fallait en porter les éléments à la connaissance du grand public,
parce que le savoir, si humble soit-il, oppose une digue aux entreprises du fanatisme. Que ce fanatisme nie l'évidence dans le cas
d'un officier juif condamné à tort, ou qu'il excommunie un Dœl-
linger, un Loisy ou un Murri, c'est le même ennemi éternel du
genre humain que la pensée libre doit combattre, non seulement
en montrant la fragilité de ses titres, mais en révélant la longue
série de ses forfaits[1]. Voilà ce que j'ai voulu faire. Et voilà pourquoi un ancien ministre russe a pris la peine de traduire *Orpheus*
dans sa langue, écrivant cette traduction de sa main d'un bout à
l'autre : il pense, comme moi, que l'histoire aussi a des devoirs
de charité à remplir.

---

1. Quelques critiques, même à l'étranger, m'ont reproché d'avoir parlé dans
Orpheus de l'affaire Dreyfus ; les uns ignoraient, les autres savaient trop
bien qu'après la loi Falloux de 1850 elle est le plus grand événement dans
l'histoire religieuse de la France au xixe siècle. Tout homme informé et
impartial admettra la justesse de ces mots de Jaurès (*L'Humanité,* 13 oct.
1909) : « L'Église, si forte en France quelques mois avant qu'éclatât l'affaire
Dreyfus, a pu éprouver l'étendue de la faute qu'elle a commise en couvrant
de son autorité un crime judiciaire. Elle a révolté les consciences, et la
société civile a été obligée de se défendre contre une puissance capable de
ces calculs et de ces attentats, par l'application plus rigoureuse et plus rapide
du programme de laïcité ». — 1912.

XIII

Maintenant que le lecteur a sous les yeux une partie de l'histoire du *Bellum Orphicum* et une partie des pièces de la controverse, je crois encore devoir mettre sa patience à l'épreuve ; voici pourquoi. Dans ce qui précède, il est surtout question des tendances fâcheuses d'*Orpheus*, de son prétendu manque d'impartialité, de tout ce qui l'a fait qualifier de *pamphlet* ou de *vengeance* ; je voudrais, pour finir, traduire quelques articles, dûs à des critiques étrangers de nation et étrangers à nos querelles intestines, qui ont, au contraire, rendu justice à l'impartialité d'*Orpheus*, comme à certaines autres qualités qui sont, dans un pareil livre, l'équivalent de l'honnêteté chez un écrivain. C'est à regret que je transcris des compliments à mon adresse, alors même qu'ils m'ont touché profondément ; mais je me garderai d'abuser. Ce n'est pas moi, c'est M. Loisy qui a parlé du « concert d'éloges qui a salué la naissance d'*Orpheus* » [1] et de la note « qui n'était pas de pure admiration » par laquelle il a troublé ce concert. Ces expressions un peu ironiques sont exagérées, mais il est certain qu'*Orpheus* a été bien accueilli par le public lettré ; c'est du moins l'opinion de mon éditeur :

Hoc mea qui vendit bibliopola putat.

ARTICLE DE EDWARD CLODD
dans *The Graphic* (4 décembre 1909).

Gibbon raconte que l'empereur Alexandre Sévère plaça dans son laraire, ou chapelle domestique, une statue d'Orphée, « un des sages qui avaient instruit l'humanité des diverses manières de rendre hommage à la divinité suprême et universelle ». Dix-sept siècles après, M. S. Reinach, dans son *Orpheus*, rend hommage au même personnage mythique, comme au théologien par excellence, fondateur des mystères qui assuraient le salut du genre humain et non moins indispensable à l'humanité à titre d'interprète des dieux. L'empereur romain, dans sa tolérance, serre à

---

1. Loisy, *A propos d'histoire des religions*, p. 8.

travers les siècles la main du savant théologien, car l'un et l'autre, l'ancien et le moderne, manifestent un esprit de sympathie pour les religions qui leur sont étrangères. Les recherches de M. Reinach dans le champ fertile de la croyance et de la coutume fortifient la conviction que toute religion, barbare ou civilisée, a justifié son existence en répondant, quoique imparfaitement ou parfois d'une manière choquante à nos yeux, aux besoins permanents de l'humanité. Même les superstitions, comme l'a montré M. Frazer dans sa *Tâche de Psyché*, ont été des agents secourables et conservateurs en maintenant l'ordre social dans des communautés sauvages et turbulentes — quand, par exemple, les *tabous* imposés à une personne ou à un objet les ont rendus inviolables, ou lorsque la croyance que des pouvoirs invisibles punissaient le crime a détourné les hommes de faire le mal...

La tâche de passer en revue des croyances si variées exigeait une préparation et un savoir que peu de gens possèdent ; l'auteur apporte à la sienne ses qualités de science mûre et d'habileté à manier les matériaux. M. Reinach est suffisamment maître de son sujet pour en mesurer les limitations ; il ne perd pas son temps à discuter des problèmes insolubles, mais s'applique à exposer avec ordre ces aspirations de l'homme vers l'inconnu qui sont la source et la force motrice de toutes les croyances...

Plus de la moitié du livre est consacrée au judaïsme et au christianisme... *L'esprit dont s'inspire l'auteur, aux yeux duquel aucune religion n'est divine, se manifeste dans le tribut qu'il rend à l'influence de la Bible, qui a plus fait, dit-il, pour l'éducation de l'Europe que la philosophie dédaigneuse des Grecs...* Une admirable analyse des sources des documents qui composent le Nouveau Testament précède l'histoire de la croissance des communautés chrétiennes et des diverses sectes, dont chacune a trouvé un appui pour ses doctrines dans les mêmes écrits ; l'histoire des succès et des revers, celle aussi de persécutions réciproques, conduit à la période de tolérance, dont le cours n'est plus entravé, ce dont M. Reinach lui-même donne une preuve louable dans l'hommage qu'il rend à l'activité de l'Armée du Salut.

ANONYME

dans *The Nation* (Londres), 26 février 1910 (fin d'un long article).

« Il est inévitable que dans un livre qui traite des intérêts humains les plus controversés, on trouve à critiquer plus d'un

point Mais *Orpheus* reste, à notre avis, un chef-d'œuvre dans
son genre, un livre destiné à exercer une grande influence populaire sur les laïcs instruits. Aucun autre ouvrage n'essaye même
d'accomplir la tâche dont il s'acquitte si pleinement, et nous dou-
tons qu'il soit possible de trouver ailleurs un résumé aussi commode et aussi soigné même des dernières recherches de la science
dans les domaines obscurs des religions celtique et germanique.
Il nous semble qu'*Orpheus* a été inspiré surtout par une idée pratique, celle de délivrer les esprits de la superstition et de la
crainte et, en même temps, *de protester contre les crudités de la
vieille tradition voltairienne, si prompte à expédier les religions
comme des inventions du sacerdoce.* Orpheus *tient le milieu entre le
cléricalisme français et l'athéisme français, avec une interprétation
calme et objective de l'histoire à la lumière de l'évolution.* Une
pareille intervention doit servir, en France, la cause de la charité. Dans ce pays-ci (en Angleterre), il est possible qu'aux oreilles
du lecteur ordinaire, l'*eirenicon* de M. Reinach puisse avoir le son
d'une provocation.

ANONYME

dans *The Saturday Review*, 23 juillet 1910[1].

Sous le titre un peu fantaisiste d'*Orpheus*, M. S. Reinach nous
présente une esquisse du développement de la religion depuis les
temps les plus reculés jusqu'au modernisme et à l'Encyclique
Pascendi. La manière dont cette tâche difficile a été accomplie
mérite le plus chaleureux éloge. Comprimer une masse si vaste
de matériaux dans un récit de quelques centaines de pages et
faire que ce récit soit intéressant et même fascinant pour le lecteur ordinaire, voilà déjà un remarquable exploit Mais M. Reinach
a fait mieux encore Il n'a pas seulement tracé, au profit des non-
initiés, une silhouette délicieusement lucide de l'histoire des
religions, mais il a rempli ses pages d'une variété étonnante
de suggestions brillantes, de théories et d'explications qui doivent

---

1 La *Saturday Review* passe plutôt pour un organe clérical. Si l'auteur très
compétent de cet article avait vu dans *Orpheus* un pamphlet de sectaire, il
l'aurait dit. Mais cet honnête homme a pris la peine de lire le livre, il y a
remarqué (comme Ettore Pais, Wendland et quelques autres) des découvertes
assez heureuses, et il a eu la loyauté de les signaler Je ne vois pas qu'un
seul critique français ait reconnu ou pris la peine de dire qu'*Orpheus* est
rempli de rapprochements nouveaux, de choses plausibles qui n'avaient été
dites encore que par moi.

fixer l'attention même des érudits professionnels. D'un bout à
l'autre, ce livre pétille d'originalité... M. Reinach allègue des
parallèles remarquables pour beaucoup de doctrines caractéristiques du christianisme. Il est indiscutable que l'idée de la mort
et de la résurrection d'un dieu n'était pas nouvelle pour les païens
auxquels prêchaient S. Paul et S. Pierre et que la notion du dieu
mangé était extrêmement ancienne et répandue... Quelques-unes
des explications de légendes et de mythes sont d'une ingéniosité
charmante [suit un exposé de l'interprétation donnée par *Orpheus*
au sujet de l'annonce de la mort de Pan]. Cette explication est
aussi brillante que convaincante. Non moins habile est la rationalisation de l'histoire de Prométhée, ou l'interprétation fournie
des taches de sang sur les os des martyrs Gervais et Protais,
découverts à Milan par saint Ambroise. Mais il est impossible de
suivre M. Reinach dans sa tentative de mettre la Passion de N. S.
en rapport avec la fête des Sacées, etc.

ARTICLE DE W. NESTLE

dans *Wochenschrift für klassiche Philologie*, 1912, p. 865-870.

« Ce livre a évité très heureusement deux écueils : il n'est ni
obscur ni superficiel... *C'est en sceptique que M. S. Reinach considère toutes les religions du monde, et il le fait, comme on doit hautement le reconnaître, sine irà et studio. Il rend également justice
aux bouddhistes et aux musulmans, aux protestants et aux jésuites...
Dans la partie du livre relative au christianisme, M. Reinach
témoigne le plus souvent d'un jugement objectif et correct, qu'il soit
question de Luther ou de Loyola, de Rousseau ou de Voltaire, de
Pie IX, de Léon XIII ou de Pie X, de la supercherie de Léo Taxil
ou de la Science Chrétienne, de la Franc-maçonnerie ou de l'Armée du Salut.* Je trouve particulièrement intéressant son exposé
des plus récents mouvements religieux en France... Très raisonnable aussi est le vœu exprimé à la fin du livre, que la jeunesse
soit initiée à la connaissance scientifique de la religion, seul
remède à la fois contre le fanatisme religieux et contre le fanatisme irréligieux ».

*
* *

Sapienti sat. Il y a encore des gens qui savent lire ; il y a
des critiques qui ne se spécialisent pas dans les procès de

tendance ; il y en a qui s'occupent de ce que contient un
livre, et pas seulement de ce que l'auteur n'a pas pu ou n'a
pas voulu y mettre Cela n'implique point qu'*Orpheus* soit un
bon manuel, ni que j'aie découvert le fil d'Ariane pour
explorer le labyrinthe des religions ; mais il m'est permis de
conclure des articles cités et de beaucoup d'autres qu'il y a
quelque témérité dans cette sentence, prononcée le 26 mars
1912 au cercle d'études sacerdotales de Forcalquier : « L'*Orpheus* de M. S. Reinach est un pamphlet où le parti pris le
plus évident déforme systématiquement les faits et où le
rationalisme grossier, le manque de hauteur et de sérénité,
les points de vue simplistes dignes d'un primaire, les lacunes
de la documentation et l'abondance des hypothèses accusent
non la méthode objective et rigoureuse d'un servant de la
science, mais la passion étroite d'un sectaire ».

ADDITIONS

Page 379. — Le vase de l'ancienne collection W. Rome est au Musée métropolitain de New-York (*Bulletin of the Metrop. Museum*, 1909, p. 104).

Page 439. — Le R. P. Lagrange écrit que les livres de MM. Bricout et Huby « font à peine une allusion fugitive à *Orpheus* ». Mais le t. II de Bricout suit *Orpheus* de si près que le rédacteur en chef, averti par moi (les chapitres de ce livre ont paru d'abord dans la *Revue du clergé*), a été obligé de le reconnaître, bien qu'à l'aide d'un *cf.* peu édifiant (t. II, p. 462). En outre, l'index de ces deux volumes, compilé sans parti-pris, convaincra le P. Lagrange que si Batiffol y est cité deux fois, Loisy dix fois, Harnack quatorze fois, Lagrange seize fois, j'y suis cité *vingt* fois, plus qu'aucun autre auteur ancien ou moderne ! Voilà bien, n'est-ce pas, une « allusion fugitive » ?

Page 456, note 2. — Opinions récentes de M. Loisy sur S. Paul (*Revue d'hist. et de litt. relig.*, 1912) : « Le mystère de sa conversion, ce fut sa conversion à un mystère... Il est bien difficile de ne pas placer l'influence des mystères à l'origine même du christianisme... Paul a été appelé à la foi du Christ comme on était appelé à l'initiation dans certains mystères païens. L'indication n'est pas à négliger ; elle l'est d'autant moins que le Christ de Paul ressemble étonnamment aux dieux des mystères... Paul a connu les cultes des mystères, il s'est pénétré de leur esprit dès avant sa conversion et cette circonstance même explique en quelque manière sa conversion » (p. 167, 572, 574). Cette interprétation n'est d'ailleurs pas nouvelle : c'était celle d'Alb. Dieterich en 1903. Je citerai seulement ces mots de Reitzenstein, *Die hellenistischen Mysterienreligionen*, 1910, p. 51 : « Que Paul connaisse les mystères hellénistiques et qu'il fasse sans cesse servir cette connaissance à des images d'une merveilleuse profondeur, c'est ce que je ne puis longuement développer ici ; après l'œuvre classique de Dieterich, *Une liturgie mithriaque*, cela mérite à peine d'être appuyé de nouvelles preuves. »

INDEX ALPHABÉTIQUE DES MATIÈRES

CONTENUES DANS LES QUATRE PREMIERS TOMES

N.-B. — Les chiffres précédes de la lettre *b* renvoient aux pages du tome II, ceux précédés des lettres *c* et *d* aux pages des tomes III et IV. Les chiffres romains renvoient aux pages des *Introductions*

l'hygiène ni avec la morale, *b* 16. Interdiction de cuire le chevreau dans le lait de sa mère, *b* 14, 125, 133. Interdictions portant sur une partie du corps de l'animal, 18. Voir *Tabous*.

Interdit biblique, *c* 239 ; et scrupule, *d* IV.

Intichiuma en Australie, 81.

Inventions, légendes grecques à leur sujet, *b* 251 ; *c* 330.

Ionien (art), *d* 66.

Irénée, texte nouveau d', *d* 187.

Irlande, mythologie de l', *d* 117.

Irrégularité canonique, *d* 328.

Isaac et Jésus, *d* 183 ; Isaac *le rieur*, *d* 122.

Isaïe et Virgile, *b* 70.

Isis, *d* 414 sq.

Ivoires d'Éphèse, *d* 66.

Ixion, *b* 183.

Jamistes (saints), *d* 65.

Japon (mythes du), *d* 113, 116.

Jason de Phères, *b* 47.

Jean (S⁴), *c* 22 ; *d* 221.

Jean (rites de la Saint-), *b* 116.

Jean V, duc de Bretagne, *d* 269 sq.

Jeanne d'Arc, *d* 300-322 ; son portrait, *d* 315, 319 ; sa réhabilitation, *d* 287 ; son père, *d* 126.

Jeanne des Armoises, *d* 318.

Jenkins, vase de, *b* 384.

Jéricho, *c* 237.

Jésus, caractère mythique, *c* 19 ; chronologie, *c* 21, 515 ; poisson, *c* 45 ; survie, *d* 188.

Jésus Barabbas, 340. Voir *Crucifixion*.

Jésus, fils de Sirac, *c* 355.

Josué, *c* 237.

Joyau, architecte, *d* 403.

Judaïsme, émancipation intérieure, *b* 418-346 ; ce qu'il devrait être, *d* 450. Voir *Inquisition*.

Juges d'Israël, *d* 148.

Juifs, tabous, *b* 32 ; totémisme, *b* 15 ; *c* 49 ; les juifs et l'Inquisition, *b* 404-417 ; *c* 477 sq. ; à Lyon, *c* 449-456 ; pas une race, *c* 457-471. ; les juifs orthodoxes contre *Orpheus*, *d* 449, 450.

Julien l'Apostat, *b* 231, 232.

Julius Florus, *c* 182.

Jupille, vase de, *c* 171.

Kalevala, 246.

Kant (Imm.), *d* 360.

Kasher, viande, *b* 432.

Koré, statue moulée, *b* 340.

Kuhn (Adalb.), *c* 89 ; *d* 14.

Labourage, *c* 107.

Lacordaire, *d* 336.

Lacroix (Paul), *d* 298.

Lactance, *d* 207.

Lagrange (le P.), *d* 164, 350, 439-441.

Laïcisation de l'humanité, *b* XV ; *d* 462.

Lait. Bains de lait, *b* 129 ; vie nouvelle, *b* 132.

Lamentation sur le totem tué, *c* 50.

Lang (A.), *c* 89 ; *d* 19, 145 ; ses idées sur le folklore, 123 ; objections à la thèse totémiste, *b* V ; sur Jeanne d'Arc, *d* 300-322.

Larmes divines, *d* 113 ; rituelles, *d* 127.

Larroumet, *c* 96.

Latran, base triangulaire à reliefs, *b* 382.

Laurente, *d* 54.

Lea (H. Ch.), *c* 472 sq.

Lébadée, *d* 121.

Lébès de Neteiros, *b* 134.

Lectisterne, *b* 44 ; *c* 217.

Léda, mythe totémique, 13.

Légion d'honneur, rites. *c* 121.

Lenormant (Ch.), *d* 33.

Lenormant (F.), *d* 96.

Lerouge, sur Jeanne d'Arc, *d* 305.

Lestrygons, *c* 337.

Lévy-Bruhl, *d* 140.

Lichavens, *c* 442.

Lièvre celtique, 15, 30, 49.

Ligures, ont dominé en Gaule, 213, 214 ; sauvages, *c* 231.

Limpieza en Espagne, *c* 485.

Lion de Gordium, 291 ; totem en Lydie, 293 ; lion et Samson, *d* 152, 166.

Lityerses, *c* 11.

Livie, *d* 74.

Logia, *d* 172.

Lohengrin, *b* 55.

Loi de majesté, *d* 78.

Lois et mœurs en désaccord, *c* 281.

Loire, île à l'embouchure de la, 202.

Loisy (Alfred), 411, *b* 389 ; sur le docétisme, *d* 192 ; sur le Psaume XXII, *d* 178 ; sur *Orpheus*, *d* 442 sq. ; sur les sacrifices au soleil, *d* 53 ; définit la religion, *d* 446 sq. ; sur S. Paul, *d* 484.

Lorette, maison de, *a* 108.

Loup d'Apollon, 50 ; d'Athènes, 18 ; samnite, 25 : slave, 21 ; totem, 51, 295 ; *b* 47.

Lourdes, *d* 104.

Louve romaine, 52.

Loyalisme des *Parisii*, *c* 184.

Lua, déesse, *c* 230.

Lubbock, *d* 137.

Lucain, passages corrigés, *b* 143, 151 ; interprétation du passage sur les dieux gaulois, 204.

Lucius Verus, *c* 321.

Lug, 223.

Lupercales, 177 ; *c* 210 ; *d* 121.

Lusol, *d* 59.

Lustrations, *b* 22.

Luttes des Dieux contre les éléments déchaînés, *b* 392.

Lycosoura, *c* 219.

Lycurgue, roi de Thrace, *c* 60.

Lydie, 291.

Lyon, juifs et chrétiens à, *c* 449-456.

Macchabées, 322.

Mâchoire d'âne, *d* 159.

TABLE ANALYTIQUE DES MATIÈRES

TABLE DES GRAVURES

ANGERS. — IMPRIMERIE BURDINET Cⁱᵉ, 4, RUE GARNIER.

Milton Keynes UK
Ingram Content Group UK Ltd.
UKHW031825270923
429475UK00008B/247